全国災害史事典

近畿地方

1868-2015

日外アソシエーツ

A Cyclopedic Chronological Table of Disaster in Japan

Kinki region

1868-2015

Compiled by
Nichigai Associates, Inc.

©2015 by Nichigai Associates, Inc.
Printed in Japan

本書はディジタルデータでご利用いただくことができます。詳細はお問い合わせください。

●編集担当● 木村 月子
装 丁：赤田 麻衣子

刊行にあたって

　本書は、明治元年(1868年)から平成27年(2015年)の間に、近畿地方(滋賀県、京都府、大阪府、兵庫県、奈良県、和歌山県)で発生した地震、台風などの自然災害および火災、交通事故、医療事故などの社会的災害3,417件を収録している。項目を都道府県ごとに分け、災害の発生年月日順に、発生場所と被害内容を記載し、明治以降の近畿地方における災害史を通覧出来る内容となっている。

　また、巻末には「地名索引」を付し、市町村名や河川名、駅名、路線名、道路名などからの通覧もできるようにした。近畿地方のいつ、どこで、どのような災害が起こったのかを調べるツールとして、また時代ごとに移り変る災害の歴史を知り、今後の防災策につなげるための手がかりとしても活用いただきたい。

　さらに詳細な日本の災害については弊社既刊「昭和災害史事典」シリーズ(全6冊,1992〜1995年刊)、「平成災害史事典」シリーズ(全4冊,1999〜2014年刊)、「シリーズ 災害・事故史」(全4冊,2007〜2010年刊)を、世界の災害については「世界災害史事典 1945-2009」を参照いただければ幸いである。

　2015年8月

　　　　　　　　　　　　　　　　　　　　　　　　　　　日外アソシエーツ

目　次

近畿地方 ………………………………………………………… 1
室戸台風(1934年)／南海地震(1946年)／日本脳炎流行(1948年)／ルース台風(1951年)／吉野地震(1952年)／台風15号〔伊勢湾台風〕(1959年)／梅雨前線豪雨(36年6月豪雨)(1961年)／台風(第2室戸台風)(1961年)／アメリカシロヒトリ被害(1965年)／豪雨(42年7月豪雨)(1967年)／阪神・淡路大震災(1995年)

滋賀県 …………………………………………………………… 35
姉川地震(1909年)／赤痢発生(1936年)／バス・近江鉄道線電車衝突(1937年)／三井寺火災(1947年)／近江絹糸彦根工場争議(1954年)／比叡山延暦寺火災(1956年)／全但交通バス・京阪バス衝突(1960年)／琵琶湖赤潮(1979年)／信楽高原鉄道衝突事故(1991年)／滋賀大学で結核集団感染(1999年)／琵琶湖でヨット転覆(2003年)

京都府 …………………………………………………………… 65
日本初民間航空犠牲者事故(1913年)／北丹後地震(1927年)／近鉄奈良線電車追突(1948年)／国宝金閣寺火災(1950年)／メーデー参加者・警官隊衝突(1952年)／漁船日吉丸遭難(1959年)／京福電鉄鞍馬線電車衝突(1964年)／名神高速33台玉突き事故(1992年)／京都・亀岡登校児童ら死傷事故(2012年)／福知山花火大会屋台爆発事故(2013年)／桂川が危険水域、嵐山に避難勧告(2013年)

大阪府 …………………………………………………………… 109
大阪紡績工場火災(1892年)／北の大火(1909年)／第3桜島丸転覆(1937年)／陸軍倉庫火災(1939年)／京阪電鉄本線準急電車火災(1949年)／ヒロポン中毒者通行人暴行(1954年)／芦屋丸追突(1965年)／地下鉄谷町線建設現場ガス爆発(1970年)／千日前デパートビル火災

(1972年)／路線バス・南海観光バス衝突(1997年)／近畿自動車道スリップ事故(1998年)／セラチア菌院内感染(2000年)／法善寺横丁火災(2003年)／コースター脱線(2007年)／個室ビデオ店で火災(2008年)／エボラ疑い、関空に(2014年)／ボートが護岸に衝突(2015年)

兵庫県……………………………………………………………… 236
　住吉駅東方で正面衝突(1877年)／北但馬地震(1925年)／神有線電車衝突(1938年)／チフス菌混入饅頭(1939年)／造船所集団赤痢発生(1951年)／全国花火大会仕掛花火爆発(1955年)／神姫バス転落(1963年)／うずしお丸搭載乗用車転落(1969年)／住友金属鉱山工場カドミウム汚染(1970年)／集団登校児童はねられ負傷(1991年)／MRSA集団感染(1999年)／明石歩道橋圧死事故(2001年)／JR福知山線脱線事故(2005年)／耐性緑膿菌院内感染(2007年)／台風9号(2009年)／ノロウイルスで集団食中毒(2010年)／ヒブ接種後に幼児死亡(2011年)

奈良県……………………………………………………………… 319
　十津川大水害(1889年)／生駒山トンネル崩壊(1913年)／近鉄奈良線トンネル内火災(1947年)／桜井町大火(1955年)／奈良女子大学学生寮集団赤痢(1957年)／養魚池毒薬投入(1967年)／桜井線電車・マイクロバス衝突(1992年)／阪奈道スリップ事故(1993年)／少年刑務所で食中毒(2004年)／鳥インフルエンザ(2011年)／合宿の中学生ら遭難(2012年)／濃霧で列車運休(2014年)／欄干衝突で死亡事故(2015年)

和歌山県…………………………………………………………… 343
　台風(1870年)／玉川丸沈没(1927年)／高野山一乗院火災(1932年)／中学校ボート部員溺死(1940年)／熊野灘地震(1948年)／豪雨(1949年)／遠洋マグロ漁船3隻遭難(1955年)／チリ地震津波(1960年)／赤痢・腸チフス集団発生(1964年)／銀光丸・テキサダ号衝突(1966年)／盲学校寄宿舎で入浴中事故(2009年)／ウメ、台風で被害(2011年)

地名索引…………………………………………………………… 375

凡　　例

1. 編集方針
   (1) 明治元年(1868年)から平成27年(2015年)までに近畿地方で発生した災害を収録の対象とした。
   (2) 収録の対象となる災害は、台風、豪雨、豪雪、地震、地滑り、雪崩などの自然災害(天災)、および火災、工場災害、各種交通機関の事故、公害、伝染病、食中毒、薬害・医療事故、遭難事故、製品事故などの社会的災害(人災)とした。
   (3) 強盗、殺人などの被害は原則として収録しないが、故意か過失か不明のもの、放火による火災、通り魔事件のような無差別犯罪、動物から受けた被害は収録した。

2. 排　列
   (1) 災害を発生都道府県ごと(滋賀県、京都府、大阪府、兵庫県、奈良県、和歌山県)に分類した。また、近畿地方全体にまたがる災害は、近畿地方の見出しの下に分類した。
   (2) 都道府県の下は、災害を発生年ごとにまとめ、発生日順に排列した。

3. 発生日
   (1) 発生日は原則として月日で示した。ただし、一部は災害が発生した日ではなく、災害が発表された日を示した。
   (2) 2日以上にわたる災害は、最初の発生日に「～」を付けて示した。
   (3) 月日が不明または確定できないものは「この年」と表示し、その年の末尾に置いた。

4. 発生地
   (1) 災害発生地は、災害名の後に丸括弧で示した。

(2) 市区町村名は、原則として当時のものを使用した。

5. 災害データ
　(1) 災害の規模などを表すデータ類は、項目の末尾に小字で示した。
　(2) データは、原則として種類ごとにまとめたものを記載した。

6. 地名索引
　(1) 災害の発生場所の市町村名や河川名、駅名、路線名、道路名などを見出しとし、〔　〕で囲んだ都道府県名を補記として示した。
　(2) 災害の発生日の順に排列した。

7. 出　典
　本書の編集に際し、主に以下の資料を参考にした。
　　　朝日新聞
　　　毎日新聞
　　　読売新聞
　　　「読売年鑑」読売新聞社
　　　『日本の自然災害』　国会資料編纂会　1998.4

近畿地方

1871年(明治4年)

7.4 暴風雨、高潮（関東地方・北陸地方・近畿地方・中国地方・四国地方）7月4日、近畿、中国、四国、北陸で風水害があった。大阪湾で高潮が発生、100人以上が死亡した他、家屋、港湾施設に甚大な損害が出た。兵庫県でも600人が死亡。岡山・愛媛・和歌山も含め、全国の死者751名以上と言われる。《データ》死者751名以上(全国)

1875年(明治8年)

6月〜7月 干ばつ（近畿地方・全国）6月から7月にかけて、酷暑が続き、近畿、中国、四国地方で干ばつが発生。農作物に大きな被害が出た。

1886年(明治19年)

6月〜8月 干ばつ（近畿地方・全国）6月から8月にかけて、東北南部、関東、北陸、近畿、中国、四国地方で干ばつが発生、農作物に大きな被害が出た。

1893年(明治26年)

10.13〜16 風水害（近畿地方・全国）10月13日、西日本に台風が上陸。台風は豊後水道から四国沖へ抜けたが、この間に近畿以西の各地が風水害に見舞われた。大分県内では連日雨が続き、河川の堤防が決壊し大洪水となった。また高潮、高波に襲われた。死傷者は1,719名以上に上った。《データ》死傷者1,719名(大分県・死者280名)

1896年(明治29年)

8.30〜31 台風（近畿地方・全国）8月30日午後7時ごろ、台風が和歌山県潮岬付近に上陸。大阪・京都間を経て、能登半島から日本海に抜け、北上。この影響で紀伊半島、東海、北陸地方の各地で風水害が多発。特に伊勢湾で高潮が発生し、愛知県で9000人が死傷した。

9.6〜16 洪水（四国地方・近畿地方・関東地方）9月6日、台風が紀伊半島を縦断、日本海から秋田県を横断して太平洋に抜け、四国・近畿・関東に大きな被害ともたらした。11日、別の台風が鹿児島県大隅半島から四国沖に進み、夜に紀伊半島に上陸、12日朝に佐渡付近に達した。この2つの台風により全国的に大規模な洪水が発生し、徳島県吉野川は4.5m、琵琶湖1.8m、天竜川2.4m、富士川3.3mと増水した。東京では江戸川、庄内古川、中川、綾瀬川が破堤溢水し、江東地区が全面浸水、浸水は10日余りに及んだ。全国で344名の死者を出した。《データ》死者344名

1899年(明治32年)

3.7 地震（近畿地方）3月7日午前9時55分、三重尾鷲付近を震源とする地震があった。マグニチュード7.6。山崩れ無数。大阪、奈良で煙突の破損多数。《データ》死者・不明7名

10.5〜7 台風（近畿地方・全国）10月5日、台風が和歌山県潮岬に上陸。駿河湾、関

近畿地方(1903年)

東、三陸を経て、北海道に到達。この影響で四国から北日本にかけての各地で風水害が発生した。特に駿河湾や相模湾では高潮により多数が死傷。7日、栃木県の箒川鉄橋上で強風に煽られた日本鉄道(現・JR東北本線)の列車が川に転落し、20人が死亡した。

1903年(明治36年)

7.7～9 豪雨、洪水(近畿地方・全国) 7月7日、近畿、東海、北陸各地が梅雨前線の影響による豪雨に襲われた。中でも淀川の氾濫は、明治三大洪水、のひとつと呼ばれる。《データ》死者・行方不明者48名

1907年(明治40年)

8.24～28 台風、洪水(近畿地方・全国) 8月24日、東北南部、関東甲信越、近畿地方が台風と前線活動による豪雨に襲われた。京都府で81人が死亡、家屋全壊85棟。また、山梨県で212人が死亡するなど、全国の被害は死者・行方不明者577人、負傷者237人に達した。明治三大洪水、の一つと呼ばれる。《データ》死者・行方不明者577名、負傷者237名、家屋全半壊3259棟、流失3108棟、浸水18万7499棟

1914年(大正3年)

6.2 台風(近畿地方・中国地方・四国地方・九州地方) 6月2日、九州、中国で風水害、台風。《データ》死者171名

1915年(大正4年)

9.9 台風(東北地方・近畿地方・中国地方) 9月9日、台風が西日本を縦断、各地で被害甚大。東北各地でフェーン現象による大火が相次いだ。

1918年(大正7年)

7.10 台風(近畿地方・中国地方・四国地方・九州地方) 7月10日、近畿以西で台風、風水害。死者60名以上に及んだ。《データ》死者60名

1921年(大正10年)

9.25～26 台風(近畿地方・全国) 9月25日夜半、台風が紀伊半島南部に上陸。その後、大阪湾、敦賀付近を経て日本海へ抜けた。この影響で、京都府福知山町(現・福知山市)で由良川が、和歌山県で紀ノ川が氾濫するなど、近畿を中心に山陰、山陽、北陸、東海地方で風水害が多発。富山県では出漁中の漁船十数隻が遭難し、暴風警報の発令が遅れたことに避難が殺到、富山測候所長が自殺した。韋駄天台風、と呼ばれる。《データ》死者691名、負傷者187名、家屋損壊7397棟、船舶被害200隻

1922年(大正11年)

8.23 台風(中国地方・関東地方・中部地方・近畿地方) 8月23日、中国、関東、中部、近畿で複数の台風が襲来、各地で被害甚大。

1924年(大正13年)

6月～8月 干ばつ(近畿地方・全国) 6月から8月にかけて、全国的に降雨量が少なく、各地で農作物に被害が出た。京都府で6月の降雨量が平年比−140mm、7月−165mm、8月−52mmを記録したほか、和歌山・奈良・滋賀・香川の各県で特に被害が大きかった。大正期最大の干ばつとされる。

近畿地方(1939年)

 9.11 台風（近畿地方・中国地方・四国地方・九州地方）9月11日、九州に風水害、台風。大阪湾で高潮。死者110名以上を数えた。《データ》死者110名以上

1928年(昭和3年)

 8.17～18 暴風雨（近畿地方・中国地方・四国地方・九州地方）8月17日から18日にかけて、四国、九州の両地方を中心とする西日本の全域で、暴風雨により河川氾濫や家屋浸水、船舶および農作物流失などの被害が相次いだ。《データ》河川氾濫、家屋浸水、船舶流失、農作物被害

1929年(昭和4年)

 4.22頃 暴風雨（北海道・東北地方・関東地方・近畿地方）4月22日頃、低気圧が本州を横断した際、北海道、東北、関東、近畿の各地方で暴風雨による被害が相次いだ。

 7.4 地震（近畿地方）7月4日午前5時頃、近畿地方を震域とする強い地震があった。

1930年(昭和5年)

 7.31～8.1 台風（東海地方・近畿地方）7月31日未明から8月1日午前にかけて、愛知、岐阜、三重、京都、大阪、滋賀、奈良、兵庫の2府6県で台風による被害が続出。20名が死亡、福知山盆地のほぼ全域など各地の家屋約1万3100戸が浸水、木曽、長良、揖斐、淀、由良などの河川氾濫や堤防決壊、土砂崩れ、道路流失、田畑浸水、交通機関の不通などが相次いだ。《データ》死者20名、浸水家屋約1万3100戸、倒壊家屋多数、道路流失、河川氾濫、堤防決壊、農作物被害、被害額約477万円(京都府、滋賀・岐阜県のみ)

1931年(昭和6年)

 7.10 暴風雷雨（近畿地方）7月10日、近畿地方の各地で暴風雨や落雷のため河川氾濫などの被害が相次いだ。《データ》河川氾濫

 12月 暴風雨（中部地方・近畿地方・四国地方・九州地方）12月中旬、中部地方以西の各地で猛吹雪や大雨が降った。

1934年(昭和9年)

 9.21 室戸台風（四国地方・近畿地方）9月21日午前8時、大阪に観測史上最大ともいえる台風が上陸、小学校の木造校舎164棟が倒壊、教師18人、生徒676人が下敷きになって死亡するなど、建築物の倒壊による死傷者はかなりの数となった。台風はその後、富山湾を抜け、東北地方に再上陸し太平洋に抜けた。この台風での被害は、大阪、兵庫を中心に2府32県、死亡または行方不明者は3246人、全半壊家屋8万8046戸となった。《データ》死者・行方不明者3246名、全半壊家屋8万8046戸

1935年(昭和10年)

 7.5～6 豪雨（近畿地方・中国地方）7月5日から6日にかけて、京阪神地区を中心に近畿、中国地方で大雨による被害が続出。岡山県では山陽本線の熊山、和気両駅間が不通になるなど交通機関に被害があった。《データ》被害額約650万円(岡山・山口県のみ)

1939年(昭和14年)

 6月～10月 干ばつ（近畿地方・中国地方・四国地方・九州地方）6月から10月にかけ

3

近畿地方(1943年)

て、西日本のほぼ全域で干ばつが発生し、6月11日から長崎市が、16日から佐世保市が、7月22日から神戸市が、8月1日から西宮市が、それぞれ時間給水を実施(ほか松江、呉の両市や福岡市も同)。兵庫県では約29.8km^{2}の地域で田植えができなくなり、8月30日、日本発送電会社が京阪神地区の一部で送電を中止、その後も送電時間や送電区域、送電量の制限を継続し、有明海で養殖貝が大量死した。《データ》給水制限、送電制限・中止、被災耕地約19800町(兵庫・岡山県のみ)

1943年(昭和18年)

3.5 地震(中部地方・近畿地方・中国地方・四国地方)3月5日午後7時14分過ぎから約20分間、中部、近畿、中国、四国の各地方を震域とする強い地震が続き、山陰線が線路陥没で不通になるなどの被害があった。

1946年(昭和21年)

12.21 南海地震(東海地方・近畿地方・中国地方・四国地方・九州地方)12月21日午前4時19分、和歌山県串本町の南約40km(北緯33.0度、東経135.6度)の海底付近を震源とする最大級の地震が発生。東海・近畿・中国・四国・九州地方の25府県で1354名が死亡、3807名が負傷、113名が行方不明になり、家屋や工場など1万1661戸が全壊、2万3602戸が半壊、2万8879戸が浸水、1451戸が流失、2598戸が全焼、船舶2339隻が流失または沈没・破損、道路1532か所、橋梁160か所以上、堤防627か所以上が損壊。山陽、宇野、関西、参宮、阪和、豊肥、土讃、牟岐、和歌山、予讃、紀勢東西各線の鉄道70か所で被害が出た。被災者は23万268名に上り、松山市の道後温泉が止まった他、瀬戸内海沿岸の塩田が津波で壊滅した。《データ》死者1354名、負傷者3807名、行方不明者113名、被災者23万268名、全壊家屋・工場など1万1661戸、半壊家屋・工場など2万3602戸、浸水家屋2万8879戸、流失家屋1451戸、全焼家屋2598戸、流失または沈没・破損船舶2339隻、道路破損1532か所、橋梁損壊160か所以上、堤防損壊627か所以上(22年2月10日、内務省発表)、鉄道被害70か所

1948年(昭和23年)

5月～9月 日本脳炎流行(東北地方・関東地方・中部地方・近畿地方・四国地方・九州地方)5月に熊本県で発生した日本脳炎の患者は、その後全国に広がり、流行は9月まで続いたが、東京都でも最初の患者が7月下旬に発生、8月18日までに都内の患者数は1403名(うち240名が死亡)、1週間後の同25日までに1761名(うち357名が死亡)、最終的には2055名に上った。東北地方以西の患者数は7292名で、このうち8月17日までに287名が死亡。他に飼育馬3324頭が発病した。《データ》患者7292名、死者(8月17日現在)287名

8.24～27 豪雨(近畿地方・四国地方・九州地方)8月24日から27日にかけて、近畿、四国、九州地方で大雨による被害が続出。降水量は長崎市で340mm、高知市で310mm、宮崎市で250mmを記録し、和歌山、愛媛、高知の3県で18名が死亡、33名が負傷、9名が行方不明、建物28棟が全壊、99棟が半壊、81棟が流失、1582棟が床上浸水、9354棟が床下浸水、田畑約4.3haが流失、約76.3haが冠水、道路169か所が損壊、橋梁82か所が流失、堤防232か所が決壊した。《データ》死者18名、負傷者33名、行方不明者9名、全壊建物28棟、半壊建物99棟、流失建物81棟、床上浸水建物1582棟、床下浸水建物9354棟、流失田畑4.3ha、冠水田畑76.3ha、道路損壊169か所、橋梁流失82か所、堤防決壊232か所(和歌山・愛媛・高知県のみ)

1949年(昭和24年)

6.18〜21 デラ台風（東北地方・関東地方・東海地方・近畿地方・山陽地方・四国地方・九州地方）6月18日から21日にかけて、デラ台風が九州から中部・関東地方を通過。このため、高知県室戸岬村で積算雨量426mmを記録、鹿児島県で住民46名が死亡、31名が行方不明、長野県で犀川の堤防が決壊するなど大きな被害が出た。東北地方南部以西の23府県合わせて154名が死亡、194名が負傷、285名が行方不明となり、家屋1531戸が全壊、3538戸が半壊、90戸が流失、5471戸が床上浸水、5万1019戸が床下浸水、田畑約34.4haが流失または埋没、約577.3haが冠水、道路2258か所、橋梁554か所、堤防777か所、桟橋7か所が流失または損壊、山崩れ8か所、鉄道12か所と通信施設10か所が被災、船舶661隻が流失または沈没、1928隻が破損した。《データ》死者154名、負傷者194名、行方不明者285名、全壊家屋1531戸、半壊家屋3538戸、流失家屋90戸、床上浸水家屋5471戸、床下浸水家屋5万1019戸、流失・埋没田畑約34.4ha、冠水田畑約577.3ha、道路損壊2258か所、橋梁流失554か所、堤防決壊777か所、山崩れ8か所、鉄道被害12か所、通信施設被害10か所、桟橋損壊7か所、船舶流失・沈没661隻、船舶破損1928隻、被害額300億円(推定)

1950年(昭和25年)

9.3 ジェーン台風（東北地方・北陸地方・近畿地方・中国地方東部・四国地方）9月3日午前8時45分、中心気圧940mb、瞬間最大風速55mを記録したジェーン台風は室戸岬から淡路島付近を通って、同日午後1時15分神戸市に上陸、一旦若狭湾へ抜けたが、さらに秋田市付近に再上陸した。風速は大阪市で48m、神戸市で40mを記録、高潮が満潮時と重なった大阪、神戸、尼崎の3市では河川が氾濫して、大阪府で住民240名が死亡、2万1215名が重軽傷を負い、家屋9608戸が全壊、6万708戸が半壊、1017戸が流失、9万4164戸が浸水、船舶1593隻が流失または損壊し、神戸港でも59隻が沈没または大破した。他に富山、石川、福井、三重、滋賀、京都、兵庫、和歌山、奈良、鳥取、岡山、徳島、香川、愛媛、高知の15府県で田畑約232.6haが冠水するなど大きな被害を出した。《データ》死者240名、重軽傷者2万1215名、全壊家屋9608戸、半壊家屋6万708戸、流失家屋1017戸、浸水家屋9万4164戸、流失・損壊船舶1593隻、被害額1355億9500万円(以上、大阪府のみ)、冠水田畑約232.6ha(9月4日現在)

9.13〜14 キジア台風（近畿地方東部・中国地方・四国地方・九州地方）9月13日正午、キジア台風は大隅半島に上陸し、中心気圧960mb、瞬間最大風速34mを記録して九州を縦断、14日午前3時日本海へ抜けた。この影響で、山口県岩国市の名勝錦帯橋が流失したのをはじめ、大阪、兵庫、島根、岡山、広島、山口、徳島、香川、愛媛、高知、福岡、佐賀、長崎、熊本、大分、宮崎、鹿児島の17府県で暴風雨や高潮により30名が死亡、35名が負傷、19名が行方不明、家屋1859戸が倒壊、9万4605戸が浸水、田畑約518.1haが冠水するなど被害が相次いだ。《データ》死者30名、負傷者35名、行方不明者19名、倒壊家屋1859戸、浸水家屋9万4605戸、冠水田畑約518.1ha(9月14日現在)

1951年(昭和26年)

6.30〜7.2 ケイト台風（関東地方・東海地方・近畿地方・四国地方・九州地方）6月30日から7月2日にかけてケイト台風が日本列島を直撃。瞬間最大風速35mを記録して種子島北端を通過後、高知県宿毛町に上陸、さらに京都市付近を経て房総半島南方沖で消滅したが、この台風の影響で関東地方で住民2名が死亡、28名が負傷、

近畿地方(1951年)

11名が行方不明となり、高知県で2名が死亡、4名が負傷、6名が行方不明、347戸が全半壊または流失、香川県で2名が負傷、愛媛県で3名が行方不明となり、宮崎県で22名が負傷、2名が行方不明、家屋118戸が全半壊、田畑約67.4haが冠水、鹿児島県で8戸が全壊、堤防14か所が決壊するなど大きな被害を出した。《データ》死者4名、負傷者56名、行方不明者22名、全半壊・流失家屋473戸、冠水田畑約81.3ha、堤防決壊14か所、船舶流失・損壊57隻、被害額約33億円(関東地方および徳島・香川・愛媛・高知・宮崎・鹿児島県のみ)

10.14 ルース台風(東北地方・関東地方・中部地方・近畿地方・中国地方・四国地方・九州地方) 10月14日午後7時、ルース台風は鹿児島県西岸に上陸、時速60km前後の速さで翌15日午前0時頃には山口県防府市を通過、一旦日本海へと抜けたが、午後3時頃山形県酒田市付近に再上陸、東北地方を横断して午後7時過ぎようやく三陸沖へ抜けた。このため錦川上流の山口県広瀬町で住民1500名が死傷したのをはじめ、東北地方以西の32府県で448名が死亡、1755名が負傷、371名が行方不明、住宅1万2644戸が全壊、3万4830戸が半壊、4221戸が流失、4万4289戸が破損、11戸が焼失、住宅以外の3万2837戸が被災、田畑約100.0haが流失、約490.0haが冠水、道路および堤防2508か所が損壊、橋梁882か所が流失、船舶1113隻が沈没、2781隻が流失した。警察予備隊は発足以来初めて、被災者救援のため300名の隊員を広瀬町に出動させた。《データ》死者448名、負傷者1755名、行方不明者371名、全壊家屋1万2644戸、半壊家屋3万4830戸、流失家屋4221戸、破損家屋4万4289戸、焼失家屋11戸、被災建物3万2837戸、流失田畑約100.0ha、冠水田畑約490.0ha、道路・堤防損壊2508か所、橋梁流失882か所、船舶沈没1113隻、船舶流失2781隻、被害額(土木関係のみ)150億円(10月16日現在)

1952年(昭和27年)

6.23〜24 ダイナ台風(関東地方・東海地方・近畿地方・四国地方・九州地方南部) 6月23日午後8時、中心気圧980mb、瞬間最大風速25mのダイナ台風は紀伊半島南部を横断し、時速60km前後の速度で御前崎から駿河湾を通って、24日午前3時東京付近を通過した。この台風の影響で、長崎県波佐見町で山崩れにより住宅13戸が埋没、住民12名が死亡、10名が重軽傷を負い、3名が行方不明となり、岐阜県海津郡でも長良川の堤防決壊により家屋約2000戸が浸水した。この他、本州、四国、九州の太平洋沿岸を中心に全国で55名が死亡、23名が負傷、68名が行方不明となり、家屋45戸が全壊、47戸が半壊、6戸が流失、2戸が全焼、3820戸が床上浸水、3万2750戸が床下浸水、田畑約589haが流失または埋没、約4万2802haが冠水、道路438か所と堤防165か所が損壊、橋梁184か所が流失、山崩れ255か所、船舶32隻が沈没、58隻が流失、35隻が破損し、鉄道30か所と通信施設25か所などが被害を受けた。《データ》死者55名、負傷者23名、行方不明者68名、全壊家屋45戸、半壊家屋47戸、流失家屋6戸、全焼家屋2戸、床上浸水家屋3820戸、床下浸水家屋3万2750戸、流失・埋没田畑約589ha、冠水田畑約4万2802ha、道路損壊438か所、橋梁流失184か所、堤防決壊165か所、山崩れ255か所、船舶沈没32隻、船舶流失58隻、船舶破損35隻(以上6月25日現在。国家警察本部調べ)、鉄道被害30か所、通信施設被害25か所、木材流失6万9370か所、被害額60億4000万円

7.9〜11 豪雨(近畿地方・中国地方・四国地方) 7月9日から11日にかけて、近畿・中国・四国地方で梅雨前線のもたらした大雨による被害が続出し、大阪府東鳥取村桑畑で堤防の決壊により家屋30戸が流失、住民52名が死亡または行方不明、397mm

の雨量を記録した和歌山市では交通、通信網が一時途絶えた。11府県で合わせて77名が死亡、119名が負傷、92名が行方不明、家屋76戸が全壊、1733戸が半壊、258戸が流失、1万9789戸が床上浸水、12万2284戸が床下浸水、田畑約5.5haが流失または埋没、約264.4haが冠水、道路471か所、堤防269か所が損壊、橋梁280か所と船舶27隻が流失した。《データ》死者77名、負傷者119名、行方不明者92名、全壊家屋76戸、半壊家屋1733戸、流失家屋258戸、床上浸水家屋1万9789戸、床下浸水家屋12万2284戸、流失・埋没田畑約5.5ha、冠水田畑約264.4ha、道路損壊471か所、橋梁流失280か所、堤防決壊269か所、船舶流失27隻

7.18 吉野地震（北陸地方・近畿地方・中国地方・四国地方）7月18日午前1時10分から約13分間、北陸、近畿、中国、四国地方を震域とする強い地震が発生。北陸本線大聖寺・牛ノ谷駅間で線路が湾曲したのをはじめ、滋賀、京都、大阪、兵庫、和歌山、奈良の6府県で住民9名が死亡、132名が重軽傷を負い、家屋10戸が全壊、35戸が半壊、道路7か所が損壊し、電話線の切断や電柱および土塀、板塀の破損など被害が相次いだ。震源は吉野川上流（北緯34度24分、東経136度36分）の深さ約40kmの地点。《データ》死者9名、重軽傷者132名、全壊家屋10戸、半壊家屋35戸、道路損壊7か所

1953年（昭和28年）

9.25 台風13号（東海地方・北陸地方・近畿地方・中国地方東部・四国地方）9月25日午後、中心気圧915mb、中心付近の最大風速75mの強い勢力をもつ台風13号が三重県の志摩半島に上陸、宇治山田市から伊勢湾、愛知県岡崎市を通って同10時頃、長野県諏訪市付近で分裂、翌日には秋田県南部を通過して三陸沖へ抜けた。この影響で、富山・石川・福井・長野・静岡・愛知・岐阜・三重・滋賀・京都・大阪・兵庫・和歌山・奈良・鳥取・岡山・徳島・香川・愛媛の19府県で住民423名が死亡、8104名が負傷、83名が行方不明となり、家屋8550戸が全壊、3097戸が流失、15万8684戸が床上浸水するなど大きな被害が出た。《データ》死者423名、負傷者8104名、行方不明者83名、全壊家屋8550戸、流失家屋3097戸、床上浸水家屋15万8684戸、被害額3236億円

1955年（昭和30年）

2.1〜 インフルエンザ集団発生（関東地方・北陸地方・近畿地方）2月1日から関東、8日から北陸、9日から近畿地方でインフルエンザが集団発生し、163校で児童・生徒が集団欠席した（2月12日時点、厚生省調査）。

1956年（昭和31年）

4.30 遅霜（関東地方・中部地方・近畿地方・中国地方・四国地方北部・九州地方北部）4月30日早朝、移動性高気圧の影響で、関東地方以西の各地に51年ぶりという遅霜が降り、麦や雑穀、野菜、茶、桑などの農作物被害が相次いだ。気象台は前日から晩霜注意報を発表していた。《データ》農作物被害、被災面積約2623.7km^2、被害額約110億円

9.27 台風15号（関東地方・中部地方・近畿地方・四国地方）9月27日朝、中心気圧953mb、瞬間最大風速63m、半径300kmの強い勢力範囲をもつ台風15号は、紀伊半島南端の潮岬の沖約70kmを通って、午後0時に御前崎に上陸、同1時に伊豆半島を経て東京付近から鹿島灘へ抜けた。このため高知市で478.2mm、三重県尾鷲・亀山両市や兵庫県洲本市、高知県宿毛市、屋久島などで200mm以上の雨量を記録、25都府県で住民20名が死亡、41名が負傷、11名が行方不明となり、家屋899戸が全

近畿地方(1957年)

半壊、3万7544戸が浸水、水田約166haが流失または埋没、道路566か所と橋梁154か所、堤防225か所が流失または損壊、山崩れ518か所などの被害が出た。《データ》死者20名、負傷者41名、行方不明者11名、全半壊家屋899戸、浸水家屋3万7544戸、水田流失・埋没約166ha、道路損壊566か所、橋梁流失154か所、堤防決壊225か所、山崩れ518か所、被害額10億円(奈良県のみ)

1957年(昭和32年)

12.12～13 暴風雨（東北地方・関東地方・中部地方・近畿地方・中国地方・四国地方・九州地方）12月12日から13日夜にかけて、東北地方以西の各地が低気圧による暴風雨に襲われ、長崎・熊本両県で瞬間最大風速42m、東京付近で22mを記録。東京都江戸川区長島町の妙見島川の堤防が50m前後にわたって決壊し家屋550戸が床下浸水したのをはじめ、31都府県で住民14名が死亡、148名が負傷、29名が行方不明になり、住宅232戸が全壊、535戸が半壊、2076戸が浸水、住宅以外の5279棟が破損、堤防14か所が決壊、船舶17隻が沈没、13隻が流失、1054世帯が被災した。《データ》死者14名、負傷者148名、行方不明者29名、全壊家屋232戸、半壊家屋535戸、浸水家屋2076戸、破損建物5279棟、堤防決壊14か所、船舶沈没17隻、船舶流失13隻、被災者1054世帯(警察庁調べ)

1958年(昭和33年)

8.25～26 台風17号（東北地方・中部地方・近畿地方）8月25日午後6時頃、台風17号が和歌山県御坊市の付近に上陸、同9時5分に伊吹山測候所の山頂観測所で瞬間最大風速約61mを記録し、時速約22kmで近畿地方の中央部を通過後、熱帯低気圧になって新潟県から三陸の沖合へ抜けた。三重県尾鷲市で日降水量392.6mmを記録し、東海道本線が不通になったのをはじめ19府県で住民15名が死亡、39名が負傷、30名が行方不明、家屋86戸が全壊、534戸が半壊、40戸が流失、2200戸が床上浸水、1万5441戸が床下浸水、田畑147haが流失または埋没、1万1532haが冠水、堤防190か所と道路761か所が損壊、橋梁250か所が流失、山崩れ844か所が発生、鉄道144か所と通信施設2385か所が被災した。《データ》死者15名、負傷者39名、行方不明者30名、全壊家屋86戸、半壊家屋534戸、流失家屋40戸、床上浸水家屋2200戸、床下浸水家屋1万5441戸、流失・埋没田畑147ha、冠水田畑1万1532ha、道路損壊761か所、橋梁流失250か所、堤防決壊190か所、山崩れ844か所、鉄道被害144か所、通信施設被害2385か所、被災者1万307名

1959年(昭和34年)

8.12～13 豪雨（関東地方・東海地方・近畿地方）8月12日から13日にかけて、関東・東海・近畿地方で、台風7号の接近に刺激された停滞前線の影響による大雨が降り、奈良県川上村で874mm、岐阜県広瀬村で685mmの雨量を記録。この雨で山梨県武川村の3地区で家屋が大武川の氾濫により流失したのをはじめ、各地で住民8名が死亡、6名が負傷、4名が行方不明となり、家屋4棟が全壊、5棟が半壊、9棟が流失、1115棟が床上浸水、道路124か所と堤防78か所が損壊、橋梁73か所が流失するなど被害が出た。《データ》死者8名、負傷者6名、行方不明者4名、全壊家屋4棟、半壊家屋5棟、流失家屋9棟、床上浸水家屋1115棟、道路損壊124か所、橋梁流失73か所、堤防決壊78か所

8.14 台風7号（関東地方・中部地方・近畿地方）8月14日午前6時、瞬間最大風速43mの強い勢力をもつ台風7号が駿河湾から静岡県吉原市付近に上陸し、時速60km前

後の速さで甲信越地方を通って、日本海へ抜けた。この影響で、埼玉県秩父市で345mm、静岡市で277mm、名古屋市で234mm、京都市で318mmの雨量を記録、京都府亀岡市と北桑田・船井両郡で住民12名が死亡、家屋2万2000戸が浸水したのをはじめ、山梨・長野・静岡・三重など24都府県で188名が死亡、1528名が重軽傷、47名が行方不明となり、住宅3322棟が全壊、1万139棟が半壊、767棟が流失、3万2298棟が床上浸水、11万6309棟が床下浸水、6万1971棟が破損、住宅以外の建物2万3144棟が被災、田畑7357haが流失または埋没、6万6812haが冠水、道路7666か所と堤防2321か所が損壊、橋梁2175か所が流失、山崩れ2977か所、鉄道372か所と通信施設2万3395か所が被災、船舶15隻が沈没、9隻が流失、87隻が破損、4万5122世帯・約20万6685名が罹災した。《データ》死者188名、重軽傷者1528名、行方不明者47名、全壊家屋3322棟、半壊家屋1万139棟、流失家屋767棟、床上浸水家屋3万2298棟、床下浸水家屋11万6309棟、破損家屋6万1971棟、被災建物2万3144棟、流失・埋没田畑7357ha、冠水田畑6万6812ha、道路損壊7666か所、橋梁流失2175か所、堤防決壊2321か所、山崩れ2977か所、鉄道被害372か所、通信施設被害2万3395か所、船舶沈没15隻、船舶流失9隻、船舶破損87隻、罹災世帯4万5122戸（以上警視庁調べ）、被害額419億1800万円（山梨・静岡・三重県のみ）

9.26〜27 台風15号〔伊勢湾台風〕（北海道・東北地方・東海地方・近畿地方・中国地方）9月26日午後6時18分、中心気圧929mb・瞬間最大風速48.5mの強い勢力をもつ台風15号が、和歌山県串本町の潮岬の西約15kmに上陸、奈良県吉野・宇陀両郡、三重県亀山市、岐阜県白川町、新潟県直江津市を通って日本海へ抜けた後、27日午前6時に秋田県の男鹿半島に再上陸、東北地方を横断した。この影響で、福井県大野郡和泉村で九頭竜川の氾濫により、家屋38戸が流失または半壊し、住民27名が死亡、道路の流失で1か月半も交通が途絶えた他、北海道から中国地方にかけて住民4697名が死亡、3万8921名が重軽傷、401名が行方不明となり、住宅3万6135棟が全壊、11万3052棟が半壊、4703棟が流失、15万7858棟が床上浸水、20万5753棟が床下浸水、68万35棟が破損、住宅以外の建物15万5142棟が被災、田畑3万764haが流失または冠水、18万95haが冠水、道路1万2135か所と堤防5760か所が損壊、橋梁4160か所が流失、山崩れ7231か所、鉄道725か所と通信施設20万514か所が被災、船舶1136隻が沈没、1295隻が流失、5145隻が破損、33万7157世帯・約153万2854名が罹災し、自衛隊員が救援復旧作業に当たった。《データ》死者4697名、重軽傷者3万8921名、行方不明者401名、全壊家屋3万6135棟、半壊家屋11万3052棟、流失家屋4703棟、床上浸水家屋15万7858棟、床下浸水家屋20万5753棟、破損家屋68万35棟、被災建物15万5142棟、流失・埋没田畑3万764ha、冠水田畑18万95ha、道路損壊1万2135か所、橋梁流失4160か所、堤防決壊5760か所、山崩れ7231か所、鉄道被害725か所、通信施設被害20万514か所、船舶沈没1136隻、船舶流失1295隻、船舶破損5145隻、罹災世帯33万7157戸（以上警視庁調べ）、被害額約1365億4596万円（10月26日現在・北海道、山形、山梨、福井、岐阜、静岡、愛知、三重、滋賀、京都、奈良、兵庫、鳥取の13道府県のみ）

1960年（昭和35年）

6.21〜22 暴風雨（関東地方・中部地方・近畿地方）6月21日から22日にかけて、発達した低気圧が梅雨前線上を通過した影響で関東地方以西の24都府県に強風をともなった大雨が降り、各地で住民3名が死亡、7名が負傷、3名が行方不明となり、住宅など9棟が全壊、12棟が半壊、3棟が流失、304棟が床上浸水、4409棟が床下浸水、田畑72haが流失または埋没、7140haが冠水、道路177か所と堤防47か所が損

近畿地方(1960年)

壊、橋梁35か所が流失、山崩れ291か所、鉄道11か所と通信施設347か所が被災したほか、船舶の遭難などが相次いだ。《データ》死者3名、負傷者7名、行方不明者3名、全壊建物9棟、半壊建物12棟、流失建物3棟、床上浸水建物304棟、床下浸水建物4409棟、流失・埋没田畑72ha、冠水田畑7140ha、道路損壊177か所、橋梁流失35か所、堤防決壊47か所、山崩れ291か所、鉄道被害11か所、通信施設被害347か所、被災者316世帯(警察庁調べ)

7.7〜8 暴風雨(東海地方・近畿地方・中国地方・四国地方) 7月7日夜から8日にかけて、梅雨前線上を通過した低気圧の影響で、東海・近畿・中国・四国の各地方で強風をともなった大雨が降り、広島県で住民11名が死亡、道路84か所と堤防185か所が損壊、山口県で3名が死亡するなど、各地で住民21名が死亡、34名が負傷、3名が行方不明、住宅など63棟が全壊、96棟が半壊、28棟が流失、3010棟が床上浸水、3万469棟が床下浸水、田畑664haが流失または埋没、2万5810haが冠水、道路1013か所と堤防513か所が損壊、橋梁344か所が流失、山崩れ990か所、鉄道39か所と通信施設52か所が被災した。《データ》死者21名、負傷者34名、行方不明者3名、全壊建物63棟、半壊建物96棟、流失建物28棟、床上浸水建物3010棟、床下浸水建物3万469棟、流失・埋没田畑664ha、冠水田畑2万5810ha、道路損壊1013か所、橋梁流失344か所、堤防決壊513か所、山崩れ990か所、鉄道被害39か所、通信施設被害52か所、被災者3486世帯(以上警察庁調べ)、被害額(広島県のみ)38億2000万円

7.15 落雷(近畿地方) 7月15日、梅雨前線が通過した近畿地方で強い雷雨が降り、落雷で家屋7戸が全焼したほか、送電線にも被害があり、近畿地方の約65%が停電した。《データ》全焼家屋7戸、送電線被害

8.11〜12 台風11号(秋田県・近畿地方・中国地方・四国地方) 8月11日午前4時30分頃、最大風速47.5mの強い勢力をもった台風11号が高知県の室戸市付近に上陸、高松市・岡山市付近を通過して鳥取市の西方から日本海へ抜けた後、12日午前9時、秋田市の北方に再上陸、東北地方を横断した。この影響で、和歌山県などで3名が死亡、2名が負傷、住宅など1棟が全壊、6棟が半壊、31棟が床上浸水、964棟が床下浸水、田畑50haが流失または埋没、371haが冠水、道路51か所と堤防21か所が損壊、橋梁46か所が流失、山崩れ42か所、鉄道9か所と通信施設185か所が被災した。《データ》死者3名、負傷者2名、全壊建物1棟、半壊建物6棟、床上浸水建物31棟、床下浸水建物964棟、流失・埋没田畑50ha、冠水田畑371ha、道路損壊51か所、橋梁流失46か所、堤防決壊21か所、山崩れ42か所、鉄道被害9か所、通信施設被害185か所、被災者41世帯(警察庁調べ)

8.12〜13 台風12号(中部地方・近畿地方) 8月12日午後5時、最大風速35mの勢力をもった台風12号が高知県の室戸市付近に上陸し、急速に衰えながら徳島市・姫路市付近を通って北陸地方に進み、13日午前0時、東北地方南部を経て三陸の沖合へ抜けた。12号そのものは非常に小型だったが、台風通過後に南下した前線のもたらした大雨により、岐阜県の岐阜・関・美濃の3市など長良川流域や美濃地方中部、和歌山県などで住民41名が死亡、40名が負傷、6名が行方不明となり、住宅など104棟が全壊、230棟が半壊、114棟が流失、5363棟が床上浸水、1万6408棟が床下浸水、田畑615haが流失または埋没、7362haが冠水、道路1279か所と堤防380か所が損壊、橋梁451か所が流失、山崩れ594か所、鉄道33か所と通信施設1807か所が被災した。《データ》死者41名、負傷者40名、行方不明者6名、全壊建物104棟、半壊建物230棟、流失建物114棟、床上浸水建物5363棟、床下浸水建物1万6408棟、流失・埋没田畑615ha、冠水田畑7362ha、道路損壊1279か所、橋梁流失451か所、堤防決壊380か所、山

近畿地方(1961年)

崩れ594か所、鉄道被害33か所、通信施設被害1807か所、被災者6369世帯(警察庁調べ)

8.29～30 台風16号(近畿地方・中国地方・四国地方・九州地方東部) 8月29日午後2時頃、中心気圧970mb、中心付近の最大風速50mの強い勢力をもつ台風16号が高知市の西方に上陸し、岡山市・鳥取市付近を通過して同夜、日本海へ抜けた。この影響で、29日夜から30日朝にかけて京阪神地区に局地的な大雨が降り、京都府京北町で積算雨量430mmを記録、同府亀岡市と京北・八木・園部・日吉の4町で住民11名が死亡、家屋204戸が全半壊または流失、1万600戸が浸水した。和歌山県などでも被害があり、全国で合わせて52名が死亡、146名が負傷、9名が行方不明となり、家屋157棟が全壊、379棟が半壊、93棟が流失、8026棟が床上浸水、3万6510棟が床下浸水、田畑1924haが流失または埋没、1万4388haが冠水、道路1566か所と堤防1250か所が損壊、橋梁643か所が流失、山崩れ1128か所、鉄道60か所と通信施設5246か所が被災した。《データ》死者52名、負傷者146名、行方不明者9名、全壊家屋157棟、半壊家屋379棟、流失家屋93棟、床上浸水家屋8026棟、床下浸水家屋3万6510棟、流失・埋没田畑1924ha、冠水田畑1万4388ha、道路損壊1566か所、橋梁流失643か所、堤防決壊1250か所、山崩れ1128か所、鉄道被害60か所、通信施設被害5246か所、被災者9250世帯(以上警察庁調べ)、被害額40億6000万円(京都府のみ)

9.14～ ダニ入り七味唐辛子発見(東北地方・関東地方・東海地方・近畿地方) 9月14日、東京都でダニ入り七味唐辛子がみつかり、その後、東北以西、近畿以東の各地で類似の唐辛子が発見された。

1961年(昭和36年)

6.23～7.5 梅雨前線豪雨(36年6月豪雨)(東北地方・関東地方・中部地方・近畿地方・中国地方・四国地方・九州地方) 6月23日から7月5日にかけて、北海道を除く全国各地に梅雨前線による大雨が降り、名古屋、岐阜市で500mm以上を、神戸市で511mmの雨量を記録。このため神奈川県で住民53名が死亡、47名が負傷、5名が行方不明になり、長野県で大鹿、中川村を中心に山津波などで102名が死亡、999名が重軽傷、37名が行方不明、家屋2040戸が全半壊または流失し、静岡県で土肥町や戸田村を中心に26名が死亡、31名が負傷したのをはじめ、31都道府県で302名が死亡、1320名が重軽傷を負い、55名が行方不明、住宅1088棟が全壊、1908棟が半壊、4798棟が破損、670棟が流失、7万3126棟が床上浸水、34万1236棟が床下浸水、住宅以外の1万1257棟が被災、田畑1万3000haが流失または埋没、32万7440haが冠水、道路8889か所と堤防3181か所が損壊、橋梁1879か所と木材2万8711m^{3}が流失、がけ崩れ8515か所が発生、鉄道509か所と通信施設1万5099か所が被災、船舶13隻が流失、8隻が破損、発動機のない250隻が被災、37万5296名(8万3089世帯)が被災した。《データ》死者302名、重軽傷者1320名、行方不明者55名、全壊住宅1088棟、半壊住宅1908棟、破損住宅4798棟、流失家屋670棟、床上浸水住宅7万3126棟、床下浸水住宅34万1236棟、被災非住宅1万1257棟、田畑流失・埋没1万3000ha、田畑冠水32万7440ha、道路損壊8889か所、橋梁流失1879か所、堤防決壊3181か所、がけ崩れ8515か所、鉄道被害509か所、通信施設被害1万5099か所、木材流失2万8711m^3、船舶流失13隻、船舶破損8隻、無発動機船被害250隻、被災者37万5296名(8万3089世帯)(以上警察庁調べ)、被害額610億円

9.15～16 台風(第2室戸台風)(東北地方・中部地方・近畿地方・中国地方・四国地方・九州地方) 9月16日午前9時頃、瞬間最大風速66.7mの勢力を持つ台風18号(第2室戸台風)が、高知県の室戸岬を通過後、同午後1時頃に大阪、兵庫府県境の付近に上陸、近畿地方から能登半島を経て日本海へ抜けた。このため大阪湾の沿岸域で

11

近畿地方(1962年)

最高4.15mの高潮が防潮堤を越え、大阪府で住民28名が死亡、1146名が負傷、家屋3587棟が全壊、202棟が流失、14万7614棟が浸水し、鹿児島県の奄美諸島や種子、屋久島で特産の砂糖キビなどの農作物が全滅したのをはじめ、東北地方や中部地方以西の各地で194名が死亡、4972名が重軽傷を負い、8名が行方不明、住宅1万4681棟が全壊、4万6663棟が半壊、43万7512棟が破損、22棟が全焼、557棟が流失、12万3103棟が床上浸水、26万1017棟が床下浸水、住宅以外の9万6775棟が被災、田畑3458haが流失または埋没、7万9392haが冠水、道路3848か所と堤防1526か所が損壊、橋梁726か所と木材3万1744m³が流失、がけ崩れ1867か所が発生、鉄道376か所と通信施設22万1574か所が被災、船舶339隻が沈没、619隻が流失、1582隻が破損、発動機のない1318隻が被災、90万8513名(22万5413世帯)が被災した。《データ》死者194名、重軽傷者4972名、行方不明者8名、全壊住宅1万4681棟、半壊住宅4万6663棟、破損住宅43万7512棟、全焼住宅27棟、流失家屋557棟、床上浸水住宅12万3103棟、床下浸水住宅26万1017棟、被災非住宅9万6775棟、田畑流失・埋没3458ha、田畑冠水7万9392ha、道路損壊3848か所、橋梁流失726か所、堤防決壊1526か所、がけ崩れ1867か所、鉄道被害376か所、通信施設被害22万1574か所、木材流失3万1744m³、船舶沈没339隻、船舶流失619隻、船舶破損1582隻、無発動機船被害1318隻、被災者90万8513名(22万5413世帯)(以上警察庁調べ)、被害額(京都・大阪府および山形・石川・長野・岐阜・兵庫・和歌山・鳥取・徳島・高知・佐賀・鹿児島県のみ)2315億9986万円

1962年(昭和37年)

6.9〜14 豪雨(東北地方・関東地方・北陸地方・近畿地方・四国地方) 6月9日から14日にかけて、東北、関東、北陸、近畿、四国地方の33都府県に梅雨前線による大雨が降り、9日9時から24時間後までの雨量は徳島市で157mm、京都府舞鶴市で143mm、東京都で104mm、金沢市で101mmを記録。京都府、長野、兵庫県など各地で住民2名が死亡、8名が負傷、3名が行方不明、住宅9棟が全半壊、1棟が流失、629棟が床上浸水、5196棟が床下浸水、田畑103haが流失または埋没、5907haが冠水、617世帯が被災した。《データ》死者2名、負傷者8名、行方不明者3名、全半壊住宅9棟、流失住宅1棟、床上浸水住宅629棟、床下浸水住宅5196棟、田畑流失・埋没103ha、田畑冠水5907ha、被災者617世帯(警察庁調べ)

7.27 台風7号(近畿地方・東海地方) 7月27日午後1時頃、中心気圧970mb、瞬間最大風速35mの勢力を持つ台風7号が、和歌山県周参見町に上陸し、奈良、滋賀県を通過後、翌朝に岐阜県の南部で消滅。このため奈良県天川村の山上ヶ岳で759mmの雨が降り、静岡県浜岡、湖西町で山崩れにより4名が死亡し、同県で家屋27戸が全壊、21戸が半壊、道路60か所が損壊、橋梁17か所が流失、田畑1151haが冠水したのをはじめ、東海、近畿、四国地方の各地で住民13名が死亡、27名が負傷、1名が行方不明、住宅28棟が全壊、17棟が半壊、142棟が破損、2棟が流失、1426棟が床上浸水、8949棟が床下浸水、住宅以外の168棟が被災、田畑6haが流失または埋没、6668haが冠水、道路215か所と堤防48か所が損壊、橋梁34か所が流失、山崩れ172か所が発生、鉄道21か所と通信施設1621か所が被災、船舶7隻が沈没、6隻が破損、無発動機船4隻が被災、5869名(1178世帯)が被災した。《データ》死者13名、負傷者27名、行方不明者1名、全壊住宅28棟、半壊住宅17棟、破損住宅142棟、流失住宅2棟、床上浸水住宅1426棟、床下浸水住宅8949棟、被災非住宅168棟、田畑流失・埋没6ha、田畑冠水6668ha、道路損壊215か所、橋梁流失34か所、堤防決壊48か所、山崩れ172か所、鉄道被害21か所、通信施設被害1621か所、船舶沈没7隻、船舶破損6隻、無発動機船

被害4隻、被災者5869名(1178世帯)(警察庁調べ)

8.26 台風14号（中部地方・近畿地方）8月26日早朝、台風14号が三重県の南部に上陸し、同午前7時頃に琵琶湖を、同10時に福井市付近を通過後、日本海へ出て弱い熱帯低気圧になり、翌日昼頃に津軽海峡から北海道の東海上へ抜けた。このため東海、近畿地方など各地で住民7名が死亡、45名が負傷、4名が行方不明、住宅131棟が全壊、297棟が半壊、4757棟が破損、272棟が床上浸水、1万1226棟が床下浸水、住宅以外の1459棟が被災、田畑16haが流失または埋没、2506haが冠水、道路123か所と堤防15か所が損壊、橋梁20か所が流失、山崩れ94か所が発生、鉄道24か所と通信施設1万1607か所が被災、船舶47隻が沈没、3隻が流失、72隻が破損、無発動機船168隻が被災、3652名(800世帯)が被災した。《データ》死者7名、負傷者45名、行方不明者4名、全壊住宅131棟、半壊住宅297棟、破損住宅4757棟、床上浸水住宅272棟、床下浸水住宅1万1226棟、被災非住宅1459棟、田畑流失・埋没16ha、田畑冠水2506ha、道路損壊123か所、橋梁流失20か所、堤防決壊15か所、山崩れ94か所、鉄道被害24か所、通信施設被害1万1607か所、船舶沈没47隻、船舶流失3隻、船舶破損72隻、無発動機船被害168隻、被災者3652名(800世帯)(警察庁調べ)

1963年(昭和38年)

5.15～18 豪雨（東海地方・近畿地方南部）5月15日から18日にかけて、東海地方と近畿地方南部で、寒冷前線に刺激された梅雨前線による大雨が降り、住民ら3名が死亡、紀勢、東海道、信越、飯田などの各線が土砂崩れや冠水により不通になるなどの被害が発生した。《データ》死者3名、鉄道被害

1964年(昭和39年)

8.23～25 台風14号（近畿地方・中国地方・四国地方・九州地方）8月23日午前11時50分頃、中心気圧965mb、瞬間最大風速42.6mの勢力を持つ台風14号が、鹿児島県枕崎市付近に上陸、九州の中部から伊予灘を通過し、奥丹後半島から日本海へ抜けた後、勢力を弱めて同25日午前9時に秋田市の沖合で温帯低気圧になった。このため宮崎県蝦野町の1712mmをはじめ、近畿地方以西に100mmから300mm前後の大雨が降り、24日午前0時頃に鹿児島県牧園町でがけ崩れにより住宅2棟が倒壊、住民4名が死亡し、同日午前7時頃に熊本県泉村でがけ崩れにより4名が土砂の下敷きになって死亡したほか、各地で17名が死亡、29名が負傷、3名が行方不明、住宅87棟が全壊、229棟が半壊、753棟が破損、9棟が流失、1554棟が床上浸水、8810棟が床下浸水、住宅以外の619棟が被災、田畑125haが流失または埋没、5824haが冠水、道路569か所と堤防207か所が損壊、橋梁82か所と木材108m^{3}が流失、423か所で山崩れが発生、鉄道15か所と通信施設8446か所が被災、船舶7隻が沈没、9隻が流失、2隻が破損、無発動機船34隻が被災、8640名(2290世帯)が被災した。《データ》死者17名、負傷者29名、行方不明者3名、全壊住宅87棟、半壊住宅229棟、破損住宅753棟、流失住宅9棟、床上浸水住宅1554棟、床下浸水住宅8810棟、被災非住宅619棟、田畑流失・埋没125ha、田畑冠水5824ha、道路損壊569か所、橋梁流失82か所、堤防決壊207か所、山崩れ423か所、鉄道被害15か所、通信施設被害8446か所、木材流失108m^3、船舶沈没7隻、船舶流失9隻、船舶破損2隻、無発動機船被害34隻、被災者8640名(2290世帯)(以上警察庁調べ)、被害額(宮崎県のみ)27億5321万円

1965年(昭和40年)

8月 干害（愛知県・近畿地方・中国地方東部・四国地方東部）8月、合計雨量が高松

近畿地方(1965年)

市で1mm、名古屋市で4mm、大阪市で8mmと最少(当時)を記録し、愛知県から中国および四国地方東部にかけての各地で畑作物や果樹類などに干害が発生した。《データ》農作物被害
- この年　アメリカシロヒトリ被害（東北地方南部・関東地方・北陸地方・近畿地方）40年夏、東北地方の南部から近畿地方までの各地域で、米国原産の蛾アメリカシロヒトリの幼虫が大量発生し、関東地方で街路樹の葉が食い荒されたのをはじめ、樹木や野菜類に被害が相次いだ。《データ》農作物被害

1966年(昭和41年)

- **5.26　地震**（東海地方・近畿地方）5月26日朝、愛知県を中心に東海、近畿地方を震域とする震度3から4の地震があり、東海道新幹線と東海道本線で列車の遅れなどがあった。
- **9.17～19　台風21号**（近畿地方・四国地方）9月17日朝から19日にかけて、台風21号が宮古島の沖合を通過して前線を刺激し、勢力を弱めて温帯低気圧になり同前線上を東進した。このため近畿、四国地方に雷とともに大雨が降り、大阪、神戸市付近で家屋1万戸以上が浸水した。《データ》浸水家屋1万戸以上

1967年(昭和42年)

- **7月～10月　干害**（近畿地方・中国地方・四国地方・九州地方）7月から10月上旬にかけて、近畿地方以西で極端な少雨による干害が発生し、愛媛県で87日間の無降雨、9月には長崎市で2mm、大分市と熊本市で5mm、宮崎県延岡市で13mmという少雨を記録。滋賀県の琵琶湖で水位が16年ぶりにマイナス60cmになって魚介類や養殖真珠に被害が発生、瀬田川の南郷洗堰を5年ぶりに全面閉鎖し、高松市で44日連続での給水制限を実施、うち30日間は一般家庭への給水も夜間5時間に制限し、香川県の小豆島では海を隔てた西隣の岡山県玉野市から緊急給水を受け、北九州市で通算55日間、6時間から12時間に及ぶ夜間給水制限を実施したのをはじめ、佐賀県武雄市で30日間完全断水し、福岡県田川市や同県筑紫野、宇美町、熊本県牛深市、宮崎県高岡町なども類似の状況に陥った。このため愛媛県でミカンの木の枯死や落葉が発生し、大分県北部で異常高温によりハマグリや沿岸魚介類がほぼ全滅したのをはじめ、広島、山口、愛媛、福岡、佐賀、長崎、熊本、大分県など17県でのべ54万4000haの水陸稲やサツマイモ、野菜類、果樹、桑などの作物に深刻な被害が発生、合計で167万4000トンの収穫減となった。《データ》被災作物167万4000トン、被災田畑54万4000ha、被害額682億2380万円
- **7.8～10　豪雨(42年7月豪雨)**（近畿地方以西）7月8日から10日にかけて、台風7号が、勢力を弱めた後に中心気圧994mbの熱帯低気圧となって梅雨前線を刺激し、兵庫、和歌山、広島、佐賀、長崎県の山間部などで時間当たり雨量が100mmを超えたのをはじめ、近畿地方以西を中心に大雨が降った。このため9日午後2時過ぎから10日午前1時30分頃にかけて、長野県諏訪市高津で高さ20m、幅15mのがけ崩れにより住宅2棟が埋没、住民3名が死亡、5名が重軽傷を負い、同市付近で諏訪湖の氾濫により1300戸が浸水し、神戸市葺合区葺合町で生田川上流の世継山の西側斜面が高さ150m、幅50mにわたって崩れて住宅4棟と駐在所が埋没、21名が死亡し、広島県呉市広町津久茂で7棟が流失、21名が死亡、同県本郷、河内町で土砂崩れにより山陽本線が不通になり、愛媛県関前村岡村で1棟が埋没、家族や来訪者ら6名が死亡し、佐賀県伊万里市で河川の氾濫により4000棟(全家屋数の約50%)が浸水、

14

近畿地方(1967年)

同県有田町白川で7棟が埋没、7名が死亡し、長崎県佐世保、福江市や周辺地域で堤防の決壊により50名が死亡、144名が負傷したのをはじめ、24府県で365名が死亡、618名が負傷、6名が行方不明、住宅901棟が全壊、1365棟が半壊、1315棟が破損、175棟が流失、5万1353棟が床上浸水、25万92棟が床下浸水、住宅以外の740棟が被災、水田2915haと畑1450haが流失または埋没、水田3万5414haと畑4665haが冠水、道路3207か所と堤防1268か所が損壊、橋梁537か所と木材751m³が流失、3625か所で山崩れが起こり、鉄道202か所と通信施設7623か所が被災、船舶5隻が流失、無発動機船39隻が被災、28万2878名(7万4232世帯)が被災した。《データ》死者365名、負傷者618名、行方不明者6名、全壊住宅901棟、半壊住宅1365棟、破損住宅1315棟、流失住宅175棟、床上浸水住宅5万1353棟、床下浸水住宅25万92棟、被災非住宅740棟、水田流失・埋没2915ha、水田冠水3万5414ha、畑流失・埋没1450ha、畑冠水4665ha、道路損壊3207か所、橋梁流失537か所、堤防決壊1268か所、山崩れ3625か所、鉄道被害202か所、通信施設被害7623所、木材流失751m³、船舶流失5隻、無発動機船被害39隻、被災28万2878名(7万4232世帯)(以上警察庁調べ)、被害額(広島・佐賀県のみ)399億7768万円

7.12 豪雨（近畿地方）7月12日、近畿地方に大雨が降った。

7.17～18 落雷（関東地方・東海地方・近畿地方）7月17日、関東、東海、近畿地方の各地に雷が落ち、東海道新幹線や東海道本線、青梅線、西武鉄道池袋線、小田急電鉄江ノ島線などで変電所や送電線への落雷による運休や遅延が相次いだ。

10.26～28 台風34号（福島県・関東地方・東海地方・近畿地方・九州地方）10月26日、台風34号が鹿児島市の南方約460kmの海上を通過、熊野灘を経て28日午前3時30分頃に愛知県渥美町の伊良湖岬付近に上陸、関東地方北部で温帯低気圧になり、三陸の沖合で副低気圧と合流後、北海道の東海上へ抜けた。このため名古屋市で120mm、三重県伊勢市で270mm、尾鷲市で400mmの総雨量をそれぞれ記録し、福島県の浜通り方面で家屋333戸が床上浸水し、千葉県東金市で突風により丘山小学校の木造校舎2棟が全壊、1棟が半壊し、銚子市で約50戸が全半壊し、大網白里町安養寺で幅約200m、長さ4kmにわたる竜巻により公民館や商店など20棟が全壊、住民2名が死亡し、三重県熊野市大泊町で国道42号線の改修作業員宿舎が流失、森本組の関係者23名が死亡し、和歌山県新宮市で山崩れにより住民9名が生き埋めになるなど同県内の25棟が全壊、36棟が半壊、1088棟が床上浸水、3215棟が床下浸水、9名が死亡、5名が重軽傷を負い、東海道新幹線が全面運休、常磐線広野、浪江駅間が4か所で不通になったのをはじめ、9都県で37名が死亡、41名が負傷、10名が行方不明、住宅99棟が全壊、279棟が半壊、2573棟が破損、8棟が全焼、3152棟が床上浸水、2万3690棟が床下浸水、住宅以外の1025棟が被災、水田46haと畑26haが流失または埋没、水田1261haと畑1148haが冠水、道路242か所と堤防32か所が損壊、橋梁24か所と木材1512m³が流失、235か所で山崩れが起こり、鉄道29か所と通信施設1333か所が被災、船舶37隻が沈没、12隻が流失、132隻が破損、無発動機船125隻が被災、1万7081名(3654世帯)が被災した。《データ》死者37名、負傷者41名、行方不明者10名、全壊住宅99棟、半壊住宅279棟、破損住宅2573棟、全焼住宅8棟、床上浸水住宅3152棟、床下浸水住宅2万3690棟、被災非住宅1025棟、水田流失・埋没46ha、水田冠水1261ha、畑流失・埋没26ha、畑冠水1148ha、道路損壊242か所、橋梁流失24か所、堤防決壊32か所、山崩れ235か所、鉄道被害29か所、通信施設被害1333か所、木材流失1512m³、船舶沈没37隻、船舶流失12隻、船舶破損132隻、無発動機船被害125隻、被災者1万7081名(3654世帯)(以上警察庁調べ)、被害額(福島・和歌山県のみ)24億4000万円以上

近畿地方(1968年)

1968年(昭和43年)

8.15〜18 台風7号（中部地方・近畿地方）8月15日から18日にかけて、台風7号が岐阜県加茂郡など飛騨川流域に局地的な大雨を降らせ、同県美並村では時間当たり降水量114mmを記録。このため同村で津保川や川浦川などの氾濫や土砂崩れにより住民14名が死亡、29名が重軽傷を負ったのをはじめ、中部、近畿地方の各地で112名が死亡、63名が重軽傷、21名が行方不明、住宅52棟が全壊、122棟が半壊、250棟が破損、19棟が流失、947棟が床上浸水、4315棟が床下浸水、住宅以外の392棟が被災、水田146haや畑83haが流失または埋没、水田1220haと畑497haが冠水、道路466か所と堤防254か所が損壊、橋梁213か所と木材9200m^{3}が流失、山崩れ338か所が発生、鉄道41か所と通信施設被害4119か所が被災、船舶20隻が沈没、4隻が流失、64隻が破損、無発動機船18隻が被災、1万8799名(4312世帯)が被災した。《データ》死者112名、重軽傷者63名、行方不明者21名、全壊住宅52棟、半壊住宅122棟、破損住宅250棟、流失住宅19棟、床上浸水住宅947棟、床下浸水住宅4315棟、被災非住宅392棟、水田流失・埋没146ha、水田冠水1220ha、畑流失・埋没83ha、畑冠水497ha、道路損壊466か所、橋梁流失213か所、堤防決壊254か所、山崩れ338か所、鉄道被害41か所、通信施設被害4119か所、木材流失9200m^3、船舶沈没20隻、船舶流失4隻、船舶破損64隻、無発動機船被害18隻、被災者1万8799名(4312世帯)(警察庁調べ)

8.25〜30 台風10号（東北地方・関東地方・中部地方・近畿地方・四国地方）8月26日、中心気圧985mb、最大風速25mの勢力を持つ台風10号が、奄美大島の南端に上陸後、九州南部から中国地方、若狭湾付近を経て温帯低気圧になり東北地方を横断、同29日深夜に三陸の沖合へ抜け、同25日から30日までに本州南岸の前線沿いの東海、近畿、四国地方に300mm前後の局地的な大雨が降り、和歌山県色川で877mm、天竜川流域の長野、愛知県境に500mm以上の総雨量を記録。このため長野県天竜村などで鉄砲水により住民7名が死亡、7名が重軽傷を負い、住宅27棟が全壊または流失、156棟が床上浸水し、静岡県水窪町で同川支流の氾濫により住宅1棟が流されて家族3名が行方不明になり、愛知県設楽町で当具津川の氾濫により木造2階建の営林署宿舎が流されて家族13名のうち2名が死亡、4名が行方不明になり、飯田、予讃線や南海電鉄本線などが冠水や土砂崩れにより一時不通になり、中央本線で遅延が続いたのをはじめ、30都府県で25名が死亡、68名が負傷、2名が行方不明、住宅68棟が全壊、88棟が半壊、86棟が破損、86棟が流失、2004棟が床上浸水、2万2382棟が床下浸水、住宅以外の516棟が被災、水田102haと畑630haが流失または埋没、水田4977haと畑841haが冠水、道路1811か所と堤防97か所が損壊、橋梁190か所と木材2336m^{3}が流失、山崩れ1851か所が発生、鉄道60か所と通信施設3163か所が被災、船舶4隻が沈没、1隻が流失、8隻が破損、無発動機船7隻が被災、9636名(2217世帯)が被災した。《データ》死者25名、負傷者68名、行方不明者2名、全壊住宅68棟、半壊住宅88棟、破損住宅86棟、流失住宅19棟、床上浸水住宅2004棟、床下浸水住宅2万2382棟、被災非住宅516棟、水田流失・埋没102ha、水田冠水4977ha、畑流失・埋没630ha、畑冠水841ha、道路損壊1811か所、橋梁流失190か所、堤防決壊97か所、山崩れ1851か所、鉄道被害60か所、通信施設被害3163か所、木材流失2336m^3、船舶沈没4隻、船舶流失1隻、船舶破損8隻、無発動機船被害7隻、被災者9636名(2217世帯)(以上警察庁調べ)、被害額(長野県のみ)52億円

1969年(昭和44年)

8.4〜5 台風7号（中部地方・近畿地方南部）8月4日午後7時30分、中心気圧985mb、最

近畿地方(1970年)

大風速30mの勢力を持つ台風7号が、和歌山県串本町の潮岬西方に上陸し、勢力を弱めながら関東地方北部から東北地方南部を通過後、同5日昼頃に岩手県の沖合へ抜けた。このため長野県の木曽、伊那地方などに局地的な大雨が降り、長野県飯田市の安平路山で神戸市立御影工業高等学校山岳部の関係者7名が、南木曽町で宿舎にいた作業員8名がそれぞれ鉄砲水により死亡したのをはじめ、静岡、愛知県など11県で住民15名が死亡、18名が重軽傷、6名が行方不明、住宅21棟が全壊、32棟が半壊、61棟が破損、8棟が流失、1460棟が床上浸水、3459棟が床下浸水、住宅以外の116棟が被災、水田15haと畑59haが流失または埋没、水田876haと畑308haが冠水、道路366か所と堤防69か所が損壊、橋梁69か所が流失、山崩れ360か所が発生、中央、東北本線や飯田線など鉄道20か所と通信施設被害1194か所が被災、船舶1隻が破損、6694名(1610世帯)が被災した。《データ》死者15名、重軽傷者18名、行方不明者6名、全壊住宅21棟、半壊住宅32棟、破損住宅61棟、流失住宅8棟、床上浸水住宅1460棟、床下浸水住宅3459棟、被災非住宅116棟、水田流失・埋没15ha、水田冠水876ha、畑流失・埋没59ha、畑冠水308ha、道路損壊366か所、橋梁流失69か所、堤防決壊69か所、山崩れ360か所、鉄道被害20か所、通信施設被害1194か所、船舶破損1隻、被災者6694名(1610世帯)(以上警察庁調べ)、被害額(長野県のみ)40億5901万円

1970年(昭和45年)

- **1.30〜2.2 豪雨(45年1月低気圧)**(東北地方・関東地方・中部地方・近畿地方) 1月30日早朝から2月2日にかけて、本州南岸付近を通過した台風級の強い低気圧(通称台湾坊主)と日本海側を進んだ副低気圧が関東地方から北海道を縦断し、各地で100mm前後の雨量を記録。このため北緯31度から35度、東経145度から158度の海域で鉱石運搬船やタンカーの遭難が相次いだのをはじめ、近畿地方以東を中心に住民14名が死亡、45名が負傷、11名が行方不明、住宅45棟が全壊、126棟が半壊、736棟が破損、9棟が流失、925棟が床上浸水、3497棟が床下浸水、住宅以外の914棟が被災、水田17haと畑254haが冠水、道路98か所と堤防52か所が損壊、橋梁16か所が流失、山崩れ32か所が発生、鉄道18か所と通信施設1546か所が被災、船舶39隻が沈没、22隻が流失、232隻が破損、無発動機船105隻が被災、5036名(1204世帯)が被災した。《データ》死者14名、負傷者45名、行方不明者11名、全壊住宅45棟、半壊住宅126棟、破損住宅736棟、流失住宅9棟、床上浸水住宅925棟、床下浸水住宅3497棟、被災非住宅914棟、水田冠水17ha、畑冠水254ha、道路損壊98か所、橋梁流失16か所、堤防決壊52か所、山崩れ32か所、鉄道被害18か所、通信施設被害1546か所、船舶沈没39隻、船舶流失22隻、船舶破損232隻、無発動機船被害105隻、被災者5036名(1204世帯)(警察庁調べ)

- **5.21 地震**(東海地方・近畿地方) 5月21日、岐阜、滋賀県境を震源とする地震が発生し、名古屋、岐阜、京都市で震度3を記録、東海道新幹線の列車60本が遅延した。

- **7.5 台風2号**(関東地方・東海地方・近畿地方・中国地方・四国地方・九州地方) 7月5日午後6時過ぎ、台風2号が宮古島を経て和歌山県白浜町の南方に上陸し、兵庫県を通過後、翌朝隠岐島付近で温帯低気圧になった。このため近畿地方以西に平均15mから20m、瞬間最大40mの強風が吹き、活発化した梅雨前線により関東地方以西に断続的に150mmから250mm前後の大雨が降り、22県で住民5名が死亡、18名が負傷、家屋6棟が全壊、12棟が半壊、43棟が床上浸水、1150棟が床下浸水、道路72か所が損壊、がけ崩れ158か所が発生、189名(55世帯)が被災した。《データ》死者5名、負傷者18名、全壊家屋6棟、半壊家屋12棟、床上浸水家屋43棟、床下浸水家屋1150棟、道路損壊72か所、がけ崩れ158か所、被災者189名(55世帯)

近畿地方(1970年)

7.24 雷雨（近畿地方南部）7月24日午後、近畿地方南部の山岳部を東から西へ雷が通過し、送電線数か所に落雷、京阪神地区で家屋多数が停電または断水、私鉄各線の運休または遅延により利用客約50万名に影響があった。

8.12 落雷（中部地方・近畿地方）8月12日、中部、近畿地方に比較的強い落雷があり、大阪府吹田市の日本万国博覧会場では飼育象20頭が突然の雷に驚いて暴れた。

9.15 雷雨（関東地方・近畿地方）9月15日、京浜、阪神地方に雷雨が降り、各地で火災や停電が発生、中央線が約2時間不通になるなど交通機関が混乱した。

1971年(昭和46年)

1.5 地震（東海地方・近畿地方）1月5日、渥美半島を震源地とする地震が発生し、愛知県渥美町伊良湖と名古屋、三重県津、四日市、上野市とで震度4を、岐阜、京都、大阪、奈良市などで震度3をそれぞれ記録した。

9.26 台風29号（関東地方・中部地方・近畿地方）9月26日午後1時、小型の台風29号が和歌山県串本町の潮岬の西付近に上陸し、伊勢湾から静岡県、関東地方を経て同11時に鹿島灘へ抜け、各地で住民ら4名が死亡、18名が行方不明になった。《データ》死者4名、行方不明者18名

1972年(昭和47年)

1.11〜12 低気圧豪雨（東海地方・近畿地方・四国地方・九州地方）1月11日午前9時、低気圧が四国、九州地方の太平洋岸を東へ進み、和歌山県串本町の潮岬の南海上で中心気圧980mbを記録。このため、同12日までに愛媛県で山崩れにより住民2名が、宮崎県で高波により2名がそれぞれ死亡するなど、東海地方以西の各地で被害が相次いだ。《データ》死者4名(愛媛・宮崎県のみ)

2.29 八丈島東方沖地震（北海道・東北地方・関東地方・中部地方・近畿地方）2月29日午後6時25分、伊豆諸島の東京都八丈町の東約130km、深さ約40kmの海底を震源とするマグニチュード7.2の地震が発生し、同町で震度6を、福島と宇都宮、千葉県銚子および館山、東京、甲府、静岡市とで震度4をそれぞれ記録するなど、近畿地方以東で揺れを感じ、館山および静岡県清水市、和歌山県串本町の潮岬などで20cm以下の比較的弱い津波も観測された。このため八丈町で落石やがけ崩れ、道路や水道管の損壊などが相次ぎ、東海道・山陽新幹線や都内各線で運休、遅延が続いた。《データ》被害額約3億円(東京都八丈町のみ)

8.31 地震（北陸地方・近畿地方）8月31日午後4時54分、京都府の北部を震央とする地震が発生し、京都市で震度4を、福井県敦賀、京都府舞鶴、奈良市で震度3をそれぞれ記録、北陸、近畿地方で揺れを感じ、東海道・山陽新幹線では自動的に送電が停止した。

9.16〜18 台風20号（北海道・東北地方・関東地方・中部地方・近畿地方）9月16日午後6時30分頃、台風20号が中心気圧960mbで和歌山県串本町の潮岬付近に上陸し、三重、岐阜県から富山湾を通過、17日午前に北陸、羽越地方の沿岸海域を経て北海道の西海上で衰弱、19日朝に温帯低気圧になった。このため近畿地方以東の各地に瞬間風速20mから50mの風とともに大雨が降り、京都市東山区で臨済宗東福寺の偃月橋(重要文化財)が傾斜し、愛知県でプレハブ住宅多数の屋根が吹き飛び、うち6棟が全壊、37棟が半壊し、宮城県亘理町で木が倒れて高圧電線と住宅24戸が接触、2名が感電死。13都道府県で64名が死亡、186名が負傷、7名が行方不明、

住宅166棟が全壊、566棟が半壊、3968棟が破損、11棟が流失、1万4415棟が床上浸水、7万8911棟が床下浸水、1棟が全焼、住宅以外の2982棟が被災、水田1093haと畑210haが流失または埋没、水田2万290haと畑1万4733haが冠水、道路1487か所と堤防536か所が損壊、橋梁182か所と木材216m³が流失、がけ崩れ1351か所が発生、鉄道221か所と回線など通信施設2708か所が被災、船舶258隻が沈没、108隻が流失、572隻が破損、無発動機船96隻が被災、7万3220名(2万141世帯)が被災した。《データ》死者64名、負傷者186名、行方不明者7名、全壊住宅166棟、半壊住宅566棟、破損住宅3968棟、流失住宅11棟、床上浸水住宅1万4415棟、床下浸水住宅7万8911棟、全焼住宅1棟、被災非住宅2982棟、水田流失・埋没1093ha、水田冠水2万290ha、畑流失・埋没210ha、畑冠水1万4733ha、道路損壊1487か所、橋梁流失182か所、堤防決壊536か所、がけ崩れ1351か所、鉄道被害221か所、通信施設被害2708か所、木材流失216m³、船舶沈没258隻、船舶流失108隻、船舶破損572隻、無発動機船被害96隻、被災者7万3220名(2万141世帯)(警察庁調べ)

- **11.14 豪雨**（近畿地方南部）11月14日、近畿地方の南部に低気圧が通過の際、局地的な大雨が降り、和歌山県串本町の潮岬では3時間に313mmの雨を記録した。
- **12.23～24 豪雨**（関東地方・東海地方・近畿地方・四国地方・九州地方）12月23日から24日にかけて、関東地方以西の各地に強い低気圧が本州南岸の沖合を通過した際、記録的な大雨が降った。

1973年(昭和48年)

- **7.21～29 台風6号**（関東地方・東海地方・近畿地方南部・四国地方・九州地方）7月21日、台風6号が和歌山県串本町の潮岬の南南東約150kmまで接近後、熱帯性低気圧になって進路を西へ変え、衰弱と回復をくり返しながら24日午前9時に鹿児島県の屋久島付近を、25日午後3時頃に熊本県の天草諸島の西方を経て東へ進み、大分県から四国、近畿地方の南海上を通過し、衰弱しながら29日午前9時に愛知県渥美町の伊良湖岬付近から三重県に上陸後、消滅した。このため静岡県の伊豆地方で約150mm、関東、東海地方で2回にわたって80mmから100mmずつ、四国および九州地方の通過地域で150mmから250mmの雨がそれぞれ降り、伊豆半島の東海岸で約1mの高波を観測したが、被害は軽微だった。6号は48年に本土へ上陸した唯一の台風。
- **11.9～10 豪雨**（関東地方南部・東海地方・近畿地方）11月9日深夜から10日にかけて、関東地方南部と東海、近畿地方に本州南岸付近を東へ進む低気圧により落雷とともに50mmから180mmの雨が激しく降り、東京都で時間当たり23mm、横浜市で150.5mmの雨量をそれぞれ記録。このため各地で浸水や停電が相次ぎ、東海道本線が一時不通になった。《データ》浸水・停電家屋多数ほか
- **11.25 地震**（近畿地方・中国地方・四国地方）11月25日午後1時25分、和歌山県有田市付近の深さ20kmから40kmを震源とする比較的強い地震が発生し、和歌山市で震度4、和歌山県串本町潮岬や大阪、奈良、徳島、高松市などで震度3を記録したのに続き、同6時19分にもほぼ同じ震源と規模の地震が発生し、和歌山、奈良市で震度4、滋賀県彦根、大阪、兵庫県洲本、高松市などで震度3を記録。このため、近畿地方の全域と中国、四国地方の東部とで2回の揺れを感じ、各地で3名が負傷した。《データ》負傷者3名

近畿地方(1974年)

1974年(昭和49年)

6.17～18 梅雨前線豪雨 (関東地方・中部地方・近畿地方・四国地方・九州地方) 6月17日、低気圧の通過に刺激された梅雨前線により関東地方以西の各地に大雨が降り、四国地方南東部で300mm、静岡県や近畿地方の山間部などで100mmから180mmの雨量をそれぞれ記録、三重県四日市市付近で家屋700棟余りが床下浸水、水田多数が冠水、鹿児島市の桜島砂防作業現場で鉄砲水により3名が死亡または行方不明になるなどの被害があった。《データ》死亡・行方不明者3名、床下浸水家屋700棟余り

8.5 落雷 (近畿地方) 8月5日、近畿地方のほぼ全域に雷が落ち、住民2名が負傷した。
《データ》負傷者2名

8.30～9.1 台風16号(多摩川水害)(関東地方・近畿地方南部・中国地方・四国地方・九州地方) 9月1日夕方、大型で強い台風16号が小笠原諸島から高知県須崎市付近に上陸し、四国、中国地方を経て2日午前0時、日本海へ抜けた。このため8月31日から9月1日にかけて関東地方で収束気流により300mmから500mm、近畿地方南部と四国地方とで200mmから600mmの雨が降り、東京都狛江市で多摩川堤防の決壊により住宅19棟が流失したのをはじめ、関東、近畿、中国、四国、九州地方の18都県で住民9名が死亡、39名が負傷、住宅10棟が全壊、159棟が半壊、791棟が破損、5棟が流失、1396棟が床上浸水、9192棟が床下浸水、住宅以外の325棟が被災、水田11haと畑37haが流失または埋没、水田1497haと畑1167haが冠水、道路162か所と堤防8か所が損壊、橋梁50か所が流失、がけ崩れ269か所が発生、鉄道16か所と回線など通信施設65か所が被災、船舶9隻が流失、9隻が破損、無発動機船3隻が被災、5075名(1610世帯)が被災した。(50年7月11日、多摩川災害調査技術委員会が堤防決壊を堰の設計および管理上の欠陥と報告。51年2月11日、被害者33名が国に損害賠償を求めて提訴)。《データ》死者9名、負傷者39名、全壊住宅10棟、半壊住宅159棟、破損住宅791棟、流失住宅5棟、床上浸水住宅1396棟、床下浸水住宅9192棟、被災非住宅325棟、水田流失・埋没11ha、水田冠水1497ha、畑流失・埋没37ha、畑冠水1167ha、道路損壊162か所、橋梁流失50か所、堤防決壊8か所、がけ崩れ269か所、鉄道被害16か所、通信施設被害65か所、船舶流失9隻、船舶破損9隻、無発動機船被害3隻、被災者5075名(1610世帯)、被害額(東京都狛江市のみ。損害賠償支払いの算定額による)3億642万円

9.8 台風18号 (近畿地方・中国地方・四国地方・九州地方) 9月8日午後8時過ぎ、小型で並みの台風18号が奄美諸島の西方から鹿児島県枕崎市付近に上陸し、九州地方南部を経て四国へ再上陸して衰弱、土佐湾で温帯性低気圧となり、本州から三陸沖合へ抜けた。このため瞬間風速は枕崎市で40m、高知県室戸市で36mを記録し、近畿地方以西の22府県で住民13名が死亡、27名が負傷、住宅46棟が全壊、78棟が半壊、218棟が破損、10棟が流失、5848棟が床上浸水、2万5614棟が床下浸水、住宅以外の801棟が被災、水田315haと畑15haが流失または埋没、水田5986haと畑1290haが冠水、道路749か所と堤防39か所が損壊、橋梁63か所が流失、がけ崩れ604か所が発生、鉄道27か所と回線など通信施設1544か所が被災、船舶5隻が流失、無発動機船3隻が被災、2万327名(5962世帯)が被災した。《データ》死者13名、負傷者27名、全壊住宅46棟、半壊住宅78棟、破損住宅218棟、流失住宅10棟、床上浸水住宅5848棟、床下浸水住宅2万5614棟、被災非住宅801棟、水田流失・埋没315ha、水田冠水5986ha、畑流失・埋没15ha、畑冠水1290ha、道路損壊749か所、橋梁流失63か所、堤防決壊39か所、がけ崩れ604か所、鉄道被害27か所、通信施設被害1544か所、船舶流失5隻、無発動機船被害3隻、被災者2万327名(5962世帯)

1975年(昭和50年)

この年 光化学スモッグ発生（福島県いわき市・近畿地方・岡山県・徳島県・香川県・愛媛県）この年、福島県いわき市小名浜や近畿地方、岡山、徳島、香川、愛媛県の各地で光化学スモッグが発生し、滋賀、奈良県で発生回数が多くなった。

1976年(昭和51年)

4月 光化学スモッグ発生（近畿地方）4月、近畿地方に光化学スモッグが発生し、光化学スモッグ注意報が発令された。

6.9～11 暴風雨（関東地方南部・近畿地方）6月9日から11日にかけて、関東地方南部に低気圧の通過による強風が吹き、神奈川県箱根町で瞬間風速42mを記録するいっぽう、近畿地方に移動性の梅雨前線による大雨が降り、京都府北部で100mmから150mmの雨量を記録した。

7.29 落雷（埼玉県・近畿地方）7月29日、埼玉県と近畿地方との各地に雷が落ちた。

9.8～14 台風17号（関東地方・中部地方・近畿地方・中国地方・四国地方・九州地方）9月8日午前9時、台風17号が中心気圧910mb、瞬間風速60mの規模で奄美諸島付近を通過後、比較的遅い速度で12日朝まで迷走を続け、13日午前1時40分頃に長崎市付近に上陸、山陰地方の沖合から日本海を進み、14日午前6時に北海道の渡島半島の西約450kmの海上で温帯性低気圧になった。このため関東地方以西の各地に大雨が降り、徳島県木頭村で11日の24時間に1114mm、合計2781mmの記録的な雨量をそれぞれ観測したのをはじめ、岐阜県や近畿地方南部、四国地方の全域で合計1000mmを超える雨量を記録。岐阜県墨俣、安八町付近で長良川堤防の決壊により全家屋が水没し、兵庫県一宮、家島町で山津波により住民16名が、香川県の小豆島などで50名がそれぞれ死亡、広島県で45名が死傷、高知県で6名が死亡、6名が重軽傷を負い、3名が行方不明となる。45都道府県で157名が死亡、421名が負傷、10名が行方不明、住宅1345棟が全壊、2097棟が半壊、6694棟が破損、121棟が流失、10万1556棟が床上浸水、34万7094棟が床下浸水、1棟が全焼、住宅以外の4762棟が被災、水田1311haや畑555haが流失または埋没、水田7万492haや畑2万9207haが冠水、道路4702か所と堤防998か所が損壊、橋梁294か所と木材201m³が流失、がけ崩れ5098か所が発生、鉄道203か所と回線など通信施設4万4023か所が被災、船舶65隻が沈没、57隻が流失、52隻が破損、無発動船64隻が被災、37万995名(10万9833世帯)が被災した(52年6月18日と29日、10月26日に岐阜県墨俣、安八町の住民が損害賠償を求めて提訴)。《データ》死者157名、負傷者421名、行方不明者10名、全壊住宅1345棟、半壊住宅2097棟、破損住宅6694棟、、流失住宅121棟、床上浸水住宅10万1556棟、床下浸水住宅34万7094棟、全焼住宅1棟、被災非住宅4762棟、水田流失・埋没1311ha、水田冠水7万492ha、畑流失・埋没555ha、畑冠水2万9207ha、道路損壊4702か所、橋梁流失294か所、堤防決壊998か所、がけ崩れ5098か所、鉄道被害203か所、通信施設被害4万4023か所、木材流失201m³、船舶沈没65隻、船舶流失57隻、船舶破損52隻、無発動船被害64隻、被災者37万995名(10万9833世帯)、被害額7000億円

1977年(昭和52年)

8.16 雷雨（関東地方・中部地方・近畿地方・中国地方）8月16日、関東、中部、近畿、中国地方の各地に落雷とともに雨が降った。

9.4 雷雨（近畿地方）9月4日、和歌山市で雷雨により5万戸が停電となった。《データ》和歌山市で5万戸停電

近畿地方(1985年)

1985年(昭和60年)

1.6 地震（近畿地方・東海地方・関東地方）1月6日午前零時45分ごろ、近畿を中心に東海、関東にかけて地震があった。地震は奈良、和歌山の県境、震源の深さ約70km、マグニチュードは6.0で、大阪は震度4。大阪で震度4の地震があったのは戦後6回目、昭和44年9月の岐阜県中部地震以来15年ぶり。

1987年(昭和62年)

10.17 台風19号（中国地方・四国地方・近畿地方・関東地方）10月17日午前零時すぎ、台風19号が高知県室戸市付近に上陸したあと、播磨灘を経て、兵庫県加古川市付近に再上陸、さらに日本海を抜けて青森・秋田県境に上陸し、同夜9時すぎに温帯低気圧になった。上陸台風は2年ぶり、近畿上陸は8年ぶりで、24都道府県で9人が死亡し、20人が重軽傷を負った。住宅55棟が全半壊、4棟が流失し、4670棟が床上浸水、2万266棟が床下浸水した。死者は鳥取で4人、香川で3人、高知、愛知で各1人、けが人は鳥取で4人、東京、香川で各3人、岡山、兵庫で各2人など11都県に及んだ。《データ》死者9名、負傷者20名、住宅全半壊55棟、床上浸水4670棟、床下浸水2万266棟、被害総額286億円

1990年(平成2年)

1.11 地震（近畿地方・中部地方）1月11日午後8時10分ごろ、近畿から中部地方にかけて広い範囲で地震が発生、震源は滋賀県南部で、深さは約20キロ、マグニチュードは5.3、奈良で震度4、京都、津、尾鷲、四日市、上野で震度3を記録した。

7月〜 鶏大量死（近畿地方）7月から8月15日までに、猛暑が続く近畿地区の養鶏農家で、ブロイラーや採卵鶏など、鶏の大量死が相次ぎ、2府4県の管内で約11万7000羽の鶏が"熱射病"で死亡、被害総額は約5500万円。《データ》ブロイラー約11万7000羽、被害総額約5500万円

9.23〜10.1 台風20号（九州地方・関東地方・中部地方・近畿地方）9月23日から10月1日にかけて、台風20号が日本列島を横断、26都道府県で、死者5人、行方不明者1人、負傷者23人、家屋全半壊48棟、床上浸水3279棟、床下浸水1万747棟などの被害となった。《データ》死者5名、行方不明者1名、負傷者23名、家屋全半壊48棟、床上浸水3279棟、床下浸水1万747棟

10.8 台風21号（近畿地方・中国地方・四国地方・九州地方）10月8日朝、台風21号が紀伊半島に上陸、22府県で死者4人、負傷者19人、床上浸水50棟、床下浸水1115棟の被害となった。台風19号から3回続けての上陸となった。《データ》死者4名、負傷者19名、床上浸水50棟、床下浸水1115棟

11.30 台風28号（北海道・東北地方・中部地方・関東地方・近畿地方）11月30日、台風28号が紀伊半島に上陸、25都道府県で負傷者9人、家屋全半壊6棟、床上浸水187棟、床下浸水1162棟などの被害となった。《データ》負傷者9名、家屋全半壊6棟、床上浸水187棟、床下浸水1162棟

1991年(平成3年)

6.27 西日本荒天（近畿地方・中国地方）6月27日午後、近畿から中国地方にかけて集中的な強い雨、突風、落雷など荒れ模様となった。変電所に落雷、突風でコンクリート電柱がなぎ倒されるなどし、各地で停電が相次ぎ電車が止まるなどの影響が出た。

近畿地方(1995年)

8.18〜24 台風12号（関東地方・北海道・近畿地方）8月18日から24日にかけて、台風12号の接近に伴う強い雨のため関東地方を中心に21都道府県で死者13人、行方不明者1人、負傷者8人、床上浸水392棟、床下浸水2627棟の被害となった。《データ》死者13名、行方不明者1名、負傷者8名、床上浸水392棟、床下浸水2627棟

9.17〜20 台風18号（関東地方・北海道・近畿地方）9月17日から20日にかけて、台風18号と秋雨前線の活発化に伴い各地で大雨が降り続き19都道府県で死者8人、行方不明者3人、負傷者19人、家屋全半壊80棟、床上浸水9272棟、床下浸水3万798棟などの被害となった。《データ》死者8名、行方不明者3名、負傷者19名、家屋全半壊80棟、床上浸水9272棟、床下浸水3万798棟

1993年(平成5年)

9.3 台風13号（九州地方・四国地方・中国地方・近畿地方）9月3日、台風13号が鹿児島県に上陸、九州、四国、中国、近畿など32府県で死者36人、行方不明者11人の被害となった。《データ》死者36名、行方不明者11名

1994年(平成6年)

5.28 地震（近畿地方・中部地方）5月28日午後5時4分ごろ、近畿や中部地方を中心に地震が発生、震源は滋賀県中部で、深さは40キロ、マグニチュードは5.3、彦根、四日市で震度4、名古屋、津、岐阜、京都、敦賀、上野で震度3を観測、震源地に近い滋賀県彦根市では、乳児が棚から落ちた段ボール箱で顔に軽いけがをした。《データ》負傷者1名

6.28 地震（近畿地方・中部地方）6月28日午後1時8分ごろ、近畿から中部地方の広い範囲で地震が発生、震源は京都府中部で、深さ約30キロ、マグニチュードは4.4、京都で震度4、奈良、津で震度3を記録した。

9.26 台風26号（近畿地方）9月26日、台風26号が紀伊半島を直撃、死者1人、行方不明者1人、負傷者35人、家屋全半壊15棟、床上浸水88棟、床下浸水688棟、道路損壊15カ所、がけ崩れ49カ所などの被害となった。《データ》死者1名、行方不明者1名、負傷者35名、家屋全半壊15棟、床上浸水88棟、床下浸水688棟、道路損壊15カ所、がけ崩れ49カ所

1995年(平成7年)

1.17 阪神・淡路大震災（近畿地方・関東地方・中部地方・中国地方・四国地方・九州地方）1月17日午前5時46分ごろ、近畿地方を中心に西日本から東日本にかけての広い地域で地震が発生、震源は淡路島付近、北緯34.6度、東経135.0度で、深さ約20キロ、マグニチュードは7.2の直下型地震、神戸と洲本で震度6、京都、彦根、豊岡で震度5、津、敦賀、福井、上野、四日市、岐阜、呉、境、高知、福山、鳥取、多度津、津山、徳島、岡山、高松、大阪、舞鶴、姫路、和歌山、奈良で震度4を記録した。また、午後1時までに体に感じる余震は43回あり、午前7時38分の余震ではマグニチュードは4.9、奈良で震度4、大阪、京都、彦根、舞鶴、豊岡で震度3が観測された。この地震での被害は14府県で、死者6434名、行方不明3名、負傷者43792名、住家全壊104,906棟、住家半壊144,274棟、全半焼7,132棟、焼失面積は65万9402平方メートルに及んだ。《データ》死者6434名、行方不明3名、負傷者43792名、住家全壊104,906棟、住家半壊144,274棟、全半焼7,132棟

1.25 余震（近畿地方）1月25日午後11時16分ごろ、阪神・淡路大震災の余震があり、

近畿地方(1995年)

神戸と西宮、大阪市西淀川区で震度4を記録、震源は兵庫県東部の深さ約20キロで、マグニチュードは4.7。

6.30～7.6 大雨（近畿地方・中部地方・中国地方・四国地方・九州地方）6月30日から7月6日にかけて、西日本を中心に大雨による被害がでた。31府県で死者・行方不明者2人、家屋全半壊11棟、床上浸水1011棟、床下浸水6255棟、がけ崩れ798カ所の被害となった。《データ》死者・行方不明者2名、家屋全半壊11棟、床上浸水1011棟、床下浸水6255棟、がけ崩れ798カ

10.14 余震（近畿地方）10月14日午前2時4分ごろ、阪神大震災の余震とみられる地震が発生、震源地は大阪湾で、震源の深さは約10キロ、マグニチュードは4.8、神戸市や淡路島北部で震度4、美方、八尾、寝屋川、芦屋、宝塚、淡路一宮で震度3を観測した。

この年 阪神・淡路大震災余震（近畿地方）大阪管区気象台の発表によると、1月17日の阪神・淡路大震災から年末までに、2361回の余震を観測したと発表。1月に1319回を記録したのが最多で、余震の震源域を、淡路島北部から宝塚市付近にかけての長さ約80キロ、幅10数キロとみており、年末までに有感389回、無感1972回の余震を観測、うち1月に発生した余震は1319回。余震で最大のものは本震から約2時間後に起きたM5.4で、震度4以上の余震は10回、うち8回が1月に集中したが、10月14日未明にも、大阪湾を震源とするM4.8が観測された。

1996年(平成8年)

1.8 群発地震（近畿地方）1月8日午前3時37分～8時31分までに、兵庫県川辺郡猪名川町を震源地とする地震が5回、大阪府南部を震源地とする地震が1回あった。震源の深さはいずれも約10キロで、マグニチュードは2.0～3.3、最初の地震では猪名川で震度3の弱震を記録した。

1998年(平成10年)

6.23 地震（近畿地方）6月23日午後10時54分ごろ、近畿地方などで地震が発生、震源は三重県中部で、震源の深さは約40キロ、マグニチュードは4.4、奈良県の天理市、上牧町で震度4を記録した。

9.22 台風7号（近畿地方・北陸地方・東北地方・関東地方）9月22日、近畿、北陸地方を縦断した台風7号は日本海に抜けたあと再び上陸し、各地に被害をもたらした。この台風で9人が死亡、2人が行方不明、奈良県の室生寺では国宝に指定されている五重塔が壊れるなどした。《データ》死者9名、行方不明者2名

1999年(平成11年)

2.12 地震（近畿地方）2月12日午前3時16分、近畿の広い地域で地震が発生。震源は京都南部で深さは約20キロ、マグニチュードは4.4。京都府亀岡市で震度4、京都市中京区、京都府向日市、八幡市、大山崎町、園部町、大阪府島本町、能勢町、豊能町で震度3を記録した。同府で震度4以上を記録したのは平成7年1月の阪神大震災以来。

2.18 地震（近畿地方）2月18日午後5時45分ごろ、近畿地方から三重、福井両県にわたる広い地域で地震が発生。震源は三重県中部で深さ約10キロ、マグニチュードは3.9。奈良県御杖村で震度3、三重県上野市、名張市、滋賀県彦根市、京都府城陽市で震度2を記録した。

近畿地方(2000年)

3.16 地震（近畿地方）3月16日午後4時43分ごろ、近畿、中部、北陸、中・四国地方の広範囲で地震が発生した。震源は滋賀県北部で、深さ約10キロ、マグニチュードは5.1。滋賀県彦根市、近江八幡市、三重県鈴鹿市で震度4、京都府亀岡市、滋賀県水口町、奈良県高取町、福井県小浜市、三重県四日市市、松阪市で震度3を記録した。

4.17 地震（近畿地方・中国地方・四国地方）4月17日午後5時半ごろ、近畿、中国、四国地方にわたる地震が発生。震源は兵庫県南西部で深さは20キロ、マグニチュードは3.9。兵庫県加西市、安富町、岡山県作東町で震度3、神戸市西区、兵庫県加古川市、岡山県加茂町、京都府八幡市で震度2を記録した。この地震のためJR山陽新幹線の新神戸—岡山間で送電が自動的に停止、上下13本が遅れ、約4000人に影響した。

6.27 大雨（中部地方・近畿地方）6月27日、西日本で大雨となり、東海道新幹線や近鉄道明寺線で電車のダイヤが乱れたほか、近鉄道明寺線の大和川の橋梁上のレールが曲がるなどの被害がでた。また、この日午前0時ごろ、和歌山市湊にある製鋼スラグ処理場で、下請け会社社員が鉄鉱石の燃えかすのスラグの山をブルドーザーでならしていたところ、高温のスラグが大雨で出来た水たまりを覆い、水蒸気爆発を起こして飛び散った。この事故で、ブルドーザーの一部が焼け、会社員が全身やけどの大けがをした。《データ》負傷者1名、車両1台被害

7.15 地震（近畿地方）7月15日午後7時25分ごろ、近畿地方で地震が発生。震源は大阪湾で深さは約20キロ、マグニチュードは3.8。兵庫県神戸市、明石市で震度3、芦屋市、大阪府岸和田市などで震度2を記録した。

9.17 大雨（近畿地方）9月17日夕、南からの湿った空気の影響で、近畿地方は局地的に激しい雨に見舞われた。大阪府八尾市では午後5時～6時の1時間に64mmを記録。大阪府や兵庫県内では計2000棟近くが床上・床下浸水したほか、河川の増水で阪神本線が一時運転を見合わせるなど、交通機関にも影響が出た。《データ》床上・床下浸水約2000棟

2000年(平成12年)

4.28 地震（近畿地方）4月28日午前11時42分ごろ、近畿地方で地震があった。震源は奈良県南部で深さは約60キロ、マグニチュードは4.5。和歌山県新宮市、同川辺町、奈良県下北山村で震度3、和歌山県有田市、奈良県田原本町、十津川村で震度2を記録した。

5.16 地震（近畿地方）5月16日午前4時9分ごろ、近畿地方で地震が発生。震源は京都府南部で深さは約20キロ、マグニチュードは4.6。京都府亀岡市や大阪府島本町、兵庫県三田市などで震度3を記録した。また同日午前5時43分ごろに余震とみられるマグニチュード3.8の地震が発生。

5.17 落雷で電圧低下（近畿地方）5月17日午後7時37分と51分、近畿の広範囲で落雷による電圧低下が発生し、近畿2府4県の一部で瞬間的に照明が暗くなるなどした。この影響でスコアボードや一部の照明が暗くなったため、大阪府と兵庫県でプロ野球の2試合とサッカーJリーグの1試合が最高27分間中断した。20日夜にも近畿・北陸地方の広範囲で落雷による電圧低下や停電が発生し、大阪府吹田市でJリーグの1試合が5分間中断したほか、神戸市内のロープウェイが、乗客を乗せたまま一時立ち往生した。

5.20 地震（近畿地方）5月20日午後11時39分ごろ、近畿地方で地震が発生。震源は大

25

近畿地方(2000年)

阪府北部で深さは約10キロ、マグニチュードは3.7。京都府亀岡市、八幡市、大山崎町、大阪府豊能町で震度3を記録した。

- **6.7 地震**（北陸地方・近畿地方）6月7日午前6時16分ごろ、北陸、近畿、中部、中国、四国、東北、東海、信越の広い範囲で地震があった。源は石川県西方沖で深さ約10キロ、マグニチュードは5.8。石川県小松市で震度5、同県輪島市、福井市、富山県小矢部市で震度4、金沢市、富山市、滋賀県彦根市、京都府網野町、兵庫県竹野町、島根県西郷町、福井県敦賀市、愛知県碧南市、岐阜県大垣市で震度3を記録した。この地震で、石川、富山両県で計3人が重軽傷を負った。《データ》負傷者3名

- **7.12 森永乳業食中毒事件**（近畿地方）7月12日昼、兵庫県西宮市にある森永乳業近畿工場製造の牛乳を兵庫県、大阪府、奈良県などの学校給食で飲んだ生徒たち異臭、吐き気、腹痛を訴え、一部の生徒が病院で手当てを受けた。森永乳業は同日夜、22万2千本回収した。その後の保健所の、同工場の立ち入り検査によって、商品ケース洗浄用の次亜塩素酸ソーダが残り、瓶やフード付近に付着していたのが原因と判明した。

- **8.27 地震**（近畿地方）8月27日午後1時13分ごろ、近畿地方で地震が発生。震源は奈良県で深さは約10キロ、マグニチュードは4.4。大阪府太子町、奈良県御所市、香芝市、高取町、広陵町などで震度4を記録した。この地震で近鉄南大阪線と同線に接続する道明寺、長野、御所、吉野の各線で運転を一時見合わせ、上下計80本が運休し約2万5000人に影響が出た。午後8時19分ごろには余震とみられる地震が発生。震源は大阪府南部で深さは約10キロ、マグニチュードは3.4。

- **11.1〜2 大雨**（近畿地方）11月1日から2日にかけて、台風20号から変わった低気圧のため近畿地方で大雨が発生。降雨や強風、雨雲による視界の悪化などにより、交通網に影響が出た。阪神高速湾岸線や名神高速などで速度規制が敷かれたほか、JR播但線、福知山線、山陰線、関西空港線が一時運転を見合わせた。また、関西空港や大阪空港で計5便が欠航した。

2001年(平成13年)

- **1.12 地震**（近畿地方・中国地方）1月12日午前8時ごろ、近畿北部を中心に広い範囲で地震があった。震源は兵庫県北部で深さは約10キロ、マグニチュードは5.4。京都府加悦町、兵庫県豊岡市、鳥取県鳥取市、八東町で震度4、京都府、兵庫県、鳥取県、福井県、滋賀県、岡山県、香川県の広い範囲で震度3を記録した。また同日午後6時27分ごろ、兵庫県から中国地方にかけて地震があり、兵庫県温泉町で震度3を観測した。この地震の震源は同県北部で深さはごく浅く、マグニチュードは4.0。

2002年(平成14年)

- **7.24 熱中症**（近畿地方）7月24日、太平洋高気圧や台風9号が運んできた暖かい湿った空気の影響で、近畿地方各地がこの夏一番の猛暑となった。神戸市では7月としては観測史上最高となる最高気温37.7度、そのほか大阪市で37.3度、京都市で36.8度、和歌山市で36.3度を記録。京都市で公園でバーベキューをしていた6人が、大阪市で陸上の練習をしていた4人が熱中症で病院に搬送された。《データ》患者10名

- **9.2 地震**（近畿地方）9月2日午後6時17分ごろ、近畿地方で地震が発生。震源は和歌山県北部で深さは約10キロ、マグニチュードは3.9。奈良県下北山村、和歌山県湯浅町、広川町、野上町、下津町で震度3を記録した。

2003年(平成15年)

9.8〜 弁当で集団食中毒（近畿地方）9月8日以降、大阪府豊中市の給食会社製の弁当を食べた人々が下痢や腹痛などの症状を訴えた。この集団食中毒で、大阪、京都、兵庫3府県で259人の患者が確認された。《データ》患者259名

2004年(平成16年)

1.6 地震（関東地方・中部地方・近畿地方）1月6日午後2時50分ごろ、奈良県と三重県で震度4を観測する地震があった。大阪府北部や京都府南部、滋賀県南部、和歌山県南部などでも震度3を記録し、関東、東海、北陸、近畿、中国、四国の広範囲で揺れを感じた。

6.8 地震（近畿地方）6月8日朝、和歌山県北部で震度3の地震が2回あった。最初は午前8時5分ごろで、2回目が同9時4分ごろ。大阪、兵庫、奈良でも揺れを観測。マグニチュードはそれぞれ4.2、4.1。

7.10 豪雨（近畿地方）近畿地方は10日、南から暖かく湿った空気が流れ込むなどして大気が不安定となり各地で久々にまとまった雨が降った。大阪では6月27日以来、13日ぶりに雨量を記録。大津市では午前9時までの1時間に71.5mmの雨が観測されるなど、局地的に激しい雨となり、各地で被害が相次いだ。

8.17 豪雨（四国地方・近畿地方）沖縄付近にある台風15号の影響で前線が活発化し四国や兵庫県南部などで8月17日、局地的に豪雨となり、四国で2人が死亡、3人が行方不明になるなどの被害が出た。19日までに、死者は9人になった。《データ》死者9名

9.5 地震（近畿地方）9月5日午後7時7分ごろと午後11時57分ごろの2回、近畿地方を中心に強い地震があった。1回目の地震では奈良県下北山村と和歌山県新宮市、2回目の地震では同市と三重県松阪市、香良洲町で震度5弱を記録した。いずれも関東から四国にかけての広い範囲で震度3以上の揺れを観測した。1回目の地震の震源地は紀伊半島沖で震源の深さは約10キロ、マグニチュードは6.9。2回目の地震の震源地は東海道沖で、震源の深さは約10キロ、マグニチュードは7.4。また9月6日午後11時58分には最大の余震が発生、マグニチュードは6.5を観測した。46人が負傷した。《データ》負傷者46名

9.8 地震（近畿地方）9月8日午前3時36分ごろ、近畿地方を中心に地震があった。5日夜にマグニチュード7.4を記録した地震の余震。和歌山県新宮市や三重県松阪市などで震度3を記録。中・四国、中部地方など広範囲で震度1〜2を観測。震源地は東海道沖で震源の深さは約10キロ、マグニチュードは5.4。

9.8 地震（東海地方・近畿地方）9月8日午後11時58分ごろ、東海・近畿地方で地震があり、奈良、滋賀、三重、愛知各県で震度3を記録した。震源地は東海道沖で、震源の深さは約10キロ。マグニチュードは6.2。同11時40分にも近畿地方を中心に地震があり、奈良県下北山村で震度2を記録した。震源地は東海道沖で震源の深さは約10キロ、マグニチュードは5.3。いずれも5日夜にマグニチュード7.4を記録した地震の余震とみられる。

9.14 落雷で鉄道トラブル（近畿地方）9月14日午後0時55分ごろ、山陽新幹線新大阪—新神戸間で落雷が原因で停電が発生し、上下線ともストップした。約15分後に下り線は復旧したが、上り線はしばらく運転を見合わせた。

近畿地方(2004年)

- **10.27 地震**（近畿地方）10月27日午後9時27分ごろ、近畿地方を中心に震度3の地震があった。震源は紀伊水道で、震源の深さは40キロ、マグニチュードは4.5。
- **12.1 地震**（近畿地方）12月1日午後11時半ごろ、近畿地方で震度3の地震があった。震源は京都府南部で、震源の深さは約20キロ。マグニチュードは4.1。

2005年(平成17年)

- **2.14 地震**（近畿地方・中国地方・四国地方）2月14日午前0時22分ごろ、近畿、中国、四国地方の広い範囲で地震があり、神戸市で震度3を記録した。震源は兵庫県南東部で、震源の深さは約10キロ、マグニチュードは4.2。
- **11.1 地震**（近畿地方）11月1日午後0時47分ごろ、和歌山県北部で震度4を記録する地震が発生し、近畿、中国、四国の2府9県で揺れを観測した。震源は紀伊水道で、震源の深さは約50キロ。マグニチュードは4.5。JR紀勢線は一時和歌山県で徐行運転を行った。

2006年(平成18年)

- **5.15 地震**（近畿地方）5月15日午前1時42分ごろ、近畿地方でやや強い地震が発生。震源は和歌山北部で震源の深さは約10キロ、マグニチュードは4.5。和歌山県北部で震度4、大阪府南部と奈良県で震度3を観測した。
- **8.22 豪雨・落雷**（近畿地方）8月22日午後、近畿地方で局地的に雷を伴う激しい雨が降り、大阪府豊中市では午後3時10分までの1時間に110mmの雨量を観測。府内の1時間の降水量で過去最高を記録した。この豪雨で家屋の浸水被害は大阪府で46戸、同府豊中市で被害申告が約160件あった。また、落雷の影響で大阪府北部や兵庫県、奈良県で計約3万7000軒が一時停電。京都府城陽市寺田では、同日午後1時40分ごろの落雷で自転車に乗っていた女子中学生が首に軽いやけどを負った。
  《データ》負傷者1名、家屋浸水46戸、停電3万7000軒

2007年(平成19年)

- **3.31 落雷**（近畿地方・中部地方・北陸地方）3月31日夕から夜にかけ、寒冷前線の通過により西日本各地で大気の状態が不安定になり、断続的に雷が鳴った。福井県では落雷で寺が全焼し、鳥取県江府町でも落雷が原因とみられる住宅火災が発生した。兵庫県内の一部で計約8万1000世帯、京都府木津川市と奈良県奈良市でそれぞれ1万世帯以上が停電した。JR山陽線で架線が停電し一時運転を見合わせた。
  《データ》全焼1棟
- **4.26 地震**（近畿地方）4月26日午前11時55分ごろ、和歌山県北部を震源とする地震が発生し、同県紀の川市などで震度3を観測した。震源の深さは約10キロ、マグニチュードは4.1。
- **8.22 落雷で停電**（近畿地方）8月22日夜、近畿各地で断続的に落雷があった。兵庫県南部や和歌山県、大阪府などで約6000世帯が一時停電したほか、神戸市では午後9時20分ごろ、神戸新交通「ポートライナー」が停電の影響で故障し、約50分間停止した。また、兵庫県宝塚市役所が午後8時40分ごろから約1時間40分にわたって停電。同市や西宮市などで計22基の信号機が使えなくなった。《データ》停電6000世帯
- **11.6 地震**（近畿地方）11月6日午前10時2分ごろ、奈良県を震源とする地震があり、奈良県や大阪府南部で震度3を記録した。震源の深さは約10キロで、マグニチュードは4.0。

2008年（平成20年）

2.23 強風（近畿地方・中国地方）2月23日、西日本各地では強風の影響で事故などが相次いだ。午前11時ごろ、広島市西区観音新町の大型商業施設内の遊園地で、ジェットコースターが走行中に高さ約5mの地点で停止。乗っていた母親と娘の2人は約20分後、広島市消防局のはしご車で救助された。けがはなかった。また、同10時半ごろ、和歌山市和歌浦南の約500m沖で、和歌山大ヨット部の小型ヨット4隻が強風で転覆、2人が病院に運ばれたが軽傷だった。《データ》負傷者2名

4.17 地震（近畿地方）4月17日午前0時58分ごろ、大阪湾を震源とする地震があった。震源の深さは約10キロ、マグニチュードは4.1。兵庫県明石市で震度4、神戸市長田区・垂水区、兵庫県淡路市で震度3を記録した。

5.25 大雨（近畿地方）5月25日未明から、近畿地方は雷や突風を伴う大雨となった。和歌山県紀の川市で5月としては観測史上最多である1時間に48.5mmの雨量を記録。大阪府河内長野市でも5月の観測史上最多の35mmの豪雨となった。この大雨で、和歌山、岩出、紀の川の3市では計12棟が床上浸水した。《データ》床上浸水12棟

6.20 大雨（近畿地方）6月20日夜から近畿地方で局地的に激しい雨が降った影響で、京都・滋賀両府県は床上浸水などの被害が出た。21日午後0時半までに、京都府内で家屋10戸が床上浸水した。JR奈良線では土砂崩れなども影響し、上下30本が運休。《データ》床上浸水10戸

7.8 豪雨（近畿地方・北陸地方）7月8日未明から午前にかけ、近畿や北陸などは大気の状態が不安定になり、豪雨に見舞われた。金沢市で午前6時半から1時間に約110mmの雨を記録。石川県内で28棟、富山県内で117棟が床上・床下浸水。奈良県橿原市などでは落雷で約2900軒が停電。和歌山県でも落雷により岩出市、和歌山市などで1万世帯が停電した。《データ》床上・床下浸水145棟

7.28 雷雨（近畿地方）7月28日午後2時40分ごろ、神戸市灘区の都賀川で、河川敷などにいた約10人が雨で増水した川に流された。約1時間半後、約1.5キロ下流の河口で子ども3人と女性が救助されたが死亡した。午後2時からの1時間に上流付近で36〜38mmの集中豪雨があり、都賀川の水位は午後2時40分から10分間で約1.3m上昇していた。兵庫県姫路市では男性が落雷で死亡。滋賀県の琵琶湖では、男性1人が行方不明。京都府向日市では午後1時25分ごろ、冠水した地下道で幼稚園送迎バスと乗用車1台が動けなくなった。6人の園児を含む計10人は無事脱出した。《データ》死者4名

12.5 落雷・大雨（近畿地方・中国地方・四国地方）近畿や中・四国、北陸などは12月5日朝から激しい雷雨に見舞われ、停電や列車の遅れなどの影響が出た。大阪府吹田市で午前7時45分ごろから約1450世帯が停電。大阪市西淀川区でも午前8時半ごろから約50分間、約100世帯が停電した。いずれも落雷が原因。《データ》停電1550世帯

2010年（平成22年）

5.23〜24 強風・豪雨（近畿地方）5月23日から24日にかけて、近畿各地で強風や激しい雨が観測された。23日、前線を伴った低気圧の影響で、西日本各地で強風注意報が出され、大阪市で瞬間風速15.7mを観測した。このため、近鉄大阪線・大阪教育大前駅で駅舎の外壁板が階段上に落下、近鉄奈良線の線路脇にはトタン屋根が落ちるなどの被害が出た。また、新宮市の赤木川では女性2人が乗ったカヌーが転

近畿地方(2010年)

覆。助けようとした男性を含む計3人が中州に避難し取り残されたが、午後1時半ごろ救助された。翌24日午前、気象庁は各地で大雨洪水警報などを発令。土砂崩れや川の増水で鉄道が運休し、道路の通行止めや臨時休校も相次いだ。この雨で、午前8時半ごろ、兵庫県朝来市山東町枚田の円山川中州に護岸工事の土木作業員が取り残され、消防が約30分後に救出した。同11時半には、多可町18戸、福崎町14戸、市川町6戸が床下浸水した。また、姫路市砥堀で民家の裏山が崩れ、敷地の一部が土砂で埋まった。同県では、川の増水で西脇市は1764世帯に、小野市は50世帯に、宝塚市は25世帯に避難勧告を出した。姫路市は5793世帯に避難準備情報を出し、三田市では新田川があふれ、2世帯5人が公民館に自主避難した。JR山陽線では川の増水で、同県の姫路―宝殿駅間で運転を見合わせた。同県内の加古川・播但・姫新のJR各線でも運休。また、中国自動車道の滝野社IC―福崎IC間、播磨自動車道(同)、舞鶴若狭道なども一部または全区間が通行止めになった。

- **7.3 近畿地方で大雨**（近畿地方）7月3日、近畿地方は梅雨前線の停滞のため、局地的な大雨となった。奈良県の大和川では乗用車が橋から川に転落して約300m流され、JR山陰線では京都市内の踏切の冠水で上下線で運行を見合わせ、約3000人の足に影響するなど、各地で被害が出た。《データ》乗用車河川流出1台、踏切冠水1か所、鉄道運休
- **7.21 地震**（近畿地方）7月21日、午前6時19分ごろ、奈良県宇陀市で震度4、福井県から和歌山県までの範囲で震度3を観測する地震があった。震源地は奈良県南部で、震源の深さは約60キロ。マグニチュードは5.1と推定される。
- **11.9 強風**（近畿地方）11月9日朝、近畿地方各地で強風が吹き、通勤ラッシュの鉄道ダイヤが乱れるなどした。架線への飛来物により、JR東海道線の大阪―塚本間では運休や遅延のため約2万2000人に影響したほか、JR阪和線の下松―東岸和田間でも約1万5000人に影響が出た。

2011年(平成23年)

- **2.15 降雪**（近畿地方）2月15日、近畿各地で降り続いた雪により、倒木で架線が切断されるなどしたJR紀勢線は上下線で特急4本、普通7本が駅等に停車し、計約330人が車内などで約10時間過ごした。新宮発新大阪行き特急くろしお24号が停電区間で立ち往生し、乗客約130人が4時間以上、車内で過ごした。同線では、上下線で26本が運休・部分運休、18本が最大約11時間遅れ、約9000人に影響した。東海道新幹線は、最大で約20分遅れた。14日午後から通行止めとなっていた阪和自動車道、第二京阪道路、京都丹波道路などで15日未明から順次、通行規制が解除された。
- **4.25 落雷**（近畿地方）4月25日朝、近畿地方は広い範囲で落雷を観測した。上空約5500mにマイナス30度の強い寒気が入ったため、大気の状態が不安定になり雷雲が発達。神戸海洋気象台では午前8時17分ごろから2分間、直径7mmのひょうを観測した。

2012年(平成24年)

- **1.23～ 大雪**（近畿地方・北陸地方・中国地方）1月23日から24日朝にかけて、西日本では日本海側を中心に大雪に見舞われ、交通機関に大きな乱れが出た。JR山陰線が運休したほか、道路の通行止めや渋滞によって物流が停止状態になった。降雪量は京都府舞鶴市で30cm、兵庫県豊岡市で22cmなど。
- **2.18 大雪**（近畿地方）2月18日本列島の上空に強い寒気が南下、近畿地方は日本海側

を中心に大雪。鳥取県大山町で観測史上最高記録に並んだほか、滋賀県長浜市余呉町柳ケ瀬162cm、兵庫県豊岡市97cmなどを記録。18日午後6時ごろには福井市の国道158号で、乗用車12台が絡む事故が起き、1人が重傷、4人が軽傷を負った。《データ》負傷者5名

5.2 **大雨**（近畿地方）5月2日、和歌山、奈良両県の一部に大雨警報が出された。平成23年秋の台風12号水害で被害を受けた奈良県十津川村、川上村に土砂災害警戒情報が出され、和歌山県那智勝浦町で同日午前に750世帯、1580人に避難勧告が出された。最大で71世帯121人が避難し、午後8時36分、勧告が解除された。那智勝浦町と和歌山県新宮市で幼稚園、小中高校など計20校園が臨時休校園となり、奈良県南部の国道・県道計10カ所が通行止めとなった。《データ》71世帯121人避難

5.31 **近畿で風疹流行**（近畿地方）5月31日、近畿地方を中心に、風疹の患者が増加していることが、国立感染症研究所のまとめで分かった。平成24年に入ってから5月23日までの患者数は205人で、23年同期の約1.6倍。現在の報告形式になった20年以降で最も多い。厚生労働省は、全国の自治体に予防接種の徹底などを呼びかけた。

6.21〜 **大雨**（近畿地方・四国地方）6月21日から22日未明にかけて、梅雨前線や東シナ海の低気圧の影響により、西日本各地で大雨が降った。高知県土佐清水市で釣りに出かけた男性1人が死亡したほか、奈良県斑鳩町と和歌山県御坊市でそれぞれ1人が重傷を負った。大阪府では5市で計24棟が床上・床下浸水するなど、建物の被害も広がった。《データ》死者1名、負傷者2名

8.13〜 **近畿地方豪雨**（近畿地方）8月13日夜から14日朝にかけて、近畿地方は大気の状態が不安定となり、猛烈な雨に見舞われた。電車の運休が相次ぐなど交通機関に乱れが出たほか、京都府南部や大阪府北東部を中心に床上・床下合わせて約4300棟が浸水した。京都府では、宇治市志津川の河川の氾濫で民家1軒が流され、住民2人のうち1人が死亡、1人が行方不明となった。同市内にある平等院で境内の庭園の斜面が幅6m、高さ3mにわたって崩落したほか、京都府八幡市の石清水八幡宮では、表参道が土砂崩れで通行できなくなった。大阪府枚方市の用水路では女性1人が浮かんでいるのが見つかり、その後死亡が確認された。《データ》死者2名、行方不明者1名

8.18 **落雷**（近畿地方・大阪府・滋賀県）8月18日午後、近畿地方で雷を伴う非常に激しい雨が降り、大阪市を中心に落雷の被害が相次いだ。大阪市東住吉区の長居公園で、樹木など2カ所に雷が落ち、女性2人が死亡、男女8人が軽傷を負った。滋賀県大津市桐生の農道では、中学3年の男子生徒が落雷で意識不明の重体。また鉄道ダイヤが大幅に乱れ、落雷のため近畿地方各地で停電が発生した。《データ》死者2名、負傷者9名

2013年（平成25年）

2月 **近畿地方でインフル猛威**（近畿地方）全国では峠を越えつつあるインフルエンザの流行が、近畿地方でピークを迎えた。2月3日までの1週間では近畿地方の全府県で患者報告数が前週（1月21〜27日）を上回り、自治体が警報を出す基準に近いレベルか、それを超える状態になった。兵庫は警報レベルを超えた。

3.10 **強風**（関東地方・近畿地方・中国地方）3月10日、全国的に強風が吹き荒れ、倒れた構造物などによるけが人が相次いだ。西日本では、午後0時10分ごろに兵庫県西宮市沖の海上で、大学ヨット部の計6艇が転覆し12人が海に投げ出された。同0

近畿地方(2013年)

時20分ごろには神戸市でも大学のウインドサーフィン部学生ら18人が強風で沖に流されたが、いずれも救助された。滋賀県大津市では午前10時50分ごろ、中学生が突風にあおられて転倒、腕とひざの骨を折る重傷を負った。大津市では最大瞬間風速28.9mを記録。松江市24.9m、和歌山県かつらぎ町22.2m、豊中市20.6mなど、各地で3月としては観測史上最大の瞬間風速を記録した。《データ》負傷者10名

6.13 熱中症（近畿地方）6月13日は南から暖かい空気が流れ込み、西日本を中心に計33地点で最高気温が35度以上の猛暑日となった。大阪府豊中市で37.9度を観測したほか、京都府京田辺市37.5度、岡山市37.0度、高松市36.5度、奈良市36.5度、神戸市36.3度、大阪市36.1度など、いずれも6月として最も高い気温を記録した。熱中症とみられる症状で病院に搬送された人は西日本で100人近くに上り、兵庫県尼崎市では交通整理中の警備員が死亡した。《データ》死者1名

6.26 大雨で住宅浸水相次ぐ（近畿地方・中国地方）梅雨前線や低気圧の影響で西日本は6月26日、大雨に見舞われた。奈良県五條市では午後10時20分までの24時間雨量が111.5mm、同市としての6月の観測史上最大となった。奈良県では橿原市や五條市、十津川村などで道路の冠水や家屋の浸水が相次いだ。大和高田市などで床上浸水2棟、床下浸水46棟。大淀町で7人が自主避難。王寺町では川の増水で国道の路肩が約15m崩落。五條市では土砂崩れあり。和歌山県日高町で住宅1棟が床下浸水。広島県廿日市市の土砂崩れの影響で8世帯23人に避難勧告が出され、2世帯9人が避難した。《データ》床上浸水2棟、床下浸水47棟

7.15 大雨（中国地方・近畿地方）7月15日、西日本では局地的な大雨となった。午前10時50分ごろ、鳥取県三朝町木地山の国道179号では、道路が陥没してできた穴に乗用車1台が転落、男女3人が重軽傷を負った。同県南部町大木屋の国道180号では、崩落した土砂で車9台が一時閉じ込められた。午後3時15分ごろ広島県大崎上島町では、男性が雷に打たれて死亡。鳥取県では、江府町で民家1棟が一部破損し、南部町などで計5棟が床上浸水。島根県でも安来市などで計3棟が床上浸水した。兵庫県養父市では、関宮地域の208世帯608人に一時避難勧告が出された。JR西日本は、近畿や中国地方を走る特急20本以上を運休や部分運休とした。《データ》死者1名、負傷者3名

7.28〜29 大雨（北陸地方・近畿地方・中国地方）7月29日、北陸地方や近畿地方の一部で激しい雨に見舞われた。石川県小松市で同日夜までの24時間雨量が199.5mを記録。島根県津和野町では28日から29日未明にかけ24時間雨量が381mを記録した。いずれも観測史上最多。同日夕、小松市では梯川が観測史上最大の水位5.23mに到達し、一時避難指示・避難勧告が出された。石川県能美市は140世帯に避難指示を出した。滋賀県長浜市では姉川が氾濫危険水位を超え、午後9時10分に周辺5町の301世帯に避難勧告が発令され、市内山間部の4世帯が自主避難した。同市木之本町では土砂崩れがあり、国道303号が一時ふさがれた。

8.23 降雨と落雷（近畿地方）8月23日夕、近畿地方で17日ぶりに雨が降り、猛暑から一転して激しい雨や落雷に見舞われた。大阪府高槻市で計2万5000軒ほか、大阪府枚方市、京都府京田辺市と精華町、兵庫県各地で停電するなどした。太平洋高気圧が南下した影響で近畿や北陸などで雨雲が急激に発達したためとみられる。一方、落雷の影響でJR東海道線上り線の高槻と茨木の両駅で信号機が故障。大阪—高槻駅間で午後8時20分ごろから約1時間にわたって運転を見合わせるなどした。約3万8000人に影響した。

8.25 大雨（九州地方・中国地方・近畿地方）8月25日、九州から近畿の広い範囲で非常に激しい雨が降った。島根県西部の益田市では未明、観測史上最多の1時間に87.0mmの猛烈な雨を記録。大阪府大阪市中央区では午前に、10分間の雨量が過去最多の27.5mmを記録した。この雨で、島根県川本町のJR三江線は因原駅の近くで橋脚が流され、全線不通になった。兵庫県神戸市東灘区のJR東海道線摂津本山駅では地下道が冠水。大阪府大阪市北区の阪急梅田駅周辺は広範囲に冠水、一部のショッピングモールも浸水し、多くの店が一時閉店した。大阪府では、計26棟で床上浸水し、計202棟で床下浸水が発生した。兵庫県では、計10棟が床上浸水、計62棟が床下浸水した。《データ》床上浸水36棟、床下浸水264棟

9.4 大雨（東海地方・中国地方・四国地方・近畿地方）9月4日、台風17号から変わった低気圧と停滞する前線の影響で、西日本を中心に大荒れの天気となった。24時間降水量は島根県邑南町162.5mm、広島県東広島市153mmなど、中国・四国の9カ所で、9月の観測史上最高を記録した。兵庫・愛媛・愛知で、床上浸水は計41棟、床下浸水は計106棟に上った。兵庫県福崎町では民家に雷が直撃し、460m^{2}を全焼した。同県神戸市須磨区の妙法寺川河口付近では、男性1人が死亡。岐阜県関市の藤谷川で、女性が流され死亡。岡山県高梁市では、裏山が崩れ民家が全壊した。岐阜県海津市と愛知県一宮市では突風で男女3人が軽傷を負った。三重県伊勢市では、竜巻とみられる突風で、40件以上の建物被害報告があった。新幹線の運休・部分運休が相次ぎ、在来線でも一部区間で運転を見合わせた。《データ》死者2名、負傷者3名、全焼1棟、焼失面積460m^2、床上浸水41棟、床下浸水106棟、全壊1棟

9.30 弁当などに中国米混入（北陸地方・中部地方・東海地方・近畿地方・中国地方・四国地方）9月30日、全国展開する大手スーパーが平成24年12月2日〜翌年9月4日に西日本を中心に、「国産米使用」と表示して販売した弁当やおにぎり計約1500万個に、中国産米が混入していたことが判明した。米を納入した商社による産地偽装の疑いがあるとみられる。

10.26 ツナ缶からアレルギー物質検出（関東地方・中部地方・近畿地方）10月26日、大手食品会社のグループ会社が、ツナ缶から社内基準値を超えるアレルギー物質「ヒスタミン」が検出されたとして、計約6万個を自主回収すると発表。大きな健康被害は確認されていないとしている。10月21日に京都府の消費者から「食べた際に違和感があった」と訴えがあった。対象商品はタイの委託先の工場で生産された商品で、平成25年9月に輸入し関東、中部、近畿地方のスーパーなどに出荷されたという。

2014年(平成26年)

2.14 大雪（近畿地方）2月14日、西日本は発達中の低気圧の影響で大雪に見舞われた。奈良県などに大雪警報が出され、近畿地方では約60人が負傷。14日正午までの積雪は、京都市や大阪市で4センチ、奈良市では14センチを記録。奈良市で積雪が14センチに達したのは18年ぶり。また、交通機関にも大きく影響し、近畿大学や四天王寺大学では入試の開始時間が繰り下げられた。大阪府や和歌山県では停電が発生、電力需要は今冬最大値を更新し、電力使用率も95%に達した。また、滋賀県では乗用車とトラックの衝突事故が発生、乗用車の運転手が死亡した。スリップ事故と見られている。《データ》死者1名、負傷約60人

7.13 ヒョウタンで食中毒（奈良県・近畿地方）7月13日、大阪市に本社のあるロイヤルホームセンターが、関東や京阪神などの30店舗で、毒性の強い観賞用ヒョウタ

近畿地方(2014年)

ンの苗を販売していたと発表。「食用」と表示していたという。この苗を買って収穫したヒョウタンを食した奈良県の女性が、食中毒を発症し入院した。販売したのは平成25年4月中旬から6月下旬と、26年4月中旬から6月下旬で、合計で約3000個ほどの売り上げがあったという。《データ》食中毒1名

8.10 台風（近畿地方・四国地方・東海地方）7月下旬にマリアナ諸島附近で発生した台風11号は、ゆっくりとした速度で北上を続け、10日6時過ぎ、強い勢力を保ったまま高知県安芸市付近に上陸。その後、次第に速度を上げながら四国・近畿地方を通過し日本海を北上、11日午前に温帯低気圧となった。西日本から北日本にかけての広範囲で大雨となり、特に四国地方や近畿地方、東海地方では雨量が増え、近畿地方ではこの台風の影響と見られる死者が兵庫県や京都府の川や海などで発見された。《データ》死者7名

8.16 豪雨（京都府・兵庫県・近畿地方）8月16日、西日本地方は広い範囲で大気が不安定となり京都市で1時間に87.5mmの猛烈な雨となるなど局地的豪雨となった。床下浸水などの被害の他、交通機関も乱れ、「五山の送り火」などで京都を訪れていた観光客にも影響した。京都市右京区では用水路で土嚢を積んでいた男性が流され死亡、兵庫県川西市では砂防ダムの工事関係者が土砂崩れに巻きこまれて死亡した。京都市の1時間の雨量は1906年から開始された観測の歴史の中で史上第2位の雨量という。17日、京都府福知山市では24時間の雨量が303.5mmを記録、観測史上最多の雨量となった。同市内の広範囲で冠水被害が起き、民家の裏山で起きた土砂崩れなどで住民の男性が死亡するなど、豪雨関連の死者は5名となった。18日までに福知山市などの被害があった地域では3500棟以上が浸水した。《データ》死者5名

2015年(平成27年)

7.16〜18 台風11号（近畿地方・全国）7月4日午前3時、マーシャル諸島で台風11号が発生。16日23時ごろ、高知県室戸市付近に上陸し、比較的ゆっくりとした速度で四国・中国地方を北上。17日午後、日本海を北東に進み、18日午前3時には熱帯低気圧に変わった。この台風の影響で西日本と東日本を中心に大雨となり、近畿地方では24時間の積算雨量が観測史上最高を記録し、平年の7月1ヶ月間の雨量を上回った。また、西日本で猛烈な風、西日本と東日本の太平洋側を中心に大しけとなった。埼玉県と兵庫県で各女性1人が川に流され死亡、滋賀・京都・兵庫・広島・山口・徳島6府県で12人が強風のため転倒するなどして重傷、滋賀・京都・大阪・兵庫・奈良など18府県で47人が軽傷を負った。また、住家全壊2棟、半壊5棟、一部破損79棟、床上浸水79棟、床下浸水319棟、非住家被害50棟を記録した。《データ》死者2名、負傷者59名、全壊家屋2棟、半壊家屋5棟、一部破損家屋79棟、床上浸水79棟、床下浸水319棟、非住家被害50棟

滋賀県

1909年(明治42年)

8.14 姉川地震 (滋賀県他) 8月14日午後3時31分、滋賀県東浅井郡一帯にマグニチュード6.8の激震が起こった。震源は東経136.3度、北緯35.4度の姉川流域。死者は滋賀県内で35人、岐阜県で6人、滋賀県内で重軽傷者643人、全壊家屋972棟の被害を出した。34人が死亡した東浅井郡内での被害が特に大きかった。《データ》死者41名、重軽傷者643名(滋賀県内)、全壊家屋972棟(滋賀県内)

1928年(昭和3年)

1.31 北陸線機関車転落 (滋賀県東浅井郡虎姫町) 1月31日、北陸線の機関車が虎姫駅構内で安全側線を突破し、転落した。《データ》機関車1両転落

7.19 東海道線貨物列車脱線 (滋賀県・京都府) 7月19日、東海道線の貨物列車のうち4両が大津、山科両駅間で脱線。このため、同区間は約4時間にわたり不通になった。《データ》車両4両脱線

1930年(昭和5年)

6月 豪雨 (滋賀県) 6月、滋賀県で大雨により河川氾濫や堤防決壊などの被害が相次いだ。《データ》河川氾濫、堤防決壊

8.21 陸軍飛行隊機墜落 (滋賀県) 8月21日、陸軍八日市飛行第3連隊の戦闘機が編隊訓練中、同僚機と接触して墜落し、操縦者が死亡した。《データ》死者1名、航空機1機墜落

9月 降雹 (岐阜県・滋賀県) 9月、岐阜、滋賀両県の各地で降雹による被害が相次いだ。《データ》被害額212万円(推定)

1931年(昭和6年)

5.3 地震 (滋賀県彦根町) 5月3日、滋賀県彦根町の付近を震央とする強い地震があった。

11.14 地震 (岐阜県・三重県・滋賀県) 11月14日、岐阜、三重、滋賀の3県を震域とする強い地震があった。

1934年(昭和9年)

1月～2月 豪雪 (秋田県・群馬県・新潟県・石川県・福井県・滋賀県・兵庫県) 1月上旬から2月にかけて、羽越、北陸、山陰の各地方や群馬、滋賀の両県などで大雪による被害が相次いだ。《データ》被害額450万円(うち農林業関係300万円)

9.21 東海道線急行列車転覆 (滋賀県) 9月21日、東海道線の急行列車が室戸台風により大津市郊外の瀬田川鉄橋の付近で転覆、175名の死傷者がでた。《データ》死傷者175名、車両転覆

10.11 見物船客溺死 (滋賀県栗太郡老上村沖) 10月11日、大津祭り見物船の乗客5名が滋賀県老上村にある矢橋の沖合で溺死した。《データ》死者5名

滋賀県(1935年)

1935年(昭和10年)

12.10 海軍偵察機墜落(滋賀県高島郡川月村)12月10日午前10時40分頃、海軍舞鶴要港部の94式複葉水上偵察機が、滋賀県川月村の深清水地区の山林に墜落し、乗員3名が死亡した。《データ》死者3名、航空機1機墜落

1936年(昭和11年)

7.2〜3 豪雨(滋賀県湖西地方)7月2日から3日にかけて、滋賀県湖西地方で大雨による被害が続出。滋賀郡真野村では稲作地約7.9haが埋没した。《データ》稲作地約7.9ha埋没

7.3 桐原小学校火災(滋賀県蒲生郡)7月3日、滋賀県蒲生郡の桐原小学校で火災があり、校舎を全焼した。《データ》建物全焼

8.26 赤痢発生(滋賀県滋賀郡堅田村)8月26日、滋賀県堅田村の東洋紡績工場で、273名が擬似赤痢にかかっていることがわかった。《データ》患者273名

1937年(昭和12年)

2.6 バス・近江鉄道線電車衝突(滋賀県甲賀郡水口町)2月6日、近江鉄道線の電車とバスが、滋賀県水口町で衝突し、乗客ら14名が死傷した。《データ》死傷者14名、車両衝突

1938年(昭和13年)

1.9 名古屋飛行学校機墜落(滋賀県坂田郡)1月9日、名古屋飛行学校生の乗ったサムルソン乙式11年型機が操縦訓練中に、滋賀県坂田郡の琵琶湖岸に墜落、操縦者が死亡した。《データ》死者1名、航空機1機墜落

1940年(昭和15年)

1.25 雪崩(滋賀県)1月25日、滋賀県の冷水越で大規模な雪崩があり、住民9名が圧死した。《データ》死者9名

5.20 火災(滋賀県片岡村)5月20日、滋賀県片岡村で火災があり、家屋36戸を全焼した。《データ》全焼家屋36戸

9.6 警察署火災(滋賀県高島郡今津町)9月6日、滋賀県今津町の今津警察署で火災があり、落成式を控えた新築の庁舎を全焼した。原因は放火。《データ》建物1棟全焼

1941年(昭和16年)

1.20 暴風雪(滋賀県)1月20日、滋賀県の各地で猛吹雪による被害が相次いだ。

6.25〜28 豪雨(京都府山城地方・滋賀県・広島県・山口県・佐賀県)6月25日から広島、山口両県で、27日から佐賀県で、28日から京都府山城地方と滋賀県南部とで、それぞれ大雨による被害が続出。京都府では家屋95戸と水田約35.7km^{2}と浸水、山科川や鴨川、天神川が氾濫し、東海道線や京阪電鉄線など各線が不通になった。《データ》床上浸水家屋95戸、浸水耕地約35.7km^2、河川氾濫、被害額約80万円(京都府のみ)

1942年(昭和17年)

7.30 延暦寺火災(滋賀県大津市)7月30日、天台宗総本山の比叡山延暦寺で火災があり、国宝の横川中堂を全焼した。《データ》建物1棟全焼

1947年（昭和22年）

1.24 三井寺火災（滋賀県大津市）1月24日、大津市の天台宗寺門派総本山園城寺(三井寺)で火災があり、伽藍を全焼した。園城寺は天武期の創建で、松尾芭蕉や与謝蕪村の俳句でも知られる古刹。《データ》寺院全焼

1948年（昭和23年）

7.23～26 豪雨（富山県・石川県・福井県・滋賀県）7月23日から26日にかけて、富山、石川、福井、滋賀の4県で大雨により住民9名が死亡、138名が負傷、5名が行方不明、建物307棟が全壊、100棟が半壊、4047棟が流失、1万9928棟が床上浸水、2万1503棟が床下浸水、田畑約24.3haが流失、約275.0haが冠水、道路21か所が損壊、橋梁119か所が流失、九頭竜川などの堤防320か所が決壊した。《データ》死者9名、負傷者138名、行方不明者5名、全壊建物307棟、半壊建物100棟、流失建物4047棟、床上浸水建物1万9928棟、床下浸水建物2万1503棟、流失田畑約24.3ha、冠水田畑約275.0ha、道路損壊21か所、橋梁流失119か所、堤防決壊320か所

1949年（昭和24年）

3.26 比叡山延暦寺火災（滋賀県大津市）3月26日、滋賀県大津市の天台宗総本山延暦寺で火災があり、伽藍の一部を焼いた。《データ》寺院一部焼失

7.27～30 ヘスター台風（福井県・三重県・滋賀県・京都府・兵庫県・奈良県・徳島県・香川県）7月27日に、伊勢湾付近に上陸したヘスター台風は、名古屋市の西方を通って、30日に若狭湾へ抜けた。この影響で、福井・三重・滋賀・京都・兵庫・奈良・徳島・香川の8県で住民16名が死亡、29名が負傷、18名が行方不明となり、家屋55戸が全壊、147戸が半壊、62戸が流失、1967戸が床上浸水、9594戸が床下浸水、田畑約11.5haが流失、約150.2haが冠水、道路347か所と堤防253か所が損壊、橋梁420か所が流失した。《データ》死者16名、負傷者29名、行方不明者18名、全壊家屋55戸、半壊家屋147戸、流失家屋62戸、床上浸水家屋1967戸、床下浸水家屋9594戸、流失田畑約11.5ha、冠水田畑約150.2ha、道路損壊347か所、橋梁流失420か所、堤防決壊253か所

12.22 延暦寺安楽律院火災（滋賀県滋賀郡坂本村）12月22日、滋賀県坂本村にある天台宗総本山延暦寺の安楽律院正殿の天井から出火し、同殿や本堂、庫裏、鐘楼など6棟を全焼した。《データ》全焼建物6棟

1951年（昭和26年）

6.3 近江絹糸新入工員圧死（滋賀県彦根市）6月3日夜、滋賀県彦根市西馬場町の近江絹糸工場2階講堂で行われた新入工員歓迎のための映画会で、上映中のフィルムに引火したため大騒ぎとなり、逃げようとした女子工員約700名が階段付近に殺到して将棋倒しとなり、23名が圧死、5名が重傷、17名が軽傷を負った。《データ》死者23名、重傷者5名、軽傷者17名

9.5 住宅火災（滋賀県東浅井郡虎姫町）9月5日夜、滋賀県虎姫町の青果店から出火、家屋102戸を全焼して6日午前3時に鎮火した。この火事で1名が死亡、120名余りが重傷を負った。《データ》死者1名、重傷者120名余り、全焼家屋102戸

12.18 玉園中学校火災（滋賀県）12月18日、滋賀県の玉園中学校で火災があった。《データ》校舎火災

1952年(昭和27年)

11.9 セメント専用列車脱線転落（滋賀県坂田郡春照村）11月9日、滋賀県春照村の東海道本線近江長岡駅構内で、大阪窯業セメントの専用列車(14両編成)が車止めを突破して脱線、さらに転覆して近くの川へ転落した。この事故で、乗務員ら6名が死亡、20名が重軽傷を負った。ブレーキの故障が原因。《データ》死者6名、重軽傷者20名、車両転落

1953年(昭和28年)

5.27 近江神宮火災（滋賀県大津市）5月27日、大津市織町にある近江神宮の南回廊から出火、同回廊の一部50m前後と正面楼門を全焼した。原因は浮浪者の放火。

8.14～15 豪雨（三重県・滋賀県・京都府・奈良県・和歌山県）8月14日夜から15日未明にかけて、三重・滋賀・京都・奈良・和歌山の5府県に大雨が降り、京都府井手町で同町東端の大正池が決壊して全家屋約1000戸の70%以上が倒壊または流失し、住民50名が死亡、150名が負傷、滋賀県多羅尾村でも山崩れが発生し、住民44名と家屋230戸が土砂の下敷きになるなど各地で被害が相次ぎ、170名が死亡、361名が負傷、269名が行方不明となり、家屋328戸が全壊、265戸と橋梁296か所が流失、田畑約33.7haが流失または埋没、堤防346か所が決壊した。《データ》死者170名、負傷者361名、行方不明者269名、全壊家屋328戸、流失家屋265戸、流失・埋没田畑約33.7ha、橋梁流失296か所、堤防決壊346か所

1954年(昭和29年)

5.26 打出中学校火災（滋賀県大津市）5月26日、大津市の打出中学校で火災があり、木造2階建の校舎・25教室(4628m^2)を焼いた。《データ》校舎火災、焼失面積4628m^2、被害額約5000万円

7.10～11 近江絹糸彦根工場争議（滋賀県彦根市）7月10日、滋賀県彦根市の近江絹糸彦根工場で、労働争議中に女子工員3名が興奮状態になり、精神分裂症と診断された。翌11日にも同工場で、類似の症状をもつ工員1名が出た。《データ》患者4名

8.26 瀬田工業高等学校火災（滋賀県大津市）8月26日、滋賀県大津市にある県立瀬田工業高等学校で火災があり、本館ほか22教室(約5620m^2)を焼いた。《データ》焼失面積約5620m^2

1955年(昭和30年)

7.10 発電所トンネル拡張現場落盤（滋賀県大津市）7月10日、大津市石山外畑町の、瀬田川南郷と関西電力宇治発電所とを結ぶ第3導水路トンネルの拡張工事現場で落盤が発生し、作業員12名が死亡、1名が重傷を負った。《データ》死者12名、重傷者1名

7.18 彦根城楽々園火災（滋賀県彦根市）7月18日、滋賀県彦根市金亀町の彦根城で火災があり、同城内の楽々園の一部(約397m^2)を焼いた。楽々園は名勝にも指定されている庭園。《データ》焼失面積約397m^2

10月 西高等学校火災（滋賀県大津市）10月、大津市の西高等学校で火災があった。

1956年(昭和31年)

4.1 近江バス転落（滋賀県坂田郡近江町）4月1日、滋賀県近江町岩脇の中山道で、醒々井発米原行きの近江バスが約1.5m下の水田に転落し、乗客ら5名が重傷、27名が軽傷を負った。《データ》重傷者5名、軽傷者27名、車両1台転落

滋賀県(1962年)

6.21 降雹（福島県・愛知県・岐阜県美濃地方・滋賀県）6月21日午後1時30分頃、福島・愛知・滋賀の各県と岐阜県美濃地方で、寒冷前線の通過により14年ぶりという雹が降った。愛知県では卵大の雹が30分前後にわたって降り、住民27名が負傷、家屋32戸が全半壊、屋根瓦や窓ガラスなど130万枚が破損、田畑約7.2haが被災、岐阜県では直径10mmから20mm程度の雹が20分前後にわたって降り、48名が負傷、5戸が全壊、64戸が半壊し、特産の富有柿が約6割の減収になった。《データ》負傷者75名、全半壊家屋101戸、田畑被害約7.2ha(愛知県のみ)、被害額約10億円

10.11 比叡山延暦寺火災（滋賀県大津市）10月11日午前3時30分頃、大津市坂本町の天台宗総本山比叡山延暦寺の大講堂正面入口の右側付近から出火し、銅板ぶき重層入母屋造りの同講堂(重要文化財・701m^2)や鐘台(同前・17m^2)、食堂(132m^2)、前唐院(40m^2)、水屋(3m^2)受付所など5棟(892m^2)と重文級の阿弥陀如来や四天王など仏像21体を全焼した。原因は山上事務所受付係の青年による放火。《データ》全焼建物5棟、全焼仏像14体、焼失面積892m^2、被害額約5億円

1958年(昭和33年)

12.25 滋賀県立教育会館火災（滋賀県大津市）12月25日、大津市東浦町の滋賀県立教育会館で火災があり、2階建の施設2棟(10部屋、約1223m^2)を全焼した。《データ》全焼建物2棟、焼失面積約1223m^2

1960年(昭和35年)

7.24 全但交通バス・京阪バス衝突（滋賀県大津市）7月24日、大津市坂本町の比叡山ドライブウェイのカーブで、延暦寺の根本中堂へ向かう遺族会員44名を乗せた全但交通の貸切観光バスと、京都市へ向かう京阪バスが衝突し、観光バスは道路から約120m下の谷底に転落、車掌1名と乗客27名が死亡、11名が重傷、7名が軽傷を負い、京阪バスの乗客4名も重軽傷を負った。原因は速度制限オーバーと見られる。《データ》死者28名、重軽傷者22名、車両1台転落

8.22 貨車・電車衝突（滋賀県彦根市）8月22日、近江鉄道本線の彦根口駅付近で、貨車が無人のまま暴走し、米原発貴生川行きの3両編成の電車と正面衝突、41名が重軽傷を負った。原因は機関士が制動機をかけ忘れたため。《データ》重軽傷者41名、車両衝突

9.10 東映野外撮影班火傷（滋賀県滋賀郡志賀町）9月10日、滋賀県志賀町の琵琶湖畔で、ロケ中の東映の野外撮影班50名余りが火傷を負った。《データ》重軽傷者50名余り

1961年(昭和36年)

6.19 水陸両用遊覧機墜落（滋賀県大津市沖）6月19日、大津市唐崎町沖の琵琶湖で、エア・キャリア・サービス社日本代理店のレイクLA4型単発水陸両用遊覧機が、操縦試験中に、エンジンが故障、同湖に墜落、沈没し、乗員ら4名が死亡した。《データ》死者4名、航空機1機墜落

11.8 関西航空水陸両用機墜落（滋賀県）11月8日、琵琶湖で、関西航空のレイクLA4型単発水陸両用機が宣伝飛行を終えて同湖に着水直後、操縦を誤って沈没し、乗員2名が負傷した。《データ》負傷者2名、航空機1機墜落

1962年(昭和37年)

1月 小学校火災（滋賀県大津市）1月、大津市の中央小学校で火災があり、11教室を焼

滋賀県(1962年)

失した。《データ》校舎半焼
- 4.23 高島高等学校火災（滋賀県高島郡高島町）4月23日、滋賀県高島町の高島高等学校で火災があり、23教室を焼失した。《データ》校舎半焼
- 6月 ペンタクロルフェノール琵琶湖流入（滋賀県）6月末、滋賀県の各地で農業関係者が除草剤ペンタクロルフェノール(PCP)を水田に散布したため、同剤が琵琶湖に流れ込み、コイやフナ、真珠貝などに被害が出た(38年6月1日に県独自で使用禁止を指示。43年10月1日に厚生省が汚染調査を実施)。《データ》魚介類被害、被害額4億円
- 11月〜 異常渇水（滋賀県）11月から38年2月にかけて、滋賀県の琵琶湖で異常渇水が発生した。

1963年(昭和38年)

- 1.4 観光バス・ダンプカー衝突（滋賀県甲賀郡水口町）1月4日、観光バスとダンプカーが滋賀県水口町北脇の国道1号線で激突し、バスの乗客ら4名が死亡、24名が重軽傷を負った。原因はダンプカーの運転手の飲酒運転。《データ》死者4名、重軽傷者24名、車両衝突
- 12月 異常渇水（滋賀県琵琶湖）12月、滋賀県の琵琶湖が異常渇水にみまわれ、同14日には水位がマイナス51cmを記録、湖岸付近の水域で魚介類に被害が出た。《データ》魚介類被害

1964年(昭和39年)

- 1.28 江若鉄道バス・ダンプカー衝突（滋賀県大津市）1月28日、江若鉄道の急行定期バスと小型ダンプカーが大津市で激突し、乗客1名が死亡、46名が負傷した。《データ》死者1名、負傷者46名、車両衝突

1965年(昭和40年)

- 6.12 住宅火災（滋賀県神崎郡永源寺町）6月12日午前11時15分頃、滋賀県永源寺町蓼畑で火災があり、住宅など14棟(1189m^2)を全焼した。《データ》全焼家屋14棟、焼失面積1189m^2
- 10.1 県庁別館火災（滋賀県大津市）10月1日午前11時25分、大津市京町の滋賀県庁別館4階の教育委員会から出火し、同館の一部(151m^2)を焼失、窓から飛び降りた職員ら3名が死亡、3名が重傷、7名が軽傷を負った。原因は配線の短絡。《データ》死者3名、重傷者3名、軽傷者7名、庁舎半焼、焼失面積151m^2、被害額1181万円(消防庁調べ)

1966年(昭和41年)

- 5.24 延暦寺恵心堂火災（滋賀県大津市）5月24日午後3時40分頃、大津市坂本本町の天台宗総本山の比叡山延暦寺の横川恵心堂の北側宿直室床下から出火し、約50分間に本堂(65m^2)と棟続きの木造トタン屋根平屋建の庫裏(100m^2)、倉庫(12m^2)を全焼、恵心僧都座像など木像5体や金像1体も燃えた。原因は放火とみられる。《データ》全焼建物3棟、焼失面積177m^2
- 12.23 乗用車事故（滋賀県甲賀郡水口町）12月23日、滋賀県水口町の道路で、忘年会から帰る途中の乗用車が事故を起こし、乗っていた水口小学校の女性教諭が死亡、同校長ら3名が負傷した。原因は飲酒運転。《データ》死者1名、負傷者3名、車両1台事故

1967年(昭和42年)

- **2.9 老人ホーム火災**（滋賀県大津市）2月9日、大津市小関町の滋賀同仁会大津老人ホームで火災があり、施設3棟を全焼、入居者1名が死亡した。《データ》死者1名、全焼建物3棟

- **3.25 オート三輪・草津線列車衝突**（滋賀県甲賀郡）3月25日、草津線の三雲・石部駅間の踏切で、オート三輪と列車が衝突し、列車の乗客ら12名が負傷、気動車1両が脱線した。原因はオート三輪側の警報無視。《データ》負傷者12名、車両1両脱線(運輸省調べ)

- **6.29 ダンプカー・近江鉄道本線電車衝突**（滋賀県犬上郡甲良町）6月29日、近江鉄道本線の甲良・多賀宮駅間の南踏切で、ダンプカーと愛知川発米原行き電車(2両編成)が衝突し、現場から約20m先の犬上鉄橋から約5m下の河原に転落し、ダンプの運転手が即死、電車の乗客ら7名が重軽傷を負った。《データ》死者1名、重軽傷者7名、車両2両転落

- **8.17 西日本空輸ヘリコプター墜落**（滋賀県甲賀郡信楽町）8月17日、滋賀県信楽町で、農薬散布中の西日本空輸のベル47G2型ヘリコプターが墜落し、1名が負傷した。《データ》負傷者1名、ヘリコプター1機墜落(運輸省調べ)

- **12.7 自動車事故**（滋賀県）12月7日、滋賀県の名神高速道路で、乗用車が事故を起こし、乗っていた4名が即死した。《データ》死者4名、車両1台事故

1968年(昭和43年)

- **2.4 雪崩**（滋賀県坂田郡伊吹町）2月4日、滋賀県伊吹町の伊吹山で雪崩が発生、山小屋1棟が全壊、3名が圧死した。《データ》死者3名、全壊家屋1棟

- **2.15 東海道本線電車・貨物列車衝突**（滋賀県坂田郡米原町）2月15日、東海道本線の米原駅で電車と貨物列車が衝突し、客車や貨車12両が脱線したが、乗務員や乗客に死傷者はなかった。《データ》車両12両脱線(日本国有鉄道調べ)

- **2.25 住宅火災**（滋賀県八日市市）2月25日午後3時30分、滋賀県八日市市上羽田町の住宅で火災があり、のべ7m²を全焼、住民3名が死亡した。原因は豆炭アンカの不始末。《データ》死者3名、焼失面積7m²、被害額9万円

- **2.25 堂満岳雪崩遭難**（滋賀県堂満岳）2月25日、滋賀県の堂満岳の沢で下山中の6名のパーティーが雪崩により約500m流され、2名が死亡、4名が負傷した。《データ》死者2名、負傷者4名(警察庁調べ)

- **6.27 東海道本線貨物列車脱線・衝突**（滋賀県大津市）6月27日、東海道本線の膳所駅で貨物列車(41両編成)の機関車と貨車19両が脱線、貨車7両が横転、3両が隣の京阪電鉄石坂線の線路内に転落、うち1両が全焼。直後に別の貨物列車(39両編成)が現場に進入、衝突し、機関車が大破、貨車2両が脱線したが、死傷者はなかった。原因は乗務員の居眠り運転による制限速度の超過。《データ》車両33両脱線(日本国有鉄道調べ)

1969年(昭和44年)

- **3.5 小学校火災**（滋賀県大津市）3月5日、大津市の膳所小学校で火災があり、校舎を全焼した。《データ》校舎全焼

- **4.15 観光バス・トラック追突**（滋賀県大津市）4月15日、大津市大谷町の名神高速道路

41

滋賀県(1969年)

大津トンネルで観光バスが故障車を回避するため減速、直後に後続の大型トラックが追突し、乗客ら51名が負傷した。《データ》負傷者51名、車両追突(警察庁調べ)

6.8 観光遊覧船岸壁衝突 （滋賀県大津市）6月8日、大津市浜町の浜大津港で、琵琶湖島巡り観光遊覧船みどり丸が、接岸直前、岸壁に激突し、乗客ら25名が重軽傷を負った。《データ》重軽傷者25名、船舶1隻衝突

9.17 保育園送迎バス事故 （滋賀県野洲郡守山町）9月17日、滋賀県守山町で、保育園の送迎用バスが事故を起こし、園児29名が死傷した。《データ》死傷者26名、車両1台事故

11.29 草津線列車落石脱線 （滋賀県甲賀郡石部町）11月29日、草津線石部・手原駅間で、ディーゼル旅客列車が線路付近の土砂採取場からの落石を受け、うち2両が脱線、転覆し、運転士が即死、乗客20名が重軽傷を負った。《データ》死者1名、重軽傷者20名、車両2両脱線・転覆(日本国有鉄道調べ)

1970年(昭和45年)

1.5 東海道新幹線列車発火 （滋賀県彦根市）1月5日、米原駅付近の滋賀県彦根市のトンネル内で、東海道新幹線の列車が発火、急停止し、乗客が車内に約2時間閉じ込められた。《データ》車両火災

8.1 乗用車・トラック衝突 （滋賀県蒲生郡竜王町）8月1日、滋賀県竜王町の名神高速道路で、乗用車とトラックが中央分離帯を突破して正面衝突し、双方に乗っていた5名が即死した。《データ》死者5名、車両衝突

9.2 航空自衛隊機墜落 （滋賀県彦根市）9月2日午後2時10分、滋賀県彦根市金剛寺町で、航空自衛隊新田原救難隊のMU2型機が航法訓練のため小松飛行場へ向けて八尾飛行場を離陸後に、失速、墜落し、乗員4名が死亡、住宅1戸(301m^2)を全焼した。原因はエンジン系統の故障。《データ》死者4名、航空機1機墜落、全焼家屋1戸、焼失面積301m^2、被害額1億8700万円(運輸省・消防庁調べ)

11.8 軽乗用車・京阪坂本線電車衝突 （滋賀県大津市）11月8日、京阪電鉄坂本線三井寺・別所駅間の無警報踏切で、軽乗用車と電車が衝突し、1名が死亡、4名が負傷した。《データ》死者1名、負傷者4名、車両衝突(運輸省調べ)

1971年(昭和46年)

3.14 乗用車転落 （滋賀県蒲生郡安土町）3月14日、乗用車が滋賀県安土町で橋の欄干に激突、川へ転落し、運転者や同乗者ら5名が死亡した。《データ》死者5名、車両1台転落(警察庁調べ)

この頃 国立病院患者麻酔注射死亡 （滋賀県八日市市）46年頃、滋賀県八日市市の国立八日市病院の整形外科で患者が交通事故の後遺症治療のため麻酔注射を受けたところ、死亡した(46年11月24日に大津地方検察庁が元同科医長を起訴)。《データ》死者1名

1973年(昭和48年)

4.1 東レ工場火災 （滋賀県大津市）4月1日、大津市園山の東レ滋賀工場で火災が発生し、工場(5800m^2)を全焼した。《データ》工場火災、焼失面積5800m^2、被害額6億円(消防庁・朝日新聞社調べ)

10.9 ミキサー車・近江鉄道本線列車衝突 （滋賀県蒲生郡水口町付近）10月9日、近江

滋賀県(1980年)

鉄道本線日野・水口駅間の踏切で列車が大型ミキサー車の側面に衝突し、乗員、乗客ら70名が負傷した。原因はミキサー車の無謀運転。《データ》負傷者70名、車両衝突(運輸省・朝日新聞社調べ)

1974年(昭和49年)

5.12 乗用車・トラック衝突（滋賀県坂田郡近江町）5月12日、滋賀県坂田郡近江町の県道で、直線道路を進行中の乗用車が追い越しに失敗し対向車線に突入、対向のトラックと正面衝突、乗用車の全員が死亡。《データ》死者5名、負傷者1名

1975年(昭和50年)

6.18 観光バス横転（滋賀県蒲生郡竜王町）6月18日、観光バスが滋賀県竜王町の名神高速道路下り線で停止していた乗用車を避けそこねて、分離帯(高さ約10cm)に乗りあげたまま約10m走って横転し、運転者や乗客のうち1名が死亡、45名が重軽傷を負った。《データ》死者1名、重軽傷者45名、車両1台横転

1976年(昭和51年)

5.24 セスナ機墜落（滋賀県高島郡今津町）5月24日、滋賀県高島郡今津町で、第一航空のセスナ機が墜落した。2名が死亡。《データ》死者2名

1978年(昭和53年)

2.12 中学生乱闘（滋賀県野洲郡野洲町）2月12日、滋賀県野洲町の住宅で中学生2名が包丁や木刀で同級生4名を襲い、襲われた1名が死亡、双方の4名が重軽傷を負った。原因はいじめに対する恨み。《データ》死者1名、重軽傷者4名

5.6 住宅ガス爆発（滋賀県大津市）5月6日、大津市の住宅でガス爆発が発生し、現場付近の3戸を全半焼、10戸を部分焼、ガス器具や計量類63個が壊れたほか、1200戸が影響を受けた。原因は住宅で使っていた市営都市ガスの調節弁に小石が詰まり、高圧ガスが供給元から家庭へ直接流れ込んだため。《データ》全半焼住宅3戸、部分焼住宅10戸、破損機器63個

この年 赤潮（滋賀県北湖）この年、滋賀県北湖で赤潮が発生した。《データ》赤潮発生

1979年(昭和54年)

8.17 東海道線客車脱線（滋賀県米原町）8月17日、国鉄東海道線米原駅構内で、客車の機関車を交換作業中に1両が脱線した。この事故で24名が負傷した。《データ》負傷者24名

この年 琵琶湖赤潮（滋賀県琵琶湖）52年、53年、54年と3年連続して、琵琶湖の赤潮が発生した。淡水プランクトン、ウログレナの異常繁殖によるものだが、発生のメカニズムは未解明。

1980年(昭和55年)

1.12 工場火災（滋賀県甲賀郡甲西町）1月12日午後8時40分ごろ、滋賀県甲賀郡甲西町の東洋ガラス滋賀工場の倉庫から出火、鉄骨鉄板ぶき4万7482m²の倉庫1棟と、下請け会社の事務所7棟370m²が全焼。薬品用のガラスビン4000万本が焼け、損害は22億6600万円。《データ》被害額22億6600万円、倉庫1棟・事務所7棟全焼

7.12頃 毒蛇投棄（滋賀県）7月12日頃、暴力団の構成員ら2名が滋賀県に毒蛇70匹を捨てたが、住民らに死傷者はなかった。構成員らの自供によれば、毒蛇は、東南ア

滋賀県(1980年)

ジアから拳銃を密輸するため一緒に袋詰めして持ち込まれたが、結局始末に困って捨てたもの(自供後に現場付近で捜索、回収活動を実施)。

9.4 **職員酸欠死**(滋賀県彦根市)9月4日、滋賀県彦根市の彦根市清掃センターで汚水タンクを清掃中の職員5人が酸欠で倒れ死亡。1人の職員が汚水を汲み取ろうとタンク内に入った直後倒れ、これを助けようと中に入った4人が次々に倒れた。《データ》死者5名

1981年(昭和56年)

5.18 **プランクトン異常発生**(滋賀県)5月18日、琵琶湖プランクトン異常発生調査団が、赤潮をもたらす植物プランクトンのウログレナの生態の一部がわかったと3年間の調査結果を発表した。琵琶湖では1977年春以来、5年連続で赤潮が発生し、この年の夏から秋にかけ、異臭が発生するなどした。

8.15 **新幹線架線故障**(滋賀県)8月15日午後8時半ごろ、滋賀県内の新幹線米原・京都間で架線が切れ、16日までマヒ状態が続き、109本が運休、331本が最高13時間余り遅れ、85万人が迷惑を受ける記録的な大混乱となった。国鉄の調べによると、原因は、3年前に現場の架線を張り替えたさい、国鉄職員が配線設計を間違え、電気が流れないはずの吊架線に高圧電流が流れて、吊架線を溶かしてしまったため。《データ》運休109本

10.17 **高速道路玉突事故**(滋賀県彦根市)10月17日午後2時20分ごろ、滋賀県彦根市の名神高速道路で、道路工事で渋滞していた車の列にトラックが追突、8台が玉突き衝突した。この事故でトラックに追突された乗用車が炎上し、5人が焼死、11名が負傷した。《データ》死者5名、負傷者11名

1982年(昭和57年)

12.9 **乗用車・トラック正面衝突**(滋賀県栗太郡栗東町大橋)12月9日午前5時10分、滋賀県栗太郡栗東町大橋の国道1号線で、乗用車とトラックが正面衝突した。この事故で1人が死亡、4人が重軽傷を負った。乗用車の運転手は無免許運転で、無理な追い越しをしようとしていた。《データ》死者1名、重軽傷者4名

1983年(昭和58年)

10.23 **多重追突事故**(滋賀県甲賀郡石部町石部)10月23日午後11時20分、滋賀県甲賀郡石部町石部の名神高速道路上り線で、乗用車2台とトラック23台の追突事故が発生、4人が負傷し、上り線の栗東・八日市市の両インターが8時間閉鎖された。《データ》負傷者4名

11.19 **落石**(滋賀県彦根市鳥居本町)11月19日午前9時25分、滋賀県彦根市鳥居本町の名神高速道路で、ライトバンが重さ約3トンの落石に衝突、ライトバンは大破、1人が死亡、1人が軽傷を負った。現場付近では建設業者が土砂の採取を行っており、ショベルカーがこの岩を引っかけて道路に落下したらしい。《データ》死者1名、軽傷者1名

1984年(昭和59年)

1.13 **衝突事故**(滋賀県坂田郡山東町)1月13日午前5時50分、滋賀県坂田郡山東町の名神高速道路下り車線で、トレーラーが中央分離帯に衝突し、後続のトラックがこれに追突、さらに後続車が次々と衝突し、計7台の衝突事故となった。この事故

滋賀県(1989年)

で、運転手2人が負傷した。《データ》負傷者2名
- **2.27 玉突事故**（滋賀県犬上郡多賀町中川原）2月27日午後5時ごろ、滋賀県犬上郡多賀町中川原の名神自動車道路で、大型トラックが雪のため停車したトラックに追突、はずみで前にいた乗用車に追突、さらにトレーラーにぶつかった。またこの事故の後方でも同様な玉突事故が起こるなど、この付近で、計43台が事故に遭い、1人が死亡し、13人が重軽傷を負った。《データ》死者1名、重軽傷者13名
- **4.7 乗用車転落**（滋賀県伊吹町）4月7日午後2時30分ごろ、滋賀県伊吹町の曲谷ダムに乗用車が落ちているのが見つかり、車内で男性5人が死んでいた。乗用車は6日夜、通いの高校生らを大学生が送って行く途中、下り坂の急カーブでハンドル操作を誤ったらしい。《データ》死者5名
- **6.8 落雷**（滋賀県高島郡今津町）6月8日午前9時20分、滋賀県高島郡今津町の陸上自衛隊の演習場で、対戦車ミサイルの発射訓練をしていたところ、ミサイルに落雷し、近くにいた5人が負傷した。《データ》負傷者5名
- **10.31 コレラ患者**（東京都・秋田県・滋賀県・福島県・京都府・大阪府・千葉県）10月31日、台湾ツアー帰りの観光客のコレラ患者は21人となった。患者は東京都で6人、秋田県、滋賀県で各4人、福島県で3人、京都府で2人、大阪府と千葉県で各1人。《データ》コレラ患者21名

1985年(昭和60年)

- **4.30 淡水赤潮**（滋賀県）4月30日、琵琶湖の南湖西岸寄りの3カ所に淡水赤潮が発生した。赤潮は5月中も散発的に発生し、水がきれいな北湖でも発生した。昭和52年以降、毎年4月後半から6月上旬にかけて9年連続発生。原因は植物プランクトンであるウログレナ・アメリカーナの異常繁殖によるもので、発生水域では水面が茶褐色に変色、独特の生臭いにおいが漂った。

1986年(昭和61年)

- **2.28 乗用車・大型トラック衝突**（滋賀県坂田郡米原町）2月28日午後7時30分、滋賀県坂田郡米原町の国道8号線で乗用車が反対車線に飛び出し横向きになったところへ、大型トラックが衝突した。この事故で乗用車の運転手が死亡、同乗の2人が重傷を負った。《データ》死者1名、重傷者2名

1989年(平成1年)

- **1.28 名神高速道路玉突き事故**（滋賀県愛知郡湖東町）1月28日午後0時半ごろ、滋賀県湖東町平柳の名神高速道路上り線で、ワゴン車が横転したのをきっかけに、約1キロ区間にわたり8カ所計28台が関係する玉突き事故が起きた。男性1人が即死、4人が重傷、7人が軽いけがを負った。路面は降った雪がシャーベット状で滑りやすくなっていた。《データ》死者1名、負傷者11名、車28台被害
- **9月 井戸水にコレラ菌**（滋賀県甲賀郡）9月、滋賀県甲賀郡でコレラが発生、患者数は真性1人、疑似5人。また、真性コレラ患者の自宅井戸水からコレラ菌を検出、一帯の井戸水の使用を禁止した。《データ》感染者6名
- **この年 ゴルフ場汚濁物質**（滋賀県甲賀郡）ゴルフ場から流れ出る水の汚濁物質は、山地の渓流の約7倍で農薬も検出されることが、滋賀県立短大の調査でわかった。滋賀県甲賀郡内で測定した結果、流域1haあたりのCOD(化学的酸素要求量)物質の年間流出量は山林15キログラム、ゴルフ場105キログラムで廃水、農薬や肥料が

滋賀県(1990年)

影響しているとみられる。

1990年(平成2年)

6.10 小型軽量飛行機墜落（滋賀県草津市）6月10日午後1時15分ごろ、滋賀県草津市北山田の山田漁港沖合約100mの琵琶湖で、2人が乗った小型軽量飛行機(マイクロライト機)が高さ約150mで失速して墜落、1人が死亡、1人がけがをした。《データ》死者1名、負傷者1名

10.19 漁船衝突（滋賀県草津市）10月19日午前8時半ごろ、滋賀県草津市の琵琶湖で、漁船(2.5トン)が、鉄製の警戒標識に衝突、1人が死亡した。《データ》死者1名

11.2 トラック衝突（滋賀県高島郡新旭町）11月2日午前1時45分ごろ、滋賀県高島郡新旭町針江の国道161号バイパスで、トラック同士が正面衝突、3人が死亡した。《データ》死者3名

1991年(平成3年)

2.10 名神高速玉突き事故（滋賀県坂田郡米原町）2月10日午前3時15分ごろ、滋賀県坂田郡米原町枝折の名神高速下り線で、観光バスが渋滞で停車中の大型トラックに追突、合計4台の玉突き衝突となり、バスの乗客ら9人が軽いけがをした。原因は前方不注意。《データ》負傷者9名

5.14 信楽高原鉄道衝突事故（滋賀県甲賀郡信楽町）5月14日午前10時35分ごろ、滋賀県甲賀郡信楽町黄瀬の信楽高原鉄道の紫香楽宮跡駅付近で、普通列車とJRが乗り入れている京都発信楽行きの臨時快速列車が正面衝突、乗客ら42人が死亡、614人が重軽傷を負った。原因は高原鉄道の運転手が列車自動停車装置を解除して発信したため。《データ》死者42名、負傷者614名

6.11 名神高速追突事故（滋賀県彦根市）6月11日午前2時35分ごろ、滋賀県彦根市正法寺の名神高速道路上り線で、路肩のガードレールに衝突した乗用車に大型トラックなど4台が追突、乗用車が炎上して2人が焼死、1人が軽いけがをした。《データ》死者2名、負傷者1名

8.17 乗用車衝突（滋賀県高島郡マキノ町）8月17日午前2時半ごろ、滋賀県高島郡マキノ町沢の国道161号で、乗用車同士が衝突、1人が死亡、1人が重体、3人が重軽傷を負った。原因は1台がセンターラインを越えたため。《データ》死者1名、負傷者4名

1992年(平成4年)

2.22 北陸道多重追突事故（滋賀県伊香郡余呉町）2月22日午前1時すぎ、滋賀県伊香郡余呉町柳ケ瀬の北陸自動車道で、乗用車同士が追突し、後続の8台のトラックが次々と追突、トラックの運転手1人が重傷を負った。《データ》負傷者1名

5.7 シンナー爆発（滋賀県草津市）5月7日午前4時20分ごろ、滋賀県草津市野路町のマンションで、市内に住む男女3人がシンナーを吸引中に爆発。2人は意識不明の重体、1人は1カ月の重傷。たばこの火が気化したシンナーに引火したらしい。《データ》負傷者3名

6.24 送迎バス・乗用車衝突（滋賀県蒲生郡日野町）6月24日午前9時15分ごろ、滋賀県蒲生郡日野町音羽の県道で、近江富士カントリークラブの送迎用マイクロバスと乗用車が衝突、双方の8人が顔や手足などに重軽傷を負った。《データ》負傷者8名

8.5 花火爆発（滋賀県長浜市）8月5日午後8時55分ごろ、滋賀県長浜市長浜港の北琵琶

湖大花火大会で、打ち上げ花火に点火した直後爆発、打ち上げ作業をしていた4人が重軽傷を負った。打ち上げ花火の導火線の取り付けなどに問題があったのではないかとみられる。観客にはけがはなかった。《データ》負傷者4名

8.21 トラック追突（滋賀県蒲生郡蒲生町）8月21日午前7時半ごろ、滋賀県蒲生郡蒲生町横山、名神高速道路下り線の日野川橋で、トラックが欄干に衝突、そこへ大型トラックが追突した。トラックに乗っていた1人が車外に投げ出されて即死し、1人が重体となった。《データ》死者1名、負傷者1名

9.20 実験車見物客はねる（滋賀県草津市）9月20日午後2時半ごろ、滋賀県草津市西渋川の綾羽工業草津工場内で開かれていた「交通安全ひろば」の会場で、シートベルト衝突実験のためにけん引されていた乗用車が、見物していた約300人の列に突っ込み、約15m走ってテントの支柱にぶつかって止まった。幼児2人が軽いけがをした。《データ》負傷者2名

12.28 名神高速多重衝突（滋賀県甲賀郡甲西町）12月28日午前6時10分ごろ、滋賀県甲賀郡甲西町菩提寺の名神高速道路下り線で、大型トラックや乗用車など10台が次々に接触・衝突する事故があり、2人が重傷、6人が手足などに軽いけがをした。雨により乗用車がスリップしたらしい。《データ》負傷者8名

1993年（平成5年）

1.26 円教院全焼（滋賀県大津市）1月26日午後2時50分ごろ、比叡山延暦寺の里坊の大津市坂本、円教院付近から出火、延べ240m^{2}の同寺院を全焼した。《データ》全焼1棟、焼失面積240m^2

1.28 スキーバス追突（滋賀県滋賀郡志賀町）1月28日午前8時15分ごろ、滋賀県滋賀郡志賀町木戸の国道161号で、県立北大津高校の生徒を乗せた観光バス同士が追突、後のバスに乗っていた2人が軽いけがをした。バスの前方を走っていた軽ライトバンが雪でスリップ、避けようとして急停車したバスに後続のバスが追突したらしい。《データ》負傷者2名

3.17 トレーラー衝突炎上（滋賀県高島郡安曇川町）3月17日午前4時40分ごろ、滋賀県高島郡安曇川町青柳、国道161号高島バイパスの安曇川大橋で、大型トレーラー同士が正面衝突、両方とも運転席などが炎上し、2人が焼死、2人が軽いけがをした。前夜からの雪で橋上の路面が凍結し、ハンドルをとられて一方が中央線を越えたのが原因らしい。《データ》死者2名、負傷者2名

5.1 オートバイ橋に衝突（滋賀県草津市）5月1日午前2時45分ごろ、滋賀県草津市木川町の県道で、パトカーに追跡されていたオートバイがコンクリート橋に衝突し、同乗の少年が死亡、無免許で運転していた少年も軽いけがをした。パトカーも石垣に衝突、2人が軽いけがをした。《データ》死者1名、負傷者3名

5.22 観音正寺火災（滋賀県蒲生郡安土町）5月22日午後9時5分ごろ、滋賀県蒲生郡安土町石寺の32番札所の観音正寺で、本堂入り口付近から出火、木造の本堂約480m^{2}が全焼し、本尊で国の重要文化財の千手観音立像など仏像7体が焼失した。同寺は繖山の山頂付近にあって水利が悪いため消火に手間取った。《データ》全焼1棟、焼失面積480m^2、仏像7体焼失

6.9 軽乗用車・乗用車衝突（滋賀県甲賀郡甲西町）6月9日午前1時30分ごろ、滋賀県甲賀郡甲西町針の国道1号で、軽乗用車が追い越し禁止区域で大型トラックを追い越そうとして対向の乗用車と正面衝突、横転し、追い越したトラックに追突され大

滋賀県(1993年)

破した。この事故で軽乗用車の4人が即死、乗用車の男性も重傷を負った。雨の中の無理な追い越しが原因とみられる。《データ》死者4名、負傷者1名

7.18 名神高速多重衝突（滋賀県愛知郡秦荘町）7月18日午後3時30分ごろ、滋賀県愛知郡秦荘町松尾寺の名神高速道路上り線で、乗用車やトラックなど計14台が玉突き衝突、衝撃でつぶれた燃料タンクから漏れだした燃料に何かの火が引火して、8台の車が次々に炎上、4人が燃えた車に閉じ込められて死亡、8人が重軽傷を負った。《データ》死者4名、負傷者8名

8.22 多重衝突事故（滋賀県高島郡安曇川町）8月22日午後2時40分ごろ、滋賀県高島郡安曇川町北船木の湖周道路3差路で、県道から湖周道路へ出てきた乗用車がトラックと衝突、トラックは対向の乗用車2台に次々衝突した。この事故で衝突された乗用車の3人が死亡したほか、1人が重傷、7人が軽いけがをした。乗用車が安全を十分確かめずに左折しようとして、湖周道路を走ってきたトラックと衝突したらしい。《データ》死者3名、負傷者8名

10.16 乗用車ガードレールに衝突（滋賀県坂田郡米原町）10月16日午前5時55分ごろ、滋賀県坂田郡米原町三吉の北陸自動車道下り線で、乗用車が道路左側のガードレールに衝突、乗っていた2人が死亡、1人が意識不明の重体、運転していた男性も重傷を負った。100キロ以上のスピードを出していて、カーブを曲がり切れなかったらしい。《データ》死者2名、負傷者2名

12.5 乗用車・大型トラック衝突（滋賀県近江八幡市）12月5日午前5時20分ごろ、滋賀県近江八幡市東川町の国道8号で、乗用車と大型トラックが衝突、乗用車の3人が死亡した。乗用車が中央線を越えたらしい。《データ》死者3名

1994年(平成6年)

1.16 超軽量飛行機墜落（滋賀県守山市）1月16日午前11時50分ごろ、滋賀県守山市木浜町の沖合約340mの琵琶湖に超軽量飛行機が墜落、機体は沈没し、操縦者が泳いでいるうちに行方不明になった。飛行中トラブルが起き、琵琶湖へ不時着したらしい。《データ》行方不明1名

1.17 多重衝突事故（滋賀県甲賀郡信楽町）1月17日午前6時50分ごろ、滋賀県甲賀郡信楽町の国道307号で、ライトバンと軽トラックが正面衝突、さらに乗用車2台が接触し、軽トラックの運転手が胸や頭を強く打って即死、ライトバンの男性が軽いけがをした。《データ》死者1名、負傷者1名

2.14 北陸道玉突き衝突（滋賀県伊香郡木之本町）2月14日午前7時30分ごろ、滋賀県伊香郡木之本町の北陸自動車道上り線で、大型トラックや乗用車など計12台が雪でスリップして玉突き衝突事故を起こし、1人が死亡、11人が重軽傷を負った。《データ》死者1名、負傷者11名

2.23 東海道線新快速電車・トラック衝突（滋賀県彦根市）2月23日午後1時ごろ、滋賀県彦根市川瀬馬場町のJR東海道線河瀬踏切で、新快速電車とトラックが衝突、トラックの運転手と同乗者の2人が軽いけがをした。《データ》負傷者3名

8.21 乗用車ガードロープに激突（滋賀県伊香郡余呉町）8月21日午後2時5分ごろ、滋賀県伊香郡余呉町の北陸自動車道上り線で、乗用車が左側ガードロープに激突し、運転していた女性が死亡、1人が軽いけが。さらに事故を避けようとした大型トレーラーが追い越し車線を走っていた乗用車と衝突した。《データ》死者1名、負傷者1名

8.21 名神高速道路多重衝突（滋賀県蒲生郡蒲生町）8月21日午後10時45分ごろ、滋賀

県蒲生郡蒲生町の名神高速道路下り線で、乗用車と四輪駆動車が衝突、さらに後続のライトバンなど3台が次々にぶつかり、1人が死亡、4人が足などに軽いけがをした。追い越し車線の乗用車が確認不十分のまま走行車線に入ったのが原因。《データ》死者1名、負傷者3名

1995年（平成7年）

- **3.4 名神高速玉突き事故**（滋賀県蒲生郡蒲生町）3月4日午前2時35分ごろ、滋賀県蒲生郡蒲生町木村の名神高速道路上り線で、乗用車が雨でスリップして中央分離帯に衝突、さらにこの乗用車を避けようとして走行車線で停止した乗用車に後続のトラックが追突するなど計3台が玉突き衝突し、6人が重軽傷を負った。《データ》負傷者6名

- **4.7 名神高速玉突き事故**（滋賀県甲賀郡甲西町）4月7日午前7時10分ごろ、滋賀県甲賀郡甲西町の名神高速道路下り線で、トラックが乗用車など3台に追突、計7台の玉突き事故になった。この事故でトラック運転手が死亡、乗用車を運転していた男性は軽いけがをした。《データ》死者1名、負傷者1名

- **10.11 名神高速多重衝突**（滋賀県大津市）10月11日午後11時10分ごろ、大津市野郷原の名神高速道路上り線で、大型トラック9台の多重事故があり、1人が死亡、1人が軽いけがをした。《データ》死者1名、負傷者1名

- **11.22 玉突き衝突**（滋賀県大津市）11月22日午前1時30分ごろ、大津市藤尾奥町の西大津バイパス・長等トンネル下り線の入り口付近で、軽乗用車がトラックに追突、さらに3台が玉突き衝突した。この事故でトラックと軽乗用車が炎上、軽乗用車に閉じ込められた男性が焼死、前の3台の運転者が軽いけがをした。《データ》死者1名、負傷者3名

- **12.12 トラック追突**（滋賀県犬上郡多賀町）12月12日午前6時25分ごろ、滋賀県犬上郡多賀町の名神高速道路下り線で、トラック3台が追突する事故が発生、トラック1台が横転し運転手が外に投げ出され死亡、他の2台の運転手と同乗者が軽いけがをした。《データ》死者1名、負傷者3名

- **12.14 パトカー・乗用車衝突**（滋賀県大津市）12月14日午後11時20分ごろ、大津市今堅田の琵琶湖大橋で、西行き一方通行を逆走してきた乗用車とパトカーが正面衝突、乗用車の助手席にいた女性が死亡、運転の会社員が右足首を骨折、巡査も軽傷を負った。《データ》死者1名、負傷者2名

- **12.27 北陸道多重衝突**（滋賀県長浜市）12月27日午前9時15分ごろ、滋賀県長浜市保田町の北陸自動車道上り線で、10台がからむ多重衝突事故があり、トラックの運転手が死亡、3人が重軽傷を負った。雪で次々にスリップしたらしい。《データ》死者1名、負傷者3名

1996年（平成8年）

- **1.11 住宅火災**（滋賀県彦根市）1月11日午前8時ごろ、滋賀県彦根市芹橋、民家付近から出火、木造2階建ての住宅延べ約170m^{2}が全焼、1人が焼死した。《データ》死者1名、全焼1棟、焼失面積約170m^2

- **1.13 住宅火災**（滋賀県甲賀郡水口町）1月13日午前0時すぎ、滋賀県甲賀郡水口町酒人、民家の離れ付近から出火、木造2階建て延べ約80m^{2}の離れと西側に隣接する木造平屋建て約200m^{2}の母屋が全焼、児童1人が焼死、1人が軽傷を負った。《デー

滋賀県(1996年)

タ》死者1名、負傷者1名

- **1.31 パトカー・トラック追突**（滋賀県犬上郡多賀町）1月31日正午ごろ、滋賀県犬上郡多賀町多賀の名神高速道路上り線で、大型トラックが、巡回中の中日本ハイウエイパトロールのパトカーに追突、パトカーは前に止まっていたトラックにぶつかった。大型トラックとパトカーが炎上。パトカーに乗っていた社員2人が焼死した。《データ》死者2名
- **2.1 トラック・名古屋鉄道バス衝突**（滋賀県彦根市）2月1日午前6時5分ごろ、滋賀県彦根市小野町の名神高速道路上り線で、大型トラックが、トラックに追突。トラックが横転したところに、名古屋鉄道の定期バスがぶつかった。この事故でバスの乗客の1人と運転手が、足や顔に軽いけがをした。《データ》負傷者2名
- **3.18 玉突き衝突**（滋賀県蒲生郡安土町）3月18日午後11時25分ごろ、滋賀県蒲生郡安土町東老蘇の国道8号で、大型トラックが、ライトバンに追突した。ライトバンは前の乗用車に、乗用車はさらに前の車に相次いで玉突き衝突、4台とも炎上した。この事故で1人が全身を強く打って間もなく死亡したほか、1人が右足骨折の大けがをした。運転中に居眠りしていたらしい。《データ》死者1名、負傷者1名
- **4.10 住宅火災**（滋賀県伊香郡木之本町）4月10日午前2時ごろ、滋賀県伊香郡木之本町木之本、民家付近から出火、木造2階建ての同住宅延べ約125m²が全焼、3人が焼死した。《データ》死者3名、全焼1棟、焼失面積125m²
- **4.15 乗用車水路に転落**（滋賀県守山市）4月15日午前10時10分ごろ、滋賀県守山市幸津川町の県道から、主婦の運転する乗用車が約5m下の水路に転落し、1人が死亡、2人が重体となった。《データ》死者1名、負傷者2名
- **5.22 集団登校の列に軽ワゴン車突入**（滋賀県甲賀郡甲賀町）5月22日午前7時45分ごろ、滋賀県甲賀郡甲賀町鳥居野の県道で、集団登校していた13人の列に、軽ワゴン車が突っ込み、3人負傷した。児童の列を避けるため中央線をはみ出したところへ対向車が来たため、あわててハンドルを切りブレーキをかけたがスリップしたという。《データ》負傷者3名
- **8.2 タンクローリー横転**（滋賀県大津市）8月2日午後2時10分ごろ、大津市朝日が丘の名神高速道路上り線大津インター出口付近で、タンクローリーが乗用車に追突、はずみでタンクローリーが横転、積み荷のガソリンに引火して1人が重傷、1人が顔に軽いやけどを負った。《データ》負傷者2名、車両1台全焼
- **8.3 保線作業員快速にはねられる**（滋賀県彦根市）8月3日午後8時46分ごろ、滋賀県彦根市川瀬馬場町、JR東海道線の日夏街道踏切付近で、保線作業をしていた3人が快速電車にはねられ死亡した。《データ》死者3名

1997年(平成9年)

- **2.18 ワゴン車ガードレールに衝突**（滋賀県坂田郡米原町）2月18日午前2時25分ごろ、滋賀県坂田郡米原町の名神高速道路上り線で、ワゴン車がスリップしガードレールに衝突した後、トラックにぶつかった。ワゴン車の5人のうち1人が死亡、運転していた女性ら4人は重軽傷。《データ》死者1名、負傷者4名
- **9.28 妙福寺全焼**（滋賀県大津市）9月28日午後5時30分ごろ、大津市中庄で民家から出火、木造2階建ての住宅約130m²が全焼。さらに、東隣の妙福寺などに延焼し、本堂約140m²が全焼、庫裏や近所の民家5棟も半焼または一部が焼けた。《データ》全半焼7棟、焼失面積270m²

10.4 軽乗用車用水池転落（滋賀県甲賀郡土山町）10月4日午後0時40分ごろ、滋賀県甲賀郡土山町鮎河で、軽乗用車が町道沿いの農業用水池に転落、母親と保育園児の親子が水死体で見つかった。対向車を避けようとしてハンドル操作を誤って転落したらしい。《データ》死者2名

10.26～27 山火事（滋賀県野洲町）10月26日午後0時15分ごろ、滋賀県野洲町小篠原の通称田中山頂上付近の北西斜面から出火、強風にあおられて燃え広がり約20haを焼いたが、翌27日に消火活動で火勢が衰えた。《データ》焼失面積20ha

11.3 名神高速道路玉突き事故（滋賀県山東町）11月3日午後4時10分ごろ、滋賀県山東町の名神高速道路上り線で、名阪近鉄バスの大型バスが、渋滞で徐行していたマイクロバスに追突、はずみでマイクロバスが乗用車に追突するなど計4台が絡む玉突き事故となった。この事故でマイクロバスの4人と乗用車1台の3人の計7人が軽傷。原因はバス運転手のわき見運転。《データ》負傷者7名

1998年（平成10年）

3.1 JR湖西線人身事故（滋賀県志賀町）3月1日午後10時半ごろ、滋賀県志賀町のJR湖西線で、特急「サンダーバード46号」の運転士が衝撃音に気付き非常停止したところ男性をはねたことが判明。男性は即死、乗客約30人にけがはなかった。《データ》死者1名

3.7 大型トラック追突（滋賀県八日市）3月7日午前5時ごろ、滋賀県八日市市尻無町の名神高速道路下り線で、大型トラック同士が追突、トラックの運転手1人が死亡した。トラックに積んでいたワインの空き瓶が約100mにわたって散乱した。《データ》死者1名

3.30 住宅火災（滋賀県大津市）3月30日午前0時20分ごろ、大津市大将軍の住宅から出火、木造2階建て延べ160m²を全焼し、2人が死亡した。《データ》死者2名、全焼1棟、焼失面積160m²

5.7 ワゴン車追突（滋賀県竜王町）5月7日午前4時ごろ、滋賀県竜王町の名神高速道路上り線竜王インターチェンジ付近で、ワゴン車同士が追突した。追突されたワゴン車は横転して追い越し車線にはみ出し、同車線のトラックも大型トラックに追突、1人が死亡、7人が重軽傷を負った。《データ》死者1名、負傷者7名

7.30 砲弾爆発（滋賀県高島郡）7月30日午後3時ごろ、滋賀県高島郡4町村にまたがる陸上自衛隊饗庭野演習場で、陸自中部方面隊第13師団第13偵察隊が射撃訓練中、同隊所属の87式偵察警戒車の25mm機関砲に装てんした砲弾が発射できなくなった。乗員が装てん部分から弾を取り除こうとしたところ爆発し、2等陸曹が薬きょうの破片で首を切って死亡した。《データ》死者1名

8.26 ワゴン車・トラック衝突（滋賀県木之本町）8月26日午後3時40分ごろ、滋賀県木之本町飯浦の国道8号で、ワゴン車が対向車線にはみ出してトラックと正面衝突。ワゴン車は大破し、運転していた男性と同乗の小学生1人、中学生2人の計4人が死亡、同乗の中学生1人を含む2人が重体、中学生1人が重傷、トラックの運転手も軽傷を負った。《データ》死者4名、負傷者4名

12.7 事故処理中車が追突（滋賀県甲西町）12月7日午後8時15分ごろ、滋賀県甲西町菩提寺の名神高速道路下り線で、事故処理のため停車していたパトカーにワゴン車が追突。巡査長がパトカーとワゴン車の間に挟まれ死亡した。《データ》死者1名

滋賀県(1999年)

1999年(平成11年)

- **6.8 漁船遭難**（滋賀県彦根市）6月8日夜、滋賀県彦根市石寺町の琵琶湖岸で、夫婦がアユ漁に出て遭難、その後6月14日までに2人の遺体が発見された。8日夜から9日未明にかけ突風が吹き、波が高くなっていた。《データ》死者2名

- **7.4 成人病センターで結核集団感染**（滋賀県守山市）7月4日、滋賀県守山市の県立成人病センターの20歳代後半の看護婦が結核を発病し、職員や看護実習の学生計6人が集団感染している可能性のあることが明らかになった。この看護婦は今年4月上旬から症状を訴え、5月下旬に同センターに入院後、検査で結核と判明、同県近江八幡市の病院に転院した。看護婦は退院後結核とわかった男性患者から感染したとみられ、2人に接触した職員ら計108人を対象にツベルクリン反応検査を実施したところ、職員、患者ら37人から強陽性反応が出た。うち感染の可能性が高い11人に予防内服が投薬された。

- **8.5 滋賀大学で結核集団感染**（滋賀県彦根市）8月5日、滋賀県彦根市にある滋賀大学の男子学生が結核を発病し、同大と同市内の県立大学の学生計27人に集団感染した事が明らかとなった。ほかに男子学生と接触頻度の高かった学生ら30人が経過観察となった。発病した学生は昨年夏からせきや発熱の症状が続き悪化したため、4月に県外の医療機関に受診したところ結核と診断され、入院した。《データ》感染者27名

- **8.8 モーターボートがロープに衝突**（滋賀県守山市）8月8日午後9時20分ごろ、滋賀県守山市水保町の琵琶湖沖「ヤンマーマリーナ」付近で、モーターボート2隻が定置網を支えるロープに引っかかり、乗っていた計13人のうち2人が死亡、4人が重軽傷を負った。ボートは「びわ湖大花火大会」を見物しての帰りだった。《データ》死者2名、負傷者4名

- **10.25 名神高速多重衝突**（滋賀県大津市）10月25日午前1時55分ごろ、大津市富士見台の名神高速道路上り線で、走行車線に落ちていたT字形鉄骨に大型トラックが乗り上げて横転、後続のトラックなど計5台が鉄骨に衝突したり、荷崩れした積み荷の紙製品でスリップするなどした。この事故で、1人が出血性ショックで間もなく死亡。2人が重軽傷を負い、午前4時過ぎから、一部区間で約2時間半から1時間の通行止め。鉄骨を落とした運転手は12月10日、業務上過失致死傷容疑で書類送検された。《データ》死者1名、負傷者2名

- **12.14〜 特養老人ホームでインフル集団感染**（滋賀県近江八幡市）12月14日以降、滋賀県近江八幡市の特別養護老人ホーム「水茎の里」で、入所者計10人が高熱などの痛みを訴え、病院に入院した。20日朝にうちひとりが肺炎で死亡、ほかの9人を検査したところA香港型インフルエンザウイルスが検出された。1月3日午後、再び1人が肺炎で死亡した。《データ》死者2名、感染者8名

2000年(平成12年)

- **2.27 プレジャーボート転覆**（滋賀県草津市）2月27日午後0時50分ごろ、滋賀県草津市矢橋町沖約400mの琵琶湖で、プレジャーボートが転覆、ブラックバス釣りに来ていた3人が、湖に投げ出された。約20分後、3人は現場近くの湖面で漂流しているところを助け上げられたが、1人が間もなく死亡した。滋賀県南部にはこの日午前11時20分に強風注意報が出ていた。《データ》死者1名

- **3.16〜17 学校給食で感染性胃腸炎集団感染**（滋賀県愛知郡愛知川町）3月16日の昼か

ら17日にかけて、滋賀県愛知郡愛知川町の愛知川東小学校で、学校給食が原因で感染性胃腸炎の集団感染が発生。児童ら154人が嘔吐や発熱などの症状を訴え、同校は休校になった。20日なって、小型球形ウイルス(SRSV)を検出、これが原因の感染性胃腸炎と断定した。また、学校に対し、トイレや手洗い場の清掃、消毒などの衛生指導を行った。《データ》感染者154名

- **8.28 猛暑で琵琶湖水位低下**（滋賀県）8月28日、滋賀県の琵琶湖の水位が猛暑のため97cmまで低下。県が5年ぶりに渇水対策本部を設置した。

2001年(平成13年)

- **2.19 給食で食中毒**（滋賀県犬上郡豊郷町）2月19日、滋賀県犬上郡豊郷町で、幼稚園や小学校の園児・児童ら272人がおう吐や下痢などを訴えた。その後の検査で小型球形ウイルス(SRSV)が検出され、給食による食中毒と断定された。《データ》患者272名
- **5.19 山林火災**（滋賀県）5月19日、滋賀県の繖山で山林火災が発生、57.2haを焼失。県内では最近20年で最大の山火事。《データ》焼失面積57.2ha

2002年(平成14年)

- **7.28 ワゴン車・寝台特急衝突**（滋賀県彦根市）7月28日、滋賀県彦根市で、パトカーの追跡を振り切って逃げたワゴン車が寝台特急に衝突、車の男性2人が死亡した。《データ》死者2名
- **7.31 住宅火災**（滋賀県志賀町）7月31日午前3時5分ごろ、滋賀県志賀町南小松、警察犬訓練所経営の男性宅から出火。鉄骨2階建ての住宅延べ308m^{2}を全焼し、隣の離れの外壁などを焼いて、約1時間後に消えた。焼け跡から3人の遺体が見つかった。《データ》死者3名、全焼1棟、焼失面積308m^2
- **11.1 渇水**（滋賀県）11月1日、滋賀県の琵琶湖で、夏からの小雨のために水位がマイナス99cmになっている事がわかった。11月としては観測史上2番目の低さ。

2003年(平成15年)

- **9.15 琵琶湖でヨット転覆**（滋賀県滋賀郡志賀町）9月15日、滋賀県滋賀郡志賀町の琵琶湖でヨットが突風を受け転覆、沈没し、乗員12人が投げ出され。5人は救助されたが7人が行方不明となった。その後子供3人をふくむ6人の遺体が収容された。航行に不適切な気象条件にもかかわらず出航し、乗客に救命胴衣の着用を徹底していなかったことが原因と見られる。《データ》死者6名、行方不明者1名
- **12.23 地震**（滋賀県）12月23日午後2時34分ごろ、滋賀県で地震が発生。震源は同県北部で深さは約10キロ、マグニチュードは4.4。同県余呉町、木之本町、西浅井町、高島町、朽木村で震度3を記録した。

2004年(平成16年)

- **1.19 感染性胃腸炎院内感染**（滋賀県信楽町）滋賀県信楽町の国立療養所紫香楽病院は1月23日、重症心身障害者の病棟の入院患者ら計28人が今月19日から、嘔吐や下痢などの症状を訴えたと発表。ウイルス性の感染性胃腸炎に院内感染した疑いが強い。うち男性患者が22日に死亡、病院側は院内感染との関連は不明とみられる。他の患者らは全員軽症。《データ》死者1名、感染者27名
- **5.31 タイヤ脱落し車に衝突**（滋賀県栗東市）5月31日午後5時半ごろ、滋賀県栗東市の

滋賀県(2004年)

市道で、10トンダンプカーから左後輪の2本のタイヤが外れ、うち1本が対向してきた乗用車の運転席側ドアに衝突した。乗用車の運転手は右ひじに軽傷を負った。《データ》負傷者1名

7.29 進学塾合宿で食中毒（滋賀県大津市）7月29日、大津市のホテルで進学塾の合宿をしていた小中学生らが相次いで腹痛などを訴えた。重症者はいなかった。滋賀県は30日、同ホテルで出された食事による食中毒と断定し、同日から5日間、ホテル厨房を営業停止処分にした。発症者が増え、計145人になった。《データ》患者145名

11.2 病院ベッドの柵に首挟まれ死亡（滋賀県蒲生町）11月2日午後5時55分ごろ、滋賀県蒲生町の町立国民健康保険蒲生町病院で、個室に入院中の女性が、ベッドの上で左脇の転落防止用の柵と柵の間に首を挟まれているのを准看護師が発見。既に意識はなく3日午後0時20分ごろ、脳虚血で死亡した。《データ》死者1名

2005年(平成17年)

1.2 飲料に異物混入（滋賀県近江八幡市）1月2日、滋賀県近江八幡市のスーパー敷地内の自動販売機で販売されたペットボトル入りウーロン茶に金属製のボルト1本が混入し、飲んだ女性が「気分が悪くなった」と病院に運ばれた。製造過程で混入した可能性が高いとみられる。《データ》患者1名

1.12 保冷車衝突（滋賀県草津市）1月12日午後10時35分ごろ、滋賀県草津市の名神高速道路下り線草津パーキングエリア内の駐車場に止めていた13トン保冷車が突然動き出し、約30m前方に並んで駐車中のワゴン車とトラックに衝突した。車外に立っていたワゴン車の運転者が死亡、トラックに乗っていた男性が軽傷。保冷車の運転手はエンジンを止め仮眠中で、衝突時、サイドブレーキは解除された状態だった。《データ》死者1名、負傷者1名

3.12 戦車がトラックと衝突（滋賀県高島市）3月12日午後2時15分ごろ、滋賀県高島市の陸上自衛隊あいば野演習場で、小型トラックに射撃訓練中の74式戦車が乗り上げ、小型トラックの助手席にいた陸自中部方面隊2等陸尉が死亡、トラックを運転していた3等陸曹が軽傷を負った。《データ》死者1名、負傷者1名

3.18 軽トラックと電車衝突（滋賀県愛知川町）3月18日午前10時10分ごろ、滋賀県愛知川町石橋の近江鉄道本線踏切で、普通電車が軽トラックと衝突。軽トラックは約5m下の宇曽川河川敷に転落し、運転手と助手席に乗っていた1人が死亡した。電車の乗員と乗客にけがはなかった。《データ》死者2名

4.15 名神高速で玉突き事故（滋賀県大津市）4月15日午前2時20分ごろ、大津市月輪の名神高速道路上り線で、乗用車が前を走っていた大型トレーラーに追突、後続のトラック2台が乗用車に次々に追突した。乗用車は全焼し、車内に運転者とみられる遺体が見つかった。《データ》死者1名

4.20 花火見物ボートが衝突（滋賀県）4月20日午後8時ごろ、滋賀県の琵琶湖でプレジャーボートが漁業の仕掛けに衝突。乗っていた3人のうち、1人が死亡、1人がけが。現場は同県守山市沖とみられ、ボートは「世界花火大会滋賀」を見るため、大津市・雄琴港から出航したという。《データ》死者1名、負傷者1名

6.10 百貨店で有毒ガス（滋賀県大津市）6月10日午後2時5分ごろ、大津市におの浜のショッピングセンター1階売り場付近に塩素臭が漂い、体に不調を訴える人もいたことから、全館の客と従業員計約500人を館外に避難させた。客4人を含む計27人が病院に搬送され、一部が入院しているが重症者はいない。地下1階の空調機室で

滋賀県(2005年)

ポンプの保守作業をしており、作業中に誤って薬品を混ぜ、塩素ガスが発生したものとみられる。《データ》患者27名

6.21 弁当で食中毒（滋賀県・京都府）滋賀県食の安全推進室と京都府山城北保健所は6月21日、同県守山市や草津市、同府宇治市などで、計79人が下痢、腹痛、嘔吐などの食中毒症状を訴え、少なくとも8人が入院したと発表した。いずれも滋賀県草津市の給食弁当製造会社が宅配した弁当を食べたとみられ、弁当を原因とする食中毒とみて調べている。《データ》患者79名

7.20 名神高速で9台衝突（滋賀県東近江市）7月20日午前6時20分ごろ、滋賀県東近江市蛇溝町の名神高速下り線で、大型トラックが、渋滞最後尾の大型トラックに追突し、バスなど計9台が関係する事故になった。最初に追突された大型トラックの運転手が重傷、追突したトラックの運転手が軽いけが。バスの乗客らにけがはなかった。《データ》負傷者2名

8.6 軽トラックと乗用車衝突（滋賀県志賀町）8月6日午後5時10分ごろ、滋賀県志賀町南比良の国道161号志賀バイパスで、軽トラックと乗用車が正面衝突。軽トラックに乗っていた2人が死亡、乗用車の運転手が軽傷。《データ》死者2名、負傷者1名

8.17 乗用車がトラックと正面衝突（滋賀県米原市）8月17日午前11時50分ごろ、滋賀県米原市長久寺の国道21号で、乗用車が対向車線にはみ出し、大型トラックと正面衝突した。乗用車に乗っていた4人が死亡し、1人が意識不明の重体。《データ》死者4名、負傷者1名

9.25 強風でJR湖西線運休（滋賀県志賀町）9月25日午前3時35分ごろ、滋賀県志賀町のJR湖西線比良―近江舞子間に設置してある風速計が、毎秒25m以上の風を記録した。このため、堅田―近江今津間の運転を始発から上下線で見合わせ、同日午後1時半に徐行運転で再開、大阪と北陸方面を結ぶ特急は東海道線を経由するルートに変更した。

10.21 アルミ工場爆発（滋賀県日野町）10月21日午前3時ごろ、滋賀県日野町大谷のアルミニウム工場の作業所で爆発があり、鉄骨平屋建て約450m^{2}の作業所が全壊。工場の従業員2人が重傷、1人が軽傷。《データ》負傷者3名、全壊1棟、焼失面積約450m^2

11.5 住宅火災（滋賀県高島市）11月5日午前0時40分ごろ、滋賀県高島市安曇川町下古賀の住宅から出火し、木造平屋建て住宅72m^{2}を全焼した。焼け跡から2人の遺体が見つかった。《データ》死者2名、全焼1棟、焼失面積約72m^2

11.13 名神高速で7台が事故（滋賀県彦根市）11月13日午前5時ごろ、滋賀県彦根市小野町の名神高速道路下り線で、ワゴン車が大型トラックに追突され路側帯付近で横転。これに別の大型トラックが突っ込み、軽乗用車など3台に衝突、近くの観光バス1台を巻き込み、計7台が関係する事故になった。ワゴン車に乗っていた7人が死亡、他の車2台に乗っていた計3人が軽傷。《データ》死者7名、負傷者3名

12.8 小学生の列に乗用車突入（滋賀県栗東市）12月8日午前7時35分ごろ、滋賀県栗東市蜂屋の市道で、登校中の小学生の列に乗用車が突っ込み、児童5人が病院に運ばれたがいずれも軽傷。乗用車が前方のバイクを追い越そうと右に寄ったところ、10人で集団登校していた子どもたちに次々と接触したとみられる。《データ》負傷者5名

12.14 雪崩（滋賀県余呉町）12月14日午後8時半ごろ、滋賀県余呉町椿坂の山中の国道365号で、幅30～40mにわたり雪崩が発生した。路面が深さ約50cmの雪で覆われ、

55

同町中河内地区の集落39戸が一時孤立状態となったが、15日午前10時に復旧した。

2006年(平成18年)

3.18 食品に針混入（滋賀県彦根市）3月18日午後2時半ごろ、滋賀県彦根市のスーパー食料品売り場で、県警彦根署員がトマトと豆腐に針を刺している主婦をみつけ、偽計業務妨害容疑で現行犯逮捕。同店が同月10日と16日に販売した食パンや鶏の空揚げなどから計17本の針が見つかり、16日には不審な女が防犯カメラに映っていたため、署員が張り込んでいた。

5.1 清涼飲料に鉄粉混入（滋賀県愛荘町）5月1日、飲料会社がグループ会社の滋賀県愛荘町の工場で3月26～30日に製造した清涼飲料などペットボトル6商品に鉄粉が混入している可能性があるとして、約57万本の自主回収を発表。製造工程の糖度・炭酸ガス測定器の鉄製部品にひびが入り、鉄粉が混入したとみられる。健康への影響はなく、他の工場で製造された商品に問題はないという。

7.2 ワゴン車がトラックに衝突（滋賀県大津市）7月2日午後2時10分ごろ、大津市八屋戸の国道161号バイパス「湖西道路」で、ワゴン車が中央線をはみ出し、対向してきた4トントラックに衝突。ワゴン車を運転していた女性と同乗していた弟、小学1年生の娘の計3人が頭などを強打して死亡、トラックの運転手も顔や足にけがをした。現場は雨が降り出した直後で、路面がぬれていた。《データ》死者3名、負傷者1名

8.12 落雷で工場火災（滋賀県大津市）8月12日午後5時半ごろ、大津市の工場から出火。木造平屋建て約2万5000m^{2}のうち、ミシン室の天井裏など約1万m^{2}を焼き、約7時間後に鎮火した。原因は落雷。この火災で、近所の女性が煙を吸って軽症、消防局職員の男性が指を切る軽傷を負った。工場は休みで無人だった。同日の出火前には、敷地内で落雷による停電が3回あったという。《データ》負傷者2名、焼失面積約1万m^2

11.24 強風で列車遅延（滋賀県大津市）11月24日午前5時15分ごろと同8時25分ごろの2度にわたり、大津市南小松のJR湖西線に設置された風速計が規制値の風速25mを記録。堅田—近江今津間で運転を見合わせ、午前9時57分に運転を再開したが、約1万3000人に影響が出た。

2007年(平成19年)

3.4 中学生の列にワゴン車（滋賀県栗東市）3月4日午前8時20分ごろ、滋賀県栗東市手原の県道交差点で、東に向かっていたワゴン車が北上していた軽乗用車と衝突。弾みでワゴン車は、横断歩道を渡ろうとしていた市立中学生の集団に突っ込んだ。7人が負傷して病院に運ばれたが、1人が重傷、1人が入院。軽乗用車の運転手が軽傷。ワゴン車の運転手が脇見運転で信号に気づかずに交差点に進入したとみられる。《データ》負傷者8名

5.10 ヨット転覆（滋賀県大津市）5月10日午後3時15分ごろ、大津市木戸の東約2～3キロの琵琶湖上で、ヨットが転覆しているのが見つかった。約1時間半後、南南東に約4キロ離れた湖上で船体につかまっている男性を発見したが間もなく沈み、行方が分からなくなった。男性は11日午前5時15分ごろ、和邇今宿の湖畔に遺体で浮かんでいるのを発見された。《データ》死者1名

8.16 馬インフルエンザ発生（滋賀県・茨城県）日本中央競馬会(JRA)に所属する競走

馬4頭が、馬インフルエンザに感染した疑いがあることが8月16日判明した。18、19日に開催の中央競馬に出走を予定していた競走馬163頭のうち、29頭に感染が認められ、1頭には発熱があったためJRAはレースを中止した。

- **8.19 落雷で新幹線停止**（滋賀県他）8月19日午後4時50分ごろ、滋賀県栗東市のJR東海道新幹線栗東信号場で落雷が原因とみられる故障が発生。JR東海は米原—京都間で一時運行を見合わせ、午後6時すぎに再開したが、上下線計46本が遅れ、約6万6000人に影響した。同日午後5時50分ごろには、広島、山口両県にまたがるJR山陽新幹線広島—徳山間で落雷による停電が発生し、JR西日本は両駅間の運行を見合わせた。
- **9.21 踏切事故**（滋賀県愛荘町）9月21日午後0時5分ごろ、滋賀県愛荘町愛知川の近江鉄道本線の愛知川4号踏切で、貴生川発米原行き快速電車が乗用車と衝突、乗用車の運転手が死亡した。電車の乗客8人にけがはなかった。踏切の警報機内部のコイルがさびて断線しており、警報機は点滅はするが、音が鳴らなくなっていたことが判明した。《データ》死者1名
- **11.7 トレーラーとトラック衝突**（滋賀県高島市）11月7日午前3時20分ごろ、滋賀県高島市マキノ町海津の国道161号で、大型トレーラーと、5トントラックが正面衝突し、炎上した。トレーラーの運転手は焼死し、トラックの男性運転手は脳挫傷で死亡した。《データ》死者2名

2008年(平成20年)

- **4.24 硫化水素自殺に巻き添え**（滋賀県湖南市）4月24日午前11時5分ごろ、滋賀県湖南市のホテル7階の一室で異臭がすると従業員から通報があった。中で宿泊客の男性が倒れており、病院に運ばれたが死亡した。従業員の女性計9人が吐き気や頭痛を訴えたがいずれも軽症。男性は硫化水素を発生させて自殺を図ったとみられる。《データ》死者1名、負傷者9名
- **7.27 突風**（滋賀県彦根市）7月27日午後0時50分ごろ、滋賀県彦根市の琵琶湖岸で開かれた「第32回鳥人間コンテスト選手権大会」会場で、人力飛行機が離陸するプラットホームの床板が突風にあおられて吹き飛び、撤去作業中の男性3人に当たった。3人は軽傷。《データ》負傷者3名
- **8.8 地震**（滋賀県他）8月8日午前4時35分ごろ、滋賀県北部を震源とする地震があった。震源の深さは約10キロ、マグニチュードは4.3。滋賀県西浅井町、高島市、福井県小浜市で震度3を記録した。
- **8.30 地震**（滋賀県）8月30日午後6時28分ごろ、滋賀県北部を震源とする地震があった。震源の深さは約20キロで、マグニチュードは4.4。滋賀県高島市、西浅井町などで震度3を記録。
- **11.8 廃品回収中に事故**（滋賀県東近江市）11月8日午前9時5分ごろ、滋賀県東近江市の市立能登川中学校のグラウンドで、廃品回収をしていた生徒2人が、別の生徒の保護者運転の乗用車とコンテナ(縦3.6m、横2m、高さ1.7m)の間に足を挟まれた。1人は右足骨折、もう1人は右足に裂傷を負う重傷。運転の保護者は「よく見ていなかった」と話した。《データ》負傷者2名
- **11.30 名神で玉突き**（滋賀県湖南市）11月30日午後11時35分ごろ、滋賀県湖南市石部緑台の名神高速道路上り線で、トラック2台と乗用車2台の玉突き事故が発生。乗用車の女性1人が死亡、トラックの男性1人が重傷を負い、後に死亡した。女性の

乗用車が中央分離帯にぶつかりひっくり返ったのを、後続のトラックを運転していた男性が救助しようと車外に降りたところ、さらに後続のトラックにはねられたとみられる。《データ》死者2名

12.10 列車風圧でフェンス飛ぶ（滋賀県米原市）12月10日午後1時20分ごろ、滋賀県米原市のJR米原駅の東海道線上りホームで、階段新設工事現場に設置していた防じん用の金網フェンス1枚（重さ約17キロ）が、ホームを通過中の貨物列車の風圧で吹き飛ばされた。約20m離れた場所にいた3人に当たり、2人が骨折などの重傷、1人が軽傷を負った。事故当時、工事現場の判断でフェンスは片側2カ所の固定を外しており、不安定な状態になっていた。《データ》負傷者3名

12.27 国道で5台絡む事故（滋賀県大津市）12月27日午前4時ごろ、大津市仰木の国道161号・湖西道路で、トラックや乗用車など5台が関係する事故があった。ワゴン車がスリップして道路左側壁に衝突し、後続の3台と対向してきたトラックが巻き込まれたとみられる。ワゴン車の運転手が死亡。他に男性4人が軽傷を負った。事故当時、現場の路面は凍結し、雪が降っていた。《データ》死者1名、負傷者4名

2009年（平成21年）

5.8 多重衝突事故（滋賀県甲賀市）5月8日午後11時半ごろ、滋賀県甲賀市甲賀町小佐治の新名神高速道路下り線で軽乗用車が大型トラックに追突した。2台が路肩に停車し、乗っていた計3人がトラックの前で話していたところ、別の大型トラックがこのトラックに追突。押し出されたトラックにはねられ、軽乗用車を運転していた男性が死亡、同乗していた女性が重体、トラックを運転していた男性が軽傷。また、軽乗用車に残っていた2人と後から追突したトラックの運転手の計3人も軽傷を負った。《データ》死者1名、負傷者5名

7.6 橋ケーブル切断（滋賀県大津市）7月6日午前10時55分ごろ、滋賀県大津市坂本の大宮川沿いで、橋りょう工事をしていた工事関係者から工事中にケーブルが切れ、作業員2人が負傷したとの119番通報があった。救急隊が2人を病院に運んだが、意識不明。橋の強度を高めるため、橋げたに埋め込んだケーブルを引っ張る作業をしていたが、何らかの原因でケーブルが切れたという。《データ》負傷者2名

7.18 馬輸送車にトラックが追突（滋賀県竜王町）7月18日午前3時5分ごろ、滋賀県竜王町の名神高速下り線で、エンジントラブルのため路肩に停車していた馬輸送車に後続の大型トラックが追突。輸送車の前で点検しようとしていた運転手の男性が車の下敷きになり、頭を打って死亡。車内にいた同乗の男性も首に軽傷を負った。この事故で下り線が早朝まで一部走行規制され、現場付近から最長約15km渋滞した。《データ》死者1名、負傷者1名

7.29 柔道部で事故（滋賀県愛荘町）7月29日午後4時20分ごろ、滋賀県愛荘町安孫子の町立中学校で、柔道部員の1年生男子が練習中に同部顧問に投げられ意識不明になった。救急搬送され緊急手術を受けたが、急性硬膜下血腫で意識不明の重体。この日は午後1時から練習があり、2分間にわたって乱取りを繰り返したが、事故にあった生徒は「声が出ていない」などの理由で乱取りを続けさせられた。この乱取りの後、顧問が生徒を返し技で投げたところ、倒れたまま動かなくなったという。生徒は初心者だった。《データ》負傷者1名

12.19 大雪（滋賀県米原市）12月19日、全国の広い範囲で雪が降り、各地で交通機関に乱れが出た。滋賀県米原市付近では、積雪のため、東海道新幹線が名古屋―京

都間で始発から速度規制を行い、上下線計66本が最大15分遅れ、約5万1000人に影響が出た。

2010年(平成22年)

5.15 テントが飛ばされ生徒負傷（滋賀県近江八幡市）5月15日午後1時10分ごろ、近江八幡市市井町の中学校のグラウンドで、突風によりテントが2張りが吹き飛ばされ、生徒が怪我をする事故があった。テントの支柱が生徒10人にぶつかり、1年生の女子2人が右太ももや手の指を骨折する重傷、男女計8人の生徒が軽いけがをした。テントの支柱はクイなどで地面に固定されていなかった。《データ》負傷者10名

9.20 工場で鋳造炉が爆発（滋賀県野洲市）9月20日午前0時15分ごろ、滋賀県野洲市市三宅にある工場で、太陽電池を生産する稼働中の鋳造炉1基が爆発、爆風で天井に直径約2mの穴が開いた。炉のある施設内には約20人の作業員がいたが逃げて無事。警報装置が作動したため、作業員が炉を非常停止させて避難した直後に爆発音が響いたという。《データ》建造物破損1棟

10.18 毒キノコで食中毒（滋賀県・兵庫県・岡山県）10月18日、滋賀、兵庫、岡山でホンシメジなどに似たクサウラベニタケなどによる食中毒が発生。いずれも症状は軽度だが、滋賀県甲賀市の男女3人が吐き気などを訴え、兵庫県姫路市の夫婦、同岡山県新見市の家族5人も発症した。《データ》患者10名

11.7 バス全焼（滋賀県長浜市）11月7日、滋賀県長浜市の北陸自動車道で、小学生らを乗せた観光バスが路肩に停車後に出火し、全焼した。タイヤがパンクしたことで、ホイールと路面との摩擦で火花が発生し、機械油などに引火したものとみられる。タイヤは8月の定期点検や出発前点検でも異常はなかったという。

12.3 道路陥没（滋賀県湖南市）12月3日午前5時半ごろ、滋賀県湖南市石部緑台の市道で、道路が長さ約5.5m、幅約1.5mの範囲で、約30cm陥没。通りかかった軽乗用車2台が車の底をこするなどし、うち1台の助手席に乗っていた男性が軽傷を負った。国道1号バイパスの橋脚新設に伴う工事中の場所で、夜間は埋め戻していたが、前夜からの雨で地盤がゆるんだとみられる。《データ》負傷者1名

12.10 老舗旅館が全焼（滋賀県近江八幡市）12月10日午前4時45分ごろ、滋賀県近江八幡市武佐町の料理旅館から出火、木造2階建て旅館兼住宅延べ約590m^{2}を全焼した。両隣の空き家にも延焼して一部を焼き、約3時間後に鎮火した。宿泊客はなく、けが人はなかった。旅館は旧中山道沿いにある創業約400年の老舗旅館。焼けた建物は築約200年で、館内には、いずれも江戸時代のガラス絵や浮世絵、鬼瓦などが展示されていた。《データ》全焼1棟、部分焼2棟、焼失面積約590m^2

2011年(平成23年)

2.25 移動動物園で火災（滋賀県守山市）2月25日午前1時55分ごろ、滋賀県守山市岡町の移動動物園の飼育舎から出火、鉄骨平屋約620m^{2}を全焼し、約3時間後に鎮火した。絶滅危惧種のベンガルトラやマントヒヒ、カンガルー、猿など約100種類、ポニー1頭とヤギ2頭を除く、約300匹ほぼすべてが焼け死んだとみられる。けが人はなかった。《データ》全焼1棟、焼失面積約620m^2、動物約300匹焼死

4.13 住宅火災（滋賀県米原市）4月13日午後10時55分ごろ、滋賀県米原市醒井の住宅から出火。木造2階建て延べ約180m^{2}と、隣接する民家同約230m^{2}を全焼。男性宅1階風呂場付近から、男性と母親とみられる女性が遺体で見つかった。《データ》

滋賀県(2011年)

死者2名、焼失面積約180m²

- **4.16 特急が車掌置き去りで発車**（滋賀県大津市）4月16日正午ごろ、JR湖西線の大津市堅田駅で、大阪発金沢行き特急が、男性車掌を駅に置き去りにして発車、車掌不在で約4キロ走行した。特急は強風のため、本来は停車駅ではない堅田駅に2時間5分止まっていた。長時間になり乗客2人が下車を希望。車掌が駅の事務室に案内している間に、運転を再開した。このトラブルで特急は更に35分遅れた。

- **8.2 トラックの玉突き事故**（滋賀県大津市）8月2日午後10時20分ごろ、大津市北大路の名神高速上り線で、パンクのため路肩で停車中の大型トレーラーに後続のトラックが追突して横転、さらに後続の2台が追突した。運転手の男性2人が重傷、1人が軽傷を負った。午後10時40分ごろから大津IC―瀬田東JCT間が通行止めとなった。《データ》負傷者3名

- **12.13 通学バス衝突事故**（滋賀県竜王町）12月13日午前7時35分ごろ、滋賀県竜王町岡屋の県道交差点で、町立小学校の児童35人が乗った通学バスと軽乗用車が出合い頭に衝突。児童14人と軽乗用車の男性運転手1人が軽傷を負った。《データ》負傷者15名

- **12.17 停車中にトラック追突**（滋賀県甲賀市）12月17日午前3時10分ごろ、滋賀県甲賀市信楽町黄瀬の新名神高速道路上り線で、事故で乗用車が大型トラックに追突して走行車線で停車していたところに別の大型トラックが追突し、大破した乗用車の男性1人、女性2人が死亡した。午前3時50分から約7時間、上り同区間が通行止めになった。《データ》死者3名

- **12.26 東海道新幹線で停電**（岐阜県・滋賀県）12月26日午前9時5分ごろ、東海道新幹線の岐阜羽島―米原間の上下線で停電が発生。同区間で一時運転不能になり、上り線は新大阪―米原間、下り線は東京―岐阜羽島間で運転を中止。同11時18分に復旧、運転を再開した。列車2本が岐阜羽島―米原間に停車して運転再開を待ったほか、上下線で計20本が運休、66本に最大約3時間の遅れが発生し、約6万人に影響が出た。

2012年(平成24年)

- **2.2 除雪作業車が横転**（滋賀県長浜市下八木町）2月2日、大雪警報が発令された滋賀県北部では、午前4時半ごろ、長浜市下八木町の県道交差点で、雪で立ち往生した大型トラックを動かそうとした除雪用フォークリフトが横転、運転手が投げ出されて下敷きになり死亡した。《データ》死者1名

- **5.3 乗用車にトラック突っ込む**（滋賀県大津市）5月3日午前1時45分ごろ、大津市一里山の名神高速上り線で、追突事故を起こして路上に停車していた乗用車2台に大型トラックが突っ込んだ。先頭の車に乗っていた5人のうち、車の外に出ていた男性1人が死亡、男女4人が重軽傷を負った。片側3車線の中央分離帯横の追い越し車線で、最初に別の男性運転の車が死亡した男性の車に追突。男性と別の男性らが車外に出ていたところにトラックが突っ込んだ。《データ》死者1名、負傷者4名

- **5.28 住宅火災で3人死亡**（滋賀県湖南市）5月28日明け方、滋賀県湖南市の民家から出火、木造二階建ての家屋が全焼し、焼け跡の1階部分から3人の遺体が発見、この家に住む43歳の母親と、16歳の長女、13歳の次女と判明した。10月16日、滋賀県警は放火の疑いで同居していた66歳の祖母を逮捕。祖母は自ら1階の居間に火をつけたと容疑を認めているという。《データ》死者3名

滋賀県(2013年)

7.1 乗用車が建物に突入（滋賀県大津市京町）7月1日午後1時半ごろ、大津市京町の空き事務所に、男性運転の乗用車が突っ込んだ。手前で乗用車2台とも接触しており、この男性が額に軽傷。男性は、糖尿病を患っており、低血糖で記憶がないなどと説明しているという。《データ》破損1棟、負傷者1名

8.18 落雷（近畿地方・大阪府・滋賀県）8月18日午後、近畿地方で雷を伴う非常に激しい雨が降り、大阪市を中心に落雷の被害が相次いだ。大阪市東住吉区の長居公園で、樹木など2カ所に雷が落ち、女性2人が死亡、男女8人が軽傷を負った。滋賀県大津市桐生の農道では、中学3年の男子生徒が落雷で意識不明の重体。また鉄道ダイヤが大幅に乱れ、落雷のため近畿地方各地で停電が発生した。《データ》死者2名、負傷者9名

9.10 名神高速で玉突き事故（滋賀県大津市大谷町）9月10日午後1時半ごろ、大津市大谷町の名神高速道路下り線蟬丸トンネル出口付近で、渋滞の最後尾にトレーラーが突っ込み、乗用車など5台を巻き込む玉突き事故が発生。24〜76歳の男女8人が病院に搬送、うち33歳、52歳の女性2人が重傷、残る6人は軽傷を負った。《データ》負傷者8名

9.26 トラックに挟まれ乗用車が大破（滋賀県高島市マキノ町）9月26日午後2時25分ごろ、滋賀県高島市マキノ町沢の国道161号で、道路工事で止まっていた軽乗用車に後ろから来た10トントラックが追突した。軽乗用車は前に停止していた別の10トントラックとの間に挟まれて大破。看護師女性と助産師の長女が死亡した。現場は片側1車線で、ほぼ直線。工事で片側交互通行になっていたため、軽乗用車と前の10トントラックが停止していた。運転手は前をよく見ていなかったという。《データ》死者2名

11.1 多重衝突事故（滋賀県彦根市小野町）11月1日午前10時50分ごろ、滋賀県彦根市小野町の名神高速道路上り線で、大型トラックや乗用車など計7台が絡む多重衝突事故があり、女性2人が死亡し、男性4人が負傷した。死亡した2人は、大型トラックに追突された乗用車の後部座席に乗っていたとみられる。《データ》死者2名、負傷者

12.12 事故処理中に被害者ひく（滋賀県甲賀市）12月12日午後7時10分ごろ、滋賀県甲賀市の国道307号で女性が乗用車にはねられ、約10分後に事故処理をした巡査が、倒れている女性の手前で停止していた乗用車を移動する際、誤って女性をひき、女性は重傷を負った。平成25年3月8日、この巡査が自動車運転過失傷害容疑で大津地検に書類送検された。《データ》負傷者1名

2013年(平成25年)

1.16 高速で追突事故（滋賀県東近江市）1月16日午前10時45分ごろ、滋賀県東近江市鯰江町の名神高速道路下り線で、走行車線を走っていた13トントラックが乗用車に追突し、乗用車に乗っていた男女5人が救急搬送されたが、意識不明だった男女2人が死亡した。この事故の直前、別の車が中央分離帯に衝突し、渋滞が発生。減速中の乗用車に、トラックが突っ込んだとみられる。《データ》死者2名、負傷者3名

2.20 正面衝突事故（滋賀県近江八幡市）2月20日午前7時ごろ、滋賀県近江八幡市佐波江町の県道日野川大橋で、軽ワゴン車と2トントラックが正面衝突し、2人が死亡、3人が軽傷を負った。現場は片側1車線の直線道路で、当時は路面が凍結していた。《データ》死者2名、負傷者3名

3.8 山岳遭難（滋賀県大津市）3月8日午後11時20分ごろ、大津市の比良山系蓬莱山(標

滋賀県(2013年)

高1174m)に日帰り予定で登山に向かった奈良市の男性医師が帰宅しないと、男性の妻が奈良県警奈良署に届け出た。9日朝から滋賀県警大津北署などが署員9人、ヘリ1機を出動させて捜索したが見つからず、同日夕、打ち切った。6月、登山道から約150m離れた沢で遺体で見つかり、男性医師と判明した。道に迷って滑落したとみられる。《データ》死者1名

5.1 住宅火災（滋賀県草津市）5月1日午前4時35分ごろ、滋賀県草津市の民家から出火。木造2階建て約250m²を全焼した。1階居間と洗面所の焼け跡から住人の夫妻とみられる2人の遺体が見つかった。《データ》死者2名、全焼約250m²

5.3 乗用車が玉突き事故（滋賀県大津市）5月3日午後3時20分ごろ、大津市の名神高速道路上り線大津トンネルで、京都市の女性看護師運転の乗用車が前の車に追突して計4台が絡む玉突き事故が起きた。看護師の車は全焼したが、逃げて無事だった。近くを走行していた車の男性が煙を吸い込んで病院に運ばれたが軽症。事故の影響で、京滋バイパスなど周辺の道路が迂回する車で混雑した。《データ》負傷者1名、車両1台全焼

5.27 自然学習で登山中に行方不明（滋賀県高島市）5月27日午後2時50分ごろ、滋賀県高島市の赤坂山（標高824m）周辺で、登山中だった大阪市の私立小学校6年の男女2人が行方不明になったと、同校から県警に通報があった。27日・28日と滋賀、福井両県警や自衛隊、消防関係者で捜索した。2人は、27日に行方が分からなくなった地点付近から南東約2キロの、現地対策本部があるマキノ高原管理事務所付近まで自力で下りてきて、28日正午前、無事保護された。

7.17 玉突き事故（滋賀県甲賀市）7月17日午前3時55分ごろ、滋賀県甲賀市の新名神高速道路下り線で、大型トラックが前方の軽乗用車に追突、別の乗用車にもぶつかった。軽乗用車とトラックが炎上し、軽乗用車の車内から2人の遺体が見つかった。乗用車に乗っていた男性も顔や手などにけがをした。トラック運転手の前方不注意が原因とみられる。《データ》死者2名、負傷者1名、車両2台全焼

8.4 消火訓練中に火災（滋賀県東近江市）8月4日午前6時40分ごろ、滋賀県東近江市小脇町で、自治会の消火訓練中に火の付いたアルコールが飛び散り、近くにいた10人がやけどした。このうち、小学生2人を含む3人が全身にやけどを負い重症だが、命に別条はないという。消火訓練の準備のため、重症になった消防団員が鉄製の箱形の容器(縦60cm、横90cm、深さ20cm)にアルコールを入れて火を付けたが、熱がなかったため、再度容器にアルコールをつぎ足そうとしたところ、突然飛び散ったという。温まったアルコールに冷たいアルコールが注ぎ込まれたため、爆発のような状態が起きたとみられる。訓練にはマニュアルがなく、派遣された団員ら任せだったという。《データ》負傷者10名

9.17 木材チップからセシウム検出（滋賀県高島市）9月17日、滋賀県高島市安曇川町下小川の鴨川左岸に敷設・放置された大量の木材チップから1キロあたり180～3000ベクレルの放射性セシウムを検出したと分かった。河川や近隣の農産物などからは検出されていないという。チップ量は約580m³で、河川管理用通路に敷設されたり、土のう袋77袋に入れて放置されたりしていた。放射能汚染が疑いがあるとみられる。

10.9 台風24号（兵庫県・滋賀県）10月9日午前、台風24号が温帯低気圧に変わり山陰地方は強風に見舞われた。JR福知山線は風速計が規制値に達し、新三田一谷川間で一時運転を見合わせ、約1万2000人に影響した。滋賀県栗東市は、下戸山・安養

滋賀県(2014年)

寺地区の173世帯に避難勧告を出した。

10.22 看護師が結核発症（滋賀県大津市）10月22日、滋賀県大津市の滋賀医科大学付属病院は、新生児回復期治療室と小児科外来に勤務する女性看護師1人が結核を発症したと発表。患者や職員への集団感染は確認されていない。看護師は8月下旬からせきが続き、10月11日の検査で結核と判明したという。《データ》感染者1名

11.11 軽乗用車が転落（滋賀県東近江市）11月11日午後7時ごろ、滋賀県東近江市百済寺甲町の県道で軽乗用車が前方の動物を避けようとしてハンドルを切り、誤って道路から約25m下の斜面に転落した。11月22日午前10時ごろ、現場を通りかかった男性が110番通報し、車に乗っていた高齢夫婦が疲れた様子で病院に搬送されたが、命に別条はなかった。事故後、夫婦は助けを求めようと転落した県道まで上がったが、車が通らず、周辺に民家もなく、携帯電話も圏外だったため、沢の水や雨水を飲みながら車内で寒さをしのいでいたという。《データ》負傷者2名

11.25 突風でテントが飛ばされる（滋賀県東近江市）11月25日午前8時47分ごろ、滋賀県東近江市愛東外町の寺院境内前の駐車場で、葬儀のため設置されていたテントが突風で飛ばされた。テントのポールが参列者らを直撃し、男性1人が頭を強く打ち死亡、別の男性1人が頭を打つなどして軽傷を負った。死亡した男性らは強風で倒れないようテントを固定する作業中だった。《データ》死者1名、負傷者1名

2014年(平成26年)

4.21 住宅火災（滋賀県草津市）4月21日早朝、滋賀県草津市の住宅から出火。木造二階建て約200m2などが全焼した。焼け跡からこの家の住人と見られる75歳の母、49歳の長男、46歳の次男の遺体が発見された。その後の調べで、母親の遺体の首に切り傷があったことが判明。10月22日、滋賀県警などは、母と兄を殺害したなどとして、2人と共にこの火事で焼死した弟を殺人と放火の疑いで書類送検した。《データ》死者3名

7.26 猛暑続く、熱中症続出（滋賀県・京都府・全国）7月26日、強い勢力の高気圧に覆われた日本列島は、近畿などを中心に厳しい暑さに。滋賀県東近江市では最高気温が38.8度を記録、京都市も38.3度で7月の最高気温を更新した。全国で1500人を超える人が熱中症で搬送され、11人が亡くなった。滋賀県内では2人が死亡した。《データ》死者11名、搬送1500人超

8.10 正面衝突事故（滋賀県）8月10日夜、滋賀県米原市の県道で、乗用車通しの正面衝突事故が発生。1人が死亡、5歳の男児が意識不明の重体となった。また、他に4人が骨折などの重症を負った。《データ》死者1名、けが5名

9.6 前線停滞で大雨被害（滋賀県）9月6日、西日本は停滞した前線の影響で各地で局地的な大雨を記録した。滋賀県甲賀市では午後六時までの1時間で約100mmの大雨となった。

9.21 毒キノコを販売？（滋賀県）9月21日、滋賀県高島市の道の駅で販売されたキノコを食べた人が、嘔吐などの症状を訴えていると発表された。食用の「ヒラタケ」と思って採取されたキノコが、有毒キノコの「ツキヨタケ」であった可能性が高いという。《データ》患者2名

12.10 パラグライダーで宙づり（滋賀県竜王町）12月10日午後4時頃、滋賀県竜王町で男性が操縦するモーターパラグライダーが架空地線に引っ掛かり宙づりとなる事故が発生。送電を止め、はしご車で男性は救助された。

滋賀県(2014年)

12.26 地震（滋賀県）12月26日午後10時半頃、滋賀県北部を震源とする自身が発生。大津市で震度4を観測した。地震の規模を示すマグニチュードは4.2と推定される。

2015年(平成27年)

1.20 玉突き事故（滋賀県彦根市）1月20日午前10時55分ごろ、滋賀県彦根市小野町の名神高速道路上り線で、大型トラックや乗用車など計4台が絡む玉突き事故があった。最後尾のトラック1台が炎上し、運転席にいた男性が死亡した。現場は片側2車線だが、トンネルの補修作業のため、前方で追い越し車線が通行できなくなっていた。この事故の影響で、上り線の彦根インターチェンジ―米原ジャンクション間が一時通行止めになった。《データ》死者1名、トラック1台炎上

3.2 温泉旅館火災（滋賀県長浜市）3月2日午前4時55分ごろ、滋賀県長浜市公園町の琵琶湖岸に位置する温泉旅館から出火。当直の従業員1人が喉の痛みを訴えて病院に搬送されたが、宿泊客約20人に怪我はなく、近くの公民館に避難した。《データ》軽症1名

5.8 倉庫火災（滋賀県近江八幡市）5月8日午後5時15分ごろ、滋賀県近江八幡市安土町西老蘇の養鶏業者の倉庫から出火。木造2階建て同倉庫(延べ150m^2)が半焼し、保管されていた鶏卵5千個などが焼けた。《データ》倉庫1棟半焼、鶏卵5000個焼失

7.18 タンクローリーが橋から転落（滋賀県守山市）7月18日午前4時半ごろ、滋賀県守山市小浜町の野洲川にタンクローリーが転落しているとの110番通報があった。タンクローリーは川に架かる中洲大橋で対向してきた乗用車に接触した後、反対車線側の欄干を突き破り、約10m下の川に転落したと見られる。タンクローリーを運転していた男性は救助されたが、搬送先の病院で死亡が確認された。乗用車を運転していた女性に怪我はなかった。《データ》死者1名

8.4 線路に置き石（滋賀県甲賀市）8月4日夕方、滋賀県甲賀市信楽町勅旨の信楽高原鉄道信楽線・勅旨川踏切付近で、2回の置き石事案が発生した。はじめに走行中の上り列車の運転士が線路上に石が置かれているのを発見。急停止しようとしたが間に合わず、石を砕いて通過。乗客約80人に怪我はなく、ダイヤの乱れもなかった。約20分後、安全確認のため現場を訪れた係員が線路上に新たに石が置かれているのを発見し、取り除いた。置かれた石の数は1回目が4個、2回目が27個。

8.6 豪雨で増水（滋賀県湖南市）8月6日午前11時20分頃、滋賀県湖南市三雲の野洲川の中州に人が取り残されているとの119番通報があった。東西2kmの範囲内にある3ヶ所の中州に小学生8人を含む釣り客など計12人が取り残されていたが、県警のヘリコプターや消防の救助隊により全員救出され、怪我人はなかった。同川上流の同県甲賀市土山付近では午前7時からの1時間で80mmの猛烈な雨が降っており、このため急激に増水したものとみられる。

京都府

1877年(明治10年)
7.10 豪雨（京都府）7月10日、梅雨前線の影響で京都府が豪雨となり、30年来の洪水に見舞われた。

1901年(明治34年)
6.30 豪雨（京都府）6月30日、京都、関西地方に豪雨。渡月橋が流失した。

1913年(大正2年)
5.4 日本初民間航空犠牲者事故（京都府）5月4日、前日初の民間飛行に成功したばかりの武石浩玻が深草練兵場で墜落死。《データ》死者1名

1927年(昭和2年)
3.6 同志社女学校火災（京都府京都市）3月6日、京都市の同志社女学校普通部で火災があり、校舎を全焼した。《データ》校舎全焼

3.7 北丹後地震（京都府他）3月7日午後6時30分頃、若狭湾中部を震央とする地震が発生、北丹後地方を中心に、死者、行方不明者2925名、全壊家屋1万2584戸とかなりの被害となった。《データ》死者・行方不明者2925名、全壊家屋1万2584戸

3.11頃 暴風雪（京都府丹後地方）3月11日頃、北丹後地震で被災直後の京都府の丹後地方が猛吹雪による被害を受けた。

7.27 成相寺火災（京都府与謝郡）7月27日、京都府与謝郡の成相寺で火災があり、同寺を全焼した。《データ》寺院全焼

10.8 地震（京都府）10月8日午後6時30分頃、京都府付近で地震があった。

11.3 曲芸飛行機墜落（京都府）11月3日、航空機1機が京都府の安井飛行場で開催された曲芸飛行大会に参加した際、誤って観客席に突っ込み、十数名が死傷した。《データ》死傷者十数名

1928年(昭和3年)
7.19 東海道線貨物列車脱線（滋賀県・京都府）7月19日、東海道線の貨物列車のうち4両が大津、山科両駅間で脱線。このため、同区間は約4時間にわたり不通になった。《データ》車両4両脱線

10.30 海軍海兵団本部火災（京都府舞鶴町）10月30日、京都府舞鶴町の海軍海兵団本部で火災があり、関連施設を全焼した。《データ》建物全焼

1932年(昭和7年)
4.3 醍醐寺火災（京都府伏見市）4月3日、伏見市にある真言宗醍醐寺派総本山の醍醐寺で火災があり、伽藍のうち五大堂を全焼した。《データ》建物1棟全焼

7.2 豪雨（京都府）7月2日、京都府で大雨のため河川氾濫や堤防決壊などの被害が続

京都府(1932年)

出。嵐山の渡月橋の一部も流失した。《データ》河川氾濫、堤防決壊、橋梁流失

9.26 誓願寺火災（京都府京都市）9月26日、京都市にある浄土宗西山派本山の誓願寺で火災があり、同寺を全焼。本尊の阿弥陀如来像(恵心作)や善導大師像(同前)、四天王像(運慶作)などの国宝級の仏像も灰になった。原因は失火。《データ》寺院全焼、仏像多数焼失

12.19 東海道線貨客列車衝突（京都府京都市）12月19日、東海道線の貨客列車が京都駅の東方で衝突し、1名が死亡した。《データ》死者1名、車両衝突

1933年(昭和8年)

12.5 東海道線貨物列車追突（京都府）12月5日午前5時30分頃、京都府の東海道線山崎駅で貨物積み込み中の貨物列車に信号を誤認した貨物列車が追突し6両が脱線、追突された貨車も転覆して大破した。この事故で2人が死亡した。《データ》死者2名

12.13 京都帝国大学火災（京都府京都市）12月13日、京都帝国大学で火災があり、工学部実験室2棟を全焼した。《データ》建物2棟全焼

1934年(昭和9年)

1.8 見送り客圧死（京都府）1月8日午後11時22分、京都駅で呉海兵団入団者を数千名の人が見送る中、混雑に押し出された百数十人が将棋倒しとなり76人が死亡、63人が重軽傷を負う惨事となった。《データ》死者76名、重軽傷者63名

1938年(昭和13年)

12月 天然痘流行（京都府）12月末、京都府で天然痘が流行し、住民に25名の患者が出た。《データ》患者25名(12月末現在)

1941年(昭和16年)

4.17 山林火災（京都府京都市）4月17日午後2時頃、京都市越ヶ畑の山林で火災があり、約39.7haを全焼した。同じ頃、神吉、宇津両村境の山林でも火災が発生。約2.0km^{2}を全焼した。《データ》焼失面積約39.7ha

5.3 山林火災（京都府船井郡和知村）5月3日午前0時頃、京都府和知村の山林で火災があり、約1.5km^{2}を全焼した。《データ》焼失面積約1.5km^2、被害額約10万円

6.25～28 豪雨（京都府山城地方・滋賀県・広島県・山口県・佐賀県）6月25日から中国地方で大雨による被害が発生、28日には京都府山城地方と滋賀県南部とで、それぞれ被害が続出した。京都府では家屋95戸と水田約35.7km^{2}が浸水、山科川や鴨川、天神川が氾濫し、東海道線や京阪電鉄線など各線が不通になった。《データ》床上浸水家屋95戸、浸水耕地約35.7km^2、河川氾濫、被害額約80万円(京都府のみ)

1945年(昭和20年)

9.20 京大原爆調査隊員被曝（京都府）9月20日、原子爆弾の実態調査に加わっていた京都大学の関係者が、放射線被曝により死亡した。《データ》被曝者1名

1947年(昭和22年)

5.17 智積院火災（京都府京都市）5月17日、京都市東山区の真言宗智山派総本山智積院で火災があり、伽藍を全焼した。智積院は桃山式庭園や大書院の襖絵などで知られる名刹。《データ》建物全焼

京都府(1951年)

1948年(昭和23年)

- **3.31 近鉄奈良線電車追突**（京都府京都市右京区）3月31日、近畿日本鉄道奈良線の電車同士が花園駅付近で追突し、双方の乗客乗務員46名が死亡、101名が重傷、約100名が軽傷を負った。《データ》死者46名、重傷者101名、軽傷者約100名、車両衝突
- **11.4～ ジフテリア予防接種禍**（京都府京都市）11月4日から、京都市内で、ジフテリアの予防接種による副作用患者が続出。15日までに527名が発熱などの症状を訴え、重症の68名が死亡した。原因はワクチン製造工程の欠陥。《データ》患者527名（うち死者68名）

1949年(昭和24年)

- **7.27～30 ヘスター台風**（福井県・三重県・滋賀県・京都府・兵庫県・奈良県・徳島県・香川県）7月27日に、伊勢湾付近に上陸したヘスター台風は、名古屋市の西方を通って、30日に若狭湾へ抜けた。この影響で、福井・三重・滋賀・京都・兵庫・奈良・徳島・香川の8県で住民16名が死亡、29名が負傷、18名が行方不明となり、家屋55戸が全壊、147戸が半壊、62戸が流失、1967戸が床上浸水、9594戸が床下浸水、田畑約11.5haが流失、約150.2haが冠水、道路347か所と堤防253か所が損壊、橋梁420か所が流失した。《データ》死者16名、負傷者29名、行方不明者18名、全壊家屋55戸、半壊家屋147戸、流失家屋62戸、床上浸水家屋1967戸、床下浸水家屋9594戸、流失田畑約11.5ha、冠水田畑約150.2ha、道路損壊347か所、橋梁流失420か所、堤防決壊253か所

1950年(昭和25年)

- **7.2 国宝金閣寺火災**（京都府京都市上京区）7月2日、京都市上京区衣笠にある臨済宗相国寺派の鹿苑寺(通称金閣寺)庭園内の金閣(国宝)から出火、宝形造りの金箔押し三層楼と足利義満木像(国宝)、運慶作の三尊像などを全焼した。原因は同寺の青年僧による放火。《データ》建物全焼
- **7.25 松竹京都撮影所火災**（京都府京都市）7月25日、京都市の松竹京都撮影所で火災があり、関連施設を全焼した。《データ》建物全焼
- **11.18 京都駅火災**（京都府京都市）11月18日午前4時30分頃、国鉄京都駅の正面2階にある都ホテル直営食堂南隣の配電室付近から出火し、駅舎のほとんどを全焼した。原因は同食堂のボーイによるアイロンの切り忘れ。京都駅は大正3年に建てられたルネサンス様式の駅舎(木造2階建)で、鉄道建築史の上でも貴重なものだった。《データ》建物全焼、被害額約2億円
- **12.21 大本教愛善苑本部火災**（京都府亀岡町）12月21日、京都府亀岡町の大本教愛善苑本部で火災があり、建物を全焼した。《データ》建物全焼

1951年(昭和26年)

- **7.11～12 豪雨**（京都府・大阪府・兵庫県）7月11日から12日にかけて、京阪神地方全域で雷をともなった大雨が降り、景勝地の嵐山で山崩れにより4名が圧死、鴨川流域で8橋が流失、京都府全体では81名が死亡、17名が重傷、146名が軽傷、33名が行方不明、橋梁93か所と道路485か所が損壊または流失、堤防1104ヶ所が決壊した。また大阪府で家屋1万6800戸、兵庫県で1万700戸がそれぞれ浸水するなど各地で被害を出した。《データ》死者81名、重傷者17名、軽傷者146名、行方不明者33名、被災者約6万3000名、浸水家屋2万7500戸、橋梁流失・損壊93か所、道路損壊485か所、堤防決壊1104か所、山崩れ860か所、被害額62億8480万円余り(京都・大阪府、兵庫県のみ)

京都府(1951年)

- **10.29 近畿財務局木幡分工場爆発**(京都府京都市伏見区)10月29日、京都市伏見区の近畿財務局木幡分工場でドラム缶が爆発し、関係者3名が死亡、11名が重軽傷を負った。《データ》死者3名、重軽傷者11名

1952年(昭和27年)

- **5.1 メーデー参加者・警官隊衝突**(京都府京都市東山区)5月1日、メーデー参加者と警官隊が京都市東山区の円山公園付近で衝突し、200名余りが重軽傷を負った。《データ》重軽傷者200名余り
- **6.6 住宅火災**(京都府舞鶴市)6月6日、京都府舞鶴市で火災があり、建築企業組合の付属住宅(6612m^2)を全焼した。《データ》家屋全焼、焼失面積6612m^2

1953年(昭和28年)

- **3.15 日の出化学工業工場爆発**(京都府舞鶴市)3月15日、京都府舞鶴市にある日の出化学工業で溶解炉が爆発し、従業員1名が死亡、18名が重軽傷を負った。《データ》死者1名、重軽傷者18名
- **4.22 京都区検察庁火災**(京都府京都市)4月22日、京都市の京都区検察庁で火災があり、同庁舎の2階部分(331m^2)を焼いた。《データ》焼失面積331m^2
- **8.14〜15 豪雨**(三重県・滋賀県・京都府・奈良県・和歌山県)8月14日夜から15日未明にかけて、三重・滋賀・京都・奈良・和歌山の5府県に大雨が降り、京都府井手町で同町東端の大正池が決壊して全家屋約1000戸の70%以上が倒壊または流失し、住民50名が死亡、150名が負傷、滋賀県多羅尾村でも山崩れが発生し、住民44名と家屋230戸が土砂の下敷きになるなど各地で被害が相次ぎ、170名が死亡、361名が負傷、269名が行方不明となり、家屋328戸が全壊、265戸と橋梁296か所が流失、田畑約33.7haが流失または埋没、堤防346か所が決壊した。《データ》死者170名、負傷者361名、行方不明者269名、全壊家屋328戸、流失家屋265戸、流失・埋没田畑約33.7ha、橋梁流失296か所、堤防決壊346か所
- **11.11 デモ参加者鴨川転落**(京都府京都市)11月11日、京都市内を流れる鴨川の荒神橋付近で、京都大学の学生ら全日本学生復興会議のデモ参加者と警官隊が衝突、この騒ぎで橋の木製欄干が壊れ、デモ参加者らが河岸に転落して10名が重軽傷を負った。《データ》重軽傷者10名、橋梁損壊
- **12.18 京都商業高等学校火災**(京都府京都市)12月18日、京都市の京都商業高等学校で火災があり、校舎2階の3教室など(661m^2)を全焼した。《データ》焼失面積661m^2
- **12.21 京阪バス横転**(京都府京都市下京区)12月21日、京都市下京区の七条西大路で、京阪バスが濃霧のため運転を誤って横転し、乗客の中学生ら81名が重軽傷を負った。《データ》重軽傷者81名、車両1台横転

1954年(昭和29年)

- **1.25 大雪**(京都府)1月25日夕方から、京都府全域が猛吹雪に見舞われ、25cmの積雪を記録、18年ぶりの大雪となった。
- **4.10 観光バス・電車衝突**(京都府久世郡淀町)4月10日、京阪電鉄本線の淀駅南方の踏切で、花見客の乗った京都観光バスが電車と衝突し、2名が死亡、33名が重軽傷を負った。《データ》死者2名、重軽傷者33名、車両衝突
- **6.28〜30 豪雨**(京都府・大阪府・和歌山県・香川県・高知県・長崎県・熊本県・大分

県）6月28日から30日にかけて、停滞した梅雨前線の影響で、中部地方以西の各地に大雨が降り、京都・大阪・和歌山・香川・高知・長崎・熊本・大分など19府県で13名が死亡、25名が負傷、13名が行方不明になり、家屋154戸が全半壊、29戸が流失、7万164戸が床上浸水、田畑約5.5haが流失、約70.4haが冠水、道路819か所と堤防285か所が損壊、橋梁107か所が流失、がけ崩れ531か所などの被害が出た。この大雨の影響で、和歌山市では1週間前に続いて再び家屋1万戸以上が浸水し、護岸を爆破して雨水を河川に放水する応急策を採った他、熊本県山鹿市が浸水のために一時孤立した。《データ》死者13名、負傷者25名、行方不明者13名、全半壊家屋154戸、流失家戸29戸、床上浸水家屋7万164戸、流失田畑約5.5ha、冠水田畑約70.4ha、道路損壊819か所、橋梁流失107か所、堤防決壊285か所、がけ崩れ531か所(6月30日現在)

8.16 京都御所火災（京都府京都市上京区）8月16日午後11時頃、京都市上京区の京都御所で、紫宸殿の北東隣にある小御所の檜皮ぶき屋根から出火し、小御所($529m^2$)を全焼した。原因は同夜、鴨川の河原で開かれた大文字花火大会の花火の火の粉が燃え移ったためと見られる。《データ》全焼建物1棟、焼失面積$529m^2$

10.30 消防自動車衝突（京都府京都市伏見区）10月30日、京都市伏見区深草藤森町で、火災現場に向かう途中の下京消防隊の消防自動車と東山消防隊の消防自動車が正面衝突し、消防士や通行人ら3名が死亡、8名が重軽傷を負った。《データ》死者3名、重軽傷者8名、車両2台衝突

1955年(昭和30年)

2.11 京都工芸繊維大学火災（京都府京都市左京区）2月11日、京都市左京区松ヶ崎にある京都工芸繊維大学の工芸学部窯業工芸学科校舎で火災があり、同校舎1棟（約$1058m^2$）を全焼した。《データ》全焼校舎1棟、焼失面積約$1058m^2$

8.8 航空自衛隊練習機墜落（京都府乙訓郡向日町）8月8日、航空自衛隊浜松操縦学校の単発練習機が、京都府向日町で操縦者の家族宛の通信筒を投下直後、同町に墜落し、乗員2名が即死した。《データ》死者2名、航空機1機墜落

10.1 国鉄バス転落（京都府福知山市）10月1日、国鉄バスが京都府福知山市宇土師の江戸ヶ坂の上り坂で、後続のジープを避けそこねて約9m下の桑畑に転落し、祭礼で超満員の乗客のうち12名が重傷、55名が軽傷を負った。《データ》重傷者12名、軽傷55名、車両1台転落

1956年(昭和31年)

8.7 知恩院権現堂火災（京都府京都市東山区）8月7日、京都市東山区にある浄土宗総本山知恩院(華頂山大谷寺)で火災があり、権現堂を全焼した。《データ》全焼建物1棟

1957年(昭和32年)

12.7 住宅火災（京都府京都市東山区）12月7日未明、京都市東山区渋谷通本町の大映製作部長の自宅から出火して、同家を全焼、家族4名が焼死、後に元自衛隊員が放火の疑いで逮捕された。《データ》死者4名

1958年(昭和33年)

4.25 旅館火災（京都府京都市中京区）4月25日、京都市中京区柳馬場のやしま旅館で火災があり、2階建の同旅館($594m^2$)と隣接の住宅1棟を全焼、宿泊客の浜松工業高等学校の生徒のうち26名が重軽傷を負った。《データ》重軽傷者26名、全焼建物2棟

京都府(1958年)

6.10 京都交通バス・列車衝突（京都府亀岡市）6月10日午後3時28分、山陰本線の八木・千代川駅間の川関踏切で園部発京都行き普通列車と京都交通バスが衝突。バスは麦畑に転落、大破し、乗客の亀岡小学校の5年生91名や引率教諭、乗務員のうち児童4名が死亡、38名が重傷、50名が軽傷を負い、列車側も機関車と炭水車が転覆、客車2両が脱線した。原因はバス側の不注意。《データ》死者4名、重傷者38名、軽傷者50名、車両1台大破、車両4両脱線

6.13 貸切りバスコンクリート塀衝突（京都府）6月13日、京都府で、貸切バスがコンクリート塀に激突し、1名が死亡、19名が重傷を負った。《データ》死者1名、重軽傷者19名

1959年(昭和34年)

5.14 観光バス転落（京都府京都市左京区）5月14日、京都市左京区八瀬近衛町西野田付近の若狭街道で、昭和女子大学付属高等部の生徒50名を乗せた京都観光バスが道路脇の田に転落し、12名が重軽傷を負った。《データ》重軽傷者12名、車両1台転落

9.16 漁船日吉丸遭難（京都府竹野郡奥丹後半島沖）9月16日、京都府竹野郡の奥丹後半島の沖合で、福井県敦賀市の底引網漁船日吉丸(18.72t)が、台風14号の影響を受けて消息を絶ち、乗組員8名が行方不明になった。同船には無線通信装置がなかった。《データ》行方不明者8名、船舶1隻行方不明

1960年(昭和35年)

3月～ インフルエンザ死亡（京都府京都市）3月下旬から、京都市の老人養護施設同和園でインフルエンザに罹る入園者が相次ぎ、4月7日までの約2週間に140名が感染、うち30名が死亡した。《データ》死者30名

8.18 広隆寺弥勒菩薩像損傷（京都府京都市右京区）8月18日、京都市右京区の広隆寺で、国宝の弥勒菩薩木像の右手指が折られるという事件が発生、原因は京都大学学生のいたずらだった。《データ》仏像一部損傷

1961年(昭和36年)

4.23 東本願寺集団食中毒（京都府京都市下京区）4月23日、京都市下京区七条烏丸の浄土真宗大谷派本山東本願寺の大遠忌法要で出された昼食の折詰弁当を食べた100名が食中毒にかかった。《データ》患者100名

5.30～6.3 学生デモ隊・警官隊衝突（京都府京都市）5月30日、京都市内で、政治活動防止法案に反対する京都府学生自治会連合のデモ隊と警官隊が衝突、双方に69名の重軽傷者が出た。続く6月3日の衝突ではデモ参加者249名と警官33名が負傷した。《データ》重軽傷者351名

10月 豪雨（京都府）10月末、京都府に大雨が降り、水田約1000ha分の収穫直前の稲が流失するなど被害が相次いだ。《データ》被災水田約1000ha、被害額28億円

1962年(昭和37年)

6月 北野天満宮火災（京都府京都市上京区）6月、京都市上京区の北野天満宮で火災があり、東門(重要文化財)の一部が焼けた。原因は子供の花火。《データ》建物火災

7.25 壬生寺火災（京都府京都市中京区）7月25日、京都市中京区坊城仏光寺上ルの真言宗大本山壬生寺の境内で火災があり、木造藁葺入母屋造りの本堂(291m²)を全焼し、本尊の延命地蔵菩薩座像や壬生狂言の金鼓など堂内の重要文化財6点も焼

京都府(1964年)

失。原因は精神薄弱者の女性による放火。《データ》全焼建物1棟、焼失面積291m²
- **8.26 観光バス・トラック衝突**（京都府船井郡園部町）8月26日、京都府園部町の国道で、観光バスが小型トラックと衝突して道路脇の園部川に落ち、乗客1名が死亡、46名が負傷した。《データ》死者1名、負傷者46名、車両1台転落
- **9.1 妙心寺火災**（京都府京都市右京区）9月1日、京都市右京区の臨済宗妙心寺派本山妙心寺境内で火災があり、鐘楼(重要文化財)を全焼した。原因は精神薄弱の少年による放火。《データ》全焼建物1棟
- **12.29 京都大学火災**（京都府京都市）12月29日、京都市左京区吉田橋町の京都大学薬学部で火災があり、木造モルタル2階建の同本館のうち有機薬化学研究室や図書室など25室(2600m²)を焼失、蔵書約1万2000冊や研究記録、標本など資料多数も焼けた。《データ》半焼校舎1棟、焼失面積2600m²、被害額1億円(図書関係のみ)

1963年(昭和38年)

- **1月 同志社女子大学火災**（京都府京都市上京区）1月、京都市上京区の同志社女子大学の構内で火災があり、家政学部旧館が焼けた。原因は放火とみられる。《データ》校舎火災
- **1.9 丹丸市場火災**（京都府京都市中京区）1月9日、京都市中京区西ノ京円町の丹丸市場で火災があり、2階建の同市場(166m²)を全焼、菓子販売業の父子6名が焼死した。《データ》死者6名、全焼店舗1棟、焼失面積166m²
- **1.19 ダンプカー・電車衝突**（京都府京都市）1月19日、京都電鉄伏見線の竹田出橋・竹田久保町駅間で、ダンプカーと電車が衝突し、乗客ら4名が死亡、58名が負傷した。《データ》死者4名、負傷者58名、車両衝突(運輸省調べ)
- **2月 峰山小学校火災**（京都府京都市右京区）2月、京都市右京区の峰山小学校で火災があった。原因は放火とみられる。《データ》校舎火災
- **2月 双ヶ丘中学校火災**（京都府京都市右京区）2月、京都市右京区の双ヶ丘中学校で火災があった。原因は放火とみられる。《データ》校舎火災
- **3.29 大洋航空測量機墜落**（京都府久世郡城陽町）3月29日、京都府城陽町で、測量作業中の大洋航空の双発機が同町の大亀谷山に墜落し、乗員3名が即死した。《データ》死者3名、航空機1機墜落
- **5.31 全日本学生自治会総連合学生・警官隊衝突**（京都府京都市）6月1日、京都市の中心部で、京都府学生自治会総連合の学生多数が米海軍の原子力潜水艦寄港反対デモを実施し、警官隊と府警察本部前で衝突、109名が重軽傷を負った。《データ》重軽傷者109名
- **8月 京都大学工学部火災**（京都府京都市左京区）8月、京都市左京区の京都大学工学部で火災があり、採鉱冶金学研究室などが焼けた。原因は放火とみられる。《データ》校舎火災

1964年(昭和39年)

- **1.5 京福電鉄鞍馬線電車衝突**（京都府京都市左京区）1月5日、京福電鉄鞍馬線(単線)の二ノ瀬・貴船口駅間で、鞍馬行き電車(2両編成)と出町柳行き臨時電車(1両編成)が正面衝突後、切れた架線の火花により双方の車両2両を全焼、乗客ら69名が重軽傷を負った。原因は鞍馬行き側の運転士による通標の確認ミス。《データ》重軽傷者69名、車両2両全焼(運輸省調べ)

京都府(1964年)

6.19 新暴力法反対派学生・警官隊衝突（京都府京都市）6月19日、京都市で、関西学生自治会総連合の学生約4000名が新暴力法および迷惑防止条例に反対してデモを実施し、警官隊と衝突、100名余りが重軽傷を負った。《データ》重軽傷者100名余り

この年 砂利採取場周辺水質汚濁（京都府綴喜郡）39年初めから、京都府井手、城陽町などの山砂利採取場の周辺地域で、砂利を洗った後の泥水が水田に流れ込んで田植えができなくなるなどの被害が起きた。《データ》水質汚濁

1965年(昭和40年)

3.18 近江鉄道バス転落（京都府乙訓郡長岡町）3月18日、京都府長岡町の府道で、近江鉄道の観光バスが谷底へ転落し、乗客1名が死亡、39名が負傷した。《データ》死者1名、負傷者39名、車両1台転落

4.23 従業員寮ガス中毒死（京都府京都市中京区）4月23日夜、京都市中京区河原町六角の洋菓子店志津屋の従業員寮で、ストーブのガス管がはずれ、女子入寮者6名が中毒死した。《データ》死者6名

10.3 北日本観光バス転落（京都府相楽郡山城町）10月3日、京都府山城町で、北日本観光の修学旅行バスが国道から茶畑に落ち、乗客1名が死亡、49名が重軽傷を負った。《データ》死者1名、重軽傷者49名、車両1台転落

1966年(昭和41年)

3月 金波ホテル集団赤痢（京都府京都市）3月中旬、京都市の金波ホテルで宿泊客ら多数が赤痢にかかり、患者数は442名になった。《データ》患者442名

4.11 醸造所火災（京都府天田郡夜久野町）4月11日午後11時35分、京都府夜久野町の醸造所で火災があり、関連施設2棟(4266m^2)を全焼した。《データ》全焼工場2棟、焼失面積4266m^2、被害額3400万円(消防庁調べ)

5.27 妙心寺火災（京都府京都市右京区）5月27日、京都市右京区花園の臨済宗妙心寺派本山の妙心寺で放火による火災があり、書院の一部を焼失した。《データ》寺院火災

5.27 霊雲院火災（京都府京都市東山区）5月27日、京都市東山区の霊雲院で放火による火災があり、同院内の御幸の間の一部を焼失した。《データ》寺院火災

7.18 日本高速自動車急行バス転覆（京都府京都市東山区）7月18日午後4時30分頃、京都市東山区の名神高速道路の山科バス停留所付近で、日本高速自動車の神戸発名古屋行き急行バスが中央分離帯に突入、横転し、乗客1名が死亡、8名が重軽傷を負った。《データ》死者1名、重軽傷者8名、車両1台転覆

7.20 大徳寺火災（京都府京都市北区）7月20日午後3時57分、京都市北区紫野の臨済宗大徳寺派本山の大徳寺で放火による火災があり、伽藍のうち方丈(国宝)の一部(5m^2)や天井画の猿曳図(重要文化財)などを焼失した。《データ》半焼建物1棟、焼失面積5m^2(消防庁調べ)

7.31 観光バス・トラック衝突（京都府京都市）7月31日午前9時頃、京都市の名神高速道路で、観光バスとトラックが衝突し、観光バスの乗客ら3名が死亡、22名が重軽傷を負った。《データ》死者3名、重軽傷者22名、車両1台転覆

8.3 トラック分離帯突入（京都府京都市東山区）8月3日午前9時頃、京都市東山区の名神高速道路の山科バス停留所付近で、トラックが中央分離帯に突っ込む事故が発生した。

京都府(1968年)

9.22 修学旅行バス・ダンプカー衝突（京都府相楽郡山城町）9月22日、京都府山城町の国道24号線で、京都観光の大型修学旅行バスと大型ダンプカーが衝突し、乗客の東京都品川区の城南中学校の生徒や引率教諭ら4名が死亡、25名が重軽傷を負った。原因はバスの無理な追越し運転。《データ》死者4名、重軽傷者25名、車両衝突

11.4 地震（京都府京都市付近）11月4日朝、京都市とその周辺地域を震域とする震度2の軽震があり、東海道新幹線の列車4本に遅れが出た。

12.14 豪雪（京都府付近）12月14日、京都府付近に大雪が降り、京都市では40年ぶりという積雪を記録した。

12.21～ 食中毒（北海道・東京都・神奈川県・京都府・大阪府）12月21日から42年4月にかけて、東京や横浜、京都、大阪など6都道府県で、住民約1500名が広島県産の養殖生牡蠣による食中毒にかかり、同県の産地は12月22日に出荷停止を実施した。厚生省と広島県の調査によれば、原因は養殖海域の病原性大腸菌。《データ》患者約1500名(41年12月28日現在)

1967年(昭和42年)

2月 病菌豚密売事件（関東地方・京都府・熊本県）2月、東京都および京都府、栃木、千葉、神奈川、熊本県などで、家畜業者ら合わせて47名が、コレラワクチン製造のため豚7100頭とヤギ1万664頭に病菌を接種して血清を採取した後、使用豚とヤギを食用肉として販売。うち豚524頭分を除き、同豚とヤギはハムやソーセージなどに加工、消費された(同23日以降に19名逮捕。3月16日にプリマハムを1週間営業停止)。

4.5 京都国際ホテル火災（京都府京都市中京区）4月5日午前8時50分、京都市中京区二条油小路の京都国際ホテル7階の廊下から出火し、宿泊棟(2万1139m^2)を半焼、滞在客ら225名が焼け出され、16名(うち外国人7名)が負傷した。原因はダストシュートに捨ててあったタバコの吸殻。《データ》負傷者16名、半焼建物1棟、焼失面積2万1139m^2、被災者225名、被害額7500万円

7.2 ダム水門決壊（京都府船井郡和知町）7月2日、京都府和知町の由良川で、関西電力和知ダムの第3水門(高さ12m、幅9m)が突然決壊して毎秒約500トンの水が流出し、下流で釣りをしていた京都市在住の店員1名が激流に飲まれて死亡した。原因は同水門の部品破損。《データ》死者1名、水門決壊

7.14 観光バス・トラック衝突（京都府）7月14日、京都市から大阪市へ向かう京阪国際観光の貸切バスが、停車していた大型トラックに衝突し、乗客ら53名が負傷した。《データ》負傷者53名、車両衝突

8.18 瀬戸内海航空ヘリコプター墜落（京都府綴喜郡井手町）8月18日、京都府井手町で、農薬散布中の瀬戸内海航空のベル47G4型ヘリコプターが墜落し、1名が負傷した。《データ》負傷者1名、ヘリコプター1機墜落(運輸省調べ)

1968年(昭和43年)

4.11 火災（京都府京都市東山区）4月11日、京都市東山区祇園で火災があり、家屋など13棟(400m^2)を全焼、舞妓2名が焼死した。《データ》死者2名、全焼家屋13棟、焼失面積400m^2

4.14 京都市営電車追突（京都府京都市）4月14日、京都市交通局の五条坂・馬町停留所間で、後発電車が先発電車に追突し、乗客ら10名が負傷した。原因は追従運転

京都府(1968年)

による車間距離不足。《データ》負傷者10名、車両追突(運輸省調べ)

5.11 京都市営電車追突（京都府京都市南区）5月11日、京都市交通局の東九条下り坂で、東福寺方面へ向かって九条車庫を出発した電車が、架線修理作業車と衝突、制動不能になり約400m先で先発電車に追突し、乗客ら11名が重軽傷を負った。原因は制限速度の超過。《データ》負傷者11名、車両衝突(運輸省調べ)

8.13 ベ平連・警官隊衝突（京都府京都市）8月13日、京都市で、ベトナムに平和を！市民連合の関係者多数がデモを実施して機動隊と激突、警官14名が塩酸入りの瓶を投げつけられて負傷した。《データ》負傷者14名

11.22 京阪京津線急行電車脱線（京都府京都市東山区）11月22日、京阪電鉄京津線の神宮道・蹴上駅間の国道1号線で、急行電車が浮いた敷石に乗り上げて脱線、約30m先のガードレールを破壊し、現場付近の住宅の玄関に突っ込んだ。《データ》車両脱線、損壊家屋1棟

1969年(昭和44年)

1.21〜9.22 京都大学紛争（京都府京都市左京区）1月21日、京都大学の反日本共産党系の学生が京都市左京区の同大学の正門突破を試み、2月14日に日本共産党系、反日本共産党系の学生が教養部の無期限ストライキの継続を巡って同構内で乱闘、250名が負傷。続いて同27日に日本共産党系や一般の学生が入学試験の実施と大学本部の封鎖解除を要求して占拠側の反日本共産党系の学生と乱闘、280名が負傷し、3月1日に機動隊と学生が衝突、約230名が負傷し、5月22、23日に全共闘の関係者らによる大学本部の封鎖と機動隊による排除が発生し、6月23日に両派の学生の乱闘により80名が負傷、火炎瓶により正門が燃え、9月20日午後から22日朝にかけて教官や学生らが時計塔を含む校舎の封鎖解除を巡って百万遍通まで バリケードを築いて機動隊と激突、支援者のうち関西大学の学生(20歳)が背後から飛んできた火炎瓶により全身に火傷を負った(10月1日に死亡)。《データ》死者1名、負傷者約840名

2.17 立命館大学学生衝突（京都府京都市上京区）2月17日、立命館大学の日本共産党系、反日本共産党系の学生が校舎の封鎖解除を巡って京都市上京区の同大学構内で乱闘し、約100名が負傷した。《データ》負傷者約100名

9.4 一瀬食品工業所ガス爆発（京都府宇治市）9月4日午後7時30分頃、京都府宇治市の一瀬食品工業所で自動天ぷら揚げ器から漏れたガスが爆発し、従業員1名が死亡、1名が負傷した。《データ》死者1名、負傷者1名

9.12 西本願寺事件（京都府京都市下京区）9月12日午後3時頃、竜谷大学および京都女子大学全共闘や竜谷大学ベトナムに平和を！市民連合の学生多数が大学法粉砕・本願寺不法介入反対集会を組織、機動隊の阻止線を破って京都市下京区の西本願寺へ突入し、御影堂(重要文化財)前で集会を開催後、付近にいた職員や信徒らを殴り、回廊や北隣の阿弥陀堂などに土足で踏み込むなど同寺境内で騒いだ。

9.22 大阪戦争事件（京都府京都市・大阪府大阪市）9月22日午後3時過ぎから、赤軍派の学生50名が京都市上京区の同志社大学正門付近の今出川烏丸交差点にバリケードを築いて市電の通過を妨害し、火炎瓶や投石などにより機動隊と衝突。同午後6時40分頃から8時過ぎにかけて、別の18名は大阪市阿倍野区の大阪市立大学医学部付近で町舳、金塚、阪南北など5派出所に火炎瓶を投げ込み、警官4名が重軽傷を負った。《データ》重軽傷者4名、建物火災

京都府(1972年)

    9.27　精神病院火災（京都府乙訓郡長岡町）9月27日、京都府長岡町の精神病院で入院患者の放火による火災があり、2名が死亡した。《データ》死者2名、病院火災
   10.28　京都市電今出川線電車接触（京都府京都市上京区）10月28日、上京区の河原町今出川交差点で、京都市交通局今出川線の電車が右方向からきた別の電車と接触し、乗客ら33名が負傷した。原因は前者の信号確認ミス。《データ》負傷者33名、車両衝突(運輸省調べ)

1970年(昭和45年)

    2.23　乗用車・阪急京都線電車衝突（京都府乙訓郡向日町）2月23日、阪急電鉄京都線西向日町・東向日町駅間の踏切で乗用車と電車が衝突、脱線し、乗客ら5名が即死した。原因は乗用車の直前横断。《データ》死者5名、車両脱線(運輸省調べ)
    6.15　宮津線列車脱線（京都府宮津市）6月15日、宮津線栗田・丹後由良駅間で梅雨前線の大雨により土砂崩れを起こした現場にディーゼル列車(2両編成)が突っ込み、気動車1両が脱線、乗客ら35名が重軽傷を負った。《データ》重軽傷者35名、車両1両脱線(運輸省調べ)
    8.4　バス・トラックほか二重追突（京都府京都市南区）8月4日、京都市南区上鳥羽塔の森の名神高速道路上り線で、観光バスが日本万国博覧会からの帰途、停止していたバスに追突、直後に大型トラックも追突し、乗客ら102名が負傷した。《データ》負傷者102名、車両追突(警察庁調べ)
   10.7　火災（京都府京都市左京区）10月7日午前3時6分、京都市左京区下鴨宮崎の木造2階建の飲食店から出火し、母子4名が焼死、同店など(255m^2)を全焼した。《データ》死者4名、焼失面積255m^2、被害額280万円(消防庁調べ)

1971年(昭和46年)

    5.6　三保産業ガス爆発（京都府久世郡城陽町）5月6日午後3時過ぎ、京都府城陽町の三保産業の溶接作業場でボンベからプロパンガスを抜きとる際、漏れたガスに溶接の火花が引火し爆発。3名が重傷を負った。《データ》重傷者3名
    6.12　鉄工所ガス爆発（京都府舞鶴市）6月12日午前9時過ぎ、京都府舞鶴市の荒川鉄工所で溶接作業用のアセチレンガスが突然噴出し、1名が死亡、3名が重軽傷を負った。原因はガスの供給量の調節失敗。《データ》死者1名、重軽傷者3名
    6.17　沖縄返還協定調印反対派衝突（京都府京都市東山区）6月17日、反日本共産党系の学生や労働者らが沖縄返還協定の調印反対デモを実施して京都市東山区祇園の石段下付近で機動隊と衝突した。
    8.8　宮ノ平古墳破壊（京都府久世郡城陽町）8月8日、京都府城陽町寺田の府立城陽高等学校の建設予定地で通称宮ノ平古墳の大部分が造成業者のブルドーザーにより破壊された。同遺跡は特殊な形をした前方後円墳で、学術的な価値を認められ、保存運動も始まっていたため、府教育委員会による破壊黙認の姿勢が批判を浴びた。

1972年(昭和47年)

   10.29　京都市営線電車衝突（京都府京都市北区）10月29日、京都市交通局線の烏丸車庫発千本北大路行き電車が北大路堀川、新町停留場間の千本北大路交差点から下り勾配を無人のまま反対方向へ戻り、乗用車3台に衝突後、現場から約1.2km離れた地点で後続の烏丸車庫発西大路七条行き電車と正面衝突し、運転士、乗客48名

京都府(1973年)

が重軽傷を負った。《データ》重軽傷者48名、車両衝突(運輸省調べ)

1973年(昭和48年)

2.8 電話回線埋設現場ガス爆発（京都府京都市）2月8日、京都市で電話回線埋設用マンホール掘削現場で近くのガス管から漏れたガスが引火、爆発し、作業員2名が死亡、3名が重軽傷を負った。《データ》死者2名、重軽傷者3名

3.27 方広寺火災（京都府京都市東山区）3月27日、京都市東山区の天台宗方広寺で火災が発生し、大仏殿を全焼した。方広寺は豊臣秀吉が天正17年(1587)に創建、子の秀頼が増築し、寄進した鐘に「君臣豊楽、国家安康」の銘句が刻んであったのが徳川家康による大阪城攻めの端緒となったことでも有名。《データ》全焼建物1棟

3.28 第6太洋丸転覆（京都府竹野郡丹後町沖）3月28日、漁船第6太洋丸(36トン)が京都府丹後町の経ヶ岬の沖合で悪天候に巻き込まれて転覆し、乗組員12名が死亡した。《データ》死者12名、船舶1隻転覆(海上保安庁・朝日新聞社調べ)

5.21 トラック・近鉄京都線列車衝突（京都府相楽郡精華町）5月21日、近畿日本鉄道京都線狛田・新祝園駅間の踏切でトラックと列車が衝突し、脱線。乗員、乗客ら10名が負傷した。《データ》負傷者10名、車両脱線(運輸省・朝日新聞社調べ)

12.5 建仁寺火災（京都府京都市東山区）12月5日午後3時20分頃、京都市東山区大和大路通四条の臨済宗建仁寺派大本山の建仁寺禅居庵で本堂と棟続きの居室付近から出火し、木造瓦葺き平屋建の本堂(250m²)などを全焼したが、死傷者はなく、禅居庵書院の襖絵松竹梅図(重要文化財)は京都国立博物館に委託されていて難を逃れ、勅使門(重要文化財)など境内の建築物にも被害はなかった。《データ》寺院火災、焼失面積250m²(消防庁調べ)

1974年(昭和49年)

1.5 防護作業現場がけ崩れ（京都府宮津市）1月5日、京都府宮津市のがけ崩れ防護作業現場でがけ崩れが発生し、4名が死亡、1名が重傷を負った。《データ》死者4名、重傷者1名

10.28 ミキサー車・観光バス接触（京都府綴喜郡井手町）10月28日、観光バスが京都府井手町の国道24号線で後続のミキサー車に接触され、運転を誤って道路から約20m下の田に転落、乗務員や乗客の老人クラブ会員のうち3名が死亡、53名が重軽傷を負った。原因はミキサー車の無謀追越し運転。《データ》死者3名、重軽傷者53名、車両1台転落

1975年(昭和50年)

1.16 歌舞伎俳優フグ中毒死（京都府京都市）1月16日、京都市で歌舞伎俳優坂東三津五郎(重要無形文化財)が料理に使われたフグに残っていた毒により死亡した。《データ》死者1名

4.17 乗用車・急行列車衝突（京都府相楽郡精華町）4月17日、近畿日本鉄道京都線山田川・新祝園駅間の踏切で天理発京都行き急行列車(4両編成)が脱輪した乗用車と衝突、脱線したまま約150m走って前部2両が横転し、乗員、乗客ら68名が重軽傷を負った。原因は乗用車の踏切内での脱輪。《データ》重軽傷者68名、車両2両横転

10.7 清水寺火災（京都府京都市東山区）10月7日、京都市東山区霊山町の法相宗清水寺の本堂(国宝)で放火による火災があった。本堂は、懸崖造りと呼ばれる独特の

京都府(1978年)

構造により清水の舞台として有名で、徳川家光の再建。《データ》寺院火災

12.26 ゴミ箱爆破（京都府京都市東山区）12月26日、京都市東山区の道路でビニール製ショッピングバッグに入れてゴミ箱に捨ててあった家庭用消火器型の時限式爆弾が爆発した。

この頃 鉱山・工場廃液排出（京都府）50年頃、京都府の鉱山や工場が有害物質を含む廃液を排出し、周辺地域の農作物や土壌を汚染した。《データ》農作物被害、土壌汚染

1976年(昭和51年)

1.6 平安神宮火災（京都府京都市左京区）1月6日午前3時30分ごろ、京都市左京区岡崎の平安神宮の内拝殿西側の西翼舎から出火、東西本殿各56m^{2}をはじめ、内拝殿、宝庫など約550m^{2}を全焼した。平安神宮は、桓武天皇と孝明天皇を合祀する旧官幣大社で、平安遷都1100年を記念して明治28年(1895)に創建された。《データ》全焼建物9棟、焼失面積1万m^2、半焼3棟

1.16 橋げた落下（京都府大江町）1月16日、京都府大江町の府道大雲橋工事現場で橋げたが落下。2名が死亡、5名が負傷した。《データ》死者2名、負傷者5名

8.10 電車衝突（京都府京都市）8月10日東海道本線京都で普通電車と回送の特急気動車が衝突し、26名が負傷した。《データ》負傷者26名

1977年(昭和52年)

1.1 梨木神社爆破（京都府京都市上京区）1月1日午後8時過ぎ、京都市上京区寺町通にある梨木神社の本殿正面西側の柱付近で消火器型の時限式爆弾が爆発し、柱の下部が焦げた。京都府警は過激派による消化器爆弾事件と断定。《データ》軽傷者4名、建物損壊

5.7 列車事故（京都府京都市大山崎町）5月7日、京都府京都市大山崎町の鉄道線路上で、レール作業中に列車にひかれ、2名が死亡、1名が負傷した。《データ》死者2名、負傷者1名

9.7 神社火災（京都府京都市伏見区）9月7日午前5時、京都市伏見区の城南宮から出火、本殿約150m^{2}を全焼した。

11.2 東本願寺爆破（京都府京都市下京区）11月2日午後4時頃、京都市下京区七条烏丸の浄土真宗大谷派本山の東本願寺大師堂で塩素酸塩系の薬剤と硫黄を詰めた消火器型の時限式爆弾が爆発、同堂の床や障子が壊れたり、畳が焼けたりしたほか、現場付近にいた参詣客1名が負傷した(翌日、世界赤軍日本人部隊やみのつちぐもが犯行を発表)。《データ》負傷者1名、損壊建物1棟

11.5 京都競馬場落馬事故（京都府京都市伏見区）11月5日、京都市伏見区淀の京都競馬場で出走馬7頭が競走路内で接触して転倒、騎手1名が転倒に巻き込まれて死亡、6名が負傷した。《データ》死者1名、負傷者6名、転倒馬7頭

1978年(昭和53年)

7月 落雷（京都府・大阪府）9日、京都府和東町で落雷、1名が死亡。大阪府木曽川の公園で野球中に感電死。《データ》死者2名

9.10 乗用車電柱激突（京都府京都市左京区）9月10日、京都市左京区鹿ケ谷法然院西町の市道で飲酒運転の乗用車が電柱に激突して5名が死亡、1名が重傷を負った。《データ》死者5名、重傷者1名

京都府(1979年)

1979年(昭和54年)

5.12 住宅火災（京都府京都市）5月12日、京都府京都市の住宅から出火、140m²を焼いた。4名が焼死し、1名が負傷した。損害額が9552万円。《データ》死者4名、負傷者1名、焼失面積140m²、被害額9552万円

6.19 清掃工場灰崩壊（京都府京都市）6月19日、京都府京都市の清掃工場で、灰が崩壊し、2名が死亡、7名が負傷した。《データ》死者2名、負傷者7名

10.1 クレーン車暴走（京都府長岡京市神足）10月1日、京都府長岡京市神足の新幹線高架下にある長谷川工務店京都工場敷地内で、高さ16m、重さ15トンのクレーン車が突風にあおられて約100m暴走、高架橋に激突した。鉄柱が折れ、送電線を切断したため115本が運休するなど終日ダイヤは大混乱、被害総額は約4421万円にのぼった。《データ》運休、被害総額約4421万円

この年 カラオケ騒音（京都府京都市）53年度に市に寄せられた公害苦情件数のうち、いわゆるカラオケ騒音が85件もあり、市の公害苦情の第3位にランクされるなどしたが、9月の府議会で、住居系地域では、スナックなどでのカラオケ使用が午後11時から午前6時まで禁止される府公害防止条例改正案(カラオケ騒音規制)が可決。違反者には10万円以下の罰金。《データ》カラオケ騒音苦情85件

1981年(昭和56年)

2.19 火災（京都府京都市中京区）2月19日午後8時ごろ、京都府京都市中京区の倉庫から出火、住宅やアパート13棟、工場1棟、倉庫1棟の計15棟1500m²を焼き、約3時間後に消火、けが人はなかった。《データ》全焼15棟、焼失面積1500m²

11.4 釣り鐘鋳型破損（京都府乙訓郡）11月4日午後3時20分、京都府乙訓郡の鋳物工場で、大型釣り鐘の火入れ式をしていたところ、鋳型が割れて1100度の溶けた銅・スズ合金が流れ出し、集まっていた信徒ら17人が重軽傷を負った。原因は流し込んだ合金の重みに鋳型が耐えきれなかったらしい。完成すれば重さ12.5トンで西日本で最大になるはずだった。《データ》重軽傷者17名

1982年(昭和57年)

7.8 オートバイ・大型ダンプ衝突（京都府八幡市）7月8日午前5時40分ごろ、京都府八幡市の府道で、少年3人が乗ったバイクが大型ダンプに衝突、3人とも死亡した。原因はバイクがスピードを出し過ぎてカーブを曲がりきれなかったため。《データ》死者3名

1983年(昭和58年)

5月～6月 赤痢大流行（京都府）5月から6月にかけ宇治、長岡京市、田辺町などで患者数約200人を出した。《データ》赤痢患者約200名

10.22 映画会社オープンセット火災（京都府京都市右京区）10月22日午後2時50分ごろ、京都市右京区の京都映画会社のオープンセット2階付近から出火、木造2階建ての同セットをはじめ、商家、旅籠などのオープンセット計12棟、1630m²を焼いた。昭和30年代に建てられた木造が近接して建っており、火の回りが早かった。《データ》焼失面積1630m²

1984年(昭和59年)

10.31 コレラ患者（東京都・秋田県・滋賀県・福島県・京都府・大阪府・千葉県）10

月31日、台湾ツアー帰りの観光客のコレラ患者は21人となった。患者は東京都で6人、秋田県、滋賀県で各4人、福島県で3人、京都府で2人、大阪府と千葉県で各1人。《データ》コレラ患者21名

1985年(昭和60年)

6.3 コレラ患者（京都府京都市）6月3日、アフリカから帰国した京都市の女性団体職員がコレラに感染していることが成田空港検疫所の調査でわかったため京都市内の病院に収容された。《データ》コレラ患者1名

1987年(昭和62年)

5.28 地震（京都府他）5月28日午前6時3分、近畿地方を中心に地震が発生、震源は京都府中部で、震源の深さは約20km、マグニチュードは5.3で、京都で震度3を記録した。

1989年(平成1年)

5.3 京都大学火災（京都府京都市左京区）5月3日午前4時ごろ、京都市左京区吉田本町、京都大学本部構内の経済研究所1階電算準備室のカーテンとコンピュータ端末装置1台が焦げ、端末装置13台と広島、長崎の約13万人分の被爆者データが入ったフロッピーディスクが被害を受けた。また同時刻ごろ、本館北の生活協同組合の倉庫の屋根裏と壁などが焼けた。同一犯人の放火とみられる。

7.3 京大教養部火災（京都府京都市左京区）7月3日午前8時15分ごろ、京都市左京区吉田二本松町、京都大学教養部構内の尚賢館南西角付近から出火、同館約340m^{2}を全焼した。不審火とみられる。《データ》全焼1棟、焼失面積340m^2

10.18 修学旅行列車・電気機関車衝突（京都府京都市下京区）10月18日午後3時半ごろ、京都市下京区のJR京都駅構内で、神戸市の5つの小学校児童と教師ら計550人が乗った修学旅行専用団体列車の機関車つけかえ作業中、電気機関車が客車に強く当たり、児童ら9人がけがをした。《データ》負傷者9名

1990年(平成2年)

1.11 工場爆発（京都府宇治市）1月11日午前8時15分ごろ、宇治市槙島町、鉄材解体事業者の工業の事務所兼工場で爆発が起き、工場約1600m^{2}のスレート屋根が吹き飛び、2人が軽いけがをした。原因は廃鉄中のアセチレンガスが残ったボンベを切断したため。《データ》負傷者2名

1.20 火災（京都府京都市中京区）1月20日午後10時15分ごろ、京都市中京区麩屋町通三条で火災があり、木造2階建て住宅延べ約150m^{2}が全焼、南隣の呉服製造卸の店舗の一部と、北側にある旅館の離れの屋根裏の一部が焼けた。《データ》全焼約150m^2

1.30 旅館火災（京都府京都市下京区）1月30日午前11時ごろ、京都市下京区木屋町通仏光寺上ルで火災があり、料理旅館2件など約100m^{2}と外壁などが焼けた。女性1人が焼死。《データ》死者1名、半焼2棟、焼失面積約100m^2

2.15 トンネル内玉突き事故（京都府乙訓郡大山崎町）2月15日午前9時50分ごろ、京都府乙訓郡大山崎町大山崎の名神高速道路下り線天王山トンネル内で、大型トラックが前の大型トラックに追突したのを始め、4カ所で次々と計13台が玉突き衝突した。この事故で2人が重傷、4人が軽いけがをした。《データ》負傷者6名

3.12 工事金網倒れ通行人けが（京都府京都市上京区）3月12日午前10時15分ごろ、京

京都府(1990年)

都府京都市上京区河原町通の鴨川に架かる丸太町橋で、架け替え工事中のために設けられた仮歩道沿いの金網フェンスが仮歩道側に倒れ、通行中の6人が下敷きになり、軽傷を負った。京都市では午前10時39分に13.3mの最大瞬間風速を観測した。《データ》負傷者6名

- **5.9** ヘアスプレー缶爆発（京都府京都市中京区）5月9日午後1時ごろ、京都市中京区蛸薬師通河原町西入ル「川原町ビブレ21」地階の美容室でヘアスプレーが爆発し、2人がやけどを負った。スプレーを捨てるため缶に穴を開けようとしていて漏れたガスに引火したもの。《データ》負傷者2名。
- **7.23** 食中毒（京都府京都市）7月23日、京都府京都市で、上京区の飲食店が調理してウナギのかば焼きを食べた74人が腹痛、下痢などの食中毒症状になり、うち7人が入院した。《データ》患者74名
- **8.12** ワゴン車転落（京都府竹野郡丹後町）8月12日午後6時5分ごろ、京都府竹野郡丹後町間人の長浜海岸沿いの町道で、ワゴン車が約30m下の海岸に転落し、2人が死亡、1人が重傷、1人が軽傷を負った。《データ》死者2名、負傷者2名
- **10.8** 山陰線列車に倒木（京都府船井郡丹波町）10月8日午前10時40分ごろ、京都府船井郡丹波町のJR山陰線胡麻—下山間で、台風21号の影響により線路わきの立ち木が倒れ、通過中の普通列車の先頭車両の窓ガラスが割れ、乗客6人がけがをした。《データ》負傷者6名
- **12.16** 乗用車・大型トラック衝突（京都府相楽郡加茂町）12月16日午後6時15分ごろ、京都府相楽郡加茂町銭司金鋳山の国道163号で、乗用車と大型トラックが衝突、1人が死亡、1人が重傷を負った。原因は乗用車がセンターラインを越えたため。《データ》死者1名、負傷者1名
- **12.28** 住宅火災（京都府京都市右京区）12月28日午前7時半ごろ、京都市右京区西京極南衣手町で火災があり、3戸が全焼し、女性が顔や手に大やけどを負った。《データ》負傷者1名、全焼3棟

1991年(平成3年)

- **1.4** 乗用車横転（京都府京都市東山区）1月4日午前3時ごろ、京都市東山区福稲柿本町の市道で、乗用車がガードレールに接触、横転し、1人が即死、4人が重軽傷を負った。原因はスピードの出し過ぎ。《データ》死者1名、負傷者4名
- **1.18** 名神高速多重衝突事故（京都府京都市伏見区）1月18日午前9時ごろ、京都市伏見区深草五反田町の名神高速下り線追い越し車線で、大型トラックが普通トラック2台に追突、さらに後続の5台が玉突き衝突し、9人が軽いけがをした。《データ》負傷者9名
- **5.25** マイクロバス・トラック衝突（京都府京都市下京区）5月25日午前10時40分ごろ、京都市下京区五条通堀川の国道1号交差点で、右折しようとしたマイクロバスと4トントラックが衝突、マイクロバスが横転し、13人が重軽傷を負った。《データ》負傷者13名
- **6.25** 福知山線衝突事故（京都府福知山市）6月25日午前8時すぎ、京都府福知山市のJR福知山線踏切で普通電車が踏切内にいたトレーラーに衝突、310人が重軽傷を負った。《データ》負傷者310名
- **6.29** 天王山トンネル玉突き事故（京都府乙訓郡大山崎町）6月29日午前9時40分ごろ、

京都府(1992年)

　　　　京都府乙訓郡大山崎町大山崎の名神高速道下り線天王山トンネル内で、観光バス
　　　　が大型トラックに接触、さらに前方のトラック3台に玉突き衝突し、1人が軽いけ
　　　　がをした。《データ》負傷者1名
- 8.20　パネル落下（京都府京都市中京区）8月20日午後3時35分ごろ、京都市中京区河原
　　　　町通御池角の解体中の京都ホテルで、防護用アルミニウム製パネル（重さ20キロ）
　　　　約20枚が枠組みの足場からはがれ、中のコンクリート片とともに下の歩道に崩れ
　　　　落ちたが、けが人はなかった。
- 9.2　トラック・バス追突（京都府京都市左京区）9月2日午後10時すぎ、京都市左京区
　　　　聖護院山王町の市道で、停留所に停車中の市バスにトラックが追突し、乗客ら11
　　　　人がけがをした。《データ》負傷者11名
- 9.20　乗用車暴走（京都府京都市伏見区）9月20日午後4時20分ごろ、京都市伏見区深草
　　　　稲荷御前町の府道で、無免許運転の乗用車が道路右側を通行していたベビーカーや
　　　　自転車、歩行者、ミニバイクをはね、園児4人を含む9人が重軽傷を負った。《デー
　　　　タ》負傷者9名
- 9.21　歩行者はねられ負傷（京都府京都市左京区）9月21日午前10時ごろ、京都市左京
　　　　区二条通東大路東入ルの市道交差点で、歩行者2人が右折してきた乗用車にはねら
　　　　れ、1人が重傷、1人と乗用車の3人が軽いけがをした。《データ》負傷者5名
- 10.15　名神高速玉突き事故（京都府乙訓郡大山崎町）10月15日午前6時ごろ、京都府
　　　　乙訓郡大山崎町円明寺の名神高速道路下り線で、普通トラックが大型トラックに
　　　　追突したのをきっかけに、約200m間の4カ所で計13台が相次いで玉突き衝突し、1
　　　　人が重傷、2人が軽傷を負った。《データ》負傷者3名
- 12.26　JRバス・大型トラック追突（京都府京都市伏見区）12月26日午前3時すぎ、京
　　　　都市伏見区深草堀田町の名神高速道路下り線で、JRバス「ドリーム高松号」が大
　　　　型トラックに追突、バスの乗客9人が顔やひざなど軽い打撲傷を負った。原因はト
　　　　ラックが乗用車と接触して急に速度を緩めたため。《データ》負傷者9名

1992年（平成4年）

- 1.30　ガス爆発（京都府京都市上京区）1月30日午後6時35分ごろ、京都市上京区烏丸通
　　　　上立売角のビルのギャラリーで爆発が起き、ギャラリー内部がほぼ全壊し、破片
　　　　が烏丸通に飛び散った。店内にいた3人が大やけど、2人が軽傷、通行人1人が軽い
　　　　けがをした。プロパンガスのバーナーをライターで再点火しようとしたところ、
　　　　爆発したらしい。《データ》負傷者5名
- 2.5　乗用車線路暴走（京都府京都市南区）2月5日午後10時35分ごろ、京都市南区西九条
　　　　の近鉄京都線十条駅南側の踏切で、乗用車が遮断機の下りかかった踏切内に進入、
　　　　そのまま線路上を約100mほど走って止まった。乗っていた4人が重軽傷を負った。
　　　　《データ》負傷者4名
- 5.2　シンナー中毒（京都府京都市南区）5月2日午後2時50分ごろ、京都市南区吉祥院東
　　　　浦町、市吉祥院下水処理場の地下約12mにある汚水浄化施設で、塗装作業をして
　　　　いた塗装会社経営者ら作業員4人がシンナー中毒で次々に倒れ、1人が死亡、3人が
　　　　酸欠状態で病院に運ばれた。《データ》死者1名、負傷者3名
- 5.31　乗用車衝突炎上（京都府舞鶴市）5月31日午後10時10分ごろ、京都府舞鶴市丸田
　　　　の国道178号で、軽乗用車と対向の乗用車が衝突、双方の車が炎上し、2人が死亡、
　　　　2人がやけどをした。乗用車が事故の直前に別の乗用車と接触、道路右側のガード

京都府(1992年)

レールにぶつかり、はずみで軽乗用車と激突したらしい。《データ》死者2名、負傷者2名

6.3 トンネル照明破壊（京都府乙訓郡大山崎町）6月3日午前7時ごろ、京都府乙訓郡大山崎町の名神高速道路下り線天王山トンネル内で、大型トラックがトンネルの壁面上部に取り付けられたナトリウム灯を壊しながら走り、80基を破損し、渋滞を招いた。大型トラックが壁面に寄り過ぎて走ったのが原因。《データ》ナトリウム灯80基破損

9.17 名神高速33台玉突き事故（京都府京都市伏見区）9月17日午前6時25分ごろ、京都市伏見区の名神高速道路下り線の高速バス深草停留所付近で玉突き事故が相次いで起き、大型トラックなど33台が巻き込まれた。この事故で9人が重軽傷を負った。《データ》負傷者9名

1993年(平成5年)

3.11 名神高速道玉突き事故（京都府京都市伏見区）3月11日午前6時10分ごろ、京都市伏見区深草馬谷町の名神高速道路下り線で、渋滞のため減速中のトラックに後続の大型トラックが追突し、トラックが前の乗用車に追突するなど計5台の絡む玉突き事故があり、1人が死亡した。大型トラックの運転手の前方不注意が原因とみられる。《データ》死者1名

4.9 観光バス・大型トラック追突（京都府乙訓郡大山崎町）4月9日午前10時45分ごろ、京都府乙訓郡大山崎町下植野の名神高速道路下り線天王山トンネル入口付近で、東濃鉄道の観光バスが大型トラックに追突した。バスの乗客十数人が顔や手などに軽いけがをした。《データ》負傷者十数名

8.23 ガス爆発（京都府宇治市）8月23日午前1時30分ごろ、京都府宇治市五ケ庄平野のマンションの1階の部屋でガスが爆発、この部屋とすぐ上の部屋が全壊、窓ガラスが割れるなど計74戸に被害が出たほか、西側にあるアパート、京大職員宿舎などの窓ガラスも割れた。この爆発で1人が重傷のほか4人が負傷した。《データ》負傷者5名

10.15 奈良線列車・乗用車衝突（京都府宇治市）10月15日午前5時25分ごろ、京都府宇治市莵道のJR奈良線で、上り始発普通列車が線路わきに止まっていた乗用車に衝突、車を約90m引きずって停車したが列車の乗客約30人にけがはなかった。乗用車は盗難車で人は乗ってなかった。

11.27 乗用車・近鉄京都線特急衝突（京都府綴喜郡田辺町）11月27日午後10時40分ごろ、京都府綴喜郡田辺町三山木高飛の近鉄京都線三山木駅北側踏切で、特急電車の左前部に乗用車が衝突、乗用車は大破し、2人が死亡、1人が重傷を負った。事故当時踏切の遮断機は下りており、乗用車が線路内に突っ込んできたという。電車の乗客にけがはなかった。《データ》死者2名、負傷者1名

12.29 妙蓮寺火災（京都府京都市上京区）12月29日午後6時50分ごろ、京都市上京区寺之内通大宮東入ル、妙蓮寺の塔頭常住院の山門から出火、門の扉やかわら屋根の一部を焼いた。現場には火の気がなく、不審火とみられる。

12.29 天王山トンネル玉突き事故（京都府乙訓郡大山崎町）12月29日午前11時45分ごろ、京都府乙訓郡大山崎町大山崎の名神高速下り線天王山トンネル内で、年賀状などを積んでいたトラックや乗用車など計6台を巻き込む玉突き事故があり、2人が軽傷を負った。大型トラックが渋滞で停止していた乗用車に追突したらしい。

《データ》負傷者2名

1994年(平成6年)

2.22 名神高速玉突き事故（京都府乙訓郡大山崎町）2月22日午前10時55分ごろ、京都府乙訓郡大山崎町の名神高速天王山トンネル内下り線で、大型トラックや乗用車など6台が関係する玉突き衝突事故があり、大型トラック運転手1人が車内に閉じ込められたほか、別の運転手2人が軽傷を負った。《データ》負傷者3名

3.17 火災（京都府京都市南区）3月17日午前11時55分ごろ、京都市南区東九条南松ノ木町の高瀬川堤防沿いの雑草から出火、付近の民家へ飛び火して燃え広がり、棟続きの住宅約20戸約1000m^{2}が焼けたが、けが人はなかった。《データ》全半焼20戸、焼失面積約1000m^2

3.18 住宅火災（京都府京都市南区）3月18日午後3時40分ごろ、京都市南区東九条南松ノ木町の住宅から出火、棟続きに燃え広がり9戸約400m^{2}が全半焼した。《データ》9戸約400m^{2}全半焼

8.8 三菱電機京都製作所工場火災（京都府長岡京市）8月8日午後0時半すぎ、京都府長岡京市馬場図所の三菱電機京都製作所の工場で火災が発生、鉄骨スレートぶき一部2階建ての同工場延べ約5050m^{2}を全焼し、ビデオ部品などが焼けた。《データ》焼失面積延べ約5050m^2

11.30 観光バス追突（京都府乙訓郡大山崎町）11月30日午前10時50分ごろ、京都府乙訓郡大山崎町の名神高速道路天王山トンネル内のり線で、名古屋観光自動車のバスが別の事故の影響で止まっていた大型トラックに追突、さらに計6台が絡む玉突き事故が起き、バスの運転手が重傷、三十数人が軽いけがをした。《データ》負傷者三十数名

1995年(平成7年)

3.23 乗用車ホームに激突（京都府京都市山科区）3月23日午前1時40分ごろ、京都市山科区日ノ岡堤谷町の府道で、乗用車が路面上にある京阪電鉄京津線日ノ岡駅のコンクリート製ホームに激突、2人が死亡した。《データ》死者2名

3.29 名神高速玉突き衝突（京都府京都市山科区）3月29日午前1時45分ごろ、京都市山科区小山姫子町の名神高速下り線で、運送会社の大型トラックが渋滞で停車していた別の大型トラックに追突するなど5台が玉突き衝突、追突したトラックの運転手が死亡した。《データ》死者1名

6.7 名神高速多重追突（京都府京都市山科区）6月7日午前7時ごろ、京都市山科区音羽平林町の名神高速道路下り線の二ヵ所で、大型貨物車など計8台が追突する事故があり、乗用車に乗っていた女性が軽いけがをした。《データ》負傷者1名

6.14 地下鉄工事現場で煙（京都府京都市中京区）6月14日午後6時ごろ、京都市中京区河原町通御池の京都市地下鉄東西線の工事現場で火事があり、工事関係者1人が軽い一酸化炭素中毒となった。地下トンネルから地上に黒煙が噴き出し付近が一時騒然となった。原因は既設の水道管を取り除く作業中、ガスバーナーの火が水道管表面の腐食防止剤に燃え移ったため。《データ》負傷者1名

6.17 住宅火災（京都府城陽市）6月17日午後11時55分ごろ、京都府城陽市富野乾垣内の男性宅付近から出火、木造2階建ての住宅約150m^{2}が全焼、3人焼死した。《データ》死者3名、全焼1棟、焼失面積約150m^2

京都府(1995年)

6.21 建設工事現場でシンナー中毒（京都府京都市左京区）6月21日午前9時55分ごろ、京都市左京区岩倉大鷺町の市営地下鉄烏丸線の建設工事現場で、作業員3人がシンナー中毒などで病院に運ばれた。京都市営地下鉄の工事では、14日に火災、20日に負傷事故が発生している。《データ》負傷者3名

7.4 乗用車標識に激突（京都府福知山市）7月4日午前4時15分ごろ、京都府福知山市篠尾新町の国道9号で、6人が乗った乗用車が道路わきの標識に激突、4人が死亡、1人が重体、1人が重傷を負った。《データ》死者4名、負傷者2名

8.22 名神高速玉突き事故（京都府大山崎町）8月22日午前10時35分ごろ、京都府大山崎町の名神高速道路下り線天王山トンネル内で、観光バス1台、トラック2台、タクシー1台などのかかわる玉突き事故があり、3人が軽いけがをした。観光バスは回送中で乗客はいなかった。《データ》負傷者3名

8.24 ダンプカーアパートに突入（京都府城陽市）8月24日午前5時50分ごろ、京都府城陽市寺田高田の府道交差点で、大型ダンプカーと乗用車が衝突、はずみでダンプカーが近くのアパートに突っ込み、アパート1棟がほぼ全壊、1人が死亡、ダンプカーの運転手など4人が軽いけがをした。《データ》死者1名、負傷者4名、全壊1棟

10.17 名神高速玉突き事故（京都府乙訓郡大山崎町）10月17日午前6時25分ごろ、京都府乙訓郡大山崎町、名神高速道路下り線天王山トンネル内で、トラックなど5台が玉突き衝突、4輪駆動車1台が炎上、運転していた男性が焼死、男性2人が軽傷を負った。《データ》死者1名、負傷者2名

12.18 工場火災（京都府京都市右京区）12月18日午後9時ごろ、京都市右京区西京極中沢町の染色会社の敷地内にある下請け会社の工場付近から出火、木造2階建ての同工場や隣接する工場、倉庫など4棟、延べ約1280m^{2}が焼けた。《データ》全半焼7棟、焼失面積約1280m^2

12.26 民宿全焼（京都府京都市右京区）12月26日午前1時45分ごろ、京都市右京区嵯峨天竜寺北造路町にある民宿の客室付近から出火、木造2階建ての同民宿約600m^{2}が全焼、宿泊客の1人が焼死、1人が顔や手に軽いやけどをした。《データ》死者1名、負傷者1名、全焼1棟、焼失面積約600m^2

12.27 作業場全焼（京都府八幡市）12月27日午前3時ごろ、京都府八幡市内里女谷の建築資材加工業の作業場付近から出火、プレハブ平屋建ての作業場約260m^{2}が全焼したほか、隣接する建物など6棟740m^{2}も全焼した。《データ》全焼7棟、焼失面積1000m^2

12.29 住宅全焼（京都府京都市西京区）12月29日午前5時40分ごろ、京都市西京区大原野上里勝山町の民家1階付近から出火、木造2階建て住宅約120m^{2}が全焼、2人が焼死した。《データ》死者2名、全焼1棟、焼失面積約120m^2

1996年(平成8年)

1.13 住宅火災（京都府船井郡園部町）1月13日午前9時ごろ、京都府船井郡園部町小山西町五合山の住宅付近から出火、木造2階建ての住宅約100m^{2}が全焼、1人が焼死、1人が顔や手に軽いやけどをした。《データ》死者1名、全焼1棟、焼失面積約100m^2

3.6 住宅火災（京都府福知山市）3月6日午前3時30分ごろ、京都府福知山市中ノにある民家付近から出火し、木造2階建ての同住宅が全焼した。北側の民家3棟が全焼、別の3棟の一部が焼けるなど、約600m^{2}が焼失した。この火事で、1人が避難の際に右足にけがをした。《データ》負傷者1名、全焼4棟、焼失面積600m^2

京都府(1997年)

3.14 名神高速追突事故(京都府京都市伏見区)3月14日午前8時30分ごろ、京都市伏見区竹田桶ノ井町の名神高速道路下り線で、大型トラックなど計9台が追突や接触事故を起こし、運転手ら8人が顔などに軽いけがをした。《データ》負傷者8名

4.1 乗用車住宅塀に激突(京都府京都市南区)4月1日午前2時25分ごろ、京都市南区吉祥院落合町の市道で、乗用車が民家のコンクリート塀に激突、乗用車は大破し、3人が頭などを強く打って死亡した。《データ》死者3名

4.2 住宅火災(京都府京都市右京区)4月2日午前3時ごろ、京都市右京区西院追分町の住宅付近から出火、木造平屋の同住宅延べ約50m^{2}が全焼、1人が焼死、1人が逃げる際、頭や手にやけどをした。《データ》死者1名、負傷者1名、全焼1棟、焼失面積約50m^2

5.12 パラグライダー墜落(京都府与謝郡加悦町)5月12日午後4時30分ごろ、京都府与謝郡加悦町与謝、大江山いこいの広場に、男性がパラグライダーで着陸しようとして墜落、死亡した。《データ》死者1名

7.3 嵐山本線電車・乗用車衝突(京都府京都市中京区)7月3日午後9時30分ごろ、京都市中京区御前四条の京福電鉄嵐山本線の四条大宮6号踏切で、乗用車と電車が衝突し、乗用車の2人が負傷、電車の乗客の4人が手足などに軽いけがをした。《データ》負傷者6名

7.4 排気ガス中毒(京都府相楽郡笠置町)7月4日午後1時30分ごろ、京都府相楽郡笠置町切山、レストラン駐車場の乗用車内で3人が死亡していた。死因は一酸化炭素中毒で、排ガスが車内に充満したらしい。《データ》死者3名

7.20 歩道にトラック突入(京都府京都市右京区)7月20日午前11時ごろ、京都市右京区太秦森ケ前町の府道で、雨でスリップしたトラックが歩道に突っ込み、歩いていた子供2人をはね死亡させた。《データ》死者2名

10.12 乗用車衝突(京都府京都市右京区)10月12日午前2時30分ごろ、京都市右京区嵯峨柳田町の府道で、乗用車同士が接触しさらに後続の車と衝突した。この事故で後続の乗用車の2人が死亡、1人が重傷、2人軽傷を負った。《データ》死者2名、負傷者3名

11.14 アパート全焼(京都府京都市下京区)11月14日午後8時ごろ、京都市下京区西七条北月読町のアパート1階から出火、木造2階建て延べ約350m^{2}が全焼、住人3人が逃げ遅れて死亡、1人がやけどで重傷、3人がけがをした。《データ》死者3名、負傷者4名

12.22 立体駐車場リフトで圧死(京都府京都市中京区)12月22日午前9時20分ごろ、京都市中京区西ノ京塚本町の有料駐車場で、男性が電動の鉄製リフトの下敷きになり死亡した。駐車していた車をリフトに載せて下りてくるのを待っていたらしい。《データ》死者1名

1997年(平成9年)

1.13 住宅火災(京都府京都市南区)1月13日午後5時10分ごろ、京都市南区久世中久世町で、民家が爆発音とともに出火、木造平屋住宅約40m^{2}を全焼、2人が全身やけどで死亡した。《データ》死者2名、全焼1棟、焼失面積約40m^2

3.26 舗装作業員ひかれる(京都府宇治市)3月26日午後7時40分ごろ、京都府宇治市の府道で、乗用車が道路舗装工事の現場に突っ込み、舗装作業をしていた作業員が頭の骨を折って間もなく死亡したほか、別の作業員3人とガードマン、乗用車を運

京都府(1997年)

転していた男性が重軽傷を負った。《データ》死者1名、負傷者5名
- **5.17 名神高速玉突き事故**（京都府長岡京市）5月17日午前2時ごろ、京都府長岡京市神足の名神高速道路下り線で、渋滞で止まっていたトラックに乗用車が追突、さらに大型トレーラーが追突するなど計4台の玉突き事故となり、2人が死亡、2人が重軽傷を負った。《データ》死者2名、負傷者2名
- **5.26 手りゅう弾爆発**（京都府京都市山科区）5月26日午前1時半ごろ、京都府京都市山科区東野中井ノ上町の住宅駐車場で爆発があり、乗用車の左前部が壊れ、居間のガラスが割れた。現場から手りゅう弾らしい爆発物の破片が見つかった。
- **6.24 乗用車・コンクリートミキサー衝突**（京都府綴喜郡井手町）6月24日午後0時20分ごろ、京都府綴喜郡井手町多賀の国道24号で、乗用車とコンクリートミキサー車が正面衝突、4人が死亡した。《データ》死者4名
- **7.9 中学校理科教室で火災**（京都府相楽郡山城町）7月9日午前7時10分ごろ、京都府相楽郡山城町椿井の町立山城中学校で、2階にある理科教室から出火、布張りの壁約4m^{2}やフラスコなどの実験器具が焼けた。出勤していた校長が火災報知機に気づいて駆けつけた時には、ドアにかぎがかかっており、室内は無人だったという。
- **8.4 解体車両爆発**（京都府京都市山科区）8月4日午後3時40分ごろ、京都市山科区勧修寺御所内町、自動車解体業の1階作業場から出火し、中にあった解体車が爆発。2階の約15m^{2}と1階の壁などが焼け、2階事務所にいた3人が焼死、1人がやけどを負った。ドラム缶のエンジンオイルに何かの火がつき、近くにあった車が爆発したらしい。《データ》死者3名、負傷者1名、焼失面積約15m^2
- **11.27 グンゼ綾部工場火災**（京都府綾部市）11月27日午後10時10分ごろ、京都府綾部市青野町にあるグンゼ綾部本社工場の倉庫から出火、木造2階建て延べ約650m^{2}を全焼。さらに、北側の木造2階建て2棟と同平屋1棟のいずれも倉庫3棟計約4000m^{2}を全半焼した。《データ》全半焼4棟、焼失面積4650m^2
- **12.4 観光バス・乗用車衝突**（京都府瑞穂町）12月4日午前9時35分ごろ、京都府瑞穂町の国道9号交差点で、京都滋賀交通の大型観光バスと乗用車が出合い頭に衝突。乗用車は近くの水田に転落し、1人が死亡、3人が重傷、バスの乗客14人と添乗員1人が軽傷を負った。《データ》死者1名、負傷者18名
- **12.6 旅館火災**（京都府京都市中京区）12月6日午後7時45分ごろ、京都市中京区麩屋町の「俵屋旅館」1階から出火、木造2階建て延べ約770m^{2}のうち調理場の天井部分約10m^{2}が焼けた。宿泊客約30人は従業員らの誘導で避難して無事。

1998年(平成10年)

- **7.19 バス・乗用車衝突**（京都府綾部市）7月19日正午ごろ、京都府綾部市私市町の舞鶴自動車道上り線で、乗用車がセンターラインを越え、回送中の近鉄バスの観光バスと衝突。乗用車に同乗の女性が死亡、運転していた男性も重傷を負った。《データ》死者1名
- **9.18 京大カドミウム混入事件**（京都府京都市左京区）9月18日、京都府京都市左京区の京都大農学部土壌学研究室で、玄米茶を飲んだ学生ら9人が食中毒症状を起こし、茶葉などからカドミウムが検出され。8時45分から9時半ごろに、急須に玄米茶を入れて院生5人、助手1人、学生2人が一緒に飲み、助手が飲んだ直後に違和感を感じたが、他の8人はそのまま飲み、10時半ごろから正午にかけて、全員が吐き気、腹痛などを訴えた。飲み残しのお茶から1ml中383.8マイクログラム、茶葉か

ら1グラム中88.8マイクログラムのカドミウムを検出した。研究室では、粉末の硫化カドミウム、塩化カドミウムの25グラム入りガラス瓶とカドミウム標準液50〜100ml入りのプラスチック容器を保管していた。《データ》患者9名

- **10.18 住宅火災**（京都府京都市下京区）10月18日午前4時50分ごろ、京都市下京区郷之町の民家玄関付近から出火、木造2階建て延べ約40m^{2}を全焼、東隣の民家を半焼、1人が焼死し。《データ》死者1名、全半焼2棟

1999年(平成11年)

- **2.18 自衛隊護衛艦ミサイル誤射**（京都府舞鶴市）2月18日午前、舞鶴基地に停泊中の海上自衛隊の護衛艦「はるな」が、陸地に20mm機関砲弾2発を誤射した。乗員が訓練で撃ち残した実弾を機関砲内に隠したのが原因で、発砲回路試験中にこの実弾が発射された。被害は生じなかったものの、事件発覚は4ヵ月後の6月16日で、自衛隊の不祥事隠しに対する非難の声が上がった。

- **3.15 文化財全焼**（京都府京都市）3月15日午前3時40分ごろ、京都市左京区八瀬花尻町の料理旅館「大原楽園」の敷地内にある国の文化財建造物、旧京都市立梅逕小学校講堂から出火、木造2階建て延べ約390m^{2}を全焼し、南隣の民家の母屋と西隣の別棟に燃え移り、計延べ約230m^{2}を焼いた。《データ》文化財「旧京都市立梅逕小学校講堂」建造物焼失、焼失面積延べ約620m^2

- **6.14 地震**（京都府・兵庫県）6月14日午前4時40分ごろ、京都府と兵庫県で地震が発生。震源は京都府南部で深さは約10キロ、マグニチュードは4.2。京都府三和町、兵庫県市島町で震度3、京都市中京区、兵庫県三田市で震度2を記録した。

- **10.27 大規模停電**（京都府）10月27日、西京都変電所の変圧器の遮断機が作動し電力量が急減したため、京都府北中部で約40万戸が最大1時間停電した。その影響で福井・高浜原発が供給過剰で自動停止し、東海道新幹線、東海道線などが一時運転を停止した。

2000年(平成12年)

- **2.28 エタノール誤注入で患者死亡**（京都府京都市）2月28日午後6時ごろ、京都府京都市左京区の京都大学病院で、入院中の女性患者の人工呼吸器に注入される蒸留水タンクを、巡回の看護婦が誤ってエタノール入りに交換。3月1日午後11時ごろに気付くまでエタノールの注入を繰り返し、患者は3月2日午後7時54分に死亡した。病院は、後注入に気づいた後も急性アルコール中毒の対症療法を行わなかった。3月7日に事件が発覚してからも、病院は死亡との因果関係をあいまいにし、元々症状が重篤だったと繰り返した。《データ》死者1名

- **5.9 寂光院本堂全焼**（京都府京都市）5月9日午前2時35分ごろ、京都市左京区大原草生町の天台宗の尼寺「寂光院」の本堂西側付近から出火、木造こけらぶき平屋建ての本堂82m^{2}を全焼し、本堂内に安置されていた本尊の木造地蔵菩薩立像建礼門院座像、阿波内侍張子座像を焼損した。ポンプ車など21台が出動、約1時間後に鎮火した。けが人はなかった。本堂西側の火元付近の地面から油類を検出したことから放火とみられる。《データ》寺院本堂全焼、焼失面積約82m^2、重要文化財「木造地蔵菩薩立像建礼門院座像」焼損

- **5.20 資料館火災**（京都府北桑田郡美山町）5月20日、京都府北桑田郡美山町の美山民俗資料館の納屋付近から出火。築約250年の民家を改造した同資料館約140m^{2}を全

京都府(2000年)

焼し、多くの民具が焼失。当初は放火も疑われたが、漏電の可能性が高いらしい。同資料館を含む集落は1993年に国の重要伝統建造物群保全地区に指定されていた。《データ》焼失面積約140m²

5.21 **地震**（京都府）5月21日午前10時42分ごろ、京都府で地震が発生。震源は同府南部で深さは約10キロ、マグニチュードは4.2。京都市上京区、城陽市、八幡市、久御山町で震度3を記録した。この地震でJR東海道新幹線の米原―京都間で自動的に停電、計7本が遅れ、約3800人に影響が出た。

9.9 **地震**（京都府）9月9日午後7時24分ごろ、京都府で地震が発生。震源は同府北部で深さは約10キロ、マグニチュードは4.0。加悦町で震度3、宮津市、岩滝町、伊根町、峰山町、大宮町、網野町、弥栄町、久美浜町、兵庫県和田山町で震度2を記録した。

2001年(平成13年)

1.26 **地震**（京都府）1月26日午前8時42分ごろ、京都府で地震が発生。震源は同府南部で深さは約20キロ、マグニチュードは4.2。亀岡市、京北町で震度3、京都市、京都市宇治市、向日市、大阪府高槻市、四条畷市、奈良市で震度2を記録した。

2.9 **地震**（京都府）2月9日午前7時10分ごろ、京都府で地震が発生。震源は京都府南部で深さは約20キロ、マグニチュードは3.5。亀岡市で震度3、京都市中京区、大阪府島本町で震度2を記録した。

2.10 **乗用車正面衝突**（京都府宇治市）2月10日午後3時15分ごろ、京都府宇治市横島町の京滋バイパス下り線で、走行中の乗用車に逆走してきた乗用車が正面衝突、双方の車は大破して炎上した。火は約30分後に消し止められたが、それぞれの車の運転手が焼死した。逆走した車は盗難車で、同バイパス南側道(国道24号)を走行中、現場から約1.7キロ離れた巨椋インター付近で、交通取り締まり中の府警交通機動隊員の制止を振り切り、Uターンして同インターから進入した。

4.15 **車両火災**（京都府城陽市）4月15日、京都府城陽市のスーパー駐車場で、母親が幼児3人を乗用車に残して買い物中に出火し2人が死亡。翌月4日、重体だった1人も全身やけどのため死亡した。《データ》死者3名

5.13 **店舗兼住宅火災**（京都府京都市）5月13日午前4時10分ごろ、京都市中京区壬生朱雀町、鉄筋コンクリート造り3階建て店舗兼住宅から出火し、約300m²を全焼し、隣接する住宅の2階部分約50m²を焼いた。1人死亡、1人負傷。《データ》死者1名、負傷者1名、1棟全焼、焼失面積約350m²

6.14 **修学旅行で集団食中毒**（京都府京都市）6月14日午後5時ごろ、東京都足立区立の中学3年の生徒と教諭が修学旅行先の京都市内で食事後、東京に帰る新幹線車内で吐き気や腹痛を訴えた。教諭2人を含む42人が東京駅から病院に搬送され、うち16人が入院。黄色ブドウ球菌による食中毒と断定。生徒らが昼食を食べた京都市下京区にある百貨店のレストランを、同日から3日間の営業停止処分にした。《データ》患者42名

8.25 **地震**（京都府）8月25日午後10時21分、近畿地方で地震があった。震源は京都府南部、深さは約10キロ、マグニチュードは5.3。大津市、京都市、大阪府箕面市で震度4を記録した。新幹線は米原―新神戸間で一時運転を見合わせた。

9.7 **遊覧船転覆**（京都府保津川）9月7日、京都府の保津川で、川下りの遊覧船が岩に激突して転覆。乗客らが負傷。

12.15 マンション火災（京都府舞鶴市）12月15日午前9時半ごろ、舞鶴市朝来中の8階建てマンション2階から出火。同室約66m^{2}を全焼し、幼児2人が焼死、両親が顔などにやけどを負った。《データ》死者2名、焼失面積約66m^2

2002年（平成14年）

1.4 地震（京都府）1月4日午前11時5分ごろ、京都府で地震が発生。震源は同府南部で深さは約20キロ、マグニチュードは3.8。同府京北町で震度3、滋賀県守山市で震度2、京都市、大津市、大阪府島本町などで震度1を記録した。

1.31 薬物誤投与で患者死亡（京都府宇治市）1月31日夕方、京都府宇治市の宇治徳洲会病院で、看護婦が尿検査に使うアジ化ナトリウムの錠剤を服用薬と間違えて入院中の男性患者に投与、2月1日午前6時に男性が死亡した。《データ》死者1名

7.1 住宅火災（京都府京都市）7月1日午前11時40分ごろ、京都市西京区桂木ノ下町、3階建てマンションの3階の一室から出火、室内12m^{2}を全焼し、焼け跡からこの家に住む囲碁棋士が焼死体が見つかった。《データ》死者1名、焼失面積12m^2

7.14 土産物店のプロパンガス爆発（京都府京都市）7月14日午前4時半ごろ、京都市左京区大原勝林院町の土産物店でプロパンガスが爆発し、木造平屋約40m^{2}の店が全壊した。爆風で瓦、ガラス、木片などが半径約30mの範囲に吹き飛び、民家や店舗など約20軒の窓ガラスが割れたり、瓦が落ちた。負傷者2人。《データ》負傷者2名、全壊約40m^2

9.6 ツキノワグマが感電死（京都府京都市）9月6日午前0時50分ごろ、京都市北区大宮釈迦谷の府道にある電柱の近くでメスのツキノワグマ（体長約1.2m、体重約80キロ）が倒れているのが発見された。電柱の側面や部品につめ跡や歯形があったことから、クマが電柱をよじ登り、高圧電線（6000ボルト）に触れて感電死したらしい。この感電事故のため午前0時半ごろから約850戸で停電した。《データ》停電約850戸

9.30 住宅火災（京都府福知山市）9月30日、京都府福知山市にある住宅から出火し、木造2階建て住宅計2棟延べ320m^{2}を全焼。14歳の長女と11歳の長男を含む3人が死亡、母親ら2人が負傷した。《データ》死者3名、負傷者2名、全焼2棟、焼失面積320m^2

2003年（平成15年）

2.6 地震（京都府）2月6日午前2時37分ごろ、京都府で地震が発生。震源は同府南部で深さは約20キロ、マグニチュードは4.2。京都市、亀岡市、久御山町で震度3、宇治市、滋賀県信楽町、大阪府高槻市、兵庫県加古川市、奈良市で震度2を記録した。

3.17 解熱剤投与で副作用死（京都府京都市）3月17日、平成14年8月に解熱剤4種類の投与後、急性脳炎・脳症で死亡した京都市の男性について、厚生労働相の認可法人が副作用死と認定し遺族一時金などの支給を決定した。《データ》死者1名

5.4 軽飛行機墜落（京都府網野町沖）5月4日午前11時40分ごろ、京都府網野町沖2.5キロの日本海にアクロバット飛行の練習をしていた軽飛行機が墜落。10日、機体の引き揚げ作業が行われ、男性2人の遺体を収容した。《データ》死者2名、軽飛行機1機墜落

9.9 熱中症（京都府）9月9日、京都府が猛暑となり、体育祭を開催していた京都市の高校と亀岡市の中学校計2校の生徒55人が熱中症の症状を訴え、救急車で病院へ運ばれた。この日、京都市では平年より約5度高い最高気温34.8度を記録。《データ》患者55名

京都府(2003年)

- **11.15 麻酔薬大量注射で患者死亡**（京都府京都市）11月15日午後3時ごろ、京都市伏見区の松ヶ崎記念病院に入院していた男性患者が誤って通常の10倍の薬剤を注射され、直後に死亡した。男性は脳幹梗塞で2年前から入院し、意識がない状態が続いていたが、同日に腎不全が悪化して不整脈が起こり、危篤状態に陥った。院長の指示で看護師が不整脈を抑える薬を静脈注射する際に、量を誤ったという。《データ》死者1名
- **11.20 肺がん手術で大動脈損傷**（京都府京都市）11月20日、京都大学病院は、京都府内の63歳の女性に対する肺がんの切除手術で大動脈を傷つけ、女性が死亡したと発表、謝罪した。《データ》死者1名

2004年(平成16年)

- **1.12～ 鳥インフルエンザ発生**（山口県・京都府）1月12日、農水省が山口県阿東町の採卵専門の養鶏場で鳥インフルエンザが発生したことを認定した。飼育中の鶏6000羽が死亡、農場の鶏約3万4640羽を処分した。国内発生は79年ぶりで、農水省はウイルスの型が韓国、香港、ベトナムで流行しているのと同じ「H5N1型」であると発表。2月には京都府丹波町の養鶏場で鶏の大量死が発覚。異変に気づきながら鶏の流通を許し感染を拡大させたとして、家畜伝染病予防法の届け出義務違反が疑われた。3月8日に同養鶏場の会長が自殺、3月31日には社長ら3人が逮捕された。
- **1.13 病院で爆発事故**（京都府京都市）1月13日午前9時40分ごろ、京都市山科区の恵仁会なぎ辻病院敷地内南側の医療用ボンベ室から火が噴き出し、南側の民家1軒に延焼し約65m^{2}を焼いたほか、爆風で病院の窓ガラスが割れ、10人がガラス破片などで頭や手足を切るなどのけがをした。病院で液体酸素ボンベの詰め替え作業をしており、作業を終えた後、3本のうち1本が何らかの原因で爆発したとみられる。《データ》負傷者10名、焼失面積約65m^2
- **5.10 大学で火災**（京都府京都市）5月10日午前5時半ごろ、京都市左京区の京都大医学部F棟地下1階、病理学教室組織培養室から出火。扇風機や本棚、壁の一部を焼失し、室内で飼っていた実験用マウス約1000匹の大半が煙にまかれて死んだ。
- **5.21 タイヤ脱落しトラックに衝突**（京都府城陽市）5月21日午前10時55分ごろ、京都府城陽市の国道307号で、10トンダンプカーからタイヤ1本が外れ、対向してきた運送業のトラックに衝突した。けが人はなかった。
- **6.20 京料理店で集団食中毒**（京都府京都市）京都市北区の寺院で6月20日にあった茶会で弁当を食べた36人が腹痛や下痢などを訴え、うち2人が入院した。患者4人と弁当を作った京料理店の調理人2人からサルモネラ菌を検出したため、食中毒と断定、店に7月2日から3日間の営業停止を命じた。《データ》患者38名
- **9.2 住宅火災**（京都府京都市）9月2日午前10時15分ごろ、京都市南区の住宅から出火、木造2階建て住宅延べ約200m^{2}のうち、約130m^{2}を焼いた。住人とみられる2人が逃げ遅れ、死亡。《データ》死者2名、焼失面積約130m^2
- **9.2 多剤耐性緑膿菌院内感染**（京都府京都市）京都市左京区の京都大医学部付属病院は9月2日、入院患者2人が、さまざまな抗生物質が効かない「多剤耐性緑膿菌（MDRP）」に感染して死亡したと発表した。死亡した2人を含む患者計11人の血液などから同じ型のMDRPを検出。院内感染の可能性が高い。2人は同じ病棟の患者。1人は7月下旬に感染による肺炎で、もう1人も8月中旬に複合感染による敗血症で死亡した。《データ》死者2名、感染者9名

京都府(2005年)

- **9.17～ 酒に異物混入**（京都府京都市）京都市下京区のホテル15階のラウンジで9月17～19日、客に提供したジンに消毒せっけんとみられる液体が混入されるなど2回にわたって異物混入があった。飲んだ8人の客のうち一部が体調不良を訴えたが、全員が軽症だった。

- **10.23 弁当で集団食中毒**（京都府舞鶴市）10月22日、京都府舞鶴市の仕出し店の弁当を食べた109人が、23日から下痢、発熱などの食中毒の症状を訴えた。45人が医療機関で診断を受け、うち3人が入院。いずれも軽症。保健所は患者らからサルモネラ菌を検出したため、同店を27日から3日間の営業停止処分とした。《データ》患者109名

- **12.17 軽乗用車とトラック衝突**（京都府久御山町）12月17日午後6時5分ごろ、京都府久御山町の国道24号交差点で、右折しようとした主婦運転の軽乗用車と、対向車線を直進中のトラックが衝突。軽乗用車の後部座席にいた4歳の長女が頭を強く打って死亡。ほか後部座席の3人など計5人が重軽傷。《データ》死者1名、負傷者5名

- **12.19 住宅火災**（京都府八幡市）12月19日午前1時35分ごろ、京都府八幡市の住宅から出火、3戸続きの鉄筋コンクリート2階建て市営住宅のうち男性約55m²を全焼した。焼け跡から住人の男女の遺体が見つかった。《データ》死者2名、焼失面積約55m²

- **12.26 タクシーにバイクが接触**（京都府京都市）12月26日午後2時ごろ、京都市の国道367号交差点で、右折しようとしたタクシーに、直進してきたオートバイが接触。オートバイは全国高校駅伝競走大会の交通規制をしていた府警上鴨署の巡査に接触し転倒。さらに車体が、歩道にいた2人に当たり、2人は右足などに軽いけがをした。会社員と巡査も右頭部などに軽傷。《データ》負傷者4名

2005年(平成17年)

- **4.2 新快速電車にはねられ死亡**（京都府長岡京市）4月2日午前0時3分ごろ、京都府長岡京市のJR長岡京駅ホームで、姫路発野洲行き新快速電車が、ホームから転落した男性とそれを助けようとした男性の2人をはねた。2人は死亡した。《データ》死者2名

- **4.18 タンクが爆発**（京都府京都市）4月18日午前10時ごろ、京都市南区の工場倉庫で作業員4人が電力貯蓄装置のタンクから液体の硫酸バナジウムを取り出す作業をしていたところ、突然爆発。3人が軽いやけどを負った。タンク上部にあるふた（直径約1m）に数十cmの亀裂が入っており、タンク内で発生した水素が何らかの原因で引火したとみられる。《データ》負傷者3名

- **4.30 住宅火災**（京都府京都市）4月30日午前1時50分ごろ、京都市右京区山ノ内瀬戸畑町の民家から出火、木造2階建て住宅約80m²が全焼。東隣の木造2階建て住宅の屋根裏や物置小屋、北隣の木造平屋建て住宅の一部計約160m²が焼けた。住民2人が逃げ遅れ、病院に運ばれたが間もなく死亡した。《データ》死者2名、焼失面積約240m²

- **5.16 土産物店にワゴン車突入**（京都府京都市）5月16日午後2時10分ごろ、京都市中京区の商店街の土産物店に生花店の配達用ワゴン車が突っ込んだ。土産物店内にいた従業員1人が死亡、客2人が重傷。調べに対し、運転手は持病があり、その日の朝に服薬しており事故直前の記憶がないと供述した。《データ》死者1名、負傷者2名

- **6.19 仁和寺宿舎から出火**（京都府京都市）6月19日午後0時20分ごろ、世界遺産に登録されている仁和寺境内にある修行僧の宿舎内の居室の押し入れから出火、布団や衣装ケースなどを焼いた。けが人はなかった。18日未明にも空き室でぼや騒ぎがあったばかり。出火約5分前に食事当番以外の僧10人が清掃作業に出かけたとい

京都府(2005年)

い、連続不審火とみられる。

- **6.21 弁当で食中毒**（滋賀県・京都府）滋賀県食の安全推進室と京都府山城北保健所は6月21日、同県守山市や草津市、同府宇治市などで、計79人が下痢、腹痛、嘔吐などの食中毒症状を訴え、少なくとも8人が入院したと発表した。いずれも滋賀県草津市の給食弁当製造会社が宅配した弁当を食べたとみられ、弁当を原因とする食中毒とみて調べている。《データ》患者79名
- **7.18 熱中症で死亡**（京都府京田辺市）7月18日午後1時20分ごろ、京都府京田辺市田辺の田辺木津川運動公園で、少年サッカー大会の審判をしていた男性が試合後に意識を失い病院に運ばれたが、同3時すぎに熱中症で死亡した。男性は同日午後0時半から15分ハーフの練習試合の主審をした後、「気分が悪い」と言って休憩していた。この日の京田辺市の最高気温は午後2時に33.7度を記録した。《データ》死者1名
- **7.30 住宅火災**（京都府舞鶴市）7月30日午前1時55分ごろ、京都府舞鶴市引土の住宅から出火、木造2階建て延べ約90m^{2}を全焼した。焼け跡から住人夫婦とみられる2人の遺体が見つかった。《データ》死者2名、全焼1棟、焼失面積約90m^2
- **9.20 逃走中の車が原付に衝突**（京都府京都市）9月20日午前3時半ごろ、京都市右京区西京極橋詰町の府道交差点で、乗用車と原付バイクが衝突。原付の運転手が全身を強く打ち死亡した。乗用車は信号無視で京都府警のパトカーに追跡されていた。《データ》死者1名
- **10.1 熱中症**（京都府京田辺市）10月1日、京都府京田辺市で、地元の少年野球チームの中学2年の男子生徒が、試合に負けたペナルティーとして科された約3時間におよぶ特訓中に倒れ、熱中症で死亡した。チームは宇治市内であった少年野球大会に出場。敗退後、京田辺市の木津川河川敷グラウンドで、午後5時半ごろから猛練習を開始。生徒は約3時間後、坂道ダッシュが200回に達したころに倒れた。《データ》死者1名
- **12.30 住宅火災**（京都府城陽市）12月30日午後11時15分ごろ、京都府城陽市平川大将軍の住宅から出火、木造2階建て約190m^{2}を全焼した。焼け跡から2人の焼死体が見つかった。住人3人が暮らしていたが1人は逃げて無事だった。《データ》死者2名、全焼1棟、焼失面積約190m^2

2006年(平成18年)

- **1.10 住宅全焼**（京都府宇治市）1月10日午前3時すぎ、京都府宇治市の民家から出火し、木造2階建て延べ約150m^{2}を全焼。焼け跡から住人夫婦とみられる焼死体が見つかり、四女が煙を吸って病院に運ばれた。火元は父親が寝ていた布団付近とみられる。《データ》死者2名、負傷者1名、全焼1棟、焼失面積約150m^2
- **2.13 京滋バイパス玉突き事故**（京都府宇治市）2月13日午前5時35分ごろ、京都府宇治市槇島町の京滋バイパス上り線で、バイパス上に入りこんで倒れた男性の救護作業のために停車していた乗用車など11台に大型トレーラーが突っ込み、計12台が絡む玉突き事故が発生。乗用車1台が炎上し、3人が死亡、7人が重軽傷を負った。居眠り運転をしていたトレーラーの運転手が業務上過失致死容疑で現行犯逮捕された。3月6日、タンクローリーを運行させた石油運送会社社長と同社運輸課長が道交法違反(過労運転下命)容疑で逮捕された。《データ》死者3名、負傷者7名、乗用車1台炎上
- **2.18 団地火災**（京都府京都市）2月18日午前3時55分ごろ、京都市伏見区の府営団地5

京都府(2006年)

棟5階の一室から出火。室内約40m^{2}のうち約30m^{2}を焼き、焼け跡に倒れていた住人夫婦とみられる2人が全身やけどなどで死亡した。《データ》死者2名、焼失面積約30m^2

3.1 シャッターに挟まれ死亡（京都府京都市）3月1日午後11時45分ごろ、京都市下京区のJR京都駅構内で、駅員が周囲の安全を確認せずにシャッターを下ろし、真下で寝ていた男性が挟まれて病院に搬送され、翌日午前1時ごろ死亡した。同日、駅員は業務上過失致死容疑で緊急逮捕された。スイッチはシャッターから約6m離れた所にあり、死角になっていた。シャッターは旧国鉄時代に設置され、緊急停止用センサーなどの安全装置はなかった。《データ》死者1名

5.29 新聞社支局で火災（京都府宇治市）5月29日午前7時15分ごろ、京都府宇治市宇治野神の朝日新聞宇治支局から出火。鉄筋2階建て延べ200m^{2}のうち、1階の事務所部分約90m^{2}を焼き、約1時間後に鎮火した。この火事で、支局2階に住んでいた支局長が顔面やけどで軽傷を負ったほか、知人の女性がやけどを負って搬送された。《データ》負傷者2名、焼失面積約90m^2

7.17 O157で女児死亡（京都府）7月17日夜、京都府山城北保健所管内の4歳女児が病原性大腸菌O157のため死亡した。女児は7月8日に下痢を伴う39.5度の高熱を出し、12日に入院。14日にO157が検出され、17日の夜、溶血性尿毒症症候群を発症して死に至った。《データ》死者1名

8月〜 透析患者がB型肝炎に感染（京都府京都市）8月、京都市山科区の音羽病院で、腎臓病の人工透析患者8人が同時期にB型肝炎ウイルスに感染。発病した4人を含む5人が肝炎治療のために入院したが、劇症肝炎の発症はなく全員が快方に向かった。7月の血液検査では8人に異状はなく、感染症を調べる年1回の検査で発覚した。院内感染の可能性もある。《データ》感染者8名、発病者4名

8.14 団地火災（京都府宇治市）8月14日午前0時半ごろ、京都府宇治市の府営団地の一室から出火し、同室46m^{2}を焼いた。この火事で、住人の老夫婦が搬送先の病院で死亡したほか、付近の住民女性3人が煙などを吸って軽症。爆発音がして台所付近から炎が出たという。《データ》死者2名、負傷者3名、焼失面積約46m^2

8.15 客船に落石（京都府）8月15日午後5時35分ごろ、京都府で保津川下りの客船に落石。3人が重軽傷を負った。《データ》負傷者3名

9.30 民家にパラグライダー衝突（京都府亀岡市）9月30日午後0時20分ごろ、京都府亀岡市の2階建て民家の屋根にパラグライダーが衝突。約7m下の地面に墜落し、操縦していた男性がろっ骨を折る重傷を負った。民家の家人は不在だった。操作を誤って墜落したという。《データ》負傷者1名

11.9 住宅火災（京都府八幡市）11月9日午前2時ごろ、京都府八幡市の民家から出火。木造平屋建てなど民家3戸計約170m^{2}を全焼し、1時間半後に鎮火。焼け跡から住人とみられる男女2人の遺体が見つかり、消火活動中の消防署員2人も打撲などの軽傷を負った。《データ》死者2名、全焼3棟、焼失面積約170m^2

11.11 拳銃暴発（京都府京都市）11月11日午前9時20分ごろ、京都市下京区の京都府警五条署1階拳銃格納庫で、地域課巡査部長が弾の装てん確認中に拳銃が暴発。巡査部長を含め警察官5人がいたが、けが人はなかった。交番出勤前の作業で弾の確認に慌て、拳銃を革製ケースに納めようとして誤って引き金に指が入って暴発した。

11.18 自殺志願の男に車奪われ衝突死（京都府城陽市）11月18日午前1時35分ごろ、京

京都府(2007年)

都府城陽市寺田の国道24号で2台の車が正面衝突。センターラインを越えた軽乗用車の助手席に乗っていた女性1人が死亡、運転していた男性が足に重傷を負った。男性は「車を盗んで自殺しようと思った」と供述。男性と死亡した女性は全く面識がなく、自殺志願の男性が女性の運転していた軽乗用車を奪った後、助手席に乗せたまま事故に巻き込んだとみられる。事故発生の数分前には、男性が「自殺する」と言って包丁を持って家を飛び出したと家人が110番通報していた。《データ》死者1名、負傷者1名

2007年(平成19年)

2.5 ガス漏れ(京都府宇治市)2月5日午後5時40分ごろ、京都府宇治市五ケ庄西川原のマンション3棟のうち1棟にガスを供給する導管の継ぎ目部分の2カ所からガスが漏れ、マンション全戸の住民、一時最大約200人が近くの公園や集会所に避難した。管は20年以上前に敷設されたものだった。

4.22 住宅火災(京都府京都市)4月22日午前11時5分ごろ、京都市西京区大原野東竹の里町の市営住宅の一室から出火、約56m^{2}の同室内を全焼し、約40分後に消えた。家族5人のうち、乳児1人と幼児3人が病院へ搬送されたが乳児と幼児1人が死亡、2人が軽傷を負った。《データ》死者2名、負傷者2名、焼失面積約56m^2

5.11 住宅火災(京都府京都市)5月11日午前1時半ごろ、京都市下京区西七条西久保町の住宅から出火。木造平屋建て民家約60m^{2}を全焼し、隣接する南側と西側の民家計4軒の一部にも延焼し計約140m^{2}を焼いた。火元の住宅の焼け跡から2人が遺体で見つかった。《データ》死者2名、焼失面積約140m^2

5.23 大型トラックが軽ワゴンに追突(京都府京都市)5月23日午後11時10分ごろ、京都市山科区大宅石郡町の名神高速道路上り線で、大型トラックが、渋滞で減速した軽ワゴン車に追突、計4台が関係する玉突き衝突になった。軽ワゴン車は、大型トラックと前方のトレーラーに挟まれて大破、運転手が病院に搬送されたが、間もなく死亡。トレーラーの運転手が軽傷を負った。大型トラック運転手の過労による不注意運転の可能性もあるとみられる。《データ》死者1名、負傷者1名

7.29 遊漁船岩場に衝突(京都府舞鶴市)7月29日午前2時20分ごろ、京都府舞鶴市冠島で遊漁船が岩場に衝突し、乗っていた4人のうち3人が重軽傷を負った。事故当時現場の海域は風もなく波も穏やかだった。《データ》負傷者3名

8.5 玉突き衝突(京都府京都市)8月5日午後5時45分ごろ、京都市西京区大枝沓掛町の京都縦貫自動車道上り線で、乗用車が別の乗用車に追突。追突された車が渋滞で停車していた前方の乗用車に追突するなど計4台の玉突き事故となり、最初に追突された車に乗っていた1人が死亡。《データ》死者1名

8.30 落雷で新幹線一時停止(京都府)8月30日午前11時20分ごろ、東海道新幹線の米原―京都間を走行していた東京発博多行き「のぞみ15号」など4本の新幹線で、運転士に速度指示などを伝えるシステムの電源が動かなくなり、いずれも一時停止した。JR東海は、上下線で運転を見合わせたが、午後0時半過ぎまでに通常運行を再開した。落雷が原因とみられる。

10.12 通学路にトラック突入(京都府京丹後市)10月12日午前6時55分ごろ、京都府京丹後市久美浜町野中の国道312号で、自転車で登校中の中学生2人が、中央線を越えて前から来た普通トラックにはねられて死亡。トラックは道路脇の電柱に衝突後、住宅に突っ込み停止。運転手がけが。運転手の前方不注意が原因。《デー

タ》死者2名、負傷者1名

2008年(平成20年)

4.6 住宅火災（京都府京都市）4月6日午後5時55分ごろ、京都市左京区下鴨蓼倉の住宅から出火し、木造2階建て延べ約150m²を全焼した。住人の女性は助け出されたが、搬送先の病院で死亡。焼け跡から別の1人が遺体で見つかった。《データ》死者2名、全焼1棟、焼失面積約150m²

5.7 長楽寺火災（京都府京都市）5月7日午後2時半ごろ、京都市東山区円山町の長楽寺収蔵庫から出火。木造平屋約80m²のうち瓦ぶきの屋根を全焼し、約2時間半後に消えた。「一遍上人像」など国重要文化財の木像7体は無事だった。

6.7 トラに襲われ飼育員死亡（京都府京都市）6月7日午前9時50分ごろ、京都市左京区の市動物園の猛獣舎内で、飼育員の男性が血を流して倒れているのが発見された。男性は頭部や首など数カ所に傷があり、職員らが救出したが、死亡した。園で飼育しているアムールトラ2頭のうち、11歳の雄が襲ったとみられる。飼育員がおりを清掃する際、トラはシャッターを閉めた寝室にいるが、発見時はシャッターは開いたままだった。《データ》死者1名

7.17 住宅解体作業中に壁が倒壊（京都府京都市）7月17日午後4時40分ごろ、京都市左京区の住宅で解体中のボイラー室のコンクリート壁が倒れ、男性作業員3人が下敷きになった。1人が死亡、他の2人は頭や足などを負傷した。倒れた壁は高さ約2.5m、幅約4m、厚さ約20cm。《データ》死者1名、負傷者2名

7.26 工事用のリフト落下（京都府京都市）7月26日午後1時45分ごろ、京都市中京区のビル建築現場で、エレベーター設置工事用の簡易リフトが約27mの高さから落下した。乗っていた2人の男性作業員のうち1人が全身を強く打ち意識不明の重体、もう1人も右足骨折の重傷。《データ》負傷者2名

8.14 軽乗用車が大型トラックに衝突（京都府京丹波町）8月13日午後0時20分ごろ、京都府京丹波町の国道9号で、軽乗用車が中央線を越え、対向の大型トラックの右前方に衝突した。トラックは弾みで、軽乗用車の後ろを走っていた乗用車と正面衝突。乗用車に乗っていた2人が死亡、同乗者5人と軽乗用車の運転手計7人が重軽傷を負った。軽乗用車の運転手がハンドルを切りすぎて衝突したとみられる。《データ》死者2名、負傷者7名

8.24 醍醐寺火災（京都府京都市）8月24日午前0時半ごろ、京都市伏見区の醍醐寺境内の建物から出火していると通報があった。木造平屋建ての准胝観音堂約147m²と休憩所約50m²を全焼し、観音堂の本尊・准胝観音坐像も焼失した。落雷が原因とみられる。観音堂には避雷針や火災報知機はあったが、スプリンクラーはなかった。《データ》焼失面積約197m²

10.25 パラグライダー墜落（京都府京都市）10月25日午後0時45分ごろ、京都市の天童山中腹付近に、パラグライダーが墜落。グライダーは木に絡まり、宙づり状態になった。操作していた女性は装備していたロープで降りようとしたが、途中で約20m下の地面に落下し、全身を強く打って間もなく死亡した。《データ》死者1名

12.8 エレベーターに挟まれ重傷（京都府京都市）12月8日午後9時ごろ、京都市左京区の5階建てマンションの住人女性がエレベーターのかごと壁のすき間(約15cm)に右足と右腰を挟まれ、腰の骨を折るなどの重傷を負った。1階からエレベーターに乗った女性が4階で降りようとしたところ、扉が開いたままかごが2.5m前後降下した。

京都府(2009年)

女性はかごと壁のすき間に右下半身を挟まれた。事故以前、ドアが開いてもかごが上がりきっていないことが数回あったという。《データ》負傷者1名

2009年(平成21年)

3.2～4.3 連続不審火（京都府京都市）3月2日から4月3日にかけ、京都府京都市伏見区を中心とする半径約3kmの地域で、10件の不審火があった。発生は午前10時過ぎから午後2時前までの時間帯に集中しており、放火の疑いが強いとみられる。最初の不審火は2日正午ごろで、同区下鳥羽北三町の農機具倉庫が半焼した。その後1時間以内に、同区内の物置小屋の古新聞や民家の洗濯物が焼かれる2件の不審火があった。7日午後1時25分ごろ、同区竹田醍醐田町のお好み焼き店から出火し、木造平屋建て約50m^{2}を全焼。約15分後、北西に約400m離れた同区内の倉庫内で紙くずが焼ける事件が発生。さらに約5分後、倉庫から北約150mの同区竹田中内畑町の住宅から出火し、木造2階建て約300m^{2}を全焼。怪我人はなかった。12日、下京区で全焼の民家3軒を含め8軒が燃え、住人の男性が火傷を負った。26日、29日、4月3日には、伏見区の東高瀬川にかかる高瀬橋の下で段ボールや布団が燃えた。《データ》全焼5棟、負傷者1名

3.31 旧橋本関雪邸で火災（京都府京都市）3月31日午前1時ごろ、京都府京都市左京区浄土寺石橋町の橋本関雪旧宅の茶室から出火、木造平屋約100m^{2}を全焼した。怪我人はなかった。茶室は「倚翠亭」と「憩寂庵」の2室が渡り廊下で繋がる構造で、倚翠亭の天井近くの壁が最も激しく焼けて屋根が崩落しており、この壁付近から出火したとみられる。付近には電気配線が集中しており、ショートや漏電の火が燃え広がった可能性が高い。白沙村荘内では平成10年12月に母屋の一部を焼く火災が起きており、この時も漏電の可能性が指摘されていた。《データ》全焼1棟、焼失面積約100m^2

3.31 住宅火災（京都府京都市）3月31日午後3時10分ごろ、京都府京都市西京区下津林前泓町の住宅から出火、木造2階建て延べ約72m^{2}を半焼した。住んでいた3世代5人家族のうち、3歳の男児が死亡、2歳の女児が意識不明の重体。出火当時、両親と祖父は外出しており、家には兄妹だけだった。《データ》死者1名、負傷者1名、半焼1棟、焼失面積約72m^2

4.7 ボート同士が衝突（京都府舞鶴市）4月7日午後7時半ごろ、京都府舞鶴市の冠島南西2.5kmの日本海でプレジャーボート同士が衝突。うち1隻が転覆し、乗っていた男性1人が行方不明となった。もう1隻に乗っていた3人に怪我はなかった。9日午後、現場の北約10kmの海上で不明男性の遺体が発見された。《データ》死者1名、ボート1隻転覆

4.16 軽トラが幼児をはねる（京都府京都市）4月16日午後4時55分ごろ、京都府京都市西京区大原野小塩町の府道で3歳の女児が軽トラックにはねられ、頭などを強く打って約4時間後に死亡した。母親が近所の人と路上で話をしているうちに、女児が駐車している車の陰から道路に飛び出したとみられる。《データ》死者1名

5.14 放射線を当てすぎで歩行障害（京都府京都市）5月14日、京都府京都市左京区の京都大学病院が、脊髄に放射線を当てすぎたことにより男性患者1人に歩行障害などの後遺症が残る医療ミスを起こしたことを発表した。放射線治療で幅3cmにわたり誤って二重に照射、通常量の2倍近い放射線が当たり、脊髄を損傷したという。男性は平成15年11月に脳腫瘍の手術を受け、平成16年1月まで脳と脊髄に放射線を当てる治療を受けた。脳腫瘍は完治したが、平成20年6月ごろから体のだる

さや両足のしびれを発症した。《データ》負傷者1名

6.4 **組立中ダクトが倒壊**（京都府舞鶴市）6月4日午後2時10分ごろ、京都府舞鶴市千歳の舞鶴発電所敷地内の2号機建設工事現場で、排気ダクトの組み立て工事中に重さ2.5トンの鉄板2枚が次々と倒れた。そばにいた男性作業員3人が巻き込まれ、2人が下敷きになって死亡、1人がはね飛ばされて肋骨を折るなどの重傷を負った。《データ》死者2名、負傷者1名

6.21 **乗用車が歩道を走行**（京都府京都市）6月21日午前11時15分ごろ、京都府京都市下京区烏丸綾小路交差点で、駐車場を出た乗用車が歩道を約40m走行し、たばこ店に突っ込んで止まった。ベビーカーの1歳女児と27～33歳の男女7人、計8人の歩行者がはねられ、女性1人が右足骨折の重傷、他の7人が軽傷を負った。現場は四条烏丸から約100m南に位置し、多くの観光客で賑わう繁華街。運転していた男は、事故当時客の車を運転して出入庫の作業中だった。《データ》負傷者8名

7.24 **心臓手術ミス**（京都府京都市）7月24日、京都府京都市左京区の京都大学病院で、心臓病の2歳男児が手術を受けた後に死亡していたことが分かった。病院側は手術にミスがあった恐れもあるとみて、警察に届け出るとともに、調査委員会を設置。男児は生まれつき心臓に奇形があり、心臓の動脈をつなぎ替える手術を受けたが手術後に容体が悪化、再度手術をしたが死亡したという。最初の手術から死亡まで1カ月以上たっていた。動脈をつなぐ位置を誤った可能性があるという。《データ》死者1名

8.1 **突風・豪雨**（京都府・兵庫県）8月1日、近畿地方は大気が不安定となり、各地で豪雨や突風に見舞われた。福知山市では午前6時までの1時間に8月としては観測史上最大の62.5mm、同9時までの3時間でも同じく最大となる91.5mmを記録。宇治市や京都市伏見区では午前11時ごろからの短時間に突風の被害が相次いだ。宇治市五ケ庄の万福寺では重要文化財の建物の屋根瓦や障子が吹き飛ぶなどしたほか、塔頭客殿も破損した。また、同市五ケ庄の自動車会社のトタン屋根が飛び、同市木幡のゴルフ場コンクリート製の支柱(高さ約20m)29本が折れ、京都市伏見区日野奥出では木造平屋建ての物置小屋が全壊した。被害が局地的で極めて強い風が拭いていることから、竜巻やダウンバーストだった可能性があるとみられる。また、兵庫県丹波市柏原町では午前4時50分までの1時間雨量が観測史上最大の67.5mmを記録。同町母坪の加古川の支流・高谷川で避難判断水位(2.1m)を超え、午前10時50分までに流域の8地区1268世帯(3525人)に避難勧告が出た。また、同市青垣町大名草では午前6時50分ごろに国道427号沿いの斜面で土砂崩れが発生。上下線が約20kmにわたって通行止めとなった。《データ》全壊1棟、一部破損6棟

8.7 **野球部員が熱中症**（京都府亀岡市）8月7日午後7時半ごろ、京都府亀岡市宮前町猪倉の住宅のガレージで、府立高2年の少年が倒れているのが発見された。少年は病院に運ばれたが、約1時間半後に死亡した。所属する硬式野球部の練習から帰宅した直後に倒れたといい、熱中症による多臓器不全の可能性がある。7日の南丹市の最高気温は34.2度で、この年一番の暑さだった。《データ》死者1名

8.10 **台風9号**（兵庫県・岡山県・徳島県・京都府）8月10日、台風9号が紀伊半島の南へ進み、大雨による被害が拡大。11日正午までに兵庫・岡山・徳島の3県で13人が死亡、17人が行方不明となった。各地で停電や断水も多数発生し、兵庫・京都・岡山・香川の4府県で延べ約3万世帯に避難勧告・指示が出たほか、JR姫新線、播但線、山陰線、土讃線などで一部区間が運休、中国自動車道も兵庫県や岡山県の

京都府(2009年)

一部区間で通行止めになるなど、交通機関も大きく乱れた。10日、兵庫県と岡山県が災害対策本部を設置し、佐用町、宍粟市、美作市に災害救助法、佐用町、美作市に被災者生活再建支援法を適用。同日、陸上自衛隊が佐用町、同県上郡町、岡山県美作市に災害派遣した。特に被害の激しかった兵庫県佐用町では、増水した川に流されるなどして18人が死亡した。また、関東甲信地方でも局地的な大雨となった。午前11時50分時点の24時間降水量は栃木県日光市で279mm、神奈川県山北町で185.5mm、千葉県佐倉市で145.5mm、東京都心で90.5mmを記録した。《データ》死者25名、行方不明者2名、負傷者23名、全壊183棟、半壊1130棟、床上浸水973棟、床下浸水4629棟

8.27 電車にはねられ死亡（京都府京都市）8月27日午後10時50分ごろ、京都府京都市下京区のJR東海道線京都駅構内で、男性がホームに入ってきた米原発姫路行き下り快速電車(8両編成)にはねられ死亡した。運転士が線路上に立つ男性を見つけ、急ブレーキをかけたが間に合わなかったという。この事故で東海道線の上りが約25分、下りが約50分にわたり運転を見合わせ、約2万人に影響が出た。《データ》死者1名

9.5 アパート火災（京都府京都市）9月5日午前9時50分ごろ、京都府京都市左京区田中飛鳥井町の3階建てアパート1階の一室から出火し、カーペットなどベッドの周囲約1m²を焼いた。住人の男性が病院に搬送されたが、煙を吸うなどして死亡が確認された。男性は1人暮らし。左半身が不自由で、車椅子の生活だったという。《データ》死者1名、焼失面積約1m²

11月～ 高濃度インスリン混入（京都府京都市）11月、京都大学付属病院で、容体が急変して一時意識不明になった90代の入院女性の血液から、本来検出されるはずのない高濃度のインスリンが検出された。何者かによって混入されたり、誤って投与されたりした可能性もあるとみられる。容体急変の原因は高濃度のインスリンによる低血糖発作であるが、治療にインスリンは不要で、投与記録もなかった。循環器内科に入院していた女性はその後退院し、後遺症もないという。

11.16 製薬工場で爆発（京都府京都市）11月16日午後1時40分ごろ、京都府京都市南区吉祥院西ノ庄門口町の製薬会社の敷地内で、廃液処理中のドラム缶が爆発した。ドラム缶は約120m飛び、駐車中の車2台が一部破損したが、怪我人はなかった。ドラム缶は200lサイズ（直径約60cm、高さ約90cm)で、過酸化水素水を含む冷却剤が入っていた。過酸化水素水が含まれていることを知らない社員が、冷却水を廃棄する前に中和しようとカセイソーダ(水酸化ナトリウム)を混ぜたため、激しい化学反応が起き爆発したという。

12.6 軽乗用車が歩行者をはねる（京都府京丹後市）12月6日午後5時5分ごろ、京都府京丹後市大宮町周枳の国道312号を横断中の女性2人が軽乗用車にはねられた。1人は頭を強打して間もなく死亡、1人は左足を骨折する重傷を負った。軽乗用車を運転していた男は京都新聞宮津支局記者で、取材を終えて支局に帰る途中、脇見をしていて事故を起こしたという。《データ》死者1名、負傷者1名

2010年(平成22年)

1.6 クレーン転倒（京都府南丹市）1月6日午前9時35分ごろ、京都府南丹市園部町の京都地方法務局園部支局の新築工事現場で、約600キロの建設資材をつり上げる作業をしていた大型クレーンが倒れた。建設会社の作業員が落下したコンクリート型枠用合板の下敷きになり死亡、運転していたクレーン会社の作業員が軽傷。ク

京都府(2010年)

レーンがバランスを崩したとみられる。《データ》死者1名、負傷者1名

1.25 バスが交通事故（京都府京都市）1月25日午後4時20分ごろ、京都市中京区の市道交差点で、路線バスが信号機付き電柱に衝突。乗客12人のうち男性2人、女性5人が軽傷を負い、歩行者1人が割れたガラスで軽いけがをした。《データ》負傷者8名

2.3 コーヒーショップに車突入（京都府京都市）2月3日午前11時20分ごろ、京都市左京区岡崎東天王町のガソリンスタンドに併設されているコーヒーショップに個人タクシーが突っ込み、店内にいた客4人が軽傷を負った。京都府警川端署は運転手を自動車運転過失致傷容疑で現行犯逮捕した。ブレーキとアクセルの踏み間違いとみられる。《データ》負傷者4名

2.22 腹部に手術器具の置き忘れ（京都府京都市）2月22日、京都市上京区にある京都第二赤十字病院の心臓血管外科で、腹部大動脈瘤の摘出手術をした女性患者の腹部に、臓器の保護材を置き忘れる事故が起きた。退院予定だった3月5日のCT検査で判明。患者は手術の約2週間後に除去手術を受けて退院し、健康状態に影響はないという。手術後に使用器具の確認を怠ったのが原因。

3.4 料理店でノロ食中毒（京都府京都市）3月4日、京都市東山区祇園町の割烹料理店が、食中毒の発生を理由に3日間の営業停止処分となった。2月26日の夜、同店で食事をした8人グループ全員に吐き気や下痢などの症状が出て、うち3人と従業員2人からノロウイルスが検出されたため。いずれも軽症。《データ》患者8名

3.15 野焼きが広がり火災（京都府京都市）3月15日午前11時10分ごろ、京都市伏見区向島大黒の宇治川左岸河川敷で、野焼きの炎が燃え広がり約8haが焼けた。人的被害はなかった。火災の煙で視界が妨げられ、国道1号が伏見区と久御山町間で約3キロにわたり約1時間、通行止めとなった。京都市の男性が許可を得て、伝統工芸に使うヨシを刈った跡に点火したところ火勢が強まったという。《データ》焼失面積8ha

3.22 住宅火災（京都府舞鶴市）3月22日午後10時5分ごろ、京都府舞鶴市愛宕上町の民家から出火、木造2階建て延べ約150m²を全焼し、隣接する民家の一部も焼いた。焼け跡から2人の遺体が見つかった。《データ》死者2名、全焼1棟、焼失面積約150m²

3.25 居酒屋でガスボンベ爆発（京都府京都市）3月25日午後7時半ごろ、京都市中京区にある、幕末の池田屋事件で有名な旅館池田屋跡地の居酒屋の地下1階の調理場で爆発があった。魚などを焼く加熱機器近くに置かれていたバーナーのボンベが熱くなり爆発したとみられる。男性従業員3人が腕などに軽いやけどを負い、客107人が店外に避難した。《データ》負傷者3名

4.10 踏切ではねられ女児が死亡（京都府城陽市）4月10日午後4時35分ごろ、JR奈良線中之島踏切で3歳の女児が奈良発京都行き上り快速電車にひかれ、間もなく死亡した。女児は母親が昼寝をしている間に家を出て、踏切で遊んでいたらしく、下りた遮断棒に触って遊んでいたのが目撃されており、運転士は女児が踏切内に立ち入るのを見て非常ブレーキをかけたが、間に合わなかったという。同電車は約80分遅れで運行を再開、事故の影響で上下11本が運休し、上下7本が最長85分遅れ、約4000人の足に影響が出た。《データ》死者1名、鉄道運休11本

5.7 回転ずし店で食中毒（京都府京都市）5月7日夜、京都市右京区山ノ内池尻町の回転ずし店で、食事をした5人が嘔吐や下痢の症状を訴え、うち4人からノロウイルスが検出された。《データ》患者5名

6.5 害獣駆除中に誤射し自殺（京都府福知山市）6月5日午後2時20分ごろ、京都府福知

京都府(2010年)

山市猪野々の山中に害獣駆除に来ていた男性らから、119番通報があった。男性らは仲間2人が倒れているのを見つけ、福知山署が死亡を確認した。午後1時半ごろに発砲音がして無線連絡があった後に仲間が駆けつけると、男性1人が頭を銃で撃たれ倒れていた。無線連絡をした男性は、救急車を呼ぶため車に携帯電話を取りに行ったが、午後2時ごろ再び発砲音があり、車の近くで胸から血を流して倒れていたという。同署はその男性が誤って人を撃ち、これを苦にして自殺したとみられる。《データ》死者2名

- **8.4 乗用車ががけ下に転落**（京都府福知山市）8月4日午前10時25分ごろ、京都府福知山市大江町北原の神社の駐車場から乗用車ががけ下約50m転落したと運転手本人から119番通報があった。同乗者が車外に投げ出され、全身を打って死亡。運転手も軽傷を負った。車は駐車場のガードレールのすき間(約7m)から転落。道路があると勘違いして直進したことが原因とみられる。《データ》死者1名、負傷者1名
- **8.7 乗用車歩道を暴走**（京都府京都市下京区）8月7日午後5時40分ごろ、下京区醍醐町の烏丸五条交差点北西の歩道を、乗用車が約100m暴走して歩道に乗り上げ、通りがかりの74歳の男性をはね、男性は間もなく死亡した。車をよけようとした36歳の男性も軽傷を負った。会社員は、ブレーキを踏んだが利かなかったと供述しているという。《データ》死者1名、負傷者1名
- **8.16 父親運転の車に当たり1歳児死亡**（京都府京都市）8月16日午後6時15分ごろ、京都府京都市北区西賀茂蟹ケ坂町の路上で1歳男児が父親の運転する乗用車と接触し、頭を打って間もなく死亡した。家族4人で銭湯に行った帰りで、車から降りた直後に接触したという。《データ》死者1名
- **9.6 医師が結核発症**（京都府京都市左京区）京都大付属病院は9月6日、腎臓内科の医師が結核を発症したと発表した。医師は6月ごろから症状が出始め、8月31日に結核菌陽性が判明、9月1日に入院した。医師は6～8月の間に担当する患者ら約80人、職員約110人と接触していたという。
- **9.25 国重文に車が衝突**（京都府京都市東山区）9月25日午前9時15分ごろ、京都市東山区林下町の知恩院境内で、お経を納めるための建物・経蔵の礎石に乗用車が衝突し、石がはがれ落ちた。運転者の男性と、同乗していた妻が軽傷。経蔵は1621(元和7)年、徳川秀忠の寄進で建立された。礎石は「基壇」と呼ばれ、建物と共に国重要文化財に指定されている。《データ》負傷者2名

2011年(平成23年)

- **1.25 麻酔薬を誤吸入**（京都府京都市左京区）1月25日、平成21年8～9月に京都大学医学研究科の付属施設で、女性医師が実験中に吸入麻酔薬「ハロタン」を誤って吸い込み入院する事故が起きていたことが分かった。医師は2カ月入院したが、回復している。原因は排気装置の不具合で、平成22年3月に京都上労働基準監督署の是正勧告を受けた。施設は排気装置の使用を中止、ハロタンの使用も禁止した。《データ》負傷者1名
- **6月 「清水の舞台」の支柱破損**（京都府京都市東山区）6月、世界遺産の清水寺で、「清水の舞台」と呼ばれる国宝・本堂を支える柱143本のうち12本が腐食や虫食いにより破損していることが分かった。京都府は傷んだ部分を取り除くなど修復工事を検討。損傷のある12本はいずれも、せり出した「舞台」の真下ではなく本堂の本体部分を支えており、寛永10(1633)年の再建以来、12本の柱の修復記録がなく、

約380年間で湿気などにより劣化したとみられる。平成25年8月3日、古くなった柱を新しい木材に部分的に取りかえる「根継」の作業が始まり、9本の柱の傷んだ部分の修復が行われた。

6.11 釣り船が浸水（京都府舞鶴市）6月11日午前9時ごろ、京都府舞鶴市瀬崎の博奕岬沖北東約5.4キロの日本海で、釣り船から船が浸水した旨の通報があり、間もなく沈没した。船の所有者と男性4人は自衛艦や巡視艇に救助されたが、船の所有者が約3時間後に搬送先の病院で死亡。他の4人は命に別条はない。《データ》死者1名

6.20 水道管破裂でガス管損傷（京都府京都市）6月20日未明、京都市西京区大枝西新林町の市道で地中の水道管が破裂。その影響でガス管も損傷し、大阪ガスは、一帯のガス供給を止めた。ガスの不通は隣接する長岡京市、向日市にも広がり、約1万5000世帯が影響を受けた。破裂現場周辺の住宅ではガス管から水が噴き出す現象もあった。水道管が老朽化による腐食で破裂し、勢いで砂や小石がガス管を損傷させる「サンドブラスト現象」が起きたとみられる。

7.16 特急が幼児はねる（京都府向日市寺戸町）7月16日午後6時20分ごろ、京都府向日市寺戸町三ノ坪の阪急京都線洛西口—東向日駅間の変電所前踏切で、近くの3歳の保育園児が特急にはねられた。園児は病院に搬送されたが間もなく死亡。乗客約600人にけがはなかった。1人で家を出て踏切内に入ったとみられる。《データ》死者1名

7.21 抗生物質効かぬ淋菌検出（京都府）7月21日、京都府の風俗店で働く女性1人から、淋病治療に最も有効とされる抗生物質「セフトリアキソンナトリウム」が効かない耐性菌がのどから検出されていたことが分かった。菌は平成21年に発見され、現在まで他の人から見つかったとの報告はない。日本とスウェーデンのチームが、セフトリアキソンナトリウムがこの菌に効かなくなる耐性を取得していることを確認。菌の名称を「H041」とした。《データ》感染者1名

8.2 堆肥からセシウム検出（京都府）8月2日、京都府向日市のホームセンターで茨城県産の表示で販売されていた堆肥から国の暫定許容値（1キロ当たり400ベクレル）の10倍以上の同4990ベクレルの放射性セシウムを検出したと発表した。流通ルートは不明だが、茨城県産とみられる堆肥から放射性セシウムが検出されたのは初めて。京都府は店頭からの撤去と自主回収を指導した。これまでの販売数量は不明。

9.10 ラグビー部員が熱中症か（京都府京都市伏見区）9月10日午後0時25分ごろ、京都市伏見区の高校で、3年のラグビー部員が練習中に倒れて意識が戻らない状態になり、病院に運ばれたが死亡が確認された。午前9時ごろから部員約70人が練習していた。最後に250m走を数回繰り返していたところ、急に気分が悪くなったという。京都市の最高気温は34.5度だった。《データ》死者1名

11.11 住宅火災（京都府京都市東山区）11月11日午前9時50分ごろ、京都市東山区今熊野日吉町の住宅から出火、木造2階建て延べ138m^{2}のうち1階の約20m^{2}などを焼き、約50分後に消し止められた。1階の奥の中庭で男女2人が死亡していた。《データ》死者2名、焼失面積約20m^2

11.14 医療ミス（京都府京都市左京区）11月14日、京都市左京区の京都大学病院は、11月5日に脳死肝移植手術を受けた男性が、11月12日午後7時ごろ腎不全のための透析治療中に容体が急変、11月13日午前10時50分ごろ死亡したと発表した。当直医が透析回路に誤った器具を装着したことが原因。《データ》死者1名

京都府(2011年)

12.8 ひき逃げ(京都府京都市伏見区)12月8日午前2時50分ごろ、京都市伏見区深草直違橋南の府道で、男性が運転するオートバイが対向の乗用車と正面衝突した。男性は死亡。乗用車は逃走した。《データ》死者1名

2012年(平成24年)

2.18 地震計の誤作動で停止(京都府亀岡市)2月18日午後5時半ごろ、京都府亀岡市のJR山陰線馬堀駅で、地震計が誤作動。近畿地方の東海道線や大阪環状線など19路線で、各運転士が非常ブレーキをかけて緊急停止し、約10分間一斉に運転を見合わせた。計292本が10〜23分遅れ、13万8000人に影響した。JRは、地震計の電源の電圧が降下し、異常な信号を送ったことが原因、と発表した。

3.15 玉突き事故(京都府大山崎町)3月15日午後4時20分ごろ、京都府大山崎町円明寺の名神高速道路上り線で、トラック2台と乗用車3台の計5台が関係する玉突き事故があり、追突された乗用車の後部座席に乗っていた男性会社員が死亡。他に2人が重傷、1人が軽傷を負った。《データ》死者1名、負傷者3名

4.12 京都・四条で車が暴走(京都府京都市東山区)4月12日午後1時10分ごろ、京都市東山区の四条通の四条大橋東詰めなどの付近3カ所で、軽ワゴン車が歩行者を次々にはねて男女7人が死亡、11人が重軽傷を負った。車はその後、電柱に衝突して大破し、ワゴンを運転していた30歳の男も死亡した。家族の話では、男はてんかんの疑いと診断されていたといい、事故の前に運転手が持病のてんかん発作を起こし、意識がもうろうとした状態で車を暴走させた可能性が高いとみられる。南北を通る市道の大和大路通を北上、四条通の南約170m付近でタクシーに追突したあとそのまま走り去り、クラクションを鳴らしながらスピードを上げ、四条通との交差点の赤信号を無視して横断歩道の歩行者に突っ込んだという。当時、現場となった繁華街は多くの花見客らでにぎわっていた。《データ》死者8名、負傷者11名

4.23 京都・亀岡登校児童ら死傷事故(京都府亀岡市)4月23日午前7時55分ごろ、京都府亀岡市篠町篠上北裏の府道で、集団登校の児童らの列に軽乗用車が突っ込み、計10人がはねられた。児童2人が死亡、7人が重軽傷を負い、保護者の女性1人も死亡した。女性は妊娠中で、この事故のため胎児も死亡した。車を運転していて現行犯逮捕された18歳の少年は無免許で、事故の直前には居眠りをしていたとされる。平成25年9月30日、大阪高裁は少年に対し、懲役5年以上8年以下の不定期刑とした1審・京都地裁判決を破棄し、懲役5年以上9年以下を言い渡した。《データ》死者3名、負傷者7名

5.9 介護送迎車とダンプが衝突(京都府亀岡市篠町)5月9日午前8時50分ごろ、京都府亀岡市篠町篠向谷の市道交差点で、軽乗用車と大型ダンプが出合い頭に衝突。軽乗用車に乗っていた1人が死亡、1人が重体、運転していた女性が重傷。軽乗用車は亀岡市内の居宅介護支援事業所の車で、施設職員が利用者を施設に送る途中だった。《データ》死者1名、負傷者1名

5.20 東映撮影所で火災(京都府京都市右京区)5月20日午後1時半ごろ、京都市右京区太秦西蜂岡町の東映京都撮影所の撮影スタジオから出火。鉄筋1階建て同スタジオ1305m^{2}を全焼し、倉庫の一部約45m^{2}も焼いた。けが人はなかった。出火直前は無人で、漏電が原因の可能性が高いという。《データ》全焼1棟、部分焼1棟、焼失面積約1305m^2

5.29 集団登校児童にライトバン接触(京都府綾部市城山町)5月29日午前7時40分ごろ、

102

京都府綾部市城山町の府道交差点で、集団登校で横断歩道を渡ろうとした女子児童が、男性運転のライトバンのドアミラーと接触。女児は軽傷。《データ》負傷者1名

7.30 **課外指導中にプールで溺れる**（京都府京都市左京区）7月30日午後1時50分ごろ、京都市左京区田中上大久保町の市立養徳小学校のプールで同小1年の女児が溺れたと通報。女児は一時、心肺停止状態になり病院に搬送、心拍や呼吸は再開したが意識不明の重体となり、31日に死亡した。教諭3人が監視・指導のもと、水泳の課外指導が行われており、休憩を取り再び泳ぎ始めて数分後に女児が背中を上にして浮いているのを教諭が発見したという。女児の両親が市などを相手取り損害賠償を求めた裁判の結果、平成26年3月、京都地裁が現場にいた教諭の過失を認め、市側に約3000万円の賠償を命じた。《データ》死者1名

8.15 **救援物資で食中毒**（京都府宇治市）8月15日、豪雨被害で一時孤立した京都府宇治市炭山地区と同市池尾地区の住民が、市の救援物資として配布されたおにぎりを食べて食中毒を発症。患者は計94人に達し、うち6人が入院した。おにぎりは市から注文を受けた業者が製造し、同市消防局のヘリで炭山地区に322個、池尾地区に30個を運んだ。その際、現地に届くまでの約2時間、屋外で保管していた。《データ》患者94名

9.15 **名神で乗用車が横転**（京都府長岡京市）9月15日午後1時35分ごろ、京都府長岡京市神足麦生の名神高速道路下り線で、6人が乗ったワンボックス車が側壁にぶつかった後に横転。運転していた会社員男性の妻と親族の女性2人が死亡した。運転していた会社員男性ら4人も軽傷。現場は片側3車線。男性の車が中央から右へ車線変更しようとした際、誤って中央分離帯に接触。ハンドルを切り返したところ、左の側壁に衝突したとみられる。《データ》死者2名

12.19 **エレベーター事故**（京都府宮津市）12月19日午後3時40分ごろ、京都府宮津市鶴賀の宮津商工会議所で、荷物を運ぶ業務用エレベーターの底に男性が倒れているのが発見され、その後、死亡が確認された。エレベーターの扉は手動で開く構造で、男性はエレベーターの扉から落下した可能性があるとみられる。《データ》死者1名

12.20 **ノロウイルス集団感染**（京都府京都市左京区）12月20日、京都市左京区にある比叡病院で、入院患者10人が下痢や発熱などを訴え、うち高齢の男性2人が死亡したことが明らかになった。この2人を含む4人からノロウイルスが検出され、院内感染とみられる。《データ》死者2名、感染者10名

2013年（平成25年）

1.21 **線路進入の車が電車と衝突**（京都府京都市右京区）1月21日午後8時45分ごろ、京都市右京区西院久保田町の阪急京都線西京極―西院間の線路上で、電車と乗用車が正面衝突。車は近くの踏切から線路内に進入し、150m近くにわたって走行したとみられる。車は電車の先頭車両の下にもぐりこむ形になり、電車はそのまま約200m進んで停止した。車を運転していた男性は、約1時間後に死亡。電車の乗客約150人にけがはなかった。《データ》死者1名

2.26 **トラック追突し多重事故**（京都府京都市山科区）2月26日午後3時半ごろ、京都市山科区の国道1号で、大型トラックが軽乗用車に追突したのをきっかけに、合計6台が絡む多重事故が発生。軽乗用車を運転していた男性が胸を強打し重傷、他トラック運転手ら3人が軽傷を負った。《データ》負傷者4名

3.7 **乗用車横転**（京都府福知山市）3月7日午後11時20分ごろ、京都府福知山市の国道

京都府(2013年)

176号で、同府の看護学校生が運転する乗用車が対向車線ののり面に衝突した後、横転した。同乗の男性3人が全身を強く打って死亡。運転手も打撲など軽傷。現場は片側1車線の下り坂で、緩やかな左カーブ。《データ》死者3名、負傷者1名

3.13 風力発電所でプロペラ落下（京都府伊根町）京都府は3月13日、同府伊根町で府が運営する太鼓山風力発電所(全6基)で、3号機の風車のプロペラ部(計45.2トン)が高さ約50mの支柱から落下したと発表した。付近に人家などはなく、けが人はなかった。プロペラ部と支柱の溶接部近くの鉄柱が破断しており、老朽化が原因とみられる。

3.29 タクシーが歩道を暴走（京都府京都市南区）3月29日午前2時20分ごろ、京都市南区の市道(西大路通)を北進中のタクシーが道路左側の柵を破って歩道に乗り上げ、公衆電話ボックスをなぎ倒すなどしながら約70m走行し大破した。運転していた大阪府摂津市の運転手が全身を強く打ち死亡。後部座席の乗客で京都市右京区の会社員が歩道に投げ出され、肋骨骨折など重傷を負った。現場は直線道路で、運転手がハンドル操作を誤ったとみられる。《データ》死者1名、負傷者1名

3.31 バスが追突（京都府京都市下京区）3月31日午後1時40分ごろ、京都市下京区のJR京都駅北側のバスターミナルで、停止していたバスに別のバスが追突した。大阪府吹田市の男児ら乗客計8人が病院に搬送されたが、いずれも打撲などの軽傷という。バスはいずれも九条車庫前発北大路バスターミナル行きの路線バス。《データ》負傷者8名

4.23 トンネル工事で崩落（京都府京丹後市）4月23日午後0時20分ごろ、京都府京丹後市の建設中のトンネル工事現場で崩落があり、作業員1人が下敷きになった。京丹後市消防本部が午後2時43分に救出したが、全身を強く打っており、午後4時過ぎに死亡が確認された。《データ》死者1名

6.17 住宅・店舗火災（京都府京都市上京区）6月17日午後、京都市上京区の住宅地で火災があり、西陣織の老舗で帯製造卸販売会社の鉄筋4階建てビルの一部など3棟計約610m^{2}が焼失した。けが人はいない。19代当主の社長によると、同社は室町時代の天文19(1550)年創業。明治初期まで天皇家に十二単などを納めていた。《データ》焼失面積610m^2

8.8 練習試合で熱中症（京都府宇治市）8月8日11時20分頃、京都府宇治市内で行われた高校のアメリカンフットボール部の練習試合で、男子部員が熱中症の疑いで倒れ、2日後に死亡した。近接する京都市では8日は午前8時40分から30度を超え、11時20分は32.9度だった。この事故を受け、日本アメリカンフットボール協会は気温35度以上では試合をしないなど再発防止の提言をまとめた。《データ》死者1名

8.11 熱中症（福島県・京都府・和歌山県・大分県・東京都）8月11日、福島、京都、和歌山、大分で熱中症とみられる症状で4人が死亡。東京都では215人が病院に搬送された。《データ》死者4名、患者数215名

8.15 福知山花火大会屋台爆発事故（京都府福知山市）8月15日午後7時半ごろ、京都府福知山市の由良川にかかる音無橋近くの河川敷で、開始直前だった花火大会の会場内の屋台で爆発があった。花火の見物客ら多数が負傷し、58人が病院に搬送されたが、19日までに屋台裏の観覧席にいた3人が全身やけどのため死亡。16人が重傷、14人が中等症、26人が軽症を負った。屋台の男性が発電機用のガソリンをつぎ足そうと携行缶のふたを開けたところ引火しボンベが爆発、屋台3軒が炎上した。この事故で花火大会は中止になった。10月2日、火元となったベビーカステラ

店の屋台店主を業務上過失致死傷容疑で逮捕した。《データ》死者3名、負傷者56名

8.30 生レバーによる食中毒の疑い（京都府八幡市）8月30日、京都府八幡市にある焼き肉店が平成24年7月から禁止されている牛の生レバー(肝臓)を生食用として客に提供したところ、客ら4人が軽い食中毒を起こした。これにより、経営者が全国で初めて摘発された。法律で禁止後も、焼きレバーと称して提供していたとみられる。《データ》患者数4名

9.16 桂川が危険水域、嵐山に避難勧告（京都府）9月16日、台風18号に伴う豪雨により、京都府を流れる桂川の嵐山地区では、7時過ぎから堤防の越水が始まり、9時30分ごろには洪水が市街地に流れこんだ。溢水により浸水家屋は93戸、浸水面積は約10hに達し、桂川周辺の旅館等は多大な被害を負った。溢水は、ピーク時には渡月橋の橋面を乗り越え、沿川の京都市南区、右京区など約10万世帯(約25万人)に避難指示が発令された。《データ》避難指示約10万世帯

9.24 京都・八幡車暴走事故（京都府八幡市）9月24日午前7時55分ごろ、京都府八幡市八幡双栗の府道で、18歳の少年が運転する乗用車が集団登校中の児童の列に突っ込んだ。1年生の男児が頭などを打って重体のほか、1～5年生の男児と女児計4人が軽傷とみられる。車は一方通行の市道を南進、府道との交差点で左折した際にスリップし、20～30m先の府道北側のガードレールに衝突。はずみで更に20～30m先の府道南側の歩道の柵を押し倒して児童の列に突っ込み、民家に衝突して停止した。左折した際に、車を猛スピードで横滑りさせるドリフト走行をしていたことが原因とみられる。少年は平成24年11月に免許を取得したという。《データ》負傷者5名

10.2 軽トラが自転車に追突（京都府京都市中京区）10月2日午後6時ごろ、京都市中京区壬生相合町で、自転車に乗った女性が軽トラックにひき逃げされ、肋骨を折るなど重傷を負った。直後に、京都市下京区坊門町の市道で、同じ軽トラックが男性の自転車に追突。自転車を運転していた男性は足などに軽傷。後ろに乗っていた小学生の児童が全身を強く打ち死亡した。車の運転手の呼気からは基準以上のアルコールが検出されたという。《データ》死者1名、負傷者2名

11.26 ローストビーフに結着剤（京都府京都市,京丹波町）11月26日、京都府京都市の高級料亭が食品衛生法の製造基準に違反し、結着剤を使ったローストビーフを販売していたことが明らかになった。問題の商品は京都府京丹波町の会社に製造委託しており、平成24年3月以降、自社のオンラインショップおよび全国の百貨店など10社で約5200点を販売したという。

12.15 地震（奈良県・大阪府高槻市、枚方市・京都府城陽市、井手町）12月15日午前0時13分ごろ、奈良県を震源とする地震があり、大阪府高槻市、枚方市、京都府城陽市、井手町で震度3、大阪府大阪市中央区、北区、此花区、平野区、吹田市、京都府京都市伏見区、兵庫県西宮市、奈良県奈良市で震度2を観測した。震源の深さは約10km、マグニチュードは3.7と推定される。

2014年(平成26年)

1.20 住宅火災相次ぐ（兵庫県・京都府）1月20日の未明から、兵庫と京都で火災が相次いだ。兵庫県加古川市のマンション5階から出火。また、京都市山科区の民家から出火し、木造2階建て約50m2を全焼。さらに、兵庫県佐用町の民家からも出火し、木造2階建て約140m2を全焼した。いずれも焼け跡から住人と見られる遺体が発見されている。《データ》死者3名

京都府(2014年)

1.21 院内感染で死亡（京都府京都市伏見区）京都府京都市伏見区の蘇生会総合病院で、平成25年12月以降、患者・職員らがノロウィルスに集団感染し、合計101人に下痢や嘔吐などの症状が出たことが判明。うち、高齢の入院患者4名が死亡したことがわかった。22日に院長が記者会見で、患者ら8人の便からノロウィルスが検出されたと報告、集団感染だったことを認めた。昨年12月16日に市は立入り調査を行った。《データ》死者4人、感染者101人

1.26 長屋火災（京都府福知山市）1月26日未明、京都府福知山市の民家から出火。木造二階建ての長屋約200m2と、住宅の約120m2が全焼、焼け跡から2遺体が発見された。《データ》死者2名

2.5 院内感染で死亡（京都府京丹後市）2月4日、京都府京丹後市の丹後ふるさと病院が、入院患者6人から下痢や嘔吐の症状がみられ、全員からノロウィルスが検出されたと発表。90代の男性1人が死亡した。同区域に入院していた6人が、1月末以降に次々と発症したという。《データ》死者1名、患者5名

6.11 京都で地震（京都府）6月11日、京都府南部を震源とする地震が発生。最大震度は京都市左京区などの震度3。震源の深さは約10キロ、地震の規模を示すマグニチュード(M)は4・1と推定される

7.18 運動部員が熱中症（京都府・大阪府）7月18日午後、京都市伏見区にある京都教育大学付属桃山中の水泳部員が、体調不良を相次いで訴え、部員ら14名が熱中症の症状で搬送された。生徒1人が重症だったという。また、大阪府羽曳野市の高鷲中学校でも同日に部活動中の生徒6人が、熱中症と見られる症状で病院へ搬送された。いずれも軽症だった。《データ》熱中症20名

7.26 猛暑続く、熱中症続出（滋賀県・京都府・全国）7月26日、強い勢力の高気圧に覆われた日本列島は、近畿などを中心に厳しい暑さに。滋賀県東近江市では最高気温が38.8度を記録、京都市も38.3度で7月の最高気温を更新した。全国で1500人を超える人が熱中症で搬送され、11人が亡くなった。滋賀県内では2人が死亡した。《データ》死者11名、搬送1500人超

7.30 JR線、レールがずれる（京都府）7月30日夕方、JR奈良線の宇治—黄檗間に、カーブ外川のレールが最大約5センチずれていることが判明。長さは約9メートルにわたるという。修繕のため、京都—木津間が約2時間運転を見合わせた。暑さによりレールがふくらんだ可能性があるという。《データ》26本運休

7.30 水難事故相次ぐ（京都府）7月30日午後、京都市上京区にある幼稚園のプールで遊んでいた4歳の男児が仰向けに浮かんでいるのが発見され、病院に搬送された。男児は意識不明の重体だったが、8月6日亡くなった。また、7月31日午後には、京都府の木津川で、川原で遊んでいた小学生ら5人が流され、救助されたが7歳の男児が死亡した。《データ》死者2名

8.6 地震（京都府・大阪府）8月6日未明、京都府南部を震源とする自身が発生。大阪府北部と京都府南部で震度4を観測した。マグニチュードは4.2と推定される。

8.16 豪雨（京都府・兵庫県・近畿地方）8月16日、西日本地方は広い範囲で大気が不安定となり京都市で1時間に87.5mmの猛烈な雨となるなど局地的豪雨となった。床下浸水などの被害の他、交通機関も乱れ、「五山の送り火」などで京都を訪れていた観光客にも影響した。京都市右京区では用水路で土嚢を積んでいた男性が流され死亡、兵庫県川西市では砂防ダムの工事関係者が土砂崩れに巻きこまれて死亡し

106

た。京都市の1時間の雨量は1906年から開始された観測の歴史の中で史上第2位の雨量。17日、京都府福知山市では24時間の雨量が303.5mmを記録、観測史上最多の雨量となった。どうしないの広範囲で冠水被害が起き、民家の裏山で起きた土砂崩れなどで住民の男性が死亡するなど、豪雨関連の死者は5名となった。18日までに福知山市などの被害があった地域では3500棟以上が浸水した。《データ》死者5名

8.24 豪雨（京都府・大阪府）8月24日、近畿地方は局地的な大雨に見舞われ、大阪府池田市、京都府福知山市などで1時間100mm前後を記録。大阪府や京都府の約6万4千世帯に避難勧告が出された。また、兵庫県宝塚市では床上・床下浸水の被害が確認され、丹波市でも約1万4300世帯に避難勧告が出された。《データ》避難勧告約7万8300世帯

9.5 京都で豪雨（京都府）9月5日、西日本地方は待機が不安定となり、京都府の綾部市で午前3時までの1時間降水量が82.5mmを観測、観測史上最大の雨量と鳴った。この局地的豪雨で、同市内に住む自宅裏山の様子を見に行った60代の男性が水路に落ち、右足を骨折する重傷を負った。《データ》けが1名

9.17 自転車衝突で死亡（京都府）9月17日午後7時頃、京都府大山崎町の府道を横断中の70代の女性が、府立高校2年生の女子生徒が運転する自転車と衝突し、女性は約6時間後に死亡した。女子生徒も転倒し、重傷を負った。現場は下り坂で、女子生徒はブレーキが間に合わなかったと話しているという。《データ》死者1名、けが1名

10.28 運送会社で車炎上（京都府京田辺市）10月28日午後9時頃、京都府京田辺市にある運送会社の車両火災が発生。トラックや乗用車など十数台が燃えた。倉庫内のボンベなどが複数回爆発したという。《データ》車両十数台

11.10 ショッピングモールで火災（京都府京都市）11月10日午前7時半頃、京都府京都市右京区にある大型ショッピングセンターの3階倉庫部分から出火、火は約40分後に鎮火した。1階の食料品売り場はすでに開店しており、従業員や客ら約90人が一時避難した。

2015年（平成27年）

1.16 喫茶店火災（京都府京都市）1月16日未明、京都府京都市上京区の喫茶店「ほんやら洞」で火災が発生、全焼した。同店は同志社大学今出川キャンパスの近くに位置し、有名シンガー・ソングライターらが開業に関わり、客にはミュージシャンや文化人も多いなど、学生の街・京都を象徴する名物喫茶店として有名だった。《データ》全焼1棟

1.22 新幹線高架下火災（京都府長岡京市）1月22日早朝、京都府長岡京市の東海道新幹線京都―新大阪間の高架下で火災が発生。現場は高架橋の老化対策のため、樹脂や金属板を使った補強工事中だった。高さ約7mの工事用足場に通された電気ケーブルから出火したとみられ、足場の木の板約90m²や樹脂の入った一斗缶などが焼失した。この火災で上下16本が運休、91本が最大3時間遅れ、約7万9千人に影響した。《データ》焼失面積約90m²、列車運休16本、遅延91本

2.17 高台寺で火災（京都府京都市）2月17日午後10時15分ごろ、京都府京都市東山区の高台寺の境内で火災が発生。庭園などの手入れにあたる植木職人用の木造平屋建て倉庫（約100m²）がほぼ全焼、隣にあるポンプ小屋の一部が焼け、約30分後に鎮火した。怪我人はなく、文化財の被害もなかった。同寺は豊臣秀吉の妻・北政所（ねね）ゆかりの寺として知られ、境内には国重要文化財の建造物が多い。《デー

京都府(2015年)

タ》倉庫1棟全焼

8.5 火力発電所で火災（京都府舞鶴市）8月5日午前10時55分ごろ、京都府舞鶴市千歳の関西電力舞鶴発電所から「石炭が燃えている」との119番通報があった。消防車など9台により消火作業が行われ、午後3時半ごろに鎮火。同発電所1号石炭サイロに貯蔵されていた石炭約10tが燃えたが、怪我人はなかった。この事故の影響で、同発電所では一時出力を抑えるなどの措置が取られた。《データ》石炭約10t焼失

大阪府

1868年(明治1年)

6.28 水害(北陸地方・中部地方・近畿地方・東北地方・関東地方) 6月28日、中部、近畿地方及び岩手・新潟方面で豪雨による水害があった。大坂淀川の堤防が決壊、信濃川でも堤防が決壊し新潟平野が大洪水になった。死者943名以上を数えた。《データ》死者943名以上

1885年(明治18年)

6.15 大雨、洪水(大阪府) 6月15日から、大阪は梅雨前線の通過による豪雨に見舞われた。淀川本流、支流川ともに急激に水嵩が増し、17日午後11時ごろ、北河内郡枚方町・東成郡の堤防が相次いで決壊、沿岸百十数ケ村落が水につかり、西区一帯が泥海と化した。18日に水はさらにあふれ出し、寝屋川堤防を衝破する勢いだったため、東成郡野田村(現・都島区網島)の堤防を切開して淀川に放流した。28日午後から再び強風と豪雨に見舞われ、7月2日から3日にかけて天満・天神・難波の三大橋などの橋梁が落ちたほか、大阪市内のほとんどが浸水、交通が完全にマヒした。死者は、全国で73名にのぼった。《データ》死者73名

7.1~3 台風(大阪市・近畿地方) 7月1日、台風が土佐沖から紀伊半島に上陸。中部地方を通過して日本海へ抜けた後、佐渡を経て、3日に樺太に到達。この台風と梅雨前線の影響で、全国各地が豪雨に見舞われた。特に淀川では、6月の豪雨で破堤していたところに今回の豪雨が追い打ちとなり、各地で堤防が決壊。大阪市内の大半が泥海と化し、多くの橋が流されるなど、明治期最大級の水害となる。

1892年(明治25年)

12.20 大阪紡績工場火災(大阪市) 12月20日、大阪紡績会社の精紡器据付けの工場(2F)から出火、3Fの女工280名が逃げ遅れた。《データ》死者85名

1900年(明治33年)

8.4 東海道線列車脱線(大阪府) 8月4日、東海道線高槻駅で下り旅客列車脱線、転覆。《データ》死者1名、負傷者2名

1902年(明治35年)

8.15 火薬庫爆発(大阪府) 8月15日、大阪砲兵工廠で火薬庫が爆発した。職工70名余重軽傷。付近人家240戸余に被害があった。《データ》負傷者70名

1907年(明治40年)

10.4 火薬庫爆発(大阪府) 10月4日、淀川中洲の廃弾工場で火薬庫3棟、3万発が爆発した。《データ》死者66名

1909年(明治42年)

7.31 北の大火(大阪府大阪市) 7月31日未明、大阪府大阪市北区空心町のメリヤス製

大阪府(1909年)

造業者宅から出火。強風に煽られて燃え広がり、焼失面積1.2km^2、焼失家屋1万戸以上、罹災者数4万人以上の大火となった。明治期以降の大阪市で起きた最大の火災で、「北の大火」と呼ばれる。《データ》焼失面積1.2km^2、焼失家屋1万戸以上

この年 火薬庫爆発（大阪府）枚方の陸軍の禁野火薬庫で爆発事故があった。25戸が大破し、1,470戸が被害を受けた。《データ》25戸大破

1911年(明治44年)

12.19 暴風雨（近畿地方・大阪府）12月19日、大阪で暴風雨。堂島川沿いで倉庫などが浸水した。

1912年(明治45年)

1.16 南の大火（大阪府大阪市）1月16日深夜、大阪府大阪市難波新地で、風呂屋の煙突から出た火の粉のため隣接する貸座敷の屋根から出火。強風に煽られて燃え広がり、東西1.4km、南北400mを焼いた。消防手2人を含む4人が死亡した他、焼失家屋4000戸以上、罹災者数約1万8000人に達した。明治期最後の大火として知られ、「南の大火」と呼ばれる。《データ》死者4名、焼失家屋4000戸以上

1917年(大正6年)

5.5 倉庫火災（大阪府）5月5日、大阪北の倉庫内より出火。塩素酸カリウム、塩素酸ナトリウム、過酸化ナトリウムなどが10分後に爆発した。《データ》死者43名、負傷者266名

9.30～10.1 台風・豪雨（大阪府他）9月30日夜半、大型で強い台風が駿河湾から沼津付近に上陸。10月1日、関東、東北地方東部を経て、北海道中部からオホーツク海に抜けた。この影響で東海から東北地方にかけて風水害が多発した。また、台風の接近で秋雨前線が刺激され、関西でも9月末から豪雨となり、淀川が決壊するなど大阪府を中心に各地が水害に見舞われた。被害は死者・行方不明者1300人以上、建物損壊3万8800棟以上で、大正期最大の水害とされる。《データ》死者・行方不明者1300名以上、建物損壊3万8800棟以上

1920年(大正9年)

5.12 酸素圧縮機爆発（大阪府）5月12日、大阪で酸素圧縮機の使用法及びガス製造上の不注意により爆発、死者2名、負傷者7名を数えた。《データ》死者2名、負傷者7名

1927年(昭和2年)

1.22 天王寺中学校火災（大阪府大阪市）1月22日、大阪市の天王寺中学校で火災があり、校舎を全焼した。《データ》校舎全焼

2.12 養老院火災（大阪府大阪市）2月12日、大阪市の養老院で火災があり、関連施設を全焼した。《データ》建物全焼

4.1 航空機墜落（大阪府大阪市）4月1日、大阪市の木津川飛行場の敷地内に航空機が墜落、乗員2名が死亡した。《データ》死者2名、航空機1機墜落

11.14 劇場火災（大阪府大阪市浪速区）11月14日、大阪市浪速区の新世界パーク劇場で火災があり、同劇場を全焼した。《データ》建物全焼

1928年(昭和3年)

- **4.9 天然痘発生**（大阪府大阪市）4月9日、大阪市で真性天然痘が発生した。
- **4.19 山林火災**（大阪府・和歌山県）4月19日、大阪府と和歌山県の境界付近で火災があり、山林約2.6km²を全焼した。《データ》焼失面積約2.6km²
- **7.7 地震**（大阪府・兵庫県）7月7日午後5時39分頃、大阪、神戸の両市を中心とする地域で、人体に感じる程度の地震があった。

1930年(昭和5年)

- **3.30 水上機墜落**（大阪府大阪市南区）3月30日午前10時30分、日本航空輸送研究所(堺市)のアヴロ型水上機が、大阪市の繁華街へ映画宣伝用チラシを配布した際、エンジンの故障から道頓堀川に墜落。操縦士は無事だったが、近くの橋にいた作業員1名が負傷した。《データ》負傷者1名、航空機1機墜落

1932年(昭和7年)

- **1月〜 地すべり**（大阪府中河内郡堅上村・奈良県北葛城郡王寺町）1月、大阪府堅上村の峠地区で大規模な地すべりが発生。関西線亀の瀬トンネルが崩壊したほか、付近を流れる大和川の川底が隆起し、隣接する奈良県王寺町の藤井地区で家屋が浸水したため、両県および内務省は大和川の浚渫(しゅんせつ)を繰り返した。
- **5.14 航空機追突**（大阪府大阪市）5月14日、西田飛行機研究所の2機が大阪市の木津川飛行場を離陸する直前、滑走路で追突、炎上し、追突されたほうの同乗者1名が死亡、追突したほうの操縦士が重傷を負った。両機は、堺市の学童飛行機命名式に向かうところだった。《データ》死者1名、重傷者1名、航空機2機衝突

1933年(昭和8年)

- **2.10 天然痘発生**（大阪府大阪市）2月10日、大阪市の大阪堂ビルホテルの宿泊客に天然痘患者のいることがわかった。
- **7.29 地震**（大阪府付近）7月29日午前1時43分頃、大阪府の付近を震域とする強い地震があった。

1934年(昭和9年)

- **1.6 日本航空輸送機墜落**（大阪府大阪市）1月6日午後2時40分、日本航空輸送の郵便機が操縦訓練後、木津川飛行場に着陸する直前、同飛行場の近くにある中山製鋼所の煙突に接触、墜落し、操縦士が重傷を負った。《データ》重傷者1名、航空機1機墜落

1935年(昭和10年)

- **3.27 水族館火災**（大阪府堺市）3月27日、大阪府堺市の市立水族館で火災があり、同館を全焼した。《データ》建物全焼

1936年(昭和11年)

- **2.10 地下鉄建設現場崩壊**（大阪府大阪市）2月10日午後8時頃、大阪駅東側の地下鉄建設現場が突然崩れ、作業員14名が一時生き埋めになったが、全員救出された。《データ》生き埋め者14名
- **3.25 陸軍飛行隊機墜落**（大阪府）3月25日、訓練中の陸軍八日市飛行連隊の偵察機が濃霧のため墜落、乗員2名が死亡した。《データ》死者2名、航空機1機墜落

大阪府(1936年)

7.17 食中毒（大阪府布施町）7月17日、大阪府布施町で氷菓子による中毒が発生、19日までに患者は211名となり、うち25名が死亡。《データ》死者25名、食中毒者186名

8.27 毎日新聞機墜落（大阪府大阪市郊外）8月27日、大阪毎日新聞社の13式陸上練習機大毎28号が、ゲッピンゲン1型グライダー大毎29号を曳航して大阪市の郊外にある楯津飛行場を離陸直後、250m上空で曳航用ロープがはずれ墜落、乗員2名が死亡したが、グライダーの乗員と機体は無事だった。両機は、同新聞社と日本帆走飛行連盟が共催したグライダー講習会に参加していた。《データ》死者2名

1937年(昭和12年)

12.1 第3桜島丸転覆（大阪府大阪港内）12月1日午後9時30分頃、大阪市営渡船第3桜島丸が大阪港内の安治川河口で転覆し、乗客17名が死亡、数名が行方不明になった。《データ》死者17名、行方不明者数名、船舶1隻転覆

1938年(昭和13年)

11.26 韓国訪問機飛行家転落死（大阪府大阪港付近）11月26日、韓国人飛行家の操縦するサムルソン機が郷土訪問のため木津川飛行場から離陸直後、大阪港の関門付近で機体が突然激しく揺れ、同乗の韓国人飛行家が機外へ転落、死亡した。《データ》死者1名

1939年(昭和14年)

3.1 陸軍倉庫火災（大阪府）3月1日午後2時40分頃、大阪府の枚方陸軍倉庫で火薬庫が爆発、付近の家屋に燃え広がるなどして、ほぼ一昼夜燃え続けた。大阪府警の発表によれば、死者10人、行方不明38人、重傷者32人、軽傷者440人、全焼家屋800戸、半焼家屋100戸の被害となった。《データ》死者10名、行方不明者38名、重傷者32名、軽傷者440名、全焼家屋800戸、半焼家屋100戸

11.27 火災（大阪府大阪市北区牛丸町）11月27日午後4時15分頃、大阪市北区牛丸町にある国鉄梅田貨物駅で火災があり、同駅の関連施設を全焼した。《データ》駅舎全焼、被害額約10万円

12.7 火災（大阪府大阪市淀川区）12月7日、大阪市淀川区の十三地区で火災があり、家屋109戸を全焼した。《データ》全焼家屋109戸

1940年(昭和15年)

7.19 グライダー墜落（大阪府大阪市）7月19日、神戸市にある福田軽飛行機の女性社員が、大阪第3飛行場で中級用グライダーに試乗した際、突風に流されて同飛行場の敷地内にある格納庫の屋根に激突し、操縦者が重傷を負った。《データ》重傷者1名、グライダー1機墜落

1941年(昭和16年)

3.26 東海道本線列車・電車三重衝突（大阪府大阪市）3月26日、東海道本線の旅客列車と貨物列車、電車が塚本駅の西方で三重衝突した。《データ》車両損壊

8.10 火災（大阪府大阪市北区）8月10日、大阪市北区で火災があり、家屋24戸を全焼した。《データ》全半焼家屋24戸

1945年(昭和20年)

3.13〜14 大阪大空襲（大阪府）3月13日から14日未明にかけて、米軍機(B29)約300機

が大阪を空襲、約7万個の焼夷弾による絨毯爆撃で大阪市19区のほとんどが灰となり、3115人が死亡、家屋約13万戸が焼失したほか、通天閣、四天王寺五重塔、道頓堀界隈のミナミの歓楽街等も灰となった。《データ》死者3225名、焼失家屋13万戸

6.1 空襲（大阪府大阪市）6月1日、大阪市で米軍機による空爆、壊滅的な被害を受けた。

1947年(昭和22年)

1.30 阪急電鉄宝塚線電車追突（大阪府豊中市）1月30日、阪急電鉄宝塚線の三国駅構内で、電車同士の追突があり、乗客ら約100名が負傷した。《データ》負傷者約100名、車両追突

2.3 住宅火災（大阪府大阪市城東区）2月3日、大阪市城東区東小橋幸町で火災があり、家屋118戸を全焼、1戸を半焼したが、死傷者はなかった。原因はこんろの火の不始末と見られる。《データ》全焼家屋118戸、半焼家屋1戸、被害額992万9268円

8.7 歌舞伎座火災（大阪府大阪市南区）8月7日、大阪市南区の歌舞伎座で火災があり、同劇場を全焼した。《データ》全焼建物1棟

1948年(昭和23年)

10.30 南海電鉄線電車追突（大阪府）10月30日、南海電鉄線の茶屋駅構内で、停車中の電車に後続の電車が追突し、乗客ら8名が重傷、32名が軽傷を負った。《データ》重傷者8名、軽傷者32名、車両追突

1949年(昭和24年)

9.27 京阪電鉄本線準急電車火災（大阪府北河内郡）9月27日、大阪府内の京阪電鉄本線香里園駅付近で、京阪三条発天満橋行き準急電車(3両編成)が車両火災を起こし、乗務員や乗客32名が重傷、85名が軽傷を負った。《データ》重傷者32名、軽傷者85名、車両火災

1950年(昭和25年)

5月 警察学校生擬似猩紅熱集団感染（大阪府）大阪府にある大阪管区警察学校の生徒400名が擬似猩紅熱に集団感染、発病した。《データ》患者400名

10.22 集団食中毒（大阪府泉佐野市・同府貝塚市）10月22日、大阪府泉佐野、貝塚両市で住民のシラスによる集団食中毒が発生し、16名が死亡した。《データ》死者16名

1951年(昭和26年)

1.9 住宅火災（大阪府南河内郡八下村）1月9日、大阪府八下村の青果店から出火し、同店を全焼、家族6名が焼死した。原因は殺人を狙った放火と見られる。《データ》死者6名、全焼家屋1戸

7.11〜12 豪雨（京都府・大阪府・兵庫県）7月11日から12日にかけて、京阪神地方全域で雷をともなった大雨が降り、景勝地の嵐山で山崩れにより4名が圧死、鴨川流域で8橋が流失、京都府全体では81名が死亡、17名が重傷、146名が軽傷、33名が行方不明、橋梁93か所と道路485か所が損壊または流失、堤防1104ヶ所が決壊した。また大阪府で家屋1万6800戸、兵庫県で1万700戸がそれぞれ浸水するなど各地で被害を出した。《データ》死者81名、重傷者17名、軽傷者146名、行方不明者33名、被災約6万3000名、浸水家屋2万7500戸、橋梁流失・損壊93か所、道路損壊485か所、堤防決壊1104か所、山崩れ860か所、被害額62億8480万円余り(京都・大阪府、兵庫県のみ)

大阪府(1951年)

11.11 大阪配電局火災（大阪府大阪市）11月11日、大阪市の大阪配電局で火災があった。《データ》庁舎火災

1952年(昭和27年)

6.6 公設市場火災（大阪府茨木市）6月6日、大阪府茨木市の公設市場で火災があり、家屋など66戸を全焼した。《データ》全焼家屋など66戸

1953年(昭和28年)

5.19 桜井谷小学校火災（大阪府豊中市）5月19日、大阪府豊中市の桜井谷小学校で火災があり、二階建の本館校舎(2182m^2)を全焼した。《データ》全焼校舎1棟、焼失面積2182m^2

1954年(昭和29年)

2.2 トラック・電車衝突（大阪府豊能郡庄内町）2月2日、大阪府庄内町にある阪急電鉄宝塚線の踏切で、故障のため停車した梅田行き電車にトラックが突っ込み、2名が即死、45名が重軽傷を負い、電車2両が脱線した。《データ》死者2名、重軽傷者45名、車両衝突

2.20 大阪商業大学附属中学校火災（大阪府布施市）2月20日、大阪府布施市の大阪商業大学附属中学校で火災があり、校舎1棟(959m^2)と学生食堂、旧寄宿舎など2棟(3306m^2)を全焼した。《データ》全焼建物3棟、焼失面積4265m^2

2.21 遊覧飛行機墜落（大阪府中河内郡矢田村）2月21日、遊覧飛行中の極東航空のオスターオートカー号が、大阪府矢田村の上空で胴体から発火して大和川の右岸水田に墜落、機体は全焼、乗客1名が焼死、乗員2名が重傷を負った。原因は乗客が自殺を図ったため。《データ》死者1名、重傷者2名、航空機1機墜落

5月～7月 ニューカッスル病発生（大阪府・和歌山県・奈良県）5月から7月初めにかけて、大阪・和歌山・奈良の3府県で養鶏約30万羽にニューカッスル病が発病し、うち6万羽が死亡した。《データ》鶏30万羽発病(うち6万羽死亡)

6.9 北御堂火災（大阪府大阪市東区）6月9日、大阪市東区本町にある浄土真宗本願寺派の西本願寺津村別院(通称北御堂)で火災があり、本堂(331m^2)を全焼した。《データ》寺院全焼、焼失面積331m^2

6.25 ヒロポン中毒者通行人暴行（大阪府大阪市）6月25日、覚醒剤ヒロポン(塩酸メタンフェタミンの商品名)の中毒にかかった男が、大阪市で通行人5名を中津川に突き落とし、幼児3名が死亡した。《データ》死者3名

6.28～30 豪雨（京都府・大阪府・和歌山県・香川県・高知県・長崎県・熊本県・大分県）6月28日から30日にかけて、停滞した梅雨前線の影響で、中部地方以西の各地に大雨が降り、京都・大阪・和歌山・香川・高知・長崎・熊本・大分など19府県で13名が死亡、25名が負傷、13名が行方不明になり、家屋154戸が全半壊、29戸が流失、7万164戸が床上浸水、田畑約5.5haが流失、約70.4haが冠水、道路819か所と堤防285か所が損壊、橋梁107か所が流失、がけ崩れ531か所などの被害が出た。この大雨の影響で、和歌山市では1週間前に続いて再び家屋1万戸以上が浸水し、護岸を爆破して雨水を河川に放水する応急策を採った他、熊本県山鹿市が浸水のために一時孤立した。《データ》死者13名、負傷者25名、行方不明者13名、全半壊家屋154戸、流失家屋29戸、床上浸水家屋7万164戸、流失田畑約5.5ha、冠水田畑約70.4ha、道路損壊819か所、橋梁流失107か所、堤防決壊285か所、がけ崩れ531か所(6月30日現在)

大阪府(1955年)

7.13 阪急電鉄バス転落（大阪府池田市）7月13日、大阪府池田市古江町で、阪急電鉄バスが猪名川に転落し、38名が重軽傷を負った。《データ》重軽傷者38名、車両転落

9.15 梅田OS映画劇場火災（大阪府大阪市北区）9月15日、大阪市北区小松原町にある梅田OS映画劇場で火災があり、同館の建物を全焼、満員の観客のうち21名が重軽傷を負った。《データ》重軽傷者21名、全焼建物1棟

10.15 アルコールランプ爆発（大阪府大阪市住吉区）10月15日、大阪市住吉区庄左衛門町にある加賀屋中学校の3年生の教室で、理科の実験中にアルコールランプが突然爆発し、教員や生徒29名が重軽傷を負った。《データ》重軽傷者29名

10.22 府立中宮病院火災（大阪府枚方市）10月22日、大阪府枚方市中宮の府立中宮病院で火災があり、安静館($860m^2$)を全焼、精神病やヒロポン中毒の患者5名が行方不明になった。《データ》行方不明者5名、全焼建物1棟、焼失面積$860m^2$

10.26 バスと駐留軍トラック正面衝突（大阪府堺市）10月26日、大阪府堺市耳原町の国道310号線で、帝産バスと駐留軍トラックが正面衝突し、乗客ら2名が死亡、31名が重軽傷を負った。《データ》死者2名、重軽傷者31名、車両衝突

12.20 阪神電鉄本線電車追突（大阪府大阪市福島区）12月20日、阪神電鉄本線の大阪市福島区海老江新町の踏切で、踏切内に人影を認めて急停止した電車に、後から走ってきた電車が追突し、乗務員乗客87名が重軽傷を負った。《データ》重軽傷者87名、車両追突

12.26 キャバレー火災（大阪府大阪市南区）12月26日、大阪市南区八幡筋のキャバレー美人座で火災があり、同キャバレーを全焼した。《データ》全焼建物1棟

1955年(昭和30年)

1.7 船舶火災（大阪府大阪市大阪港）1月7日、大阪港第3突堤に碇泊中のにしき丸(1850t)の船室から出火、船内の一部(約$496m^2$)を焼いただけで火は消し止めたが、消火作業で船内へ注水し過ぎたため沈没した。《データ》船舶1隻沈没

2.21 住宅火災（大阪府堺市）2月21日、大阪府堺市浜寺公園町で火災があり、住宅2戸を全焼。この火事で、類焼した住宅に収蔵されていたマイヨールの彫刻など美術品10数点も焼けた。《データ》全焼家屋2戸

2.25 阪急バス転落（大阪府大阪市大淀区）2月25日、阪急バスが大阪市大淀区中津浜通の十三大橋で、自転車を避けようとして運転を誤り、約15m下の新淀川の中州に転落、乗務員乗客43名が重軽傷を負った。《データ》重軽傷者43名、車両1台転落

4.28 市役所火災（大阪府吹田市）4月28日、大阪府の吹田市役所で火災があり、議事堂など約$727m^2$を全焼。選挙関係の重要書類も焼けたため、市長および市会議員選挙が4月30日から5月28日に延期された。《データ》建物一部焼失、焼失面積$727m^2$

6.5 大型乗用車転落（大阪府泉南郡岬町孝子峠）6月5日、大阪府岬町と和歌山市の境にある孝子峠で、大型乗用車が運転を誤って約25m下の谷底に転落し、乗っていた4名が死亡、5名が重傷を負った。《データ》死者4名、重傷者5名、車両1台転落

7.3 問屋火災（大阪府大阪市天王寺区）7月3日、大阪市天王寺区堀越町の花火問屋から出火し、問屋65軒(約$2314m^2$)を全半焼して、1名が焼死、13名が軽傷を負った。《データ》死者1名、軽傷者13名、全半焼店舗65軒、焼失面積$2314m^2$

9.1 松下電器産業門真工場火災（大阪府北河内郡門真町）9月1日、大阪府門真町の松下電器産業門真工場で火災があり、工場5棟(約$1256m^2$)を全焼、1棟(約$370m^2$)を

115

大阪府(1956年)

半焼した。《データ》全焼工場5棟、半焼工場1棟、焼失・一部焼失面積約1626m²、被害額約3000万円

1956年(昭和31年)

1.15 千日前大阪劇場観客圧死（大阪府大阪市南区）1月15日、大阪市南区千日前の大阪劇場で、観客が美空ひばり公演の切符を求めて売場付近に殺到し、1名が圧死、1名が重傷、8名が軽傷を負った。《データ》死者1名、重傷者1名、軽傷者8名

2.13 天理教会バス転覆（大阪府岸和田市）2月13日、大阪府岸和田市門前町で、兵庫県西宮市の天理教大教会の自家用バスが転覆し、信徒ら関係者27名が重軽傷を負った。一行は、奈良県天理市で行われた天理教の70年大祭に向かう途中だった。《データ》重軽傷者27名、車両1台転覆

4.16～17 放射能雨（北海道稚内市・東京都・新潟県新潟市・静岡県静岡市・大阪府大阪市・兵庫県神戸市・鳥取県米子市・島根県松江市・高知県高知市・鹿児島県鹿児島市）4月16日から17日にかけて、全国各地に高濃度のストロンチウム90を含む雨が降り、気象庁測候課への報告によれば北海道稚内市で1リットル当たり毎分3万6000カウント、東京都で2万5400カウント、新潟市で78万5400カウント、鹿児島市で5万7000カウントを記録したほか、静岡大学化学教室が静岡市で同1万3500カウント、兵庫県衛生研究所が神戸市で7130カウント、島根大学物理学教室が松江市で3万7000カウントの放射能を観測、検出した。原因は同15日以降に実施された核爆発実験とみられる。

6.4 道頓堀松竹座漆喰剥落（大阪府大阪市南区）6月4日、大阪市南区九郎衛門町の道頓堀松竹座で、映画上映中に天井中央部にあるシャンデリア(直径約5m)付近の漆喰約6.6m²が剥落して15m下の1階客席に落下し、観客7名が重傷、8名が軽傷を負った。《データ》重傷者7名、軽傷者8名

10月～12月 インフルエンザ流行（青森県・東京都・神奈川県・三重県・大阪府・兵庫県・徳島県）10月、神奈川・徳島両県でA、B型ウィルスによるインフルエンザが発生し、11月中旬には青森・三重両県、同下旬には東京・大阪・兵庫など25都府県に拡大した。厚生省の発表では12月19日時点での患者総数は15万名、198校で学校閉鎖、605校で学級閉鎖を実施。《データ》患者15万名(12月19日現在)

1957年(昭和32年)

8.1 極東航空機不時着（大阪府泉北郡浜寺町）8月1日、極東航空のオースター・オートカー型機が、大阪府浜寺町の海水浴場の水際から約10mの海上に不時着し、操縦士ら乗員3名が即死した。《データ》死者3名、航空機1機不時着

9.30 日本航空DC4型旅客機不時着（大阪府豊中市）9月30日夜、日本航空の伊丹発羽田行きDC4型旅客機雲仙号(乗員4名・乗客51名)が、伊丹空港を離陸直後に給油系統に故障を起こして大阪府豊中市服部の水田に胴体着陸、機体を全焼した。この事故で、3名が重傷、4名が軽傷を負った。《データ》重傷者3名、軽傷者4名、航空機1機全焼

10.22 トラック・急行電車衝突（大阪府豊中市）10月22日午前7時頃、阪急電鉄宝塚線の曽根駅付近の大阪府豊中市岡町北8丁目の踏切で、大阪行き急行電車と建設業者のトラックが衝突。トラックは約50m引きずられて大破し、運転手ら6名全員が死亡した。《データ》死者6名、車両1台大破

1958年(昭和33年)

- **3月 放射能障害**（大阪府大阪市）3月10日、大阪市立大学生物物理学教室が、同大学医学部附属病院で摘出手術を受けた患者の子宮筋腫を分析したところ、放射性物質のセシウム137が20から30単位検出された。
- **3.25～26 放射能雨**（大阪府）3月25日から26日にかけて、大阪府に放射能を含む雨が降り、大阪市立大学医学部生物物理学教室の分析で、1リットル当たり4万6000カウントの放射能が測定された。
- **4.11 駅ホーム転落死亡**（大阪府大阪市北区）4月11日、国鉄大阪駅のホームで、修学旅行中の東京都豊島区巣鴨の私立十文字高等学校の3年生女子生徒が、背後から押されて線路内に転落、列車にひかれて死亡した。《データ》死者1名
- **5.14～15 堀川小学校火災**（大阪府大阪市北区）5月14日と15日の2回、大阪市北区の堀川小学校で放火による火災があった。《データ》校舎火災
- **5.18 巽小学校火災**（大阪府大阪市生野区）5月18日、大阪市生野区の巽小学校で放火による火災があった。《データ》校舎火災
- **5.20 今宮中学校火災**（大阪府大阪市西成区）5月20日午後9時20分頃、大阪市西成区東四条の今宮中学校から出火、同校の10教室と隣接の住宅3棟を全半焼した。原因は放火の疑いもある。《データ》校舎一部焼失、全焼家屋3棟
- **5.29 BCG誤接種**（大阪府堺市）5月29日、大阪府堺市で行われたツベルクリンの集団接種で、誤ってBCGワクチンを注射、接種を受けた児童のうち102名が化膿した。《データ》患者102名
- **9.9 養豚場火災**（大阪府大阪市城東区）9月9日、大阪市城東区永田町の養豚場で火災があり、敷地内の住宅や関連施設を全焼、経営者の家族6名が逃げ遅れて焼死した。《データ》死者6名、全焼建物数棟
- **12.4 住宅火災**（大阪府大阪市浪速区）12月4日、大阪市浪速区馬淵町の南海本線ガード東側の焼きイモ屋から出火し、家屋7棟を全焼、老人女性1名が焼死、住民647名(250世帯)が焼け出された。《データ》死者1名、全焼家屋7棟、被災者647名(250世帯)

1959年(昭和34年)

- **1.3 バス・電車が二重衝突**（大阪府大阪市東淀川区）1月3日、阪急電鉄京都線の上新庄駅の北約100mの島頭1番踏切で、京都発梅田行き急行電車と江口橋行き大阪市営バスが衝突。この現場へ、さらに梅田発京都行き急行電車が突っ込んだ。このため、バスは電車の下敷きになって大破、乗客運転士7名が即死、梅田行き急行電車の乗客13名も重軽傷を負った。《データ》死者7名、重軽傷者13名、車両1台大破
- **3.24 旅客機乗客放火未遂**（大阪府泉南郡沖）3月24日、徳島空港を離陸した日東航空の徳島発堺行きビーバー水上旅客機あさあけ号が、大阪府泉南郡の多奈川河口の沖約1kmを飛行中、乗客が機内にガソリン約3.6リットルをまいて放火を図ったが、隣席の乗客に止められ未遂に終わった。
- **10.31 日東航空機乗客飛降り自殺**（大阪府）10月31日、大阪・和歌山間の上空を通過中の日東航空の旅客機から、乗客1名が乗降用扉を開けて飛降り自殺した。《データ》死者1名

大阪府(1960年)

1960年(昭和35年)

6.24 幼児溺死（大阪府大阪市旭区）6月24日、大阪市旭区大宮町の住宅で、幼児(2歳)が電気洗濯機の洗濯槽に頭から落ち、溺死した。《データ》死者1名

6.25 安保改定不承認大会で衝突（大阪府大阪市）6月25日、大阪市で開かれた日米安全保障条約改定不承認大会で、大阪府民共闘会議の関係者など参加者約6万名と警官隊が衝突し、249名が重軽傷を負った。《データ》重軽傷者249名

8.25 ダンプカー・電車衝突（大阪府泉大津市）8月25日、南海電鉄本線の北助松駅付近の踏切で、電車(5両編成)とダンプカーが衝突、ダンプカーは両断されて炎上し、電車も前部を大破、ダンプカーの運転手など2名が死亡、33名が重軽傷を負った。《データ》死者2名、重軽傷者33名、車両1台全焼、車両大破

1961年(昭和36年)

2.4 料亭火災（大阪府大阪市南区）2月4日、大阪市南区宗右衛門町にある料亭の3階客室付近から出火し、鉄筋コンクリート一部木造4階建の同店の火元階および4階(約240m^2)を焼失、女子従業員ら7名が焼死、4名が重軽傷を負った。同料亭の木造部分は違法増築だった。《データ》死者7名、重軽傷者4名、建物半焼、焼失面積約240m^2

7.11 雷雨（大阪府大阪市）7月11日午後、前線の通過した大阪市で激しい雷雨があり、工場や住宅約60万戸(全需要戸数の約50%)が停電したほか、鉄道各線に運休や30分前後の遅れが出た。

8.1～4 住民騒擾(釜ヶ崎事件)（大阪府大阪市西成区）8月1日深夜から4日にかけて、大阪市西成区の通称釜ヶ崎地区の住民ら約2000名が、交通事故の死亡者に対する警官の態度に怒って警官隊と衝突し、1名が死亡、約690名が重軽傷を負い、派出所や消防車、電車、タクシーなどが焼き打ちにより全焼した。《データ》死者1名、重軽傷者約690名

10.12 大阪市営バス防潮堤激突（大阪府大阪市）10月12日、大阪市大正区大正通で、大阪市交通局の定期バスが小型トラックと接触した後、近くの尻無川防潮堤に激突し、乗務員・乗客ら45名が負傷した。《データ》負傷者45名、車両接触

1962年(昭和37年)

1月～2月 連続放火（東京都・大阪府・高知県）1月から2月22日にかけて、東京で31件、大阪で32件、高知で32件の放火による火災が発生した(2月22日、大阪市浪速区在住の21歳の容疑者が逮捕される)。《データ》被害額2億円

8.18 交通指導員死亡（大阪府大阪市西区）8月18日、大阪市西区の阿波座上通付近で、小学生の夏休み登校日の交通指導に当たっていた母親(52歳)が車にはねられ死亡した。《データ》死者1名

1963年(昭和38年)

2.22 スクールバス転落（大阪府柏原市）2月22日、大阪府柏原市の五十村橋付近で、スクールバスが道路から落ち、乗客ら68名が負傷した。《データ》負傷者68名、車両1台転落

3.3 劇場舞台落下（大阪府大阪市南区）3月3日深夜、大阪市南区千日前の大阪劇場で、春のおどりフィナーレの舞台稽古中に、ゴンドラを吊る鋼索がはずれ、乗っていた大阪松竹歌劇団員ら出演者94名が4.85m下へ落ち、道具係1名を含む19名が重傷

を、25名が軽傷を負った。《データ》重傷者19名、軽傷者25名
- **5.15 近鉄南大阪線急行・普通電車衝突**（大阪府大阪市阿倍野区）5月15日、近畿日本鉄道南大阪線の阿倍野橋駅付近で、急行電車と普通電車が正面衝突し、双方の乗客ら106名が重軽傷を負った。《データ》重軽傷者106名、車両衝突（運輸省調べ）
- **5.22 突風・雷雨**（大阪府付近）5月22日午前、大阪府一帯に強い寒冷前線と梅雨前線による突風や雷とともに大雨が降った。
- **5.31 交通指導員負傷**（大阪府寝屋川市）5月31日、大阪府寝屋川市内で、小学生の交通指導に当たっていた母親が車にはねられて重傷を負った。《データ》重傷者1名
- **12.2 ぐれいす号衝突**（大阪府大阪市沖）12月2日、大阪港で、観光客船ぐれいす号が防波堤に衝突し、乗客ら21名が負傷した。原因は煙霧による視界不良。《データ》負傷者21名、船舶1隻衝突

1964年（昭和39年）

- **7月 異常渇水**（大阪府南河内郡狭山町）7月頃、大阪府狭山町で貯水池が干上がり、約1か月間給水が停止した。
- **9月 集団食中毒**（大阪府・高知県）9月、大阪府と高知県で、住民多数がイカの缶詰による食中毒にかかり、厚生省は全国に同種類の製品の回収、破棄を指示した。《データ》患者多数
- **9.14 奥村実業工場爆発**（大阪府茨木市）9月14日午後2時7分頃、大阪府茨木市栄町にあるプロパンガス工場で、50kg入りガスボンベなど約60本が爆発し、倉庫や隣接のアパートなど10棟（1354m^{2}以上）を全焼、3名が死亡、28名が負傷した。《データ》死者3名、負傷者28名、全焼建物10棟、焼失面積1354m^{2}以上、被害額1億円
- **12.17 タンクローリー・大阪市電衝突**（大阪府大阪市西成区）12月17日、大阪市西成区で、タンクローリーが大阪市電と衝突し、市電の乗客ら5名が死亡、25名が負傷した。《データ》死者5名、負傷者25名、車両衝突

1965年（昭和40年）

- **1.12 住宅火災**（大阪府堺市）1月12日午前11時50分、大阪府堺市東湊町の住宅から出火し、同住宅など14棟（1732m^2）を全焼、住民4名が死亡、125名（37世帯）が焼け出された。《データ》死者4名、全焼家屋14棟、焼失面積1732m^2、被災者125名（37世帯）、被害額4172万円（消防庁調べ）
- **2.3 工場火災**（大阪府大阪市生野区）2月3日午前5時5分、大阪市生野区猪飼野町の工場から出火し、同工場や家屋など13棟（3595m^2）を全焼、4名が死亡、124名（26世帯）が焼け出された。《データ》死者4名、全焼工場ほか13棟、焼失面積3595m^2、被災者124名（26世帯）、被害額4694万円（消防庁調べ）
- **2.12 問屋街火災**（大阪府大阪市中央区）2月12日、大阪市中央区の丼池繊維問屋街で火災があり、店舗47棟（3500m^2）を全焼した。《データ》全焼店舗47棟、焼失面積3500m^2
- **7.23 靴店火災**（大阪府豊中市）7月23日午前4時10分、大阪府豊中市庄内東の靴店から出火し、同店など2棟（795m^2）を全焼、住民ら4名が死亡、64名（25世帯）が焼け出された。《データ》死者4名、全焼店舗ほか2棟、焼失面積795m^2、被災者64名（25世帯）、被害額1464万円（消防庁調べ）
- **8.1 芦屋丸追突**（大阪府大阪市沖）8月1日、大阪港安治川内港の旧天保山桟橋の約100m

大阪府(1965年)

沖合で、日立造船桜島工場のタグボート芦屋丸(150トン)が大阪通船運輸の港内遊覧船やそしま丸(18トン)に追突してやそしま丸が転覆、沈没し、乗客ら20名が溺死、34名が軽重傷を負った。《データ》死者20名、軽重傷者34名、船舶1隻転覆(海上保安庁調べ)

9.5 日本国内航空遊覧機墜落（大阪府八尾市）9月5日、大阪府の八尾飛行場で、日本国内航空のセスナ型遊覧機が着陸に失敗して墜落、操縦士が死亡した。《データ》死者1名、航空機1機墜落(運輸省調べ)

11.8 クリーニング店火災（大阪府大阪市大淀区）11月8日午前3時56分、大阪市大淀区中通のクリーニング店から出火し、同店など2棟(164m^2)を全焼、住民ら6名が焼死、6名(2世帯)が焼け出された。《データ》死者6名、全焼店舗ほか2棟、焼失面積164m^2、被災者6名(2世帯)、被害額194万円(消防庁調べ)

1966年(昭和41年)

1.6 グライダー電線接触（大阪府八尾市）1月6日、大阪府八尾市の高安山で、日本航空協会のグライダーが電線に接触し、操縦士が死亡した。《データ》死者1名、グライダー1機接触(運輸省調べ)

3.21 アパート火災（大阪府）3月21日、大阪府のアパートで火災があり、居住者の母子3名が焼死した。《データ》死者3名

4.18 帝国化成工場火災（大阪府池田市）4月18日午前1時45分、大阪府池田市豊島南の帝国化成池田工場で火災があり、同工場2棟(813m^2)を全焼した。《データ》全焼工場2棟、焼失面積813m^2、被害額8404万円(消防庁調べ)

5.28~30 釜ヶ崎労務者・警官隊衝突（大阪府大阪市西成区）5月28日から30日にかけて、大阪市西成区釜ヶ崎で労務者のべ約6500名が夜間、派出所や商店、市営バスなどに向けて放火や投石を繰り返して機動隊と衝突し、120名が軽重傷を負った。直接の発端は、同区東入船町の碁会所ニコニコクラブ付近の火災に消防車の到着が遅かったこと。《データ》軽重傷者120名

6月~12月 日本脳炎流行（千葉県・大阪府・兵庫県・鳥取県・山口県・徳島県・福岡県・大分県ほか）41年6月から、全国各地で日本脳炎が流行し、患者数は千葉県の23名(うち7名死亡)、大阪市の242名(うち106名死亡)、兵庫県の370名(うち163名死亡)、鳥取県の69名(うち18名死亡)、山口県の206名(うち94名死亡)、徳島県の122名、福岡県の真性396名(うち183名死亡)、大分県の118名など全国で2301名、うち1440名が死亡した。《データ》患者2301名(うち死者1440名)

7.3 工場火災（大阪府岸和田市）7月3日午前2時37分、大阪府岸和田市下松の工場から出火し、同工場など22棟(3596m^2)を全焼、住民9名(2世帯)が焼け出された。《データ》全焼工場ほか22棟、焼失面積3596m^2、被災者9名(2世帯)、被害額5048万円(消防庁調べ)

8.3 京阪電鉄本線急行電車衝突（大阪府大阪市城東区）8月3日、京阪電鉄本線の野江駅構内で、京阪三条発淀屋橋行き急行電車(5両編成)が先発の同区間運転の普通電車(3両編成)の側面に衝突、脱線し、乗客ら8名が重傷、43名が軽傷を負った。原因は急行側の信号無視。《データ》重傷者8名、軽傷者43名(運輸省調べ)、車両脱線

10.21 工場火災（大阪府大阪市住吉区）10月21日午前1時30分、大阪市住吉区北加賀屋町の木工所から出火し、おりからの西風にあおられて工場10棟やアパート4棟など21棟(5930m^2)を全焼、火元付近に住む電報局員の家族6名が焼死、住民ら250名(91世帯)が焼け出された。工場や現場付近の住宅は建坪率を無視した違法建築

物だった。《データ》死者6名、全焼工場ほか21棟、焼失面積5930m²、被災者250名(91世帯)(消防庁調べ)

- **11.12 近鉄大阪線特急電車追突**（大阪府柏原市）11月12日、近畿日本鉄道大阪線の河内国分駅構内で、特急電車が通過待ちの準急電車に追突し、乗客1名が死亡、178名が重軽傷を負った。原因は特急の信号無視。《データ》死者1名、重軽傷者178名、車両追突
- **12.19 ダンプカー・急行電車衝突**（大阪府羽曳野市）12月19日、近畿日本鉄道大阪線の古市・駒ヶ谷駅間の石川鉄橋東詰の踏切で、ダンプカーと吉野発阿倍野橋行き急行電車(3両編成)が衝突。ダンプカーは約120m引きずられて大破し、運転手が死亡、急行も傾斜して脱線し、乗客ら19名が重軽傷を負った。《データ》死者1名、重軽傷者19名、車両1台大破
- **12.21～ 食中毒**（北海道・東京都・神奈川県・京都府・大阪府）12月21日から42年4月にかけて、東京や横浜、京都、大阪など6都道府県で、住民約1500名が広島県産の養殖生牡蠣による食中毒にかかり、同県の産地は12月22日に出荷停止を実施した。厚生省と広島県の調査によれば、原因は養殖海域の病原性大腸菌。《データ》患者約1500名(41年12月28日現在)

1967年(昭和42年)

- **2.28 ヘルスセンター火災**（大阪府東大阪市）2月28日午前10時30分、大阪府東大阪市石切町の石切ヘルスセンターで火災があり、敷地内の施設5棟(2785m²)を全焼、利用客ら8名が焼け出された。《データ》全焼建物5棟、焼失面積2785m²、被災者8名、被害額1億8927万円
- **4.1 ダンプカー・電車衝突**（大阪府泉南郡泉南町）4月1日、南海電鉄本線の樽井・尾崎駅間の踏切で、エンジン系統の不良により立往生していたダンプカーに難波発和歌山市行き急行電車(5両編成)が衝突し、前部の2両が脱線して鉄橋から河原へ転落、後続の1両が宙づりになり、乗客5名が死亡、186名が重軽傷を負った。原因は急行の運転士が同乗させた子供(3歳)に気を取られ、ダンプカーの発見が遅れたため。《データ》死者5名、重軽傷者186名、車両2両転落(運輸省調べ)
- **4.22 大阪造幣局花見客死傷**（大阪府大阪市北区）4月22日夜、大阪市北区天満の大蔵省大阪造幣局の敷地内に桜見物の客が詰めかけ、1名が圧死、28名が重軽傷を負った。《データ》死者1名、重軽傷者28名
- **4.27 青酸混入**（大阪府）4月27日、大阪府の工場で魔法瓶に青酸が混入し、従業員3名が死傷した。《データ》死傷者3名
- **5.12 ガス爆発**（大阪府大阪市城東区）5月12日、大阪市城東区の11階建マンションの最上階の中央付近で、エレベーターの修理に使用するアセチレンガスボンベが突然爆発し、同階フロアで遊んでいた幼稚園児と居住者の2名が死亡、作業員3名と居住者1名が重軽傷を負った。原因は溶接器具の取扱ミス。《データ》死者2名、重軽傷者4名
- **6.6 乗用車・トラック衝突**（大阪府泉南郡）6月6日、大阪府泉南郡の国道26号線で、前の車を追い越そうとした乗用車が反対車線に入り、走ってきたトラックと正面衝突、車体を大破、乗っていた4名が即死、3名が重軽傷を負った。事故当時、乗用車は時速約100kmで走っていた。《データ》死者4名、重軽傷者3名、車両1台大破
- **6.11 幼児冷蔵庫窒息死**（大阪府大阪市生野区）6月11日、大阪市生野区で、空地に捨

大阪府(1967年)

ててあった大型冷蔵庫で遊んでいた幼児3名が、内部に閉じ込められて窒息死した。《データ》死者3名

- 6.14 **南海百貨店火災**（大阪府高石市）6月14日午前2時50分、大阪府高石市千代田の南海百貨店から出火し、同店や住宅など5棟(2532m²)を全焼、住民ら6名が死亡、109名(38世帯)が焼け出された。《データ》死者6名、全焼店舗ほか5棟、焼失面積2532m²、被災者109名(38世帯)、被害額9703万円
- 7.24 **急行電車・貨物列車衝突**（大阪府泉南郡阪南町）7月24日、南海電鉄本線の箱作駅構内で、難波発和歌山市行き急行電車(4両編成)と和歌山市発堺行き貨物列車が正面衝突。急行電車は前部2両が傾斜、脱線し、貨物列車は機関車と貨車1両が転覆し、乗客ら95名が重軽傷を負った。原因は急行側の信号無視。《データ》重軽傷者95名、車両衝突(運輸省調べ)
- 7.26〜9月 **日本脳炎流行**（大阪府大阪市）7月26日から9月にかけて、大阪市で住民83名が日本脳炎にかかり(真性42名、擬似41名)、37名が死亡した。《データ》患者83名(うち死者37名)
- 8.27 **公苑大劇場火災**（大阪府枚方市）8月27日午後1時、大阪府枚方市枚方公園町の公苑大劇場で火災があり、同劇場(3282m²)を全焼した。《データ》全焼建物1棟、焼失面積3282m²
- 9.5 **阪急宝塚線電車発火**（大阪府大阪市東淀川区）9月5日、京阪神急行電鉄の十三駅で、発車した電車(6両編成)の後から2両目の車両の下部から発火し、煙が車内に充満したが、死傷者はなかった。《データ》車両1台発火
- 9.13 **アパート火災**（大阪府寝屋川市）9月13日午前0時25分、大阪府寝屋川市対馬江のアパートで火災があり、同アパート1棟(990m²)を全焼、入居者5名が死亡、12名(4世帯)が焼け出された。《データ》死者5名、全焼家屋1棟、焼失面積990m²、被災者12名(4世帯)、被害額不明
- 9.20 **明治紡績火災**（大阪府泉南郡東鳥取町）9月20日午後3時58分、大阪府東鳥取町下出の明治紡績で火災があり、同工場4棟(7223m²)を全焼した。《データ》全焼工場4棟、焼失面積7223m²、被害額6億7695万円
- 9.21 **ガス工場爆発**（大阪府大阪市）9月21日、大阪市のガス工場でガスボンベ400本が爆発した。
- 9.23 **アパート火災**（大阪府大阪市阿倍野区）9月23日午前3時12分、大阪市阿倍野区旭町のアパートで火災があり、同アパートの一部(6m²)を焼失、入居者5名(1世帯)が焼け出された。《データ》半焼家屋1棟、焼失面積6m²、被災者5名(1世帯)、被害額5万円
- 10.1 **大阪市営地下鉄電車衝突**（大阪府大阪市西区）10月1日午前7時過ぎ、大阪市営地下鉄4号線の本町駅構内で、電車(2両編成)がコンクリート製車止めに激突し、乗客ら27名が重軽傷を負った。後に、自動停止装置が作動しなかった点が指摘された。《データ》重軽傷者27名、車両損壊(運輸省調べ)
- 12.18 **クリーニング店火災**（大阪府東大阪市）12月18日午後7時40分、大阪府東大阪市瓜生堂のクリーニング店で火災があり、店舗兼住宅1棟(116m²)を全焼、3名が死亡、8名(2世帯)が焼け出された。《データ》死者3名、全焼店舗1棟、焼失面積116m²、被災者8名(2世帯)

1968年(昭和43年)

- **1.10 アパート火災**（大阪府大阪市北区）1月10日午前2時7分、大阪市北区鶴野町のアパートから出火し、のべ953m²を全焼、居住者のうち3名が死亡した。原因はコタツの過熱。《データ》死者3名、焼失面積953m²、被害額1500万円

- **1.18 急行電車・回送電車衝突**（大阪府大阪市西成区）1月18日、南海電鉄本線の天下茶屋駅で、春木発難波行き臨時急行電車(5両編成)が同駅発東行き回送電車(2両編成)と正面衝突し、急行側の前2両と回送側の前1両が脱線、双方の1両ずつが傾斜、乗務員や乗客約1000名のうち239名が重軽傷を負った。原因は運転士による信号無視とブレーキの操作ミス。《データ》重軽傷者239名、車両3両脱線(運輸省調べ)

- **1.30 総合娯楽センター火災**（大阪府大阪市南区）1月30日、大阪市南区河原町の総合娯楽センター1階のジャズ喫茶から出火し、同センターの1階から5階までの一部(約400m²)を焼き、2、3階のボーリング場にいた従業員や来場客約70名のうち3名が死亡、10名が重軽傷を負った。《データ》建物半焼、焼失面積約400m²

- **3.24 乗用車・大阪市営電車接触**（大阪府大阪市北区）3月24日、大阪市交通局の十三・中津沢通停留所間で、乗用車と電車が接触し、乗客ら9名が負傷した。原因は乗用車の前方不注意。《データ》負傷者9名、車両接触(運輸省調べ)

- **5.25 延山商会火災**（大阪府大阪市旭区）5月25日午前0時13分、大阪市旭区生江町の延山商会の作業場兼従業員宿舎から出火し、木造モルタル2階建の同宿舎と隣接の軽量鉄骨3階建のアパート、住宅、印刷所の4棟(416m²)を全焼、従業員や家族9名(5世帯)のうち8名が焼死した。原因はたばこの火の不始末。《データ》死者8名、焼失面積416m²、被害額750万円

- **6.15 反日本共産党系学生・警官隊衝突**（大阪府大阪市中央区）6月15日、反日本共産党系の学生多数が大阪市中央区の御堂筋でベトナム反戦および日米安全保障条約破棄全国統一デモを実施して警官隊と激突し、235名が重軽傷を負った。28日には、同じく反日本共産党系の学生多数が御堂筋でアジア太平洋諸国閣僚会議の開催反対デモを実施して機動隊と激突し、通行人を含めて232名が重軽傷を負った。《データ》重軽傷者467名

- **7.22 住宅火災**（大阪府岸和田市）7月22日午前7時22分、大阪府岸和田市春木泉町の住宅で火災があり、住民4名が死亡した。原因はマッチの火の引火。《データ》死者4名、焼失面積25m²、被害額1万円

- **8.5 乗用車・南海阪堺線電車衝突**（大阪府大阪市）8月5日、南海電鉄阪堺線恵美須・南霞町駅間の踏切で、乗用車と電車が衝突し、乗客ら2名が負傷した。原因は踏切警手による遮断機の操作ミス。《データ》負傷者2名、車両衝突(運輸省調べ)

- **9.17 阪急京都線電車発火**（大阪府高槻市）9月17日、阪急電鉄京都線の高槻市・富田駅間で、普通電車が桜ヶ丘北町の女瀬川鉄橋を渡る直前に、最後部の車両床下から発火。急停止後、乗客が線路に飛び降りる際、4名が負傷した。《データ》負傷者4名

- **10.8 国鉄大阪駅ホーム仮天井落下**（大阪府大阪市北区）10月8日、大阪市北区の国鉄大阪駅でプラットフォームの仮天井が落下し、乗客ら2名が死亡、11名が負傷した。原因は鉄製の支柱の強度不足。《データ》死者2名、負傷者11名(以上労働省調べ)、施設損壊

- **12.2 和泉川丸火災**（大阪府堺市）12月2日、大阪府堺市の石油コンビナートで大型タンカー和泉川丸が火災を起こし、付近にいた艀2隻が誘爆後、沈没、1名が死亡、1

大阪府(1968年)

　　　　名が重傷を負った。《データ》死者1名、重傷者1名、船舶2隻沈没、船舶1隻火災
　12.16　工場火災（大阪府大阪市東成区）12月16日午前4時51分、大阪市東成区深江中のプラスチック加工工場で火災があり、5名が死亡した。《データ》死者5名

1969年(昭和44年)

　2.16　道路改修現場ガス埋設管破損（大阪府大阪市浪速区）2月16日、大阪市浪速区の道路改修現場でショベルカーが誤ってガスの地下埋設管を壊し、現場付近に住む家族4名が中毒死した。《データ》死者4名、施設破損
　6.16　住宅花火爆発（大阪府堺市）6月16日午前1時35分頃、大阪府堺市草尾の南海煙火の下請工場の関係者宅で納屋に入れてあった人工衛星花火の薬筒5kg（約5000個分）が爆発し、家族1名が死亡、家屋1棟が半焼した。《データ》死者1名、半焼家屋1棟
　6.23　住宅ガス爆発（大阪府北河内郡四条畷町）6月23日午前2時30分頃、大阪府四条畷町の住宅で漏れていたガスが爆発し、家族2名が死亡、1名が負傷した。《データ》死者2名、負傷者1名
　6.25　泉陽紡績社員寮ガス爆発（大阪府泉佐野市）6月25日午前7時頃、大阪府泉佐野市の泉陽紡績社員寮で、たばこの火が漏れていたガスに引火し爆発、1名が死亡した。《データ》死者1名
　6.27　ビル建築現場鋼材落下（大阪府大阪市東区）6月27日、大阪市東区京橋の大阪マーチャンダイズマートビル建築現場で重さ130kgのH型鋼材が屋上から落ち、付近にいた1名が死亡した。《データ》死者1名(労働省調べ)
　9.15　集団食中毒（大阪府枚方市）9月15日、大阪府枚方市で、敬老会の出席者1841名が食中毒にかかり、うち5名が死亡した。《データ》患者1841名(うち死者5名)
　9.22　大阪戦争事件（京都府京都市・大阪府大阪市）9月22日午後3時過ぎから、赤軍派の学生50名が京都市上京区の同志社大学正門付近の今出川烏丸交差点にバリケードを築いて市電の通過を妨害し、火炎瓶や投石などにより機動隊と衝突。同午後6時40分頃から8時過ぎにかけて、別の18名は大阪市阿倍野区の大阪市立大学医学部付近で旭町、金塚、阪南北など5派出所に火炎瓶を投げ込み、警官4名が重軽傷を負った。《データ》重軽傷者4名、建物火災
　11.7　社員寮建設現場爆発（大阪府池田市）11月7日、大阪府池田市神田町にある男子独身寮建設現場で地下貯水槽の内側に漏水防止用ビニールシートを貼り付けていたところ、揮発性の溶剤が気化して引火、爆発し、作業員5名が死亡した。《データ》死者5名(労働省調べ)
　11.17　日本産業航空セスナ機墜落（大阪府柏原市）11月17日、大阪府柏原市大平寺の高尾山に、放送宣伝業務のため八尾空港を離陸した日本産業航空のセスナ172E型機が、視界不良の天候下で激突、炎上し、乗員3名が焼死した。原因はエンジンの不調。《データ》死者3名、航空機1機墜落(運輸省調べ)
　11.25　尻無川水門建設現場潜函水没（大阪府大阪市大正区）11月25日、大阪市大正区泉尾浜通の尻無川左岸水門建設現場で熊谷組の掘削作業用潜函の鋼鉄製送気管が水深約20mで折れ、同潜函内の気圧が急激に下がって沈没、浸水し、出稼ぎの下請作業員11名が死亡、9名が負傷した。《データ》死者11名、負傷者9名(労働省調べ)
　12月～　異常乾燥発生（埼玉県・東京都・大阪府）12月から45年1月にかけて、埼玉県や東京都、大阪府などに記録的な無降雨状態が続き、各地で異常乾燥による火災

が多発した(東京都では45年1月30日に雨が降った)。
- **12.3 杭打作業船転覆**（大阪府大阪市）12月3日、大阪港で杭打作業船が低気圧と寒冷前線による猛吹雪を受けて転覆し、乗組員1名が死亡、2名が行方不明になった。
《データ》死者1名、行方不明者2名、船舶1隻転覆

1970年(昭和45年)

- **1.31 簡易宿泊所火災**（大阪府大阪市西成区）1月31日午後7時27分、大阪市西成区西入船町の簡易宿泊所で火災が発生し、宿泊客ら4名が死亡、施設(309m²)を全焼した。
《データ》死者4名、焼失面積309m²、被害額1500万円(消防庁調べ)
- **2.15 国鉄線電車爆破**（大阪府大阪市）2月15日、大阪市内で、国鉄線の電車の車内で爆発物が爆発、乗客が負傷した。《データ》負傷者数名
- **3.26 万博会場動く歩道急停止**（大阪府吹田市）3月26日、大阪府吹田市の日本万国博覧会の敷地内に設けられた動く歩道が突然停止し、入場者42名が重軽傷を負った。
《データ》重軽傷者42名
- **4.8 地下鉄谷町線建設現場ガス爆発**（大阪府大阪市北区）4月8日午後5時45分頃、大阪市北区菅栄町の地下鉄谷町線天神橋筋六丁目駅建設現場でガスが爆発、鋼鉄製の作業用覆い板が吹き飛び、作業員や通行人、住民ら78名が死亡、311名が重軽傷を負い、付近の商店や住宅など29棟(2170m²)を全焼した。原因は現場付近の埋設管からガスが漏出後、通報で駆けつけた大阪ガスの緊急事故処理車の火花が引火したため。《データ》死者78名、重軽傷者311名、全焼家屋29棟、焼失面積2170m²、被害額1億1386万円(消防庁調べ)
- **6月 酸性雨発生**（大阪府大阪市）6月、大阪市にpH3.3という高濃度の酸性雨が降り、朝顔などの植物が枯死した。《データ》植物被害
- **8.27 万博入場者死亡**（大阪府吹田市）8月27日、大阪府吹田市の日本万国博覧会場で、入場者の老人1名が展示館への順番獲得を巡る騒ぎに巻き込まれて死亡した。
《データ》死者1名
- **9.30～10.1 珪酸粉汚染**（大阪府堺市）9月30日から10月1日にかけて、大阪府堺市に珪酸製の断熱保温材のような白い粉塵が降り続き、住民多数に眼の痛みや呼吸困難などの症状がみられた。
- **10月 酸性雨発生**（大阪府大阪市）10月、大阪市に酸性雨が降り、校舎の屋上に取り付けてある鉄製の手すりや金網が腐食するなど被害が相次いだ。
- **10.7 片町線電車発火**（大阪府東大阪市）10月7日、鴻池新田駅構内で、片町線の片町発四条畷行き電車(5両編成)の4両目の後部モーターが発火して枕木12本を焼き、煙に驚いた乗客1000名が窓から逃げようとして混乱に陥り、うち11名が負傷した。原因はモーター回路の接触不良による過熱。《データ》負傷者11名、車両発火
- **12.30～31 日雇労働者ほか騒擾**（大阪府大阪市西成区）12月30日から31日にかけて、大阪市西成区の通称愛隣地区で長期間失業していた日雇労働者ら500名による騒乱が発生し、同地区付近で放火などが相次いだ。
- **この年 収穫米カドミウム汚染**（大阪府）45年、大阪府八尾市の電器工場の周辺で栽培、収穫された米が高濃度のカドミウムに汚染されていることがわかり、隣接の大阪市東住吉、生野区や東大阪、松原市などの田畑からもカドミウムが検出された(同7月に厚生省が玄米1ppm未満、精白米で0.9ppmの安全基準を設定後、12月

大阪府(1971年)

27日に府が検出結果発表)。《データ》農作物被害

1971年(昭和46年)

1.10 倉庫火災（大阪府大阪市）1月10日、大阪市の倉庫で火災があり、テレビやエアコンなど家庭電化製品を全焼した。《データ》被害額10億円

4.30 火災（大阪府大阪市港区）4月30日、大阪市港区で火災があり、約1時間で密集地域の仮設家屋49棟を全焼、住民110世帯が焼け出された。《データ》全焼家屋49棟、被災者110世帯

7月～9月頃 光化学スモッグ連続発生（大阪府）7月頃から9月頃にかけて、大阪府の各地で光化学スモッグがあいついで発生、8月には同府初の光化学スモッグ注意報が発令された。

8.27 光化学スモッグ発生（大阪府高石市）8月27日、大阪府高石市に高濃度の光化学スモッグが発生し、高石中学校や羽衣学園の生徒40名が特有の症状を訴え、うち10名が入院した。《データ》発症者40名

9.11 船井薬品工場爆発（大阪府守口市）9月11日、大阪府守口市の船井薬品工業の工場で電気乾燥機が突然爆発し、1名が死亡、9名が負傷した。《データ》死者1名、負傷者9名(労働省調べ)

9.11～13 労働者騒擾（大阪府大阪市西成区）9月11日から13日にかけて、大阪市西成区の愛隣地区(通称釜ヶ崎)で労働者約1500名が騒ぎ、同地区付近の3か所に放火した。

12.4 中核派・革マル派学生衝突（大阪府吹田市）12月4日、革マル派と中核派の学生同士が大阪府吹田市の関西大学構内で授業料値上げ反対運動の実施を巡って衝突、中核派の2名が死亡した。《データ》死者2名

12.4 柴原浄水場塩素ガス漏出（大阪府豊中市）12月4日夜、大阪府豊中市宮山町の市営柴原浄水場で殺菌用の塩素ガスがボンベから突然噴出、現場周辺の直径約5kmの区域に拡散し、住民3名が重症の、217名が軽症のガス中毒にかかったのをはじめ、約2000世帯が緊急避難した。原因は係員の操作ミス。《データ》重症者3名、軽症者217名、被災者約2000戸

12.24 児童・生徒階段転落（大阪府大阪市福島区）12月24日、大阪市福島区の新朝日ビルの地下ホール階段付近でテレビの公開番組の順番待ちをしていた児童、生徒らの列が突然崩れ、うち34名が重軽傷を負った。《データ》重軽傷者34名

この頃 カドミウム汚染（大阪府・兵庫県）46年頃、大阪府と兵庫県を流れる猪名川が高濃度のカドミウムに汚染されていることがわかった(46年にヘドロから検出発表)。また、大阪府門真、四条畷、大東市を流れる寝屋川で流域の工場廃液に含まれる許容値を超える青酸や鉛による汚染が深刻化し、住民の健康などへの影響が懸念された(46年8月に環境庁が全国の河川や湖沼、海域などの汚染実態点検の結果として発表)。

1972年(昭和47年)

3.5 ダンプカー・電車衝突（大阪府南河内郡太子町付近）3月5日、近畿日本鉄道南大阪線上太子・二上山駅間の踏切でダンプカーと電車が衝突し、脱線。乗員、乗客ら12名が負傷した。原因はダンプカーの運転者による警報機無視。《データ》負傷者12名、車両脱線(運輸省調べ)

3.18 関西医大病院患者誤輸血死（大阪府守口市）3月18日、大阪府守口市の関西医科

大学付属病院小児科で患者の幼児(4歳)が輸血の直後に死亡した。原因は血液型の誤認(地元警察署が捜査開始)。《データ》死者1名(朝日新聞社調べ)

3.28 作業場火災(大阪府吹田市)3月28日、大阪府吹田市の作業場で火災があり、施設(5534m^2)を全焼、6名が負傷した。《データ》負傷者6名、施設全焼、焼失面積5534m^2、被害額3億2978万3000円(消防庁・朝日新聞社調べ)

4.28 京都外国語大学生乱闘(大阪府大阪市)4月28日、大阪市で過激派の関係者どうしが乱闘し、京都外国語大学の革マル派の学生が死亡した。《データ》死者1名

5.13 千日前デパートビル火災(大阪府大阪市南区)5月13日午後10時27分頃、大阪市南区難波新地の雑居ビル千日前デパートビルで3階の衣料品売場付近から出火し、鉄筋コンクリート地上7階、地下1階建の同ビルの2階から4階まで(8763m^2)を全焼、最上階のアルバイトサロンプレイタウンの女性従業員や来店客ら118名が有毒な煙に巻かれたり地面に飛び降りたりして死亡、消防士4名を含む81名が負傷した。原因は火元階で電気関係の作業をしていた担当者によるタバコの火の不始末だが、火災発生後、避難誘導の遅れや非常階段の扉への施錠、救助袋の使用法、新建材の危険性など防火対策上のさまざまな欠陥も指摘された(昭和48年2月19日に遺族の一部が損害賠償を求めて提訴)。《データ》死者118名、負傷者81名、半焼店舗1棟、焼失面積8763m^2、被害額16億4969万3000円(消防庁・朝日新聞社調べ)

5.15 製紙工場煙突建設現場転落死(大阪府大阪市西淀川区)5月15日、大阪市西淀川区の大阪製紙工場の敷地内で高さ約42mの煙突建設現場から作業員4名が転落、死亡した。《データ》死者4名(労働省調べ)

5.28~30 日雇い労働者騒擾(大阪府大阪市西成区)5月28日から30日にかけて、大阪市西成区の愛隣地区(通称釜ヶ崎)で日雇い労働者約2000名が手配師の指図に不満を抱き、近くの車に放火するなどして騒いだ。

6.1 光化学スモッグ被害(大阪府)6月1日、大阪府の10市で光化学スモッグが発生し、教職員や児童、生徒ら517名が眼や咽喉の痛みなどの症状を訴えた。同府では47年、光化学スモッグにより住民らのべ約1600名が被害を訴えた。《データ》患者517名

7.17 バス・トラック衝突(大阪府吹田市)7月17日、路線バスが大阪府吹田市藤白台の府道千里2号線の交差点で右折の際、トラックと衝突し、乗員、乗客ら5名が死亡、14名が重軽傷を負った。《データ》死者5名、重軽傷者14名、車両衝突(警察庁調べ)

9.4 派出所爆破(大阪府大阪市)9月4日、大阪市の派出所で空き缶に仕掛けてあった時限式爆弾が爆発し、警察官1名が負傷した。《データ》負傷者1名

9.16 工場火災(大阪府和泉市)9月16日、大阪府和泉市の工場で火災があり、同工場(8144m^2)を全焼、1名が死亡、1名が負傷した。《データ》死者1名、負傷者1名、工場全焼、焼失面積8144m^2、被害額5億円(消防庁・朝日新聞社調べ)

10.1 風船爆発(大阪府大阪市)10月1日、大阪市で風船数百個が突然爆発し、高等学校生や小学生ら11名が負傷した。《データ》負傷者11名

10.21 日立造船タンカー発火(大阪府堺市)10月21日、大阪府堺市築港の日立造船築港工場堺分工場でタンカーの溶接中に、火花が引火。作業員1名が死亡、10名が負傷した。《データ》死者1名、負傷者10名(労働省調べ)

この年 青酸化合物汚染(大阪府)この年、大阪府八尾および東大阪、大東市を南北に流れる恩智川で流域の工場の廃液に含まれる高濃度の青酸化合物による汚染が深刻化した(同7月29日に環境庁が全国の河川および湖沼、海域の汚染実態調査の結

大阪府(1972年)

果として発表)。
- **この年 砒素汚染**（大阪府）この年、大阪府河内長野および富田林、羽曳野、柏原市を南北に流れる石川で流域の工場の廃液に含まれる高濃度の砒素による汚染が深刻化した(同7月29日に環境庁が全国の河川および湖沼、海域の汚染実態調査の結果として発表)。
- **この頃〜 大気汚染**（大阪府大阪市西淀川区）47年頃から、大阪市西淀川区で住民多数が阪神高速道路を利用する車両の排気ガスや工場の排出する煤煙などにより肺や気管支など呼吸器系の疾患にかかった(53年4月、患者112名が国と阪神高速道路公団、関係企業に汚染物質の排出差止めを求めて提訴)。《データ》患者多数

1973年(昭和48年)

- **1.20 東亜ペイント工場爆発**（大阪府大阪市此花区）1月20日、大阪市此花区の東亜ペイント大阪工場でアクリル製造工程の酢酸ビニル重合器が異常反応により引火し、爆発。従業員ら104名が重軽傷を負い、工場(1520m^2)を全焼した。《データ》重軽傷者104名、工場火災、焼失面積1520m^2、被害額1億4330万3000円(労働省・消防庁・朝日新聞社調べ)
- **2.4 住宅爆破**（大阪府大阪市東住吉区）2月4日、大阪市東住吉区の私立高等学校教諭の自宅でパチンコ玉と火薬を詰めた爆発物が爆発した(同15日に勤務校の卒業生ら3名を逮捕)。
- **2.21 新幹線回送列車脱線**（大阪府大阪市）2月21日午後5時53分、東海道・山陽新幹線のひかり号(16両編成)が鳥飼車両基地から新大阪駅へ回送され、時速65kmで引込み線から下り線へ入る直前、大阪運転所の転轍器付近で脱線し、乗務員に死傷者はなかったが、上下線の列車43本が立往生した(翌日午前11時過ぎに復旧)。新幹線の車両脱線は開業以来初めてで、原因は自動列車制御装置(ATC)に異常が起こった疑いもある(3月10日まで国鉄事故調査委員会が原因調査を実施し、絶対停止区間の線路に塗ってあった摩耗防止用の油ですべり、脱線現場に突っ込んだためと発表)。《データ》車両脱線(運輸省・朝日新聞社調べ)
- **3.30 ゼネラル石油製油所爆発**（大阪府堺市）3月30日、大阪府堺市のゼネラル石油精製堺製油所で重油脱硫装置が引火、爆発したが、従業員に死傷者はなかった。《データ》工場損壊(労働省調べ)
- **4.5 東和アルミ工業工場爆発**（大阪府大阪市）4月5日、大阪市の東和アルミ工業所で爆発が発生し、工場周辺の家屋19棟の窓ガラスなどが壊れ、従業員ら41名が負傷した。《データ》負傷者41名、損壊家屋19棟(労働省・朝日新聞社調べ)
- **8月〜10月 光化学スモッグ被害**（大阪府・兵庫県）8月から10月にかけて、大阪府と兵庫県とで光化学スモッグがあいついで発生し、住民のうち大阪府で3000名以上、兵庫県で985名がそれぞれ眼や咽喉の痛みなどの症状を訴えたほか、8月11日には大阪府でオキシダント濃度が0.3ppmを超え、同府初の光化学スモッグ警報が発令された。《データ》患者3985名以上(10月31日現在)
- **8.23 興亜石油槽所爆発**（大阪府高石市）8月23日、大阪府高石市の興亜石油大阪油槽所で加熱炉が爆発したが、従業員に死傷者はなかった。《データ》工場損壊(労働省調べ)
- **9.16 大阪石油化学工場配管破損**（大阪府高石市）9月16日、大阪府高石市の大阪石油

化学泉北工業所でナフサ分解炉の配管が壊れ、炉内から黒煙が噴出したが、従業員に死傷者はなかった。《データ》工場破損(労働省調べ)
- **9.19 アルコール中毒症患者猟銃乱射**(大阪府大阪市)9月19日、大阪市でアルコール中毒症の男性患者が猟銃を乱射し、通行人ら6名が死亡した。《データ》死傷者6名
- **9.25 西武百貨店火災**(大阪府高槻市)9月25日、大阪府高槻市の西武百貨店で火災が発生し、店舗1棟(3万4647m^2)を全焼、6名が死亡、14名が負傷した。同店は開店4日前で、原因は警備員による放火。《データ》死者6名、負傷者14名、全焼店舗1棟、焼失面積3万4647m^2(労働省・消防庁・朝日新聞社調べ)
- **11.5 修学旅行バス・小型乗用車多重追突**(大阪府吹田市)11月5日、修学旅行バスが大阪府吹田市の名神高速道路の千里山トンネルで交通渋滞のため停止したところ、後続のバスが追突。続けてバスや小型乗用車4台も現場に突っ込み、乗員、乗客ら35名が負傷した。《データ》負傷者35名、車両6台衝突(警察庁調べ)
- **12.8 松下電器産業工場火災**(大阪府門真市)12月8日午後1時50分頃、大阪府門真市の松下電器産業の門真工場で倉庫から出火し、鉄骨2階建の工場と倉庫(1万5600m^2)、製品のカラーテレビ1万台を全焼したが、死傷者はなかった。原因は建築業者が改装作業に使っていたガス切断機の火花の飛び火。《データ》全焼工場ほか2棟、焼失面積1万5600m^2(消防庁調べ)、被害額(製品のみ)約7億円
- **12.26 関西本線普通電車脱線**(大阪府大阪市東住吉区)12月26日、関西本線の湊町発奈良行き普通電車(6両編成)が平野駅構内の転轍器付近で6両とも脱線後、線路沿いに約200m走って先頭車両が転覆し、乗務員や乗客約240名のうち通勤客ら3名が死亡、19名が重傷を、113名が軽傷を負った。原因は機関士の速度超過。《データ》死者3名、重軽傷者132名、車両5両脱線、車両1両転覆(運輸省・朝日新聞社調べ)

1974年(昭和49年)

- **1.7 日雇い労働者騒擾**(大阪府大阪市西成区)1月7日、大阪市西成区の愛隣地区(通称釜ヶ崎)で日雇い労働者多数が投石を繰り返して騒いだ。
- **1.29 スーパーニチイ火災**(大阪府大阪市生野区)1月29日午後3時50分頃、大阪府大阪市生野区のスーパー「ニチイ」生野店の2階から出火。地上4階地下1階建ての2階から4階部分延べ850m^{2}を全焼したが、定休日であったため客はおらず、消防士1名が負傷。48年秋から京阪神出スーパー火災が続いていたが、とくに「ニチイ」は、豊中、京都・伏見、同河原町、岸和田店などで計8回にのぼった。その後犯人と見られる女性が捕まり、不審火はおさまった。《データ》焼失面積約850m^2
- **2.18 近鉄上本町駅爆破**(大阪府大阪市天王寺区)2月18日未明、大阪市天王寺区の近畿日本鉄道上本町駅構内でコインロッカーに入れてあった時限式爆弾が爆発した(同3月13日に犯人の兄弟逮捕)。《データ》駅舎破損
- **3.17 近鉄百貨店爆破**(大阪府大阪市阿倍野区)3月17日、大阪市阿倍野区の近鉄百貨店7階催し物会場で時限式爆弾が爆発した。また、4月7日には天王寺区の近鉄百貨店で自家製の懐中電灯爆弾を発見、回収し、近くの派出所で調べていたところ突然爆発、警察官6名が重軽傷を負った(9月26日に犯人の中学生逮捕)。《データ》重軽傷者6名
- **4月〜8月 光化学スモッグ被害**(大阪府・兵庫県)4月から8月にかけて、大阪府と兵庫県とで光化学スモッグが発生、特に6月末までに13回を記録した。

大阪府(1974年)

- 8.2 落雷（大阪府）8月2日、近畿地方の各地に雷が落ち、大阪府のゴルフ場で3名が死亡した。《データ》死者3名
- 11.7 プロパンガス爆発（大阪府泉佐野市）11月7日朝、大阪府泉佐野市の鉄筋4階建ての市営住宅2階でプロパンガスが爆発、火柱が3、4階を突き抜け3戸全焼。5名が死亡、20名が重軽傷を負った。《データ》死者5名、重軽傷者20名、全焼3戸
- 11.12 国鉄自動列車制御装置故障（大阪府大阪市東淀川区）11月12日、国鉄新大阪駅で東海道・山陽新幹線の自動列車制御装置(ATC)が故障し、列車の運休や遅延が2日後まで続いた。
- この頃 日本工業検査高校生被曝（大阪府大阪市）49年頃、大阪市の日本工業検査大阪営業所が高等学校の生徒数名をアルバイトに雇い、生徒が許容値を超える放射線を浴びた(53年2月24日、大阪地方裁判所が企業に慰謝料などの支払いを命令)。《データ》被曝者数名

1975年(昭和50年)

- 1.20 溶解炉爆発（大阪府八尾市）1月20日、大阪府八尾市の軽金属工業で火災消化作業中に溶解炉が爆発、負傷者18名。《データ》負傷者18名
- 3.10 千成ホテル火災（大阪府大阪市西成区）3月10日、大阪市西成区の愛隣地区(通称釜ヶ崎)の簡易宿泊施設千成ホテル(1501m²)で火災が発生し、宿泊者の日雇い労働者4名が死亡、61名が重軽傷を負った。《データ》死者4名、重軽傷者61名、建物火災、被害額9947万円
- 3.31 三井東圧化学工場爆発（大阪府高石市）3月31日、泉北工業地域にある大阪府高石市の三井東圧化学工場でガスフィルターが爆発した。
- 6.4 過激派関係者乱闘（大阪府大阪市）6月4日、過激派の対立分派の構成員どうしが大阪市の大阪市立大学構内で乱闘し、うち2名が死亡した。《データ》死者2名
- 9.13 国道2号線陥没（大阪府大阪市）9月13日夕方、大阪市北区曽根崎上4丁目で大阪市が建設中の大阪駅前市街地改造第2棟ビルの地下4階工事現場で、突然多量の地下水が噴出した。この影響で同ビル南側の国道2号の路盤が40m四方にわたって1.46mもじわじわと陥没し、国道沿いの16棟29店舗が傾くなど被害があった。《データ》道路陥没、建物16棟傾く
- 11.21 三井物産ビル爆破（大阪府大阪市北区）11月21日午後7時10分頃、大阪市北区中之島の三井物産ビル1階西側の共同駐車場でビニール製ショッピングバッグに入れてあった消火器型の時限式爆弾が爆発、同ビル10階までの各階と南隣のビルの窓ガラスが割れ、現場でショッピングバッグを調べていた警備担当者2名が負傷した(発生後、革命戦線協議会が犯行を内部発表)。《データ》負傷者2名、破損建物2棟

1976年(昭和51年)

- 3.26 鉄線製造工場塩素ガス漏出（大阪府東大阪市）3月26日、大阪府東大阪市の住宅密集地域にある鉄線製造工場から高濃度の塩素ガスが漏れ、従業員や工場周辺の住民ら100名以上が中毒症状を訴えた。《データ》中毒者100名以上
- 8.16 店舗住宅火災（大阪府門真市）8月16日、大阪府門真市の店舗住宅から出火し、4名が焼死した。焼失面積は218m²、1149万円の損害。《データ》死者
- 10月 公害病認定患者増加（大阪市）10月末までに、大阪市の公害認定患者は累計1万5043名に達し、全国一の公害都市に。うち死者は398名。《データ》公害認定患者1

万5043名(死者398名)

11.4 自由民主党本部火炎瓶投入（東京都千代田区・愛知県名古屋市・大阪府大阪市）11月4日、東京都千代田区永田町の自由民主党本部と大阪、名古屋市の同党府県連合本部に火炎瓶が投げ込まれた。

この年 大気汚染（大阪府）この年の大阪府公害白書によると、二酸化窒素の量は50年度より増加しているとのこと。

1977年(昭和52年)

1.26 店舗火災（大阪府大阪市）1月26日、大阪府大阪市で店舗火災、5名が焼死した。
《データ》焼死者5名、被害額1667万円

2.21 東急観光営業所爆破（大阪府大阪市北区）2月21日午前10時30分頃、大阪市北区堂島中のビル2階にある東急観光梅田営業所のエレベーター前付近で塩素酸塩系の農薬を詰めた消火器型の時限式爆弾が爆発し、扉や天井などが損壊、4名が軽傷を負った。過激派の爆弾事件とみられる。《データ》軽傷者4名、建物損壊

3.15 浄水場酸欠（大阪府羽曳野市）3月15日、大阪府羽曳野市の浄水場で酸欠のため6名が死亡、1名が負傷した。《データ》死者6名、負傷者1名

6.2 観光バス衝突（大阪府吹田市）6月2日、長崎市の観光バスが大阪府吹田市の名神高速道路で中央分離帯へ突っ込んでガードレールに激突し、車体は半回転、乗客46名と乗務員とのうち4名が死亡、36名が重軽傷を負い、直後に対向車線のライトバンが壊れたガードレールに接触し、運転者ら2名が軽傷を負った。原因は観光バスによる降雨のなかでの無謀な追越し運転。《データ》死者4名、重軽傷者38名、車両1台衝突、車両1台接触

6.24 建設作業員宿舎火災（大阪府大阪市大正区）6月24日午前1時、大阪府大阪市大正区三軒家東の柳井建設宿舎で火災が発生し、11棟592m²を焼き、建設作業員12名が焼死した。《データ》焼死者12名

7.10 集団食中毒（大阪府大阪市港区）7月10日、大阪市港区の家具展示即売会場で来場客のうち1500名が主催者の用意した弁当を食べて食中毒にかかり、うち症状の比較的重い394名が入院した。《データ》患者1500名

10月 公害病認定患者（大阪府大阪市）10月末で、公害病認定患者の累計が2万74名に達し、このうち死亡は752名。《データ》公害病認定患者の累計が2万74名、死者752名

10.28 大阪高裁長官官舎爆破未遂（大阪府豊中市）10月28日朝、大阪府豊中市曽根東町の大阪高等裁判所長官(当時)の官舎の生け垣付近にガソリンをポリタンクに入れた時限式発火装置のおいてあるのが発見された。

この年 水質汚染（大阪府）この年の大阪府公害白書によると、大阪湾奥部の水質は環境基準を越え、赤潮の発生回数も増えているとのこと。

この頃 血糖降下剤被害（大阪府）52年頃、大阪府で患者が血糖降下剤の副作用による障害にかかった(52年2月25日、大阪地方裁判所が医師に損害賠償の支払いを命令)。

1978年(昭和53年)

6.2 日本航空機しりもち着陸（大阪府大阪空港）6月2日午後3時ころ、大阪空港で羽田発の日本航空のジャンボ機が着陸しようとしたところ、一度接地したあとバウンドし再度尾部をひきずって接地するしりもち着陸をし、375名の乗客の内2名が

大阪府(1978年)

ショックで病院に運ばれるなどした。《データ》2名入院
- **6.2 貨物列車・ディーゼル機関車衝突**（大阪府摂津市）6月2日、東海道本線の下り貨物列車が吹田操車場構内の引込み線付近で入換え作業用のディーゼル機関車と正面衝突し、貨車13両が脱線、うち11両が転覆、機関車も前部が壊れて現場から逆方向へ約0.1km走った地点で脱線、双方の機関士が軽傷を負った。原因は機関車の誘導担当係員による停止信号の見落し。《データ》軽傷者2名、車両3両脱線、車両11両転覆
- **7月 落雷**（京都府・大阪府）9日、京都府和束町で落雷、1名が死亡。大阪府木曽川の公園で野球中に感電死。《データ》死者2名
- **7月 ぜん息薬中毒**（大阪府）7月はじめごろ、市販されているぜん息薬を乱用した結果、主成分のエフェドリンによって中毒、精神病にかかった人が関西医大精神科で3名発見された。《データ》精神病発病3名
- **9.15 化学工場ガス爆発**（大阪府枚方市）9月15日、大阪府枚方市の化学工場でフランジから漏れたガスの爆発事故があり、1名死亡、27名が負傷した。《データ》死者1名、負傷者27名
- **11.11 日本航空機破損**（大阪府大阪空港）11月11日午前8時ころ大阪空港で羽田発の日本航空ボーイング747型機が、着陸時に右主翼外側のフラップが脱落しかけ、500名の乗客をヒヤリとさせた。
- **この年 公害病**（大阪府）10月に2万人を超えた公害病認定患者は53年も漸増し、いぜん2万人ペースを続ける。《データ》公害病認定患者2万名以上
- **この年 赤潮発生**（大阪府・兵庫県）この年、兵庫県寄りの大阪湾で赤潮が発生した。

1979年(昭和54年)

- **1.14 名神高速道路玉突き事故**（大阪府高槻市）1月14日、大阪府高槻市の名神高速道路梶原第一トンネル内上り線で3台の観光バスのうち最後尾3号車が直前で停止した2号車、1号車に次々に追突、2号車、1号車も前の乗用車に追突した。3台のバスには宗教団体の信者ら約180名が乗っていたが、老人、子供ら計69名が1ヶ月から1週間の重軽傷を負った。《データ》重軽傷者69名
- **5.21 作業場火災**（大阪府大阪市安部野区）5月21日午後2時ごろ、大阪市安部野区美章園のゴム会社1階倉庫付近から出火、同社ビル延べ468m^{2}を全焼、約15分後に鎮火。同社社長、従業員ら計7名が充満した有毒ガスと酸欠のため焼死した。損害額は2500万円。《データ》死者7名、焼失面積468m^2、被害額2500万円
- **5.21 ビル火災**（大阪府大阪市阿倍野区）5月21日、大阪市阿倍野区のウレタン製品加工会社で火災が発生、鉄筋三階建ての社屋を全焼、二階事務所にいた社長と従業員、リフトの修理にきていた作業員の計7人が焼死した。《データ》死者7名、ビル全焼
- **6.1 YS11機誘導路脱線**（大阪府大阪空港）6月1日、全日空機が大阪空港で誘導路を脱線した。乗客にけが人はなかった。YS11機の異常運航が多かったため論議をよんだ。
- **7.25 大型ダンプカー・電車衝突**（大阪府）7月25日、私鉄南海電鉄阪堺線大小路・花田口駅間で、電車と大型ダンプカーが衝突し、10名が負傷した。《データ》負傷者10名
- **10.8 バス追突**（大阪府高槻市）10月8日、大阪府高槻市の名神高速道路梶原第一トンネル内で、観光バスが渋滞で停止した前の同じ会社の観光バスに追突、ぶっつけられたバスはさらに前のトラックに追突した。2台の観光バスは、東大阪市にある

幼稚園が京都桃山城へ遠足に行くための貸切バスで、事故にあったバスは園児につきそってきた母親や幼児ら88人が乗っており、うち81人がムチ打ちなど3日から1週間のけがをした。園児たちは別のバスに乗っていたので事故にあわなかった。《データ》負傷者81名

12.8 トラック・回送電車衝突（大阪府堺市）12月8日、大阪府堺市の阪和線百舌駅構内の踏切で、回送電車と大型トラックが衝突、踏切を渡っていた主婦ら2人がこの衝突に巻き込まれて即死。原因は踏切警手が回送電車の接近に気づかず遮断機を降ろさなかったため。《データ》死者2名

1980年(昭和55年)

2.20 京阪電車脱線（大阪府枚方市）2月20日、大阪府枚方市で京阪電車の急行が、中学生が線路に置いた石に乗り上げ脱線し、転覆、一両目が民家に突っ込み、運転士と乗客50名が重軽傷を負った。《データ》重軽傷者50名

9.20 航空事故（大阪〜ホノルル）9月20日、大阪からホノルルに向かっていた日航ジャンボ機が乱気流に巻き込まれ、7名が重軽傷を負った。《データ》重軽傷者7名

12.6 自動車修理工場爆発（大阪府大阪市北区）12月6日午後2時20分ころ、大阪市北区の自動車修理工場が爆発、1名が意識不明の重体(翌日死亡)、5名が重軽傷を負った。原因はガソリンタンクを開けたままエンジンをかけたため気化したガソリンにモーターの火花が引火したものとみられる。《データ》死者1名、負傷者5名

この年 騒音・大気汚染（大阪府）大阪府、大阪市が53年に扱った苦情件数は8641件で、騒音2315件、大気汚染1719件、悪臭539件、水質汚濁475件、振動429件など。53年3月に大阪地域公害防止計画再策定。

1981年(昭和56年)

3.1 関西線タルミ事故（大阪府）3月1日夕方、大阪の国鉄天王寺駅で、関西線の上り快速電車が信号機を確認しないで出発したため、駅構内の下り線に進入、約100m走って止まるという事故が起こった。この事故でポイントが破損、上下58本が運休した。また、八尾市でも同様のタルミ事故が発生していた。《データ》ポイント破損、運休58本

6.2 観光バス追突（大阪府）6月2日午前9時30分、大阪の名神高速道路の梶原第一トンネル内の入り口付近で、観光バスの後方にいたバスが追突、エンジン部分から火を噴いたが、すくに鎮火した。この追突でバスに乗っていた43人が負傷した。《データ》負傷者43名

9.8 食中毒（大阪府大阪市北区中之島）9月8日に大阪府大阪市北区中之島のホテルで開かれた立食パーティーに出席した人の一部が、下痢や発熱、嘔吐などの症状を訴え、12日までに42人が食中毒になったが、いずれも症状が軽く入院した人はいなかった。《データ》食中毒者42名

1982年(昭和57年)

1.6 第10ジャパン丸火災（大阪府大阪市此花区）1月6日午前8時30分、大阪府大阪市此花区の大阪港の岸壁で、接岸中の廃棄物排出船第10ジャパン丸からけむりが出ているのを近くに停泊中のタグボートが見つけた。巡視艇と消防艇が出動し約1時間後に消火したが、船長と作業員の2人が焼死した。《データ》死者2名

大阪府(1982年)

- **1.29 国鉄阪和線快速電車衝突**（大阪市天王寺区）1月29日午前8時21分ごろ、大阪市天王寺区の国鉄阪和線天王寺駅で、和歌山発天王寺行き快速電車(6両編成)が停止線を通り越して車止めに激突して脱線、満員の乗客が将棋倒しとなり、乗客、乗員27人がけがをした。国鉄の調べでは、運転していたのは乗務を始めて3カ月の見習い運転士で、ブレーキをかけ遅れた。《データ》負傷者27名
- **1.30 マンション火災**（大阪府大阪市南区竹屋町）1月30日午前1時30分頃、大阪府大阪市南区竹屋町のマンションの一室から出火、2DK30m^{2}のうち寝室など20m^{2}を焼いた。この火事で、子供3人が焼死した。《データ》死者3名、焼失面積20m^2
- **3.13 透析機障害**（大阪府）3月13日、大阪府などの病院で血液透析療法を受けていたじん不全患者に目の障害がおきている疑いがあり、全国で調査したところ100人以上いた。原因は不明。《データ》患者100名
- **7.18 離陸ミス**（大阪府）7月18日、成田発大阪経由マニラ行き747便DC10機(乗員乗客207人)が、大阪空港を離陸する際、胴体尾部を滑走路にこすった。訓練教官でもある機長がフラップを下げ忘れるという初歩的ミスが原因で、そのままマニラまで飛んだことも問題だとされた。
- **8.22 ダイセル化学工業爆発**（大阪府堺市）8月22日午後5時30分ごろ、大阪・堺市のダイセル化学工業で化学反応タンクが爆発、工場は骨組みを残して吹き飛び、現場から500m内の病院、住宅の窓ガラスも割れた。従業員4人が死亡、周辺住民を含む206人が負傷した。《データ》死者4名、負傷者206名

1983年(昭和58年)

- **5.9 店舗火災**（大阪府大阪市東区小橋）5月9日午前8時ごろ、大阪府大阪市東区小橋の店舗で火災が発生、木造2階建て70m^{2}と、隣接の店舗など4棟150m^{2}を全半焼、1人が焼死した。《データ》死者1名、全半焼4棟、焼失面積150m^2
- **7.4 セスナ機墜落**（大阪府松原市宅中）7月4日午後2時8分、大阪府松原市宅中の住宅密集地にセスナ機が墜落、2人が死亡した。《データ》死者2名、セスナ機1機墜落
- **7.29 日興石油化学工場火災**（大阪府大阪市淀川区）7月29日午前9時40分、大阪府大阪市淀川区の日興石油化学の工場から出火、工場の建物144m^{2}を全焼、さらに工場敷地内にある廃油のドラム缶200本が爆発した。この火災で従業員1人が死亡した。《データ》死者1名、焼失面積144m^2
- **11.1 輸入スッポンコレラ汚染**（大阪府）11月1日、大阪空港に到着した台湾産輸入スッポンからコレラ菌(エルトール稲葉型)が検出され、240kg(300匹)を焼却処分にすることにした。《データ》産輸入スッポン240kg焼却
- **12.5 ゴミ回収車事故**（大阪府門真市深田町）12月5日午後9時5分、大阪府門真市深田町の門真第一清掃工場の焼却炉灰捨て場に焼死体があるのを社員らがみつけた。この職員は1人でゴミを回収に行ったまま戻らずに、ごみ回収車を残して行方不明になっていた。通常は2人で回収作業を行うが、この日は1人が休んでいたため、1人で作業をしている最中にゴミの機械に巻き込まれたらしい。《データ》死者1名
- **12.19 野犬襲撃**（大阪府枚方市春日）12月19日午後、大阪府枚方市春日で、子ども2人が野犬に襲われ、うち1人は逃げ出したが、残った1人が全身をかまれて死亡した。《データ》死者1名
- **12.21 マンション火災**（大阪府大阪市浪速区）12月21日午前4時10分、大阪府大阪市浪

速区のマンションで火災が発生、2LDK50m²を焼いて1時間後に消えたが、発生した煙が上の階の部屋に流れ込み2人が死亡、1人が一酸化炭素中毒になった。《データ》死者2名、中毒患者1名

1984年(昭和59年)

1.6 ビジネスホテル火災（大阪府大阪市東淀川区）1月6日午前2時ごろ、大阪府大阪市東淀川区のビジネスホテルで火災が発生、ホテルの一部20m²が焼けたが、宿泊客50人は全員避難して無事だった。《データ》焼失面積20m²

1.10 輸入スッポンコレラ汚染（大阪府）1月10日、大阪空港で、台湾から輸入されたスッポンからコレラ菌が検出されたため、このスッポンを焼却処分した。このコレラ菌に汚染されたスッポンは昨年秋以降増え、今回の焼却で2.4トンにのぼっている。

2.8 大阪駅前第一ビル火災（大阪府大阪市）2月8日午前10時50分、大阪府大阪市北区梅田の大阪駅前第一ビルで火災が発生、出火と同時に黒煙が上がり付近一帯を煙で包み込んだ。原因は屋上のクーリングタワー付近で溶接工事をしていることから火花が引火したらしい。なお大阪駅周辺は混乱はしたがけが人はでなかった。

4.5 大阪駅前ビルエレベーター停止（大阪府大阪市北区梅田）4月5日午後0時50分、大阪府大阪市北区梅田の大阪駅前ビルで、3階から34階が停電し、16基のエレベーターが突然止まった。間もなく自家用発電に切り替えすぐに復旧したが、高層用エレベーター4基が途中の階でとまったため、復旧に1時間かかり、20人が閉じこめられたままになった。

7.26 クレーン車台車暴走（大阪府東大阪市豊浦町）7月26日午前2時45分、大阪府東大阪市豊浦町の近鉄奈良線で、クレーン車を乗せて走っていた台車のブレーキがきかなくなり、作業車に追突して止まった。この事故で、3人が死亡、5人重軽傷を負った。《データ》死者3名、重軽傷者5名

10.8 陸上自衛隊駐屯地火炎瓶投入（大阪府八尾市）10月8日午前8時10分、大阪府八尾市の陸上自衛隊八尾駐屯地で、ビール瓶で作った火炎瓶6本が投げ込まれたが、いずれも不発で被害はなかった。

10.31 コレラ患者（東京都・秋田県・滋賀県・福島県・京都府・大阪府・千葉県）10月31日、台湾ツアー帰りの観光客のコレラ患者は21人となった。患者は東京都で6人、秋田県、滋賀県で各4人、福島県で3人、京都府で2人、大阪府と千葉県で各1人。《データ》コレラ患者21名

1985年(昭和60年)

1.8 住宅火災（大阪府大阪市生野区中川東）1月8日午後8時ごろ、大阪市生野区中川東の住宅で出火、木造2階建て100m²を全焼し、5人が焼死した。現場には油をまいたあとがあることから無理心中を図ったものとみられる。《データ》死者5名、焼失面積100m²

10.24 東亜国内航空機・全日空機接触（大阪府大阪空港）10月24日午後5時34分ごろ、大阪空港で、着陸後に誘導道で止まっていた東亜国内航空の徳島発大阪行きYS11機と、離陸のため滑走路に向かっていた全日空の大阪発高知行きYS11機が接触、双方の機体の一部が壊れたが、けが人はなかった。

11.20 従業員寮火災（大阪府大阪市生野区）11月20日午前3時ごろ、大阪市生野区の塩

大阪府(1985年)

化ビニール製造業遠山化成工業所の倉庫兼従業員寮付近で火災が発生、周りの住宅2棟を含む320m²が焼け、5名が焼死した。原因は放火によるもので、生野、天王寺両区で連続7件発生していた。《データ》死者5名、焼失面積320m²

11.20 連続放火（大阪府大阪市）11月20日未明、大阪府大阪市生野、天王寺区で7件の連続放火があり、うち生野区のプラスチック工場の従業員寮で4人が死亡、1人が負傷した。大阪では18日から異常乾燥注意報がでており、火の回りが早かった。《データ》死者4名

12.1 連続放火（大阪府大阪市）12月1日未明、大阪府大阪市生野、天王寺区で5件の連続放火があり、飲食店の男性1人が死亡、2人が負傷した。この地区では11月20日にも連続放火で4人が死亡したばかりだった。《データ》死者1名、負傷者2名

1986年(昭和61年)

1.7 乗用車衝突（大阪府池田市豊島北）1月7日午前2時20分、大阪府池田市豊島北の中国自動車道の上り車線で、乗用車がガードレールに激突、約100m暴走して止まったが、乗用車の助手席にいた1人が車外に放り出されて死亡、3人が軽いけがをした。《データ》死者1名、負傷者3名

2.12 アパート火災（大阪府大阪市西成区）2月12日午前2時すぎ、大阪市西成区のアパート1階から出火、木造2階のアパート320m²を全焼、隣の病院の一部を焼いた。火元と見られる部屋から無職の女性と老人4人の焼死体が見つかった。《データ》死者5名、焼失面積320m²

2.12 アパート火災（大阪府大阪市西成区花園北）2月12日午前2時すぎ、大阪府大阪市西成区花園北のアパートから出火、木造2階建て320m²を全焼、お年寄り5人が逃げ遅れて焼死した。隣接には病院があり、一部が焼けるなどしたが、入院患者は全員無事だった。《データ》死者5名、焼失面積320m²

2.28 店舗火災（大阪府大阪市生野区）2月28日午前2時ごろ、大阪市生野区の居酒屋から出火、同店と2階の居宅部分計37m²を焼失した。店は閉店後で客はいなかったが、1と2階に寝ていた一家8人が煙に巻かれ、一酸化炭素中毒で死亡、2人が重傷を負った。《データ》死者8名、負傷者2名、焼失面積37m²

1987年(昭和62年)

9.21 トンネル火災（大阪府東大阪市上石切町）9月21日午後4時20分ごろ、東大阪市上石切町、近鉄東大阪線生駒トンネル(4737m)内で火災が発生、通過中の大阪港発生駒行き普通電車(6両編成)が立ち往生し、乗客約70人が車掌らの誘導でトンネル内を歩いて脱出したが、煙を吸って1人が死亡、48人が病院で手当てを受けた。《データ》死者1名、負傷者48名

1988年(昭和63年)

3.6 乗用車・ダンプカー衝突（大阪府堺市）3月6日午前7時5分ごろ、大阪府堺市の府道交差点で、右折していた乗用車と直進のダンプカーが衝突し、乗用車ははじき飛ばされてガードレールにぶつかり、大破し、乗用車に乗っていた同市草部地区のお年寄り4人が死亡、1人が重体となった。《データ》死者4名、重体1名

5.18 ソ連客船火災（大阪府大阪市大阪港）5月18日午前1時52分ごろ、大阪市の大阪港中央突堤に停泊中のソ連客船・プリアムーリエ(4870トン)の船腹中央付近から火が出ているのを、近くの倉庫会社のガードマンが発見、消防車33台、消防艇10隻

などで消火に当たったが、出火場所が最下部の客室で、階段が煙突状態になって燃えたため手間どり、17時間後にようやく鎮火した。船内をほぼ全焼、ソ連人の乗員、乗客424人のうち、11人が死亡、34人が重軽傷を負った。《データ》死者11名、負傷者34名

- **8.24 落雷**（大阪府寝屋川市）8月24日午前2時20分ごろ、大阪府寝屋川市の市立田井小学校の運動場に落雷、夏休みの水泳指導を受けて、下校しようとした6年生男子が直撃されて死亡、そばにいた2人が重軽傷を負った。急な激しい雷雨で水泳を中止して帰る途中で、左胸につけていた名札のピンに落雷した。《データ》死者1名、負傷者2名

- **8.31 工事用エレベーター落下**（大阪府大阪市曽根崎新地）8月31日午後1時15分ごろ、大阪市曽根崎新地のビル新築工事現場で、工事用エレベーターが4階部分から約20m下の地下2階に落下、乗っていた作業員7人のうち3人が死亡、4人が重軽傷を負った。箱の上にあるモーターで歯車を回し、側壁のレールとかみ合わせて昇降する仕組みで、箱がモーター部分からはずれたことが原因とみられる。《データ》死者3名、負傷者4名

- **9.28 エイズ患者死亡**（大阪府）9月28日未明、厚生省エイズサーベイランス委員会に今年の5月にエイズ患者と認定された大阪府内に入院中の男性が死亡した。エイズ患者の死亡確認は全国で51人目。《データ》死者1名

1989年(平成1年)

- **1.15 ガスタンク爆発**（大阪府堺市）1月15日午後10時ごろ、堺・泉北臨海コンビナートの大阪府堺市築港八幡町、新日本製鉄堺製鉄所のガスタンク（LDGホルダー）で爆発が起き、本体とホルダーを覆う建物が吹き飛んだほか、熱技術センター、実験室など3つの建物が半焼し、男性1人が左足を骨折した。《データ》負傷者1名、半焼3棟

- **2.16 ビル火災**（大阪府大阪市中央区）2月16日午前5時45分ごろ、大阪市中央区難波、福寿ビル1階の中華料理店の調理場付近から出火、最上階の6階まで燃え広がり、各階計約160m²が焼けた。男性2人、女性1人が焼死。《データ》死者3名、焼失面積160m²

- **2.26 一酸化炭素中毒**（大阪府交野市）2月26日午後5時20分ごろ、大阪府交野市森の山中に張られたテントの中で、母子3人が死んでいるのが見つかった。死後10日以上たっており、2日に夫婦げんかの末に子どもを連れて家出してテントで暮らすうち、暖をとっていた練炭の一酸化炭素中毒で死亡したらしい。《データ》死者3名

- **5.22 関西線電車・回送電車接触**（大阪府大阪市浪速区）5月22日午後6時10分ごろ、大阪市浪速区湊町のJR関西線湊町駅構内で、王寺発湊町行き電車と、隣の引き込み線の回送電車がすれ違い際に接触した。原因は線間距離を運輸省令の規定より狭い間隔にしていたため。

- **8.27 天王寺駅電車暴走**（大阪府大阪市天王寺区）8月27日午後2時18分ごろ、大阪府大阪市天王寺区悲田院町、JR天王寺駅阪和線4番ホームで、和歌山発天王寺行き快速電車が停止線を通り越して暴走、ホーム西端の車止めに衝突、衝撃で1両目の後部が2両目の車内にめり込み、車掌と乗客計31人が軽傷を負った。《データ》負傷者31名

- **10.22 乗用車転落**（大阪府大阪市港区）10月22日午後1時15分ごろ、大阪市港区海岸通の大阪港天保山岸壁から家族や親類の子どもら6人が乗った乗用車が安治川に転

大阪府(1989年)

落し、5人が水死した。原因はハンドル操作を誤ったため。《データ》死者5名
- **12.27 地下街火災**(大阪府大阪市北区)12月27日午前1時10分ごろ、大阪市北区梅田のJR大阪駅地下街西口付近の仮設店舗から出火、喫茶店とパン店、ドリンク剤販売店の3店舗計18m^{2}を焼き、通路内の天井や側壁の表面約220m^{2}を焦がした。通路内にいた警備員ら4人が軽い一酸化炭素中毒で入院した。《データ》負傷者4名、焼失面積18m^2

1990年(平成2年)

- **1.3 玉突き事故**(大阪府豊中市)1月3日午後11時20分ごろ、豊中市服部寿町の府道大阪内環状線で、乗用車同士が正面衝突、さらに乗用車3台が玉突き衝突した。男性1人が死亡、女性1人が重傷を負ったほか計6人がけがをした。原因は乗用車がセンターラインをオーバーしたため。《データ》死者1名、負傷者7名
- **1.6 ロック観客将棋倒し**(大阪府大阪市北区)1月6日午後8時ごろ、大阪府大阪市北区茶屋町のライブハウスで、ロックバンドの演奏中、ステージに詰めかけた観客の一部が将棋倒しになり、下敷きになった1人が死亡、数人が打撲など軽いけがをした。《データ》死者1名
- **1.10 アパート火災**(大阪府大阪市東住吉区)1月10日午前3時10分すぎ、大阪市東住吉区西今川で火災があり、木造2階建てアパート(20室)が半焼、男性1人が焼死、2人が軽傷を負った。《データ》死者1名、負傷者2名、半焼1棟
- **1.10 リフトにはさまれ従業員圧死**(大阪府大阪市東住吉区)1月10日午前9時20分ごろ、大阪市東住吉区今林、中央卸売市場東部市場にある大阪中央冷蔵冷蔵室内で、従業員男性が作業用リフトと壁とのすき間にはさまれて死亡した。《データ》死者1名
- **1.17 ワゴン車・乗用車衝突**(大阪府豊中市)1月17日午前2時25分ごろ、豊中市稲津町の国道176号交差点で、ワゴン車と乗用車が衝突、乗用車の女性1人が死亡、1人が重体、ワゴン車の男性が軽いけがをした。原因はワゴン車が対向車をよく確認せずに右折したため。《データ》死者1名、負傷者2名
- **1.20 倉庫火災**(大阪府大阪市東住吉区)1月20日午後6時ごろ、大阪市東住吉区針中野で火災があり、倉庫の2階部分と、隣の店舗、住宅などの一部が燃えた。倉庫のシャッター修理の溶接工事の熱か火花がもとで木の壁面が燃え出したとみられる。
- **1.23 枚方消防署火災**(大阪府枚方市)1月23日午後1時10分ごろ、枚方市大垣内の枚方消防署2階付近から出火、近隣の消防署などから消防車5、6台が出動、約10分後に消し止めた。この火災で仮眠室の一部が焼けたが、業務に大きな支障はなかった。
- **1.28 工場で作業員下敷き**(大阪府大阪市東成区)1月28日午後0時5分ごろ、大阪市東成区玉津、大日本印刷大阪工場第2工場内2階で、貼込丁合機(重さ約1t)を3階につり上げる作業中、つり上げ用チェーンを支えていたH形鋼が4階の床からはずれて落ち、1人が下敷きになり重傷、2人が肩や足にけがをした。《データ》負傷者3名
- **1.29 アパート火災**(大阪府大阪市住吉区)1月29日午前9時40分ごろ、大阪市住吉区苅田で火災があり、アパートの1、2階部分約200m^{2}が焼け、男性1人が焼死した。《データ》死者1名、焼失面積約200m^2
- **1.29 一酸化炭素中毒死**(大阪府大阪市西区)1月29日午後8時半ごろ、大阪市西区川口の住宅で、小学生が一酸化炭素中毒で死亡した。原因は室内のガスぶろ。《データ》死者1名

大阪府(1990年)

2.2 大阪ガス堺製造所廃液タンク火災（大阪府堺市）2月2日午後2時15分ごろ、堺市築港八幡町、堺泉北臨海コンビナートの大阪ガス堺製造所で火災があり、近く取り壊す予定の廃液貯蔵用鉄板製タンクの内側が焼けた。側壁に作業員が出入りする穴を開ける作業中だった。

2.3 化学工場火災（大阪府豊中市）2月3日午前10時半ごろ、豊中市上津島の芳香剤原料製造会社から出火、同作業場約150m^{2}が全焼、棟続きの製菓会社の商品倉庫計約430m^{2}と北隣の建設会社の従業員寮の一部が焼け、製菓会社で約5000万円分の洋菓子などが焼失。原因は原料のエチルアルコールに引火したため。《データ》焼失面積約580m^2、製菓約5000万円分

2.8 パチンコ店火災（大阪府富田林市）2月8日午後6時半ごろ、富田林市若松町西、パチンコ店で火災があり、2階従業員寮2室約45m^{2}が焼けた。出火当時、1階の店内に約170人の客がいたがけが人はなかった。原因は子どものライターでの火遊び。《データ》焼失面積約45m^2

2.9 軽乗用車標識柱に激突（大阪府松原市）2月9日午後8時20分ごろ、松原市三宅中の国道309号で、軽乗用車が道路わきの標識柱に激突、女性が死亡、2人が軽いけがを負った。《データ》死者1名、負傷者2名

2.10 倉庫火災（大阪府守口市）2月10日午後2時半ごろ、守口市寺方錦通で火災があり、工務店の倉庫兼作業場2棟約540m^{2}と東側の住宅会社の倉庫約190m^{2}が全焼。倉庫内にあった軽トラック用のタイヤ約1500本が燃えた。原因はドラム缶で廃材などを焼いていた火がそばの段ボールに燃え移ったため。《データ》全焼3棟、焼失面積約730m^2、タイヤ約1500本

2.22 三箇牧小学校全焼（大阪府高槻市）2月22日午前10時10分ごろ、高槻市三島江、市立三箇牧小学校で火災が発生、木造平屋の学童保育室兼倉庫延べ165m^{2}が全焼。出火当時2時間目の授業中だったが、児童900人は学校東側の淀川堤防上に避難し、けが人はなかった。《データ》焼失面積165m^2

2.27 フロンガス噴出（大阪府大阪市中央区）2月27日正午ごろ、大阪市中央区城見の日本電気関西ビル地下3階の機械室で、安全弁の点検作業中、噴き出したフロンガスを吸って1人が酸欠状態になり病院に入院した。《データ》負傷者1名

3.5 ガス爆発（大阪府門真市）3月5日午後4時ごろ、門真市千石東町、アパート2階で爆発が起きて出火、同アパート延べ約400m^{2}を全焼し、男性が約1カ月のやけどをした。男性が自殺しようとして漏れたガスに引火したとみられる。《データ》負傷者1名、全焼1棟、焼失面積延べ約400m^2

3.7 工場倉庫火災（大阪府大阪市生野区）3月7日午前2時15分ごろ、大阪市生野区巽中、岩村化学工業所の倉庫から出火、2階部分約10m^{2}と中にあったプラスチック原料など1トンが焼けた。火の気がないことから不審火とみられる。《データ》プラスチック原料1t

3.12 鉄板強風で飛ばされる（大阪府大阪市西区）3月12日午前10時ごろ、大阪府大阪市西区江戸堀で、ビルの窓ガラスに、飛んできた鉄板がぶつかり、窓ガラスが割れ、鉄板1枚が同ビルのベランダに、2枚が路上に落ちた。鉄板は長さ約4.4m、幅60cm、厚さ1mmで、重さは約30キロ、近くのビルから強風で吹き飛ばされてきたもの。

3.14 集団食中毒（大阪府四条畷市）3月14日、大阪府四条畷市の市立四条畷南中学校

大阪府(1990年)

で、卒業茶話会に参加した3年生101人と教職員6人の計107人が腹痛や下痢などの食中毒症状を訴えた。《データ》患者107名

3.16 タクシー・乗用車衝突 （大阪府大阪市中央区）3月16日午前5時15分ごろ、大阪市中央区船場中央の交差点で、乗用車とタクシーが衝突、乗用車は道路右側に駐車中のトラックに追突、炎上し、男性が焼死、3人がけがをした。《データ》死者1名、負傷者3名

3.19 山火事 （大阪府泉南郡岬町）3月19日午後0時半ごろ、大阪府泉南郡岬町多奈川東畑、大蛇谷池北側の雑木林から出火、約20haを焼いた。火は一時、風にあおられて南側の和歌山市木ノ本ニュータウンの近くまで迫った。《データ》焼失面積約20ha

3.20 製薬工場爆発 （大阪府大阪市旭区）3月20日午前10時10分ごろ、大阪市旭区高殿、菱山製薬城北工場C棟1階で散剤製造過程の電気乾燥機が爆発し、天井や外壁が吹き飛んで壊れた。爆風で従業員7人がやけどや軽いけがをした。《データ》負傷者7名

3.22 化学工場全焼 （大阪府枚方市）3月22日午後11時すぎ、枚方市招提田近、トーホー工業クズハ工場の2階部分から出火、同工場約1万700m^{2}を全焼した。《データ》焼失面積約1万700m^2

3.25 アパート火災 （大阪府門真市）3月25日午前3時ごろ、門真市常称寺町で火災があり、アパート二棟が全焼し、男性2人が焼死、2人が軽傷を負った。《データ》死者2名、負傷者2名、全焼2棟、焼失面積約540m^2

3.25 観客将棋倒し （大阪府大阪市東住吉区）3月25日午後2時半ごろ、大阪府大阪市東住吉区長居公園で、イベントを見物していた観客が、出入り口の扉に殺到、前列にいた人が将棋倒しとなり、5人が軽いけがをした。《データ》負傷者5名

4.2 プロパンガス爆発 （大阪府東大阪市）4月2日午前6時ごろ、東大阪市弥生町の平屋建て4戸棟割り賃貸住宅の中央付近が爆発音とともに燃え上がり、1戸が全焼、爆風で同住宅がほぼ全壊した。爆風で2人が全身やけどで重傷、2人が軽いけがをした。《データ》負傷者4名、全壊1棟

4.3 山火事 （大阪府箕面市）4月3日午前11時ごろ、箕面市如意谷付近の山林から出火、約1haが焼けた。《データ》山林約1ha焼失

4.11 貨物船・小型タンカー衝突 （大阪府大阪市住之江区）4月11日午前11時ごろ、大阪府大阪市住之江区の大阪南港岸壁付近で、給油中の小型タンカー「第10和栄丸」(121トン)に貨物船「すみりゅう丸」(499トン)が衝突、タンカーのタンクに亀裂が入り、残っていた約35klの重油の一部が流出した。《データ》重油約35kl流出

4.14 玉突き事故 （大阪府守口市）4月14日午後4時20分ごろ、守口市大日町の国道1号で、観光バスが渋滞で止まったトラックに追突、はずみで前方の乗用車に玉突き衝突し、さらに後方の観光バス2台も事故を避けようとして接触した。4人が首などに軽いけがをした。《データ》負傷者4名

4.14 ワゴン車・ごみ収集車追突 （大阪府大阪市鶴見区）4月14日午前2時20分ごろ、大阪市鶴見区緑の国道163号で、道路左側に停車していたごみ収集車にワゴン車が追突した。男性1人が全身を強く打って死亡、2人がけがをした。原因は酒気帯び運転。《データ》死者1名、負傷者2名

4.20 アパート全焼 （大阪府東大阪市）4月20日午前6時半ごろ、東大阪市高井田元町で火災があり、アパート延べ約240m^{2}が全焼した。《データ》全焼1棟、焼失面積約240m^2

5.5 プレハブ倒壊 （大阪府八尾市）5月5日午後1時20分ごろ、八尾市西高安町で、建築

140

大阪府(1990年)

中の鉄骨プレハブ造り2階建ての事務所兼倉庫が倒壊し、2階部分で壁張り作業をしていた建設作業員2人が下敷きになり、1人が死亡、1人が軽いけがをした。《データ》死者1名、負傷者1名

5.11～12 食中毒（大阪府池田市）5月11から12日にかけて、大阪府池田市の市立池田中学校の生徒など27人が腹痛や下痢などの食中毒症状を起こした。《データ》患者27名

5.12 トラック・市バス衝突（大阪府大阪市住之江区）5月12日午前7時半ごろ、大阪市住之江区南港東の市道交差点で、市営バスとトラックが出会い頭に衝突し、バス運転手がろっ骨を折って重傷、バスの乗客ら7人が軽いけがをした。原因はトラックが一時停止しなかったため。《データ》負傷者8名

5.13 東海道線機関車・電車衝突（大阪府大阪市淀川区）5月13日午後9時20分ごろ、大阪市淀川区木川東、JR東海道線宮原操車場構内ポイント付近で電気機関車1両が回送電車に衝突、電車の1両目が脱線して傾き、別の回送電車にも接触した。

5.18 工場火災（大阪府八尾市）5月18日午前3時50分ごろ、八尾市桂町のプラスチック加工業者作業所付近から出火、2階部分約200m²が焼け、女性が一酸化炭素中毒で死亡した。《データ》死者1名、焼失面積約200m²

5.19 オートバイ・軽トラと衝突（大阪府大阪市大正区）5月19日午前2時半ごろ、大阪市大正区小林東の府道交差点で、少年ら3人乗りのオートバイと軽トラックが衝突、5人が頭や足の骨を折り重傷を負った。《データ》負傷者5名

5.19 乗用車転落（大阪府大東市）5月19日午後11時30分ごろ、大東市竜間の府道大阪―生駒線(阪奈道路)で、乗用車がガードレールを越えて道路左側の谷底へ転落し、男性1人が死亡、2人が重傷を負った。《データ》死者1名、負傷者2名

5.22 圧延機出火（大阪府大阪市此花区）5月22日午後11時40分ごろ、大阪市此花区桜島、日新製鋼大阪製造所圧延工場内の圧延機から出火、冷却用の油が燃えて煙が工場内にたちこめた。圧延機の火花が油に引火したらしい。

5.29 阪奈道路追突事故（大阪府大東市）5月29日午前6時半ごろ、大東市中垣内の阪奈道路下り線で、4トントラックのブレーキがきかなくなり、前の乗用車など計14台の車に次々に衝突した。原因は下り坂でひんぱんにブレーキをかけたため、ブレーキがきかなくなったもの。

6.18 問屋街火災（大阪府大阪市中央区）6月18日午後5時半ごろ、大阪市中央区南本町、衣料品卸会社5階倉庫内から出火、天井など約20m²と約2400着（約2500万円相当）の商品が焼けた。《データ》被害額約2500万円

6.27 重油漏れ事故（大阪府大阪市大正区）6月27日午前9時半ごろ、大阪市大正区鶴町、出光興産大阪油槽所大阪配送センターで、タンカーから重油貯蔵タンクにA重油を給油中、約65klがあふれ出した。原因はタンクがいっぱいになってからも給油を続けたため。

6.27 ホテルで食中毒（大阪府大阪市北区）6月27日未明、大阪府大阪市北区梅田にあるホテルの宴会場などで食事をした宿泊客らが食中毒にかかり、25人が腹痛や下痢などの食中毒症状を訴え、うち9人が検査入院した。《データ》患者25名

7.21 自転車部品工場火災（大阪府堺市）7月21日午前11時20分ごろ、堺市野尻町、自転車部品製造会社の作業所1階付近から出火、1、2階の一部計約50m²と、製品入り段ボール箱などが焼けた。《データ》焼失面積約50m²

141

大阪府(1990年)

7.24 ゴンドラ転落 (大阪府大阪市西区) 7月24日午前10時45分ごろ、大阪市西区北堀江マルタカビルで、6階付近の窓ふき掃除をしていた作業員が、簡易式ゴンドラごと約15m下に転落、歩いていた女性にぶつかり、2人が重傷を負った。原因は屋上のロープがはずれたため。《データ》負傷者2名

7.27 倉庫火災 (大阪府守口市) 7月27日午前8時20分ごろ、守口市八雲中町、木製品加工会社の資材倉庫付近から出火、約860m^{2}が全焼。さらに南隣の自動車販売営業所の中古車5台が全焼、約40台が焦げ、男性が軽いやけどを負った。《データ》負傷者1名、焼失面積約860m^2、車両45台

7.27 循環器病センター発煙騒ぎ (大阪府吹田市) 7月27日午前9時半ごろ、吹田市の千里ニュータウン藤白台、国立循環器病センター1階放射線診療部の超高速X線CT装置から煙が出て、同診療部に充満し、外来患者約400人が避難した。

7.30 乗用車暴走 (大阪府堺市) 7月30日午前2時ごろ、堺市昭和通4丁の市道で、乗用車が駐車中の車に接触したあと対向車線を突っ切り、会社営業所の鉄製門柱に衝突して大破、女性が死亡、男性が重体となった。原因はスピードの出し過ぎ。《データ》死者1名、負傷者1名、車両1台大破

7.30 中学校理科室で爆発 (大阪府八尾市) 7月30日午前11時10分ごろ、八尾市清水町の同市立成法中学校の第2理科室で、化学クラブの花火をつくる実験中に爆発が起こり、4人がけがをした。《データ》負傷者4名

8.1 作業員圧死 (大阪府吹田市) 8月1日午後4時40分ごろ、吹田市豊津町のビル新築工事現場で、作業員2人が11階に停止したエレベーターボックスの上に乗って作業の下見をしていたところ、エレベーターが下がり始め、1人が降下し再び上昇してきたエレベーターと壁の間に挟まれて死亡した。《データ》死者1名

8.11 玉突き事故 (大阪府高槻市) 8月11日午前6時ごろ、高槻市宮が谷町、名神高速下り線の追い越し車線で、9トントラックが2トントラックに追突して中央分離帯に激突、さらに後続の車など計12台が3カ所で次々と追突事故を起こし、1人が大けがを負った。《データ》負傷者1名

8.19 ホテルでボヤ (大阪府大阪市北区) 8月19日午後8時50分ごろ、大阪市北区芝田にあるホテルの14階の1室から出火、室内のごみ箱が燃え、壁の一部を焦がした。約250人の宿泊客がいたが混乱はなかった。

8.31 プラスチック工場全焼 (大阪府堺市) 8月31日午前8時45分ごろ、堺市栖葉のプラスチック工場付近から出火、工場約80m^{2}が全焼した。《データ》全焼工場1棟、焼失面積約80m^2

8.31 商店街火災 (大阪府池田市) 8月31日午後1時20分ごろ、池田市栄本町で火災があり、呉服店の倉庫兼展示場120m^{2}と南隣の公衆浴場250m^{2}が全焼、2棟の一部が焼け、消防士が軽い一酸化炭素中毒にかかった。《データ》焼失面積370m^2

9.2 結婚式場で食中毒 (大阪府堺市) 9月2日、大阪府堺市市之町の結婚式場で、結婚披露宴に出席した計128人が腹痛や下痢などの食中毒症状を起こした。《データ》患者128名

9.13 住宅火災 (大阪府大阪市生野区) 9月13日午前3時20分ごろ、大阪市生野区小路東、住宅兼作業所1階付近から出火、計380m^{2}が焼けた。《データ》焼失面積380m^2

10.8 体内にガーゼ放置 (大阪府) 10月8日、大阪府の大阪大学医学部付属病院で、手術後の経過が悪く炎症や激痛が続いていた患者の傷口を開いたところ、中から長

さ13cm、幅4.5cmほどのガーゼ1枚が見つかった。この患者は3月19日に腎臓の摘出手術を受けており、その際に手術用ガーゼを置き忘れたらしい。

10.11 **工場爆発**（大阪府豊中市千成町）10月11日午後2時4分ごろ、豊中市千成町にあるタンタルカーバイド製造工場わきのガス洗浄塔が爆発、工場内の配管パイプが折れ、作業員が噴き出した高温の塩酸を浴びて重傷を負った。《データ》負傷者1名

10.15 **製薬所工場爆発**（大阪府堺市）10月15日午前11時10分ごろ、堺泉北臨海工業地帯の堺市築港新町にある、製薬所のメッキなどの原料となる塩化亜鉛を造る反応槽で爆発が起き、同作業所約70m^{2}が半壊、2人が顔に軽いけがをした。《データ》負傷者2名、作業所1棟半壊

10.30 **ガス中毒**（大阪府大阪市北区）10月30日午後3時45分ごろ、大阪市北区大淀中、化学工業会社の工場で、地下タンクの点検中に作業員3人が倒れ、消防局員に救出されたが軽いガス中毒になった。《データ》中毒患者3名

11.10 **アパート全焼**（大阪府大阪市平野区）11月10日午後7時45分ごろ、大阪市平野区平野西、アパートの1階付近から出火、約300m^{2}が全焼し、子ども3人が焼死した。両親とも不在で子どもたちで留守番をしていた。《データ》全焼1胸、焼失面積約300m^2

11.18 **山林火災**（大阪府箕面市）11月18日午前0時半ごろ、箕面市箕面、明治の森箕面国定公園内の山林から出火、箕面川ダム西側の山腹。山頂に向かって燃え広がった。

12.6 **下水道工事現場で酸欠**（大阪府枚方市）12月6日午後0時10分ごろ、枚方市宮之阪の同市公共下水道工事現場で、堅坑の中で作業中の5人が酸素欠乏症で次々に倒れ、病院に運ばれた。《データ》負傷者5名

12.13 **工場爆発**（大阪府大阪市西成区）12月13日午後2時ごろ、大阪市西成区南津守、シンナー製造会社の工場が爆発炎上、約70m^{2}が全焼、事務所の一部が焼け、原料の酢酸エチルをポンプで小分けする作業をしていた工場長が全身やけどで重体となった。原料貯蔵タンクに引火の恐れがあったため、半径100m以内の住民ら約100人が一時避難した。《データ》負傷者1名、全焼1棟、焼失面積約70m^2

12.21 **ドラム缶爆発**（大阪府高槻市）12月21日午後1時55分ごろ、大阪府高槻市緑が丘の名神高速道路上り線で、大型トラックにトラックが追突、大型トラックの荷積の石油製品入りドラム缶が次々に爆発を繰り返し2台が全焼し、1人が死亡、1人が軽いけがをした。《データ》死者1名、負傷者1名、車両2台全焼

12.23 **工場火災**（大阪府八尾市）12月23日午前3時40分ごろ、八尾市老原にある紙管製品工場付近から出火、約1300m^{2}を焼き、中にあった機械なども燃えた。《データ》焼失面積約1300m^2

12.24 **マンション火災**（大阪府大阪市住之江区）12月24日午前7時半ごろ、大阪市住之江区粉浜西にあるマンション2階から出火、1室を全焼し、1人が一酸化炭素中毒で死亡、1人が軽い中毒にかかった。《データ》死者1名、負傷者1名

1991年(平成3年)

1.4 **水道管が破裂**（大阪府大阪市此花区）1月4日午前7時半ごろ、大阪市此花区桜島の市道交差点で、地下の鋳鉄製水道管(直径50cm)が破裂し水が噴き出した。水道管は昭和27年埋設で老朽化が進んでいた。

1.10 **病院廊下でボヤ**（大阪府大阪市東淀川区）1月10日午後9時25分ごろ、大阪府大阪

大阪府(1991年)

　市東淀川区菅原の医誠会病院新館で、4階廊下付近から出火、入院患者59人を避難誘導する際、1人が熱風を吸ってのどにやけどを負った。《データ》負傷者1名

1.11　乗用車転落（大阪府大阪市北区）1月11日午後11時ごろ、大阪市北区天神橋の長柄橋南詰めで、乗用車が橋の左側欄干に接触した後、反対側の欄干を突き破って約10m下の淀川河川敷グラウンドに転落、前部を大破し、乗っていた3人がけがをした。原因は飲酒運転。《データ》負傷者3名

1.13　多重衝突事故（大阪府八尾市）1月13日午後3時20分ごろ、八尾市西高安町の国道170号で、ワゴン車が3台の乗用車が衝突して炎上、1人が死亡、6人が重軽傷を負った。《データ》死者1名、負傷者6名

1.18　雪印工場火災（大阪府大阪市都島区）1月18日午後2時35分ごろ、大阪府大阪市都島区都島南通の雪印乳業大阪工場で、改修工事中の製造工場兼冷蔵庫付近から出火、2階の約450m²を焼いた。《データ》焼失面積約450m²

1.23　水道管破裂（大阪府堺市）1月23日午前11時半ごろ、堺市浜寺諏訪森町西4丁の市道の地下に埋設されている上水道本管が破裂、毎時100トン以上の水があふれ出て、周辺約1300戸で水が出にくくなるなどの被害がでた。

1.25　ホテル全焼（大阪府大阪市天王寺区）1月25日午前0時10分ごろ、大阪府大阪市天王寺区生玉寺町の元ホテルから出火、火は南隣のビルと住宅にも燃え移り、ホテルと隣接のビルがほぼ全焼した。《データ》全半焼3棟

1.29　乗用車街路樹に激突（大阪府豊中市）1月29日午前1時40分ごろ、豊中市上新田の国道423号南行き車線で、乗用車が走行車線の左側にある分離帯を乗り越えて歩道わきの街路樹に激突、大破、炎上し、2人が即死、1人が重体となった。原因はスピードの出しすぎ。《データ》死者2名、負傷者1名

1.31　砂利船が高圧線切断（大阪府大阪市西淀川区）1月31日午前10時半ごろ、大阪市西淀川区中島の中島川で、航行中の砂利船のクレーンが、高さ約44mの高圧送電線24本(1本7万7000ボルト)のうち4本をひっかけて切断した。原因は積んでいた折り畳み式のクレーンを伸ばしたまま航行していたため。《データ》高圧送電線4本切断

2.6　鉄骨突出（大阪府摂津市）2月6日午後5時半ごろ、大阪府摂津市鳥飼野々の府道大阪高槻線で、アスファルト路面からH形鋼が約1.3m突き出した。下水道工事の掘削機械(シールドマシン)が埋まっていたH形鋼を地上へ押し上げたとみられる。

2.8　南海電車運行中にドア開く（大阪府河内長野市）2月8日午前7時10分ごろ、河内長野市本町の南海高野線で、走行中の急行電車の右側ドアが開いたままになり、緊急停車した。

2.8　名神高速玉突き事故（大阪府三島郡島本町）2月8日午後0時5分ごろ、大阪府三島郡島本町山崎の名神高速道路下り線の天王山トンネル出口付近で、乗用車1台とトラック2台が玉突き事故を起こし、先頭のトラック1台が全焼した。《データ》トラック1台全焼

2.15　YS機横滑り（大阪府大阪市）2月15日午前11時ごろ、大阪空港の駐機場でエンジン試運転中の全日空のジェット機から出たエンジン噴流が、滑走路に向かっていたエアーニッポンの高松行きYS11機を直撃、機体が横滑りをした。

2.18　関西線電車・ダンプカー衝突（大阪府柏原市）2月18日午前10時ごろ、大阪府柏原市高井田、JR関西線高井田駅近くの谷川踏切で、4トンダンプカーと快速電車が衝突し、乗客6人が軽いけがをした。原因はダンプカーが警報機を無視して踏切

144

大阪府(1991年)

に入ったため。《データ》負傷者6名

2.19 有毒ガス中毒（大阪府堺市）2月19日午前10時5分ごろ、堺市築港浜寺町にある製油所の灯油タンク（直径65m、高さ20.7m）内で、清掃作業をしていた作業員3人が倒れ、1人が死亡、1人が重体となった。原因は防じんマスクに圧搾空気を送るホース内などにたまった酸欠空気や有毒ガスなどを吸い込んだためとみられる。《データ》死者1名、負傷者2名

2.26 給油所事務所で爆発（大阪府八尾市）2月26日午前8時15分ごろ、八尾市服部川の石油会社給油所の2階建て事務所内で爆発が起き、窓ガラス、トイレ付近の天井、乗用車の窓ガラスなどが壊れたがけが人はなかった。石油ストーブでスプレー缶が過熱して爆発したらしい。

2.26 名神高速玉突き事故（大阪府吹田市）2月26日午前10時40分ごろ、吹田市尺谷の名神高速上り線で、タンクローリーや郵便配送トラックなど9台が関係する玉突き事故が起き、4人が軽いけがをした。《データ》負傷者4名

3.17 工場全焼（大阪府泉南郡熊取町）3月17日午後1時25分ごろ、大阪府泉南郡熊取町小谷、繊維製品製造業の工場付近から出火、鉄骨平屋の工場約3000m^{2}を全焼した。《データ》全焼1棟、焼失面積約3000m^2

3.18 水道工事現場土砂崩れ（大阪府堺市）3月18日午後2時45分ごろ、堺市日置荘原寺町の同市水道局送水管埋設工事現場で、深さ約3mの溝の中で掘削状況を点検中に側壁が崩れ、溝の中にいた作業員が生き埋めになり、1人が死亡、1人が右足を負傷した。《データ》死者1名、負傷者1名

3.27 アパートガス爆発（大阪府泉大津市）《データ》負傷者4名、全焼6棟、焼失面積750m^2

4.1 雑居ビル火災（大阪府大阪市中央区）4月1日午後11時ごろ、大阪府大阪市中央区島之内の雑居ビルで、3階のスナック付近から出火、約15m^{2}が焼け、客2人が負傷したほか、従業員など5人が軽い一酸化炭素中毒になった。《データ》負傷者7名

4.13 パトカー・オートバイ衝突（大阪府大阪市中央区）4月13日午前8時45分ごろ、大阪市中央区千日前の府道交差点で、緊急走行中の大阪府警南署のパトカーとオートバイが衝突、大学生が軽いけがをした。《データ》負傷者1名

4.29 阪急京都線電車・乗用車衝突（大阪府摂津市）4月29日午後11時45分ごろ、摂津市千里丘東の阪急京都線の通称産業道路踏切で、6両編成普通電車と乗用車が衝突、車は約50m引きずられて炎上し、男性が焼死した。《データ》死者1名

5.13 パトカーがショールームに突っこむ（大阪府大阪市東成区）5月13日午後10時ごろ、大阪市東成区大今里西、府道大阪環状線の交差点で、ミニバイク2台を追跡中の大阪府警生野署のパトカーが、バイクの前に回り込んで停止したところ、後続の乗用車が追突。はずみでパトカーが車のショールームに突っ込んで大破し、ショールームの窓ガラス2枚が割れた。

5.16 水素ボンベ爆発（大阪府高石市）5月16日午前9時半ごろ、大阪府高石市高砂、三井東圧化学大阪工業所敷地内の泉北水素株式会社で、工場のタンクから水素を充てんしていたトレーラー上のボンベが爆発して炎上し、男性が全身やけどの重傷を負った。《データ》負傷者1名

6.13 毛布工場半焼（大阪府和泉市）6月13日午後1時10分ごろ、大阪府和泉市和気町の毛布加工工場付近から出火、木造平屋建ての同工場約600m^{2}と隣の工場約330m^{2}が全焼、西隣の工場延べ約800m^{2}が半焼した。《データ》全半焼3棟、焼失面積1730m^2

145

大阪府(1991年)

6.14 幼稚園マイクロバス・ワゴン車衝突（大阪府大阪市鶴見区）6月14日午前8時半ごろ、大阪市鶴見区焼野の市道交差点で、幼稚園のマイクロバスとワゴン車が衝突、2台は交差点角のお好み焼き店に突っこみ、園児4人が軽いけがをした。原因は双方の安全確認義務違反。《データ》負傷者4名

6.22 工場全焼（大阪府大阪市旭区）6月22日午前9時15分ごろ、大阪府大阪市旭区新森の工場兼従業員食堂付近から出火、鉄骨2階建て延べ約170m²を全焼した。《データ》全焼1棟、焼失面積約170m²

7.11 パワーショベル落下（大阪府大阪市中央区）7月11日午前7時20分ごろ、大阪市中央区高津の阪神高速道路環状線と堺線の合流地点付近のカーブで、3トントラックの荷台から重さ約7.5トンのパワーショベルが落下し横倒しになった。

7.12 トラック炎上（大阪府大阪市西淀川区）7月12日午後4時50分ごろ、大阪市西淀川区佃、阪神高速大阪神戸線下り車線で4トントラックが炎上して全焼、積み荷の皮革のなめし用油(100キロ入りプラスチック容器26個)が燃えた。《データ》トラック1台全焼

7.28 コンロ爆発（大阪府守口市）7月28日午前11時20分ごろ、守口市八雲北町の淀川河川公園で、13人のグループが焼き肉パーティーをしていたところ、2台のコンロのうち1台が爆発、7人がやけどをした。《データ》負傷者7名

7.29 プロパン爆発（大阪府東大阪市）7月29日午前8時5分ごろ、東大阪市若江西新町の住宅1階炊事場でプロパンガスが爆発、130m²がほぼ全壊し、女性が全身やけどの重傷、向かいの主婦が軽いけがを負った。《データ》負傷者2名、全壊1棟

8.9 乗用車炎上（大阪府東大阪市）8月9日午後11時ごろ、東大阪市高井田西の阪神高速東大阪線下り車線で、トラックが乗用車など2台に玉突き衝突して2台が燃え、1人が焼死した。原因は3台の前を走っていた乗用車が急にスピードを落としたため。《データ》死者1名

8.10 片町線快速・乗用車衝突（大阪府枚方市）8月10日午後4時55分ごろ、枚方市藤阪元町のJR西日本片町線で、立ち往生していた乗用車に下り快速電車が衝突したが、けが人はなかった。

8.13 ホテル火災（大阪府大阪市北区）8月13日午前0時30分ごろ、大阪府大阪市北区豊崎のホテルで、8階客室から出火、ベッドと壁の一部が焼けたが、宿泊客は全員避難して無事だった。

8.29 おもり落下（大阪府大阪市中央区）8月29日午前5時35分ごろ、大阪市中央区船場中央の阪神高速東大阪線から同環状線への進入路で、トレーラーの荷台からクレーン用鉄製おもり2個(10トンと15トン)が落下、さらに15トンのおもりが側壁を破って、約12m下の環状線に落下し、縦1.5m、横1mの穴があいた。

8.29 貨物運搬車暴走（大阪府大阪市）8月29日午後3時35分ごろ、大阪空港のターミナルビル北の駐機場で、走っていた貨物運搬車が暴走し、日本エアシステムのバス控室に突っ込んだ。原因は運転手が暑さから脱水症状を起こして失神したため。

8.31 玉突き衝突（大阪府岸和田市）8月31日午後5時ごろ、岸和田市小松里町の国道26号で信号待ちをしていた車の列に、大型トラックが突っこっんで5台が玉突き衝突、母子3人が死亡、2人が重傷、6人が軽いけがをした。《データ》死者3名、負傷者8名

9.8 倉庫火災（大阪府門真市）9月8日午前3時40分ごろ、大阪府門真市沖町の貸倉庫

大阪府(1992年)

から出火、倉庫3棟と野小屋計約240m^{2}が全焼したほか、作業場2棟計のうち、約100m^{2}を焼いた。《データ》全半焼6棟

9.17 ガス爆発（大阪府摂津市）9月17日午前7時10分ごろ、摂津市千里丘の2階建て共同住宅の1階でガス爆発が起き、1部屋が全壊、女性が手にやけどを負った。《データ》負傷者1名、全壊1部屋

9.25 宇部興産堺工場火災（大阪府堺市）9月25日午後3時50分ごろ、大阪府堺市築港新町の部興産堺工場開発部第2実験室で、ナイロン原料の液体が噴出して出火、1室約20m^{2}を焼き、1人が全身やけど死亡した。《データ》死者1名、焼失面積約20m^2

9.25 呉服小学校倉庫でボヤ（大阪府池田市）9月25日午前4時ごろ、大阪府池田市姫室町の市立呉服小学校で、体育館にある用具倉庫から出火、中にあった体育用具などを焼いた。

10.2 阪大で実験中爆発（大阪府豊中市）10月2日午後4時ごろ、大阪府豊中市待兼山町、大阪大学豊中キャンパスの基礎工学部の研究室で爆発が起き、計4室約300m^{2}が焼け、2人が死亡、3人が負傷した。《データ》死者2名、負傷者3名、焼失面積約300m^2

10.6 高圧ケーブル破壊（大阪府大阪市都島区）10月6日午前10時ごろ、大阪市都島区高倉町の府道交差点で、水道工事中の掘削機のバケットが地中のコンクリート製管を引っ掛けて中の2万2000ボルト高圧ケーブルがショート、爆発音とともに火柱が上がり、作業員3人がやけどで重傷、1人が軽いやけどを負った。《データ》負傷者4名

10.11 乗用車・急行電車衝突（大阪府摂津市）10月11日午後8時20分ごろ、大阪府摂津市香露園の阪急電鉄京都線の通称産業道路踏切で、乗用車が急行電車(8両編成)と衝突し、電車の1両目最前部が脱線、車は約300m引きずられて大破し、乗っていた男性5人が死亡した。《データ》死者5名

10.19 ビル火事（大阪府大阪市北区）10月19日午後11時半ごろ、大阪府大阪市北区梅田のビルで、1階のパチンコ店付近から出火、約80m^{2}が焼け、パチンコ店の従業員ら8人が軽い一酸化炭素中毒になった。《データ》負傷者8名

10.26 鉄筋倒れ作業員負傷（大阪府大阪市北区）10月26日午前9時40分ごろ、大阪市北区梅田、阪神電鉄梅田―福島駅間の地下化工事現場で、壁に沿って組んであったL字形の鉄筋約160本が倒れ、作業員2人が意識不明の重体となった。《データ》負傷者2名

11.6 名神高速玉突き事故（大阪府吹田市）11月6日午前9時25分ごろ、大阪府吹田市山手町、名神高速道路の千里山トンネル内上り線で、大型観光バスがトラックに追突、さらに大型トラック2台と乗用車に玉突き衝突し、1人が重傷、観光バスの乗客ら3人が軽傷を負った。《データ》負傷者4名

11.26 住宅火災（大阪府藤井寺市）11月26日午前1時ごろ、大阪府藤井寺市大井の住宅付近から出火、木造平屋建ての同住宅約50m^{2}が全焼、2人が死亡、1人が重体となった。《データ》死者2名、負傷者1名

1992年(平成4年)

1.4 一酸化炭素中毒（大阪府大阪市福島区）1月4日午前11時15分ごろ、大阪市福島区鷺洲の民家で、3人が4畳半の間のやぐらこたつに入ったまま倒れており2人が死亡した。原因は豆たんこたつの一酸化炭素中毒とみられる。《データ》死者2名、負傷者1名

大阪府(1992年)

- **1.7 酸欠死**（大阪府泉大津市）1月7日午後8時ごろ、大阪府泉大津市我孫子の民家で、妻と長男が倒れているのを帰宅した夫が見つけたが2人は酸欠と一酸化炭素中毒で死亡した。酸欠状態に一酸化炭素中毒が重なったことが原因とみられる。《データ》死者2名
- **1.8 名神高速玉突き事故**（大阪府三島郡島本町）1月8日午前3時45分ごろ、大阪府三島郡島本町山崎、名神高速の天王山トンネル内で、大型トラックが前方の大型トラックに追突し、直後に現場周辺の3カ所でトラックなど計12台を巻き込んだ事故が発生。6人が首などに軽いけがをした。《データ》負傷者6名
- **1.17 そごう大阪店トイレで爆発**（大阪府大阪市中央区）1月17日午後0時45分ごろ、大阪市中央区心斎橋筋の百貨店「そごう大阪店」の4階南側男子トイレ内で、爆発音とともに鉄製ごみ箱が約12m離れた売り場まで吹き飛ばされた。導火線などで爆発物を直接発火させたらしい。
- **1.21 軽乗用車・快速電車衝突**（大阪府八尾市）1月21日午前9時14分ごろ、大阪府八尾市安中町のJR八尾駅構内の渋川踏切で、軽乗用車と快速電車が衝突したが、けが人はなかった。軽乗用車が踏切内でエンストしたらしい。
- **1.25 パワーショベル転落**（大阪府大阪市西成区）1月25日午前9時半ごろ、大阪市西成区津守の海砂利販売の砂利置き場で、男性がパワーショベルで作業中、木津川に転落し死亡した。《データ》死者1名
- **2.15 一酸化炭素中毒**（大阪府大阪市北区）2月15日午前0時5分ごろ、大阪府北区堂島にあるビル地下1階の物置から出火し、充満した煙を吸った6人が軽い一酸化炭素中毒にかかった。約40分後、約100m西にあるビルでも段ボールなどが燃えたがけが人はなかった。いずれも火の気のないところから出火しており、放火の疑いが強いとみられる。《データ》負傷者6名
- **2.28 工場全焼**（大阪府大阪市東住吉区）2月28日午前10時10分ごろ、大阪市東住吉区桑津にある溶接所の工場1階付近から出火、鉄骨2階建て工場約60m^{2}が全焼。作業をしていた男性が右足首に軽いやけどを負った。《データ》負傷者2名、工場1棟全焼
- **2.29 実験中に爆発**（大阪府大阪市旭区）2月29日午後10時ごろ、大阪市旭区大宮、大阪工大工学部1階の応用化学科第1研究室で、同大大学院生が実験中、フラスコが爆発し軽いやけどや切り傷を負った。《データ》負傷者1名
- **3.1 近鉄バス・乗用車衝突**（大阪府東大阪市）3月1日午後1時40分ごろ、大阪府東大阪市本庄中の市道交差点で、近鉄バスと乗用車が衝突し、約10m並走し、バスが道路わきの電柱にぶつかって止まった。この事故で乗客を含む9人全員が軽傷を負った。いずれかが信号無視をしたとみられる。《データ》負傷者9名
- **3.7 ガスカートリッジ爆発**（大阪府大阪市西成区）3月7日午前11時45分ごろ、大阪市西成区萩之茶屋の市道で営業中の屋台で、カセットコンロのガスカートリッジが爆発、経営者と客ら計4人が軽いやけどを負った。石油ストーブの熱でガスカートリッジ中のガスが膨張、爆発したとみられる。《データ》負傷者4名
- **3.17 名神高速玉突き事故**（大阪府吹田市）3月17日深夜、大阪府吹田市山田市場の名神高速道路上り線で乗用車と大型トラックなど計6台が玉突き衝突し、2人が死亡、2人が重軽傷を負った。《データ》死者2名、負傷者2名
- **4.14 シンナー中毒**（大阪府大阪市中央区）4月14日正午ごろ、大阪市中央区淡路町にあるビルで、給湯タンクの内装塗装工事をしていた作業員3人が倒れた。シンナー

を使ったスプレー式の塗装作業中で、一時的なシンナー中毒になったとみられる。《データ》負傷者3名

4.16 大型トラック・ワゴン車衝突（大阪府高槻市）4月16日午前2時10分ごろ、大阪府高槻市梶原の国道171号で、大型トラックとワゴン車が正面衝突、ワゴン車は大破、炎上した。この事故でワゴン車の2人が焼死、トラック運転手も重傷を負った。《データ》死者2名、負傷者1名

4.25 壁倒壊（大阪府堺市）4月25日午前11時5分ごろ、大阪府堺市少林寺町東の市立少林寺小学校の講堂兼体育館改築工事現場で、解体中のコンクリート壁が崩れ落ち、学校の金網フェンスと横の道路のガードレールなども倒し、コンクリート電柱1本が折れた。

5.24 石橋駅前6店全焼（大阪府池田市）5月24日午後2時15分ごろ、大阪府池田市石橋の喫茶店の2階付近から出火、同じ建物内の6店舗、約400m²が全焼した。現場は阪急電鉄石橋駅西改札口に隣接しており、ホームに煙が立ち込めた。けが人はなかった。《データ》焼失面積400m²

6.30 中国自動車玉突き衝突（大阪府豊中市）6月30日午後1時40分ごろ、大阪府豊中市柴原町の中国自動車道上り車線で、ライトバンに大型トラックが追突、さらにトレーラー、乗用車などが次々に追突する計11台の玉突き事故があり、2人が大けがをした。《データ》負傷者2名

7.10 ボンベ爆発（大阪府大阪市中央区）7月10日午後1時40分ごろ、大阪市中央区島之内のマンションの解体現場で、鉄骨をアセチレンガスのバーナーで切断作業中、そばの酸素ボンベが爆発した。爆風でボンベの破片が飛び散り、消火に駆けつけた消防士が軽いけがをした。《データ》負傷者1名

7.12 ビル火災（大阪府大阪市中央区）7月12日午前5時ごろ、大阪市中央区島之内、店舗兼マンションの2階付近から出火、2階から4階までの計3室約75m²が焼けた。この火事で、男性2人が軽い一酸化炭素中毒になった。《データ》負傷者2名、焼失3室

7.15 工場爆発（大阪府大阪市城東区）7月15日午後3時半ごろ、大阪市城東区古市の山川薬品工業大阪工場で作業中爆発が起き、作業員ら2人がやけどで入院した。《データ》負傷者2名

7.18 作業員圧死（大阪府豊中市）7月18日午前10時45分ごろ、大阪府豊中市新千里南町の国道423号の側道で、電線埋設工事中の作業員が金属製ウインチの下敷きとなり圧死した。《データ》死者1名

8.17 住宅火災（大阪府大阪市平野区）8月17日午前8時半すぎ、大阪市平野区喜連にある4戸1棟の木造2階建て住宅の男性宅付近から出火、約130m²と隣の住宅の一部が焼けた。この火事で1人が一酸化炭素中毒で入院、7人が軽い一酸化炭素中毒で病院に運ばれた。《データ》負傷者8名

9.22 名神高速玉突き事故（大阪府高槻市）9月22日午前5時55分ごろ、大阪府高槻市緑が丘の名神高速道路下り線で、渋滞中の車の列にトラックなどが次々と追突、4カ所で合計14台の玉突き事故となった。この事故で1人が死亡、1人が重傷、3人が軽傷を負った。《データ》死者1名、負傷者4名

10.26 雑居ビル全焼（大阪府大阪市北区）10月26日午前2時すぎ、大阪市北区曽根崎新地の雑居ビルから出火、同ビル延べ約180m²が全焼し、西隣の雑居ビルの4階の一部も焼けた。けが人はなかった。《データ》ビル全焼

大阪府(1992年)

11.18 ガスボンベ発火（大阪府大阪市浪速区）11月18日午後5時45分ごろ、大阪市浪速区恵美須西のJR大阪環状線新今宮駅北側の市道で、駐車中の軽トラックに積んであったアセチレンガスのボンベから火が噴き出し、内回り線33本が運休となった。ボンベの周囲にあったごみが何らかの理由で燃え、噴き出たガスに引火したとみられる。

11.28 マイクロバス・大型ダンプカー追突（大阪府藤井寺市）11月28日午後1時ごろ、大阪府藤井寺市小山の西名阪自動車道大阪行き車線で、マイクロバスが大型ダンプカーに追突し、マイクロバスの14人が重軽傷、ダンプの運転手も軽いけがをした。渋滞によるノロノロ運転で走行中のダンプカーに後ろから来たマイクロバスが追突したらしい。《データ》負傷者15名

12.2 アパート火災（大阪府門真市）12月2日夜、大阪府門真市石原町の共同住宅が全焼、1階の男性1人と2階の一家4人が焼死し、近所に住む男性1人が手に軽いけがをした。西隣のアパートにも燃え移り、延べ480m^{2}が全焼した。天ぷら油を火にかけ電話の応対をしている間に引火したらしい。《データ》死者5名、負傷者1名、全焼2棟

12.5 ホテル火災（大阪府大阪市住吉区）12月5日午前10時40分ごろ、大阪市住吉区長居にあるホテルの3階客室内のサウナ室付近から出火、天井や壁約4m^{2}が焼けた。客2人が煙を吸って手当てを受けた。《データ》負傷者2名

12.5 タンク車炎上（大阪府大阪市大正区）12月5日午後9時半ごろ、大阪市大正区船町にある三菱瓦斯化学浪速工場内の北東部にある製品倉庫前に駐車中のタンクローリー付近から出火、近くに駐車していたタンクローリーなどに次々と燃え移り、計6台と製品出荷事務所約80m^{2}が全焼した。《データ》全焼1棟、車両6台

12.10 作業車脱線（大阪府河内長野市）12月10日午前1時35分ごろ、大阪府河内長野市汐の宮町の近鉄長野線で、線路の道床を突き固める線路保線機械マルチプルタイタンパー(約20トン)が脱線、機械の下にいた作業員1人が下敷きになり死亡、1人が重傷を負った。《データ》死者1名、負傷者1名

12.22 カセットボンベ破裂（大阪府豊中市）12月22日午後8時ごろ、大阪府豊中市岡上の町の喫茶店で、卓上コンロのカセットボンベが破裂し、店の天井の一部が焼け、客10人と店員2人が顔や手にやけどを負った。《データ》負傷者12名

12.30 アパート全焼（大阪府大阪市福島区）12月30日午前4時ごろ、大阪市福島区海老江にあるアパートの2階付近から出火、約280m^{2}が全焼、隣接する住宅、鉄工所などが半焼し、2人が焼死した。失火とみられる。《データ》死者2名、全焼アパート1棟、半焼2棟

1993年(平成5年)

1.30 診療所火災（大阪府大阪市東淀川区）1月30日午前4時20分ごろ、大阪市東淀川区相川の安積診療所から出火、3階病室約30m^{2}が焼け、入院患者1人が焼死した。《データ》死者1名

2.5 紙袋工場全焼（大阪府豊中市）2月5日午前5時20分ごろ、大阪府豊中市原田中にある印刷製袋会社「小川丹波堂」の印刷工場付近から出火、同工場の倉庫など延べ約1840m^{2}と、南隣の鉄筋業者の事務所延べ20m^{2}を全焼した。けが人はなかった。《データ》全焼3棟、焼失面積1860m^2

2.5 玉突き事故（大阪府大阪市城東区）2月5日午後9時20分ごろ、大阪市城東区蒲生の国道1号交差点で、信号待ちをしていた乗用車に後続の乗用車が追突し、はずみで

大阪府(1993年)

前に止まっていた3台に次々と玉突き追突した。この事故で3人が頭部打撲などで入院、6人が軽いけがをした。《データ》負傷者9名

2.12 異臭騒ぎ（大阪府大阪市北西部）2月12日午後9時すぎ、大阪市此花区や港区を中心とする市北西部一帯に異臭が漂い、大阪市消防局や大阪ガスに通報が住民から相次いだ。市内には西北西の風が吹いており、異臭は生野区など市南東部に拡散し、尼崎市や八尾市にも達したようだ。

2.24 東海道線貨物列車脱線（大阪府茨木市）2月24日午前2時32分ごろ、大阪府茨木市宇野辺のJR東海道線茨木駅構内で、貨物線から本線に入ろうとした貨物列車が待機の側線に突っ込み、貨車など3両が脱線した。この事故で積荷のトラックが落ち、上り線路をふさいだためダイヤに乱れが生じた。原因は本線に入るポイントが切り替わっていなかったため。《データ》貨物列車4両脱線

2.26 社員食堂でガス爆発（大阪府寝屋川市）2月26日午前11時45分ごろ、大阪府寝屋川市点野の塗装業の工場2階南側にある社員食堂で爆発があり、社員1人が大やけどを負った。何らかの原因でプロパンガスが漏れ、引火爆発したものとみられる。《データ》負傷者1名

4.21 火災（大阪府大阪市北区）4月21日午前6時30分ごろ、大阪市北区梅田、桜通商店街の居酒屋付近から出火、店舗兼従業員寮のうち約100m^{2}と、隣接した店舗2軒の一部の計約200m^{2}が焼けたがけが人はなかった。《データ》200m^{2}焼失

5.18 高速道路側壁落下（大阪府茨木市）5月18日午前10時55分ごろ、大阪府茨木市耳原の名神高速道路上り車線で、大型トレーラーが隣を走行中のトラックに衝突して側壁に激突、側壁が壊れてコンクリート片が高架下の民家に落ちたが、けが人はなかった。原因はトレーラーが雨でスリップしたため。

6.9 バキュームカー・バス衝突（大阪府高槻市）6月9日午前8時ごろ、大阪府高槻市朝日町の国道171号で、バキュームカーが市バスに追突、この事故を避けようとした後続のバキュームカーが対向の乗用車に衝突し、乗用車の男性が重傷、バスの乗客ら6人が軽いけがをした。バキュームカーが前に止まっていた右折車を避けようと左に寄ったところでバスに追突したらしい。《データ》負傷者7名

6.16 阪神電鉄地下化工事現場火災（大阪府大阪市福島区）6月16日午前8時50分ごろ、大阪市福島区福島の阪神電鉄地下化工事現場で、作業中にアセチレンボンベのコック部分から炎が噴き出した。火はすぐに消えたが、近くの酸素ボンベに引火して爆発する恐れがあったことから、付近を走る阪神電鉄とJRに注意運転を要請、国道2号を通行止めにした。

7.16 乗用車・阪急京都線電車衝突（大阪府摂津市）7月16日午後10時40分ごろ、大阪府摂津市千里丘東の阪急京都線坪井踏切で、乗用車と普通電車が衝突し、乗用車を運転していた男性が頭を強く打って重傷を負った。《データ》負傷者1名

7.19 火災（大阪府東大阪市）7月19日午後10時10分ごろ、東大阪市足代南の住宅密集地から出火し、木造の民家や店舗など4戸約230m^{2}を全焼、近くの民家など7戸の一部約260m^{2}が焼けた。けが人はなかった。《データ》11戸490m^{2}全半焼

7.20 倉庫火災（大阪府豊中市）7月20日午前6時10分ごろ、大阪府豊中市若竹町の会社事務所や倉庫など4戸が入った建物から出火、木造平屋建ての計約320m^{2}が全焼した。出火した時、事務所はいずれも無人だった。《データ》全焼4戸、焼失面積320m^2

8.2 乗用車・ワゴン車衝突（大阪府大阪市大正区）8月2日午後6時20分ごろ、大阪市大

大阪府(1993年)

正区千島の府道交差点で、乗用車にワゴン車が衝突してワゴン車が横転、運転していた男性が重傷、ワゴン車の幼児4人を含む7人と乗用車の男性が軽いけがをした。乗用車が交差点を右折中、反対車線を直進してきたワゴン車とぶつかったらしい。《データ》負傷者9名

8.26 梅田地下街ボヤ（大阪府大阪市北区）8月26日午後4時5分ごろ、大阪市北区角田町の梅田地下街「ホワイティうめだ」にあるカレー店のスープなべから炎が上がり、ダクト内を焦がした。火はすぐに消えたが、一時周囲の通路に白煙がたちこめ、店外に流れ出たスプリンクラーの水で、通路は水びたしとなった。原因はなべの空だきとみられる。

9.3 市バス衝突（大阪府高槻市）9月3日午後10時25分ごろ、大阪府高槻市安岡寺町の府道で、市営バスが回送中の市営バスと衝突、乗客19人と運転手が軽傷を負った。回送中のバスが中央線を越えて衝突したらしい。《データ》負傷者20名

9.5 廃液タンク炎上（大阪府高石市）9月5日午前6時5分ごろ、堺・泉北臨海コンビナートの大阪府高石市高砂、三井東圧化学大阪工業所で敷地内にある化学樹脂製造会社の廃液タンクが炎上、約1時間後に消し止めた。けが人はなかった。

10.5 ニュートラム暴走（大阪府大阪市住之江区）10月5日午後5時30分ごろ、大阪府大阪市住之江区、大阪市営新交通システム「ニュートラム・南港ポートタウン線」の住之江公園駅で、無人運転をしていた電車が、減速しないまま約60m暴走し、車止めに激突、194人が重軽傷を負った。《データ》負傷者194名

10.16 工場全焼（大阪府大阪市東淀川区）10月16日午後10時30分ごろ、大阪市東淀川区菅原のパッキング製作所から出火、鉄筋3階建て延べ約600m^{2}の工場を全焼した。けが人などはなかった。《データ》焼失面積600m^2

12.4 軽乗用車・南海高野線電車衝突（大阪府大阪市浪速区）12月4日午後9時55分ごろ、大阪市浪速区浪速西の南海高野線芦原3号踏切で、上り普通電車と軽乗用車が衝突。軽乗用車は約20m引きずられ、運転していた男性が車内に閉じ込められ、救出されたときにはすでに死亡していた。遮断機が下りているところに軽乗用車が踏切に入ってきたらしい。《データ》死者1名

12.25 回送電車暴走（大阪府泉南郡田尻町）12月25日午前9時20分ごろ、大阪府泉南郡田尻町嘉祥寺の南海電鉄羽倉崎検車区（車庫）で、回送中の4両編成の電車が車止めを乗り越えて約20m暴走し、道路を横切って反対側の仏壇店のシャッターにめり込んだ。けが人はなかった。電車は通常の時速をオーバーするスピードが出ていたらしい。

1994年(平成6年)

1.7 乗用車・ゴミ収集車追突（大阪府柏原市）1月7日午前5時25分ごろ、大阪府柏原市本郷の国道25号で、停車中のゴミ収集車に乗用車が追突、乗用車の男女3人が死亡、1人が意識不明の重体、1人が重傷を負った。ゴミ収集車の作業員は無事だった。《データ》死者3名、負傷者2名

1.9 マンションガス爆発（大阪府大阪市都島区）1月9日午前3時ごろ、大阪市都島区東野田町にあるワンルームマンションの6階から爆発音とともに出火、1室約15m^{2}が全焼し、男性1人が焼死した。携帯用ガスボンベに引火して爆発したとみられる。《データ》死者1名

1.10 コンテナ落下（大阪府東大阪市）1月10日午前10時35分ごろ、大阪府東大阪市荒

大阪府(1994年)

本北の近畿自動車道上り線で普通トラックが横転、積み荷の鉄製コンテナが側壁を越え、約12m下の大阪中央環状線で信号待ちしていた大型トラックの上に落下、運転席が壊れて運転手が首や腰に軽いけがを負った。《データ》負傷者1名

2.5 清掃作業現場乗用車突入（大阪府大阪市此花区）2月5日午前9時20分ごろ、大阪市此花区常吉の阪神高速道路湾岸線で、乗用車が別の乗用車と接触して道路わきの清掃作業現場に突っ込み、作業員5人を次々にはね、作業員1人が死亡、4人と乗用車を運転していた男性が重軽傷を負った。《データ》死者1名、負傷者5名

2.17 阪神高速乗用車追突炎上（大阪府大阪市北区）2月17日午前2時30分ごろ、大阪市北区の天神橋阪神高速守口線上り車線で、乗用車が道路左側に駐車中の故障車に追突して炎上、1人が軽いけがをしたほか、火が高速道路のプラスチック製遮音板に燃え移り、10枚が焼けた。原因は乗用車の運転手がハンドル操作を誤ったため。《データ》負傷者1名、車両1台全焼、プラスチック製遮音板10枚

2.27 転落事故（大阪府泉大津市）2月27日午後6時5分ごろ、大阪府泉大津市新港町の泉北港で、車が高さ15cmの車止めを乗り越えて水深約8.5mの海中に転落、母子4人が水死した。《データ》死者4名

2.28 パチンコ店全焼（大阪府豊中市）2月28日午前4時25分ごろ、大阪府豊中市庄内西町のパチンコ店付近から出火、鉄骨2階建て延べ510m^{2}と東側の2店舗がある3階建て建物延べ255m^{2}が全焼、南側の木造2階建て建物の一部も焼けた。《データ》焼失面積765m^2

3.26 シンナー中毒（大阪府大阪市淀川区）3月26日午後8時20分ごろ、大阪市淀川区東三国の住宅・都市整備公団の分譲マンション建設現場で、防水加工をするために1階機械室天井裏に入った作業員が次々倒れ、1人がシンナー中毒で重症、1人が軽症、自力ではいだした4人も軽い中毒にかかった。防音スペースに塗料のシンナーが充満したためとみられる。《データ》負傷者6名

4.6 蓮浄寺火災（大阪府東大阪市）4月6日午前8時50分ごろ、東大阪市若江北町にある浄土真宗本願寺派・蓮浄寺の本堂付近から出火、同建物と廊下続きの住宅計約500m^{2}が全焼し、住職が消火の際に顔に軽いやけどを負った。《データ》負傷者1名、全焼約500m^2

4.19 ガス爆発（大阪府堺市）4月19日午後4時30分ごろ、堺市鳳西町の民家でガス爆発が起き、木造2階建ての離れ延べ47m^{2}がほぼ全壊し、1人が死亡、爆風で近くの住宅約20軒の窓ガラスが割れ、かわらが吹き飛んだ。《データ》死者1名、1棟全壊

5.9 プロパンガス爆発事故（大阪府柏原市）5月9日午前0時5分ごろ、大阪府柏原市国分本町、国道165号沿いにある「国分屋台村」でプロパンガス爆発事故が起き、7人が軽いけがをした。《データ》負傷者7名

6.3 名神高速玉突き事故（大阪府高槻市）6月3日午前5時30分ごろ、大阪府高槻市南平台の名神高速下り線で、大型トラックや乗用車など計16台が約100mの間で次々に衝突したが、けが人はなかった。原因は先頭付近を走っていた大型車が急ブレーキを踏んだため。

6.9 大型トレーラー衝突（大阪府泉大津市）6月9日午前4時30分ごろ、大阪府泉大津市臨海町の府道で、大型トレーラーが中央分離帯を乗り越えて対向の軽乗用車と乗用車に激突し、男性2人が死亡、1人が重体、1人が軽いけがをした。原因は大型トレーラーのスピードの出しすぎ。《データ》死者2名、負傷者2名

153

大阪府(1994年)

6.23 作業用ゴンドラ落下（大阪府大阪市北区）6月23日午前3時ごろ、大阪市北区天神橋の長柄橋中央付近で、橋の塗装工事用足場を組む作業をしていた作業員の乗った鉄製ゴンドラがはずれ、約9.5m下の府道上に転落、2人が死亡、5人が重軽傷を負った。原因は定員2人のゴンドラに7人が一斉に乗り移ったため。《データ》死者2名、負傷者5名

6.29 園児の列に送迎バス（大阪府東大阪市）6月29日午後0時10分ごろ、大阪府東大阪市中小阪の私立八戸の里幼稚園園内で、車庫に入ろうとした送迎バスが園児の列に突っ込こみ4人がバスと建物の壁の間にはさまれ、3人が死亡、1人が重傷を負った。園児がバスの前を横切っていた時バスが発進したらしい。《データ》死者3名、負傷者1名

7.24 作業場火災（大阪府大阪市生野区）7月24日午後8時ごろ、大阪市生野区巽南のウナギ加工業の作業場から出火、ダクトや壁など約10m^{2}が焼け、従業員が軽いやけどを負った。原因はガスバーナーの火がダクトに引火したため。《データ》負傷者1名

9.19 バス・乗用車衝突（大阪府河内長野市）9月19日午前7時15分ごろ、大阪府河内長野市美加の台の市道で、南海バスと乗用車が衝突、乗用車を運転していた女性とバス運転手、乗客2人の計4人が重傷、乗客13人が軽いけがをした。《データ》負傷者17名

10.18 朝日新聞社ヘリコプター墜落（大阪府泉佐野市）10月18日午前10時5分ごろ、大阪府泉佐野市の上空を飛行中の朝日新聞社のヘリコプターと毎日新聞社機のが接触して、朝日のヘリが阪和自動車道上之郷インター付近の畑に墜落、乗っていたパイロットなど3名が死亡した。《データ》死者3名

10.31 オートバイ・ワゴン車衝突（大阪府大東市）10月31日午後10時35分ごろ、大阪府大東市南津の辺町の市道三差路で、男女3人が乗ったオートバイとワゴン車が衝突し、オートバイの男女2人が死亡、1人が重体となった。《データ》死者2名、負傷者1名

1995年(平成7年)

3.2 遠足バス追突（大阪府大阪市平野区）3月2日午前9時35分ごろ、大阪市平野区背戸口の阪神高速松原線の上り車線で、観光バスに、後続の観光バスが追突、双方の小学生や教師ら39人が軽いけがをした。渋滞中で急ブレーキをかけたが、間に合わず追突したらしい。《データ》負傷者39名

4.15 南海バス・ダンプカー衝突（大阪府堺市）4月15日午前11時50分ごろ、大阪府堺市築港新町の府道で、南海バスの路線バスとダンプカーが衝突、バスの運転手と乗客3人が重軽傷を負った。《データ》負傷者4名

4.21 ガス爆発（大阪府門真市）4月21日午後1時25分ごろ、大阪府門真市石原町のマンション2階の部屋でガス爆発が起き、部屋の前にいた警察署員4人と住人2人が重軽傷を負った。近くのアパートなど計8棟の窓ガラスが割れるなど被害がでた。原因は部屋の住人がガス自殺をしようとして爆発したらしい。《データ》負傷者6名

5.10 軽自動車・阪急電鉄神戸線電車衝突（大阪府豊中市）5月10日午後9時40分ごろ、大阪府豊中市庄本町の旧庄本踏切で、電車が軽自動車と衝突した。軽自動車は燃え上がり運転していた男性が焼死した。電車に乗っていた約1200人の乗客にけがはなかった。《データ》死者1名、車両1台全焼

5.26 市バス追突（大阪府大阪市大正区）5月26日午前9時30分ごろ、大阪市大正区三軒

家東のバス停前で、停車中の市バスに後方の乗り場から発車した市バスが追突、双方の乗客計8人とバスの運転手1人、通行人1人が軽いけがをした。《データ》負傷者10名

6.5 工場全焼（大阪府寝屋川市）6月5日午前0時ごろ、大阪府寝屋川市池田北町の段ボール箱製造会社付近から出火、同社の鉄骨3階建て事務所兼工場延べ約1300m^{2}が全焼した。《データ》全焼1棟、焼失面積約1300m^2

6.28 住宅火災（大阪府岸和田市）6月28日午前1時40分ごろ、大阪府岸和田市磯上町の男性宅付近から出火し、木造平屋建ての店舗兼住宅と棟続きの鉄骨モルタル造り2階建ての住宅延べ約200m^{2}が全焼、2人が焼死した。《データ》死者2名、全焼2棟、焼失面積約200m^2

7.16 ガス爆発（大阪府大阪市港区）7月16日午前7時30分ごろ、大阪市港区福崎の造船所に陸揚げされていた浮き桟橋の内部で爆発が起き、塗装作業をしていた男性が吹き飛ばされ、全身を強く打って死亡した。塗料に含まれる可燃性ガスが充満、何かの火に引火したとみられる。《データ》死者1名

9.3 乗用車追突（大阪府岸和田市）9月3日午後8時5分ごろ、岸和田市木材町の阪神高速湾岸線上り車線で、乗用車同士が追突、追突された車の1人が死亡、運転していた男性が軽傷、追突した車の2人が重傷を負った。《データ》死者1名、負傷者3名

9.4 大型トラックレストランに突入（大阪府泉大津市）9月4日午後8時ごろ、大阪府泉大津市千原町の国道26号交差点で、大型保冷トラックが右折してきた乗用車に衝突、トラックは交差点の角にあるファミリーレストランに突っ込み、レストランの客など11人が軽傷を負った。トラックの運転手がハンドルを切り損ねたらしい。《データ》負傷者11名

10.26 軽ワゴン車・ゴミ収集車衝突（大阪府大阪市西成区）10月26日午前2時ごろ、大阪市西成区南津守の府道交差点で、軽ワゴン車とゴミ収集車が衝突、軽ワゴン車の3人が死亡、運転していた男性も重体、ゴミ収集車の運転手が軽いけがをした。軽ワゴン車が赤信号で交差点に進入したらしい。《データ》死者3名、負傷者2名

11.16 千日前火災（大阪府大阪市中央区）11月16日午前2時50分ごろ、大阪市中央区千日前のゲームセンター付近から出火、東隣のパチンコ店など二軒に延焼し、木造3階建ての3棟の一部延べ約300m^{2}が焼けた。この火事で、消火中の消防士長が死亡した。《データ》死者1名、半焼3棟、焼失面積約300m^2

12.12 トラック・四駆車追突（大阪府泉南郡熊取町）12月12日午前6時40分ごろ、大阪府泉南郡熊取町の阪和自動車道大阪行き車線で、エンジン故障のため路側帯に停車していた4輪駆動車にトラックが追突、はずみでトラックが横転、四駆車から降りてそばにいた2人が死亡、3人が重軽傷、トラック運転手も重傷を負った。《データ》死者2名、負傷者4名

12.13 ガス爆発（大阪府堺市）12月13日午前7時40分ごろ、大阪府堺市砂道町の自転車フレーム製造会社の工場2階で、都市ガスが爆発、出火して、隣接する3工場に燃え広がり約1600m^{2}が焼けた。《データ》全半焼3棟、焼失面積1600m^2

1996年(平成8年)

1.2 旅館火災（大阪府大阪市生野区）1月2日午後5時30分ごろ、大阪市生野区林寺、旅館の2階付近から出火、木造2階建て同旅館兼住宅の2階部分約70m^{2}が焼けた。客の男性1人が足に軽いやけどをした。《データ》負傷者1名、焼失面積約70m^2

大阪府(1996年)

1.12 アパート全焼（大阪府箕面市）1月12日午前4時30分ごろ、大阪府箕面市新稲にあるアパートから出火、木造モルタル2階建てのアパート約250m^{2}が全焼、3人が焼死した。《データ》死者3名、全焼1棟、焼失面積約250m^2

2.24 エレベーター故障ワゴン車転落（大阪府豊中市）2月24日午前11時ごろ、大阪府豊中市蛍池西町、大阪トヨペット空港営業所3階で、従業員の男性がワゴン車に乗り、自動車専用エレベーターで下に下りようとしたところ、開いた扉の奥にエレベーターはなく、車はそのまま10m下の1階部分に転落。さらに車の上にエレベーター本体が落ち、男性は車に閉じ込められ、手首などに軽いけがをした。エレベーターのワイヤが切れたのが原因。《データ》負傷者1名

3.15 ワゴン車・南海電車衝突（大阪府泉北郡忠岡町）3月15日午前5時25分ごろ、大阪府泉北郡忠岡町忠岡東の南海本線泉大津8号踏切で、区間急行電車が、ワゴン車と衝突し、先頭車両が脱線した。電車は脱線したまま約300m走り、忠岡駅のホームのほぼ中央で先頭車両がホームにもたれかかる格好で止まった。乗客らにけがはなかった。ワゴン車は大破し、運転の男性は頭に軽いけがをした。遮断機の下りていた踏切にワゴン車が突っ込んだのが原因。《データ》負傷者1名

3.26 工場火災（大阪府大阪市東成区）3月26日午後8時過ぎ、大阪市東成区東今里、大洋紙工業所付近から出火、木造2階建て一部3階建ての作業所延べ約500m^{2}を全焼した。さらに隣のプラスチック加工工場兼住宅など2棟を全半焼し、計840m^{2}が焼けた。《データ》全半焼3棟、焼失面積840m^2

4.1 JR大阪駅ボヤ（大阪府大阪市北区）4月1日午後10時35分ごろ、大阪市北区梅田のJR大阪駅構内のごみ集積所で、構内で集めたごみがくすぶっているのを駅員が見つけ、消防車が出動する騒ぎとなった。当時、付近には数十人の乗客らがいたが、電車の運行や改札口に影響はなかった。

4.2 住宅火災（大阪府大阪市西淀川区）4月2日午前11時30分ごろ、大阪市西淀川区佃の民家付近から出火、木造2階建ての住宅延べ80m^{2}のうち約50m^{2}が焼け、幼児2人が焼死した。《データ》死者2名

4.19 松竹座建設現場転落事故（大阪府大阪市中央区）4月19日午後1時30分ごろ、大阪市中央区道頓堀の劇場「松竹座」建設工事現場で、工事会社の社員4人が、7階部分から約20m下の防護網に転落。1人が全身を強く打って死亡、3人が腰や足の骨を折るなどして重軽傷を負った。鉄板がはずれ、鉄板ごと落ちたという。《データ》死者1名、負傷者3名

5.12 工事現場火災（大阪府大阪市北区）5月12日午前9時20分ごろ、大阪市北区堂山町のホテル解体工事現場付近から出火、鉄筋鉄骨一部木造2階建ての、2階部分を中心に約430m^{2}が焼けた。この火事で、同ホテルの南側にある別のホテルの宿泊客ら約40人が一時避難した。《データ》焼失面積430m^2

5.14 トラック衝突（大阪府茨木市）5月14日午前6時40分ごろ、大阪府茨木市東奈良の近畿自動車道下り線で、大型トラックが、道路左に停車していたトラックに衝突、車外にいたトラック運転手が車体と側壁に挟まれ死亡した。《データ》死者1名

5.15 ワゴン車炎上（大阪府島本町）5月15日午前11時40分ごろ、大阪府島本町山崎の名神高速道路下り線で、炎上しながら走行していたワゴン車が、大型トラックに接触して横転、男性が焼死した。《データ》死者1名

6.30 工場火災（大阪府東大阪市）6月30日午前0時すぎ、大阪府東大阪市柏田西の倉庫

から出火、商店や住宅、貸工場など5棟、計約500m^{2}が焼けた。《データ》全焼5棟、焼失面積約500m^2

7.13 O157大量感染（大阪府堺市）7月13日、大阪府堺市の小学校33校で児童約300人が食中毒の症状を訴え病原性大腸菌「O157」が検出された。その後も市の対策の遅れなどもあり、患者が増え続け、小学生を中心に死者2人、患者6000人の大量感染となった。原因は学校給食とみられたが菌は検出されなかった。《データ》死者2名、患者6000人

8.9 古タイヤ炎上（大阪府大阪市平野区）8月9日午前3時30分ごろ、大阪市平野区平野西の資材置き場から出火、積まれていた古タイヤ約50本と営業所など計3棟の一部が焼け、近くの住人1人がやけどを負った。《データ》負傷者1名

8.24 建築中ビルでボヤ（大阪府大阪市中央区）8月24日午前10時50分ごろ、大阪市中央区難波千日前で、吉本興業が建築中の「よしもとSBビル」の地下から出火、地下1階の天井のウレタン約200m^{2}が焼け、作業員1人がやけどを負い、1人が一酸化炭素中毒で病院に運ばれた。《データ》負傷者2名

8.26 乗用車衝突（大阪府大東市）8月26日午後10時35分ごろ、大阪府大東市津の辺町の国道170号で、乗用車同士が衝突、1人が死亡、7人が重軽傷を負った。《データ》死者1名、負傷者7名

10.7 トラック・乗用車衝突（大阪府松原市）10月7日午後8時50分ごろ、大阪府松原市立部の大阪中央環状線で、トラックが乗用車に衝突、さらに後続の乗用車が追突、乗用車の2人が死亡した。《データ》死者2名

10.18 トラック・乗用車追突（大阪府大東市）10月18日午後4時20分ごろ、大阪府大東市中垣内の府道大阪生駒線の下り急カーブで、乗用車にダンプカーが追突、これをきっかけに乗用車、トラック計11台が玉突き衝突、乗用車を運転していた男性が死亡、3人が軽いけがをした。渋滞の最後尾にいた乗用車に、トラックが速度を出し過ぎていて追突したとみられる。《データ》死者1名、負傷者3名

11.25 従業員寮火災（大阪府豊中市）11月25日午前2時ごろ、大阪府豊中市上津島、建設会社の従業員寮から出火、軽量鉄骨造り4階建ての3、4階部分の約150m^{2}が焼け、従業員3人が焼死、4人が重軽傷を負った。電気ストーブが倒れて布団が燃えだしたため。《データ》死者3名、負傷者4名

1997年(平成9年)

1.2 露店全焼（大阪府寝屋川市）1月2日午前6時10分ごろ、大阪府寝屋川市成田西町、成田山不動尊の参道で、おもちゃなどの露店6店約19m^{2}が全焼、隣の住宅のガレージも焦がした。出火当時の初もうで客はまばらで、火の気がなかったことから不審火とみられる。《データ》露店6店全焼、焼失面積約19m^2

1.9 工事現場火災（大阪府堺市）1月9日午後1時半すぎ、大阪府堺市市之町に建設中の府警堺北署新庁舎で5階の工事現場から出火。7階建て庁舎延べ4600m^{2}のうち、天井裏や壁など約100m^{2}を焼いて約1時間後に消えた。近くに火の気がなく、以前にも工事業者の事務所の壁を焼く不審火があったことから放火とみられる。《データ》焼失面積約100m^2

1.22 乗用車スリップ事故（大阪府四条畷市）1月22日午前8時ごろ、大阪府四条畷市岡山東の市道で、乗用車が雪でスリップし、道路左側を前から一列に歩いてきた小学校と中学校の児童・生徒の列に突っ込んだ。男子児童1人が道路わきの民家の壁

大阪府(1997年)

と乗用車の間に挟まれ死亡、児童5人と生徒3人が軽いけがをした。《データ》死者1名、負傷者8名

1.28 陵南中学校火災（大阪府堺市）1月28日午前4時25分ごろ、大阪府堺市百舌鳥西之町の市立陵南中学校で、渡り廊下の屋根やげた箱約10m^{2}とプールに置いてあったビニールシートなどが焼けた。本館2階の職員室の窓が割られ、机が物色されていた。同校では7日にも体育倉庫が焼け、職員室が同じ手口で荒らされる事件があった。

1.29 乗用車高速道逆走（大阪府岸和田市）1月29日午前0時33分ごろ、大阪府岸和田市新港町の阪神高速道路湾岸線の上り車線で、乗用車に逆走してきた乗用車が衝突し、1人が死亡、3人が重軽傷を負った。原因は逆走した車が高速出口を入り口と間違えて進入したため。《データ》死者1名、負傷者3名

1.30 輸血ミスで患者死亡（大阪府守口市）1月30日午後、大阪府守口市の関西医科大学付属病院で、交通事故で搬送された少年が、手術中に血液型を間違えて輸血され手術直後に死亡した。病院側は「手術室の冷蔵庫に保管していた別人用血液を、医師が本人用のものと間違え、そのまま輸血した」と説明。《データ》死者1名

2.7 工場火災（大阪府南河内郡河南町）2月7日午前2時20分ごろ、大阪府南河内郡河南町のカーペット製造業者から出火、鉄筋一部木造2階建て工場兼倉庫約660m^{2}を全焼。4000万円相当のカーペットを焼失した。《データ》全焼1棟、焼失面積660m^2、カーペット4000万円分被害

2.10 住宅火災（大阪府大阪市東成区）2月10日午前1時40分ごろ、大阪市東成区深江南の民家から出火、木造2階建て住宅5棟と木造平屋建て倉庫1棟の計約160m^{2}を全焼した。住人2人が軽いやけどを負った。火元の住宅のコンセントがショートしてソファに燃え移ったらしい。《データ》負傷者2名、全焼6棟、焼失面積160m^2

2.10 ガスボンベ爆発（大阪府大阪市東住吉区）2月10日午前2時25分ごろ、大阪市東住吉区の食品加工業前のごみ箱から出火、隣に置いてあったLPガスボンベ4本が爆発、鉄骨2階建て加工作業場約400m^{2}を全焼、近くの駐車場の乗用車など車5台も焼いた。放火の可能性があるとみられる。《データ》全焼1棟、焼失面積約400m^2

2.13 倉庫火災（大阪府門真市）2月13日午前2時35分ごろ、大阪府門真市桑才にある運輸会社倉庫から出火、鉄骨2階建て倉庫兼事務所のうち約200m^{2}を焼き、北隣の自動車板金会社の鉄骨2階建て作業所兼住宅約390m^{2}を全焼した。《データ》全半焼2棟、焼失面積約590m^2

2.17 ロイヤルホテルでボヤ（大阪府大阪市北区）2月17日午前9時10分ごろ、大阪市北区中之島のロイヤルホテル地下2階の排気機室から出火、排気用ダクトの保護材の一部が燃えた。宿泊客約500人にけが人はなかった。火は洗濯室にある乾燥機から出る空気を排出するダクト内で発生したらしい。

2.24 アパート火災（大阪府大阪市天王寺区）2月24日午前2時40分ごろ、大阪市天王寺区玉造元町のアパートから出火、木造2階建て1棟を半焼、2名が負傷した。2階廊下付近から出火したとみられ、不審火の疑いもある。《データ》負傷者2名、半焼1棟

3.3 住宅火災（大阪府豊中市）3月3日午後8時ごろ、大阪府豊中市本町の民家で、1階台所付近から出火、木造2階建て1階部分を焼き、1人が一酸化炭素中毒で死亡、1人が軽いやけどを負った。台所の火の不始末が原因らしい。《データ》死者1名、負傷者1名

大阪府(1997年)

3.7 回送電車・乗用車衝突（大阪府大阪市淀川区）3月7日午前9時14分ごろ、大阪市淀川区野中北の阪急電鉄神戸線神崎川第三踏切で、乗用車が遮断機を突き破って進入、通過中の回送電車の六両目の側面に衝突した。乗用車を運転していた男性は軽いけがで病院へ運ばれた。神戸線は上下線とも不通となった。《データ》負傷者1名

3.11 四輪駆動車・急行電車衝突（大阪府大阪市東淀川区）3月11日午後9時30分ごろ、大阪市東淀川区東中島の阪急京都線で、四輪駆動がフェンスやガードレールを突き破って線路に進入、急行電車と衝突した。運転していた男性が死亡したが、乗客にけがはなかった。この4輪駆動車は現場付近の交差点で別の乗用車に衝突して逃走していた。《データ》死者1名

3.17 朝日新聞大阪本社火災（大阪府大阪市北区）3月17日午前10時55分ごろ、大阪市北区中之島の朝日新聞ビルの地下5階にある空調機室付近から出火、ビル内のテナントの従業員ら約200人が避難する騒ぎとなったが、けが人はなかった。空調機室内のダクトが燃え、近くの雑品に燃え移ったらしい。

3.20 住宅火災（大阪府大阪市港区）3月20日午前10時ごろ、大阪市港区田中の民家から出火、木造2階建て同住宅約60m^{2}を全焼、周囲の民家や倉庫など3棟計80m^{2}も類焼した。この火事で火元の住人1人が焼死、西隣に住む男性が軽いけがをした。《データ》死者1名、負傷者1名、全半焼4棟、焼失面積140m^2

3.29 カセットボンベ爆発（大阪府寝屋川市）3月29日午後7時15分ごろ、大阪府寝屋川市黒原旭町で、文化住宅2階から爆発音とともに出火、木造2階建て住宅のうち、2階部分77m^{2}を全焼し、住人1人が重傷のやけどを負った。原因は卓上コンロのカセットボンベに穴を開けた際に、残っていたガスが室内のストーブの火に引火、爆発したらしい。《データ》負傷者1名、焼失面積77m^2

4.24 マンションガス爆発（大阪府堺市）4月24日午前3時20分ごろ、大阪府堺市日置荘西町の分譲マンション7階の一室で、プロパンガスが爆発、1人が死亡、3人が顔などに軽傷を負った。《データ》死者1名、負傷者3名

5.7 阪神高速玉突き事故（大阪府大阪市港区）5月7日午前9時20分ごろ、大阪市港区港晴の阪神高速道路大阪港線の上り線で、大型保冷車が前のトラックに接触、この2台を含め計7台が次々と玉突き衝突して、保冷車の運転手が死亡、別の車の男性1人が重傷、他の3人も軽傷を負った。《データ》死者1名、負傷者4名

5.8 消化用炭酸ガス噴出（大阪府大阪市大正区）5月8日午前9時30分ごろ、大阪市大正区三軒家東のドラム缶再生会社「関西空缶工業所」の作業場で、消火設備から炭酸ガスが噴き出し、作業員5人が意識もうろうの状態になったり、頭痛などを訴え、酸欠症状になった。消火装置の誤作動が原因らしい。《データ》負傷者5名

5.16 阪神高速多重衝突事故（大阪府豊中市）5月16日午前6時15分ごろ、大阪府豊中市曽根南町の阪神高速池田線で、保冷車が中央分離帯を突き破り、反対車線を逆走して乗用車と接触。これに大阪空港交通のリムジンバスが追突するなど、計6台が関係する事故になり、リムジンバスの男性乗客1人が死亡、20人が負傷した。《データ》死者1名、負傷者20名

5.22 資材倉庫全焼（大阪府和泉市）5月22日午前2時20分ごろ、大阪府和泉市坪井町、カーペット製造業の資材倉庫から出火、鉄骨平屋建て約990m^{2}を全焼し、カーペットの生地約1000本(総額1億円相当)が焼けた。さらに隣接の民家の木造平屋建て住宅約330m^{2}と別の民家の倉庫1棟約180m^{2}の2棟も全焼したが、けが人はなかった。

大阪府(1997年)

《データ》全焼3棟、焼失面積1500m²、カーペット生地1億円相当焼失

6.1 一酸化炭素中毒死（大阪府泉大津市）6月1日午前10時10分ごろ、大阪府泉大津市東助松町の貸しガレージで、シャッターを閉めきったままエンジン音がしているのを、近所の人らが不審に思いシャッターを開けたところ、乗用車の運転席で男性が死亡していた。さらに階段付近で女性2人が死亡、2階の部屋では男性1人が意識不明となっていた。閉め切ったガレージで車のエンジンをかけ続けていたため、排気ガスで一酸化炭素中毒を起こしたとみられる。《データ》死者3名、負傷者1名

6.12 店舗火災（大阪府大阪市東淀川区）6月12日午後10時20分ごろ、大阪市東淀川区小松、小松商店街の店舗から出火。鉄骨2階建て店舗兼住宅を全焼、棟続きの店舗兼住宅3戸を半焼した。《データ》焼失面積480

6.22 路線バス・南海観光バス衝突（大阪府大阪市住之江区）6月22日午前9時50分ごろ、大阪市住之江区南港東の市道交差点で、大阪市交通局の路線バスと南海観光バスの観光バスが衝突、市バスの乗客5人と観光バスの運転手が軽いけがをした。《データ》負傷者6名

7.8 紡績工場全焼（大阪府岸和田市）7月8日午後6時15分ごろ、大阪府岸和田市真上町の紡績工場付近から出火、鉄骨3階建て延べ約2300m²と隣接した鉄骨平屋約2300m²の関連工場など3棟が全焼し、1人が焼死した。《データ》死者1名、全焼3棟、焼失面積4600m²

7.18 マーケット全焼（大阪府堺市）7月18日午前6時40分ごろ、大阪府堺市丈六、新野田マーケットから出火、木造モルタル2階建て延べ約1000m²と隣接の住宅を全焼、付近の民家など9棟の壁や屋根を焼いたが、けが人はなかった。《データ》全焼2棟、半焼9棟

7.25 乗用車・作業車追突（大阪府泉佐野市）7月25日午後1時10分ごろ、大阪府泉佐野市土丸の阪和自動車道上り線で、路肩に停車中のハイウェイ開発南大阪事業所の作業車2台に、乗用車が追突、車外で清掃作業中の2人が死亡、1人が軽傷、乗用車を運転していた男性も軽傷を負った。《データ》死者2名、負傷者2名

8.10 電池工場爆発（大阪府守口市）8月10日午前7時50分ごろ、大阪府守口市東郷通のリチウム電池充電会社の工場から爆発音とともに出火、鉄骨2階建て工場延べ約660m²、東隣の電線製造会社と民家計約800m²が全焼した。さらに爆風で民家、店舗など約20戸の窓ガラスや側壁が壊れ1人が負傷、消火作業中の消防署員も煙を吸って病院に運ばれるなどした。《データ》負傷者2名、全焼3棟、焼失面積1460m²

8.17 誉田八幡宮火災（大阪府羽曳野市）8月17日午後7時30分ごろ、大阪府羽曳野市誉田の誉田八幡宮敷地内の宮司住宅から出火、木造平屋建て住宅1棟約120m²を全焼した。住宅に隣接する社務所や本殿、同約30mにある国宝、国の重要文化財などが収蔵されている宝物殿に影響はなかった。《データ》全焼1棟、焼失面積120m²

8.21 トラック・急行列車衝突（大阪府泉大津市）8月21日午後3時25分ごろ、大阪府泉大津市東雲町の南海本線松ノ浜二号踏切で普通トラックが急行列車と衝突、トラックの運転手が死亡したが、急行列車の乗客約300人にけがはなかった。《データ》死者1名

8.22 高層住宅火災（大阪府大阪市住之江区）8月22日午前10時50分ごろ、大阪市住之江区南港中にある団地の、8階の一室から出火、約60m²を全焼、真上の部屋の男性が煙を吸って軽い一酸化炭素中毒となった。《データ》負傷者1名、焼失面積60m²

大阪府(1998年)

8.23 乗用車転落（大阪府泉大津市）8月23日午後1時35分ごろ、大阪府泉大津市小津島町の助松2号岸壁で、乗用車が海に転落、男女3人が死亡した。スピードの出し過ぎが原因とみられる。《データ》死者3名

8.26 鉄柱乗用車直撃（大阪府八尾市）8月26日午前9時40分ごろ、大阪府八尾市佐堂町の府道交差点角で、撤去作業中の看板付き鉄柱が走行中の乗用車を直撃、運転していた男性が死亡した。鉄柱をつり上げていたクレーンが鉄柱の重みで傾いた際にワイヤが切れたらしい。《データ》死者1名

9.4 アパート火災（大阪府大阪市西成区）9月4日午前3時すぎ、大阪市西成区山王のアパート1階付近から出火、木造モルタル2階建て延べ約1200m^{2}が全焼、老人3人が死亡、住民12人がやけどや一酸化炭素中毒、骨折などで重軽傷を負った。《データ》死者3名、負傷者12名、全焼1棟、焼失面積1200m^2

10.2 児童が将棋倒し（大阪府大阪市中央区）10月2日午前10時20分ごろ、大阪府大阪市中央区城見の高層ビル「ツイン21ナショナルタワー」1階から2階に上がるエスカレーターで、小学生が将棋倒しとなり32人が重軽傷を負った。《データ》負傷者32名

10.7 ガス引き込み工場に放火？（大阪府茨木市）10月7日午後11時45分ごろ、大阪府茨木市宇野辺の修理販売会社事務所兼工場付近から出火、1階内部の壁や天井約50m^{2}が焼けた。付近にはプロパンガスのボンベや自動車用のバッテリー、延長コードなどがあることから放火とみられる。

10.22 住宅火災（大阪府大阪市東淀川区）10月22日午前2時35分ごろ、大阪市東淀川区西淡路の市営住宅の最上階の1室から出火、同室約35m^{2}のうち北側6畳間の5m^{2}を焼いた。この火事で就寝中の男性住人が一酸化炭素中毒で死亡した。《データ》死者1名

10.29 模型飛行機工場全焼（大阪府東大阪市）10月29日午後9時30分ごろ、東大阪市荒川の模型飛行機製造業、OK模型の工場から出火、直後に火柱が上がり、木造一部2階建て延べ約640m^{2}を全焼し、隣接する住宅や倉庫計3棟の外壁なども焼いた。工場内には、木製模型飛行機約400～500機分の部品があり損害は約1500万円とみられる。模型組み立て用の接着剤に何かの火が引火したらしい。《データ》全焼1棟、焼失面積約640m^2、被害額約1500万円

11.9 山火事（大阪府岬町）11月9日午前1時半ごろ、大阪府岬町孝子の山林から出火、約2.2haを焼いてほぼ鎮火した。《データ》焼失面積2.2ha

11.29 中国人密航者ガス中毒死（大阪府大阪市此花区）11月29日午後3時50分ごろ、大阪市此花区梅町の大阪港桜島ふ頭に接岸していた中国船籍の貨物船長福1号の船底の倉庫で中国人とみられる男性4人が死亡。4人は中国からの密航者とみられ、いずれも目立った外傷はなかったこと、倉庫には、「フェロシリコン」という脱酸素剤3300トンを積んであったことから、フェロシリコンが水に触れ化学反応を起こし、発生したガスを吸って中毒死したものとみられる。《データ》死者4名

1998年(平成10年)

1.11 中央環状玉突き事故（大阪府摂津市）1月11日午前3時50分ごろ、大阪府摂津市鳥飼和道の府道中央環状線で、乗用車が、信号待ちしていた軽貨物車に追突。はずみで前に止まっていた乗用車2台も次々追突され、計4台の玉突き事故となった。この事故で軽貨物車が炎上し、運転手が焼死。他の3台に乗っていた3人は軽傷。追突した男性の酒気帯び運転の疑いがある。《データ》死者1名、負傷者3名

大阪府(1998年)

1.17 こたつで焼死(大阪府大阪市西淀川区)1月17日午後4時20分ごろ、大阪市西淀川区姫里のマンション5階のトラック運転手宅居間のこたつ付近から出火、こたつと周りの約5m²を焼き、1人が焼死した。こたつの下に敷かれた電気カーペットが発火したか、たばこの不始末が原因とみられる。《データ》死者1名

1.19 住宅火災(大阪府堺市)1月19日午後7時半ごろ、大阪府堺市東浅香山町の民家から出火、木造2階建て延べ約60m²を全焼。火元の1階居間で、老夫婦が焼死した。《データ》死者2名、全焼1棟、焼失面積60m²

1.24 住宅火災(大阪府八尾市)1月24日午前11時45分ごろ、大阪府八尾市服部川の民家から出火、木造2階建て延べ約50m²を全焼、1人が死亡、2人が重傷を負った。《データ》死者1名、負傷者2名、全焼1棟、焼失面積約50m²

1.28 集合住宅火災(大阪府大東市)1月28日午後3時半ごろ、大阪府大東市泉町の集合住宅から出火、木造2階建て延べ約360m²を全焼、1人が焼死した。《データ》死者1名、全焼1棟、焼失面積約360m²

2.3 住宅火災(大阪府豊中市)2月3日午前6時10分ごろ、大阪府豊中市刀根山の住宅から出火、1階のふろ場と居間計約30m²を焼き、1人が全身やけどで死亡した。《データ》死者1名

2.3 文化住宅全焼(大阪府門真市)2月3日午後11時40分ごろ、大阪府門真市石原町の文化住宅から出火、木造2階建て延べ約240m²が全焼、1人が焼死した。《データ》死者1名、全焼1棟、焼失面積約240m²

2.19 長屋全焼(大阪府東大阪市)2月19日午前2時5分ごろ、東大阪市柏田本町の民家から出火、木造平屋で4戸棟割りの長屋約100m²を全焼、子供2人が焼死した。《データ》死者2名、全焼1棟、焼失面積100m²

3.2 自転車・阪和線快速衝突(大阪府堺市)3月2日午後4時5分ごろ、大阪府堺市百舌鳥夕雲町のJR阪和線踏切付近で、堺東署員が、自転車の男性に声をかけたところ逃走、署員が後を追ったが、男性は遮断機を手で持ち上げて踏切内に進入し、関空快速にはねられ死亡した。《データ》死者1名

3.2 乗用車クッションドラムに衝突(大阪府大阪市港区)3月2日午前2時5分ごろ、大阪市港区港晴の阪神高速道路大阪港線の下り線で、乗用車が神戸・泉佐野方面の分岐点のクッションドラムに衝突。運転していた男性はフロントガラスを破って約60m先まで投げ出され死亡した。《データ》死者1名

3.10 アパート火災(大阪府大阪市住之江区)3月10日午前1時25分ごろ、大阪市住之江区粉浜西のアパートから出火、木造2階建て延べ195m²を全焼、東隣の民家も半焼、1人が焼死、住人5人が重軽傷を負った。《データ》死者1名、負傷者1名、全焼1棟、焼失面積195m²

3.10 住宅火災(大阪府大阪市生野区)3月10日未明、大阪市生野区小路で火災が発生、木造平屋建てと棟続きの倉庫など延べ120m²のうち54m²を焼き、午前2時前に消えた。この火事で1人が死亡、1人が意識不明の重体となった。《データ》死者1名、負傷者1名、焼失面積54m²

3.17 アパート火災(大阪府大阪市西成区)3月17日午前4時半ごろ、大阪市西成区千本北のアパートの2階付近から出火、木造モルタル2階建て延べ約300m²を全焼、1人が焼死した。《データ》死者1名、全焼棟、焼失面積約300m²

3.22 府営住宅火災(大阪府富田林市)3月22日午後4時半ごろ、大阪府富田林市楠風台

大阪府(1998年)

の府営住宅2階、男性方から出火、約35m²を全焼、長女が焼死した。長女は下半身が不自由で、出火時は1人で留守番していた。《データ》死者1名、焼失面積約35m²

3.27 御堂筋線本町駅階段でボヤ（大阪府大阪市中央区）3月27日午前1時ごろ、大阪市中央区の市営地下鉄御堂筋線本町駅のエスカレーター設置工事現場で、鉄パイプをガスバーナーで切断中、火花で近くにあった段ボール箱が燃え上がり、ホームの天井などに燃え移った。作業員が消火作業中、煙を大量に吸って、まもなく死亡した。《データ》死者1名

4月 高濃度ダイオキシン検出（大阪府能勢町）4月、大阪府能勢町のごみ焼却施設「豊能郡美化センター」敷地内の土壌から1グラムあたり8500ピコグラムの高濃度ダイオキシンが検出され、土壌調査では、これまでの国内最高値の3倍以上の値で、12地点で1000ピコグラムを上回った。また、敷地内の調整池の汚泥からは2万3000ピコグラムが検出された。

4.1 自転車トラックにはねられる（大阪府大阪市鶴見区）4月1日午後5時20分ごろ、大阪市鶴見区茨田大宮の府道交差点で、自転車で横断歩道を渡っていた小学生が、大型トラックにはねられ死亡した。さらにトラックは交差点内を西進中の乗用車の左側面に衝突。乗用車を運転していた男性も死亡した。《データ》死者2名

4.3 阪和線人身事故（大阪府大阪市東住吉区）4月3日午前7時45分ごろ、大阪市東住吉区山坂のJR阪和線鶴ケ丘踏切で、男性が、下り特急「はるか」にはねられ、さらに上り快速電車にもはねられて死亡した。遮断機をくぐって踏切内に進入したらしい。この事故で上下8本が運休、72本が14～2分遅れ、約6万1000人に影響した。《データ》死者1名

4.6～16 従業員食堂で食中毒（大阪府堺市）4月6日から16日にかけて、大阪府堺市で機械メーカー「クボタ」の堺製造所の従業員食堂で、従業員759人が下痢、腹痛などを訴える集団食中毒が発生、4人から病原性大腸菌O169が検出されたが、症状は軽いという。《データ》患者759名

4.8 文化住宅全焼（大阪府茨木市）4月8日午前2時10分ごろ、大阪府茨木市春日の文化住宅から出火、木造2階建て同住宅延べ約240m²を全焼、1人が焼死した。《データ》死者1名、全焼1棟、焼失面積約240m²

4.28 住宅火災（大阪府大阪市東住吉区）4月28日午前0時ごろ、大阪市東住吉区駒川の住宅から出火、木造2階建ての同住宅と隣の店舗付き住宅の計2棟延べ200m²を焼き、1人が焼死、1人が負傷した。《データ》死者1名、負傷者1名、焼失面積200m²

5.8 カラオケ店火災（大阪府大阪市東成区）5月8日午後11時50分ごろ、大阪市東成区中道の4階建てビル1階のカラオケボックスから出火、店の一部を焼いた。逃げ遅れた客と従業員計9人が煙を吸い病院で手当てを受けたが、1人が約1時間後に死亡した。他の8人は軽症。調理場の換気扇付近から火が噴き出していた。《データ》死者1名、負傷者8名

5.11 マンション火災（大阪府大阪市西区）5月11日午前3時35分ごろ、大阪市西区本田のマンションの1室から出火。鉄筋コンクリート5階建て同マンションのうち同室約25m²をほぼ全焼、1人が焼死した。《データ》死者1名、焼失面積約25m²

5.29 乗用車・阪和線電車衝突（大阪府大阪市住吉区）5月29日午後11時ごろ、大阪市住吉区長居東のJR阪和線長居北2号踏切で、快速電車が乗用車と衝突。乗用車は大破し、運転していた男性が死亡した。《データ》死者1名

大阪府(1998年)

7.3 近鉄南大阪線人身事故（大阪府松原市）7月3日午後7時25分ごろ、大阪府松原市西大塚の近鉄南大阪線の踏切で、電動車いすに乗った近くに住む男性が、急行にはねられ死亡した。電車は電動車いすを引っかけて約50m引きずり停車、乗客にけが人はなかった。《データ》死者1名

7.8 熱中症で高3男子死亡（大阪府柏原市）7月8日正午過ぎ、大阪府柏原市の私立柏原高校で、部活動中のラグビー部の3年生が「気分が悪い」と訴え、けいれんを起こしたため、救急車で病院に搬送されたが意識不明の状態で熱中症と診断、11日午後、入院先の病院で死亡した。高校生はこれまで健康状態に異常はなかった。8日の大阪の最高気温は33.3度だった。《データ》死者1名

7.11 食中毒（大阪府泉大津市）7月11日、大阪府泉大津市穴田の和風レストランで、食事をした利用客のうち56人が下痢や吐き気を訴え、うち6人が入院。患者から腸炎ビブリオ菌が検出され、《データ》患者56名

7.23 トラック追突（大阪府堺市）7月23日午前5時45分ごろ、大阪府堺市築港浜寺町の阪神高速道路湾岸線の下り線で、非常駐車帯に停車中の車に、トラックが追突、停車中の車ははずみで横転した。追突したトラックの運転手が死亡、同乗の2人が重軽傷。追突された運転手も軽傷を負った。《データ》死者1名、負傷者3名

7.28 ミニバイク・乗用車衝突（大阪府大阪市城東区）7月28日午前6時40分ごろ、大阪市城東区諏訪の国道479号の交差点で、男子中学生が運転する2人乗りのミニバイクと乗用車が出合い頭に衝突。ミニバイクはさらに交差点に入ってきたタンクローリーにも接触、転倒した。運転していた中学生は死亡、後部座席の中学生も重傷を負った。ミニバイクが赤信号を無視して交差点に進入したらしい。《データ》死者1名、負傷者1名

8.3 タクシー・乗用車衝突（大阪府大阪市北区）8月3日午後9時40分ごろ、大阪市北区兎我野町の新御堂筋で、個人タクシーに対向してきた乗用車が衝突。タクシーの乗客1人が死亡、運転手ともう1人の乗客計2人が重傷、乗用車の男女計4人が軽傷を負った。乗用車が追突を避けようとハンドルを右に切って反対車線に飛び出したらしい。《データ》死者1名、負傷者6名

9.6 オートバイ・タクシー衝突（大阪府堺市）9月6日午前2時40分ごろ、大阪府堺市石津町の国道26号で、下り車線を逆走した2人乗りのオートバイがタクシーと正面衝突、オートバイに乗っていた2人は死亡した。タクシー運転手と乗客の女性は軽傷。《データ》死者2名、負傷者2名

9.12 乗用車・軽乗用車衝突（大阪府大阪市旭区）9月12日午後10時55分ごろ、大阪市旭区太子橋の阪神高速道路守口線の上り線で、追い越し車線を走行していた乗用車が左側にはみ出し、走行車線の軽乗用車に衝突。軽乗用車はコンクリート側壁にぶつかるなどして大破し、後部座席の女性が死亡した。男性1人が意識不明の重体、男女2人も重軽傷。乗用車を運転していた男性は酒気帯びだった。《データ》死者1名、負傷者3名

9.22 軽飛行機墜落（大阪府高槻市）9月22日午後6時過ぎ、大阪府高槻市の安満山の山頂付近に軽飛行機が墜落、パイロットなど5人が死亡した。《データ》死者5名、航空機1機墜落

10.14 有機溶剤中毒死（大阪府羽曳野市）10月14日午後1時半ごろ、大阪府羽曳野市埴生野の建築資材リース会社で、升形のタンクの底にたまったヘドロの除去作業

中に、作業員が防じんマスクを着けてタンク内に下り、ヘドロをすくっている最中に倒れた。助けようとタンク内に入った3人のうち1人が倒れ、計2人が死亡した。また、2人が軽傷を負った。《データ》死者2名、負傷者2名

10.17 近畿自動車道スリップ事故（大阪府東大阪市）10月17日午前0時10分ごろ、東大阪市中鴻池町の近畿自動車道上り線で、乗用車がスリップし中央分離帯に衝突、弾みで反対向きになったところ、後続のトラックや乗用車計8台が相次いで衝突、接触した。乗用車を運転の男性と同乗の女性の2人が死亡、後続車両の3人が軽いけがをした。《データ》死者2名、負傷者3名

10.26 文化住宅火災（大阪府枚方市）10月26日午前1時ごろ、大阪府枚方市町楠葉の文化住宅から出火、木造2階建て延べ約230m²を全焼、1人が死亡、2人が重軽傷を負った。《データ》死者1名、負傷者2名、全焼1棟、焼失面積約230m²

11.11 乗用車・トラック追突（大阪府箕面市）11月11日午前2時半ごろ、大阪府箕面市萱野の国道423号で、乗用車が道路左側に駐車していた大型トラックに衝突、乗用車の2人の男性のうち1人が死亡、1人が重傷を負った。トラック運転手も軽いけがを負った。事故直後に車からガソリンがもれて炎上した。《データ》死者1名、負傷者2名

11.16 深夜火事（大阪府八尾市）11月16日午前0時40分ごろ、大阪府八尾市萱振町の民家から出火、木造かわらぶき平屋151m²のうち南側離れ約20m²が焼け、1人が焼死した。《データ》死者1名、焼失面積約20m²

11.22 住宅火災（大阪府東大阪市）11月22日午後8時20分ごろ、東大阪市客坊町の民家から出火。木造平屋建て4戸棟続き住宅144m²を全焼、1人が焼死した。《データ》死者1名、全焼1棟、焼失面積144m²

11.24 マンション火災（大阪府大阪市大正区）11月24日午後11時半ごろ、大阪市大正区千島のマンション5階の一室から出火、玄関付近約10m²が焼け、1人が焼死した。《データ》死者1名、

11.26 千日前で火災（大阪府大阪市中央区）11月26日午後3時10分ごろ、大阪市中央区千日前の木造平屋の空き家から出火、周辺の店舗や住宅など計15棟約680m²を焼き、消火中の消防署員が軽傷を負った。千日前通は2時間にわたって全面通行止めとなった。《データ》負傷者1名、全焼15棟、焼失面積約680m²

12.6 住宅火災（大阪府大阪市平野区）12月6日午前1時ごろ、大阪市平野区加美北の銅線加工業の作業場兼住宅約から出火、鉄筋2階建て240m²のうち、約120m²を焼き、1人が焼死した。出火場所は1階出入り口の横にある物置付近で、プラスチック製の材料などが保管してあったが火の気はなかった。《データ》死者1名、焼失面積約120m²

12.12 集合住宅火災（大阪府守口市）12月12日午前9時ごろ、大阪府守口市寺方本通の集合住宅から出火、木造2階建て延べ約330m²を全焼。1人が焼死。《データ》死者1名、全焼1棟、焼失面積約330m²

12.20 住宅火災（大阪府美原町）12月20日午後8時20分ごろ、大阪府美原町平尾の民家から出火、木造平屋建て住宅約120m²を全焼、2人が焼死した。《データ》死者2名、全焼1棟、焼失面積約120m²

1999年(平成11年)

2.26 マンション火災（大阪府大阪市）2月26日午前5時20分ごろ、大阪府大阪市東淀川

大阪府(1999年)

区菅原の7階建てマンション5階から出火、同室35m²を全焼し、男性2人が焼死し、同室住人の男性1人がやけどで重傷。死亡した2人は住人男性の知人だったが、住人男性は1人で就寝中で、ドアには施錠がしてあった。《データ》死者2名、負傷者1名、全焼1部屋

3.8 共同住宅火災（大阪府大阪市）3月8日午後11時5分ごろ、大阪府大阪市大正区三軒家東の4階建て共同ビル1階から出火、同ビル延べ約300m²のうち、1階約40m²を焼いて約30分後に消えた。ビルにはアパートが入っており、17日までに住民のうち5人が全身やけどや一酸化中毒などで死亡、1人が重傷、8人が軽傷を負った。翌9日、住民の68歳男性が放火の容疑で逮捕された。《データ》死者5名、負傷者9名、焼失面積約40m²

3.30 工場火災（大阪府貝塚市）3月30日午後8時55分ごろ、大阪府貝塚市半田のカーペット製造工場から出火、鉄筋3階建て延べ5100m²を全焼した。けが人はなかった。出火当時、工場には鍵がかかっており、内部は無人だった。《データ》工場1棟全焼、焼失面積約5100m²

4.6 強風でけが人相次ぐ（兵庫県・大阪府）4月6日、兵庫県や大阪府で突風が発生し、被害が続出した。午前11時20分ごろ、兵庫県神戸市長田区二葉町の市立二葉小学校でフェンスに設置された選挙掲示板が木枠ごと倒れ、通りかかった女性が頭部に軽傷を負った。同じころ、同県明石市の県立明石公園内でも露天商のテントが倒れ、2人がパイプで頭などを打ち軽傷。大阪府東大阪市ではマンションの足場が倒壊して露店が下敷きになり、経営者の女性が軽傷を負った。《データ》負傷者4名

7.30 アパート火災（大阪府豊中市）7月30日午前1時50分ごろ、大阪府豊中市庄内幸町のアパートから出火、豊中市消防本部の消防車21台が出動して消火にあたり約3時間後に鎮火、木造2階建て576m²が全焼した。この火事、9人が死亡し、3人が負傷した。《データ》死者9名、負傷者3名

8.2 地震（大阪府）8月2日午前4時58分ごろ、大阪府で地震が発生。震源は大阪府南部で深さは約10キロ、マグニチュードは4.3。同府岸和田市、泉佐野市、和泉市、熊取町、田尻町で震度3を記録した。

10.4 連続放火（大阪府摂津市）10月4日午前2時ごろ、大阪府摂津市鶴野の倉庫会社倉庫から出火、庫内の携帯用ガスボンベが次々に破裂、炎上し、鉄骨スレートぶき平屋建て約7000m²を全焼した。さらに火は北隣の工務店社員寮に延焼、鉄筋5階建ての事務所兼寮延べ約1500m²を全焼した。同時刻ごろ、約2キロ離れた印刷工場が半焼しているほか同市内では先月から放火とみられる不審火が連続20件発生。後に豊中市在住の男性が現住建造物等放火未遂容疑で逮捕され、容疑者は約90件の放火を認めた。《データ》倉庫1棟全焼、1棟半焼、焼失面積約8500m²

11月 心臓手術ミスで6歳死亡（大阪府吹田市）11月末、吹田市の国立循環器病センターで、6歳の女児に心臓手術を行った際、停止させた心臓を保護する心筋保護液の調整を誤ったために容態が悪化し、1カ月後に死亡していたことが、平成12年1月4日に判明。《データ》死者1名

11.5 工場火災（大阪府大阪市）11月5日午前2時10分ごろ、大阪市東成区中道の製造所1階作業場から出火、木造鉄骨2階建て同作業場4095m²のうち1300m²を焼いた。けが人はなく、周囲の建物への延焼もなかった。当直従業員がベアリングの球を製造中、設置されていた電気炉が過熱して燃え出したものとみられる。

大阪府(2000年)

- **11.8 住宅火災**（大阪府富田林市）11月8日午前7時15分ごろ、大阪府富田林市廿山の木造3階建て住宅3階から出火。延べ115m^{2}のうち、3階6畳間約10m^{2}を焼いて、約20分後に消えた。この火事で、同住宅の母子3人が死亡死亡。もう1人の子供もも全身にやけどを負っており、意識不明の重体を負った。《データ》死者3名、負傷者1名、焼失面積約10m^2

- **11.29 スーパー火災**（大阪府大阪市）11月29日午前0時50分ごろ、大阪市生野区小路東のスーパーから出火、鉄骨一部2階建て延べ2100m^{2}のうち500m^{2}を焼いて、約2時間後にほぼ消えた。けが人はなかった。放火の疑いもあるとみられる。《データ》焼失面積約500m^2

- **12.24～ 東海新幹線基地でゴミ袋爆発**（大阪府摂津市・埼玉県浦和市・茨城県東海村）12月24日、摂津市のJR東海新幹線基地「大阪第一車両所」(鳥飼基地)のごみ袋焼却場で、新幹線の車両から回収したごみ袋1個が爆発。その後12月27日に浦和市のJR浦和駅西口のコインロッカーが突然爆発し、コインロッカー管理会社の社員が軽傷を負い、平成12年1月6日には、茨城県東海村の東海駅前でリュックに入った爆発物が発見されたが、これら3件について、群馬県出身の男性が爆発物取締罰則違反容疑で逮捕された。《データ》負傷者1名

- **12.25 工場火災**（大阪府八尾市）12月25日午前1時50分ごろ、大阪府八尾市北亀井町のプラスチック工場から出火、鉄骨3階建て工場延べ約1350m^{2}を全焼し6時間後に消えた。火元は敷地内の廃品置き場付近で、出火後建物に燃え移った。けが人はなかった。《データ》工場1棟全焼、焼失面積約1350m^2

- **12.26 住宅火災**（大阪府大阪市）12月26日午後8時ごろ、大阪市北区菅栄町の民家から出火、木造2階建て住宅52m^{2}を全焼、さらに東隣のアパートや、北隣の民家などに燃え移り、出火元の民家を含む4棟約600m^{2}を全半焼した。この火事で28世帯52人が焼け出されたが、けが人はなかった。出火元の民家に住む女性が神だなに灯明を上げる際、持っていたろうそくの火がそばにあった紙に燃え移った。消防車35台が出動した。《データ》全半焼4棟、焼失面積約600m^2

2000年(平成12年)

- **1.22 住宅全焼**（大阪府東大阪市）1月22日午前10時45分ごろ、大阪府東大阪市若江西新町の民家から出火、木造2階建て住宅約70m^{2}を全焼し、老夫婦2人が焼死した。《データ》死者2名、全焼1棟、焼失面積約70m^2

- **1.24 ガス漏れ**（大阪府大阪市）1月24日午後5時10分ごろ、大阪市中央区北浜で、地下1.4mに埋めてある鉄製ガス管(直径15センチ)に、幅1～2mmの亀裂が入り、輪切り状態になってそこからガスがもれていた。ガスは爆発する危険性の高い濃度に達していたため、会社員ら約380人が避難、けが人などはなかった。

- **2.8 小型タンカー転覆**（大阪府泉佐野市）2月8日午後0時20分ごろ、大阪府泉佐野市の関西国際空港沖約3キロの大阪湾で、小型タンカー「海運丸」が転覆、船底を上にして浮かんでいるのを通りかかった船が発見し、関西空港海上警備救難部に通報した。同3時20分、第5管区海上保安本部のダイバーがハンマーで船底をたたいたところ、中から応答があったため同本部は船を曳航して船内を捜索した。しかし、乗組員は見つからず、海に投げ出された可能性もあるとして、9日夜明けから周辺を捜索する事となった。《データ》行方不明者3名

- **3.9 トラック衝突・炎上でガス発生**（大阪府・奈良県）3月9日午前10時半ごろ、大阪

167

大阪府(2000年)

府千早赤阪村と奈良県御所市の府県境にある国道309号水越トンネル内で、奈良県大淀町、古谷化成工業所所有の2トントラックが走行中に側壁に衝突して座席付近から出火し炎上、積み荷の塩化ビニール製のハンガーやおもちゃのバケツなど積み荷約1トンが燃え、有毒ガスが発生した。トラックの運転手が、手やのどなどにやけどを負ったほか、付近の住民やドライバーらが有毒ガスを吸い込み、18人が被害を負った。《データ》負傷者18名、車両1台炎上

3.15 共同住宅火災（大阪府忠岡町）3月15日午後10時45分ごろ、大阪府忠岡町忠岡東の民家で放火事件があり、木造2階建ての共同住宅など3棟計約280m^{2}が全焼し、約1時間半後に鎮火。事件直前、出火元の家の男性と隣に住む女性が口論となり、女性が腹いせに男性宅に石油をまいて火を付けたと見られ、この男性が全身やけどの重症、女性は顔などにやけどを負った。3棟で計6世帯が焼け出されたほか、住宅そばを走る南海電鉄が、線路に煙が充満したため、一時運転を見合わせた。《データ》死者1名、全焼3棟、焼失面積約280m^2

3.19～24 学校連続放火（大阪府豊中市）3月19日から24日にかけて、大阪府豊中市で学校ばかりをねらった連続放火が17件おこった。24日になって、23歳の男性が逮捕された。

4.2 住宅火災（大阪府四条畷市）4月2日午前0時51分ごろ、大阪府四条畷市米崎町の民家から出火、木造2階建て同住宅70m^{2}と、棟続きの自営業者の民家、木造平屋建て住宅40m^{2}を全焼した。この火事で夫婦2人が焼死、男性1人が2階から飛び降りて重傷を負った。この火災の前後、現場の近くで不審火が連続5件発生していたほか、4月4日午後8時半ごろ、大阪府寝屋川市河北西町で約30m^{2}を全焼したのを含めて数件の不審火が発生、一連の不審火は関連があるものともみられる。《データ》死者2名、負傷者1名、全焼2棟、焼失面積約100m^2

5月～7月 セラチア菌院内感染（大阪府堺市）5月から7月にかけ、堺市の特定医療法人同仁会「耳原総合病院」で、入院患者15人が腸内細菌の一種セラチア菌に院内感染した疑いがあり、うち7名が敗血症などで死亡していたことが、7月3日に明らかになった。さらにその後の調査でこの15人のうち少なくとも2人がMRSA(メチシリン耐性黄色ブドウ球菌)にも二重感染していたこと、有力な治療薬とされてきたカルバペネム系の抗生物質が効かない新しいタイプの菌が含まれていたことなどが明らかとなった。《データ》死者7名

5.23 公衆トイレでメタンガス爆発（大阪府大阪市）5月23日午後2時半ごろ、大阪府大阪市鶴見区の花博記念公園鶴見緑地の「旧政府苑」内にあるトイレを点検していた市建設局職員の男性が、ライターに着火した瞬間、爆発が起きた。男性は全身に1カ月のやけど。男性は、トイレの水はけが悪かったため、点検口のふたを開けて排水管を調べようとしていたが、ここに溜まっていたメタンガスがライターの火に引火したとみられる。このメタンガスが廃棄物から発生したか、排せつ物によるものかは不明。《データ》負傷者1名

5.28 ごみ吸引機に吸い込まれ重傷（大阪府大阪市）5月28日午前10時15分ごろ、大阪府大阪市住之江区南港中のごみ処理施設で、家庭の掃除機のように空気でごみを吸い込んで運ぶ「ごみ空気輸送システム」の鋼鉄製輸送管に作業員2人が入ったところ、空気の吸引装置が作動、2人は管の中をごみ分離機まで約60m吸い込まれ、腰の骨を折るなどの大けがをした。《データ》負傷者2名

6.26 プラスチック加工工場火災（大阪府大阪市）6月26日に大阪市平野区加美南のプ

ラスチック加工工場から出火、軽量鉄骨3階建て工場兼住宅437m²が半焼し、2人が一酸化炭素中毒で死亡、2人が負傷した。火元は出入り口付近の資材だったが、今年4月中旬にも同じ火元付近でボヤが起きており、放火事件の可能性もあるとみられている。平野区では今年1月以降、30件以上の不審火が発生していた。《データ》死者2名、負傷者2名

7.12 高濃度ダイオキシン汚染（大阪府豊能郡能勢町）7月12日、大阪府豊能郡能勢町のゴミ焼却施設「豊能郡美化センター」の解体作業に従事していた作業員35人が、通常の濃度20～30ピコグラムを大きく上回る高濃度のダイオキシンに汚染されていたことが明らかとなった。14日には施設周辺の住民が申し立てていた公害調停が成立し、メーカーの三井造船と子会社が、センターを管理する環境施設組合や住民に総額7億5千万円を支払い、組合などは平成18年までにダイオキシン汚染物を処理すると決まった。

7.16 睡眠薬誤投与（大阪府東大阪市）7月16日、大阪府東大阪市西岩田にある東大阪市立総合病院で、看護婦が肺炎で入院していた男性患者に睡眠導入剤フルニトラゼパムを誤って点滴し、患者が植物状態なったことが、8月24日に明かになった。主治医は投与の中止を指示簿に記載していたが、看護婦が見落とした。病院側は医療ミスを認めた。フルニトラゼパムには呼吸抑制作用があり、呼吸機能が低下している患者には慎重に投与することが必要とされている。《データ》死者1名

9.17 マンション火災（大阪府八尾市）9月17日午前9時25分ごろ、大阪府八尾市南植松町の6階建てマンション4階一室より出火、同室約50m²を全焼し、留守番中の幼児3人が死亡した。《データ》死者3名、全焼1部屋、焼失面積約50m²

12.27 アパート火災（大阪府大阪市）12月27日午後1時50分ごろ、大阪市西成区天下茶屋のアパート1階から出火、鉄骨3階建て延べ120m²のうち90m²を焼いた。この火事で、部屋にいた17人中、そのうち逃げ遅れた10人が救出され病院に運ばれたが、うち男性1人が全身やけどで死亡、5人が煙を吸ったりやけどで重症、4人が軽症を負った。《データ》死者1名、負傷者9名

2001年（平成13年）

2.25 アパート火災（大阪府大阪市）2月25日午前11時10分ごろ、大阪市西成区松の木造2階建てアパートから出火、同アパートを全焼し、周囲の住宅兼作業所など4棟にも燃え移って、計約510m²を焼いた。この火事で同アパートの住人1人が煙を吸ってのどにやけどを負ったほか、現場脇を通る南海電鉄汐見橋線が約1時間不通となった。《データ》全焼1棟、焼失面積約510m²

4.6 氷塊民家直撃（大阪府河内長野市）4月6日午後8時10分ごろ、大阪府河内長野市木戸の民家の駐車場に、氷の塊が屋根を突き破って落下した。屋根には21センチ四方の穴が開いていたといい、バレーボール大の大きさだったとみられる。けが人なし。運輸省(当時)航空局新東京空港事務所は「氷塊を落下させたのは、上空を飛行中の航空機の可能性が高い」と発表。

6.8 池田小児童殺傷事件（大阪府池田市）6月8日午前10時10分ごろ、大阪府池田市の大阪教育大学教育学部附属池田小学校に出刃包丁を持った男が乱入。計4つの教室で児童に次々と襲いかかり、児童8人を刺殺、児童13名と教師2名に重軽傷を負わせた。男は副校長らに取り押さえられ、殺人容疑で逮捕された。男は過去に勤務先の同僚に精神安定剤入りのお茶を飲ませ、1カ月余り精神病院に措置入院したこ

大阪府(2001年)

とがあり、逮捕直後も異常な言動を繰り返した。しかし、捜査が進むにつれ精神障害を装って刑事責任を免れるための嘘と判明、過去の事件でも精神障害を偽装したことを認めた。平成15年3月、大阪地裁は犯行時の責任能力を認め、死刑を言い渡した。《データ》死者8名、負傷者15名

6.17 アパート火災（大阪府枚方市）6月17日午前2時半ごろ、大阪府枚方市須山町のアパート1階付近から出火、木造2階建て延べ約283m^{2}を全焼。北隣の店舗兼住宅に延焼し、2階部分約130m^{2}を焼いた。アパート1階の焼け跡から4人が焼死体で見つかり、一人が両腕にやけどの重傷を負った。《データ》死者4名、負傷者1名

7.28 排気ガス中毒（大阪府大阪市）7月28日午後8時35分ごろ、大阪市東淀川区大桐の鉄骨3階建て住宅の2・3階で2人死亡、5人負傷した。1階ガレージでタクシーのエンジンを切り忘れ、排ガスが階段を伝って上の屋内に流れ充満し中毒を起こした。《データ》死者2名、負傷者5名

8.14 アトラクションパイプから油漏出（大阪府大阪市）8月14日、大阪市此花区の「ユニバーサル・スタジオ・ジャパン」(USJ)で、人気アトラクションのパイプから油が漏れ、約200人以上の客にかかるトラブルがあった。このうち約40人が目や耳などに痛みを訴え、園内のナースセンターで洗浄を受けるなどの手当てを受けた。USJ側は被害に遭った客にクリーニング代や優待券などを渡し、謝罪した。USJによると、アトラクションの事故は、3月31日の開業以来、初めて。アトラクションは1時間20分後に復旧した。《データ》負傷者約40名

8.18 住宅火災（大阪府大阪市）8月18日午前9時10分ごろ、大阪市西成区南開の木造2階建て住宅から出火。2階部分約25m^{2}を焼いた。2階から2人の子どもが焼死体で発見された。《データ》死者2名

8.25 店舗火災（大阪府大阪市）8月25日午前5時15分ごろ、大阪府大阪市中央区日本橋の黒門市場西側から出火。フグ料理店の倉庫兼持ち帰り店舗、靴下販売店、ブティックの計3棟（いずれも木造3階建て）、延べ約370m^{2}のうち約170m^{2}を焼いた。けが人はなかった。靴下販売店店員が非現住建造物等放火の疑いで逮捕され、「眠れなく、うっ積を晴らすために火をつけた」と供述。《データ》焼失面積約170m^2

8.27 住宅火災（大阪府東大阪市）8月27日午後10時半ごろ、大阪府東大阪市荒川の民家から出火。木造2階建て住宅1棟4戸延べ約400m^{2}のうち、約215m^{2}を焼いた。女児1人死亡、西隣に住む男性も両足に軽傷を負った。《データ》死者1名、負傷者1名

11.22 小学校で塩化水素ガス漏出（大阪府四條畷市）11月22日、大阪府四条畷市の金網製造工法から塩化水素ガスが漏出し、隣接する小学校の児童32人が病院で手当てを受けた。同小学校では以前から校庭で刺激臭がするなどしていたが、安全対策をほとんど立てていなかった。《データ》患者32名

11.28 商店街火災（大阪府大東市）11月28日午後0時45分ごろ、大阪府大東市新町の新町商店街内から出火、燃料店の裏手に置いてあったプロパンガスのボンベ10本に引火し断続的に爆発。店舗3棟と民家5棟計約500m^{2}を全焼した。《データ》全焼8棟、焼失面積約500m^2

12.5 赤痢集団感染（大阪府大阪市）12月5日、大阪市の市立幼稚園で園児らが腹痛などの症状を訴え、検査の結果赤痢菌が検出された。感染者は園児、園児の家族、職員計37人。《データ》患者37名

2002年(平成14年)

1.23 クレーンが横転（大阪府大阪市）1月23日午前11時40分ごろ、大阪市天王寺区大道のマンション建設現場で、強風のため大型クレーンが転倒、市道をはさんだ4階建て市営住宅を直撃し、倒れたクレーンにトラック1台が衝突。クレーンの操縦者、トラック運転手、市営住宅住民2人の計4人が負傷した。《データ》負傷者4名

3.9 団地火災（大阪府箕面市）3月9日午前5時ごろ、大阪府箕面市如意谷の鉄筋コンクリート造り5階建て団地の4階から出火。約66m²を全焼し、火元の部屋に住んでいた夫婦2人が焼死、息子1人と別の入居者ら計4人が煙を吸って手当てを受けた。《データ》死者2名、負傷者4名、焼失面積約66m²

3.31〜4.2 仕出し弁当で食中毒（大阪府大阪市）3月31日から4月2日にかけて、岡山、福岡、愛知、三重、岐阜の男子中学生127人と指導者ら12人が食中毒症状を訴えた。発症者全員が大阪市で開催されたサッカー大会の参加者で、3月31日の昼食で食べた市内の仕出し店の弁当が原因。《データ》患者139名

4.4 農薬会社研究所で配管破裂（大阪府河内長野市）4月4日午前10時15分ごろ、大阪府河内長野市小山田町の農薬会社研究所で、放射性同位元素炭素14を含む廃液の焼却処分中に排気用の塩化ビニール製配管が破裂。作業員1人がすすをかぶるなどして軽傷を負ったが、法令の線量限度を超える被曝はなかった。事故自体は軽微なものだったが、放射性同位元素などが関わる事故や盗難は法令で速やかな届け出が義務付けられているにも関わらず、通報が約2時間遅れたことが問題となった。《データ》負傷者1名

5.1〜7月 MRSA感染（大阪府池田市）5月1日〜7月下旬に大阪府池田市の市立池田病院で生まれた124人の新生児のうち、86人がメチシリン耐性黄色ブドウ球菌(MRSA)に感染した。発熱や発しんなど、MRSAによる症状が出たのは2人で、いずれも軽症。院内感染の疑いがある。《データ》感染者86名

6.18 ATMコーナー炎上（大阪府大阪市）6月18日夕、大阪市中央区のあさひ銀行御堂筋出張所のATMコーナーが爆発炎上し、中にいた警備員と通行人ら計4人が重軽傷を負った。警備員の私有車からATMコーナーに残されたものと同型で少量のガソリンが入ったポリ容器と現金2400万円が発見され、平成15年1月20日、警備員は現住建造物等放火の疑いで逮捕された。《データ》負傷者4名

7.4 二酸化炭素中毒（大阪府大阪市）7月4日午前8時ごろ、大阪市北区南扇町にある8階建てビル1階のドライアイス販売会社で4人がドライアイスによる二酸化炭素中毒で倒れる。死者1人、負傷者3人。《データ》死者1名、負傷者3名

8.6 野球部で食中毒（大阪府豊中市）8月6日、第84回全国高校野球選手権大会に初出場する遊学館(石川県)の野球部員ら10人が、昼食弁当を食べた後、腹痛などの症状を訴え、大阪府豊中市内の病院で治療を受けた。いずれも軽症。豊中保健所は食中毒の疑いがあるとみている。《データ》患者10名

9.9 「中座」火災（大阪府大阪市）9月9日、大阪市中央区道頓堀で、解体工事中の元劇場「中座」が爆発音とともに炎上し、鉄筋4階建て地下1階延べ約3100m²をほぼ全焼した。火は隣接する飲食店街「法善寺横丁」に燃え広がり、十数店舗約1000m²を全焼し、約5時間半後に消えた。解体作業員ら男性4人が重軽傷を負った。《データ》負傷者4名、焼失面積4100m²

9.13 だんじりが横転（大阪府岸和田市）9月13日午後4時5分ごろ、大阪府岸和田市北

大阪府(2002年)

町の市道で、「岸和田だんじり祭」の地車の調子を確認する「試験曳き」をしていた同市下野町の地車が横転し、地車に乗っていた会社員らが下敷きになった。1人が死亡、7人が重軽傷を負った。《データ》死者1名、負傷者7名

9.27 **住宅火災**（大阪府吹田市）9月27日午後11時ごろ、大阪府吹田市泉町の文化住宅から出火。木造2階建て延べ約400m^{2}を全焼し、約40分後にほぼ消し止めた。焼け跡から男児の遺体が発見された。《データ》死者1名、全焼1棟、焼失面積約400m^2

10.5 **住宅火災**（大阪府豊中市）10月5日、豊中市三和町にある19世帯が入居する木造2階建てアパートから出火し、延べ約1700m^{2}を全焼した。さらに、隣接する文化住宅など7棟計約740m^{2}を全焼し、民家3棟の一部を焼いた。《データ》焼失面積約2440m^2

11.6 **JR東海道線人身事故**（大阪府大阪市）11月6日午後7時10分ころ、大阪市淀川区のJR東海道線塚本—尼崎間の下り線で、中学生の少年が快速電車にはねられた。約30分後、大阪市消防局の救急隊員が救出作業をしているところに後続の特急列車が突っ込み、隊員1人が死亡、もう1人の隊員と少年が重傷を負った。《データ》死者1名、負傷者2名

2003年(平成15年)

2.1 **住宅火災**（大阪府岸和田市）2月1日午前6時20分ごろ、大阪府岸和田市沼町の生菓子店の調理場から出火。木造平屋建て約95m^{2}と、北西隣の木造2階建て民家延べ約150m^{2}を全焼し、周辺の新聞販売店など3軒の壁や軒先などを焼いた。焼け跡から生菓子店経営者の遺体が見つかった。《データ》死者1名、全焼2棟、焼失面積150m^2

2.7 **異臭**（大阪府）2月7日昼、堺市など大阪府の南部一帯で、「異臭がする」「ガス漏れではないか」などの通報が各地の消防本部や大阪ガスなどに200件以上あった。通報は午後0時半ごろから4時ごろまで続いた。3月31日にも、大阪府堺市で「ガス臭い」などの110番通報が4件あった。においが漂ったのは、浜寺地区などで、大阪湾の方角から漂ってきたという。付近にガス漏れなどはなかったが、大気中の二酸化硫黄の濃度が正午現在、通常の約4倍の0.026ppmを記録した。午前10時前後には、関西国際空港付近でも、同様のにおいがしていたという。

3月 **ペースメーカー体内で停止**（大阪府大阪市）3月、大阪市内の総合病院で、米国セントジュードメディカル社が製造した心臓ペースメーカー(PM)が製造ミスにより体内でショートし、停止する事故があった。厚生労働省から関係医療機関への通知を指導された輸入販売会社「ゲッツブラザーズ」（東京都港区）は指導を守らず、内部処理していたことが6月5日、判明した。《データ》患者1名

3.2〜6 **USJスピーカー出火**（大阪府大阪市）3月2日午後2時40分ごろ、大阪市此花区のユニバーサル・スタジオ・ジャパンで、人気アトラクション「ウォーターワールド」のショー終了直後にステージ上の音響効果用スピーカー1個が燃えているのを係員が発見、消火器で消した。また、6日午前9時50分ごろ、新アトラクション「スパイダーマン」建設現場付近から出火したが、消し止められた。

3.13 **MMR接種禍**（大阪府）3月13日、大阪地裁において、新三種混合(MMR)ワクチンの接種後に死亡したり、重度の障害が残ったりした子ども3人の家族らが、国と製造元の財団法人「阪大微生物病研究会」に損害賠償を求めた訴訟の判決がでた。地裁は、同研究会の製造過程での過失とこれに伴う国の指導監督責任を認め、2家族へ1億5500万円を支払うよう命じた。《データ》損害賠償1億5500万円

3.25 **輸血ポンプの操作ミスで一時心停止**（大阪府吹田市）3月25日、大阪大病院(大阪

府吹田市)は、手術中に輸血用ポンプの操作を誤ったため、患者の心臓に空気が入り、一時心停止に陥るミスがあったと発表・謝罪した。後日使用したポンプは輸血用でなく人工透析用だったうえ、正しい使い方をしていなかったことが、同病院の「医療事故調査委員会」の調査で判明。《データ》患者1名

4.1 **マンション火災**（大阪府大阪市）4月1日午後8時10分ごろ、大阪市西成区中開の6階建てマンションから出火、室内約$10m^2$を焼き、同マンションオーナーの女性ら2人が重傷を負った。2日、マンション5階に住む男性が現住建造物放火と殺人未遂の疑いで逮捕された。《データ》負傷者2名、焼失面積約$10m^2$

4.2 **法善寺横丁火災**（大阪府大阪市）4月2日、大阪府大阪市中央区の法善寺横丁南側で火災が発生、6棟17店舗約$435m^2$を焼き、女性1人が死亡した。《データ》死者1名、焼失面積約$435m^2$

5.2 **店舗兼住宅火災**（大阪府大阪市）5月2日午後7時40分ごろ、大阪市天王寺区玉造本町の3階建て店舗兼共同住宅の2階部分から出火、2階の一室約$50m^2$のうち約$10m^2$を焼いた。焼け跡からこの部屋に住む元映画プロデューサーの遺体が見つかった。《データ》死者1名、焼失面積約$10m^2$

5.8 **雷雨**（大阪府他）5月8日朝、近畿地方で局地的に雷を伴った大雨が発生。午前8時からの1時間に大阪府枚方市で47.5mm、豊中市で37.5mm、箕面市で30.mmを記録した。これにより各地で床上浸水2棟、床下浸水177棟、道路の冠水32カ所。また、落雷のため約1600世帯が停電し、鉄道にも遅れが出た。《データ》床上浸水2棟、床下浸水177棟、停電1600世帯

5.20 **雷雨**（大阪府豊中市）5月20日午後、大阪府北部で雷を伴う局地的な強い雨が発生。午後3時20分ごろ、豊中市東豊中町の電柱に落雷し約1400世帯が最大約1時間停電、午後3時25分ごろには同市北桜塚の鉄骨3階建て住居兼店舗で落雷のため3階から出火、約$10m^2$を焼き、女性1人が負傷した。《データ》負傷者1名、焼失面積約$10m^2$

5.29 **連続放火**（大阪府大阪市）5月29日午前0時ごろ、大阪市東住吉区中野の民家に放火しようとした疑いで無職男性が現住建造物等放火容疑で逮捕された。男性は他にも10件以上の放火を自供、11月には同市西成区の民家を全焼させたとして、再逮捕されている。

6.5 **塗装工場爆発**（大阪府八尾市）6月5日午後4時50分ごろ、大阪府八尾市太田新町の塗装会社の2階作業場で爆発音とともに出火、鉄骨2階建ての工場兼事務所延べ約$1000m^2$のうち2階の約$500m^2$を焼いた。焼け跡から男性2人の遺体が見つかった。放置されてたシンナー缶の圧力が炉内で高まって破裂、気化した溶液が充満したことが爆発につながったとみられる。《データ》死者2名、焼失面積約$500m^2$

8.19 **特急電車脱線**（大阪府寝屋川市）8月19日午後4時35分ごろ、大阪府寝屋川市田井町の京阪本線寝屋川市駅―香里園駅間の「北田井踏切」で、京都・出町柳発大阪・淀屋橋行き特急電車(8両編成、乗客約300人)が乗用車と衝突した。電車は南に300mほど走って停車、4両目の車両が脱線した。車は大破し、乗っていた男性1人が死亡。電車の乗客ら4人が軽いけがを負った。《データ》死者1名、負傷者4名

8.26 **雷雨**（大阪府）8月26日大阪府南部は午後8時ごろから激しい雷雨となり、同9時までの1時間に大阪府熊取町で53.5mm、関西空港島では36.5mmの雨量を観測した。落雷のため、堺市や岸和田市など大阪府南部を中心に約5万4000戸が落雷のために一時停電した。また、南海本線(難波―和歌山市)と空港線(泉佐野―関西空港

大阪府(2003年)

の全線で運行が止まり、計109本に運休・遅れが出て乗客約3万2000人が影響を受けた。泉南市と熊取町では10棟が床下浸水した。《データ》床下浸水10棟

9月 **汚染血液輸血で患者死亡**（大阪府吹田市）9月下旬、大阪府吹田市の済生会吹田病院で輸血を受けた60代の女性患者が、輸血3日後にショック状態に陥り、死亡していた事が10月3日、明らかになった。輸血血液と患者の血液から食中毒の原因菌「エルシニア」が検出された。病院は4日、「輸血前に血液製剤の色や固さなどを確認したが、異常に気づかなかった」などと説明した。《データ》死者1名

9.23 **汚染血液輸血で患者死亡**（大阪府堺市）9月23日大阪府堺市の民間総合病院で、入院していた女性患者が赤血球製剤の輸血を受けた直後に容体が急変、死亡した。死因は細菌が感染して起こる敗血症で、輸血後の患者の血液から緑膿菌が見つかった。製剤が汚染されていた可能性もあり、製剤を供給した日本赤十字社は報告を受けて調査を始めた。《データ》死者1名

11.11 **住宅火災**（大阪府大東市）11月11日午前4時15分ごろ、大阪府大東市深野の鉄筋3階建て住宅から出火、約200m^{2}を全焼した。焼け跡から男女3人の遺体が見つかった。《データ》死者3名、焼失面積約200m^2

11.28 **マンション火災**（大阪府）11月28日午前、大阪府内で約1時間の間に3件の火災が相次いで発生。堺市のマンションでは母子2人が死亡した。八尾市でも1人の遺体が見つかり、大阪市内では1人がけがをした。《データ》死者3名、負傷者1名

12.3 **ビル解体現場で重機転落**（大阪府大阪市）12月3日正午ごろ、大阪市北区曽根崎新地の解体中の旧「大阪東映会館」4階付近からパワーショベルが約15m下の地下1階部分に転落した。運転手が閉じ込められ、約2時間半後にがれきの中から見つかったが、病院で死亡が確認された。掘削作業中、床が突然抜けて、そのまま転落したらしい。《データ》死者1名

12.27 **料理店火災**（大阪府大阪市）12月27日午後11時40分ごろ、大阪市中央区今橋の料理店付近から出火。木造2階建て店舗兼住宅を全焼したうえ、隣接する薬店やそば店、雑居ビルなどに延焼し、計4棟延べ約600m^{2}を全半焼した。火元とみられる料理店の焼け跡から経営者の遺体が見つかった。2階に住んでいた女性2人は救出された。《データ》死者1名、全半焼4棟、焼失面積約600m^2

2004年(平成16年)

1.1 **住宅火災**（大阪府箕面市）1月1日午後6時ごろ、大阪府箕面市の住宅から出火、木造平屋建て住宅約50m^{2}を全焼。焼け跡から男女2人の焼死体が見つかった。《データ》死者2名、焼失面積約50m^2

1.2 **菓子パンに針混入**（大阪府柏原市）大阪府柏原市法善寺のスーパーで購入した菓子パンを食べた男性が、混入した針で口にけがをしたとパンメーカーに届け出た。府警柏原署は偽計業務妨害事件として捜査。男性は12月31日菓子パンを買い、1月2日に食べたところ口内に痛みを感じた。出血しており、金属製の針(長さ約3cm)が見つかった。包装していたビニール袋には、針を突き刺す際にできたとみられる小さな穴があった。納品後に混入したとみられる。《データ》負傷者1名

1.13 **レストランでノロウイルス感染**（大阪府大阪市）1月13日夜、結婚披露宴2次会で大阪市中之島の市中央公会堂の地下にあるレストランを利用した市内の病院関係者70人のうち、31人が14日ごろから吐き気や下痢などの症状を訴えた。7人から食中毒の原因となるノロウイルスが検出された。市健康福祉局は22日、同店に対

大阪府(2004年)

して23日から3日間の営業停止を命じた。《データ》患者31名

- **1.16 住宅火災**（大阪府大阪市）1月16日午前2時50分ごろ、大阪市西成区花園北のアパートから出火、木造3階建て約180m²を全焼し、東隣のアパートの屋根などを焼いた。焼け跡から男性2人の遺体が見つかった。2階の男性が煙を吸い軽症。《データ》死者2名、負傷者1名、焼失面積約180m²
- **1.21 阪和自動車道で人身事故**（大阪府和泉市）1月21日午前5時55分ごろ、大阪府和泉市伏屋町の阪和自動車道上り線で、4人乗りの乗用車が右側壁に衝突、男性が車外に投げ出されて死亡。さらに、運転手が車を降りたところ、後続の乗用車にはねられ死亡した。《データ》死者2名
- **1.25 インフルエンザ脳症**（大阪府阪南市）1月25日、大阪府阪南市に住む1歳の男児が、A型インフルエンザ陽性と診断され、脳症とみられる症状で死亡した。《データ》死者1名
- **2.7 強風で停電**（大阪府大阪市）大阪市平野区瓜破南の関西電力の鉄塔(高さ約40m)付近の送電線がショートし、2月7日朝、大阪市や堺市の広い範囲で約8万4000戸が最大約25分間にわたって停電した。強風で何らかの飛来物が送電線に接触したとみられる。《データ》停電8万4000戸
- **2.11 ビル火災**（大阪府大阪市）2月11日午前3時ごろ、大阪市中央区のビル2階から出火、鉄筋コンクリート造りのビル延べ約1120m²のうち、2～4階部分約900m²と、東西に隣接するビルの外壁の一部を焼いた。《データ》焼失面積約900m²
- **2.28 人工呼吸器にシンナー混入事故**（大阪府大阪市）2月28日、大阪府立急性期・総合医療センターで、人工呼吸器に気化したシンナーが混入し、呼吸器を使った患者14人のうち、1歳7カ月の女児ら2人が顔面紅潮などの異常を示した。機械室地下の貯水槽で、同日朝から業者が塗装工事をしており、午後5時の工事終了で換気を打ち切ったため、塗料のガスが上部のマンホールから機械室に漏れ出したのが原因。《データ》患者2名
- **3.6 トラックがパトカーと衝突**（大阪府大阪市）3月6日午前4時50分ごろ、不審なバイクを追跡していたパトカーが赤色灯を回しながら、大阪市東淀川区の市道から府道に右折。府道を東から西へ直進していたトラックと衝突、パトカー助手席の警部補が頭の骨を折るなどの重傷、運転席の巡査部長が頭などに打撲を負った。トラックの運転手にけがはなかった。バイクはそのまま逃走。《データ》負傷者2名
- **3.25 トラック衝突事故に後続追突**（大阪府茨木市）3月25日午前1時15分ごろ、大阪府茨木市の名神高速道路下り線で、新日本物流の普通トラックに、マルヒデの普通トラックが追突、さらに停車したマルヒデのトラックに後続のワゴン車が追突した。この事故でワゴン車の運転手が全身を強く打って死亡、ワゴン車の同乗者2人が重傷を負うなど計5人が重軽傷を負った。《データ》死者1名、負傷者5名
- **3.26 新聞配達員がひき逃げされ死亡**（大阪府泉大津市）3月26日午前2時45分ごろ、大阪府泉大津市の府道で、新聞販売店従業員が倒れていると通報があった。約35m北の路上に配達用バイクが転がっており、男性は既に死亡していた。ひき逃げ事件とみられる。《データ》死者1名
- **3.31 強風で飛ばされパラソル直撃**（大阪府高槻市）3月31日午後0時15分ごろ、大阪府高槻市のスーパーで店舗脇に置いてあった商品日よけ用パラソルが開いたままの状態で強風のため飛び、近くを通行中の主婦の頭部を直撃した。主婦は病院に運

大阪府(2004年)

ばれたが1日未明に死亡した。《データ》死者1名
4.2 遊具で指切断 (大阪府高槻市) 4月2日午前10時50分ごろ、大阪府高槻市の下田部団地児童遊園で、鉄製遊具の回転椅子で遊んでいた小学1年の男児が、遊具の支柱に開いた穴に右手人さし指を入れ、回転した際に指の先約5mmを切断した。同日午後4時半ごろにも、同じ遊具で遊んでいた小学5年女児が同様に右手人さし指の先約1cmを切断するけがをした。高槻市はこの種の回転遊具70基を撤去することを決めた。《データ》負傷者2名
4.5 歩道に車が乗り上げ歩行者死亡 (大阪府大阪市) 4月5日午後0時55分ごろ、大阪市生野区の国道479号交差点で、改造乗用車が歩道に乗り上げ、自転車に乗っていた女性をはねた。さらに歩道を約50m走り、自転車の小学6年生の男児もはねた。女性は体を強く打って死亡。男児は頭部骨折で意識不明の重体。《データ》死者1名、負傷者1名
4.20 事故軽トラにトラック追突 (大阪府茨木市) 4月20日午後10時35分ごろ、大阪府茨木市の名神高速道上り線で、追突事故を起こし停車していた軽トラックに、後続の大型トラックが追突した。軽トラックから路上に出ていた会社員男性が軽トラックと中央分離帯の間に挟まれ死亡。《データ》死者1名
4.24 救急車に乗用車が衝突 (大阪府八尾市) 4月24日午後9時10分ごろ、大阪府八尾市の市道交差点で、搬送中の救急車に乗用車が衝突。救急車に乗っていた2人のうち女性1人が約2時間後に死亡。他1人の女性が頭部に軽傷を負った。また、消防士1人が重体、他2人は重軽傷を負った。《データ》死者1名、負傷者4名
4.26 大学倉庫で火災 (大阪府堺市) 4月26日午前1時10分ごろ、大阪府堺市の大阪府立大学構内のプレハブ倉庫から出火、延べ約30m^{2}を全焼した。《データ》焼失面積約30m^2
4.27 工場跡地からダイオキシン (大阪府吹田市) 4月27日、大阪府吹田市川岸町のごみ焼却施設跡地の土壌から国の環境基準の最高54倍のダイオキシンが検出されたと吹田市が発表。さらに6月1日、追加調査の結果、敷地内1カ所の地中から67倍のダイオキシンが検出されたと発表した。地表付近は10倍前後で地中で大きくなっていることから、市は「浸透した以外の原因も考えられる」として詳しく調査する。
4.28 コイヘルペスウイルス感染 (大阪府) 大阪府は4月28日、大阪市城東区の市中浜下水処理場の人工池で死んでいたマゴイから、コイヘルペスウイルスのDNAが出たと発表。同処理場によると、18日以降に6匹が死に、うち1匹が府立水生生物センターの一次検査で陽性反応が出た。《データ》コイ6匹死亡
5.2 スプレー缶引火 (大阪府豊中市) 5月2日午後4時5分ごろ、大阪府豊中市の住宅の敷地で、住人の女性がガス抜き用の穴開け器でスプレー缶に穴を開けたところ、炎が噴き出し、顔などに軽いやけどを負った。《データ》負傷者1名
5.3 住宅火災 (大阪府大阪市) 5月3日午前4時15分ごろ、大阪市生野区の共同住宅から出火。木造2階建て延べ約300m^{2}のうち、クリーニング店の店舗兼住宅など1、2階の約80m^{2}を焼いた。男性1人が一酸化炭素中毒で意識不明の重体、2人が煙を吸い込むなどの軽症。連続放火事件とみられている。《データ》負傷者3名、焼失面積約80m^2
5.3 遊興施設で異臭騒動 (大阪府堺市) 5月3日午後9時55分ごろ、大阪府堺市の複合アミューズメント施設で、何者かが異臭をまき散らし、客らが目やのどの痛みを次々

大阪府(2004年)

と訴え、38人が救急車で病院搬送された。いずれも軽症。《データ》負傷者38名

5.5～ タイヤ脱落し車に衝突(広島県竹原市・大阪府岬町)5月5日午後8時15分ごろ、広島県竹原市の国道432号で、20トントレーラーの台車部右後部のタイヤ2本が脱落し、乗用車に衝突した。また12日にも大阪府岬町で同メーカーのトレーラーの荷台からタイヤが外れる事故が起き、荷台部分のメーカーが調査に乗り出した。

5.11 路上で通り魔(大阪府豊中市)5月11日午前6時35分ごろ、大阪府豊中市の府道脇の歩道で、近くの男性会社員が、前から歩いてきた面識のない男にいきなり右足のももをカッターナイフのような刃物で約3cm切られた。男は無言で逃げた。《データ》負傷者1名

5.13 自転車に路線バスが衝突(大阪府大阪市)5月13日午前9時ごろ、大阪市平野区の国道25号で、女性が運転する自転車に、同市交通局の路線バスが追突した。自転車には、女性の5歳の長女と4歳の長男が乗っていたが、長女が約2時間後に死亡。女性と長男も軽いけが。《データ》死者1名、負傷者2名

5.16 スーパーで異臭騒動(大阪府大阪市)5月16日午後4時ごろ、大阪市淀川区のスーパーの店内のレジ付近で刺激臭が発生、客8人(男性3人、女性5人)と女性店員3人の計11人が病院に運ばれたが、いずれも軽症だった。《データ》負傷者11名

5.17 ノロウイルス院内感染(大阪府和泉市)3月17日、大阪府和泉市の府立母子保健総合医療センターで、入院中の乳幼児8人と看護師7人の計15人が、食中毒症状を起こすノロウイルスに集団院内感染していたことがわかった。《データ》患者15名

5.18 マンション火災(大阪府堺市)5月18日午前11時35分ごろ、大阪府堺市のマンションから出火。鉄筋コンクリート4階建て延べ計520㎡のうち、4階の一室約100㎡を焼いた。焼け跡のベランダから、この部屋に住むマンション所有の男性が遺体で見つかり、隣室の男性も軽いけがを負った。《データ》死者1名、負傷者1名、焼失面積約100㎡

5.23 遊び場入口の扉が倒れ負傷(大阪府八尾市)5月23日午後0時10分ごろ、大阪府八尾市の府営久宝寺緑地内にある幼児向け遊び場「よちよちランド」で、5歳の女児が、入り口の鉄製扉を閉めようと押したところ、扉が女児の方に突然倒れた。女児は右足と左手に軽い打撲を負って病院に運ばれた。扉のねじの固定が不十分で、施工不良が原因と判明。《データ》負傷者1名

5.26 バイク転倒し乗用車に衝突(大阪府大阪市)5月26日午後6時55分ごろ、大阪市阿倍野区の市道で、オートバイに乗っていた会社員男性が転倒、約40m先の交差点まで滑り、右折しようとしたワンボックス車の側面に衝突した。会社員男性は全身を強く打ってまもなく死亡した。《データ》死者1名

6.10 輸血取り違え(大阪府泉佐野市)6月10日午後、大阪府泉佐野市にある市立泉佐野病院で、輸血の予定がなかった70代の胃の全摘出手術を受けた女性患者に、誤って血液型が異なる別の男性患者用の血液製剤を輸血した。約50ml輸血した時点で気づいて中止したため、病状は安定。

6.11 軽乗用車同士衝突(大阪府東大阪市)6月11日午後11時50分ごろ、東大阪市の府道大阪中央環状線交差点で、信号を無視して進入した軽乗用車が、青信号で東進した軽乗用車に衝突。衝突された軽乗用車は中央分離帯に接触して横転し、乗っていた男女が胸を強く打つなどして死亡した。《データ》死者2名

6.27 住宅火災(大阪府豊中市)6月27日午前4時ごろ、大阪府豊中市の店舗兼アパー

177

大阪府(2004年)

トから出火。木造2階建て延べ約420m²のうち2階部分約210m²を焼き、1時間40分後に消えた。1階和室で寝ていた女性が、大量に煙を吸って死亡。他2人が軽傷を負った。不審火とみられる。《データ》死者1名、負傷者2名、焼失面積約210m²

6.29 多剤耐性緑膿菌院内感染（大阪府吹田市）大阪大医学部付属病院は6月29日、同病院の集中治療部で、入院患者9人が、さまざまな抗生物質が効かない「多剤耐性緑膿菌(MDRP)」に感染し、うち40代男性がMDRPによる肺炎で死亡した、と発表。調査の結果、手術に使った医療器具からMDRPを検出。これを経由した院内感染の可能性があるとみられる。《データ》死者1名、感染者8名

7.1 住宅火災（大阪府大阪市）7月1日午前7時15分ごろ、大阪市西成区の住宅から出火、木造2階建て住宅約100m²のうち2階部分約40m²を焼いた。焼け跡から2人の遺体が見つかった。《データ》死者2名、焼失面積40m²

7.1 感電事故（大阪府大阪市）7月1日午後4時45分ごろ、大阪市平野区のコンピューターシステム開発会社で、医療機器の開発実験をしていた同社非常勤社員の男性が、電圧約2000ボルトの高圧電流が流れているコンデンサーの端子に接触して転倒し死亡した。《データ》死者1名

7.16 ワゴン車がバイク2台をひき逃げ（大阪府大阪市）7月16日午前7時ごろ、大阪市西区の府道交差点で、信号待ちをしていたミニバイク2台にワゴン車が追突、バイクの女性が全身を強く打って死亡、もう1人の男性も左肩骨折の重傷を負った。ワゴン車は追突後逃走したが後日逮捕された。《データ》死者1名、負傷者1名

7.17 トラックがワゴン車に追突（大阪府東大阪市）7月17日午前6時ごろ、東大阪市の阪神高速道路東大阪線下りで、トラックがワゴン車に追突。ワゴン車の男性1人が全身を強打して死亡し、同乗の5人が軽傷を負った。《データ》死者1名、負傷者5名

7.25 集中豪雨（大阪府）西日本で7月25日午後、大気が不安定になったため、大阪府南部などで局地的な豪雨や落雷が相次いだ。同府河内長野市では午後1時からの時間雨量で24mmを観測。落雷が続発し、同市や堺市など府内23市町村の約13万世帯で一時停電した。《データ》停電13万世帯

8月～ ラジオ波で腸に穴（大阪府大阪市）8月、大阪市住吉区の大阪府立急性期・総合医療センターで肝臓がんの細胞をラジオ波で焼く治療を受けた60歳代の男性が、医師のミスで小腸に穴が開くなどし、その後死亡した。《データ》死者1名

8.1 トラックが乗用車に追突（大阪府大阪市平野区）8月1日午後10時5分ごろ、大阪市平野区の阪神高速大阪松原線で、普通乗用車に大型トラックが追突、乗用車に乗っていた男女2人が死亡、別の男女2人が重傷を負った。《データ》死者2名、負傷者2名

8.14 市営バスとバイク衝突（大阪府大阪市）8月14日午前8時50分ごろ、大阪市浪速区の市道交差点で、住之江公園発なんば行き同市営バスが右折中、対向車線を直進してきたバイクと接触した。バイクの外国人男性が頭を強く打って死亡。バスの乗客約20人にけがはなかった。《データ》死者1名

9.20 乗用車同士衝突（大阪府堺市）9月20日午後8時5分ごろ、大阪府堺市の国道26号交差点で、男性の運転する乗用車と、対向から右折しようとした乗用車が衝突。右折車に乗っていた3人のうち、女性2人が全身を強く打って死亡、11歳の女児が胸を強打して重傷。乗用車の男性も顔面打撲などの軽傷を負った。《データ》死者2名、負傷者2名

10.9 だんじり祭りの地車が横転（大阪府堺市）10月9日午後7時半ごろ、大阪府堺市の

大阪府(2004年)

市道交差点で、近くの大鳥大社の秋祭りで住民が引いていた地車1台が、商店街のアーケード支柱に接触、横転した。地車に乗っていた男性が転落して足や腰の骨を折る重傷、運行していた17〜45歳の男性6人も腹や足などに軽いけがをした。《データ》負傷者7名

10.13 エスカレーター転倒事故（大阪府大阪市）10月13日午後1時20分ごろ、大阪市北区の子ども向け体験学習施設のエスカレーターで、遠足で来ていた小学1年生約15人が折り重なるように倒れた。このうち、6歳男児が頭の骨を折る2カ月の重傷を負った。《データ》負傷者1名

10.22 台風で増水の用水路に転落（大阪府和泉市）10月22日午後4時40分ごろ、台風23号の影響で増水していたとみられる大阪府和泉市の農業用水路で、小学1年生男児が遊んでおり転落した。助けようと母親が飛び込み、2人とも水死した。《データ》死者2名

11.1 ダンプカーが軽乗用車と衝突（大阪府枚方市）11月1日午前4時40分ごろ、大阪府枚方市の府道交差点で、ダンプカーが軽乗用車と衝突、対向のタクシー運転手の乗用車とも正面衝突した。軽乗用車の男性は間もなく死亡、タクシー運転手も意識不明の重体。《データ》死者1名、負傷者1名

11.18 住宅火災（大阪府大阪市）11月18日午前3時ごろ、大阪市東住吉区の住宅から出火、鉄骨3階建て住宅延べ約90m^{2}のうち、1、2階部分計約50m^{2}を焼いた。4人が死亡した。電気あんかの過熱など何らかの原因で電気ショートが起き、燃え広がったとみられる。《データ》死者4名、焼失面積約50m^2

11.18 車で5人はね1人死亡（大阪府茨木市）11月18日午前6時20分ごろ、大阪府茨木市の市道で、自転車の女性会社員が後ろから来た乗用車にはねられた。乗用車はそのまま逃走し、約100m東の同じ道路上で、男性の乗った自転車をはね、その後も約1.5キロにわたって、自転車に乗った男女3人を次々とはね、約10分後、民家に突っ込んだ。自転車の男性は30〜40m引きずられており、全身を強く打って死亡。2人が重傷、2人が軽傷を負った。全裸で車を運転していた男も重傷。《データ》死者1名、負傷者5名

11.27 小型機墜落（大阪府松原市）11月27日午後3時17分ごろ、大阪府松原市の大和川河川敷に乗員4人乗りの小型機が墜落、左翼を折るなど大破した。機長の男性が鼻の骨を折るなどの重傷、他の3人もけがをした。《データ》負傷者4名

11.28 工場火災（大阪府大阪市）11月28日、大阪府大阪市にあるプラスチック製品製造工場から出火、工場2棟と民家4棟、約1600m^{2}を焼いた。翌朝にはその残り火が再燃し、新たに2棟を焼いた。《データ》全焼8棟

11.29 残り火で工場火災（大阪府大阪市）11月29日午前5時50分ごろ、大阪市平野区の鍍金工場から出火。工場延べ約300m^{2}を全焼した。28日夜に火災を起こしたプラスチック製品製造会社工場のすぐ東で、同日の火災で壁などを焼損していた。くすぶっていた火が何かに燃え移った可能性が高い。《データ》焼失面積約300m^2

12.3 住宅火災（大阪府大阪市）12月3日午前8時25分ごろ、大阪市住吉区の市営住宅1階から出火、6畳間の畳1枚を焼き、同室で1人暮らししていた男性の遺体が見つかった。《データ》死者1名

12.4 乗用車が軽乗用車と正面衝突（大阪府羽曳野市）12月4日午前0時5分ごろ、大阪府羽曳野市の国道170号で、大学1年の男性運転の5人乗り乗用車がハンドル操作を

大阪府(2004年)

　誤り、対向車線にはみ出し会社員男性運転の軽乗用車と正面衝突した。乗用車の後部座席に乗っていた女子学生が全身を打ち死亡、他の4人も重軽傷を負い、会社員男性も軽傷。《データ》死者1名、負傷者5名

12.7 **住宅火災**（大阪府大阪市）12月7日午前9時45分ごろ、大阪市東成区の12階建てマンション4階から出火、約50m²を全焼した。出火元の室に住む男性が死亡、男性の妻が顔などに軽いやけどを負った。《データ》死者1名、負傷者1名、焼失面積約50m²

12.17 **ホテルでノロウイルス感染**（大阪府大阪市）大阪市北区のホテルの宴会場で、12月17日夜に忘年会を開いた西宮市の二つの私立病院の職員や医師計37人が、腹痛など食中毒症状を起こした。症状は軽かった。うち7人の便から、急性胃腸炎を起こすノロウイルスを検出。《データ》患者37名

12.22 **薬品容器が破裂**（大阪府大阪市）12月22日午前10時40分ごろ、大阪市住吉区にある大阪市立大工学部の生体機能化学研究室で、薬品を入れた容器が突然破裂した。男子学生と男子研究生の2人が破裂片などで顔や手足に軽いけがをした。薬品整理中に突然破裂したという。《データ》負傷者2名

12.27 **工場で一酸化炭素中毒**（大阪府大阪市）12月27日午前11時ごろ、大阪市鶴見区のワイヤ製造工場で、高さ約5mの屋外の作業台に乗って集じん機の清掃作業をしていた男性作業員2人が倒れているのが見つかった。2人とも病院に運ばれたが、うち40歳代の1人が死亡。集じん機は工場内の溶解炉とダクトで結ばれているといい、一酸化炭素中毒の可能性がある。《データ》死者1名、負傷者1名

2005年(平成17年)

1.5 **住宅火災**（大阪府豊中市）1月5日午前2時45分ごろ、大阪府豊中市の民家から出火、木造2階建て住宅延べ約180m²を全焼した。1階居間の焼け跡から、2人の焼死体が発見された。家屋内部からの出火とみられ、消防隊到着時玄関は施錠されていた。《データ》死者2名、全焼1棟、焼失面積約180m²

1.12 **市道でひき逃げ**（大阪府大阪市）1月12日午前0時10分ごろ、大阪市生野区の市道で、飲食店から自転車で帰宅途中だった2人が乗用車にはねられ、1人が死亡、1人が重体。大阪府警生野署は業務上過失致死と道交法違反(ひき逃げ)の疑いで逃げた車の行方を追っている。《データ》死者1名、負傷者1名

1.14 **列車事故**（大阪府大阪市）1月14日午前0時半ごろ、JR新大阪駅構内で、線路沿いに設置された広告看板を清掃中の男性作業員が梅田貨物駅行き貨物列車にはねられ、間もなく死亡した。《データ》死者1名

1.25 **乗用車がバイクをひき逃げ**（大阪府大阪市）1月25日午前7時5分ごろ、大阪市中央区心斎橋筋の交差点で、乗用車がバイクの男性をはね、男性は死亡した。車は終日全車両通行禁止の商店街を走って逃げた。《データ》死者1名

1.28 **市営住宅火災**（大阪府大阪市）1月28日午後5時40分ごろ、大阪市西淀川区の市営住宅の最上階から出火、約55m²を全焼した。焼け跡から女性1人と2歳になる双子の女児の遺体が見つかった。《データ》死者3名、焼失面積約55m²

2月 **乳児のぼうこう切除**（大阪府枚方市）2月、大阪府枚方市の星ケ丘厚生年金病院で、1歳の乳児のヘルニア手術中に、本来切るべき腹膜と間違えてぼうこうの4分の3を切除。病院側はミスを認め、謝罪した。指導医同席のもと主治医が執刀したが、2人は乳児の手術経験は数例のみだった上、切除組織を目視確認していなかったという。2人は平成18年3月1日付で戒告処分となった。《データ》被害者1名

大阪府(2005年)

2.1 逆走ワゴン車がタクシーに衝突（大阪府大阪市）2月1日午後10時半ごろ、大阪市淀川区の市道で、一方通行を逆走したワゴン車がタクシーと正面衝突し、タクシーの運転手が死亡、ワゴン車の運転手も重傷。淀川署は、事故直前に検問を振り切り、踏切で停止時に飲酒を認めたが遮断機を壊して走り去ったワゴン車と同一と見ている。《データ》死者1名、負傷者1名

2.2 工場爆発（大阪府高槻市）2月2日午前10時55分ごろ、大阪府高槻市のアルミ加工会社の工場から「爆発があった」と通報があった。1人が死亡、7人が負傷。事故当時、機械部品に使うアルミニウム製品の研磨作業をしていたといい、工場内にあるアルミニウム粉じんを集める集じん機内の引火が爆発の原因とみられる。《データ》死者1名、負傷者7名

2.4 工場火災（大阪府泉南市）2月4日午前1時10分ごろ、大阪府泉南市の繊維工場から出火、鉄骨一部2階建ての工場兼倉庫延べ約4050m^{2}をほぼ全焼、約6時間後の午前7時半ごろに消えた。出火当時、工場に社員3人がいたが、避難して無事。現場はJR阪和線の線路沿いにあり、同線日根野―和歌山駅間で、始発から午前7時46分まで運転を見合わせた。《データ》焼失面積約4050m^2

2.9 アパート火災（大阪府大阪市）2月9日午前2時5分ごろ、大阪市西淀川区柏里のアパート2階から出火、木造2階建て延べ約160m^{2}のうち100m^{2}を焼いた。2階の焼け跡から、住人とみられる2人の遺体が見つかった。1階に住む2人がやけどなどで軽傷。《データ》死者2名、負傷者2名、焼失面積100m^2

2.26 産廃処理作業場で爆発（大阪府大阪市）2月26日午前10時5分ごろ、大阪市住之江区緑木の産業廃棄物処理会社の施設内で爆発が起こり、炎と黒煙が上がった。鉄骨平屋の作業場約900m^{2}のうち約300m^{2}を焼き、従業員の男性2人が顔にやけどを負うなど軽傷を負った。《データ》負傷者2名、焼失面積約300m^2

3.15 マンション火災（大阪府豊中市）3月15日午後11時45分ごろ、大阪府豊中市上新田のマンションの一室から出火、約65m^{2}を半焼。子ども3人が煙を吸うなどし、病院に搬送されたが死亡した。親は外出していた。《データ》死者3名、半焼1室

3.30 逆走乗用車がタクシーと衝突（大阪府堺市）3月30日午前2時20分ごろ、大阪府堺市小阪の阪和道下り線で乗用車が逆走、空車で走行中のタクシーと正面衝突し、双方の運転手が死亡した。府警高速隊は乗用車の運転手を容疑者死亡で書類送検する方針。乗用車は同2時15分ごろ、同府高石市の堺泉北道取石出口から進入したと見られ、東に約4キロ逆走し阪和道に入ったという。《データ》死者2名

4.21 無人のポンプ車暴走（大阪府豊中市）4月21日午後8時10分ごろ、大阪府豊中市春日町の市道で、同市消防本部のポンプ車が無人で走り出し、約50m離れた民家のブロック塀に衝突して止まった。塀は高さ約70cm、幅約35cmにわたって崩れ、破片が当たった1人が軽傷。現場は緩やかな上り坂で、消火活動のためエンジンをかけたまま消火栓にホースをつなぐ作業中に突然動き出した。《データ》負傷者1名

4.21 男児殴打事件（大阪府東大阪市）4月21日、大阪府東大阪市の公園で、17歳の少年が4歳男児の頭を突然ハンマーで殴り、4歳の男児が重傷。少年は逃走した後自首した。包丁やスタンガンなどをかばんに用意し、大量殺人をやってみたかったと言う少年を、大阪地裁は10月、中等少年院送致とした。《データ》負傷者1名

4.24 乗用車とバイク衝突（大阪府四條畷市）4月24日午前1時ごろ、大阪府四條畷市逢阪の市道で、センターラインを越えた乗用車が、対向車線のミニバイク2台と正面

大阪府(2005年)

衝突。バイクを運転していた男性2人が死亡した。乗用車を運転していた男子大学生が運転操作を誤ったとみられる。《データ》死者2名

5.3 **不発弾撤去**（大阪府大阪市）大阪市中央区南本町のマンション建設工事現場で4月2日に発見された米国製の1トン爆弾の撤去作業が、5月3日午前9時から行われ、約1時間半で無事終了した。現場はビジネス街の中心地で、半径300m以内が立ち入り禁止となったほか、交通規制で3万4000人に影響がでた。

5.19 **小学校でノロウイルス感染**（大阪府門真市）5月19日、門真市立東小学校の1～6年生の児童と教諭計約100人が下痢や吐き気、発熱などの症状を訴え、うち約80人が同日朝から欠席し、18日にも同様の症状で10人前後が欠席。府は23日、ノロウイルスが原因の感染性胃腸炎と断定した。症状を訴えたのは児童208人、教諭4人の計212人に拡大したが、全員軽症。《データ》感染者212名

5.27 **文化住宅火災**（大阪府大阪市）5月27日午前5時15分ごろ、大阪市北区の2階建て文化住宅から出火、木造モルタル瓦ぶき延べ105m^{2}をほぼ全焼した。焼け跡から2人の遺体が見つかった。《データ》死者2名、焼失面積約105m^2

5.29 **連続通り魔**（大阪府豊中市）5月29日夕方、大阪府豊中市の路上で、自転車に乗った男にカマのような刃物で突然切り付けられる事件が3件発生。1件目は午後6時10分ごろ、自転車で通行中だった男性がすれ違いざまに切られけが。約5分後、中学生6人が自転車で帰宅中、1人がすれ違った男に首の右側を切られた。その直前にも少年に刃物を振るい、空振りする男が目撃されていた。8月21日、18歳の男が逮捕された。《データ》負傷者2名

5.30 **期限切れワクチン投与**（大阪府箕面市）5月30日、大阪府箕面市は、市立総合保健福祉センターで実施されたポリオワクチンの集団予防接種で、有効期限が11日過ぎたワクチンを122人に投与するミスがあったことを発表した。予防接種は5月26日に、生後3カ月～7歳半の195人を対象に行われた。健康被害はなく、効力にも問題はないとしているが、再度の接種を呼びかけた。

6.15 **大型トラックなど11台衝突**（大阪府高槻市）6月15日午後10時半ごろ、大阪府高槻市真上町の名神高速下り線で、大型トラックや乗用車計11台が関係する多重衝突事故が発生、3人が重軽傷を負った。事故当時、現場付近は工事のため車線規制が実施され、渋滞中だった。《データ》負傷者3名

6.19 **バイクと乗用車正面衝突**（大阪府大阪市）6月19日午前3時50分ごろ、大阪市住之江区平林の阪神高速大阪湾岸線下りで、乗用車と2人乗りのオートバイが正面衝突、オートバイの運転手が死亡、同乗者が意識不明の重体。《データ》死者1名、負傷者1名

6.23 **実習でO157感染**（大阪府吹田市）大阪府吹田市の大阪大医学部で、細菌学の実習中に学生1人が病原性大腸菌O157に感染し、溶血性尿毒症症候群を発症して入院していることが7月19日に明らかになった。実習は6月23日、医学部生約100人が10班に分かれ実施。シャーレで生育したO157を含む5種類の細菌を器具でプレパラートに移し、顕微鏡で観察するなどした。《データ》感染者1名

6.27 **カテーテル挿入ミス**（大阪府大阪市）6月27日、大阪市東成区の大阪府立成人病センターで、カテーテルの挿入ミスにより女性患者が死亡した。患者の左首の静脈から、心臓に近い大静脈に向けてカテーテルを挿入。X線撮影で位置を確認すると、左胸腔内に先端が突き出していた。カテーテルを抜くと大量出血して意識不明となり、間もなく死亡した。《データ》死者1名

大阪府(2005年)

6.29 市バスとトレーラーなど衝突（大阪府大阪市）6月29日午後0時20分ごろ、大阪市平野区平野宮町の国道25号交差点で、大阪市営バスと大型トレーラー、軽自動車など計4台が絡む事故があった。市バスの乗客4人と軽自動車の2人の計6人が軽傷。スリップした大型トレーラーが市バスに追突し、さらに近くの軽自動車などにぶつかったという。《データ》負傷者6名

7.12 工場で異臭騒ぎ（大阪府大阪市）7月12日午前11時10分ごろ、大阪市大正区鶴町の産廃処理会社の工場で異臭が漂い、作業中男性3人が病院に搬送され、うち1人が重体、2人は軽症。強いシンナー臭がしたが、周辺住民への影響はなかった。《データ》負傷者3名

7.14 連続通り魔（大阪府大阪市）7月14日深夜から15日未明にかけ、女性ばかりを狙い、自転車に乗った男が追い越しざまに後頭部を棒のようなもので殴る通り魔事件があった。14日午後11時ごろ、住吉区長居西の路上で、歩いていた同区内の女性が殴られ重傷。15日午前1時ごろには、約1.6キロ東の東住吉区公園南矢田で、女性が自転車で帰宅中、頭を殴られた。約10分後にも近くで女性が頭を殴られた。2人は軽傷。《データ》負傷者3名

7.19 鉄パイプが車を貫通（大阪府藤井寺市）7月19日午前6時55分ごろ、大阪府藤井寺市西古室の西名阪道上り車線で、ワゴン車がワンボックス車に衝突した。対向車線を走っていた大型トレーラーから積荷の鉄パイプが落下、後続の大型保冷車に踏まれて跳ね上げられ、ワゴン車のフロントガラスを突き破って運転手を直撃。運転手は即死し、ワンボックス車に衝突していた。ワンボックス車の運転手は軽傷。《データ》死者1名、負傷者1名

7.22 追跡中のパトカーがバイクと衝突（大阪府大阪市）7月22日午前1時50分ごろ、大阪市中央区谷町の府道交差点で、大阪府警第一方面機動警ら隊のパトカーが信号無視の乗用車を発見し、追跡のため右折したところ、バイクと衝突した。バイクの男性は意識不明の重体。《データ》負傷者1名

7.23 水上バイクが遊泳場に突入（大阪府貝塚市）7月23日午後3時ごろ、大阪府貝塚市沢の二色の浜海水浴場で、沖にいた水上オートバイがブイを乗り越えて遊泳場に突っ込み、泳いでいた男女2人をはね、1人が死亡、1人が重傷。免許を持つ運転手の男性がその日に知り合った女子中学生を前に乗せて運転を教えていたところ、アクセルをふかし過ぎたとみられる。《データ》死者1名、負傷者1名

8.2 乗用車に軽トラック追突（大阪府枚方市）8月2日午後3時25分ごろ、大阪府枚方市新町の府道交差点で、軽トラックが信号待ちで停車中の乗用車に追突。軽トラックは隣の車線の乗用車にも追突し計4台が関係する玉突き事故となった。軽トラックの運転手が死亡、乗用車の運転手ら3人も軽傷を負った。《データ》死者1名、負傷者3名

8.20 アトラクション止まり宙づり（大阪府吹田市）8月20日午後3時20分ごろ、大阪府吹田市千里万博公園の遊園地で、4人乗りのゴンドラ10台が連なって上下左右に回転する遊具が、男女9人を乗せたまま地上約6mの高さで止まった。消防本部救助隊員が約40分後に9人を救助、けが人はなかった。支柱を伸び縮みさせる装置が故障したとみられる。

8.21 乗用車2台が炎上（大阪府八尾市）8月21日午前8時ごろ、大阪府八尾市神立の信貴生駒スカイラインで、乗用車5台が絡む事故が起き、うち2台が炎上した。焼けた運転席から1人ずつが遺体で見つかり、残る3台の車の運転手3人が重軽傷を負っ

大阪府(2005年)

た。現場は片側1車線の緩やかなカーブで、対向する2台が接触、後続3台が巻き込まれたとみられる。《データ》死者2名、負傷者3名

8.23 軽トラックとバイク衝突（大阪府富田林市）8月23日午前0時25分ごろ、大阪府富田林市若松町の市道交差点で、ミニバイクが軽トラックと衝突し、バイクの運転手が全身を打ち間もなく死亡、同乗の女性も左肩骨折の重傷。《データ》死者1名、負傷者1名

8.26 ゴールポスト倒れ下敷き（大阪府豊中市）8月26日午後6時ごろ、大阪府豊中市向丘の市立野畑小学校のグラウンドで、ハンドボールのゴールポスト(高さ2.1m、幅3m)が倒れ、同小3年生の男子児童が下敷きになり重傷を負った。ポストを固定するため上部のバーと後方の木を結んでいたロープが切れており、バーからぶら下がったロープを引っ張ったためポストが倒れた。《データ》負傷者1名

8.27 健康器具に挟まれ薬指切断（大阪府大阪市）8月27日午前10時50分ごろ、大阪市北区大深町の家電用品販売店の健康器具売り場で、5歳の男児が左手薬指の先約1cmを切断しており、救急車で病院に運ばれた。腹筋を鍛える折り畳み式の健康器具を触っていて、器具の接合部分に指を挟んだとみられる。《データ》負傷者1名

9.7～10 保育所で食中毒（大阪府大阪市）大阪市生野区の私立保育所で9月7～10日にかけ、園児171人と女性保育士6人の計177人がサルモネラ菌による発熱や下痢などの食中毒症状を訴えた。園児22人が入院したが重症者はいない。いずれも同園で調理した給食を食べており、市は同園調理室を13日から5日間の業務停止とした。《データ》患者177名

9.9 立体駐車場の鉄台に挟まれ死亡（大阪府大阪市）9月9日午後3時半ごろ、大阪市北区堂島浜の古河大阪ビル西館地下2階の立体駐車場で、天井にある煙感知器の点検をしていた作業員が、車を乗せる鉄台の間に挟まれ、腹部を圧迫されて死亡した。作業員は事前に受付係員に点検中は作動しないように伝えており、大阪府警天満署は10日、客が来たために台を作動させた係員を業務上過失致死の疑いで逮捕した。《データ》死者1名

9.11 トラックがワゴン車に追突（大阪府高槻市）9月11日午前2時15分ごろ、大阪府高槻市上土室の名神高速下り線で、走行中のワゴン車がトラックに追突され、別の乗用車に衝突し横転した。ワゴン車の後部にいた小学生男子が車外に放り出されて死亡。ワゴン車と乗用車の計9人が重軽傷を負った。《データ》死者1名、負傷者9名

9.12 体育祭の高校生が熱中症（大阪府岸和田市）9月12日午後1時半ごろ、大阪府岸和田市土生町の府立高校で体育祭に参加した生徒のうち58人が、めまいや頭痛などを訴え、救急車で病院に運ばれた。ほとんどが女子生徒で、熱中症とみられるがいずれも軽症。当日の天気は快晴で、午後1時の堺市の気温は32度だった。《データ》患者58名

9.20 遊具に指挟み切断（大阪府大阪市）9月20日午後5時5分ごろ、大阪市旭区新森の市立小学校校庭の登り棒で遊んでいた2年の女児が、支柱の接合部に左手小指を挟まれ、第2関節付近を切断する重傷を負った。女児は登り棒を支える側面の鉄製支柱を伝って下りようとして、鉄製支柱を補強するための細い鉄棒との間の鋭角になったすき間に指を挟まれたらしい。《データ》負傷者1名

9.24 電気店全焼（大阪府東大阪市）9月24日午後2時45分ごろ、東大阪市水走の電気工事業店主方から出火、鉄筋3階建て作業場兼住宅延べ約250m^{2}を全焼した。北隣の

住宅の一部と東側の鉄骨2階建て工場の2階部分約300m²なども焼き、約7時間半後に鎮火した。消火のため炎上する建物に戻った2人が行方不明。《データ》行方不明者2名

10.6 **日本料理店で食中毒**（大阪府大阪市）10月6日、大阪市中央区心斎橋筋の百貨店内の日本料理店で食事した男女計11人が嘔吐や下痢など食中毒症状を訴えた。入院患者はなく全員が快方に向かっている。大阪市保健所はこの店を8日から2日間の営業停止処分にした。《データ》患者11名

10.16 **ブランコから転落し指切断**（大阪府枚方市）10月16日午後5時10分ごろ、大阪府枚方市西船橋の船橋川児童公園で、小学1年の女児がブランコから転落し、左手小指の先約8mmを切断する全治1カ月の重傷を負った。《データ》負傷者1名

10.23 **住宅火災**（大阪府寝屋川市）10月23日午前5時45分ごろ、大阪府寝屋川市若葉町の住宅から出火、木造平屋建て住宅約60m²を全焼した。焼け跡から2人の遺体が見つかった。《データ》死者2名、焼失面積約60m²

10.26 **産廃処理工場爆発**（大阪府枚方市）10月26日午後10時15分ごろ、大阪府枚方市池之宮の産業廃棄物処理会社工場付近で爆発があり、建物が炎上、同社と隣接する別の産廃処理会社を全焼した。焼け跡から会社社長が遺体で見つかり、隣接する会社にいた1人が負傷した。揮発性薬剤に引火して爆発したとみられる。《データ》死者1名、負傷者1名、全焼2棟

11.3 **カセットコンロのボンベが爆発**（大阪府大阪市）11月3日午後8時20分ごろ、大阪市北区角田町の雑居ビル内にある居酒屋で、テーブル席のカセットコンロのボンベが爆発した。51～61歳の男性客4人が顔や手を切る軽傷。テーブルの埋め込み式IHクッキングヒーターが不調だったため、その上にカセットコンロを置いて調理していたところ、IHヒーターが加熱し始めてボンベが爆発した。《データ》負傷者4名

11.9 **相撲授業で転倒**（大阪府枚方市）11月9日午後0時15分ごろ、大阪府枚方市西田宮町の市立中学校の体育館で、体育の授業で相撲取組を終えた2年の男子生徒が突然あおむけに転倒。意識不明となり、救急車で市内の病院に運ばれたが、まもなく死亡した。《データ》死者1名

11.9～ **児童福祉施設でO157感染**（大阪府高槻市）高槻市奈佐原の児童福祉施設で11月9日、2歳の女児が腹痛を訴え、19日にO157が検出された。女児と接触した可能性のある子ども18人と職員18人を検査したところ、子ども2人からO157が検出された。うち男児1人は23日に容体が急変し死亡、2人も重症。この他10人の幼児や児童が、下痢や腹痛の症状を訴えた。《データ》死者1名、患者12名

11.13～ **小学校の給食で食中毒**（大阪府門真市）門真市内の市立小学校で、11月13日から児童が相次いで発熱などを訴え、児童87人と教職員1人の計88人が発熱や下痢などの症状を訴えた。重症者はおらず、いずれも快方に向かっている。保健所が検便を実施するなどし、20日に食中毒菌のカンピロバクターを検出した。府は同校の給食施設を21日から3日間の業務停止処分にした。《データ》患者88名

11.26 **パトカーに追われひき逃げ**（大阪府大阪市）11月26日午前3時35分ごろ、大阪市北区曽根崎の国道176号梅新北交差点で、信号無視でパトカーに追跡されていた乗用車が信号待ちのタクシーに衝突。直後に男性をはねて約30m引きずり、さらに約150m南の梅田新道交差点でタクシー3台に次々衝突して止まった。はねられた男性は死亡、タクシーの乗客が軽傷。乗用車を運転していた女は車を乗り捨てて逃走

大阪府(2005年)

した。12月4日、無免許のタイ人の女が逮捕された。《データ》死者1名、負傷者1名

12月〜 ダイオキシン検出（大阪府能勢町）12月から平成18年1月にかけて実施された調査で、大阪府能勢町のごみ焼却施設近くの調整池から、環境基準の34倍にあたる1リットル当たり34ピコグラムのダイオキシン類が検出された。直接の健康被害はないという。

12.9 餅つき大会でノロウイルス感染（大阪府大阪市）12月9日、大阪市の市立小学校の児童94人、保護者ら49人が下痢や発熱などの症状を訴えた。このうち22人からノロウイルスが検出されたが、いずれも軽症。同月4日に同校で開かれた「親子餅つき大会」の参加者に症状が表れていることから、振る舞われた餅が原因の集団食中毒と断定された。《データ》患者143名

12.9 調理実習で食中毒（大阪府堺市）12月9日、大阪府堺市の私立大学で人間生活学部の調理実習で作った料理を学生50人が食べたところ、11日ごろから学生24人が下痢や発熱などの食中毒症状を訴え、大学が14日保健所に届け出た。学生はいずれも軽症。《データ》患者24名

12.20 市場で火災（大阪府豊中市）12月20日午後1時20分ごろ、大阪府豊中市大島町の喫茶店2階住居部分から出火、周囲に燃え広がり、計6棟17店延べ約1800m^{2}を全焼した。喫茶店の隣の住宅の焼け跡から1人が遺体で見つかった。《データ》死者1名、全焼6棟、焼失面積約1800m^2

12.21 宝塚歌劇団公演中に転落事故（大阪府）12月21日、梅田にある劇場で、宝塚歌劇団の大阪公演中にトップスターの転落事故が発生。主演の役者が1ヶ月の重症を負った。治療のため大阪公演、東京公演が中止された。《データ》負傷者1名

12.31 乗用車とミニバイク衝突（大阪府八尾市）12月31日午前4時40分ごろ、大阪府八尾市萱振町の府道交差点で、乗用車と2人乗りミニバイクが衝突。ミニバイクの後ろに乗っていた中学3年の女子生徒が死亡し、運転していた高校1年の男子生徒も頭を打ち重傷を負った。府警八尾署は乗用車を運転していたトラック運転手を道交法違反(酒気帯び運転)と業務上過失致死の容疑で現行犯逮捕した。《データ》死者1名、負傷者1名

2006年(平成18年)

1.1 住宅火災（大阪府大阪市）1月1日午前5時ごろ、大阪市北区の民家から出火し、木造3階建て住宅延べ約310m^{2}のうち約210m^{2}を焼いた。焼け跡から2人の焼死体が見つかり、1人が背中に軽い火傷を負う軽傷。火元は2階台所付近とみられる。《データ》死者2名、負傷者1名、焼失面積約210m^2

1.9 軽自動車と特急電車衝突（大阪府高石市）1月9日午後9時20分ごろ、JR阪和線富木駅構内の富木北踏切で特急電車と軽自動車が衝突し、軽自動車は大破した。車に乗っていた2人が車外に投げ出され死亡。《データ》死者2名

1.13 住宅全焼（大阪府茨木市）1月13日午前0時15分ごろ、大阪府茨木市の民家から出火し、木造2階建て延べ約132m^{2}を全焼。焼け跡から住人夫婦とみられる遺体が見つかった。石油ストーブが置いてあった1階寝室が激しく焼けていたという。《データ》死者2名、全焼1棟、焼失面積約132m^2

1.15 ビルの排気ダクト爆発（大阪府大阪市）1月15日午前9時ごろ、大阪市中央区の8階建てビル屋上にある非常用発電機の排気ダクトが爆発。ダクトを覆っていた鉄製カバーが吹き飛び、約30m下の敷地内の植え込みに落下。けが人はなかった。

大阪府(2006年)

ダクト内に鳥が巣を作り、排気口が詰まって気圧が上昇して爆発したとみられる。

1.22 光瀧寺「餅まき」で転落死(大阪府河内長野市)1月22日午後3時20分ごろ、大阪府河内長野市滝畑の光瀧寺で行われた「初不動餅まき」で、餅を拾おうとした男性が足を滑らせて約20m下の道路に転落、頭を強く打つなどして死亡した。《データ》死者1名

2.9〜10 店舗・住宅火災(大阪府大阪市)2月9日夜から10日朝にかけて大阪市生野区で2件の火災が発生し、計2人が死亡、3人が重軽傷を負った。9日午後9時20分ごろ、同区生野西のラーメン店から出火。木造2階建て店舗兼住宅の2階約20m^{2}が燃え、焼け跡から男性の遺体が見つかった。また10日午前4時40分ごろには同区桃谷の文化住宅から出火。木造2階建て延べ約180m^{2}のうち約120m^{2}を焼き、2階の部屋から住人男性とみられる焼死体が見つかったほか、女性がやけどで重体、1階の男女2人がのどに軽傷を負った。《データ》死者2名、負傷者3名、焼失面積約140m^2

2.11 住宅全焼(大阪府門真市)2月11日午前2時45分ごろ、大阪府門真市幸福町の文化住宅1階から出火し、木造2階建て延べ約600m^{2}を全焼。焼け跡から男女の遺体が見つかった。1階住人男性が現住建造物等放火容疑で逮捕された。容疑者は酒を飲んでストーブを付けたまま就寝し、出火に気付いたあと通報や消火活動をしていないため「不作為による放火」と判断された。《データ》死者2名、負傷者3名、全焼1棟、焼失面積約600m^2

2.17 鉄板の下敷きで作業員死亡(大阪府堺市)2月17日午後5時20分ごろ、大阪府堺市見野山のプラント製造会社資材置き場で解体作業中の鉄板が倒れ、同社男性作業員が下敷きになった。作業員は胸を強く打って死亡、別の男性も足の骨を折る重傷を負った。《データ》死者1名、負傷者1名

2.17 居酒屋で異臭騒ぎ(大阪府大阪市)2月17日午後10時50分ごろ、大阪市北区梅田のレジャービル10階にある居酒屋店内で唐辛子のような異臭が漂い、客がせき込むなどする騒ぎが発生。約100人いた客は店外へ避難し、のどの痛みなどを訴えた客36人が救護テントで手当てを受け、うち4人の男性が病院に運ばれたが全員軽症だった。催涙スプレーとみられる。《データ》被害者36名

2.19 連続放火(大阪府吹田市)2月19日午後0時55分ごろから1時45分ごろにかけ、大阪府吹田市のスーパーで寝具売り場の布団などが燃える不審火が3件発生。けが人はなかった。のち23日午後5時25分ごろ、同市内で済生会吹田病院1階トイレのごみ箱が燃える不審火が発生。火はすぐに消し止められ、けが人はなかった。23日の事件で、大阪府警などは建造物等以外放火の容疑で無職女性を逮捕。容疑者は「いらいらして火をつけた。ほかにもやった」と供述し、スーパー放火事件を含む約15件について容疑を認めた。

2.28 住宅火災(大阪府茨木市)2月28日午前3時40分ごろ、大阪府茨木市の工務店から出火。木造2階建て店舗兼住宅延べ約250m^{2}を半焼し、1階の焼け跡から老夫婦の焼死体が見つかった。《データ》死者2名、半焼1棟、焼失面積約250m^2

3.8 エレベーターに挟まれ重傷(大阪府八尾市)3月8日午後4時45分ごろ、大阪府八尾市の内職あっせん会社社屋ビル3階で、荷物運搬用エレベーターに段ボール箱を積み込んでいた同社経営者の妻がエレベーターの天井と建物の床の間に挟まれ、胸部を圧迫されて重傷を負った。《データ》負傷者1名

3.13 商店街火災(大阪府大阪市)3月13日午前7時20分ごろ、大阪市北区浪花町の商店

大阪府(2006年)

街の店舗兼住宅から出火。木造3階建ての2、3階部分と隣接する店舗兼住宅3棟の一部合わせて約110m²を焼き、出火元の焼け跡から男女2人の焼死体が見つかったほか、東隣の店舗兼住宅に住む男性が顔などに軽いやけどを負った。《データ》死者2名、負傷者1名、焼損4棟、焼失面積約110m²

3.14 国道で玉突き事故 (大阪府藤井寺市) 3月14日午後4時半ごろ、大阪府藤井寺市沢田の国道170号交差点で、お年寄りの運転する軽乗用車が信号待ちしていた男性の軽乗用車に追突。弾みで男性の車が前に止まっていた女性の乗用車に追突した。この事故でお年寄りが頭などを強く打って死亡、助手席の妻が右腕骨折の重傷、追突された2人も首に軽傷を負った。《データ》死者1名、負傷者3名

3.16 住宅全焼 (大阪府河内長野市) 3月16日午後11時45分ごろ、大阪府河内長野市の民家から出火し、木造2階建て民家延べ約110m²を全焼。同宅は4人家族で、父親と息子2人が焼け跡から焼死体で見つかった。火元は居間で使っていた石油ストーブとみられる。《データ》死者3名、全焼1棟、焼失面積約110m²

3.18 マンション火災 (大阪府豊中市) 3月18日午後1時35分ごろ、大阪府豊中市の鉄筋4階建てマンション2階の一室から出火。同室約40m²を全焼し、留守番をしていた姉弟3人のうち二女と長男が死亡した。煙に巻かれたとみられる。助けを求めて部屋から出た長女は無事だった。室内にはライターがあったという。出火当時、両親は近くのディスカウントショップに出かけていた。《データ》死者2名、全焼1室、焼失面積約40m²

3.23 乗用車が保冷車に追突 (大阪府柏原市) 3月23日午後7時10分ごろ、大阪府柏原市円明町の西名阪自動車道上り線で、乗用車が保冷車に追突。乗用車の助手席の男性が頭を強打して死亡、運転していた男性と後部座席の男性2人が重傷、保冷車の男性2人が首などに軽傷を負った。前方に停止車両があったために止まった保冷車に乗用車が追突したという。《データ》死者1名、負傷者5名

3.24 小学校で食中毒 (大阪府八尾市) 3月24日、大阪府八尾市の小学校で、前日夜から下痢や嘔吐、腹痛などの食中毒症状を訴えていた1～5年生の児童約140人のうち、約50人が欠席した。重い症状の児童はおらず、ほぼ全員が回復。学校給食は23日まであり、24日は修了式だった。《データ》患者140名

4.10 石油製油工場火災 (大阪府堺市) 4月10日午後1時5分ごろ、堺市西区の石油製油工場で火災が発生。従業員は避難し、同工場は操業を停止した。原油を処理する「常圧蒸留装置」から出火したとみられる。

4.14 ノロウイルスで学級閉鎖 (大阪府貝塚市) 4月14日、大阪府貝塚市の小学校で、集団で腹痛や下痢を訴えた1年生の1クラスが学級閉鎖。ノロウイルスによる感染性胃腸炎に集団感染したとみられる。1人が11日に嘔吐、13日には同クラスで約半数の11人が欠席し、学校全体で約35人が嘔吐や下痢の症状で欠席していた。市教委は、給食による食中毒の可能性は低いとみている。《データ》患者35名

5.9 トラックに挟まれ死亡 (大阪府太子町) 5月9日午前7時25分ごろ、大阪府太子町の建設会社駐車場で、高台から急坂の道路を暴走してきた無人トラックと駐車場に止まっていたトラックに挟まれて作業員2人が死亡した。突っ込んできたトラックはサイドブレーキがかかっておらず、業務上過失致死の疑いがある。《データ》死者2名

5.19 パンに縫い針混入 (大阪府大阪市) 5月19日、大阪市阿倍野区のスーパーで購入

した菓子パンに混入していた縫い針で、女児が口の中に軽傷を負った。同日午前7時半ごろ、同スーパーで前日購入した菓子パンを食べようとした女性が縫い針1本を発見。女性にけがはなかった。両者とも同じ製パン会社の製品で、見つかった針の長さ(3.6cm)や形が一致していたことから、同一人物による威力業務妨害の疑いがある。《データ》負傷者1名

5.26 住宅火災（大阪府和泉市）5月26日午後4時50分ごろ、大阪府和泉市の市営住宅の一室から出火。約30m^{2}を焼き、留守番をしていた7歳の長男、4歳の二男、1歳の長女の3人が一酸化炭素中毒で死亡した。火元は子ども部屋から見つかった簡易ライター。当時両親は不在だった。出火直後、母親の携帯電話に長男から連絡があり、母親は隣家に逃げるよう指示したが、逃げ遅れたとみられる。《データ》死者3名、焼失面積約30m^2

6.6 トラックのタイヤ脱落で乗用車追突（大阪府堺市）6月6日午前7時10分ごろ、堺市南区竹城台の府道で、走行中のトラックから突然左後輪タイヤ2本が脱落。うち1本が路側帯横の土手に当たって乗用車の前に跳ね返り、乗用車が急ブレーキをかけたため後続車3台が追突。男性4人が病院に運ばれたが、全員軽傷だった。タイヤを車軸に固定するボルトのナットが緩んでいた可能性がある。《データ》負傷者4名

6.16 軽飛行機が壁に衝突（大阪府堺市）6月16日午後2時ごろ、堺市南区の航空専門学校の実習所で、整備技術の実習訓練中の軽飛行機が突然暴走して約40m先の壁に衝突。乗っていた教官と男子生徒2人の計3人が骨折や打撲などのけがをした。ほかにけが人はなかった。車輪には車止めをしてブレーキもかけていたという。《データ》負傷者3名

7月～ 幼稚園でサルモネラ菌食中毒（大阪府摂津市）7月、大阪府摂津市の幼稚園で、園内給食による集団食中毒が発生。園児128人と教職員11人が発症し、うち6歳の男児2人が一時入院したが、他は軽症。府は同幼稚園を23日から7日間の給食業務停止処分とした。20日に高槻市の病院に入院した男児の便からサルモネラ菌が検出され、府茨木保健所が調査したところ、同幼稚園の給食を食べた患者7人の便からサルモネラ菌を検出したという。《データ》患者139名

7.10 幻覚キノコで転落死（大阪府吹田市）7月10日午後11時55分ごろ、大阪府吹田市のワンルームマンション4階の廊下から関西大2年の男子学生が転落し、搬送先の病院で死亡した。学生は幻覚キノコ「マジックマッシュルーム」を服用していたとみられ、友人が目を離したすきに錯乱状態で廊下に出て飛び降りたという。この事件で、薬物を販売した雑貨店経営者が大麻取締法違反容疑で現行犯逮捕された。《データ》死者1名

7.27 壁の下敷きになり死亡（大阪府大阪市）7月27日午前2時5分ごろ、大阪市東成区東中本の市営地下鉄中央線緑橋駅で、コンクリート製の壁の解体作業中に壁の一部が倒れて男性作業員が下敷きになり、全身を強く打って死亡した。《データ》死者1名

8.7 昇降機に挟まれ女児死亡（大阪府富田林市）8月7日午前0時25分ごろ、大阪府富田林市の民家で、外壁に設置された昇降機の下で倒れている小学3年生の二女を長女が発見。次女は搬送先の病院で死亡が確認された。降下したかごに気付かず、地面との間に挟まれたとみられる。《データ》死者1名

8.12 高校野球部員が熱中症（大阪府枚方市）8月12日、大阪府枚方市の府立高校で、硬式野球部の練習中に部員3人が熱中症で相次いで救急搬送され、うち2人が入院した。8月は連日35度以上の最高気温を記録しており、同日の気温も36度まで上昇

大阪府(2006年)

していた。《データ》患者3名
8.22 射撃訓練中に銃暴発（大阪府大東市）8月22日午後2時35分ごろ、大阪府大東市内の府警射撃場で、府警特殊部隊(SAT)隊員の男性巡査部長が射撃訓練中に標的に向けて小銃を構えようとした際、指が引き金にかかって暴発した。弾は1発で巡査部長の左ふくらはぎを貫通し、1カ月の重傷。《データ》負傷者1名
8.24 浴室乾燥機から出火（大阪府大阪市）8月24日午後7時20分ごろ、大阪市住之江区のマンション4階の一室から出火。天井に取り付けられた浴室暖房乾燥機の一部を焼いたが、けが人はなかった。火元とみられる乾燥機は、発火の可能性があるとして部品交換が決まった機種で、同年7月には大阪ガスの担当者が部品を交換していたが、今回の出火個所は別の部品だった。
8.24 通り魔（大阪府大阪市）8月24日午後2時5分ごろ、大阪市城東区森之宮の団地内にある路上で、女性が後ろから来た男に刃物でいきなり背中1カ所を刺され、深さ約10cmの傷を負った。男は走って逃走した。《データ》負傷者1名
9.12 工場火災（大阪府大阪市）9月12日午後10時35分ごろ、大阪市西淀川区西島の製鋼工場で稼働中の電気炉が爆発。近くにあった袋入りのコピー機のトナーに引火し、約25分後に鎮火した。この爆発で作業中の男性従業員5人のうち、1人が全身やけどを負うなど3人が重軽傷を負った。《データ》負傷者3名
9.23 住宅火災（大阪府東大阪市）9月23日午後4時10分ごろ、東大阪市上四条町の民家から出火し、木造平屋建て住宅90m^{2}のうち60m^{2}を焼いて約1時間10分後に鎮火。焼け跡から老夫婦の遺体が見つかった。《データ》死者2名
9.24 落馬（大阪府河南町）9月24日午前10時45分ごろ、大阪府河南町白木の観光牧場で、乗馬中の男性が落馬して倒れた馬の下敷きになり、頭を強く打って死亡した。《データ》死者1名
10.7 だんじり祭りの地車が塀に衝突（大阪府忠岡町）10月7日午前6時半ごろ、大阪府忠岡町で、約200人が引くだんじり祭りの地車が、T字路を曲がり切れずに角の民家のブロック塀に衝突。地車を引いていた男性が地車と塀に挟まれ死亡、上に乗っていた男性が落下して左足を折る重傷を負った。見物客にけがはなかった。同町のだんじりで死亡事故が起きたのはこれが初めて。《データ》死者1名、負傷者1名
10.21 ダンプカーが逆走し対向車に衝突（大阪府四條畷市）10月21日午後5時ごろ、大阪府四條畷市清滝の市道で、一方通行を逆走してきた大型ダンプカーが対向車4台に次々と接触。並行する高架道のコンクリート支柱に衝突して、ダンプカーの運転手が即死した。《データ》死者1名
10.27 ガス漏れ（大阪府大阪市）10月27日午前10時ごろ、大阪市北区茶屋町の雑居ビル4階の飲食店でガスが漏れ、ビル内にいた約20人が屋外に避難。けが人はなかった。ガスコンロ付近から漏れたとみられる。飲食店は営業前で無人だった。
11.15 卸売市場で牛に押され死亡（大阪府大阪市）11月15日午前5時45分ごろ、大阪市住之江区の市中央卸売市場南港市場の荷受場で、食用牛を引いていた男性が突然走り出した雌牛に押され、牛と通路横の鉄製柵に体を挟まれた。男性は内臓破裂で死亡。《データ》死者1名
11.30 タイヤ破裂の風圧で男児重傷（大阪府堺市）11月30日午後7時55分ごろ、堺市西区北条町1丁の交差点で、信号待ちをしていた大型クレーン車の前輪左側タイヤが突然破裂。その風圧で左隣の車線に停車していたワゴン車の右側後部の窓ガラ

スが粉々に吹き飛び、後部座席にいた男児が頭を打撲するなど重傷を負った。運転席にいた母親にけがはなかった。破裂したタイヤの表面は激しく摩耗しており、クレーン車を所有するリース会社が業務上過失傷害容疑で家宅捜索された。《データ》負傷者1名

12.4 **住宅全焼**（大阪府寝屋川市）12月4日午後4時10分ごろ、大阪府寝屋川市の民家から出火。2戸1棟形式の木造2階建て住宅延べ104m^{2}を全焼し、焼け跡から母親と小学校6年生の長男の2人が焼死体で見つかった。煙に巻かれたとみられる。出火当時、自宅前にいた母親が異変に気付き、長男を助けようと家に入っていったという。《データ》死者2名、全焼1棟、焼失面積約104m^2

12.19 **化学工場で爆発**（大阪府東大阪市）12月19日午後1時半ごろ、東大阪市鴻池徳庵町の化学工場兼倉庫で爆発が数回あり炎上。鉄骨平屋建て約250m^{2}を全焼し、工場内にいた男性従業員2人が顔のやけどなど全治1カ月以上の重傷を負った。アルミニウムの粉じんが何らかの原因で爆発したとみられる。《データ》負傷者2名、全焼1棟、焼失面積約250m^2

12.22 **走行中のトラックから脱輪**（大阪府豊中市）12月22日午前6時20分ごろ、大阪府豊中市上新田の国道423号（新御堂筋）で、走行中の大型トラックからタイヤ1本が外れて約130m転がり、道路左側の歩道の植え込みにぶつかって止まった。けが人はなかった。トラックには車軸が4列あり、前から2列目左側のタイヤが外れた。ホイールが何らかの原因で壊れて外れたとみられる。

12.23 **カセットコンロ爆発**（大阪府大阪市）12月23日午後6時20分ごろ、大阪市淀川区の民家で、カセットコンロのガスボンベが爆発。部屋にいた園児1人と小学生2人を含む男女8人が顔や手などにやけどを負い、うち7人が病院に運ばれ、男性1人が入院した。生がきを網焼きする際、金属製の五徳を外して直接コンロに網を載せたため、ボンベが加熱して爆発した可能性が高い。《データ》負傷者8名

2007年(平成19年)

1.15 **集合住宅火災**（大阪府松原市）1月15日午後7時55分ごろ、大阪府松原市の集合住宅から出火、木造2階建て住宅延べ約370m^{2}を全焼した。焼け跡から2人が遺体で見つかった。《データ》死者2名、焼失面積約370m^2

1.17 **歩道橋から投げられ負傷**（大阪府八尾市）1月17日午後2時半ごろ、大阪府八尾市光町の近鉄八尾駅前の歩道橋で、男が近くにいた3歳児を抱きかかえ、約6.4m下の車道に投げ落とした。3歳児は頭部を強打するなど重傷。男は殺人未遂容疑で現行犯逮捕された。男は知的障害があり、幼児を狙って連れ回すなど過去6件の誘拐・誘拐未遂事件で検挙歴があった。111《データ》負傷者1名

1.20 **住宅火災**（大阪府交野市）1月20日午前4時50分ごろ、大阪府交野市東倉治の民家から出火、木造一部鉄筋3階建て住宅延べ約210m^{2}を全焼した。焼け跡から2人が遺体で見つかった他、2人が負傷した。《データ》死者2名、負傷者2名、全焼1棟

1.26 **阪和道で乗用車3台が衝突**（大阪府堺市）1月26日午後11時37分ごろ、堺市中区東八田の阪和自動車道下り線で、車線変更しようとした乗用車が、軽乗用車に衝突した。乗用車が道路をふさぐ形で停止したところへ、さらに別の乗用車が突っ込み、最初の乗用車の運転手が全身を強く打って死亡した。突っ込んだ乗用車の運転手が軽傷、軽乗用車の運転手は無事だった。《データ》死者1名、負傷者1名

2月～ **救急搬送遅れ死亡**（大阪府富田林市）2月下旬の午前2時ごろ、富田林市内の男

大阪府(2007年)

性が嘔吐で苦しんでいると119番通報があり、救急隊が急行。16病院から受け入れを断られ、救急車収容から約47分後、河内長野市の病院に到着した。男性は入院したが、同日朝に食道静脈瘤破裂で死亡した。男性は肝臓疾患の既往症があり、搬送に時間がかかったことと死亡の因果関係は不明。《データ》死者1名

2.11 ペットショップ火災（大阪府高槻市）2月11日午前6時50分ごろ、大阪府高槻市大塚町のペットショップから出火、鉄骨平屋建て約910m^{2}がほぼ全焼し、店内で飼育されていた犬約70匹やウサギ4羽、熱帯魚の大半が死んだ。出火時は営業しておらず、無人だった。《データ》全焼1棟

2.18 スキーバス衝突（大阪府吹田市）2月18日午前5時25分ごろ、大阪府吹田市津雲台の府道大阪中央環状線で、スキー客ら乗員乗客計27人を乗せた大型観光バスが、道路脇のコンクリート柱に衝突。添乗員1人が死亡、運転手と乗客2人の計3人が重傷、23人が軽傷を負った。バスの運転手は大型2種運転免許を取ったばかりで交代要員がなく2夜連日長距離夜行運転をしていた。《データ》死者1名、負傷者26名

2.26 競艇レース中に接触事故（大阪府大阪市）2月26日午前11時45分ごろ、大阪市住之江区の住之江競艇場で、レース中のモーターボート同士が接触。転覆した選手に後続艇が接触して選手が死亡した。《データ》死者1名

4.1 アパート火災（大阪府東大阪市）4月1日午前4時45分ごろ、東大阪市小阪のアパートから出火、木造2階建て延べ約300m^{2}を全焼した。焼け跡から1人が遺体で見つかったほか、1人が重傷、1人が軽いけが。《データ》死者1名、負傷者2名、全焼1棟、焼失面積約300m^2

4.12 酒気帯び運転で衝突（大阪府豊中市）4月12日午前0時5分ごろ、大阪府豊中市今在家町の市道交差点で、乗用車と軽乗用車が衝突した。軽乗用車の運転手が約2時間半後に死亡。乗用車の運転手が「酒を飲んで運転した」と供述したため現行犯逮捕された。《データ》死者1名

4.17 呼吸器が外れ死亡（大阪府大阪市）4月17日午前10時ごろ、大阪市淀川区宮原の病院で、肺炎のため入院していた患者の人工呼吸器の本体とマスクをつなぐ管の接続部分が外れて心肺停止状態になっているのが見つかり、患者は間もなく死亡した。この約30分前に、看護師2人が患者の体位を変えた際、接続部分が一度外れ、付け直していた。病院側は事故を認め遺族に謝罪した。《データ》死者1名

4.26 救難飛行艇に落雷（大阪府池田市）4月26日午後1時に神奈川県綾瀬市の厚木航空基地を離陸し、山口県の岩国航空基地に向かっていた救難飛行艇「US-1A型機」が、午後2時7分ごろ池田市上空で落雷に遭った。通信用アンテナが切れているのが確認されたため海上飛行し、午後3時半ごろ同基地に着水した。アンテナの一部、約1.5m分がなくなっており、落下したとみられる。

5.5 共同住宅火災（大阪府大阪市）5月5日午後11時10分ごろ、大阪市西成区萩之茶屋のアパートの2階から出火し、木造2階建て延べ約180m^{2}のうち約115m^{2}と、南隣の木造住宅の2階部分、約50m^{2}を焼いた。アパート2階の焼け跡から2人が遺体で見つかったほか、住人の男性3人が重軽傷。8月1日、このアパートに当時住んでいた男性が逮捕され、数件の余罪を含めて放火を認めた。《データ》死者2名、負傷者3名、焼失面積約165m^2

5.5 コースター脱線（大阪府吹田市）5月5日午後0時48分ごろ、大阪府吹田市の万博記念公園内にある遊園地「エキスポランド」で、立ち乗りジェットコースターの2

両目の車軸が折れて車輪が落下、そのまま走行し、乗っていた女性が鉄製の手すりと衝突して即死した。死亡した女性を除く乗客19人と、事故を見て気分が悪くなった人を含む計34人が病院に搬送され、うち乗客1人が重傷。同遊園地は、月1回の定期点検で探傷試験を設置後一度も行っておらず、車軸の亀裂を見逃していた。《データ》死者1名、負傷者19名

5.9 打撃マシンの部品破損（大阪府八尾市）5月9日午後4時ごろ、大阪府八尾市神宮寺の府立高校で、硬式野球部の練習中に打撃マシンのボールを載せる部分が折れ、後ろでマシンを操作していた男子部員の額を直撃、生徒は頭蓋骨骨折などの重傷を負った。金属疲労を起こしたものとみられるが、マシンは前年12月にハンド部分を交換しており、3月に修理・点検を業者に依頼した時は異常はなかったという。《データ》負傷者1名

6.6〜7 サルにかまれ重軽傷（大阪府岸和田市）6月6日午後2時過ぎ、大阪府岸和田市大沢町の市道にあるバス停付近で、散歩中の女性がサルに襲われ、二十数針縫う大けがをした。また、7日午後1時半ごろにも、バス停近くで農作業をしていた50代の女性が足首をかまれて軽いけが。1匹が農作物を狙って付近をうろついていたとみられる。《データ》負傷者2名

6.23 作業中に土砂崩落（大阪府堺市）6月23日午前11時35分ごろ、大阪府堺市南区の府立高校の跡地で、男性作業員が深さ約3mの穴の中で下水管を埋める作業中、突然、土砂が崩れて生き埋めになった。男性は約30分後に救助されたが、搬送先の病院で死亡した。22日の雨で地盤が緩んでいたらしい。もう1人の作業員は下水管の中に避難し無事だった。《データ》死者1名

6.27 高圧電線に接触（大阪府大阪市）6月27日午前2時15分ごろ、大阪市港区南市岡のJR環状線(弁天町―大正間)で、鉄塔の変圧器を調整する作業をしていた作業員が突然声を出して倒れ、搬送先の病院で死亡した。腕にやけどをしており、高圧電線に接触して感電したとみられる。《データ》死者1名

7.1 ワゴン車のドア開き転落（大阪府大阪市）7月1日午後1時40分ごろ、大阪市浪速区元町の交差点で、東大阪市の男性のワゴン車右後部ドアが突然開いて後部座席にいた女児が転落、右折していたワゴン車右後輪にひかれて間もなく死亡した。後部ドアはスライド式で、通常のロックはかけていたが、子どもが内側からドアを開けるのを防ぐ「チャイルドロック」はかけられていなかった。《データ》死者1名

7.12 陸橋にクレーン車が激突（大阪府泉佐野市）7月12日午前8時15分ごろ、大阪府泉佐野市鶴原のJR阪和線新家陸橋で、クレーン車が陸橋下を通過する際、アーム部分が陸橋に乗り上げ、陸橋を走行中の熊取発天王寺行き普通電車の車両の底を押し上げる形で衝突し、1両目後輪が脱線した。1両目に乗っていた女性が軽傷、クレーン車の男性2人も首などに軽いけが。《データ》負傷者3名

7.21 日本料理店で食中毒（大阪府大阪市）7月21日、大阪市北区梅田のホテル内の日本料理店で飲食した6人が下痢や嘔吐の食中毒症状を訴えたことが明らかになった。いずれも軽症。大阪市保健所は料理店に営業停止1日の処分を課した。《データ》患者6名

7.25 機内食に手袋混入（大阪府泉南市）7月25日と11月14日、関西国際空港内の機内食製造会社が製造した機内食に、調理用ゴム手袋が混入していた。容器の底に折りたたんだ状態で入っていたことなどから、人為的に入れられたものとみられる。

大阪府(2007年)

7.28 検問突破の車と衝突 (大阪府堺市) 7月28日午前5時ごろ、堺市堺区北花田1丁目の府道交差点で、交通検問を突破したうえ赤信号を無視して進入した乗用車と軽乗用車が衝突。軽乗用車に乗っていた2人が死亡した。《データ》死者2名

7.30 落雷で鉄道トラブル (大阪府岸和田市・和歌山県橋本市) 7月30日午前5時ごろ、大阪府岸和田市下松町、JR阪和線東岸和田北7踏切で、列車の異常を知らせる発光機が点灯、現場にさしかかっていた回送列車が安全確認作業を行った。この影響で上下線56本が運休し、65本が遅れた。発光機の電気系統の一部が焦げており、落雷の影響で発光機が誤作動したとみられる。また、同5時10分ごろ、和歌山県橋本市の南海高野線の小原田車庫に2回落雷があり、配電盤などが焦げた。上下線で急行2本が運休するなどした。

7.31 阪神高速で玉突き事故 (大阪府大阪市) 7月31日午前10時過ぎ、大阪市西区本田の阪神高速道路大阪港線上り車線で、渋滞で止まっていたマイクロバス2台に大型タンクローリーが追突し玉突き事故になった。マイクロバスに乗車していた和歌山県の小学校児童らのうち、1人が重傷、25人以上がけが。タンクローリーの運転手にけがはなかった。《データ》負傷者26名以上

8.5 ペットボトル爆発 (大阪府東大阪市) 8月5日午後4時25分ごろ、東大阪市中石切町の公園で砂場に埋められていたペットボトルが爆発、砂場で遊んでいた小学3年の男児が重傷、1年の男児が軽傷。砂場では直前まで中学1年の男子生徒3人が、500mlの空のペットボトル2本に保冷剤のドライアイスを入れて爆発させて遊んでいたが、爆発しなかった1本を、砂場に放置して帰宅していた。《データ》負傷者2名

8.6 保育園でO157感染 (大阪府大阪市) 大阪市は8月6日、血便などの症状を訴えて7月29日に入院した女児に病原性大腸菌O157に感染が認められ、女児は溶血性尿毒症症候群(HUS)で死亡したと発表した。通っていた無認可保育施設で他の園児4人の感染も確認され、うち2人が入院した。8月9日、新たに3人の感染が判明。原因は園の給食ではなく園内で2次感染したものとみられる。《データ》死者1名、感染者7名

8.27 住宅火災 (大阪府八尾市) 8月27日午前3時半ごろ、大阪府八尾市郡川住宅から出火、木造2階建て延べ約320m^{2}を全焼、南側の民家も半焼した。焼け跡から2人の焼死体が見つかり、1人が軽傷。《データ》死者2名、負傷者1名、全焼1棟、半焼1棟

8.27 世界陸上放送スタッフが食中毒 (大阪府大阪市) 8月27日、世界陸上大阪大会を開催中の大阪・長居陸上競技場に設置している放送センターで働くスタッフ57人に、腹痛や下痢など食中毒の症状が発生した。うち13人が入院した。センターでは制作会社などを含むスタッフ約700人が働いており、センター内の食堂で大阪市内の弁当会社が調理した仕出し料理をバイキング形式で食べていた。《データ》患者57名

8.29 妊婦搬送遅れ救急車が事故 (大阪府高槻市) 8月29日午前5時10分ごろ、大阪府高槻市富田丘町の国道171号交差点で、妊娠中の女性を橿原市から搬送中の救急車と軽乗用車が接触した。搬送先の高槻市の病院で、胎児の死亡が確認された。この事故の前、女性は約1時間半も受け入れ先が決まらず、橿原市から約41キロも離れた高槻市の病院へ運ばれる途中だった。《データ》死者1名

9.1 胸に硬球が当たり死亡 (大阪府富田林市) 9月1日午後2時半ごろ、大阪府富田林市新堂の私立高校の野球グラウンドで、硬式野球の練習をしていた中学生の胸に硬球が当たった。生徒は病院に運ばれたが、約7時間後に死亡した。《データ》死者1名

9.2 毒キノコで中毒 (大阪府高槻市) 9月2日、山歩きグループのメンバー計12人が大

阪府高槻市の摂津峡での日帰りハイキング中に採取したキノコを食べたところ、数人が嘔吐し、下痢の症状を訴えた。1人が死亡、2人が重症。男性らは食用のクロハツと似た猛毒の「ニセクロハツ」か「クロハツモドキ」を食べたとみられる。《データ》死者1名、患者2名

9.8 **ボンベ落下しガス噴出**（大阪府大阪市）9月8日午前11時20分ごろ、大阪市平野区加美東の立体駐車場の解体工事現場で、不用となった消火用の液化炭酸ガスが入ったボンベをショベルカーのアームでトラックの荷台に積み込む際、誤ってボンベが落下した。衝撃でボンベのガスが漏れ、通行人ら5人がガスを吸うなどして病院に運ばれた。ガスの噴出でボンベは転がり、向かいのコンビニ店のガラスも割った。《データ》負傷者5名

9.18 **クレーン倒れ下敷き**（大阪府大阪市）9月18日午前11時半ごろ、大阪市大正区鶴町の造船所で、クレーンの長さ約18mのアーム部分が落下、作業中の男性が下敷きになった。男性は搬送先の病院で死亡。クレーンは足場用のパイプを移動させる作業中で、アームをつなぐワイヤが切れたという。《データ》死者1名

9.21 **ガス漏れ**（大阪府大阪市）9月21日午前7時半ごろ、大阪市北区堂島の雑居ビルの周辺で硫黄のようなにおいが漂い、四つ橋筋堂島1丁目交差点地下でガス漏れが確認された。現場道路の通行を一部規制、付近の二つのビルに避難を指示し、正午前までに約120人が避難した。昭和40年に埋設された鋼管に直径5mmの穴が開いており、何らかの理由で金属が腐食したとみられる。ガスは午後になって復旧した。

9.30 **電池検査で火災**（大阪府守口市）9月30日午後0時20分ごろ、大阪府守口市松下町の電池工業から出火、鉄骨6階建て延べ約2万7500m^{2}のうち、3階のリチウムイオン電池工場約1525m^{2}を焼いた。ノートパソコン向けリチウムイオン電池を充放電し、性能を確認する工程で火災が発生したもので、出火当時は従業員6人が作業をしていたがけが人はなかった。《データ》焼失面積約1525m^2

10.1 **かまぼこに誤って卵混入**（大阪府吹田市）神戸市東灘区の食品会社が、同社製の板付きかまぼこに、本来は入っていないはずの卵が混入した可能性が高いとして、板付きかまぼこ約68万枚と、かまぼこを使ったフライ約1万8000個の自主回収を始めた。大阪府吹田市の卵アレルギーを持つ男児が10月1日にかまぼこを食べ、軽い発疹を発症したことから調査したところ、原料のベトナム産魚のすり身に卵が混入している可能性が高いことがわかったもの。《データ》負傷者1名

10.2 **体育授業中砲丸が当たり重傷**（大阪府守口市）10月2日午前11時35分ごろ、大阪府守口市佐太中町の市立中学校の校庭で、保健体育の授業で砲丸投げをしていた男子生徒の後頭部に、同級生が投げた重さ約2.7キロの砲丸が当たった。男子生徒は命に別条はないが重傷。《データ》負傷者1名

10.4 **日航機が尻餅着陸**（大阪府泉佐野市）10月4日に関西空港で、羽田発関西空港行きの日本航空ボーイング737型機が着陸時に機体後部が滑走路に接触し、部品を破損した。乗客乗員計139人にけがはなかった。

10.7 **祭りで重軽傷**（大阪府・愛媛県）10月7日午前11時45分ごろ、泉佐野市中庄の市道で地車が急停止し、10人が軽傷。午後1時10分ごろには、田尻町吉見の町道で、地車が横転し、13人が打撲を負った。松山市では、松山地方祭でみこしをぶつけ合う「鉢合わせ」の際に事故が3カ所で発生、午前6時50分ごろから午後5時ごろまでの間に20人が軽傷、2人が重傷を負った。《データ》負傷者45名

大阪府(2007年)

10.26 名神高速で4台衝突（大阪府吹田市）10月26日午前8時ごろ、大阪府吹田市清水の名神高速道路吹田料金所付近で、ダンプカーが中央分離帯を越えて対向車線のワンボックス車と正面衝突。さらに、ワンボックス車の後ろを走っていた乗用車2台と衝突した。ワンボックス車の運転手と同乗者の計2人が重傷。ダンプカーの同乗者と乗用車2台の運転手の計3人が軽傷を負った。《データ》負傷者5名

10.27 ヘリコプター墜落（大阪府堺市）10月27日午後3時ごろ、堺市堺区遠里小野町、南海高野線浅香山駅北約260mの線路上にヘリコプター1機が墜落、炎上した。乗っていた2人が死亡。墜落の際、ヘリは線路上の架線と信号高圧線を切断しており、南海電鉄は難波—橋本間の上下線で一時運転を見合わせた。《データ》死者2名

11.3 衣料品店に車突入（大阪府大阪市）11月3日午後5時50分ごろ、大阪市住吉区我孫子西の衣料品店に、乗用車が西隣の駐車場から金網を破って突っ込み、店舗の壁を破壊して、店内の陳列棚に接触した。店内にいた客1人が驚いて転倒して軽傷。《データ》負傷者1名

11.7 トレーラーがバイクと衝突（大阪府堺市）11月7日午前7時15分ごろ、堺市中区深井北町の府道で、第一車線を走行中の乗用車が左側の縁石に乗り上げた反動で右車線にはみ出し、第二車線の大型トレーラーと接触。衝突を避けようとしたトレーラーが第三車線を走行中のバイクと衝突し、バイクの運転手が死亡した。《データ》死者1名

11.22 はねた女性を病院に運び放置（大阪府大阪市）11月22日午前5時45分ごろ、大阪市平野区加美西の松井記念病院の駐車場のワンボックス車後部の荷台で、女性が顔から血を流して倒れているのが発見され、別の救急病院に運ばれたが、意識不明の重体。ワンボックス車には事故の形跡があり、車ではねた女性を病院まで運んで放置したとみられる。《データ》負傷者1名

11.28 住宅火災（大阪府富田林市）11月28日午後10時35分ごろ、大阪府富田林市富美ケ丘町の住宅から出火し、木造2階建て住宅延べ約150m^{2}のうち2階部分約60m^{2}を焼いた。幼児2人が死亡、1人が重傷。2人が逃げて無事だった。《データ》死者2名、負傷者1名、焼失面積約60m^2

12.4 トンネルで玉突き（大阪府泉南市）12月4日午前10時35分ごろ、大阪府泉南市信達市場の阪和自動車道・高倉山トンネル内の下り車線で、物損事故による渋滞最後尾のワンボックス車に、大型観光バス3台が次々と玉突き衝突した。2人が重傷、52人が軽傷。《データ》負傷者54名

12.6 集団下校の列に車（大阪府泉佐野市）12月6日午後2時50分ごろ、大阪府泉佐野市市場南の市道交差点で、優先道路を走行していた軽乗用車の車体側面に軽トラックが衝突した。軽乗用車が押し出される形で、集団下校で歩道を歩いていた市立小学校児童約10人の列に突っ込み、女児2人が重傷、女児4人が軽傷。軽トラックが左右確認を怠ったとみられる。《データ》負傷者6名

12.8 住宅火災（大阪府貝塚市）12月8日午後11時20分ごろ、大阪府貝塚市堀の住宅から出火、木造平屋建て約100m^{2}を全焼し、2人が遺体で見つかった。《データ》死者2名、全焼1棟、焼失面積約100m^2

12.12 高級料理店で食中毒（大阪府大阪市）12月12日、大阪市は、12月7日に老舗の高級牛肉料理店で、コース料理を食べた客6グループ31人が下痢や吐き気などの症状を訴えたと発表した。いずれも軽傷。大阪市は集団食中毒と断定し、料理店に3

日間の営業停止を命じた。《データ》患者31名
- **12.17 人工呼吸器外したまま放置**（大阪府八尾市）大阪府八尾市の八尾徳洲会総合病院で12月17日、末期の乳がんで入院していた女性患者の人工呼吸器を看護師が外したまま放置し患者が死亡した。清拭のために外した呼吸器を再装着し忘れ、1時間後に戻ると患者がぐったりしていたという。《データ》死者1名
- **12.25 救急搬送遅れ死亡**（大阪府富田林市）12月25日午前4時49分、大阪府富田林市で119番要請の8分後に救急車が到着し急病の女性を収容した。市内や近隣市、堺市、大阪市などの30病院に計35回にわたって受け入れ要請したが断られ、当初意識のあった女性は午前6時40分に搬入される直前、救急車内で意識がなくなり、病院で死亡した。《データ》死者1名

2008年(平成20年)

- **1.21 入院患者拘束ベッドから転落**（大阪府貝塚市）1月21日、大阪府貝塚市の精神科、神経科の専門病院の貝塚中央病院で、男性入院患者がベッドで身体を拘束中に転落し、つるされるような状態で発見され、死亡した。男性は1月17日に入院。同月21日早朝、ベッドから拘束帯で体がつるされたような形で発見された。腹部を強く圧迫されており、3月5日に死亡。解剖の結果、腸管壊死や肝硬変の症状がみられた。《データ》死者1名
- **2.1 熱処理加工工場爆発**（大阪府柏原市）2月1日午前11時ごろ、大阪府柏原市円明町の熱処理加工会社の工場内で爆発があり、やけどなどで男性従業員2人が重症、1人が軽症を負った。自動車用部品の強化のための熱処理加工をしており、処理過程で部品に付着した油を落とす機械が爆発した。《データ》負傷者3名
- **2.18 しょうゆ製造場で火災**（大阪府枚方市）2月18日午後6時15分ごろ、大阪府枚方市春日北町の食品工場で火災があり、排気ダクトなどを焦がし、約40分で鎮火した。工場2階にあるしょうゆ製造場で火事に気づいた従業員が2階の屋根から確認しようとしたところ、約11m下に誤って転落し、全身を強く打って死亡した。《データ》死者1名
- **2.20 フェルト工場火災**（大阪府阪南市）2月20日午前9時半ごろ、大阪府阪南市箱作のフェルト工場から出火、鉄筋2階建て工場延べ約2300m^{2}をほぼ全焼した。けが人はなかった。《データ》焼失面積約2300m^2
- **2.26 警察署で結核集団感染**（大阪府）大阪府は2月26日、府警豊中南署で、警察官や拘置中の容疑者ら計23人が結核に集団感染したと発表した。平成19年6月に逮捕された20代の男性容疑者を含めて4人が発病した。男性容疑者は同年9月3日に肺結核と診断され、保健所が容疑者と接触した可能性のある警察官らに健康診断を実施したところ集団感染が判明。《データ》感染者23名
- **2.29 硫化水素自殺に巻き添え**（大阪府大阪市）2月29日午前10時ごろ、大阪市港区の住宅から「長男の部屋のドアに『硫化水素発生中』などと張り紙がある」と通報があった。大阪府警港署の署員が駆け付けたところ、3階で男性1人と女性2人が倒れていた。男性は自殺とみられ、既に死亡していた。女性2人は病院に搬送されたが軽症。《データ》死者1名、負傷者2名
- **3.11 遊具で指切断**（大阪府大阪市）3月11日午後7時20分ごろ、大阪市住之江区の御崎南公園で、中学1年男子生徒が遊具で手の人さし指を切断する大けがをした。太さ約5cmの鉄パイプ2本を脇に挟んで滑り降りる「パイプスライダー」で遊んでいた

大阪府(2008年)

ところ、パイプ1本の継ぎ目が外れ、指が隙間に挟まったとみられる。《データ》負傷者1名

3.11 路上で通り魔（大阪府茨木市）3月11日午後8時ごろ、大阪府茨木市下穂積の路上を歩いていた男性が左わき腹に幅約2cmのけがをしており、駆けつけた府警茨木署員に「30歳くらいの男に、すれ違いざまに刺された」と話した。男性は病院に運ばれたが、命に別条はなかった。《データ》負傷者1名

3.27 穴に埋まって男児変死（大阪府大阪市）3月27日、大阪市東住吉区矢田の大和川河川敷で12歳の男児が土中の穴に埋まって死亡した。体の上には土砂が約80cm積もっていた。男児は弟らと共に現場付近で土を掘るなどして遊んでおり、穴掘り遊びをしている最中に土砂が崩れ落ちて生き埋めになった可能性が高い。《データ》死者1名

4.3～4 アパート火災相次ぐ（大阪府）4月3日夜から4日未明にかけて、大阪府内でアパート火災が相次いだ。3日午後8時55分ごろ、茨木市のアパートから出火。木造2階建て延べ200m^{2}のうち100m^{2}を焼いた。火元とみられる1階南端の部屋で、住人の1人が死亡しているのが見つかった。4日午前3時40分ごろには、大阪市生野区の文化住宅から出火、木造2階建て延べ約120m^{2}のうち約60m^{2}を焼いた。火元とみられる部屋から男女2人の遺体が見つかった。《データ》死者3名

4.4 硫化水素自殺に巻き添え（大阪府枚方市）4月4日午前7時15分ごろ、大阪府枚方市の住宅から「風呂場で家族が倒れている」と119番があった。23歳の長女が浴室で倒れており、病院に運ばれたが間もなく死亡した。妻が意識不明の重体。同居している父親と母親、次女も軽症。長女が硫化水素を発生させて自殺を図り、家族が巻き添えになったとみられる。《データ》死者1名、負傷者4名

4.8 イノシシ大暴れ（大阪府柏原市）4月8日午前8時25分ごろ、大阪府柏原市旭ケ丘の住宅街で、雄のイノシシが、自転車に乗っていた女性に衝突、右太ももにかみついた。約5分後、近くの幼稚園に侵入し、ガラスを割って逃走。さらに約30分後には、別の女性の右太ももを牙で刺し、計5人が軽傷を負った。イノシシは約3時間後、河川敷で死んでいるのが発見された。《データ》負傷者5名

4.16 ノロウイルスで学級閉鎖（大阪府岸和田市）4月17日、大阪府岸和田市の市立小学校は2年生の2クラスを18日まで学級閉鎖にした。16日に2クラスで計25人が欠席したため。ノロウイルスによる感染性胃腸炎に集団感染したとみられる。15日に2クラスの3人が廊下などで嘔吐。16日には腹痛や下痢などによる欠席が相次ぎ、1人の便からノロウイルスが検出された。集団欠席が2クラスに限られている点から、給食が原因の可能性は低いとみられる。《データ》患者25名

4.16 天井から金網落下（大阪府大阪市）4月16日午後1時50分ごろ、大阪市港区の交通科学博物館1階で、天井に取り付けていた重さ約3キロの金網が約2m下の床に落下、男性が腰に軽傷を負った。金網は、天井の空調設備を隠すため、格子状の枠にはめ込まれた約100枚のうちの1枚。《データ》負傷者1名

5.2 府営住宅火災（大阪府八尾市）5月2日午前6時半ごろ、大阪府八尾市高砂町の府営住宅5階の一室から出火、約50m^{2}を全焼した。焼け跡の寝室と台所付近から住人の夫婦とみられる男女2人の焼死体が見つかった。出火直後、男性は外へ避難していたが、妻を捜しに再び部屋に戻り、煙に巻かれるなどしたとみられる。《データ》死者2名、全焼1棟、焼失面積約50m^2

5.5 路面陥没（大阪府阪南市）5月5日午後4時50分ごろ、大阪府阪南市舞の住宅街の市道で、アスファルトの路面が突然陥没した。穴は長さ約8m、幅約5m、深さ約3.5mに及び、道路脇の住宅の門扉や塀の一部が落ちた。住人の70代女性が避難したが、けが人はなかった。現場は昭和45年ごろ宅地造成される前は沢や沼だったといい、地盤が緩かった可能性がある。

5.18 保育所で男児死亡（大阪府大阪市）5月18日午後11時5分ごろ、大阪市天王寺区生玉の無認可保育所から「子どもがぐったりしている」と通報があった。1歳男児が心肺停止状態になっており、病院に運ばれたが、約1時間後に死亡。外傷などはなかった。当時この園は3人の子どもを預かっており、保育士ら職員2人が勤務中だった。午後9時に消灯し、ふとんで寝かせていたが同10時50分ごろ、うつぶせの状態でぐったりしていたという。《データ》死者1名

5.21 ホテル火災（大阪府大阪市）5月21日午前6時半ごろ、大阪市西区西本町のホテル地下1階のサウナ室から出火、壁の一部を焼いた。けが人はなかったが、宿泊客109人が屋外に避難した。サウナ室は午前1時に営業を終了しており、出火当時、火の気はなかったという。漏電の可能性もある。

5.22 トラック玉突き事故（大阪府吹田市）5月22日午前0時10分ごろ、大阪府吹田市の中国自動車道上り車線で、渋滞の最後尾に中型トラックが追突。3台に玉突き衝突した。中型トラックの運転手は死亡、3台のうち真ん中の軽乗用車の男性が軽傷を負った。《データ》死者1名、負傷者1名

5.23 重文の神社火災（大阪府吹田市）5月23日午前4時10分ごろ、大阪府吹田市岸部北の吉志部神社の本殿から出火。国重要文化財の木造ひわだぶき平屋の本殿約240m^{2}を全焼したほか、周辺の山林約300m^{2}を焼き、約20分後に消えた。けが人はなかった。《データ》焼失面積約240m^2、重文建築物1棟焼失

6.13 トラック衝突事故（大阪府大阪市）6月13日午前8時10分ごろ、大阪市西成区の府道で、10トントラックが中央線をはみ出して対向のトラックなど4台に次々と衝突し、道路脇の倉庫兼作業場に突っ込んだ。軽乗用車がトラックの落とした積み荷に衝突するなどし、計7台が関係する事故となった。衝突されたトラックの運転手が間もなく死亡、衝突したトラックの運転手は右肩を骨折する重傷。《データ》死者1名、負傷者1名

6.16 硫化水素自殺に巻き添え（大阪府堺市）6月16日午後8時35分ごろ、大阪府堺市堺区のマンションの一室で、住人夫婦とみられる男女が浴室で死亡しているのが発見された。女性の遺書があり、男性が女性に覆いかぶさって倒れていた状況などから、硫化水素自殺を図った女性を男性が助けようとして死亡した可能性もあるとみている。《データ》死者2名

6.18 タクシーと飲酒乗用車正面衝突（大阪府大阪狭山市）6月18日午前1時5分ごろ、大阪府大阪狭山市の国道310号で、乗用車がタクシーに正面衝突。タクシーの運転手は頭を打って死亡し、乗客の会社員も意識不明の重体。乗用車の運転手は右腕の骨を折る重傷。乗用車の運転手の呼気からは基準値を超えるアルコールが検出された。《データ》死者1名、負傷者2名

6.22 大阪駅で通り魔（大阪府大阪市）6月22日午後1時半ごろ、大阪市北区のJR大阪駅で、歩いていた女子大生が何者かに左腕を切られた。直後、付近に立っていた女性が、その5分後には別の女子大生が左腕を切られた。3人は軽傷。翌日、38歳の女が傷害容疑で逮捕され、「イライラしてカミソリで切り付けた」と容疑を認め

大阪府(2008年)

た。事件の約15分前に電車内でドアと戸袋に挟まれたトラブルが引き金になり、突発的に事件を起こしたとみられる。《データ》負傷者3名

7.6 路上で通り魔 （大阪府大阪市）7月6日午後6時ごろ、大阪市住吉区東粉浜の路上で、近くの中学1年の男子生徒が、男とすれ違った際に痛みを感じ、確認したところ腹にかすり傷を負っていた。男は逃走。無言でぶつかってきた男が生徒に刃物のようなもので切りつけたとみられる。《データ》負傷者1名

7.9 住宅火災 （大阪府大阪市）7月9日午後4時10分ごろ、大阪市東淀川区東中島の市営住宅の一室から出火、鉄筋4階建て同住宅の一室約60m^{2}のうち約20m^{2}を焼いた。住人の夫婦が死亡。《データ》死者2名、焼失面積約20m^2

7.13 不発弾撤去 （大阪府大阪市）7月13日午前、大阪市北区長柄東のマンション建設現場で見つかった不発弾が撤去された。約1時間半、現場から半径300m以内が立ち入り禁止となり、住民約5400人が避難した。

7.22 住宅火災 （大阪府東大阪市）7月22日午前3時50分ごろ、東大阪市御厨栄町の店舗兼文化住宅から出火、木造2階建て延べ約396m^{2}を全焼した。約6時間後に鎮火したが、焼け跡から男女2人の焼死体が見つかった。また、男性3人が、逃げる際に2階から飛び降りたり、煙を吸うなどして重軽傷を負った。《データ》死者2名、負傷者3名、焼失面積約396m^2

7.30 パン店で一酸化炭素中毒 （大阪府大阪市）7月30日午前7時50分ごろ、大阪市東住吉区のパン製造販売店から従業員が倒れたと通報があった。店内にいた従業員の男女11人が救急搬送された。このうち女性2人が重症。一酸化炭素中毒とみられる。当時、店内奥の調理場の石窯などを使ってパンを焼いていたが、普段回している換気扇が動いていなかった。後に、照明灯のスイッチと間違えて換気扇スイッチを切ったため換気不足に陥ったことが判明した。《データ》負傷者11名

8.5～ 豪雨 （大阪府他）8月5日夜、阪神地区は日中の強い日差しで大気が不安定になった影響で雨雲が発達。大阪市内では午後8時までの1時間に約60mmの激しい雨が降り、床下浸水や道路冠水などの被害が相次いだ。大阪市内全域で床下浸水8件、道路冠水8件などを確認。また、6日午後にも局地的な大雨で東海道新幹線が一時停止し12万人に影響が出た。《データ》床下浸水50件、道路冠水18件

8.19 国道に小型機墜落 （大阪府八尾市）8月19日午前10時10分ごろ、大阪府八尾市の国道170号弓削交差点付近で、2人乗りの小型機が墜落した。乗っていた2人は軽傷。小型機は本体が折れ曲がった状態で道路横の歩道付近に落ちたが、周辺の車両や歩行者、建物などに被害はなかった。同機は八尾空港に着陸するため東から西に飛行中、燃料トラブルで飛行困難になり、道路上に墜落したという。《データ》負傷者2名

9.6 大雨 （大阪府）9月5日、大阪府堺市や大阪市で局地的な豪雨があった。堺市で午後2時50分から1時間に93.5mmの激しい雨が降り、市内の1時間あたりの降水量としては過去最高を記録。午後10時の時点で、堺区を中心に床上浸水50件、床下浸水273件、道路冠水56件。阪和線と関西空港線が午後3時27分から約1時間、運転を見合わせた。大阪市でも、港区の水族館「海遊館」が落雷の影響で停電した。《データ》床上浸水50件、床下浸水273件

9.13 エスカレーター事故 （大阪府大阪市）9月13日午前7時5分ごろ、大阪市天王寺区のJR天王寺駅で、上りエスカレーターが急停止し、乗っていた女性が停止による

衝撃で首に軽傷を負った。約15人が乗っていたが、ほかにけが人はなかった。壁面に荷重がかかると停止するセンサーが作動しており、荷物がセンサー部分に当たるなどしたとみられる。《データ》負傷者1名

9.21 落雷（大阪府）9月21日午後2時半ごろ、大阪府10市の約3万世帯が、落雷で停電した。大半は数分で復旧したが、約1400世帯は全面復旧までに約2時間かかったが、大きなトラブルはなかった。停電した地域は堺、高石、大阪狭山、松原、岸和田、貝塚、和泉、泉大津、泉南、阪南の10市。

10.1 個室ビデオ店で火災（大阪府大阪市）10月1日午前2時55分ごろ、大阪市浪速区の雑居ビル1階にある個室ビデオ店から煙が出ていると通報があった。店舗約220m²のうち約40m²が焼け、男性客15人が死亡、男女10人が重軽症を負い、うち3人が重症。無職の男が放火容疑で逮捕された。個室ビデオ店の、細い廊下が折れ曲がった特殊な店舗構造なども原因となって被害が広がった。《データ》死者15名、負傷者10名、焼失面積約40m²

10.12 だんじり祭りでけが（大阪府泉佐野市）10月12日午後9時半ごろ、大阪府泉佐野市の路上でだんじり祭りの地車がカーブを曲がりきれずガードレールに接触。衝撃で地車が傾き、屋根にいた少年2人を含む男性5人が道路沿いの樫井川に転落し、病院に運ばれた。15歳の少年が右手首を骨折し、他の4人が打撲などの軽傷を負った。《データ》負傷者5名

10.18 14歳が無免許ひき逃げ（大阪府大阪市）10月18日未明、大阪市淀川区で軽ワゴン車にはねられた男性が約180m引きずられ重傷を負った。同日夜、道交法違反（ひき逃げ、無免許運転）と自動車運転過失傷害の容疑で、車を運転していた同府豊中市内の中学3年の女子生徒が逮捕された。「無免許でけがをさせたので怖くなり、逃げた」と供述。女子生徒は中学の男子生徒3人と、父親の車を勝手に持ち出して運転していた。《データ》負傷者1名

10.18 酒気帯び運転でバスに接触（大阪府大阪市）10月18日午後5時15分ごろ、大阪市城東区の市道で乗用車が、右側を走っていた市バスの前に割り込み接触した。避けようとしたバスは中央分離帯を越えて対向車線に飛び出し、対向の乗用車2台と衝突。バスの乗客2人を含む計9人が病院に運ばれた。乗用車の運転手は酒を飲んでおり、道交法違反（酒気帯び）容疑で現行犯逮捕された。《データ》負傷者9名

10.21 プールで塩素ガス発生（大阪府大阪市）10月21日午前10時40分ごろ、大阪市阿倍野区のフィットネスクラブから「塩素のにおいがする」と119番通報があった。消毒薬を入れる作業をしていた作業員や、プールの利用客ら計4人がのどの痛みを訴え、病院に搬送された。4人とも軽症。除菌用の「硫酸水素ナトリウム」が入っているタンクに、消毒薬「次亜塩素酸ナトリウム」を誤って入れたため、塩素ガスが発生した。《データ》負傷者4名

10.21 大阪で3キロひきずりひき逃げ（大阪府大阪市）10月21日午前4時20分ごろ、大阪市北区の大阪駅交番に「同僚がワゴン車にはねられ、引きずられている」と通報があった。同区梅田1の国道176号交差点の発生現場近くから約3キロ先の市道で男性の遺体が発見された。容疑者は無免許で、事件前に飲酒。男性を車両の下に巻き込み、引きずっていることを承知で3キロ逃走していた。容疑者は勤め先を辞めて逃亡していたが11月5日、逮捕された。《データ》死者1名

10.21 路上で通り魔（大阪府大阪市）10月21日午前3時25分ごろ、大阪市旭区の市道を歩いていた男性から、脇の路地から突然出てきた人物に刃物で腹を刺されたと119

大阪府(2008年)

番通報があった。男性はへその近くに深さ4～5cmの刺し傷を負ったが軽傷。容疑者は走って逃げた。白っぽいズボンに白っぽい上着姿で、頭にバンダナを巻いていたという。《データ》負傷者1名

10.27 闘犬に襲われ重傷（大阪府松原市）10月27日午後4時55分ごろ、大阪府松原市の路上で、一輪車で遊んでいた9歳の男児が土佐犬に襲われ、首や腹など5カ所をかまれてあごの骨を折るなどの重傷を負った。助けようとした男性も腕をかまれて軽傷。飼い主の男性を重過失傷害容疑で逮捕した。「檻の鍵を閉め忘れた」と認めているという。犬は3歳の雄で体長約1.5m。《データ》負傷者2名

10.27 飲食店でガス爆発（大阪府大阪市）10月27日午後7時10分ごろ、大阪市中央区の雑居ビル1階の飲食店の調理場でガス爆発があった。店のドアや窓のガラスが割れるなどし、従業員と店内にいた男性客3人が顔や腕にやけどや切り傷などを負った。全員軽傷とみられる。従業員は「火のついたガスコンロの上にカセットコンロを置いたら、ガスボンベが爆発した」と話した。《データ》負傷者4名

10.30 ビルから角材落下（大阪府大阪市）10月30日午後3時55分ごろ、大阪市北区の14階建てビル(高さ約60m)の建設工事現場で、屋上からクレーンで下ろす途中の角材(長さ106cm、太さ6cm)が、隣接する国道176号に落下し、歩いていた男性に当たった。男性は頭に全治約2週間のけがをした。角材は14本まとめてつられ、うち6本が落ちた。市営バスにも当たったが、けが人はなかった。《データ》負傷者1名

11.4 料亭でノロウイルス感染（大阪府大阪市）大阪市北区の料亭で11月4日に食事をした男性客12人(31～76歳)が下痢や発熱、吐き気などの症状を訴えた。客2人と調理担当者1人からノロウイルスが検出され、市は集団食中毒と断定、11日までの営業停止を命じた。《データ》患者12名

11.14 コンクリート塊崩落で生き埋め（大阪府吹田市）11月14日午後2時ごろ、大阪府吹田市の下水道工事現場でコンクリート塊が崩れ落ち、作業員の男性2人が生き埋めとなった。1人は約30分後に救出されたが全身を強く打ち、搬送先の病院で死亡した。もう1人は自力ではい出し軽傷。2人は深さ約5mの穴の中で下水管下のコンクリートを除去していたところ、コンクリート塊(縦約150cm、横約80cm、厚さ約30cm)が崩落した。《データ》死者1名、負傷者1名

11.16 6キロ引きずりひき逃げ（大阪府富田林市）11月16日午前3時10分ごろ、大阪府富田林市の国道170号(東高野街道)で新聞配達中の16歳の男性が軽ワゴン車に6キロ以上引きずられて死亡した。逮捕された軽ワゴン車の運転手は、被害者のミニバイクに追突したのに気づいたが、飲酒運転だったので救護せずに逃げたと供述した。《データ》死者1名

12.11 動物園子牛ふん便からO157検出（大阪府大阪市）12月11日夜、大阪府大阪市立天王寺動物園は、来年の干支にちなんで特別展示していた子牛のふん便から、腸管出血性大腸菌O157が検出されたと発表した。発症までの潜伏期間は3～5日で、健康被害は出ていない。生後2カ月の子牛で、丸太で組んだ柵の間などから触れるようにして12月9日から3日間にわたり展示していた。

12.20 血液型を間違えて輸血（大阪府東大阪市）12月20日午前9時15分ごろ、転落事故で重傷を負い、大阪府立中河内救命救急センターに搬送された30代の男性患者に対し、同センターが誤った型の血液を輸血した。男性は輸血直後に死亡したが、同センターは「搬送時から重篤な状態で、ミスが死因ではない」としている。男性の血液型はO型だが、輸血した約5170mlのうち約130mlがA型の血液だったこと

が死亡後に判明した。《データ》死者1名
- **12.30 高校生がノロウイルス感染**（大阪府東大阪市）12月30日、東大阪市で開催された全国高校ラグビーフットボール大会で、大会本部は富山工の4選手がノロウイルス感染症と診断され、出場を見合わせたと発表。27～28日に下痢や嘔吐、発熱の症状を訴え、29日朝までに症状はなくなった。《データ》感染者4名

2009年(平成21年)

- **1.7 住宅火災**（奈良県奈良市・大阪府高石市）1月7日未明から早朝にかけて、住宅火災が多発。午前2時半ごろ、奈良県奈良市大柳生町で木造2階建て母屋と木造平屋の離れを全焼、老人2人が死亡。このほか、大阪府高石市で老人1人が死亡した。《データ》死者3名
- **1.12 強風でフェリーあおられる**（大阪府大阪市・兵庫県神戸市）1月12日、西日本各地が強風に見舞われ、交通機関に影響が出た。午前8時25分ごろ、大阪市住之江区のフェリーターミナルで、入港中のフェリー(9711トン、乗員乗客121人)が強風であおられ、岸壁に接触。左舷船尾部分が長さ約11mに渡りへこんだが、怪我人などはなかった。事故当時、付近の海上は風速14mの風が吹いていたという。午前11時46分には、兵庫県神戸市で最大瞬間風速16.9mを観測しロープウェーが運休した。《データ》フェリー1隻一部破損
- **1.18 共同住宅火災**（大阪府大阪市）1月18日午後0時15分ごろ、大阪市西成区山王の木造2階建て共同住宅から出火、延べ約660m^{2}のうち約500m^{2}を焼き、隣接する共同住宅の外壁の一部も焼けた。焼け跡から住民男性2人の遺体が見つかったほか、住民男性2人と消防隊員1人が軽傷を負った。死亡した男性の1人は数年前からほぼ寝たきりの状態で、男性方のストーブの火が部屋に燃え移ったものとみられる。住宅は旅館を改築した建物で、全34室のうち15室に主に高齢の男性計18人が入居していた。《データ》死者2名、負傷者3名、焼失面積約500m^2
- **1.25 住宅火災が相次ぐ**（大阪府豊中市,大阪市）1月25日午後0時15分ごろ、大阪府豊中市二葉町の鉄筋コンクリート造り9階建てマンションの6階の一室から出火。約80m^{2}を全焼し、男性1人が死亡した。同日午後2時35分ごろには、大阪市生野区田島の木造平屋建て一部2階建て文化住宅の一室から出火。約25m^{2}を全焼し、男女計2人が死亡した。3人とも高齢で、手足に障害があり車いすで生活するなど、体が不自由だった。《データ》死者3名、焼失面積約105m^2
- **1.26 車が居酒屋に突っ込む**（大阪府大阪市）1月26日午後1時40分ごろ、大阪府大阪市港区波除の居酒屋に乗用車が突っ込み、客の男女2人がはねられた。その直後、車はバックし、自転車で路上を通行中の女性と接触。車は再び前進したが、駐車中の車に衝突して止まった。客の男性と自転車を運転していた女性は間もなく死亡し、客の女性は軽傷を負った。乗用車を運転していたのは居酒屋の向かいに住む高齢の男で、アクセルとブレーキを踏み間違えたとみられる。男は平成19年9月にも大阪府高槻市内でアクセルとブレーキを踏み間違えて人身事故を起こし、60日間の免許停止処分を受けていた。《データ》死者2名、負傷者1名
- **4.1 乗用車が歩道に突っ込む**（大阪府大阪市）4月1日午前6時20分ごろ、大阪府大阪市中央区難波の新歌舞伎座前の歩道に、国道25号(御堂筋)を走行中の乗用車が突っ込む事故が発生。男女2人がはねられ、間もなく死亡した。車を運転していた男は午前5時にアルバイトを終えて帰宅中で、居眠りしてしまったと供述した。《デー

大阪府(2009年)

タ》死者2名
- **4.3 助産師が肺結核**（大阪府高槻市）4月3日、大阪府高槻市の愛仁会高槻病院の産科病棟に勤務する女性助産師が肺結核を発症したことが明らかになった。平成20年12月23日から平成21年3月23日に同病棟で生まれた14都府県在住の新生児・乳幼児計352人がこの助産師と接触した可能性があるという。助産師は平成21年3月23日、肺結核検査で発症が判明した。4月14日、同病院の別の職員1人が肺結核に感染したことが確認された。《データ》患者1名、感染9名
- **4.6 住宅火災**（大阪府大阪市）4月6日午前4時50分ごろ、大阪府大阪市住吉区万代の住宅から出火。約5時間半後に鎮火したが、木造2階建て延べ約120m^{2}のうち約100m^{2}を焼き、住宅に住んでいた家族5人のうち男性2人と女性2人が死亡した。女性1人は2階から飛び降りて避難し、一酸化炭素中毒などの疑いで病院で手当てを受けた。《データ》死者4名、負傷者1名、焼失面積約100m^2
- **4.19 砂場の柵の扉に指を挟まれる**（大阪府大阪市）4月19日午後0時半ごろ、大阪市東淀川区下新庄の下新庄北公園で、2歳の男児が砂場を囲う柵の扉のちょうつがいに左手中指を挟まれ、左手中指不完全切断の重傷を負った。ちょうつがいは事故防止用の樹脂製カバーで覆われる構造だが、事故当時はカバーが外れていた。公園を管理する市は平成20年12月の点検でカバーが外れていることに気づき、その後も平成21年4月17日まで3回点検したが、対策を講じていなかった。《データ》負傷者1名
- **4.22 旅客機の主翼が接触**（大阪府豊中市）4月22日午前10時40分ごろ、大阪府豊中市螢池西町の大阪国際空港(伊丹空港)で、新潟発の旅客機(乗員乗客168人)が着陸した際、機体が大きく傾き左主翼が滑走路に接触した。怪我人はなかったが、滑走路に左主翼先端部分のライトの破片などが散乱し、この滑走路が約1時間閉鎖された。この事故で同空港到着の6便が目的地を変更、6便が欠航した。《データ》旅客機1機一部破損、欠航6便
- **4.23 ブロック塀が崩れる**（大阪府豊中市）4月23日午後0時10分ごろ、大阪府豊中市東豊中町の民家解体現場でコンクリート製のブロック塀が崩れ、作業員の男性2人が下敷きになった。2人は同僚に救助されたが、搬送先の病院で死亡した。2人が現場東側のブロック塀(高さ約1.7m、長さ約13m)を削岩機で解体中、突然塀が崩れたという。《データ》死者2名
- **5.9 住宅火災**（大阪府熊取町）5月9日午前1時ごろ、大阪府熊取町高田の民家から出火。木造平屋建て約165m^{2}のうち母屋部分を全焼、離れの一部を焼き、この家に2人で暮らす親子とみられる男女が死亡した。《データ》死者2名、全焼1棟
- **5.16 新型インフル、国内初感染**（兵庫県・大阪府茨木市）5月16日、厚生労働省が、兵庫県で8人の新型インフルエンザ感染者が確認されたことを発表した。感染したのは神戸市内の2つの高校に通う生徒8人で、ほかに県内の別の高校に通う生徒3人も感染の疑いが濃厚。いずれも海外渡航歴はなく、水際の検疫以外では国内初の感染確認。全員バレーボール部員で、3校の間にはクラブ活動の交流試合でつながりがあった。また、大阪府茨木市の高校に通う生徒8人とその家族1人の計9人も感染の疑いが濃厚で、こちらも海外渡航歴はないという。《データ》感染者8名、感染疑い例12名
- **5.23 住宅火災**（大阪府藤井寺市）5月23日午前2時35分ごろ、大阪府藤井寺市藤ケ丘の住宅から出火し、木造2階建て延べ約115m^{2}を全焼。2階の焼け跡から、3人で暮らしていた父子のうち父親と次男の遺体が発見された。高校1年の三男は2階から飛

び降りた際、足を打撲するなどの軽傷を負った。《データ》死者2名、負傷者1名、全焼1棟、焼失面積約115m²

7.5 大阪パチンコ店火災（大阪府大阪市此花区）7月5日午後4時10分ごろ、大阪府大阪市此花区四貫島の6階建て雑居ビル1階にあるパチンコ店から出火、店舗約400m²を全焼した。店内には客と店員計95人がいたが、客4人と店員1人の計5人が死亡、4人が重傷、14人が軽傷を負った。店に入ってきた男がガソリンをまき火を付けたもので、男は逃走したが、6日午前0時40分ごろに警察に出頭した。《データ》死者5名、負傷者18名、焼失面積約400m²

7.15 体育授業中に死亡（大阪府茨木市）7月15日午後2時55分ごろ、大阪府茨木市の私立高校で、3年男子生徒が体育の授業中に倒れて意識を失い、搬送先の病院で死亡した。死因は不明だが、熱中症の可能性があるという。学校側はAED(自動体外式除細動器)などで救急措置をしたが、体を冷やすなどの措置はしなかった。生徒に既往症はなく、体調に目立った問題はなかった。事故当時の大阪市の気温は32.4度だった。《データ》死者1名

7.26 フェリー火災（大阪府大阪市）7月26日午前7時35分ごろ、大阪府大阪市住之江区南港北の大阪南港コスモフェリーターミナルに係留中のフェリー(全長153m、9245トン)の煙突から大量の黒煙が出ているとの119番通報があった。火は約1時間10分後に鎮火。船内に乗客はおらず、乗組員30人に怪我はなかった。機関室の点検作業中、左舷煙突付近にあるボイラーで油漏れがあり、引火したとみられる。《データ》フェリー1隻部分焼

8.3 アパート火災（大阪府堺市）8月3日午前2時20分ごろ、大阪府堺市堺区大浜北町のアパート(20部屋)から出火。同10時ごろ鎮火したが、木造2階建て延べ約380m²を全焼、隣接する鉄筋4階建てマンションにも延焼して3階の2部屋の一部を焼いた。最も激しく燃えたアパート1階の2室から各男性1人の遺体が見つかった。《データ》死者2名、全焼1棟、部分焼1棟、焼失面積約380m²

8.21 採石場で生き埋め（大阪府太子町）8月21日、大阪府太子町春日の採石場で作業中の男性2人が生き埋めになる事故が発生。生き埋めになったのは採石会社社長と同社社員で、ともに死亡した。同社は採石業者としての登録がなかった。また、現場は金剛生駒紀泉国定公園内で、採石には知事の許可が必要だが、同社から申請や相談はなかったという。《データ》死者2名

8.22 バードストライク（大阪府・福岡県）8月22日午後8時15分ごろ、大阪(伊丹)空港から長崎空港に向かっていた全日空便の機長から車輪が出ないと福岡空港事務所に連絡があった。同8時54分、同空港に緊急着陸。怪我人はなかった。機長は離陸直後に鳥とぶつかったと報告。着陸の際には車輪を出す機械が作動せず、手動で車輪を出した。着陸後、前輪の収納室で鳥の残骸が見つかり、着陸装置の油圧チューブが損傷してオイルが漏れていたといい、鳥の衝突(バードストライク)による油圧系トラブルとみられる。《データ》旅客機1機一部破損

8.24 地下鉄駅で異臭（大阪府大阪市）8月24日午後9時半ごろ、大阪府大阪市天王寺区の市営地下鉄谷町九丁目駅の男子トイレから刺激臭がするとの110番通報があった。清掃用の薬剤の臭いが原因とみられ、気分が悪くなった人などはいなかった。午後8時ごろ、清掃員が薬剤を多量に使ったという。現場は同駅と近鉄大阪上本町駅を結ぶ地下連絡通路内のトイレで、通報で消防車と救急車計21台が出動し、付近は騒然とした。

大阪府(2009年)

10.1 乗用車が逆走(大阪府大阪市)10月1日午後0時5分ごろ、大阪府大阪市中央区松屋町付近の一方通行の市道(通称・松屋町筋)を乗用車が逆走。乗用車は歩道などを約200m暴走して歩行者らを次々にはね、対向の車に衝突して止まり、男女3人が軽傷を負った。運転していた男は逃げようとしたが、通行人らに取り押さえられた。車は正午ごろに同市中央区瓦屋町の市道交差点でトラックに衝突後、松屋町筋を逆送したという。《データ》負傷者3名

10.16 ベッドと転落防止柵に挟まれる(徳島県・大阪府大阪市)10月16日、消費者庁が、大阪府大阪市中央区のベビー用品メーカー製ベッド用転落防止柵とベッドの間に乳児が挟まれ重体となる事故が1件あったことを発表した。7月に徳島県で、ベッドで1人で寝ていた男児が柵との間に入り込み、胸を圧迫されて一時心肺停止になったという。柵は乳幼児が大人用ベッドから転落しないよう設置するもので、0～5歳が対象。《データ》負傷者1名

10.18 だんじりが横転(大阪府富田林市)10月18日午後9時25分ごろ、大阪府富田林市本町の近鉄富田林駅前の路上で、だんじり(高さ約3.8m、長さ約4.9m、幅約1.1m、重さ1～2トン)が横転。近くにいた男女8人が頭や腰を打つなどし、病院で手当を受けた。約70人でだんじりを引っ張ってバックさせていたところ、バランスを崩して横転したという。この日は同市の美具久留御魂神社の秋祭りで、同神社に向かう途中だったという。《データ》負傷者8名

10.20 豚が新型インフルに感染(大阪府)10月20日、農林水産省が、2日に大阪府内の養豚場でインフルエンザ検査を実施した結果、豚から新型インフルエンザとみられるウイルスが検出されたことを発表した。21日、遺伝子検査の結果、検出されたウイルスが新型インフルエンザと一致したことが判明。国内での豚への感染例は初めてで、世界では8カ国目。従業員に新型インフルエンザの感染者はなく、出入りの業者から感染した可能性があるという。

10.27 電気メスで引火(大阪府大阪市)10月27日、大阪府大阪市阿倍野区にある大学病院が、肺炎を発症した食道がん患者の喉の切開手術の際、口から挿入されていた気管チューブ(塩化ビニール樹脂製)に電気メスの火花が引火し、気道と喉に重い火傷を負わせたことを発表した。手術は16日に行われ、患者の男性は24日に呼吸器不全で死亡したが、やけどが肺炎を悪化させた可能性が高いという。チューブの燃えやすい部分とメスが近すぎたことが原因とみられる。《データ》死者1名

10.28 旅客機が尻もち(大阪府泉佐野市)10月28日午前10時10分ごろ、大阪府泉佐野市の関西国際空港で、ソウル・金浦発アシアナ航空便が着陸中に機体の尾部を滑走路面に接触させた。尾部が損傷したが、約10分後に着陸をやり直し、怪我人はなかった。機体は尾部の下面に長さ約180cm、幅約30cmの傷が付いていた。着陸時に車輪がバウンドしたため、再離陸のため機首を上げる際に接触したとみられる。《データ》旅客機1機一部破損

12.10 CO中毒(大阪府大阪市)12月10日午前10時15分ごろ、大阪府大阪市城東区新喜多東の鋳造所からガス事故が起きたとの119番通報があった。鋳造所内で男性作業員らが倒れており、1人が意識不明の重体、2人が重軽症。一酸化炭素中毒とみられる。鋳造所では鉄を溶かすためにコークスを燃やしているが、排煙装置が故障していた。事故当時、修理業者が訪れていたが、修理作業と並行してコークスを燃やしていたといい、患者の1人は修理業者の従業員だった。《データ》患者3名

12.15 無免許治療で死亡(大阪府池田市)12月15日、大阪府池田市の鍼灸整骨院で、

はり治療を受けた主婦が死亡する事故があった。大阪府警は23日、無免許ではり治療をして肺を傷つけ死亡させたとして、副院長を業務上過失致死などの疑いで逮捕したと発表。院長についても同日、無免許の副院長にはり治療をさせたとして、「あん摩マッサージ指圧師、はり師、きゅう師等に関する法律」違反の疑いで逮捕した。副院長は主婦の背中にはりを深く刺し過ぎ、左右の肺に複数の穴を開け、翌日に低酸素脳症で死亡させた。《データ》死者1名

12.24 **化学工場で爆発**（大阪府大阪市）12月24日午前8時50分ごろ、大阪府大阪市淀川区東三国の化学工場から爆発があり社員が負傷したとの119番通報があった。男性社員4人が石油樹脂の触媒に使う三フッ化ホウ素の貯蔵タンク上（高さ約8m）にたまった汚泥を取り除く作業をしていたところ、突然爆発して吹き飛ばされたといい、全員が死亡した。事故当時、タンク下にいた別の社員が電気ノコギリでタンクに穴を開けていたことから、何らかの原因で水素が発生、切断の際に出た火花が引火して爆発したとみられる。《データ》死者4名

12.25 **プラスチック工場で火災**（大阪府摂津市）12月25日午前6時55分ごろ、大阪府摂津市一津屋のプラスチック工場から出火、木造平屋一部2階建て約360m^{2}を全焼し、隣接する別の業者の工場や倉庫にも延焼。全焼4棟を含む計7棟約1340m^{2}を焼いた。怪我人はなかった。出火当時は無人で、経営者の男性が24日午後7時半ごろに戸締まりをして工場を出る際には異常はなかったという。《データ》全焼4棟、部分焼3棟、焼失面積約1340m^2

2010年(平成22年)

1.15 **商店街で火災**（大阪府泉大津市）1月15日午後7時45分ごろ、大阪府泉大津市の商店街で火災があり、店舗など15軒・延べ約1000m^{2}が燃えた。逃げ遅れやけが人はない。現場はアーケードに覆われた商店街で、焼けた15軒のうち10軒は全焼。出火当時は乾燥注意報が発令されており、現場付近は強風も吹いていた。《データ》全焼10棟、焼失面積約1000m^2

1.28 **結核検査で誤判定か**（大阪府）大阪府は1月28日、府の四つの保健所で実施した結核検査で、血液中の細胞を培養させるプラスチック製のプレートの種類を誤っていたと発表。プレート取り違えの期間は平成18年4月～22年1月20日で、検査した延べ5657人のうち少なくとも2222人について陽性者を陰性、陰性者を陽性と誤って判定した可能性があるという。

1.31 **男性がホームから転落**（大阪府大阪市天王寺区）1月31日午後7時15分ごろ、大阪市天王寺区の市営地下鉄谷町線谷町九丁目駅で、白い杖をついて歩いていた目の不自由な男性会社員がホームから転落。直後に下り電車が入ってきたが、男性は転落地点の近くにあったホーム下の退避場所に逃れて接触を免れた。

2.14 **アパート火災**（大阪府大阪市都島区）2月14日午前5時半ごろ、大阪市都島区の木造アパートから出火。一部3階建て約290m^{2}のうち約200m^{2}を焼き、隣のマンションの壁の一部も焼いた。焼け跡から住人とみられる男性2人が見つかり、間もなく死亡した。アパートには9世帯約10人が入居。死亡した2人は80代と50代とみられる。《データ》死者2名、負傷者1名、焼失面積約200m^2

2.16 **地震**（大阪府）2月16日午前7時34分ごろ、大阪府北部を震源とする地震があり、大阪府高槻市と島本町で震度3、同府枚方市や京都府亀岡市、兵庫県三田市などで震度2を観測した。震源の深さは約10キロ、マグニチュードは3.8とされる。

大阪府(2010年)

2.16 ドアポストで重傷（宮城県・大阪府）消費者庁は2月16日、住宅建材メーカーが玄関ドアのポストのふたの端で手を切る重傷事故が2件あったと発表した。同庁はポストの中に手を入れないよう注意を呼びかけた。《データ》負傷者2名

2.25 ハチミツのふたから鉛検出（大阪府大阪市）大阪市は2月25日、はちみつの容器キャップから基準以上の鉛が検出されたとして、当該商品の輸入会社に食品衛生法に基づく回収を命じた。商品の輸入元はインドで、対象は平成21年7月輸入の約12万7000本。15都道府県に卸され全国のスーパーや量販店などで流通しているとみられる。

3.29 歯科医院で爆発事故（大阪府茨木市）3月29日午後、茨木市の歯科医院で爆発事故が発生。院長が全身火傷の重傷のほか、訪れていた患者の女性とその夫、歯科助手の女性が軽傷を負った。院長は歯科技工室で歯に充塡する金属を溶かすガスバーナーを使用していた。爆発が起きたのはこの技工室内とみられる。《データ》負傷者4名

3.29 児童送迎バスが衝突炎上（大阪府高槻市）3月29日午後6時ごろ、高槻市緑が丘の市道で、マイクロバスが炎上。バスはスイミングスクールの送迎用で、運転手と小学生ら十数人が乗っていた。バスは蛇行した後に道路沿いの壁などに衝突して停止、住民らがドアと窓から小学生らを救出し、直後に炎上した。火は約15分後に消えたが、運転手の遺体が車内で見つかり、小学生らも14人も軽傷の被害。運転手は不整脈であった可能性があるという。《データ》死者1名、負傷者14名、車輛焼失1台

4.2 営業停止処分中にまた食中毒（大阪府寝屋川市）4月2日、3月29日夜に客6人が下痢や嘔吐などの症状を訴える食中毒を出し、同日1日間の営業停止を命じられていた寝屋川市香里本通町の料理店が、同店で食事した男女4人に嘔吐や下痢の症状が出たという通報があり、営業停止処分を無視して2日に営業していたことが明るみに出た。4月5日、大阪府寝屋川保健所は食中毒を発生させたとして、寝屋川市香里本通町の料理店を無期限の営業禁止処分にした。《データ》患者4名

4.6 鉄工所で機械に挟まれ死亡（大阪府大阪市）4月6日午後3時30分ごろ、大阪市西淀川区佃の機械設備メーカーで、従業員が機械に挟まれ、病院に搬送されたが、腹部などを圧迫されて7日未明に死亡した。従業員は鋼板をロールで送り出す機械を試運転中、この機械が急に停止。そのためロールが送り出されず、ロールを巻き取る機械に送り出す機械がひっぱられ、この二つの機械の間に挟まれたとみられる。《データ》死者1名

4.7 AED故障で患者死亡（大阪府大阪市）4月7日、大阪市で心肺停止状態の男性に救急車内で使用されたAED(自動体外式除細動器)が故障で作動せず、男性は病院で死亡した。AED内部のトランジスタが脱落し、胸部に取り付けるパッド部分に電流が流れなかったとみられている。メーカーは類似した故障の事例を把握しておらず、リコールは行わないとしており、大阪市は死亡と故障との因果関係は不明としている。《データ》死者1名

4.17 観覧車の扉が外れて落下（大阪府河内長野市）4月17日午後4時ごろ、大阪府河内長野市のスポーツセンターで、観覧車のゴンドラの扉が外れ、約6m下の地面に落下した。ゴンドラは無人で、けが人はなかった。係員が扉のロックを忘れたため、上昇中に扉が開き、コースわきの支柱に接触して脱落したのが原因。

5.3 住宅火災（大阪府門真市）5月3日午前3時20分ごろ、門真市末広町の民家から出火、午前5時半に鎮火したが、焼け跡の1階の台所の勝手口あたりで2人の遺体が見

つかった。民家に住んでいた夫婦の行方がわからなくなっており遺体は夫婦とみられる。夫婦の寝室の畳が激しく燃えていることから失火とみられる。妻は足が不自由で、夫が介護していた。《データ》死者2名、全焼1棟、焼失面積約170m²

5.9 着陸時に旅客機尻もち事故（大阪府）5月9日午後7時10分ごろ、大阪(伊丹)空港に着陸しようとしていた日本航空便の機体の尾部が滑走路に接触する事故があった。同機はいったん離陸、約45分後に着陸した。機長は、後輪の着地時点での体勢が悪く、再離陸する際こすったようだと説明。国交省は重大な損傷ではなく、事故にはあたらないとした。乗員乗客にけが人はなかった。

6.13 停電でエレベーター閉じ込め（大阪府大阪市）6月13日午後7時20分ごろ、大阪市天王寺区にあるホテル「シェラトン都ホテル大阪」が全館停電した。21階建ての大型ホテルで、完全復旧は10時45分ごろになった。エレベーターが停止、宿泊客の男性1人が閉じ込められたほか、照明が消え、トイレの水も流れなくなり、フロントのコンピューターもダウンした。閉じ込められた男性は約50分後に市消防局が救出し、けがはなかった。従業員用のエレベーターで電気系統の不具合があったとみられる。《データ》停電1棟

6.26 配電盤出火でエレベーター閉じ込め（大阪府大阪市）6月26日午前8時40分ごろ、大阪市平野区長吉長原西のスーパーで、5階にある高圧受電室の配電盤から出火、警備員が消火器で消し止めた。この影響で、スーパーの地下にある市営地下鉄出戸駅と地上を結ぶエレベーターが停電。男性2人が約1時間閉じ込められた。漏電の可能性があるという。

7.8 タクシーが暴走（大阪府大阪市）7月8日午前1時半ごろ、大阪市中央区道頓堀の繁華街で、タクシーが暴走、次々と歩行者らをはね、道頓堀商店街の飲食店案内所に突っ込んだ。タクシーの乗客2人と歩行者5人の男女計7人が手足や顔を打つなどの軽傷を負った。タクシーの運転手によると、急にエンジンの回転数が上がり、ブレーキが利かなかったという。《データ》負傷者7名

7.14 交通事故で多重衝突（大阪府大阪市）7月14日午後4時45分ごろ、大阪市住之江区の阪神高速湾岸線下り線で4台が絡む交通事故があった。事故に関係した車輌は大型トラックと乗用車3台で、乗用車を運転していた男性が死亡、同乗していた男性の妻が重傷、3カ月の長男が意識不明の重体となった。現場は当時、雨のため路面が滑りやすい状態だった。15日朝になって、重体だった長男が死亡した。《データ》死者2名、負傷者1名

7.26 熱中症で高齢夫婦死亡（大阪府大阪市西淀川区）7月26日午後3時過ぎ、大阪市西淀川区のマンションの管理人から、高齢の入居者夫婦の部屋の新聞がたまっていると、西淀川署に通報があった。大阪市消防局のレスキュー隊員がベランダから部屋に入ると、住人の夫婦が死亡しているのが発見された。部屋にはエアコンがなく、扇風機が1台、作動していた。22～25日の大阪市は、最高気温が35度を超える猛暑日で、熱帯夜が続いていた。《データ》死者2名

7.29 遺伝子組み換え違反（大阪府島本町）7月29日、文科省は、遺伝子組み換え生物使用規制法違反で大阪市の製薬会社を厳重注意したと発表。人体や生態系への影響はないという。文科省によると、平成20年12月～22年5月、この製薬会社は大阪府島本町の研究所で、遺伝子組み換えウイルスが含まれる可能性のある試薬を使って実験をした際、使用した実験器具をウイルスの不活性化処理をせずに廃棄した。実験器具は、専用容器で密封して委託先の処理工場に搬送され、焼却処理されて

いたという。製薬会社の内部調査で発覚し、6月上旬に文科省に報告があった。

8.17 住宅火災（大阪府大阪市淀川区）8月17日午前2時25分ごろ、大阪市淀川区木川西の民家から出火し、木造モルタル2階建て約60m²を全焼、隣接する民家4棟約35m²を焼いた。出火元民家の1階居間から2人の遺体が見つかった。《データ》死者2名、全焼1棟、半焼4棟、焼失面積約95m²

8.19 火災で住宅や工場が燃える（大阪府大阪市）8月19日午後8時40分ごろ、大阪府大阪市西区九条南の住宅や工場などが密集する一角から出火、工場や長屋住宅など7棟計約300m²を焼き、約3時間後に鎮火した。怪我人はなかった。詳しい出火場所は不明だが、燃え方が激しい空き家があるという。《データ》焼失面積約300m²

8.19 映画館で火災（大阪府守口市）8月19日午後9時25分ごろ、大阪府守口市大日東町の複合映画館の映写室内から出火し、機械や床の一部を焼いた。全館で計106人の客が避難する騒ぎとなったが、怪我人はなかった。

8.21 不発弾発見、撤去（大阪府大阪市城東区）8月21日、大阪市危機管理室が、同市城東区森之宮の市交通局森之宮検車場で不発弾1発が見つかったことを発表した。工事に伴う調査の際に発見したという。不発弾は米国製の1トン爆弾で、弾頭に信管が残っていた。昭和20年8月14日の京橋大空襲で投下されたものとみられる。9月26日、撤去作業。現場は大阪市の中心部のため、住民約1300人が避難した。JR大阪環状線も天王寺―京橋間で約2時間にわたって運転が見合わせられ、94本が運休、約4万8000人に影響した。

8.23 タンクローリーが追突（大阪府堺市）8月23日午後11時35分ごろ、大阪府堺市中区東八田の阪和自動車道下り車線でタンクローリーが炎上しているとの110番通報があった。タンクローリー(12.5トン)が普通乗用車に追突し、タンクローリーの前部と乗用車が炎上したもので、乗用車に乗っていた女性1人が死亡した。タンクローリーは家庭用洗剤を運搬中、乗用車は故障して路上に停車中だったという。《データ》死者1名、自動車2台炎上

8.31 住宅火災（大阪府豊中市）8月31日午後4時45分ごろ、大阪府豊中市蛍池西町で木造平屋建て住宅を全焼する火事があり、焼け跡から男性2名の遺体が発見された。ほか1名が喉に軽傷を負った。《データ》死者2名、負傷者1名、全焼1棟、焼失面積63m²

10.3 陸自ヘリ墜落（大阪府八尾市）10月3日午前8時50分ごろ、陸上自衛隊八尾駐屯地で、定期整備の結果を確認するための試験飛行をしていた輸送用ヘリが高度約10mから墜落、横転した。乗員4人のうち、副操縦士の3等陸尉が重傷、3人が軽傷を負った。現場から約500m南東の西弓削公園で、事故の衝撃で飛んだとみられる金属製の部品が落ちているのが見つかった。部品の落下によるけが人などはなかったとみられる。陸自は正午ごろに部品を回収したが、この事実を公表したのは約12時間後だった。《データ》負傷者4名

10.10 だんじりと接触（大阪府泉大津市）10月10日午後5時20分ごろ、大阪府泉大津市春日町の市道で、だんじり同士がぶつかり合う「かち合い」という神事の際、だんじりの後部にいてかじ取りを担当していた男性が後続のだんじりと接触。頭などを打ち、病院に搬送されたが間もなく死亡が確認された。《データ》死者1名

10.14 医療ミス（大阪府東大阪市）東大阪市の東大阪市立病院で平成21年6月、呼吸困難で救急搬送された男性が、酸素吸入の操作ミスにより酸素が送られない状態となり、今年4月に死亡した事が判明。病院側は搬送の当日、男性の家族に謝罪し

た。同病院では、他にも平成17年度以降、後遺症があるケースを含め医療ミスが計5件起きている。《データ》死者1名

10.21 地下水からダイオキシン（大阪府交野市）10月21日、大阪府交野市と四條畷市でつくる清掃施設組合は、交野市私市のごみ処理施設計画地の地下水から、環境基準の最大160倍のダイオキシン類が検出されたと発表した。半径500m以内に井戸水を利用している可能性がある住宅などが約20戸あり、組合は井戸水の利用中止を呼びかけた。地下水からは他に、環境基準の28倍のベンゼンも検出された。

10.22 団地火災（大阪府堺市中区）10月22日午後、堺市中区の市営団地の男性宅から火災が発生、男性2人が死亡した。目立った外傷はなく、死因はそれぞれ一酸化炭素中毒と硫化水素中毒。2人が硫化水素で自殺を図り、何らかの理由で火災になったとみられる。《データ》死者2名

11.27 住宅火災（大阪府高槻市）11月27日午後11時40分ごろ、大阪府高槻市天川町の住宅で火事があり、焼け跡から住人夫婦とみられる2人の遺体が発見された。長男も煙を吸って病院に運ばれたが、命に別条はなかった。この火事で木造2階建て住宅など計2棟、延べ計200m^{2}が全焼したほか、付近の住宅5棟も一部が焼けた。《データ》死者2名、負傷者1名、全焼2棟、部分焼5棟

12.12 餅つき大会でノロ感染（大阪府大阪市城東区）12月12日、大阪市城東区の小学校で、餅つき大会の参加者44人が下痢などの症状を訴え、うち14人からノロウイルスが検出された。市内で餅つきが原因の食中毒発生は5年ぶり。児童と保護者計約120人が参加し、このうち会場や自宅であんこ餅やきな粉餅にして食べた4〜49歳の44人が食中毒症状を訴えたという。《データ》感染者14名、患者44名

2011年（平成23年）

1.3 火災（大阪府東大阪市）1月3日午前8時40分ごろ、東大阪市大蓮の集合住宅から出火、木造2階建て住宅約400m^{2}を全焼した。焼け跡から、住人とみられる計2人の焼死体が見つかった。また、住人を救出しようとガラス戸を蹴り破ろうとした男性1人が軽傷を負った。《データ》死者2名、負傷者1名、全焼1棟、焼失面積約400m^2

1.4 住宅火災（大阪府大阪市大正区）1月4日午前1時20分ごろ、大阪市大正区北村の木造2階建て約140m^{2}の住宅から出火。1階部分の約20m^{2}を焼き、焼け跡で男性2人が倒れており、いずれも死亡が確認された。同居する3人の内1人は逃げ出して無事。《データ》死者2名

1.4 乗用車が街灯に衝突（大阪府東大阪市）1月4日午前5時5分ごろ、大阪府東大阪市三島の府道（大阪中央環状線）で、走行中の乗用車が道路中央付近にある街灯の支柱に衝突して炎上、乗っていた4人の内、女性2人が死亡、男性1人が両足のやけどで意識不明の重体。男性1人が左足を骨折するなどの重傷を負った。現場は片側計5車線で、見通しの良い直線。支柱は衝撃で大きく傾いた。《データ》死者2名、負傷者2名

1.9 乗用車衝突事故（大阪府大阪市住之江区）1月9日午前5時半ごろ、大阪市住之江区北加賀屋の市道交差点で、乗用車とタンクローリーが衝突、乗用車に乗っていた3人が全員死亡した。乗用車は事故直前、蛇行運転でパトカーに追跡されており、信号無視をしながら逃走、タンクローリーの右側面に衝突したという。タンクローリーの男性運転手にけがはなかった。《データ》死者3名

1.11 工場でガス漏れ（大阪府堺市西区）1月11日午前0時35分ごろ、大阪府堺市西区築

大阪府(2011年)

港新町の化学製品製造会社の工場からガス漏れが発生、従業員が倒れた。社員1人が死亡、1人は軽症。工場内で硫化水素を検知したが、工場外への漏れはなかった。《データ》死者1名、負傷者1名

1.27 住宅火災（大阪府豊中市）1月27日午後1時ごろ、大阪府豊中市庄内西町の文化住宅から出火、木造2階建て延べ約500m²をほぼ全焼。2階の一室から1人が病院に運ばれたが死亡。更に2階から2人の遺体が見つかった。いずれも発見された部屋の住人とみられる。住宅は1、2階合わせて36室、うち12部屋に12人が入居。高齢者が多く全員1人暮らし。《データ》死者3名、全焼1棟、焼失面積約500平方メートル

1.28 住宅火災（大阪府能勢町）1月28日午前2時15分ごろ、大阪府能勢町宿野の民家から出火。男性の3兄弟が住む木造2階建て延べ約100m²が全焼。焼け跡1階から男性2人の遺体が見つかった。ほかに男性1人が2階から飛び降りて骨折、顔にやけどを負った。《データ》死者2名、負傷者1名、全焼1棟、焼失面積約100m²

2.6 電車と乗用車が衝突（大阪府高石市）2月6日午後1時50分ごろ、大阪府高石市加茂の南海本線の踏切で、関西空港発難波行き普通電車が軽乗用車と衝突。車は約50m引きずられて炎上、電車も車両の側面が焦げた。乗客約150人にけがはなかった。線路脇で軽乗用車を運転していた男性1人が死亡。この事故で、住ノ江―貝塚の運転を8時間15分見合わせた。上下線191本が運休、約8万5000人に影響した。《データ》死者1名

2.12 不発弾撤去（大阪府大阪市中央区）2月12日午前、大阪府立青少年会館跡地から見つかった不発弾の撤去作業があった。平成22年12月に発見された米国製1トン爆弾で、周辺の住民約2000人が避難。陸上自衛隊の不発弾処理隊が作業に着手した午前8時55分ごろから撤去完了の午前10時ごろまで、半径300mが立ち入り禁止区域となり、阪神高速東大阪線も一部通行止めになった。

3.8 校内で児童をひき逃げ（大阪府堺市）3月8日、大阪府警南堺署は、堺市立小学校の女性教諭を、勤務する小学校の敷地内で男子児童をはねて走り去ったとして、地検堺支部に書類送検した。平成22年12月22日午後4時40分ごろ、堺市南区の勤務する市立小の敷地内で、駐車場から乗用車を運転して帰宅しようとして発進した際、同校の男児をはね、打撲やすり傷など軽傷を負わせたものの、そのまま放置したという。《データ》負傷者1名

4.19 機械にはさまれ死亡（大阪府東大阪市）4月19日午前7時50分ごろ、東大阪市本庄にあるプラスチック加工会社の作業場で、台座に置かれたプラスチックを成形する機械と壁の間に18日夜から一人で夜勤だった男性社員が挟まれているのを出勤した社員が発見、119番通報した。男性は胸や腹を強く打ち、既に死亡していた。何らかの理由で機械が作動し、挟まれたとみられる。《データ》死者1名

4.30 無人カートで事故（大阪府河南町）4月30日午後4時半ごろ、大阪府河南町白木のレジャー施設で、来場客の女児と女性が無人のカートに相次いではねられた。女児は重傷、女性は軽傷。カートは5人乗りの牧場内専用車で、女児は牧場内の柵と車の間に挟まれたという。《データ》負傷者2名

5.10 地震（和歌山県・大阪府）5月10日午後11時1分ごろ、和歌山県北部を震源とする地震が発生。和歌山市で震度4を、大阪府泉南市や奈良県三郷町などで震度2を観測した。震源はごく浅く、地震の規模を示すマグニチュードは4.1と推定される。この地震でJR阪和線は和歌山―日根野間が運転再開まで不通となり、500人以上をタクシーで代行輸送した。泉佐野市の長滝駅では、乗客など約50人が車中泊と

212

なった。

5.12 タンクローリーが突っ込む（大阪府大阪市）5月12日午前8時55分ごろ、大阪市浪速区の国道25号の歩道にタンクローリーが突っ込み、男性2人がはねられて死亡した。タンクローリーを運転していた石油卸販売業者の男性は現行犯逮捕された。男性は、走行中に追い越し車線から前方に進入した車に追突するのを避けようと急ハンドルを切ったとみられる。《データ》死者2名

5.21 住宅火災（大阪府枚方市）5月21日午前3時10分ごろ、大阪府枚方市西牧野の共同住宅から出火、木造2階建て延べ約200m²をほぼ全焼した。5世帯6人の住人のうち、2階に住む女性が重傷。他の男女5人も軽症。住宅は1、2階に各4室計8室あり、3室が空き部屋。2階から火が出ていたという。《データ》負傷者6名、全焼1棟、焼失面積約200m²

5.25 滑落（大阪府和泉市）5月25日午後3時半ごろ、大阪府和泉市大野町の槇尾山側川渓谷で、滑落事故が発生。約4時間半後、登山道の数十m下の滝近くで男女2人が倒れているのを発見したが、全身を強く打って既に死亡していた。登山道には転落防止のロープが張られていたが、足を滑らせたとみられる。《データ》死者2名

5.26 産地偽装（大阪府）5月26日、熱帯地方原産の果物ノニの産地を偽った健康飲料ノニジュースを販売したとして大阪市浪速区の健康食品販売会社社長を、不正競争防止法違反の疑いで逮捕した。平成20年7月～22年12月、トンガ産やインドネシア産のノニを、より人気の高いタヒチ産と偽り、有機食品と認定されていないのに有機JASマークを張り、出荷していた。

5.29 通り魔（大阪府大阪市生野区）5月29日午後9時ごろ、大阪市生野区舎利寺の市営田島住宅駐車場で、女性が車に乗ろうとドアを開けたところ、黒い帽子に黒い上着姿の男に後ろから腕をつかまれ、刃物で切りつけられた。女性は軽傷、男は逃走した。《データ》負傷者1名

5.30 強風で門扉倒れる（大阪府大阪市天王寺区）5月30日午後6時10分ごろ、大阪市天王寺区上之宮町の路上で、電線製造販売会社入り口にあるスライド式の鉄製門扉が突然倒れた。門扉の上部に防犯のため付いている鉄製の忍び返しが通りかかった女性の首に刺さるなどし重傷。女性は強風が吹いた瞬間に門扉が倒れてきたと話しているという。《データ》負傷者1名

6.8 エレベーター閉じ込め（大阪府大阪市天王寺区）6月8日午後6時35分ごろ、大阪市天王寺区上本町の百貨店で、エレベーター1基が突然停止。幼児3人を含む客の男女計10人が閉じ込められたが、約1時間後に救助され、けが人はいなかった。エレベーターは12階建て建物の屋上と地下2階を上下しており、降下中に6階と7階との間で停止。電気系統のトラブルが原因とみられる。

6.9 鉄道車庫停電（大阪府河内長野市）6月9日午前4時25分ごろ、大阪府河内長野市の南海高野線千代田車庫で停電が発生、電車が出庫できなくなった。このため難波―橋本駅の上下線で、ダイヤが始発から混乱、復旧作業の結果同6時50分ごろに通電し、同7時55分ごろから出庫を始めたが、遅れは続き、乗客約13万9000人が影響を受け、計208本に運休や遅れが生じた。南海電鉄は、全車両の約3分の2にあたる21編成が出庫できなくなり、他の車庫や駅に停車していた14編成をフル稼働して対応した。10日、停電の原因は停留車両の高圧電線管がショートしたことによるものとみられると発表した。

大阪府(2011年)

6.13 タンクローリーと車が衝突（大阪府茨木市）6月13日午前4時半ごろ、大阪府茨木市三島丘の国道171号西河原交差点で、タンクローリーと乗用車が衝突、乗用車の若い男女2人が全身を強く打ち死亡。現場は一時通行規制され、付近は最大6キロ渋滞した。《データ》死者2名

6.13 交通事故（大阪府茨木市）6月13日午前11時ごろ、大阪府茨木市の名神高速道路上り線で、大型トラック1台、普通トラック2台、乗用車など3台の計6台が絡む玉突き事故が発生。先頭の普通トラックを除く5台が炎上、2人が死亡、男女3人が重軽傷を負った。警察は大型トラックを運転していた男性を自動車運転過失傷害の疑いで現行犯逮捕した。9月13日、大阪府警高速隊は運転手の男性に過労運転を強いたとして、勤務先の運送会社の社員ら4人を逮捕した。《データ》死者2名、負傷者3名

6.16 車が衝突しガス漏れ（大阪府堺市北区）6月16日午前7時50分ごろ、堺市北区百舌鳥西之町で、女性が運転する軽乗用車が民家の玄関に衝突。民家の屋外にあるガス管が破損し、都市ガスが周辺に漏出。付近住民約20人が市立陵南中学校に避難、同中学生徒800人も体育館に避難したが、約1時間半後に収まった。運転していた女性の呼気1リットルから0.15ミリグラム以上のアルコールが検出された。軽乗用車は民家に衝突する直前、北80mの交差点で、乗用車に追突。また、現場から北300mの路上では、同中1年の女子生徒が車にはねられ、頭と足に軽傷を負う事故も発生していた。

6.17 3歳児の操作で車暴走（大阪府大阪市西成区）6月17日午後3時45分頃、大阪市西成区岸里のスーパーの駐車場で、SUVタイプの外国車が突然バックし、店の壁に突っ込む事故が発生。女性従業員がはずみで転び、頭などに軽傷を負った。母親はぐずった3歳の女児を駐車場の車内に残し、エンジンをかけたまま施錠、店に入った。車内には女児が1人で乗っており、女児が車を操作したとみている。女児にけがはなく、店内もけが人などはなかった。《データ》負傷者1名

7.7 2トン車突っ込む（大阪府大阪市西淀川区）7月7日午前6時45分ごろ、大阪市西淀川区佃の阪神高速神戸線下り線で、軽乗用車の自損事故を処理していた消防署の隊員3人と高速隊の隊員2人が、突っ込んできた2トン保冷車にはねられ、打撲などの軽傷を負った。《データ》負傷者2名

7.13 中古車から放射線検出（大阪府高石市）7月13日、大阪府は、高石市にある堺泉北港助松ふ頭で、アフリカに輸出される予定だった中古乗用車1台から毎時5.5マイクロシーベルトの放射線量が検出され、この車の輸出をいったん見送ったと発表。車は中古車輸出業者が福島県内で登録を抹消し、輸出のため陸路で同港に輸送。依頼を受けた検査業者が車両表面を測定したところ、検出された。

7.13 ひき逃げ（大阪府八尾市）7月13日午後5時半ごろ、大阪府八尾市久宝寺の市道で、信号待ちの自転車3台を後ろから来た軽トラックがはね、そのまま逃走。自転車に乗っていた女子生徒が左手骨折の重傷、男性会社員と男子生徒が軽傷。容疑者の呼気から基準値以上のアルコールが検出された。《データ》負傷者3名

7.31 漁船と貨物船が衝突（大阪府）7月31日正午ごろ、堺市の大和川河口から西に約5キロの大阪湾で、漁船と、貨物船が衝突。漁船の船体が真っ二つに割れ船尾部分が沈没、船長が死亡した。船長は衝突の際、海に投げ出され、間もなく救出されたが、搬送先の病院で死亡が確認された。貨物船の乗組員4人にけがはなかった。《データ》死者1名

7.31 プールで溺れる（大阪府泉南市）7月31日午後2時頃、大阪府泉南市の市立砂川小

214

大阪府(2011年)

学校の一般開放されているプールで遊泳中の男性が水中に沈んでいる同小1年の男児を発見、病院へ搬送されたが意識不明の重体。8月1日の朝になって死亡した。この事故で、監視員が規定より2人少ない6人しか配置されておらず、事故のあった大プールには当時1人しかいなかったことが明らかになった。《データ》死者1名

8.11 中古車から放射線検出（大阪府大阪市住之江区）8月11日、大阪港で、東南アジア方面に輸出予定の中古乗用車1台から毎時約110マイクロシーベルトの放射線量が検出されたと大阪府が発表。車は荷主の中古車取扱業者に返却された。車は輸出業者が福島県内で登録を抹消し、陸路で同港に輸送したもので、放射線量は10日の検査会社の測定による。

8.18 熱中症（大阪府大阪市東住吉区）8月18日、大阪市東住吉区の長居陸上競技場で大阪高等学校体育連盟主催の大阪高校総体で出場選手5人が熱中症で相次いで救急搬送された。《データ》患者5名

8.21 集合住宅火災（大阪府羽曳野市）8月21日午後9時25分ごろ、大阪府羽曳野市古市の集合住宅から出火。木造2階建ての同住宅延べ約280m²が全焼した。住人で高齢の男女4人が病院に搬送され、1人が死亡、3人が意識不明の重体。同住宅は全10室で搬送された4人はいずれも1階に住んでいた。住人の多くは隣接するデイサービス施設の利用者で、居住者はほとんどが高齢者。寝たきり状態の人もいたという。24日未明、重体だった1人が搬送先の病院で死亡した。《データ》死者2名、負傷者2名、焼失面積約280m²

8.21 自動車イベント会場で事故（大阪府大阪市此花区）8月21日午前11時50分ごろ、大阪市此花区北港緑地の人工島・舞洲であった自動車イベント会場で、ドリフト走行を実演していた乗用車が観客席に突っ込んだ。見物していた女性が車の左後部に接触して重傷、男性も左膝打撲のけがをした。ひょうたん形のコースを設けてデモ走行中にコースを外れた車が観客席に飛び出したという。《データ》負傷者2名

9.13 住宅火災（大阪府大阪市東淀川区）9月13日午前3時50分ごろ、大阪市東淀川区南江口の共同住宅から出火、木造2階建て共同住宅延べ約300m²のうち、1階1号室の食器棚や床が焼けた。室内から男女2人が心肺停止状態で見つかり、病院に運ばれたが、間もなく死亡が確認された。死因はいずれも一酸化炭素中毒とみられる。共同住宅は1、2階に計約15部屋で、焼けた部屋は2人暮らし。《データ》死者2名

9.13 助産師が結核に感染（大阪府泉佐野市）9月13日、大阪府泉佐野市にある独立行政法人の医療センターが、女性助産師の結核感染を発表。同センターは助産師が接触した可能性のある新生児349人にツベルクリン反応検査を実施、感染の有無を調べるという。助産師は6月採用、7月の定期健診で胸部レントゲン撮影後、精密検査し、9月5日感染を確認、府内の別の病院に入院。同じ病棟で勤務していた医師、看護師、助産師計57人のうち55人は異常はなかった。《データ》感染者1名

9.18 転落事故（大阪府大阪市住之江区）9月18日午前11時50分ごろ、大阪市住之江区新北島の市営住宅の植え込みで、同住宅11階に住む小1男児が倒れているのを母親が発見、男児は全身を強く打ち、意識不明の重体だったが20日朝死亡した。男児が自宅ベランダから約30m下に転落した可能性が高いという。ベランダには高さ約1.3mの手すりがあり、そばに高さ約45cmのふた付きのバケツがあった。《データ》死者1名

9.19 多重衝突事故（大阪府堺市西区）9月19日午後11時25分ごろ、堺市西区浜寺石津町の阪神高速堺線の下り車線に連結する国道26号で、乗用車、トラックなど計7台

大阪府(2011年)

が絡む衝突事故が発生、男女9人が軽傷を負った。乗用車が中央分離帯に衝突する単独事故を起こした後、後続の車が次々にぶつかったとみられる。《データ》負傷者9名

9.24 交通事故（大阪府羽曳野市）9月24日午前8時ごろ、大阪府羽曳野市古市の南阪奈道路で、下り線を走行中の3トントラックが上り線にはみ出し、軽乗用車と正面衝突する事故が発生。更に上り線後続の3トントラックがこの軽乗用車に追突し軽乗用車に乗っていた男女2人が死亡した。正面衝突したトラックの運転手が足を骨折する重傷、追突したトラックの運転手は軽傷。この事故で、羽曳野IC—太子IC間が同日午後1時まで上下線とも通行止めになった。《データ》死者2名、負傷者2名

10.10 祭りのやぐらにひかれ死亡（大阪府阪南市）10月10日午後10時5分ごろ、大阪府阪南市黒田で、秋祭りのやぐらを引いていた近くの男性が転倒してやぐらにひかれた。病院に搬送されたが、まもなく死亡が確認された。男性は地元青年団に所属、約60人で重さ約2トンの二輪のやぐらを引いて車庫に向かう途中で、右車輪前方にいた。《データ》死者1名

10.12 転落事故（大阪府堺市中区）10月12日午前8時10分ごろ、堺市中区深井水池町の市立小学校で、4年生の男児が校舎2階の窓から約5m下のコンクリート地面に転落した。男児は、3時間後に搬送先の病院で死亡した。転落したのは3階建て校舎の廊下側の窓。窓の鍵は廊下から高さ約180cmの位置にあり、男児が廊下に置いてある用具入れの上に乗って鍵を操作し、窓を開けた。その後、用具入れから下りようとしてバランスを崩し、外に落ちるのを、児童らが目撃していた。誤って落ちた可能性が高いとみている。《データ》死者1名

10.24 理科実験中にペットボトル破裂（大阪府高槻市）10月24日午前11時半ごろ、大阪府高槻市芝生町の市立中学校の理科室で、1年生の生徒が理科の授業の実験でペットボトルにドライアイスを詰めていたところ、ペットボトルが破裂し、プラスチックの破片が生徒7人前後に当たった。男女2人が顔を切るなどして救急搬送されたが、いずれも軽傷。500ミリリットル入りのペットボトルにドライアイス1グラムを入れて体積や質量が変化するかどうか確かめる実験をしていた。《データ》負傷者2名

11.8 介護施設で火災（大阪府大阪市平野区）11月8日午後6時ごろ、大阪市平野区加美正覚寺の介護施設から出火。木造2階建て延べ約230m^{2}のうち2階部分約100m^{2}と、西側の木造2階建て民家の2階部分75m^{2}を焼いた。出火当時、職員9人がいたが、けが人はなかった。失火とみられる。《データ》半焼2棟、焼失面積約175m^2

12.17 パトカー追跡の乗用車が衝突（大阪府堺市北区）12月17日午前1時25分ごろ、堺市北区新金岡町の交差点で、パトカーに追跡された乗用車が電柱に衝突して大破した。乗用車の16～18歳の5人のうち男性1人が死亡。男性2人が重体で、男女2人が重傷。《データ》死者1名、負傷者4名

12.20 住宅火災（大阪府大阪市東淀川区）12月20日午前4時50分ごろ、大阪市東淀川区菅原の民家から出火、木造平屋建て住宅約35m^{2}を全焼し、男女2人が死亡した。《データ》死者2名、全焼1棟、焼失面積約35m^2

2012年(平成24年)

1.6～ 相次ぐ火災（大阪府・兵庫県）1月6日深夜から7日朝にかけ大阪府と兵庫県で火災が相次ぎ、計4人が死亡、1人が意識不明の重体。午後11時35分ごろ、大阪府

八尾市志紀町南の民家から出火。木造平屋建て約100m^{2}を全焼、1人の遺体が見つかった。7日午前1時15分ごろ、兵庫県佐用町佐用の民家から出火。木造2階建て延べ196m^{2}を全焼、家主男性の遺体が見つかり、同居の母も意識不明の重体。午前3時ごろには、堺市中区深井水池町の3階建てマンションから出火。1階の1室約15m^{2}を焼き、60代ぐらいの男性の遺体が見つかった。午前7時35分ごろ、八尾市恩智中町の共同住宅から出火。木造平屋建て約180m^{2}を全焼、女性1人の遺体が見つかった。《データ》死者4名、負傷者1名

1.20 クレーン倒れる事故（大阪府豊中市新千里東町）1月20日午前8時50分ごろ、大阪府豊中市新千里東町のマンション建設現場でクレーンのアーム部分が途中で折れ、先端部分が西側の公園の植え込みに倒れ込んだ。けが人はなかった。アームのワイヤを固定するボルトが腐食して外れた可能性があるとみられる。マンション3階部分の作業現場に、クレーンで資材を上げて降ろし、作業員がアームを上に動かしたところ、突然、折れ曲がったという。

1.24 理科室で爆発（大阪府大阪市住之江区）1月24日午前10時45分ごろ、大阪市住之江区御崎の市立小学校で爆発があり出火、理科準備室約30m^{2}が焼けた。出火当時、小学校には児童や教職員計約230人がいたが、いずれも避難して無事だった。実験に使用したアルコールランプが火元になった可能性があるとみられる。《データ》焼失面積約30m^2

1.28 玉突き事故（大阪府豊中市桜の町）1月28日午前8時ごろ、大阪府豊中市桜の町の府道大阪中央環状線で、十数台が絡む玉突き事故が発生。60歳ぐらいの男性が重傷、20～40代の男女10人が軽傷。現場は片側3車線の直線。トレーラーが乗用車にぶつかり、そのはずみで次々と衝突したとみられる。《データ》負傷者11名

2.2 くいだおれビルでぼや（大阪府大阪市中央区）2月2日午前0時50分ごろ、大阪市中央区道頓堀のビル3階から煙が出ているとの通報があり、消防車など約20台が出動、歓楽街は一時騒然となった。同ビルは6階建てで、3階付近にあった一斗缶内でたばこがくすぶっていたという。けが人はいなかった。現場は飲食店が建ち並ぶミナミの中心地。

2.6 大型トラックひき逃げ（大阪府東大阪市）2月6日午前1時55分ごろ、東大阪市西岩田の大阪中央環状線で、大型トラックが歩行者の女性をはね、逃走した。女性はさらに後から走ってきた軽トラックにもひかれ、顔を強く打ち死亡した。《データ》死者1名

2.9 インフル院内感染（大阪府大阪狭山市）2月9日、大阪狭山市にある病院が、入院患者と職員計74人がインフルエンザに集団感染し、うち入院患者2人が肺炎で死亡したと発表した。死亡した2人は、いずれもインフルエンザと診断される以前から肺炎にかかっていた。感染源は不明だが、院内で開いたレクリエーション活動で一気に広がったとみられる。

2.14 住宅火災（大阪府和泉市黒鳥町）2月14日午後10時ごろ、大阪府和泉市黒鳥町の民家から出火、約30m^{2}を全焼、焼け跡から2人の遺体がみつかった。民家には高齢の夫婦が2人で住んでいたという。《データ》死者2名、全焼1棟、焼失面積約30m^2

2.20 クレーン車が転倒（大阪府八尾市小畑町）2月20日午後1時半ごろ、大阪府八尾市小畑町のマンション建設現場で、クレーン車が倒れ、隣接する鉄工所に倒れ込んだ。足場やトタン外壁などが壊れたが、けが人はなかった。クレーン車の固定が不十分だった可能性もあるとみられる。外壁資材をつり上げる作業をしている際、

大阪府(2012年)

バランスを崩したという。

2.20 **作業車と乗用車が衝突**（大阪府岸和田市包近町）2月20日午後6時5分ごろ、大阪府岸和田市包近町の府道交差点で、6人が乗った乗用車と高所作業車が衝突。乗用車の高齢の男女3人が死亡、高所作業車の運転手と乗用車の74歳女性、53歳女性の3人も左脚骨折などの軽重傷。現場は信号のある片側2車線の交差点で、直進してきた高所作業車の左前部と、対向車線から右折しようとした乗用車の左側面が衝突した。《データ》死者3名、負傷者3名

2.22 **地下鉄梅田駅でぼや**（大阪府大阪市北区）2月22日午前9時ごろ、大阪市北区の市営地下鉄御堂筋線梅田駅で火事があり、地下2階の倉庫が燃え、約28m²を焼いた。避難誘導中だった鉄道職員2人が煙を吸って病院に搬送され、他の駅員10人も体調不良を訴えた。出火当時は通勤時間帯で、数千人が避難したが、乗客らにけがはなかった。出火直後から約1時間40分の間、江坂駅から千里中央駅間で上下線の全ての電車が停止。少なくとも約12万人に影響した。また、周辺地下街に煙や臭いが広がり、開店を一時見合わせる百貨店なども出た。この倉庫では、複数の作業員による喫煙が常態化していたという。《データ》焼失面積28m²

2.22 **踏切事故**（大阪府高槻市富田町）2月22日午後6時35分ごろ、大阪府高槻市富田町のJR東海道線富田村踏切で、通過中の回送電車に原付バイクが接触、運転手の少年が重傷。少年は踏切手前で電車の通過を待っていたが、何らかの理由で急発進し、電車の側面に接触したとみられる。東海道線は京都—大阪間で上下線とも約1時間10分運転を見合わせ、計39本が運休するなど約2万9000人に影響。《データ》負傷者1名

2.27 **住宅火災**（大阪府松原市）2月27日午後4時55分ごろ、大阪府松原市別所の男性宅から出火。木造2階建ての2世帯住宅200m²を全焼。約2時間20分後にほぼ鎮火。焼け跡から男性夫妻とみられる遺体が見つかった。《データ》死者2名、全焼1棟、焼失面積約200m²

3.14 **複数台にはねられ、男性死亡**（大阪府堺市南区）3月14日午後11時40分ごろ、堺市南区檜尾の府道で、複数の車にはねられたとみられる男性が死亡。現場にいた介護士とタクシー運転手を自動車運転過失傷害容疑で現行犯逮捕したが、前にはねたとされる別の車は逃走。そばには男性が乗っていたとみられるバイクが倒れていた。現場は片側2車線の直線道路で高架上。《データ》死者1名

3.21 **焼き肉店で火災**（大阪府大阪市天王寺区下味原町）3月21日午後6時35分ごろ、大阪市天王寺区下味原町の焼き肉店のダクトから出火。木造2階建て店舗延べ約300m²のうち約30m²が燃え、東隣にある別の焼き肉店の壁なども焼けた。店には約50人の客がおり、2階に誘導。その後停電となり店外に避難させた。けが人はなかった。現場は焼き肉店が並ぶ近鉄鶴橋駅前の飲食店街で、奈良線大阪難波—布施間で運転を1時間半見合わせ、約2万8000人に影響。消防車32台が出動した。《データ》一部焼失2棟、焼失面積約30m²

3.21 **集団食中毒**（大阪府大阪市北区）3月21日、大阪市北区のホテルのレストランで、15日にコース料理を食べた10人が嘔吐などの症状を訴え、うち6人からノロウイルスが検出されたことがわかった。ホテルは食品衛生法に基づき、23日まで営業停止となった。7人が発症した奈良県の中学校教職員が県に届け出て発覚。12〜18日の利用客29人にも同じ症状が出ていた。《データ》患者10名

3.28 **運転手がはねられ死亡**（大阪府松原市）3月28日午前3時ごろ、大阪府松原市立部

の阪和道下り線で、片側3車線のうち、中央分離帯側の追い越し車線と中央の走行車線にトラックを停車させ路上に降りていた男性運転手2人が別のトラックにはねられ、まもなく死亡した。停車していたもう1台のトラックの男性運転手も軽傷。死亡した2人が通行を巡るトラブルで口論していたとみられる。2人をはねたトラック運転手も軽傷を負った。《データ》死者2名、負傷者2名

4.2 **立体駐車場に挟まれ死亡**（大阪府茨木市）4月2日午前8時10分ごろ、大阪府茨木市美沢町で、マンションにある立体駐車場の車の昇降機に男児が挟まれ、胸を強く打って間もなく死亡した。母親が立体駐車場の操作盤を操作したところ、上昇してきた車を載せたプレートに男児が飛び降りて転倒し、隣のプレートとの間に挟まれたという。《データ》死者1名

4.5 **資材置き場で火災**（大阪府大阪市住之江区）4月5日午後9時半ごろ、大阪市住之江区南港南の資材置き場から出火し、金属スクラップなど約1万2000立方mが焼けた。建物への被害やけが人はなかった。資材置き場はフェンスに囲まれ、輸出用のスクラップが保管されていた。《データ》焼失面積約12000m^2

4.6 **こたつで熱中症**（大阪府大阪市大正区）4月6日、大阪市大正区に住む男性の生後11カ月の次女が自宅のこたつの中で死亡しているのが発見された。母親は午後8時頃、次女を一人残して長男らと出かけ、父親も外出していたという。8日になって司法解剖の結果、死因は熱中症と発表された。《データ》死者1名

4.16 **民家に車が突っ込む**（大阪府高石市）4月16日午後11時35分ごろ、大阪府高石市取石の木造2階建て民家にワゴン車が突っ込み、1階にいた住人男性が救急搬送された。現場は丁字路交差点で、車を運転していた男性が運転操作を誤り、ハンドルを切らず真っすぐ民家に突っ込んだとみられる。少し前にも同じ家の塀に車がぶつかる事故があったばかりだった。《データ》負傷者1名

4.19 **体力測定中に小学生が熱中症**（大阪府八尾市東山本町）4月19日大阪府八尾市東山本町の市立東山本小で、体力測定中に体調不良を訴えた、6年生の児童10人が病院へ搬送。3人が熱中症と診断された。《データ》患者3名

4.20 **医療事故**（大阪府大阪市阿倍野区）4月20日、大阪市阿倍野区にある大阪市立大学付属病院が、10日夜に、入院中の女性患者に対して組み立て方を誤った蘇生用器具を使用し、患者が心停止状態になる医療事故があったと発表した。患者は低酸素脳症を起こして意識不明になり、その後死亡した。ポンプ式の蘇生用バッグを看護師が分解・洗浄した際、弁を逆向きに取り付けたため、酸素を送り込めない状態になっていた。《データ》死者1名

4.29 **アパートで火災**（大阪府高槻市古曽部町）4月29日午後7時40分ごろ、大阪府高槻市古曽部町のアパートから出火、木造2階建延べ約570m^{2}を全焼した。焼け跡から2人の遺体が見つかり、2階の火元とみられる部屋に住む男性と、別の部屋の男性とみられている。近くに住む女性が煙を吸い込み、軽症。《データ》死者2名、全焼1棟、焼失面積約570m^2

5.7 **土砂崩れ**（大阪府池田市）5月7日午後2時15分ごろ、大阪府池田市畑のゴルフ場から「土砂が崩れて作業員が生き埋めになった」と119番通報があった。男性従業員1人が死亡し、1人がけがをした。ゴルフ場は休業日で、パワーショベルを使って溝を掘る作業中、状況確認で2人が溝の中に入った際に側壁が崩れたという。《データ》死者1名、負傷者1名

大阪府(2012年)

5.14 児童の列に車突っこむ（大阪府大阪市中央区）5月14日午後3時10分ごろ、大阪市中央区玉造の市道で、乗用車が児童の列に突っ込み、小学1年の女子児童が死亡した。車が交差点を右折した際、列の後部を歩いていた児童をはねたとみられる。他の児童にけがはなかった。運転手が前方確認を怠ったことが原因とみられる。《データ》死者1名

5.18 立体駐車場で事故（大阪府吹田市）5月18日午前9時20分ごろ、大阪府吹田市津雲台のホテルで、「立体駐車場で男性が挟まれた」と119番通報があった。男性は地面とプレートの間に全身を挟まれたが軽傷。駐車場はゴンドラ式で自分の乗用車が下りてくる前に、作動中のプレートに近付き、挟まれたとみられる。《データ》負傷者1名

5.19 飲食店で爆発（大阪府大阪市中央区）5月19日午後8時25分ごろ、大阪市中央区東心斎橋のレストランバー店内から爆発。調理場のエアコンなどが焦げ、男性従業員がやけどを負った。客11人は無事。調理用カセットボンベが落下した際にガスが漏れ、引火したとみられる。《データ》負傷者1名

5.22 逃走車が逆走しパトカーに衝突（大阪府大阪市淀川区）5月22日午後3時50分ごろ、大阪市淀川区野中北の市道で、警察の職務質問から逃走中の乗用車が対向車線を逆走、止めようとしたパトカーに衝突。車はさらに約5キロ逃走し、同市北区茶屋町で道路脇の街路樹に衝突して停車。運転していた男性は車を置いて逃げたが、駆け付けた府警が逮捕した。街路樹にぶつかって停止する直前に、信号待ちをしていた車など4台に当て逃げした疑いもある。同乗の女性にけがはなかった。

6.10 通り魔（大阪府大阪市）6月10日午後1時ごろ、大阪市中央区東心斎橋の路上で、住所不定の男が成人男女2人を包丁で刺し、2人は間もなく死亡した。男は2人と面識がなく、通行人を無差別に襲ったものとみられる。男は刑務所を満期出所したばかりだった。《データ》死者2名

6.20 住宅火災（大阪府藤井寺市）6月20日午前0時40分ごろ、大阪府藤井寺市大井の住宅から出火し、木造2階建て延べ約300m²を全焼した。5歳と1歳の2児が死亡し、他の家族3人が重軽傷を負った。失火の可能性が高いという。住宅は6人暮らしで、1人は不在だった。《データ》死者2名、負傷者3名、全焼1棟、焼失面積約300m²

6.20 調理実習で体調不良（大阪府大阪市）6月20日午前11時40分ごろ、大阪市平野区流町の小学校で、5年生の児童23人が吐き気や悪寒を訴え、病院に搬送された。当時は家庭科の授業中で、ゆでたキャベツと生のキャベツを食べ比べる実習中だったという。検査した食材から食中毒菌は検出されなかった。《データ》患者23名

6.26 ブレーキ間違え軽自動車暴走（大阪府大東市）6月26日午後5時25分ごろ、大阪府大東市深野の市道で、近くに住む男性が運転する軽自動車が暴走し、67〜83歳の歩行者の男女5人をはねた。このうち2人が重傷。他の3人と運転者の男性も軽傷を負った。アクセルとブレーキを踏み間違えたとみられる。《データ》負傷者5名

6.26 ワゴン車暴走（大阪府大阪市）6月26日午後1時ごろ、大阪市西成区太子の路上で、男性が運転するワゴン車が暴走し、通行人の男女計6人をはねた。負傷した6人のうち、男性1人が骨盤骨折などで重傷、他の5人は軽傷。車は同市浪速区日本橋の交差点でトラックに衝突して停止した。男は覚醒剤を使用していたとみられる。《データ》負傷者6名

6.26 肺静脈に空気が入る医療事故（大阪府箕面市）6月26日、大阪府箕面市の病院で、

肺がん手術中の男性が肺静脈に誤って空気を送り込まれ、死亡した。執刀医が、肺の切除部分を膨らませるため、気管支にチューブを挿入して空気を入れようとしたが、誤って針を肺の静脈に刺したという。病院は8月27日これを明らかにし、8月13日に遺族に示談金約3600万円を支払うことで和解したという。《データ》死者1名

7.6 **トラックと乗用車が玉突き衝突**（大阪府高槻市上牧町）7月6日午前0時20分ごろ、大阪府高槻市上牧町の国道171号交差点で、静岡の物流会社の12tトラックが、信号待ちの軽乗用車に追突した。軽乗用車ははずみで前の5tトラックに追突、5tトラックがさらに乗用車に追突し、計4台の玉突き事故になった。大破した軽乗用車の2人が死亡、乗用車の2人が軽傷を負った。《データ》死者2名、負傷者2名

7.21 **大雨で作業員が生き埋め**（大阪府箕面市）7月21日午後0時半ごろ、大阪府箕面市瀬川の民家で、リフォーム工事の男性作業員が生き埋めになり、約3時間後救出されたが死亡。午前8時半から作業員5人が、床下に穴を掘り作業をしていた中、午前11時40分ごろ床下天井部分の補強コンクリートが崩れ、穴の中で作業をしていた男性が身動きがとれなくなった。午後0時半ごろ、突然激しい雨が降り出し、床下に雨水や土砂が大量に流れ込んだ。大阪府北部や東部などに大雨洪水警報が発令され、床上浸水4棟、床下浸水27棟の被害があった。《データ》死者1名

7.23 **送泥ポンプ場で爆発**（大阪府高石市）7月23日午後0時25分ごろ、大阪府高石市高師浜丁の府南部流域下水道事務所のポンプ場で、汚泥を運ぶ管の清掃中爆発が起き、作業員2人が顔などにやけどを負った。汚泥を一時的に貯蔵するタンク内に可燃性ガスが発生し、何らかの原因で引火して爆発したとみられる。現場は汚泥を下水処理場から処理施設に送るための中継施設。《データ》負傷者2名

8.4 **住宅火災**（大阪府東大阪市）8月4日午後3時40分ごろ、東大阪市稲葉の木造2階建て共同住宅から出火、延べ約550m^{2}のうち約125m^{2}を焼いた。2階の2部屋から2人の遺体が見つかった。住宅は28室あり、独居の高齢者ら十数人が住んでいた。《データ》死者2名、焼損1棟、焼失面積約125m^2

8.16 **救急車と乗用車が接触**（大阪府岸和田市中井町）8月16日午後6時35分ごろ、大阪府岸和田市中井町の国道26号交差点で、救急車が交差点を右折しようとした際、直進してきた軽乗用車の前部と接触。救急車は、別の交通事故で重体になっていた小学4年男児を搬送中で、搬送を再開したが死亡。男児の容体への影響について「ベッドに固定されており、停車時間も短く、影響はないと考えている」としている。男児は16日午後6時15分ごろ、泉大津市穴田の国道26号交差点を歩いて渡ろうとした際、乗用車にはねられた。《データ》死者1名

8.18 **落雷**（近畿地方・大阪府・滋賀県）8月18日午後、近畿地方で雷を伴う非常に激しい雨が降り、大阪市を中心に落雷の被害が相次いだ。大阪市東住吉区の長居公園で、樹木など2カ所に雷が落ち、女性2人が死亡、男女8人が軽傷を負った。滋賀県大津市桐生の農道では、中学3年の男子生徒が落雷で意識不明の重体。また鉄道ダイヤが大幅に乱れ、落雷のため近畿地方各地で停電が発生した。《データ》死者2名、負傷者9名

8.29 **火力発電所でクラゲ原因のトラブル**（兵庫県・大阪府・福井県）関西電力管内の火力発電所でクラゲの大量発生のために出力を25％以上落としたトラブルが、4月以降50回も発生したことが分かった。赤穂火力発電所2号機で8月10日クラゲが大量発生し運転を停止。7月27日にも同様の理由で運転を停止。トラブルは、南港発電所2号機と同3号機、姫路第2発電所4号機と同5号機などでも発生。クラゲが大発

大阪府(2012年)

生し運転停止や出力低下となるのは、通常は取水口でクラゲを除去するが、大量発生すると詰まってしまい、冷却などに使う海水が取り込めなくなるためという。

9.14 運動会練習中に熱中症（大阪府東大阪市中石切町）9月14日午前8時45分ごろ、東大阪市中石切町の市立石切小学校で、運動会の練習をしていた11〜12歳の6年生女児4人が体調不良を訴え病院に搬送。熱中症とみられたが、いずれも軽症だった。14日午前9時の大阪市の気温は29.6度、湿度64%。13日も各地の小学校で、運動会の練習をした児童が熱中症の症状を訴え搬送された。《データ》患者4名

9.15 大阪で局地的雷雨（大阪府）9月15日夕に大阪府内で局地的に発生した雷雨の影響で、堺市、北区の約2290世帯が停電。金田変電所管内の電線に落雷したことが原因とみられる。堺市の雷雨は15日午後5時ごろに始まり、1時間に23mmの強い雨を観測した地点もあった。大阪市東住吉区の近鉄南大阪線でも落雷による停電が発生。上下線4本が運休、5本に最大12分遅れた。《データ》停電約2290世帯

9.27 貨物船で火災（大阪府貝塚市）9月27日午後9時ごろ、大阪府貝塚市の沖約12キロの大阪湾で、スクラップを積んだパナマ籍の貨物船の積み荷から出火。大阪海上保安監部などが午後10時20分ごろ、中国人の乗組員12人を全員救助した。

9.28 ガス系消火設備で事故（大阪府大阪市浪速区）9月28日午後11時ごろ、大阪市浪速区のマンション地下1階の駐車場で爆発し、住民が避難する騒ぎがあった。爆発後の測定の結果、駐車場内の二酸化炭素濃度が、人体に危険なほど高くなっていた。原因は老朽化したガス系消火設備が破損して二酸化炭素が誤放出したためとみられる。けが人はなかった。

10.4 救急車が事故、搬送患者死亡（大阪府大阪市住吉区）10月4日午後0時45分ごろ、大阪市住吉区長居東の国道で、交通事故で心肺停止状態となった女性を搬送していた市消防局の救急車が、乗用車と接触した。女性は約5分後に代替の救急車に搬送されたが死亡。女性は同日午後0時20分ごろ、同市平野区の交差点の横断歩道でワンボックスカーにはねられ救急車で搬送。救急車はサイレンを鳴らして走行、アナウンスで車線変更を知らせていた。乗用車との事故でサイドミラーが破損、市消防局は緊急走行に支障が出ると判断して代替車を用意した。《データ》死者1名

10.21 だんじり屋根から落下（大阪府東大阪市加納）10月21日午後8時40分ごろ、東大阪市加納の市道で、高さ約3mのだんじりの屋根から、高校2年の男子と男性会社員が落ちた。2人は重傷。だんじりは前から来た別のだんじりをやり過ごすために止まっていた。《データ》負傷者2名

10.22 踏切事故（大阪府豊中市服部元町）10月22日午後2時10分ごろ、大阪府豊中市服部元町、阪急宝塚線北ノ口踏切で、同市の女性が雲雀丘花屋敷発梅田行き普通電車にはねられ、死亡した。踏切は歩行者専用。死亡した女性は呼吸器系の病気を患っており、酸素ボンベを載せたキャスター付きの台車を引いて踏切を渡っていたが、途中で遮断機が下りて、踏切内に取り残された。この事故で同線は上下92本が23〜4分遅れ約4万5000人に影響した。《データ》死者1名

11.13 ひき逃げ（大阪府泉佐野市）11月13日夜、大阪府泉佐野市日根野の市道で、近くに住む会社員の男性が乗用車にはねられた後、約120mにわたって引きずられ死亡した。はねた車はそのまま逃走し、22日、同市の男が逮捕された。《データ》死者1名

11.24 病院で火災（大阪府大阪市都島区）11月24日午後8時20分ごろ、大阪市都島区

大阪府(2013年)

都島本通の市立総合医療センターの10階から煙が出ていると通報があった。18階建て病棟10階の病室の壁やベッドなど計約8m²を焼いた。入院患者約130人が隣接する別の病棟などに避難した。出火場所の病室は個室で、男性が入院中だった。同センターは、734人が入院中であった。《データ》焼失面積約8m²

12.4 医療機関でノロ集団感染か（大阪府大東市）12月4日大阪府大東市内の医療機関で入院患者や職員ら計48人が嘔吐や下痢の症状を訴え、うち入院患者の女性と男性の2人が死亡した。死亡した女性を含む発症者6人からノロウイルスを検出。医療機関内での集団感染とみているが、死亡との因果関係は不明。《データ》死者2名、患者48名

12.6 校舎工事でアスベスト飛散（大阪府堺市北区）12月6日、堺市北区の高校で、校舎のひさしに毒性の高いアスベスト「青石綿」が吹き付けられていたのに、石綿測定業者が指摘するまでの約3週間、飛散防止策がとられないままの状態で工事が行われていたことが分かった。校舎内では青石綿とみられる塊も落ちており、工事現場から約30m離れた特別教室棟でも、青石綿が検出されていた。

12.11 土砂運搬船で爆発（大阪府大阪市北区）12月11日午前7時10分ごろ、大阪市北区長柄東の大川に係留中だった土砂運搬船で爆発があり、船員の男性1人が死亡、ほか3人がやけどなどの重軽傷を負った。プロパンガスのボンベが爆発、船員らは飛び散った破片に当たって死傷したとみられる。爆発で鉄板や工具などが周囲の保育園や住宅街に散乱した。《データ》死者1名、負傷者3名

12.20 エレベーターで閉じ込め（大阪府大阪市天王寺区）12月20日午後3時50分ごろ、大阪市天王寺区堂ケ芝の小学校で、エレベーターが停止し、6年生の男子児童2人が約40分、閉じ込められた。2人にけがはなかった。児童2人が4階からエレベーターに乗ったところ、2階で突然止まり、扉が開かなくなったという。

12.28 ノロウイルス集団感染（大阪府東大阪市）12月28日、東大阪市の介護付き有料老人ホームで、入所者と職員の計24人が嘔吐などの症状を訴え、うち入所者の高齢女性2人が死亡したことが明らかになった。ノロウイルスによる感染性胃腸炎の集団発生とみられる。《データ》死者2名、感染者24名

2013年(平成25年)

1.3 トンネルの側壁が落下（大阪府河内長野市・和歌山県橋本市）1月3日正午ごろ、大阪府河内長野市と和歌山県橋本市を結ぶ国道371号の紀見トンネルで、東側のコンクリート製側壁(幅約90cm、長さ約40cm、厚さ約10cm)が剥がれ落ち、車道にコンクリート片が散乱した。直後に車が通過したが、衝突やけが人はなかった。

1.5 地震（和歌山県・大阪府）1月5日午前9時50分ごろ、和歌山県北部を震源とする地震があった。和歌山県湯浅町で震度3、海南市などで震度2、大阪府岬町などで震度1を観測した。

2.20 胆管ガン、労災認定へ（大阪府大阪市）厚生労働省は2月20日、大阪市中央区の印刷会社で働いていた16人全員が胆管がんによる労災を求めていた問題で、請求を認める方針を固めた。印刷関係の職場で多発していることから、仕事との因果関係があると判断した。胆管がんによる労災認定は初めて。胆管がんの労災認定の可否は判定が難しいため、同省は専門検討会を設けて基準づくりを進めていた。労災保険の給付には死亡後5年の時効があるが、印刷職場の胆管がん発症はほとんど知られていなかったため、厚労省は請求時点で死亡後5年を過ぎていても柔軟に

223

大阪府(2013年)

対応する方針を示していた。《データ》死者7名、発症者9名

2.25 コンテナ船と衝突し漁船転覆（大阪府泉佐野市）2月25日午前6時過ぎ、大阪府泉佐野市の関西国際空港西約5キロの海上で、同府の漁協所属イカナゴ漁船が台湾籍のコンテナ船と衝突。船団を編成していた漁船3隻のうち2隻が転覆し、乗組員2名が死亡した。漁船側はコンテナ船の接近に気付かず回避行動が間に合わなかったものとみられる。コンテナ船が積極的な回避をしておらず、コンテナ船の船長と水先人が業務上過失致死容疑で逮捕された。《データ》死者2名

2.28 鉄道事故（大阪府大阪市）2月28日夕、大阪市内のJR西日本の路線で事故によるダイヤの乱れが相次いだ。午後4時半ごろ、大阪市福島区で、大型トラックが大阪環状線の高架橋を保護するための防護工(高さ3.9m)に荷台部分をぶつけて横転。橋げたの安全確認のため、同線は12分間運行をとりやめ22本が運休、約1万3000人に影響した。トラックの運転手は軽傷。午後6時55分ごろには、同市平野区の関西線の踏切に立ち入った男性が快速電車にはねられ即死。関西線と大阪環状線で計30本が運休した。《データ》死者1名、負傷者1名、列車運休52本

3.14 胆管がんの原因物質特定（大阪府大阪市）印刷所の従業員に胆管がんが多発し労災申請が相次いでいる問題で、厚生労働省の専門検討会は3月14日、発症原因に関する報告書をまとめた。インキ洗浄剤に含まれる化学物質を高い濃度で長期間浴びると発症すると推定。大阪市の印刷会社での大量発症はそれらの化学物質に起因した可能性が高いと結論付けた。3月27日には、大阪中央労働基準監督署が、胆管がんを発症した同社の現元従業員計16人(うち死亡8人)を労災認定した。《データ》死者8名

3.19 福祉施設でノロ感染（大阪府門真市, 箕面市）大阪府は3月19日、同府門真市の社会福祉施設で、入所者17人と職員10人の計27人が嘔吐や下痢の症状を訴え、入所者の95歳と89歳の女性が死亡したと発表した。95歳の女性を含む3人からノロウイルスを検出し、府は集団感染とみている。また、同府箕面市の社会福祉施設でも入所者と職員計19人が同様の症状を発症。急性心不全で死亡した入所者の83歳の女性からノロウイルスを検出した。《データ》死者3名、感染者46名

3.22 塩素混入（大阪府豊中市）国内の清掃業務・外食メーカーは3月22日、経営する豊中駅前のドーナッツショップで飲料水を飲んだ5人が、体調不良を訴え病院で手当てを受けたと発表した。いずれも軽症。豊中署や保健所が客の飲み残した飲料水を調べたところ、濃度約600ppmの塩素が検出された。水道水の塩素濃度の600〜6000倍に相当する。店員が洗浄用の漂白剤入りの液体を誤って提供したことが原因だった。《データ》軽症5名

4.9 工場内溶解炉爆発（大阪府堺市堺区）4月9日午前10時55分ごろ、堺市堺区の金属製品製造会社の工場で爆発が発生した。作業員とみられる男性4人が負傷し病院へ搬送されたが、37歳と54歳の社員が死亡、他の2人は軽傷。同消防局の消防車など約20台が出動し対応に当たっている。大阪府警堺署によると、同社は銅や黄銅などの金属製品を製造しており、銅を溶かす「溶解炉」で爆発があったという。銅と亜鉛の溶解過程で炉に水分が混入し水蒸気爆発が起きた可能性があるとみられる。《データ》負傷者4名

4.9 エスカレーターから転落（大阪府東大阪市）4月9日午後1時50分ごろ、東大阪市の大型商業施設で小学4年の男児がエスカレーターから落ちる事故が発生。男児は足の骨を折るなど重傷を負った。防犯カメラに男児が手すり上で腹ばいになり、転

落する様子が映っていたという。《データ》負傷者1名

4.15 踏切で車椅子男性はねられ死亡（大阪府高石市）4月15日午後0時40分ごろ、大阪府高石市の南海本線羽衣—高石駅間の踏切で、電動車椅子に乗った男性が上り回送電車にはねられた。男性は全身を強く打ち、搬送先の病院で死亡が確認された。現場踏切内は段差が多く、男性が立ち往生していたとの目撃情報もあるという。《データ》死者1名

4.17 バスと軽自動車が衝突（大阪府枚方市）4月17日午後5時20分ごろ、大阪府枚方市の市道で、大型バスと軽自動車が衝突、軽自動車を運転していた女性が死亡した。バスには韓国から修学旅行に来ていた女子高生らが乗っており、男性運転手と合わせて計42人全員が病院に搬送されたが、いずれも症状は軽い。軽自動車が中央線を越えて対向車線を走っていたバスと衝突したとみられる。《データ》死者1名、負傷者42名

4.21 自転車をひき逃げ（大阪府枚方市）4月21日午前3時55分ごろ、大阪府枚方市の市道で、同市の新聞販売店従業員が倒れているのを通行人が見つけ110番したが、全身を強く打ち間もなく死亡。通報から約10分後、現場に現れた男が自転車をひいたかもしれないと話したため、道交法違反(ひき逃げ、酒気帯び運転)などの疑いで逮捕された。《データ》死者1名

5.4 乗用車など玉突き事故（大阪府羽曳野市）5月4日午前10時半ごろ、大阪府羽曳野市の南阪奈道路下り線で、乗用車など4台が絡む玉突き事故が発生し、0～50歳の男女10人が負傷、病院に運ばれた。10人は打撲などの軽傷とみられる。大阪府警高速隊によると、大阪市の会社役員男性が運転する乗用車が、渋滞後尾の乗用車に衝突。その前に並んでいた他の乗用車と2トントラックも巻き込まれた。《データ》負傷者10名

5.6 航空機エンジン火災（大阪府・兵庫県）5月6日午後0時15分ごろ、大阪(伊丹)空港に着陸した大分発の日本航空便で、右側エンジンからの出火を示す計器表示が出た。消火後にエンジン内部を確認したところ、黒いすすなど火災の跡が見つかった。けが人はなかったが、国土交通省の運輸安全委員会は事故につながる恐れがある「重大インシデント」と判断した。

5.7 介護施設で、入浴時死亡（大阪府大阪市）5月7日昼ごろ、大手居酒屋などを展開するグループ会社が運営する大阪市港区の老人ホームで、当時73歳の入所女性が入浴中に死亡した。この会社は平成24年2月にも、東京都の介護付きホームで当時74歳のパーキンソン病の女性が水死する事故が発生していた。《データ》死者2名

5.9 砲丸当たり重傷（大阪府羽曳野市）大阪府羽曳野市教委は5月9日、同市立中学で、陸上部の練習中に3年生の男子生徒の頭に砲丸(直径9cm、重さ2.7キロ)が当たる事故があったと発表した。9日午後5時ごろ、運動場で砲丸投げの練習中、2年生の女子生徒が投げた砲丸が男子生徒に当たり、男子生徒は頭の骨を折り重傷を負ったという。《データ》負傷者1名

5.10 豆アジにフグの稚魚混入（大阪府・兵庫県）国内の大手小売業者は5月10日、今月8日に大阪府、兵庫県の系列店計45店舗で販売した鮮魚の「豆アジ」に、毒性のあるフグ(キタマクラ)とみられる稚魚が含まれていたと発表した。販売総数は約600パック。購入者からの申告で1パックに1匹の混入が判明したが、健康被害は報告されていないという。

大阪府(2013年)

6.15 ビル外壁崩落（大阪府大阪市浪速区）大阪市浪速区で6月15日、3階建て雑居ビルの外壁の一部が崩落した事故があり、大阪府警浪速署は21日、現場付近で頭から血を流して倒れていた男性が搬送先の病院で死亡したと発表した。コンクリート製の壁が約8m下の歩道に落下し男性の頭を直撃したとみられる。現場付近には厚さ約2cmのコンクリート片などが散乱していたが、外壁が崩落した時の目撃者はいないという。《データ》死者1名

6.27 ダンプカーがバスに追突（大阪府茨木市）6月27日午前9時50分ごろ、大阪府茨木市の府道で、ダンプカー(11トン)がマイクロバスと軽乗用車に追突。ダンプカーとバスが横転し、積み荷の砂利が散乱した。ダンプカーの男性運転手、バスの男性運転手と20代と80代の女性2人、軽乗用車の女性の計5人が負傷、病院に運ばれた。全員、意識はあり、命に別条はないという。《データ》負傷者5名

7.3 熱中症（大阪府松原市）7月3日午前10時半ごろ、大阪府松原市の市立小学校で体育の授業を終えた5年の男女7人が体調不良を訴え、病院に搬送された。症状は軽いが手足のしびれやめまい、吐き気などを訴え、熱中症の疑いがあるという。同市消防局救急課は「気温が低くても、湿度が高いと汗が発散されにくいので熱中症になりやすい。風が通りにくい体育館は、室温も湿度も外部より高くなりやすい」と指摘している。《データ》体調不良7名

7.4 ひょうたんで食中毒（大阪府茨木市）大阪府は7月4日、理科の授業でひょうたんを食べた茨木市立小学校4年の9〜10歳の児童16人が、腹痛や吐き気を催す食中毒を起こしたと発表した。全員軽症で、既に回復している。食べたのは食用ではない「千成ひょうたん」で、府はウリ科植物に含まれる苦み成分ククルビタシン類が原因とみている。《データ》患者16名

8.4 マンションで転落事故（大阪府豊中市）8月4日午後4時15分ごろ、大阪府豊中市西泉丘の4階建てマンション4階一室の窓から、この部屋に住む男児が転落した。男児は約10m下の植え込みの土に敷かれた布製シートの上に転落し、意識不明の状態になったが、病院に運ばれ命に別条はないという。窓の網戸にもたれかかった際、網戸が外れたとみられる。事故当時、男児は姉や友人数人と遊んでいたという。《データ》負傷者1名

8.6 局地的大雨（大阪府・愛知県・岐阜県）8月6日未明、近畿の一部で短時間で局地的な大雨が降った。大阪府東大阪市内では、1時間に49mmの雨量を記録し、床上・床下浸水が計3棟、道路冠水が6カ所で起きた。午前3時ごろ、同市荒本西の大阪中央環状線交差点付近が冠水し、数台の車が立ち往生した。同時刻、同市長栄寺の牛乳店で店内の一部が浸水した。愛知県では床上浸水24棟、床下浸水88棟の被害が出た。岐阜県関市では桐谷川の護岸が60mにわたって崩れ、1棟が床下浸水した。同県各務原市でも6棟が床下浸水した。岐阜市岩田坂では直径約1.3mの岩が落下し、市道を一時ふさいだ。《データ》床上・床下浸水3棟、床上浸水24棟、床下浸水95棟

8.7 クレーン車によるひき逃げ（大阪府大阪市淀川区）8月7日午後5時25分ごろ、大阪市淀川区西中島の市道交差点で、東から南に左折していたクレーン車と、西から東に横断歩道を渡っていた自転車が接触した。自転車を運転していた小学6年の女児が死亡。クレーン車は逃走したが、現場から約2キロ離れた同区内で発見された。運転手は途中で道に迷い、幅員を気にしながら運転していたという。《データ》死者1名

8.8 マンションから転落死（大阪府大阪市東成区）8月8日午後3時ごろ、大阪市東成区

大阪府(2013年)

深江南のマンションで、9階に住む小学2年の男児が1階の草地に倒れており、死亡が確認された。男児は当時、小学5年の兄や、兄の同級生らと室内で鬼ごっこをして遊んでいたが、ベランダの柵を乗り越えて窓に移動しようとして、誤って転落したとみられる。母親は仕事で不在だったという。《データ》死者1名

8.13 **熱中症**（兵庫県神戸市・大阪府東大阪市）8月13日午前8時ごろ、神戸市垂水区の民家で、熱中症とみられる症状で女性2人が死亡した。また、8月15日午前10時20分ごろ、東大阪市稲田本町の民家で、夫妻が死亡。いずれも室内のエアコンはついていなかったことなどから、熱中症の可能性があるとされる。15日朝の大阪市の最低気温は27.6度までしか下がらず、午前10時の時点で33.0度まで上昇していたという。《データ》死者6名

8.16 **毒物混入の予告で麦焼酎回収**（大阪府・広島県・山口県）8月16日、大阪、広島、山口の3府県で、販売中の麦焼酎を回収することを製造元の酒造会社が明らかにした。3府県で商品に毒物を入れたとするはがきが15日に大分県庁に届いたためとしている。なお瓶入りへの毒物混入は物理的に可能性が低いことから、回収するのは紙パック入りとした。

8.22 **ガス給湯機でやけど**（大阪府）8月22日、大阪府内でガス給湯機でやけどをする事故が平成24年8月から翌年7月にかけ、4件起きたことが分かった。ガスの量を調整するゴム製の部品劣化で供給量を絞ることができなくなり、水温が高い夏場に少量を使うと高温の湯が出る可能性があるという。《データ》負傷者4名

8.24 **熱中症**（大阪府大阪市西成区）8月24日午後1時50分ごろ、大阪市西成区花園北のマンションの一室で、住人の夫婦が死亡しているのが発見された。遺体に目立った外傷はなく、少なくとも死後数日が経過しており、熱中症とみられる。《データ》死者2名

8.28 **ガードレールに車が衝突**（大阪府東大阪市）8月28日午前0時半ごろ、東大阪市善根寺町の阪奈道路で、走行中の軽乗用車が道路右側のガードレールに衝突して横転した。助手席の中学3年生の少女が全身を強く打って死亡。運転していた会社員と後部座席の中学3年生の少女2人が軽傷を負った。スピードを出しすぎ、カーブを曲がりきれず追い越し車線にはみ出したとみられる。《データ》死者1名、負傷者3名

9.7 **コンビニに車が衝突**（大阪府岸和田市）9月7日午後11時20分ごろ、大阪府岸和田市土生町のコンビニエンスストアに、女性が運転する乗用車が突っ込み、店内に入り込んで止まった。客の小学生と中学生を含む3人が打撲などの軽傷を負った。運転していた女性にけがはなかった。アクセルとブレーキを踏み間違えたことが原因とみられる。《データ》負傷者3名

9.19 **玉突き事故**（大阪府茨木市）9月19日午後11時20分ごろ、大阪府茨木市中穂積の名神高速下り線で、タンクローリーが前方の乗用車に衝突、さらに前方の大型トラック2台に相次いで追突。乗用車を運転していた男性が頭を強く打ち、死亡した。タンクローリーの運転手とトラックの運転手の計3人も首などに軽傷を負った。現場は片側3車線のほぼ直線道路で、事故当時は渋滞していたという。この影響で茨木―吹田間の下りが約5時間50分、通行止めになった。《データ》死者1名、負傷者3名

10.6 **タクシーが逆走して衝突**（大阪府大阪市平野区）10月6日午後0時40分ごろ、大阪市平野区平野馬場の国道25号で、タクシーが反対車線を逆走し、信号待ちしていた軽自動車と正面衝突。はずみで軽自動車が後続の車にぶつかるなど、計4台が衝突した。タクシーの運転手を含む男女8人が軽傷。タクシーは少なくとも約500m逆

大阪府(2013年)

走したとみられる。事故直前にも、別の交差点で逆走して接触事故を起こしており、運転手は一時的に意識を失っていた可能性があるという。《データ》負傷者8名

10.8 偽装米混入（大阪府吹田市）10月8日、大阪府吹田市の生協が平成25年3月～9月にかけて宅配した夕食用弁当に、三重県四日市市の米穀販売会社が国産米と偽って販売した中国産や米国産の米が混じっていたと発表した。この販売会社から米を卸された製パン大手グループの子会社が製造したという。11日、米穀販売会社などは会社を解散し、精算手続きに入ると発表した。

11.7 ビル火災（大阪府大東市）11月7日午後11時5分ごろ、大阪府大東市新田旭町の電気機器メーカー本社ビルから出火し、鉄筋6階建て延べ約4300m^{2}を全焼した。怪我人はなかった。消火活動は約10時間に及んだ。1階の商品倉庫が火元とみられる。《データ》全焼1棟、焼失面積約4300m^2

11.15 工場で鉄板が落下（大阪府大阪市）11月15日正午ごろ、大阪市住之江区南港南の鉄板加工卸会社の工場で、鉄板を運んでいた男性作業員2人が落ちてきた鉄板(幅約1m、長さ約10m、厚さ約5cm、重さ約1トン)の下敷きになり、1人が死亡、もう1人が重傷を負った。作業員3人でクレーンを使い鉄板を積み上げる作業中にバランスが崩れ、約5枚の鉄板が落下したという。《データ》死者1名、負傷者1名

11.18～27 ノロウイルス集団感染（大阪府高槻市）11月18日から27日にかけ、大阪府高槻市の幼稚園で園児105人と職員4人の計109人が嘔吐や下痢の症状を訴え、うち園児7人からノロウイルスが検出された。いずれも軽症だという。同時多発での発症ではないため、給食が原因ではなく、外部から持ち込まれ感染が広がったとみられる。《データ》患者109人

11.25 マンションから転落（大阪府堺市）11月25日午後9時55分ごろ、大阪府堺市東区日置荘西町の7階建てマンション前の通路で中学生らしき男子が倒れているとの119番通報があった。少年は頭から出血しており、病院に搬送されたが、間もなく死亡した。マンションから転落した可能性が高いとみられる。《データ》死者1名

12.15 地震（奈良県・大阪府高槻市、枚方市・京都府城陽市、井手町）12月15日午前0時13分ごろ、奈良県を震源とする地震があり、大阪府高槻市、枚方市、京都府城陽市、井手町で震度3、大阪府大阪市中央区、北区、此花区、平野区、吹田市、京都府京都市伏見区、兵庫県西宮市、奈良県奈良市で震度2を観測した。震源の深さは約10km、マグニチュードは3.7と推定される。

12.25 玉突き事故（大阪府吹田市）12月25日午前6時50分ごろ、大阪府吹田市千里万博公園の中国自動車道上り線でトラック(12トン)が渋滞で低速走行中の軽乗用車に追突し、乗用車など計7台が絡む玉突き事故になった。このトラックを運転していた男性が全身を打ち重傷、男性6人が軽傷を負った。この事故の影響で、中国吹田IC—吹田JCT間が約4時間通行止めになった。《データ》負傷者7名

2014年(平成26年)

1.6 院内感染で11人死亡（大阪府高槻市）1月6日、大阪府高槻市の新生病院で平成25年1月以降に多剤耐性緑膿菌(MDRP)に、同病院の患者21人が感染し、そのうち11人が死亡したと発表。院内感染と確認されたのは3例目以降とされている。直接の死因が感染ではないとしているが、院内感染が判明してから8人が死亡していた。亡くなった患者の主な死因は肺炎や脳出血とみられているという。《データ》死者11人

大阪府(2014年)

1.10 バスとトラックが衝突（大阪府枚方市）1月10日、大阪府枚方市の府道で、マイクロバスとトラックによる正面衝突事故が発生。バスの乗客のうち、2人が脚の骨を折る重傷を負った。警察はトラック運転手を自動車運転過失傷害の疑いで現行犯逮捕した。運転手の前方不注意と見られる。《データ》2人重傷

1.17 薬の副作用で血栓症に（大阪府大阪市）1月17日、生理痛軽減のために使用される「ヤーズ配合薬」の副作用と見られる血栓症で、昨年3人が死亡したと厚生労働省が発表。製造販売元のバイエル薬品(大阪市)に対して、医師向けの添付文書に警告欄を設け、医療機関にも文書改訂を周知するよう指示した。平成25年2月～12月の間に、10代後半から40代の女性3人が、副作用による血栓症で死亡したという。《データ》死者3人

1.22 トースターを回収（大阪府大阪市）1月22日、家庭用機器などを販売する山善(大阪市)が、オーブントースター扉のガラス部分が使用中に割れる事故が発生したため、合計1万2600台を回収すると発表した《データ》回収1万2600台

1.31 マンション火災（大阪府大阪市）1月31日未明、大阪府大阪市生野区のマンションから出火、複数の部屋など合計約150m2が焼け、焼け跡から成人遺体2名と乳児の遺体1名が発見された。また、3人がやけどなどのけがを負った。住宅密集地のため隣の民家への延焼などもあり、被害が増大した。1階が火元とみられている。《データ》死者3名、けが3名

2.8 大雪で怪我人続出（大阪府・全国）2月8日、広い範囲で大雪に見舞われ、近畿地方にも被害が発生した。大阪府内では雪が原因とされる転倒事故が相次ぎ、7日夜から8日にかけ19人がけがをした。鉄道各線も運休や遅れが相次ぎ、関西空港ではあわせて17便が欠航。大阪(伊丹)空港でも74便が欠航した。《データ》けが19名

2.18 火災相次ぐ（大阪府）2月18日、大阪府内で住宅火災が相次いで発生。大阪市福島区の長屋から出火し、木造二階建ての建物の約120m2が焼かれ、住人の男性が遺体で発見された。茨木市では7階建てマンションの2階から出火、部屋の一部を焼き、住人が病院へ搬送されたが死亡が確認された。また、大阪市旭区の3階建てマンションの一室からも出火、室内から遺体が発見された。《データ》死者3名

2.25 住宅火災（大阪府）2月25日、大阪府内で火災が相次いで発生。寝屋川市の府営住宅から出火し、約40m2の一室を全焼し、住人の男性が死亡した。また、八尾市の民家からも出火、木造2階建てのうち1階部分が焼失し、焼け跡から1人の遺体が発見された。《データ》死者2名

2.25 大気汚染（大阪府・兵庫県）2月25日午後、大気汚染を引き起こす微小粒子状物質「PM2.5」の濃度が西日本各地で上昇。大阪市内では85マイクログラムを記録した。26日には市内の平均濃度の最大値が90.4マイクログラムを観測、府全域の注意喚起が発令された。また、兵庫県加古川市でも26日午前の最大平均値で81マイクログラムを記録した。

2.25 土砂崩れで道路寸断される（大阪府豊能町）2月25日夜、大阪府豊能町で土砂崩れが発生。約200mに渡り府道や田畑を埋め、通行止めとなった。また、町内では最大約1290軒が停電した。現場には建設残土が区域外に積み上げられており、28日、府はこの残土を放置した業者を刑事告発することを決定した。《データ》停電1290軒

3.4 胆管ガンで、60歳以上が労災認定（大阪府東大阪市）東大阪市の印刷会社の元社員が胆管ガンを発症したのは、機械のインキ洗浄に使用される塩素系溶材「ジク

大阪府(2014年)

ロロメタン」が原因としたことについて、3月4日、厚生労働省の専門検討会は因果関係を認め、労災認定されることとなった。60歳以上での労災認定としては今回が初めてとなる。

- **3.7 飲食店街で火災**（大阪府大阪市）3月7日早朝、大阪市淀川区の居酒屋から出火。阪急十三駅に隣接する飲食店街の密集地域で、夕方になって出火から約11時間半後に鎮火した。焼失被害は36店舗(約1500平方メートル)。この火災の影響で、阪急は神戸線ホームを閉鎖し、約4万5000人に影響が出た。《データ》1500m2焼失(36店舗)

- **3.8 高速逆走で交通事故**（大阪府吹田市）3月8日夜、大阪府吹田市の名神高速上り線で、軽トラックと乗用車の衝突事故が発生、炎上した。軽トラックの運転手が死亡、乗用車に乗っていた2人がけがをした。事故直前に「上り車線に逆走車がいる」との通報が相次ぎ、軽トラックが逆走していたとみられる。《データ》死者1名、けが2名

- **3.20 耐性菌で院内感染**（大阪府）3月20日、大阪府大阪市中央区にある、国立病院機構大阪医療センターが、2010年7月頃からほとんどの抗生物質が効かない多剤耐性菌の一種である「メタロ・ベータ・ラクタマーゼ(MBL)産生腸内細菌」が、3年半で入院患者114人から検出されたと発表。うち42人に感染症状が出たという。すでに女性2人が死亡している。同センターは、市保健所と国立感染症研究所へ報告、2機関の立入り調査を受けた。114人は5つの病棟に分かれており、半数以上が外科病棟の患者という。《データ》死者2名、感染者114人

- **4.13 パネル落下で重傷**（大阪府大阪市）4月13日午後、大阪府大阪市東淀川区のホームセンターで、積まれていた商品のコンクリートパネルが落下、附近の女性客にあたり、女性は足や頬などを骨折した。パネルは約5キロの従量があり、男性従業員がフォークリフトを操作中だった。《データ》けが1名

- **4.15 工場火災で負傷**（大阪府枚方市）4月15日、大阪府枚方市にある工場から出火、工場内にあるシンナーなどに引火した。この火事で従業員3人がやけどなどのけがを負った。《データ》けが3名

- **4.28 商店街で火災**（大阪府豊中市）4月28日午後、大阪府豊中市庄内本通商店街の、コロッケ店の店員から「店内から煙が出ている」と119番通報があった。店舗が密集する地域で、この店と棟続きの店舗など合計7店舗、約600m2が焼失。避難中に転んで女性2名がけがを負った。《データ》けが2名、焼失被害7店舗

- **5.2 焼き肉店火災で夫婦死亡**（大阪府吹田市）5月2日夜、大阪府吹田市の焼き肉店から出火、1階の店舗が焼失した。この火災で3人が搬送され、男性1人がまもなく死亡し、男性の妻は重体。店長の男性は軽症だった。その後、男性の妻も死亡が確認された。《データ》死者2名、けが1名

- **5.4 多重事故**（大阪府泉南市）5月4日朝、大阪府泉南市の阪和道下り線で、乗用車など21台が巻き込まれる多重事故が発生。子ども3人を含む9人が軽傷を負った。現場は高倉山トンネル付近で、トンネル内の出口付近で2台が絡んだ追突事故に、後続車が巻きこまれ玉突き状態になったと見られる。《データ》けが9名

- **6.29 住宅火災**（大阪府箕面市）6月29日未明、大阪府箕面市の住宅から出火、木造二階建て約440m2を全焼した。この住宅に住む80歳の女性と、泊まりに来ていた小学6年生の孫が病院へ搬送されたが亡くなった。《データ》死者2名

- **6.30 心斎橋で車が暴走**（大阪府大阪市）6月30日夕方、大阪市中央区の心斎橋にある御堂筋八幡町交差点で、ワゴン車が暴走を繰返し、歩行者や自転車、乗用車など

と衝突する事故が発生。自転車に乗っていた女性が肋骨骨折、追突されたトラックの運転手が軽傷。ワゴン車の男性も軽傷を負った。買物客で混雑する繁華街が騒然とした。ワゴン車の男性は糖尿病の治療でインスリン治療を受けており、低血糖の症状があったという。7月25日、危険運転致傷の疑いで逮捕された男性を、大阪地検は処分保留で釈放した。男性は糖尿病による低血糖症のまま運転し、自覚症状はなかったと否認しているという。《データ》けが3名

7.6 水難事故相次ぐ（大阪府・奈良県）7月6日、関西地方で水難事故が相次いだ。午後1時ごろ、奈良県五條市の吉野川で、友人と泳いで遊んでいた男子高校生が水に沈んだとの通報があり、約30分後に川底に沈んでいる高校生が発見されたが死亡が確認された。また、午後8時頃、大阪府摂津市の用水路で、小学3年生の男子児童が水中に沈んでいるのを、捜索中の警察署員が発見、病院に搬送されたが死亡が確認された。《データ》死者2名

7.10 整備中に下敷き（大阪府摂津市）7月10日午後、大阪府摂津市の自動車修理工場で、2トントラックの下に潜りこみオイル交換をしていたと見られる作業員が、タイヤの下敷きとなり死亡した。トラック脇で作業していたと見られる男性も、ドアと車体に挟まれ意識不明の重体。停まっていたトラックが突然動き出したとみられる《データ》死者1名、けが1名

7.18 運動部員が熱中症（京都府・大阪府）7月18日午後、京都市伏見区にある京都教育大学付属桃山中の水泳部員が、体調不良を相次いで訴え、部員ら14名が熱中症の症状で搬送された。生徒1人が重症だったという。また、大阪府羽曳野市の高鷲中学校でも同日に部活動中の生徒6人が、熱中症と見られる症状で病院へ搬送された。いずれも軽症だった。《データ》熱中症20名

7.20 スプレー引火でやけど（大阪府）7月20日、大阪府豊中市の国道で、乗用車を運転中の男性が瞬間冷却スプレーを使用後、ライターをつけようとして全身にやけどを負うけがをした。助手席の男性も軽症。スプレー内の可燃性ガスに引火した物とみられる。《データ》けが2名

7.21 医療ミスで心停止（大阪府大阪市阿倍野区）7月21日、大阪市立大学付属病院で、入院患者のカテーテル処理の際に誤って血管外に挿入するミスにより患者が心停止し低酸素脳症となった事故が発生したと、8月28日に発表した。7月21日の午前9時頃に栄養補給のため首から血管に挿入されたカテーテルが血管外に出て、胸腔に点滴液がたまり、午後11時過ぎに心停止したという。蘇生装置で心拍は再開したが、低酸素脳症の状態となった。女性は何度か違和感を訴えたが、診察した医師は異常に気づかなかったという。《データ》患者1名

7.25 御堂筋で玉突き事故（大阪府）7月25日夜、大阪市中央区の御堂筋交差点で、5台が絡んだ玉突き事故が発生。6人が病院へ搬送されたがいずれも軽症。最初に追突した乗用車を運転していた男性が酒によっていたとみられ、道路交通法違反(酒酔い運転)の疑いで現行犯逮捕された。《データ》けが6名

7.25 ユッケを回収（大阪府）8月25日、焼肉チェーン店などを展開する大阪府の食肉加工業者「ゼンショク」の工場で加工した生食用ユッケから、食中毒などの原因となる細菌が検出されたとして、府より回収が命令された。回収対象は11日に加工したユッケ1000パックという。抜き取り調査で陽性となった。《データ》回収1000パック

8.6 地震（京都府・大阪府）8月6日未明、京都府南部を震源とする自身が発生。大阪

大阪府(2014年)

府北部と京都府南部で震度4を観測した。マグニチュードは4.2と推定される。

8.8 危険ハーブ吸引で事故（大阪府和泉市）8月8日午前、大阪府和泉市の交差点で軽自動車が信号待ちをしていた車に追突し、4台が絡む事故が発生。3名が軽症を負った。大阪府警和泉署は、軽自動車を運転した男を過失致傷の疑いで逮捕。男は危険ハーブを吸って運転したと供述したという。《データ》けが3名

8.11 倉庫火災（大阪府門真市）8月11日午後、大阪府門真市の倉庫会社から出火し、事務所兼倉庫約2600m2が焼失した上に、隣接する工場なども延焼した。けが人はいなかった。倉庫には花火やライターのオイルなどが置かれており、引火したと見られる。火災は発生から約50時間が経った13日午後3時頃に鎮火した。《データ》焼失面積約2600m2

8.22 吸引器に引火（大阪市東淀川区）8月22日未明、大阪府大阪市東淀川区の市営住宅2階の一室から出火、部屋の住人の妻が死亡し、夫がやけどを負った。管理人ら2人も軽症。夫婦はタバコを吸っており、夫は、「妻のタバコが酸素吸引器に燃え移った」と話しているという。《データ》死者1名、けが3名

8.23 路上の油でスリップ事故（大阪府・和歌山県）8月23日早朝、大阪府と和歌山県で、道路に油状の物が巻かれているのが発見され、車などのスリップ事故が相次いで発生。同日、和歌山県かつらぎ町内の食品加工会社で食用油が漏れている大型トレーラーが発見された。コンテナには約21トンの食用油が積まれており、5トンほどが流れた可能性があるという。平成27年1月、食用油の流出に気づいたにも拘わらず運転を続け、車やバイクなどをスリップさせたことで、トレーラーの運転手に罰金の略式命令が出された。《データ》スリップ事故37件、けが19名

8.24 豪雨（京都府・大阪府）8月24日、近畿地方は局地的な大雨に見舞われ、大阪府池田市、京都府福知山市などで1時間100mm前後を記録。大阪府や京都府の約6万4千世帯に避難勧告が出された。また、兵庫県宝塚市では床上・床下浸水の被害が確認され、丹波市でも約1万4300世帯に避難勧告が出された。《データ》避難勧告約7万8300世帯

9.2 大阪でもデング熱発症（大阪府）9月2日、厚生労働省は新たに大阪府などでデング熱の感染が確認されたと発表。大阪府で発症が確認された3人は、10代の少女で、8月下旬に代々木公園を訪れていた。8月30日～9月1日に高熱や頭痛を発症したという。《データ》患者3名

9.10 大阪、兵庫で局地的豪雨（大阪府・兵庫県）9月10日の深夜から、大阪府北部や兵庫県阪神地域が雷を伴った局地的豪雨に見舞われた。大阪府池田市、兵庫県伊丹市などで1時間に100mmを超す雨量を記録した。

9.20 岩窟めぐりで死亡（大阪府交野市）9月20日昼前、大阪府交野市にある磐船神社境内の岩場で女性が倒れているのが発見された。女性は頭などを強く打っており、病院で死亡が確認された。岩場を歩く「岩窟めぐり」中に誤って顛落したと見られている。《データ》死者1名

10.1 百貨店物産展で食中毒（大阪府）10月1日、大阪府は、9月28日に阪神百貨店梅田本店の物産展で販売されたステーキ弁当などを食べた男女11人から食中毒が発生したと発表した。《データ》患者11名

10.6 市バスとトラックが衝突（大阪府大阪市）10月6日午後7時頃、大阪市北区の交差点で市営バスとトラックの衝突事故が発生。バスの乗客17人が軽傷を負った。ト

大阪府(2014年)

ラックが赤信号を無視して交差点に入ったとみられる。《データ》けが17名

10.13 台風19号（大阪府・全国）10月13日、大型の台風19号は、九州や四国を通過し大阪府に再上陸、その後関東など列島を縦断し14日に温帯低気圧と鳴った。近畿では、大阪府岸和田市や泉佐野市で24棟が床上浸水、172棟が床下浸水の被害に。近畿の負傷者は合計で23人となった。JR西日本は13日夕～終電まで、京阪神の在来線で全ての列車の運行を取りやめ、初の対応となった。これにより計1200本に運休や遅れが生じて約48万人に影響が出た。近畿日本鉄道は、特急の運転を見合わせ、合計で544本を運休した。阪急電鉄と京阪電鉄は平常通り運行した。《データ》負傷者23名、床上浸水24棟、床下浸水172棟

10.14 車が転落、親子が死亡（大阪府泉佐野市）10月14日午前7時45分ごろ、大阪府泉佐野市の佐野漁港から「車が海で浮いている」と通報があり、レスキュー隊が沈んだ車内から4人を救出したが、女性と女児1名の死亡が確認された。他に10歳の女児、12歳の男児が意識不明の重体。亡くなった女性と子どもたちは親子であることが判明、母親と次女に続き長女も15日早朝亡くなった。《データ》死者3名、意識不明1名

10.15 バス事故相次ぐ（大阪府大阪市）10月15日、大阪府大阪市内で市営バスの事故が相次いだ。午前9時50分ごろ、生野区の府道でワゴン車と衝突。70代の男女がけがを負った。また、午後1時半頃には西淀川区の市道で信号待ちの乗用車に追突。バスの乗客3人が転倒して軽傷を負った。《データ》けが5名

10.16 トラック衝突事故（大阪府高槻市）10月16日の明け方、大阪府高槻市にある名神高速道路の上り線で、大型トラックが停車していた工事車両に追突、路上にいた作業員がはねられ死亡した。車両内にいた作業員4人も骨折などのけがを負った。《データ》死者1名、けが5名

10.20 エスカレーター火災（大阪府大阪市）10月20日の夕方、大阪市中央区の南海電鉄難波駅構内にある上りエスカレーターから出火、間もなく火は消し止められたが、帰宅ラッシュで混雑する構内に煙が立ちこめ、隣のホテル従業員が煙を吸って軽症となった。エスカレーターのステップ内部が焦げており、器械の不具合と見られる。今月10日に行われた定期点検では異常がなかったという。《データ》軽症1名

10.25 高速で車が炎上（大阪府大阪市）10月25日午前、大阪府大阪市此花区にある阪神高速淀川左岸線の下り線で、保冷車やタクシーなどが絡んだ玉突き事故が発生。事故にあった6台のうち、4台が炎上し男女9人が軽傷を負った。現場はテーマパークのユニバーサル・スタジオ・ジャパンの近くで事故当時渋滞していたという。この事故の影響で、北港JCT―ユニバーサルシティ出口間が通行止めとなった。《データ》けが9名

11.7 エボラ疑い、関空に（大阪府・東京都）11月7日、関西国際空港に到着したギニア国籍の女性に発熱症状がみられ、りんくう総合医療センターに搬送された。同日、リベリアに滞在歴のある東京都の男性にも発熱が確認され、指定医療機関の国立国際医療センターに搬送された。厚生労働省は2名の血液を国立感染症研究所に運んだ。2人ともエボラ患者との接触歴はないと申告しており、簡易診断では、女性は熱帯熱マラリア、男性は咽頭炎と診断されている。8日、同省はいずれも検査結果が陰性だったと発表した。《データ》感染疑惑2名

11.22 玉突き事故（大阪府大阪市）11月22日午前7時半頃、大阪府大阪市浪速区にある阪神高速環状線で玉突き事故が発生。トラックなど5台が絡み、7人が軽傷を負っ

大阪府(2014年)

た。追い越し車線を走行中のトラックが渋滞で停車していた軽トラックに追突、そのはずみで前方の3台も巻き込まれたという。《データ》けが5名

12.11 多重事故（大阪府高槻市）12月11日明け方、大阪府高槻市にある名神高速道路下り線で、大型トラックなどが絡んだ多重事故が発生。合計5台が巻き込まれ、2台が炎上した。乗用車に乗っていた4人が軽傷を負った。《データ》けが4名

12.12 店舗火災（大阪府大阪市）12月12日午後7時半頃、大阪府大阪市大正区にある店舗兼住宅から出火、鉄筋4階建て延べ約150m²を全焼。この家に住む夫婦を救出したが、2人とも搬送先の病院で亡くなった。1階の作業現場付近が激しく燃えていたという。《データ》死者2名

12.29 スリップ事故（大阪府堺市）12月29日午前5時半頃、大阪府堺市の国道で大型トラックが乗用車に追突する事故が発生。その後、附近の道路で車同士の追突などの事故が相次いだ。路面に油のような液体が流出していたといい、スリップしたとみられている。《データ》けが2名

2015年(平成27年)

2.14 パトカー・大型トラック衝突（大阪府大阪市）2月14日午前3時45分ごろ、大阪府大阪市大正区千島1の交差点で、サイレンを鳴らして緊急走行中の大阪府警大正署のパトカーと大型トラックが衝突。大型トラックは中央分離帯のガードレールを倒して反対車線に飛び出し、別のトラックと衝突。パトカーの後部座席にいた男性が膝を骨折する重傷を負ったが、男性は傷害容疑で逮捕され、大正署に連行される途中だった。また、大型トラックを運転していた男性が軽傷を負った。《データ》負傷者2名

3.1 住宅火災（大阪府高石市）3月1日未明、大阪府高石市綾園の住宅で火災が発生。家屋を全焼し、住人一家である男性2人と女性2人が死亡した。死因はいずれも一酸化炭素中毒。1階和室のベッド付近にあった電気ストーブが火元とみられる。《データ》死者4名、家屋全焼1棟

3.5 乗用車同士が衝突（大阪府東大阪市）3月5日午前7時35分ごろ、大阪府東大阪市本庄中の交差点で、乗用車2台が衝突し、付近を歩いていた男性2人が巻き込まれる事故が発生。歩行者の男性2人が死亡、片方の乗用車を運転していた男性が意識不明の重体となった。もう一方の乗用車を運転していた男性が自動車運転処罰法違反(過失運転致傷)容疑で現行犯逮捕された。《データ》死者2名、負傷者1名

3.20 アパート火災（大阪府東大阪市）3月20日午前8時50分ごろ、大阪府東大阪市岩田町の鉄筋2階建てアパートの1階の一室から出火し、室内約20m²を焼いた。住人の男女2人が死亡した他、2階の住人女性1人が煙を吸って軽症となった。《データ》死者2名、軽症1名

5.20 乗用車が児童の列に突っ込む（大阪府豊中市）5月20日午前、大阪府豊中市柴原町で、豊中市立桜井谷小学校に登校中の児童5人の列に乗用車が突っ込み、男児1人が頭を強く打って意識不明の重体となり、他の4人が軽重傷を負った。また、近くにいた自転車の女性が転倒し、軽傷を負った。居眠り運転が原因で、乗用車を運転していた女性が自動車運転処罰法違反(過失傷害)の疑いで現行犯逮捕され、6月9日に同罪で起訴された。《データ》負傷者6名

6.21 倉庫火災（大阪府大東市）6月21日午前7時15分ごろ、大阪府大東市平野屋の廃材リサイクル会社の倉庫から煙が出ているとの119番通報があった。鉄骨平屋建ての

倉庫に保管されていた建築廃材の一部が燃えたが、約1時間半後に鎮火し、怪我人はなかった。出火当時は無人で、倉庫に設置された人感センサーが反応していないことから、建築廃材が自然発火した可能性もある。前年8月にも、同社敷地内の事務所兼倉庫で木材チップの自然発火が原因とみられる火災が起き、約800m^{2}をほぼ全焼していた。

7.12 市営住宅火災（大阪府大阪市）7月12日午前0時ごろ、大阪府大阪市住之江区南港中の14階建て市営住宅10階の一室で火災が発生し、約10m^{2}を焼き、約2時間後に鎮火。同室の住人である夫婦2人が死亡した。《データ》死者2名、焼失面積約10m^2

7.29 地下鉄駅で漏水（大阪市北区）7月29日午前、大阪府大阪市北区の大阪市営地下鉄四つ橋線西梅田駅で、南改札付近の天井から大量に漏水する事故が発生した。天井内の配水管の継ぎ手が老朽化で腐食し、穴が開いたものとみられる。現場は飲食店などが連なる堂島地下街につながる通行量の多い通路で、復旧作業のため午前11時40分ごろまで通行止めとなった。

8.2 ボートが護岸に衝突（大阪府泉南市）8月2日午後10時40分ごろ、関西国際空港付近の大阪府泉南市・関空島の護岸にプレジャーボートが衝突し、沈没。ボートに乗っていた男女6人は自力で護岸に上陸したが、擦り傷などの軽傷を負った。当時ボートは自動操舵で、周囲の見張りが不十分だったとみられる。ボートは兵庫県・淡路島の洲本港で開かれた花火大会を見物後、関空島対岸の大阪府泉佐野市の港に向かう途中だった。《データ》負傷者6名、プレジャーボート1隻沈没

兵庫県(1876年)

兵庫県

1876年(明治9年)
この年 干ばつ (兵庫県・全国) この年、高温小雨の天候となり、近畿をはじめとする西日本、東北、関東地方各地で干ばつが発生。特に兵庫県では52日間にわたり雨が降らず、最高気温は36.5度を記録。他にも福井、鳥取、福岡各県などで大きな被害が出た。

1877年(明治10年)
10.1 住吉駅東方で正面衝突 (兵庫県神戸市) 10月1日、阪神間鉄道の住吉駅東方で上り定期列車と下り回送列車が正面衝突。《データ》死者3名、重傷者2名

1901年(明治34年)
12.11 マッチ工場火災 (兵庫県) 12月11日、マッチ工場で火災があった。女工が焼死した。《データ》死者3名

1910年(明治43年)
3.11～12 強風で海難事故多発 (兵庫県) 3月11日から12日にかけて、寒冷前線の通過に伴い各地が強風に見舞われ、海難事故が相次いだ。死者は兵庫県で5人、島根県で41人、鳥取県で12人に達したほか、千葉県の銚子沖で暴風雪のため漁船152隻が遭難し、乗組員670人が行方不明になったという。《データ》死者5名(兵庫県)

1916年(大正5年)
11.26 地震 (兵庫県) 11月26日午後3時8分、明石付近を震源とする地震があった。マグニチュード6.3。神戸市付近に軽い被害。有馬温泉が1℃上がった。《データ》死者・不明1名

1918年(大正7年)
9.13～14 台風 (兵庫県他) 9月13日、台風が近畿地方、中国地方に上陸し、近畿以西が風水害に見舞われた。兵庫県では円山川など多くの川が氾濫し、山崩れも発生。死者・行方不明者120人、倒壊・流失・浸水家屋数千戸、流失・冠水田畑2万町歩以上に達した。他に島根県で死者・行方不明者85人、香川県で同21人を記録。《データ》死者・行方不明者226名

1925年(大正14年)
5.23 北但馬地震 (兵庫県) 5月23日午前11時9分、兵庫県但馬地方を震源とするマグニチュード6.8の地震が発生した。震源地は東経134度50分、北緯35度33分の地点。兵庫県豊岡、城崎で震度6が、兵庫県、京都府、滋賀県で震度5、岡山県、鳥取県、和歌山県、三重県で震度4が観測された。死者・行方不明者428人を出した。《データ》死者・行方不明者428名、全壊家屋1295棟、全焼家屋2180棟

1927年(昭和2年)

1.9 山陽線特急列車・貨物列車衝突（兵庫県神戸市）1月9日夜、山陽線の特急列車と貨物列車が神戸駅構内で衝突、1名が軽傷を負った。《データ》軽傷者1名

9.1 コレラ発生（兵庫県神戸港）9月1日、神戸港で真性コレラ患者が発見された。

1928年(昭和3年)

1.10 和歌丸座礁（兵庫県明石市沖）1月10日、船舶「和歌丸」が兵庫県明石市の沖合で座礁した。《データ》船舶1隻座礁

2.19 火災（兵庫県姫路市）2月19日、兵庫県姫路市の繁華街で火災があり、同地区を全焼した。

4.19 山林火災（兵庫県神戸市）4月19日、神戸市の六甲山(標高932m)で火災があり、山林2.0km²余りを全焼した。《データ》焼失面積2.0km²余り

5.30 郵便輸送機墜落（兵庫県明石市）5月30日、大阪府堺市の定期郵便輸送機が兵庫県明石市の海岸に墜落、大破したが、乗員は無事だった。《データ》航空機1機墜落

7.7 地震（大阪府・兵庫県）7月7日午後5時39分頃、大阪、神戸の両市を中心とする地域で、人体に感じる程度の地震があった。

7.18 山崩れ（兵庫県氷上郡春日部村）7月18日、兵庫県春日部村の野上野地区で、豪雨のため裏山が突然崩れ、住民9名が圧死、家屋1戸が土砂に埋まった。《データ》死者9名、埋没家屋1戸

8.6 阪急電鉄神戸線人身事故（兵庫県園田村）8月6日午後9時30分頃、阪急電鉄神戸線の電車が塚口駅付近を通過した際、園田村の住民4名が電車にひかれて死亡した。事故直後、怒った同村民が線路を占拠したため、同線は一時運転を取りやめた。《データ》死者4名

9.11 火災（兵庫県神戸市）9月11日、神戸市の東新倉庫で火災があり、関連施設を全焼した。《データ》建物全焼、被害額250万円

9.27 コレラ発生（兵庫県神戸港内）9月27日、英国の汽船が神戸港内に碇泊した際、同船に真性コレラ患者が含まれていることがわかった。

1930年(昭和5年)

11.6 白山丸・英国船衝突（兵庫県神戸港付近）11月6日、日本郵船の白山丸と英国船が神戸港の付近で衝突した。《データ》船舶2隻衝突

1931年(昭和6年)

1.14 山陰線列車脱線（兵庫県城崎郡）1月14日、山陰線の列車が鎧・香住両駅間で脱線した。《データ》車両脱線

2.9 菊水丸・フランス船衝突（兵庫県神戸市付近）2月9日、尼崎汽船の菊水丸とフランスの汽船が神戸港の付近で衝突、沈没した。《データ》船舶2隻沈没

8.22 コレラ発生（兵庫県神戸港内）8月22日、英国汽船キャセイ号が神戸に入港した際、インド人乗組員2名がコレラ患者であることがわかった。《データ》患者2名

1932年(昭和7年)

6.3 コレラ発生（兵庫県神戸港内）6月3日、日本郵船の上海丸が神戸に入港した直後、

兵庫県(1932年)

乗船者のなかに真性コレラ患者のいることがわかった。
- **11.2 船場本徳寺火災**（兵庫県姫路市）11月2日、姫路市にある東本願寺別格本院の船場本徳寺の連枝居間から出火し、境内にある明治天皇の行在所を全焼したが、本堂は延焼をまぬがれた。《データ》建築物1棟全焼

1933年(昭和8年)

- **6.14 降雹**（兵庫県播磨地方）6月14日、兵庫県播磨地方で竜巻と雹により住民ら10名が死亡、101名が重軽傷を負い、家屋損壊や農作物などの被害が相次いだ。《データ》死者10名、重軽傷者101名、家屋損壊、農作物被害、被害額147万円余り
- **8.13 豪雨**（兵庫県赤穂郡）8月13日、兵庫県赤穂郡の北部地域で大雨による被害が続出。山陽線が一時不通になり、家屋や田畑が流失、浸水した。
- **8.13 水害**（兵庫県）8月13日午前4時頃から、兵庫県赤穂郡、揖保郡一帯が豪雨に襲われ、各地で河川や用水池の堤防が決壊、1人が死亡、2人が負傷、浸水家屋約500戸、堤防決壊55箇所、被害総額21万円。《データ》死者1名、負傷者2名、浸水家屋約500戸、堤防決壊55箇所、被害総額21万円

1934年(昭和9年)

- **1月～2月 豪雪**（秋田県・群馬県・新潟県・石川県・福井県・滋賀県・兵庫県）1月上旬から2月にかけて、羽越、北陸、山陰の各地方や群馬、滋賀の両県などで大雪による被害が相次いだ。《データ》被害額450万円(うち農林業関係300万円)
- **1.26 神戸市立第1高等女学校・川池小学校火災**（兵庫県神戸市）1月26日、神戸市の市立第一高等女学校と川池小学校で火災があり、両校の校舎を全焼した。
- **1.26 雪崩**（兵庫県）1月26日、兵庫県の城崎、美方両郡にある山陰線の鎧、久谷両駅間で大規模な雪崩があり、同線が不通になった。
- **2.8 久斗山小学校倒壊**（兵庫県美方郡大庭村）2月8日、兵庫県大庭村の久斗山小学校の校舎が大雪のため倒壊、下敷きとなった児童のうち21名が死傷した。《データ》死傷者21名、校舎全壊

1935年(昭和10年)

- **1.25 宝塚劇場火災**（兵庫県宝塚町）1月25日、兵庫県の宝塚大劇場舞台裏で火災が発生、3階建ての大劇場、衣装、大道具等を焼いた。
- **7月～ 眠り病流行**（秋田県・山形県・新潟県・富山県・兵庫県・鳥取県・福岡県）7月から富山県で、8月から新潟、兵庫、鳥取、福岡の4県で、9月から秋田、山形の両県で、それぞれ眠り病(流行性脳炎)が流行。富山県では48名の、兵庫県では523名の患者が見つかり、そのうちの60%が死亡した。《データ》患者623名以上(富山・兵庫・福岡県のみ)
- **8.29 山津波**（兵庫県神戸市苧川谷）8月29日午前5時50分頃、前夜からの豪雨のため神戸市苧川谷で山津波が発生、13人が死亡、20人が重傷を負った。《データ》死者13名、重傷者20名

1936年(昭和11年)

- **1.17 神戸刑務所火災**（兵庫県神戸市）1月17日夜、神戸市の神戸刑務所で火災があり、施設全体の約3分の1を焼失した。《データ》建物一部全焼

2.10 阪神線電車・消防車衝突（兵庫県本山村）2月10日、阪神線の電車と消防車が兵庫県本山村で衝突し、消防士17名が即死した。《データ》死者17名、車両2台衝突

5.11 天然痘発生（兵庫県神戸港内）5月11日、英国船が神戸港に入港した際、乗船者に7名の天然痘患者のいることがわかった。《データ》患者7名

7.8 市立実修学校屋根落下（兵庫県尼崎市）7月8日、兵庫県尼崎市の市立実修学校の屋根が落下し、生徒18名が重軽傷を負った。《データ》重軽傷者18名、建物損壊

7.30 伊丹中学校火災（兵庫県伊丹町）7月30日、兵庫県伊丹町の県立伊丹中学校で火災があり、講堂を全焼した。《データ》建物1棟全焼

1937年(昭和12年)

3.19 姫路城土塀爆発（兵庫県姫路市）3月19日、兵庫県姫路市の姫路城で土塀が突然爆発し、付近にいた7名が重軽傷を負った。《データ》重軽傷者7名

4.13 山林火災（兵庫県三原郡福良町）4月13日、兵庫県福良町の鴟地区の山林から出火し、約6.5km^{2}を全焼した。《データ》山林約6.5km^{2}焼失

9.30 コレラ発生（兵庫県神戸市）9月30日、神戸市林田区駒ヶ林町でコレラ患者が見つかり、兵庫県の防疫班が活動を始めた。10月2日には、京都府が同市方面からの移入を禁止し、輸送業者1万人に予防接種を実施した。

1938年(昭和13年)

1.7 灘中学校火災（兵庫県神戸市灘区）1月7日、神戸市灘区の灘中学校で火災があり、校舎4棟(32教室)を全焼した。《データ》校舎4棟全焼

1.10 明石中学校火災（兵庫県明石市）1月10日、兵庫県明石市の明石中学校で火災があり、2階建の校舎1棟(8教室)を全焼した。《データ》校舎1棟全焼

2.7 北神商業学校火災（兵庫県神戸市）2月7日、神戸市の北神商業学校で火災があり、校舎2棟を全焼した。《データ》校舎2棟全焼

4.3 亜鉛鍍工場事故（兵庫県）4月3日、兵庫県にある播磨造船所の亜鉛鍍工場で、従業員16名が重軽傷を負った。《データ》重軽傷者16名

5.2 火災（兵庫県城崎郡香住町）5月2日、兵庫県香住町の下浜地区で火災があり、家屋18戸その他を全焼した。《データ》全焼家屋18戸ほか

7.3～5 水害（兵庫県）7月3日夕方から5日にかけ、関西地方は総雨量600mmの集中豪雨に見舞われ、神戸では六甲山系の傾斜地が崩れだしたために土石流が発生、市街地を直撃した。被害範囲は芦屋の宮川方面から妙法寺川付近にまでおよび、死者は阪神間で616人、神戸市のみでは被災地面積2140ha、被災者69万5985人、被災家屋15万973戸となった。《データ》死者616名、被災地面積2140ha、被災者69万5985名、被災家屋15万973戸

7.21 軍用トラック・阪神線電車衝突（兵庫県芦屋町）7月21日、阪神電鉄線の電車が兵庫県芦屋町の打出踏切を通過する際、芦屋川復旧作業に当たっていた軍用トラックと衝突し、7名が死傷した。《データ》死傷者7名

8.29 神有線電車衝突（兵庫県神戸市付近）8月29日、神戸電鉄神有線の電車どうしが神戸市の付近で衝突し、双方の乗務員と乗客100名余りが死傷した。《データ》死傷者100名余り、車両衝突

8.30 湊川神社大鳥居崩壊（兵庫県神戸市生田区）8月30日、神戸市生田区にある湊川

兵庫県(1938年)

　　　　神社の大鳥居が崩壊した。《データ》死傷者7名
　12.16 **市電三重衝突**（兵庫県神戸市）12月16日、神戸市で市電が三重衝突し、乗客ら十数名が負傷した。《データ》負傷者十数名、車両衝突

1939年(昭和14年)

　2.18 **火災**（兵庫県御影町）2月18日、神戸市に隣接する兵庫県御影町で火災があり、製樽工場と家屋10棟を全焼した。《データ》全焼工場・家屋11棟

　4.26～5.15 **チフス菌混入饅頭**（兵庫県明石郡垂水町）4月26日、兵庫県垂水町にある西垂水舞子病院の副院長の家族ら12名が腸チフスやパラチフスにかかり、5月15日、副院長の弟が死亡した。原因は、副院長の前妻だった神戸市在住の女性勤務医(6月5日逮捕)が偽名を使って送りつけたチフス菌入り饅頭を食べたため。《データ》死者1名、患者11名

　5.6 **播丹鉄道線気動車・貨物列車衝突**（兵庫県加東郡）5月6日、播丹鉄道線の気動車と貨物列車が兵庫県加東郡で正面衝突し、乗務員や乗客2名が死亡、60名が重軽傷を負った。《データ》死者2名、重軽傷者60名

　8.25 **消防車転覆**（兵庫県武庫郡大庄村）8月25日、兵庫県大庄村で消防車が転覆し、22名が死傷した。《データ》死傷者22名、車両1台転覆

　9.11 **コレラ発生**（兵庫県神戸港付近）9月11日、日本郵船の妙義丸が神戸港付近に碇泊した際、乗組員や乗客にコレラ患者のいることがわかった。

1940年(昭和15年)

　1.29 **バス・山陽電鉄線電車衝突**（兵庫県加古郡尾上村）1月29日、山陽電鉄線の電車と神姫バスが兵庫県尾上村の踏切で衝突し、乗客7名が重軽傷を負った。《データ》重軽傷者7名

　3.23 **山林火災**（兵庫県洲本市）3月23日午後2時30分頃、兵庫県洲本市池田町の民有林から出火し、山林約6.9km²を全焼した。《データ》焼失面積約6.9km²

　3.23 **山林火災**（兵庫県淡路由良町）3月23日午後3時頃、兵庫県淡路由良町の西北方4kmにある民有林から出火し、山林9.9km²を全焼した。《データ》焼失面積9.9km²、被害額約50万円

　4.13 **巽尋常小学校火災**（兵庫県姫路市）4月13日、兵庫県姫路市の巽尋常小学校で火災があった。

　5.6 **降霜**（兵庫県南西部）5月6日、兵庫県南西部で霜のため桑などの農作物が被害を受けた。《データ》農作物被害

　5.31 **湊川高等実業女学校火災**（兵庫県神戸市生田区）5月31日、神戸市生田区の湊川高等実業女学校で火災があり、校舎1棟を全焼した。《データ》校舎1棟全焼

　9.14 **姫路中学校火災**（兵庫県姫路市）9月14日、兵庫県姫路市の姫路中学校で火災があり、雨天用体育場を全焼した。《データ》建物1棟全焼

1941年(昭和16年)

　4.30 **山林火災**（兵庫県垂水町）4月30日午後2時頃、兵庫県垂水町の山林で火災があり、10数km²を全焼した。《データ》焼失面積10数km²

　8.15 **貨物船・汽船衝突**（兵庫県広畑港沖）8月15日、貨物船(6243トン)と汽船が兵庫

県広畑港の沖合に碇泊した際、おりからの暴風のため衝突して貨物船が沈没、付近の艀32隻も激浪に巻き込まれ、乗組員6名が行方不明になった。《データ》行方不明者6名、船舶33隻沈没

1943年(昭和18年)

1.10 旅館火災（兵庫県有馬郡有馬町）1月10日午前4時頃、兵庫県有馬町の簡易住宅から出火し、温泉旅館42戸を全焼した。《データ》旅館42戸全焼

4.4 バス転落（兵庫県川辺郡多田村）4月4日午後6時30分頃、北摂乗合自動車のバスが兵庫県多田村の石路地区で数m下の猪名川に転落し、乗客ら2名が死亡、7名が重傷、12名が軽傷を負った。《データ》死者2名、重傷者7名、軽傷者12名、車両1台転落

1944年(昭和19年)

2.12 神有電鉄線電車脱線（兵庫県神戸市付近）2月12日、神有電鉄線の電車が神戸市の付近で脱線、転覆した。《データ》車両転覆

11.19 山陽線列車追突（兵庫県赤穂郡上郡町）11月19日午前1時56分、兵庫県赤穂郡上郡町にある山陽線上郡駅の近くで京都発大牟田行きの列車が京都発宇野行きの列車に追突、追突された列車の後部3両が脱線して大破、追突した列車も前部の車両が大破した。この事故で34人が死亡、15人が重傷、9人が軽傷を負った。《データ》死者34名、重傷者15人、軽傷者9人

1945年(昭和20年)

6.5 空襲（兵庫県神戸市）6月5日、米軍機(B29)350機が神戸を空襲、3月17日、5月11につぐ3度目の大空襲で、約3000トン焼夷弾により、残っていた神戸市の東側半分を焼失、死者は3453人にのぼった。《データ》死者3453名

1947年(昭和22年)

3.18 地震（兵庫県姫路市北方）3月18日午前1時2分、兵庫県姫路市の北方(北緯34.9度、東経134.6度)を震央とする小規模な地震があった。震源は地表付近。

4.21 住宅火災（兵庫県神戸市長田区）4月21日、神戸市長田区二葉町で火災があり、家屋56戸を全焼、3戸を半焼したが、死傷者はなかった。原因は漏電と見られる。《データ》全焼家屋56戸、半焼家屋3戸、被害額616万3000円

1948年(昭和23年)

7月 豪雨（兵庫県）7月、兵庫県に大雨が降り、家屋および橋梁流失や田畑浸水、鉄道各線不通などの被害が出た。《データ》家屋多数流失、鉄道不通

1949年(昭和24年)

2.20 明石市大火（兵庫県明石市）2月20日午前4時10分、兵庫県明石市錦江町にある国鉄駅前市場内の菓子店から出火、火元の市場250戸と、隣接する細工町などの家屋446戸を全半焼して、同7時に鎮火した。この火事で、住民2000名が焼け出された。原因は電熱器の過熱と見られる。《データ》全半焼家屋446戸、被災者2000名、被害額約1億円

5.19 市役所火災（兵庫県明石市）5月19日、兵庫県の明石市役所で火災があり、庁舎を全焼した。《データ》全焼建物1棟

7.27～30 ヘスター台風（福井県・三重県・滋賀県・京都府・兵庫県・奈良県・徳島

兵庫県(1949年)

県・香川県）7月27日に、伊勢湾付近に上陸したヘスター台風は、名古屋市の西方を通って、30日に若狭湾へ抜けた。この影響で、福井・三重・滋賀・京都・兵庫・奈良・徳島・香川の8県で住民16名が死亡、29名が負傷、18名が行方不明となり、家屋55戸が全壊、147戸が半壊、62戸が流失、1967戸が床上浸水、9594戸が床下浸水、田畑約11.5haが流失、約150.2haが冠水、道路347か所と堤防253か所が損壊、橋梁420か所が流失した。《データ》死者16名、負傷者29名、行方不明者18名、全壊家屋55戸、半壊家屋147戸、流失家屋62戸、床上浸水家屋1967戸、床下浸水家屋9594戸、流失田畑約11.5ha、冠水田畑約150.2ha、道路損壊347か所、橋梁流失420か所、堤防決壊253か所

12月～　インフルエンザ発生（東京都・千葉県・静岡県・愛知県・兵庫県・岡山県・香川県）12月に岡山・香川両県でインフルエンザが発生し、翌25年1月末から2月にかけて東京・千葉・静岡・愛知・兵庫の5都県を中心に児童の間で流行が拡大した。厚生省の発表によれば、患者数は2月7日現在で18万1610名に上るが、症状は全般に軽いという。《データ》患者18万1610名(2月7日現在・厚生省調べ)

1950年(昭和25年)

4.22　オリエンタルホテル火災（兵庫県神戸市）4月22日、神戸市にあるオリエンタルホテルで火災があり、建物を全焼した。《データ》建物全焼

1951年(昭和26年)

2.26頃～6月　天然痘発生（東京都・神奈川県・兵庫県・鳥取県・山口県・福岡県）2月26日頃から6月頃にかけて、福岡県岬村をはじめとして、東京・神奈川・兵庫・鳥取・山口の6都県などで天然痘が発生、患者数は3月20日までに50名(うち7名が死亡)、6月23日までに71名に上った。《データ》患者71名(6月23日現在)

7.11～12　豪雨（京都府・大阪府・兵庫県）7月11日から12日にかけて、京阪神地方全域で雷をともなった大雨が降り、景勝地の嵐山で山崩れにより4名が圧死、鴨川流域で8橋が流失、京都府全体では81名が死亡、17名が重傷、146名が軽傷、33名が行方不明、橋梁93か所と道路485か所が損壊または流失、堤防1104ヶ所が決壊した。また大阪府で家屋1万6800戸、兵庫県で1万700戸がそれぞれ浸水するなど各地で被害を出した。《データ》死者81名、重傷者17名、軽傷者146名、行方不明者33名、被災者約6万3000名、浸水家屋2万7500戸、橋梁流失・損壊93か所、道路損壊485か所、堤防決壊1104か所、山崩れ860か所、被害額62億8480万円余り(京都・大阪府、兵庫県のみ)

8.2　山陽本線電車火災（兵庫県神戸市）8月2日、山陽本線の鷹取発住吉行きの電車(3両編成)が神戸駅に到着した際、最後尾の車両のパンタグラフが突然発火、事故による停電でドアが開かず、車内に閉じ込められた超満員の乗客のうち51名が重軽傷を負った。同車両は旧式の42型で、非常コックも混乱で役に立たなかった。《データ》重軽傷者51名

9.9　関西電力火力発電所爆発（兵庫県尼崎市）9月9日、兵庫県尼崎市末広町の関西電力火力発電所で蒸気発生管が突然爆発し、付近にいた関係者4名が死亡、6名が重軽傷を負った。《データ》死者4名、重軽傷者6名

10.7　更生市場火災（兵庫県神戸市長田区）10月7日、神戸市長田区の長田更生市場で火災があり、家屋など90戸を全焼した。《データ》全焼家屋など90戸

12.27　造船所集団赤痢発生（兵庫県神戸市）12月27日、神戸市の中日本重工業造船所で関係者277名が集団赤痢と判明。他に、1000名以上が擬似感染した。《データ》

患者277名、擬似感染者1000名以上

1952年(昭和27年)

5.15 住宅火災（兵庫県多可郡）5月15日、兵庫県多可郡で火災があり、家屋44戸を全焼した。《データ》全焼家屋44戸

5.30 神戸市営競輪場火災（兵庫県神戸市）5月30日、神戸市の市営競輪場で火災があった。《データ》建物火災

12.12 輸入黄変米陸揚げ（兵庫県神戸市）12月12日、貨物船大烈丸が神戸港に陸揚げしたビルマ産米6000tを検査したところ、肝臓や腎臓に影響を及ぼす有毒な黄変粒が大量に混じっていることがわかり、国立衛生研究所が分析に乗り出した。

1953年(昭和28年)

3.24 宝塚映画スタジオ火災（兵庫県宝塚町）3月24日、兵庫県宝塚町の宝塚映画で第1スタジオから出火、3棟(1322m^2)を全焼した。《データ》全焼建物2棟、焼失面積1322m^2

8.5 工場火災（兵庫県神戸市葺合区）8月5日、神戸市葺合区吾妻通の中本商店工場から出火し、同工場など23棟(5554m^{2}余り)を焼いた。《データ》全焼23棟、焼失面積5554m^{2}余り、被害額約2億円

1954年(昭和29年)

1.12 伊丹市役所火災（兵庫県伊丹市）1月12日、兵庫県伊丹市の市役所別館から出火、本館など4棟(1653m^2)を全焼した。原因は火鉢の火の不始末と見られる。《データ》全焼建物4棟、焼失面積1653m^2、被害額5000万円

2.28 ゴム工場火災（兵庫県神戸市長田区）2月28日、神戸市長田区西尻池町のゴム工場から出火、付近の工場(3636m^2)を全焼した。《データ》焼失面積3636m^2

7.27 工場火災（兵庫県西宮市）7月27日、兵庫県西宮市で火災があり、工場13棟(約6612m^2)を全焼した。《データ》全焼工場13棟、焼失面積約6612m^2

11.2 住宅火災（兵庫県神戸市生田区）11月2日、神戸市生田区の下山手通3丁目で火災があり、住宅8棟(992m^2)を全焼、母子2名が焼死した。《データ》死者2名、全焼家屋8棟、焼失面積992m^2

12.27 店舗火災（兵庫県尼崎市）12月27日、兵庫県尼崎市の昭和通で火災があり、キャバレー百万弗と精養軒(1157m^2)を全焼した。《データ》全焼建物2棟、焼失面積1157m^2

1955年(昭和30年)

7.27 神戸製鋼工場従業員集団食中毒（兵庫県神戸市葺合区）7月27日、兵庫県神戸市葺合区脇浜町の神戸製鋼の工場で、従業員3417名が給食の塩マスを食べて食中毒に罹った。塩マスから検出されたプロテウス菌が原因と見られる。《データ》患者3417名

8.28 全国花火大会仕掛花火爆発（兵庫県西宮市）8月28日、兵庫県西宮市の甲子園球場で行われた全国各流仕掛花火大会で、仕掛花火が観客席に飛び込んで爆発し、1名が死亡、38名が重傷を負った。《データ》死者1名、重傷者38名

9.4 神戸ピカデリー劇場火災（兵庫県神戸市生田区）9月4日、神戸市生田区三宮町の映画館神戸ピカデリー劇場で火災があり、同劇場(約826m^2)を全焼したが、満員の観客は避難して無事だった。《データ》全焼建物1棟、焼失面積約826m^2、被害額1500万円

兵庫県(1955年)

- 9.8 店舗火災（兵庫県伊丹市）9月8日、兵庫県伊丹市宮前町の宮前市場の果物店から出火し、店舗や住宅など65戸を全焼、3戸を半焼した。《データ》全焼家屋65戸、半焼家屋3戸
- 11.9 沼島大火（兵庫県三原郡南淡町）11月9日、兵庫県南淡町の沼島で火災があり、同島の全家屋163戸のうち110戸を全焼した。《データ》全焼家屋110戸

1956年(昭和31年)

- 4.16～17 放射能雨（北海道稚内市・東京都・新潟県新潟市・静岡県静岡市・大阪府大阪市・兵庫県神戸市・鳥取県米子市・島根県松江市・高知県高知市・鹿児島県鹿児島市）4月16日から17日にかけて、全国各地に高濃度のストロンチウム90を含む雨が降り、気象庁測候課への報告によれば北海道稚内市で1リットル当たり毎分3万6000カウント、東京都で2万5400カウント、新潟市で78万5400カウント、鹿児島市で5万7000カウントを記録したほか、静岡大学化学教室が静岡市で同1万3500カウント、兵庫県衛生研究所が神戸市で7130カウント、島根大学物理学教室が松江市で3万7000カウントの放射能を観測、検出した。原因は同15日以降に実施された核爆発実験とみられる。
- 9.4 阪神電車正面衝突（兵庫県）9月4日、阪神電鉄本線の新在家駅で、故障したため西側の入換線へ移動中の3両編成の電車と、ちょうど構内に入ってきた5両編成の下り急行電車が正面衝突。双方の電車が脱線し、急行電車の乗務員乗客1名が死亡、6名が重傷、43名が軽傷を負った。《データ》死者1名、重傷者6名、軽傷者43名、車両7両脱線
- 10月～12月 インフルエンザ流行（青森県・東京都・神奈川県・三重県・大阪府・兵庫県・徳島県）10月、神奈川・徳島両県でA、B型ウィルスによるインフルエンザが発生し、11月中旬には青森・三重両県、同下旬には東京・大阪・兵庫など25都府県に拡大した。厚生省の発表では12月19日時点での患者総数は15万名、198校で学校閉鎖、605校で学級閉鎖を実施。《データ》患者15万名(12月19日現在)

1957年(昭和32年)

- 4.24 冷凍運搬船栄幸丸爆発（兵庫県相生市）4月24日午後4時20分頃、兵庫県相生市の播磨造船所第1ドックで修理中の日本水産の冷凍運搬船栄幸丸(1140t)で、溶媒の液化アンモニアガスが機関室内の貯蔵タンクから漏れて爆発し、工員12名が即死、2名が重傷を負った。《データ》死者12名、重傷者2名

1958年(昭和33年)

- 1.26 連絡船南海丸沈没（兵庫県三原郡南淡町沖）1月26日午後6時30分頃、南海観光汽船の紀阿航路連絡船南海丸(498t)が、強風下を徳島県小松島港から和歌山へ向かう途中、淡路島の南にある沼島の西方で緊急の無線連絡を残したまま消息を絶った。捜索の結果、2日後に深さ47mの海底で同船を発見、船長をはじめ乗組員28名と乗客139名全員の死亡が確認された。《データ》死者167名、船舶1隻沈没
- 2.22 別府化学工業工場ガス爆発（兵庫県加古郡阿閇村）2月22日、兵庫県阿閇村宮西の別府化学工業の第1合成工場で銅液塔付近の配管からアンモニアが漏れて爆発し、工員1名が即死、25名が重軽傷を負い、同工場が全壊した。《データ》死者1名、重軽傷者25名、全壊工場1棟
- 4.1 宝塚大劇場出演者圧死（兵庫県宝塚市）4月1日夕方、兵庫県宝塚市の宝塚大劇場

で、出演者の宝塚歌劇団員1名がせり(舞台への昇降機)で奈落に下りる際、衣裳のドレスの裾が装置の駆動軸に巻き込まれて圧死した。《データ》死者1名

6.2 店舗火災（兵庫県神戸市生田区）6月2日、神戸市生田区元町通の洋服店から出火し、同店と隣接の1棟を全焼、経営者の家族や店員5名が逃げ遅れて焼死した。《データ》死者5名、全焼建物2棟

8.12 神戸市営バス・快速電車衝突（兵庫県神戸市灘区）8月12日、東海道本線の六甲道駅東側の灘区永手町の八幡踏切で、安土発神戸行き快速電車と神戸市営バスの神戸外国語大学発三宮行きバス(乗客20名)が衝突。バスは線路脇の鉄柱に激突して大破し、乗客乗務員4名が即死、7名が重傷、5名が軽傷を負った。《データ》死者4名、重傷者7名、軽傷者5名、車両1台大破

1959年(昭和34年)

3.31 機帆貨物船火薬爆発（兵庫県神戸市）3月31日午前10時頃、神戸港の中央突堤東側で、火薬積込み作業中の機帆貨物船が大音響とともに爆発大破し、船長と貨物係員が死亡、関係者3名が重傷を負い、付近の港湾病院や工業検査所の窓ガラスが壊れた。原因は火薬取扱いの不注意と見られる。《データ》死者2名、重傷者3名、船舶1隻大破、建物一部破損

4.6 回送列車転覆（兵庫県神崎郡大河内町）4月6日午前4時42分、播但線長谷・生野駅間の真名谷トンネル西口で、豊岡駅から溝口駅へ団体客を乗せるため回送中の臨時旅客列車(7両編成)が脱線、前3両が転覆大破し、機関士と助手が下敷きになって即死した。老朽トンネル内での排煙不良が原因と見られる。《データ》死者2名、車両3両転覆

6.9 トラック・ガソリンカー衝突（兵庫県加古川市）6月9日、別府鉄道線の兵庫県加古川市の踏切で、同線のガソリンカーとトラックが衝突し、22名が重軽傷を負った。《データ》重軽傷者22名、車両衝突

6.17 阪急電鉄神戸線電車衝突（兵庫県西宮市）6月17日、阪急電鉄神戸線の西宮北口駅で、電車同士が衝突し、乗客の学生ら44名が重軽傷を負った。《データ》重軽傷者44名、車両衝突

9.4 日教組組合員・警官隊衝突（兵庫県尼崎市）9月4日、兵庫県尼崎市の市立堀内高等学校で、勤務評定闘争に関係して免職処分を受けた教諭を支援する日本教職員組合員と、警官隊が衝突し、35名が負傷した。《データ》負傷者35名

1960年(昭和35年)

4.1 毎日新聞社双発機墜落（兵庫県川西市）4月1日、第32回選抜高等学校野球大会開会式取材のため阪神甲子園球場へ向かう途中の毎日新聞社のパイパーアパッチ23型双発機暁星号(乗員4名)が、大阪空港を離陸後、兵庫県川西市加茂猪名の住宅に墜落して炎上、乗員3名と住民1名が死亡、2名が重軽傷を負った。墜落の原因はエンジン気化器が凍結したためと見られる。《データ》死者4名、重軽傷者2名、航空機1機墜落

8.29 芦有開発道路建設現場山崩れ（兵庫県西宮市）8月29日夜、兵庫県西宮市社家郷山町の芦有開発道路建設現場で、台風16号の影響による山崩れが発生し、高さ200m・幅150mにわたって崩れた土砂の下敷きになって作業員宿舎5棟が全壊、作業員71名のうち24名が死亡した。《データ》死者24名、全壊建物5棟

兵庫県(1961年)

1961年(昭和36年)

10.15 灘の喧嘩祭で死傷（兵庫県姫路市）10月15日、兵庫県姫路市白浜町の松原八幡宮の秋祭本宮(通称灘の喧嘩祭)の混乱で、1名が死亡、1名が重傷、46名が軽傷を負った。《データ》死者1名、重傷者1名、軽傷者46名

1962年(昭和37年)

8月～12月頃 渇水（兵庫県神戸市）8月から12月頃にかけて、神戸市で渇水による深刻な水不足が発生し、同市は9月24日以降8時間から10時間の夜間断水を実施した。

1963年(昭和38年)

2.26 貨客船と貨物船が衝突（兵庫県神戸市長田区沖）2月26日午前1時過ぎ、神戸市長田区の藻苅島の南1.6kmの沖合で、宝海運の鳴門航路定期貨客船ときわ丸(238トン)が神戸港へ入る直前、出港直後の大同海運の貨物船りっちもんど丸(9547トン)と衝突、沈没し、乗組員12名と乗客49名、便乗者5名のうち船長ら19名は救助されたが、残りの47名が死亡した。《データ》死者47名、船舶1隻沈没(海上保安庁調べ)

3.25 淡路交通バス転落（兵庫県洲本市）3月25日、兵庫県洲本市で、淡路交通の定期バスが道路脇の水田に落ち、乗客1名が死亡、43名が負傷した。《データ》死者1名、負傷者43名、車両1台転落

5.1 日東航空旅客機墜落（兵庫県三原郡南淡町）5月1日、兵庫県南淡町灘で、日東航空の大阪発徳島行きデハビランドDHC3ビーバー型水陸両用旅客機つばめ号が濃霧により諭鶴羽山の南側斜面に墜落、炎上し、乗客9名が全員死亡、操縦士ら乗員2名が重傷を負った。《データ》死者9名、重傷者2名、航空機1機墜落

6.13 神姫バス転落（兵庫県揖保郡御津町）6月13日、兵庫県御津町岩見浜で、神姫バスが道路から約20m下の海岸の岩場に落ち、通勤客ら34名が重傷、50名が軽傷を負った。原因はバスが自転車を無理に追越そうとしたため。《データ》重傷者34名、軽傷者50名、車両1台転落

6.24 昭永化学工業工場爆発（兵庫県尼崎市）6月24日、兵庫県尼崎市の昭永化学工業の工場で、ドラム缶が突然爆発し、4名が重軽傷を負い、付近の工場7棟を全焼した。《データ》重軽傷者4名、全焼工場7棟

9.25 ゴム工場火災（兵庫県神戸市長田区）9月25日午後6時20分頃、神戸市長田区苅藻通の大東ゴム工業工場1階から出火し、木造2階建の同工場(約700m^2)と隣接の明生工業の鉄筋3階建の事務所の2、3階部分(約140m^2)を焼失、臨時工員の女性ら17名が逃げ遅れて焼死、7名が重軽傷を負った。原因はたばこの火の可燃性の接着剤や燃料のガソリンへの引火、爆発。《データ》死者17名、重軽傷者7名、全焼工場1棟、半焼建物1棟(以上労働省調べ)、焼失面積約840m^2、被害額2000万円

9.25 コレラ感染（兵庫県神戸市須磨区）9月25日、神戸市須磨区で、旅行者1名が韓国からの帰国直後、コレラ保菌者であることがわかり、隔離された。《データ》保菌者1名

1964年(昭和39年)

2.10 トラック・準急列車衝突（兵庫県加古川市）2月10日、兵庫県加古川市の山陽本線加古川・宝殿駅間の踏切で、トラックと準急列車が衝突し、乗客ら2名が死亡、24名が重軽傷を負った。《データ》死者2名、重軽傷者24名、車両衝突

兵庫県(1965年)

2.12 工場火災（兵庫県尼崎市）2月12日午後4時頃、兵庫県尼崎市西高洲町の尼崎製釘所から出火し、同工場など3棟(7234m²)を全焼、1名が負傷した。《データ》負傷者1名、全焼工場ほか3棟、焼失面積7234m²、被害額9003万円

2.18 日東航空旅客機墜落（兵庫県伊丹市）2月18日午前8時22分頃、兵庫県伊丹市で、大阪空港を離陸した直後の日東航空の徳島行きグラマンG73マラード型水陸両用旅客機おやしお号が、故障により水田に墜落、炎上し、乗客ら2名が即死、8名が重軽傷を負った。原因は気化器の結氷。《データ》死者2名、重軽傷者8名、航空機1機墜落

3.30 常岡病院火災（兵庫県伊丹市）3月30日午前6時29分頃、兵庫県伊丹市行基田町の常岡病院本館1階の外科診察室付近から出火し、木造モルタル2階建の同館(644m²)と隣接の木造平屋建の調理場を全焼、妊産婦2名を含む入院患者9名が焼死、3名が重軽傷を負った。《データ》死者9名、重軽傷者3名、全焼施設2棟、焼失面積644m²、被害額701万円

8.4 中華料理店火災（兵庫県神戸市生田区）8月4日午前2時30分頃、神戸市生田区三宮町の中華料理店から出火し、木造3階建の同店など15戸を全半焼、同店の従業員3名が焼死。同店は違法建築で、消防署から警告を受けていた。《データ》死者3名、全半焼店舗ほか15戸

8.17 住宅火災（兵庫県氷上郡氷上町）8月17日、兵庫県氷上町で火災があり、家屋52棟を全焼した。《データ》全焼家屋52棟

8.17 住宅火災（兵庫県神戸市）8月17日、神戸市で火災があり、家屋48戸を全焼した。《データ》全焼家屋48戸

9.11 喫茶店火災（兵庫県神戸市生田区）9月11日午前6時45分頃、神戸市生田区北長狭通の音楽喫茶の2階付近から出火し、同店など7棟(1249m²以上)を全半焼、7名が死亡、2名が負傷。同店は違法建築で、消防署から警告を受けていた。《データ》死者7名、負傷者2名、全半焼店舗7棟、焼失面積1249m²以上

11.18 パチンコ店火災（兵庫県尼崎市）11月18日、兵庫県尼崎市升谷町のパチンコ店から出火し、同店をはじめ繁華街の旅館や飲食店、医院など24戸を全焼、従業員7名が焼死した。原因は店員のたばこの火の研磨用ガソリンへの引火。《データ》死者7名、全焼家屋24戸

12.18 キャバレー火災（兵庫県尼崎市）12月18日午前0時25分頃、兵庫県尼崎市神田北通のキャバレーから出火し、同店など5棟(1220m²)を全焼、2名が死亡、2名が負傷した。《データ》死者2名、負傷者2名、全焼店舗ほか5棟、焼失面積1220m²、被害額3000万円

1965年(昭和40年)

1.3 大型店火災（兵庫県姫路市）1月3日午後5時55分、兵庫県姫路市南町の大型店で火災があり、同店(2611m²)を全焼した。《データ》全焼店舗1棟、焼失面積2611m²、被害額1億8713万円(消防庁調べ)

1.7 飲食店火災（兵庫県城崎郡城崎町）1月7日午前3時40分、兵庫県城崎町の飲食店から出火し、同店や住宅など14棟(1117m²)を全焼、1名が死亡、76名(16世帯)が焼け出された。《データ》死者1名、全焼店舗ほか14棟、焼失面積1117m²、被災者76名(16世帯)、被害額6612万円(消防庁調べ)

2.8 飲食店火災（兵庫県神戸市生田区）2月8日午前6時40分、神戸市生田区三宮町の飲

兵庫県(1965年)

食店から出火し、同店や家屋など24棟(3330m²)を全焼、住民ら212名(32世帯)が焼け出された。《データ》全焼店舗ほか24棟、焼失面積3330m²、被災者212名(32世帯)、被害額6725万円(消防庁調べ)

3.26 毎日新聞社ヘリコプター墜落(兵庫県西宮市)3月26日、兵庫県西宮市で、毎日新聞社のベル47G型ヘリコプターが同社主催の全国選抜高等学校野球大会の開会式練習取材中に線路内に墜落し、写真部員1名が死亡、1名が負傷、送電線が切れた。《データ》死者1名、負傷者1名、ヘリコプター1機墜落(運輸省調べ)

7.1 住宅火災(兵庫県姫路市)7月1日午前7時2分、兵庫県姫路市東延末で火災があり、住宅1棟(26m²)を全焼、居住者3名が死亡、4名(1世帯)が焼け出された。《データ》死者3名、全焼家屋1棟、焼失面積26m²、被災者4名(1世帯)、被害額73万円(消防庁調べ)

7.26 バス・阪急神戸線電車衝突(兵庫県西宮市)7月26日、阪急電鉄神戸線の西宮北口・夙川駅間の寿町南郷山踏切で、立往生していたバスに三宮行き特急電車が衝突、大破し、双方の乗客ら2名が死亡、23名が重軽傷を負った。《データ》死者2名、重軽傷者23名、車両大破

9.14 山陽本線特急列車脱線(兵庫県明石市)9月14日、山陽本線の舞子・明石駅間で、上り特急つばめが脱線したが、乗務員や乗客に負傷者はなかった。《データ》車両脱線

9.30 住宅火災(兵庫県姫路市)9月30日午前5時7分、兵庫県姫路市網干区和久の住宅から出火し、家屋5棟(71m²)を全焼、住民3名が死亡、16名(5世帯)が焼け出された。《データ》死者3名、全焼家屋5棟、焼失面積71m²、被災者16名(5世帯)、被害額190万円(消防庁調べ)

10.26 タンクローリー爆発(兵庫県西宮市)10月26日午前3時24分、兵庫県西宮市川西町の第2阪神国道で、神戸市生田区の協和運送のタンクローリーが軽四輪車を追い越そうとして接触、横転して現場付近の香櫨園陸橋の支柱に激突。直後に積荷の液化ブタンガス(約5トン)が噴出、爆発し、国道沿いの米穀店や家屋38棟(1599m²)と自動車30台を全焼、住民5名と取材に訪れた朝日新聞社の記者1名が死亡、23名が重軽傷を負った。原因は過労による居眠り運転とみられる。《データ》死者6名、重軽傷者23名、全焼家屋38棟、焼失面積1599m²、車両30台全焼、被害額1億690万円(消防庁調べ)

10.30 タンカー爆発(兵庫県沖)10月30日、兵庫県淡路島の沖合で、タンカーが爆発し、乗組員3名が行方不明になった。《データ》行方不明者3名、船舶1隻爆発

11.24 トラック・山陽電鉄線普通電車衝突(兵庫県高砂市)11月24日、山陽電鉄線の荒井・伊保駅間の警報機付き荒井町神戸製鋼前踏切で、姫路発神戸行き普通電車(2両編成)の側面に兵庫県高砂市の三輪貨物の大型トラックが衝突し、電車が大破、トラックの運転手が即死、満員の通勤、通学客ら約300名のうち38名が重軽傷を負った。《データ》死者1名、重軽傷者38名、車両大破

1966年(昭和41年)

1.5 村野工業高等学校生徒遭難(兵庫県鉢伏山)1月5日、兵庫県の鉢伏山で、神戸市の村野工業高等学校の生徒3名が雪崩に巻き込まれて死亡した。《データ》死者3名(警察庁調べ)

2.6 文房具店火災(兵庫県朝来郡朝来町)2月6日午前1時20分、兵庫県朝来町の文房具店から出火し、同店など3棟(593m²)を全焼、住民4名(1世帯)が焼け出された。

《データ》全焼店舗ほか3棟、焼失面積593m²、被災者4名(1世帯)、被害額1950万円(消防庁調べ)

5.3 山陽電鉄線電車脱線（兵庫県姫路市）5月3日、山陽電鉄線の姫路駅構内で、電車が脱線し、乗客ら11名が負傷した。原因は運転士の誤制動。《データ》負傷者11名(運輸省調べ)、車両脱線

6月〜12月 日本脳炎流行（千葉県・大阪府・兵庫県・鳥取県・山口県・徳島県・福岡県・大分県ほか）41年6月から、全国各地で日本脳炎が流行し、患者数は千葉県の23名(うち7名死亡)、大阪市の242名(うち106名死亡)、兵庫県の370名(うち163名死亡)、鳥取県の69名(うち18名死亡)、山口県の206名(うち94名死亡)、徳島県の122名、福岡県の真性396名(うち183名死亡)、大分県の118名など全国で2301名、うち1440名が死亡した。《データ》患者2301名(うち死者1440名)

8.19 工場火災（兵庫県加古川市）8月19日午前1時20分、兵庫県加古川市別府町新野辺の多木農工具から出火し、同工場など6棟(1694m²)を全焼した。《データ》全焼工場6棟、焼失面積1694m²、被害額5090万円(消防庁調べ)

8.19 淡路交通バス・トラック衝突（兵庫県洲本市）8月19日、兵庫県洲本市の国道28号線で、淡路交通の貸切バスとトラックが正面衝突し、乗客1名が死亡、44名が負傷した。《データ》死者1名、負傷者44名、車両衝突

10.24 光ゴム火災（兵庫県神戸市須磨区）10月24日午後5時42分、神戸市須磨区寺田町の光ゴムから出火し、同工場など5棟(1612m²)を全焼した。《データ》全焼工場5棟、焼失面積1612m²、被害額8365万円(消防庁調べ)

12.1 木工所火災（兵庫県宍粟郡山崎町）12月1日午後0時30分、兵庫県山崎町の木工所から出火し、同工場など(2130m²)を全焼、住民16世帯が焼け出された。《データ》焼失面積2130m²、被害者16世帯、被害額5400万円(消防庁調べ)

1967年(昭和42年)

1.15 燃料・材木販売店火災（兵庫県神戸市長田区）1月15日午前4時10分、神戸市長田区山下町の燃料および材木販売店から出火し、店舗兼住宅など6棟(580m²)を全焼、火元の家族ら6名が焼死、34名(6世帯)が焼け出された。《データ》死者6名、全焼店舗ほか6棟、焼失面積580m²、被災者34名(6世帯)、被害額885万円

1.20 全日本空輸旅客機故障（兵庫県伊丹市）1月20日午前7時50分頃、大阪空港で、全日空の大阪発大分行きYS11型旅客機オリンピア号が離陸直後に右車輪の故障により緊急着陸したが、乗員5名と乗客10名に負傷者はなかった。原因は脚受部分の不備。《データ》航空機1機故障

2.17 住宅火災（兵庫県神戸市兵庫区）2月17日午前1時40分、神戸市兵庫区菊水町で火災があり、住宅1棟(48m²)を全焼、住民3名が死亡、10名(2世帯)が焼け出された。《データ》死者3名、全焼家屋1棟、焼失面積48m²、被災者10名(2世帯)

3.3〜 ニューカッスル病発生（兵庫県・岡山県・徳島県・宮崎県）3月3日、岡山県津山市高野本郷の養鶏場で鶏約200羽がニューカッスル病に感染。以後、43年4月までに岡山、西大寺市や邑久郡などの養鶏業者116戸の11万7000羽が同病により死亡または処分され、兵庫県上郡町で10万5520羽の、宮崎県日向市や都農町などで6万5770羽の、徳島県でも多数の感染鶏が発見、処分された。《データ》死亡鶏28万8290羽(兵庫・岡山・宮崎県のみ)、被害額2億4000円(岡山・宮崎県のみ)

兵庫県(1967年)

- **4.24 タンカー二重衝突**（兵庫県神戸市沖）4月24日、神戸港第3区の石油貯蔵施設付近で、タンカー3隻が二重衝突、乗組員に死傷者はなかったが、積荷のジェット機用燃料(43トン)の一部が海面に流出し、神戸海上保安部の巡視艇など4隻が乳化剤を投入して炎上を食いとめた。《データ》船舶破損

- **5.6 アパート火災**（兵庫県宝塚市）5月6日午前3時35分、兵庫県宝塚市高松のアパートから出火し、同アパートなど9棟(868m^2)を全焼、入居者ら3名が死亡、62名(18世帯)が焼け出された。《データ》死者3名、全焼家屋9棟、焼失面積868m^2、被災者62名(18世帯)、被害額3293万円

- **5.26 タンカー・客船衝突**（兵庫県神戸市沖）5月26日、神戸港内で、小型タンカー(251トン)と関西汽船の客船が衝突し、タンカーが破損、傾斜して重油約20klが海面に流出、客船は前部に亀裂を生じたが、双方の乗組員や乗客に死傷者はなかった。《データ》船舶1隻破損

- **6.18 山陽電鉄線電車爆破**（兵庫県神戸市垂水区）6月18日、山陽電鉄線の塩屋駅で、到着した姫路行き電車(2両編成)の後部車両の網棚に仕掛けてあった時限式爆発物が爆発し、乗客の女性2名が死亡、29名が重軽傷を負った。《データ》死者2名、重軽傷者29名、車両損壊

- **8.19 トラック暴走**（兵庫県神戸市垂水区）8月19日、神戸市垂水区東垂水町の国道2号線で、兵庫県小野市敷地町のトラックが海水浴場へ向かう児童らの一団に突っ込み、児童3名と1名が死亡、2名が重軽傷を負った。原因は居眠り運転。《データ》死者4名、重軽傷者2名

- **8.24 乗用車ひき逃げ**（兵庫県神戸市灘区）8月24日、神戸市灘区原田町の交差点で、同区上河原通在住の英語塾教師の乗用車が同交差点を渡ろうとしていた楽団員ら5名のなかに突っ込み、3名が即死した。乗用車は逃走したが、翌日富山県で発見。《データ》死者3名

- **9.1 大韓航空機発煙**（兵庫県伊丹市付近）9月1日、大阪空港で、大韓航空のソウル発大阪行きDC9型ジェット旅客機が着陸直前に右側エンジンから煙を出したが、乗員9名と乗客63名に死傷者はなかった。《データ》航空機1機発煙

- **10.17 鉛中毒死**（兵庫県）10月17日、兵庫県の港湾で、タンカーぽすとん丸の清掃を担当していた作業員8名が、薬剤に含まれる四エチル鉛の中毒にかかり、死亡した。《データ》死者8名

1968年(昭和43年)

- **2.17 鉄工所火災**（兵庫県相生市）2月17日午前1時20分、兵庫県相生市若狭野東後明の山田鉄工所で火災があり、のべ202m^{2}を全焼、5名が死亡した。原因は練炭火鉢の不始末。《データ》死者5名、焼失面積202m^2、被害額61万円

- **2.24 宝山丸・第2英祥丸悪天候沈没**（兵庫県城崎郡香住町沖）2月24日、兵庫県香住町の沖合で、漁船宝山丸(10トン)と第2英祥丸(16トン)が悪天候により転覆、宝山丸が沈没した。このため乗組員5名が死亡、7名が行方不明になった。《データ》死者5名、行方不明者7名、船舶1隻沈没、船舶1隻転覆（海上保安庁調べ）

- **3.24 大丸百貨店展望機落下**（兵庫県神戸市）3月24日、神戸市の大丸百貨店神戸店の屋上でスカイライダー(上下式展望機)が落下し、乗客の児童ら17名が重軽傷を負った。《データ》重軽傷者17名

兵庫県(1968年)

4.25 山林火災（兵庫県養父郡関宮町）4月25日午後4時20分、兵庫県関宮町葛畑で雑草を集めて燃やしたところ、付近の山林12haを類焼、3名が死亡した。《データ》死者3名、焼失面積12ha

6.5 阪急甲陽線電車暴走（兵庫県西宮市）6月5日、京阪神急行電鉄甲陽線の夙川駅で、甲陽園発夙川行き普通電車(2両編成)が駅構内の車止めを突破し脱線、約5m先の同神戸線ホームに激突し、通勤客ら18名と現場付近にいた乗客約7名が重軽傷を負った。原因はブレーキの操作ミス。《データ》重軽傷者18名、車両脱線(運輸省調べ)

6.8 火災（兵庫県尼崎市）6月8日午前4時34分、兵庫県尼崎市神田中通の丸商菓子店から出火し、のべ647m²を全焼、3名が死亡した。《データ》死者3名、焼失面積647m²、被害額3125万円

7.14 マイクロバス・山陽電鉄網干線電車衝突（兵庫県姫路市）7月14日、山陽電鉄網干線夢前川・広畑駅間の富士製鉄中門前踏切で、建設業森川組のマイクロバスと電車が衝突、バスは電車に押されて約1.5m下の水田に落ち、作業員7名が死亡、12名が重軽傷を負った。原因はバスの警報無視。《データ》死者7名、重軽傷者12名、車両衝突(運輸省調べ)

7.18 バス・阪神電鉄本線電車衝突（兵庫県芦屋市）7月18日、阪神電鉄本線打出・南ノ宮駅間の踏切で、バスと電車が衝突し、1名が死亡、8名が負傷した。原因はバスの現場踏切内でのエンジン停止。《データ》死者1名、負傷者8名、車両衝突(運輸省調べ)

9.30 坑内落盤（兵庫県神戸市垂水区）9月30日、兵庫県三木市志染町広野の老人が金鉱脈を探して神戸市垂水区神出町古神の雌嵩山を掘り進めたところ、落盤が発生し、坑内に閉じ込められた(10月6日夜、174時間ぶりに救出)。《データ》生き埋め者1名

10.3 トラック・山陽電鉄線特急電車衝突（兵庫県姫路市）10月3日、山陽電鉄線手柄・姫路駅間で、トラックと特急電車が衝突、脱線し、乗客ら10名が負傷した。原因はトラックの現場踏切内での落輪による立往生。《データ》負傷者10名、車両脱線(運輸省調べ)

10.17 マイクロバス転落（兵庫県赤穂郡上郡町）10月17日、兵庫県上郡町与井の県道で、マイクロバスが約5m下の千種川へ転落、水没し、乗客ら5名が水死、9名が重軽傷を負った。《データ》死者5名、重軽傷者9名、車両1台転落

11.2 池之坊満月城火災（兵庫県神戸市兵庫区）11月2日午前2時20分頃、神戸市兵庫区有馬町滝本の国際観光旅館池之坊満月城の別館吟松閣付近から出火し、木造2階建の同館や吸霞亭、緑雨荘、仁王殿などを全焼、鉄筋5階建の本丸を半焼、団体宿泊客ら250名、従業員30名のうち30名が焼死、48名が重軽傷を負った。旅館側が市消防局の警告に従わず、火元の別館に自動火災報知器もなかったため、死傷者が多く出た。《データ》死者30名、重軽傷者48名、焼失面積6630m²、被害額2億516万円(消防庁調べ)

11.16 ダンプカー・山陽本線電車衝突（兵庫県姫路市）11月16日、山陽本線の網干・英賀保駅間の踏切で、姫路行き普通電車とダンプカーが衝突し、ダンプカーが炎上、電車の2、3両目の一部も引火、焼失した。《データ》車両一部焼失

11.23 山陽電鉄線電車衝突（兵庫県明石市）11月23日午後、山陽電鉄線の中八木駅で、普通電車が誤って同駅を約700m通過、戻ろうとしたところに後発の電車が衝突し、後発の運転士が即死、行楽客ら乗客83名が重軽傷を負った。《データ》死者1名、重軽傷者83名、車両衝突

251

兵庫県(1969年)

1969年(昭和44年)

- **4.4 日本航空旅客機着陸失敗**（兵庫県伊丹市）4月4日、兵庫県伊丹市の大阪国際空港で、日本航空の香港発コンベア880型旅客機が着陸直後、雨により滑走路端から飛び出し、乗員や乗客92名のうち2名が負傷した。《データ》負傷者2名(運輸省調べ)
- **4.18 阪神競馬場火災**（兵庫県宝塚市）4月18日午後2時10分、兵庫県宝塚市の日本中央競馬会阪神競馬場で火災があり、観客席の一部($382m^2$)を焼失したが、入場客に死傷者はなかった。《データ》焼失面積$382m^2$
- **5.6 うずしお丸搭載乗用車転落**（兵庫県三原郡西淡町沖）5月6日、兵庫県西淡町の阿那賀港で、淡路フェリーの徳島県鳴門市の亀浦港行きフェリーうずしお丸(366トン)が出航する際、無理に乗船しようとした乗用車1台が海に落ち、運転者や家族ら4名が溺死した。《データ》死者4名、車両1台転落
- **6.15 福山通運家族寮ガス爆発**（兵庫県神戸市兵庫区）6月15日午後5時55分頃、神戸市兵庫区の福山通運家族寮で瞬間ガス湯沸器に点火した直後、漏れていたガスに引火し爆発、入居者1名が死亡、16名が負傷した。《データ》死者1名、負傷者16名
- **7.22 マイクロバス転落**（兵庫県宍粟郡安富町）7月22日、兵庫県安富町皆河で、保育園の送迎用マイクロバスが県道から約3m下の林田川の河原へ落ち、乗っていた園児42名や園長ら9名のうち48名が重軽傷を負った。同バスは座席を取り外して畳を敷き詰め、多人数が乗れるように改造してあった。《データ》重軽傷者48名、車両1台転落
- **12.14 全日空機・読売新聞社機接触**（兵庫県津名郡淡路町）12月14日、兵庫県淡路町岩屋の上空約3150mで、全日本空輸の大阪発松山行きYS11型旅客機と大阪読売新聞社のビーチクラフトC50型ツインボナンザ機が接触し、全日空機が主翼の先端2.73mと左側プロペラの一部を破損、読売機が左右プロペラの一部を折損、機底部を長さ約4m、幅5cmにわたって損傷したが、乗員や乗客に死傷者はなかった。原因は双方の不注意。《データ》航空機2機破損

1970年(昭和45年)

- **1.28 新和燐寸工業火災**（兵庫県津名郡淡路町）1月28日午前9時9分、兵庫県淡路町岩屋の新和燐寸工業岩屋工場で1階の家庭用大型マッチ自動詰込機から出火して製品に燃え移り、従業員9名が焼死、5名が重傷を、12名が軽傷を負い、鉄筋コンクリート4階建の同工場($5723m^2$)を全焼した。火災報知器の電源が切ってあり、従業員がおもに高齢の女性だったことが死傷者の多かった原因。《データ》死者9名、重傷者5名、軽傷者12名、焼失面積$5723m^2$、被害額1億8000万円(消防庁調べ)
- **7.22 有馬線急行電車・普通電車追突**（兵庫県神戸市長田区）7月22日、神戸電鉄有馬線の丸山駅プラットフォームで、粟生発新開地行き普通電車(2両編成)が先発の急行電車に追突し、乗客ら79名が重軽傷を負った。原因は急行電車のブレーキ故障による臨時停止。《データ》重軽傷者79名、車両追突(運輸省調べ)
- **9.22 教諭落雷死**（兵庫県三田市）9月22日、兵庫県三田市で校庭にいた女性教諭のヘアピンに雷が落ち、同教諭が感電死した。《データ》死者1名
- **この年 住友金属鉱山工場カドミウム汚染**（兵庫県加古郡播磨町）45年、兵庫県播磨町の住友金属鉱山ISP播磨工場が高濃度のカドミウムを含む廃液を排出、周辺地区の水田を汚染した。《データ》農作物被害

兵庫県(1972年)

この頃 大阪国際空港騒音被害（兵庫県川西市）45年頃、大阪国際空港の離着陸路に当たる兵庫県川西市久代の住民多数に航空機の騒音による難聴や高血圧などの患者が発生した(44年12月に提訴)。《データ》患者多数

1971年(昭和46年)

1.1 遊技場火災（兵庫県姫路市）1月1日午後10時、兵庫県姫路市の遊技場会館で火災があり、来場客ら2名が死亡、同館(2794m^2)を全焼した。《データ》死者2名、焼失面積2794m^2、被害額1億1683万円(消防庁調べ)

3.8 栄進化成工場爆発（兵庫県神戸市）3月8日、神戸市の栄進化成工業所で圧力容器が爆発し、2名が死亡、2名が負傷した。《データ》死者2名、負傷者2名(労働省調べ)

5.24 神戸電鉄粟生線準急電車急停止（兵庫県三木市）5月24日、神戸電鉄粟生線緑ヶ丘・広野ゴルフ場前駅間で準急電車が突然停止し、乗員、乗客ら22名が負傷した。原因はパンタグラフの故障。《データ》負傷者22名、車両故障(運輸省調べ)

6.29 製材工場火災（兵庫県姫路市）6月29日午後11時40分、兵庫県姫路市の製材工場で火災があり、同工場(5868m^2)を全焼した。《データ》焼失面積5868m^2、被害額8903万円(消防庁調べ)

10.12 トラック・福知山線列車衝突（兵庫県氷上郡氷上町）10月12日、福知山線石生駅付近の踏切で列車がトラックに衝突され、乗員、乗客のうち1名が死亡、7名が負傷した。原因はトラックによる遮断機の突破。《データ》死者1名、負傷者7名、車両衝突(運輸省調べ)

この頃 カドミウム汚染（大阪府・兵庫県）46年頃、大阪府と兵庫県を流れる猪名川が高濃度のカドミウムに汚染されていることがわかった(46年にヘドロから検出発表)。

この頃 三菱金属鉱業カドミウム排出（兵庫県朝来郡生野町）46年頃、兵庫県生野町の三菱金属鉱業生野鉱業所が高濃度のカドミウムを含む廃液を排出し、同鉱業所の周辺地域で汚染が発生した(47年3月3日にイタイイタイ病発見者の医師荻野昇が発表。県は、集団健康調査と陽性反応のあった13名の再検査を実施、患者発生を全面的に否定する見解を発表したが、51年2月1日に環境庁研究部会が影響を認定)。《データ》患者13名(陽性反応者のみ)

1972年(昭和47年)

1.10 阪神市場火災（兵庫県西宮市）1月10日、兵庫県西宮市の阪神市場で火災があり、密集地区の家屋98戸(2500m^2)を全焼したが、死傷者はなかった。《データ》全焼家屋98戸、焼失面積2500m^2、被害額1億4576万9000円(消防庁・朝日新聞社調べ)

1.24 フェリー衝突（兵庫県神戸市）1月24日午前7時10分頃、神戸発高松行きフェリーりつりん(2800トン)が出航直後、神戸フェリーセンターへ向かっていたフェリールビー(4619トン)と神戸港内で衝突し、双方とも船首の一部を損壊、りつりんの乗客21名とルビーの乗組員3名が軽重傷を負った。《データ》軽重傷者24名、船舶2隻損壊

3.13 乗用車衝突（兵庫県神戸市東灘区）3月13日、行楽地に向かう乗用車が神戸市東灘区青木で誤って阪神高速道路の支柱に激突し、車両が炎上、運転者や同乗者4名が死亡した。《データ》死者4名、車両1台全焼

3.27 倉庫火災（兵庫県加古川市）3月27日、兵庫県加古川市の倉庫で火災があり、同倉庫(800m^2)を全焼した。《データ》全焼施設1棟、焼失面積800m^2、被害額1億5848万7000円(消防庁・朝日新聞社調べ)

253

兵庫県(1972年)

4.27 乗用車・トラック衝突 (兵庫県高砂市) 4月27日、乗用車が兵庫県高砂市曽根町の道路で大型トラックと正面衝突し、運転者や同僚の通勤者4名が死亡した。原因は乗用車の対向車線への進入。《データ》死者4名、車両2台衝突

7月 光化学スモッグ被害 (兵庫県神戸市) 7月末、神戸市で光化学スモッグが発生し、丘陵跡の造成地にある高倉中学校で生徒113名が眼や咽喉の痛みなど特有の症状を訴えた。《データ》患者113名(神戸市高倉中学校のみ)

8.25 神戸電鉄三田線普通・準急衝突 (兵庫県神戸市兵庫区) 8月25日、神戸電鉄三田線横山・道場河原駅間の単線で三田発新開地行き普通電車(3両編成)が新開地発三田行き準急電車(3両編成)と正面衝突し、双方の乗客のうち22名が軽傷を負った。原因は機関士の信号無視。《データ》軽傷者22名、車両衝突(運輸省調べ)

この年 バナナセンター青酸化合物汚染 (兵庫県神戸市) この年、神戸市の神戸バナナセンターが2512ppmの青酸化合物を含む廃液を神戸港へ排出し、周辺海域に汚染が発生した(同6月に確認)。同センターは市の管理企業。

この年 六価クロム汚染 (兵庫県神戸市) この年、神戸市の高橋川で流域の工場の廃液に含まれる高濃度の六価クロムによる汚染が深刻化した(同7月29日に環境庁が全国の河川および湖沼、海域の汚染実態調査の結果として発表)。

1973年(昭和48年)

4.4 山田皮革工場火災 (兵庫県竜野市) 4月4日、兵庫県竜野市の山田皮革工場で火災が発生し、工場(3000m^2)を全焼した。《データ》工場火災、焼失面積3000m^2、被害額3億円(消防庁・朝日新聞社調べ)

5.13 ダンプカー暴走 (兵庫県津名郡淡路町) 5月13日、大型ダンプカーが兵庫県淡路町の土石採取現場で無人のまま暴走し、作業員4名が死亡、2名が負傷した。《データ》死者4名、負傷者2名(労働省・朝日新聞社調べ)

5.19 カーフェリーせとうち沈没 (兵庫県津名郡淡路町付近) 5月19日午後、カーフェリーせとうち(950トン)が淡路島北端の兵庫県淡路町の海岸付近で機関室から出火し、爆発。約2時間後に沈没したが、乗組員や乗客53名に死傷者はなかった。《データ》船舶1隻沈没(海上保安庁調べ)

8月~10月 光化学スモッグ被害 (大阪府・兵庫県) 8月から10月にかけて、大阪府と兵庫県とで光化学スモッグがあいついで発生し、住民のうち大阪府で3000名以上、兵庫県で985名がそれぞれ眼や咽喉の痛みなどの症状を訴えたほか、8月11日には大阪府でオキシダント濃度が0.3ppmを超え、同府初の光化学スモッグ警報が発令された。《データ》患者3985名以上(10月31日現在)

8.11 ゼラチン製造工場ガス発生 (兵庫県宝塚市) 8月11日、兵庫県宝塚市のゼラチン製造工場で有毒ガスが発生し、従業員3名が死亡、1名が重傷を負った。《データ》死者3名、重傷者1名

10.11 火災 (兵庫県神戸市) 10月11日、神戸市の国鉄高架橋下の商店街で火災があり、店舗など8戸を全半焼、宿泊客6名が死亡した。《データ》死者6名、全半焼家屋8戸

10.14 トレーラー・特急列車衝突 (兵庫県氷上郡山南町) 10月14日、福知山線下滝・谷川駅間の池谷踏切で大阪発鳥取行きディーゼル特急まつかぜ(6両編成)がトレーラーの後部側面に衝突、先頭車両の後輪が脱線、乗務員や乗客のうち1名が重傷を、13名が割れた窓ガラスなどで軽傷を負った。原因はトレーラーによる警報機

無視。《データ》重傷者1名、軽傷者13名、車両1両脱線(運輸省・朝日新聞社調べ)
- **11.3 ケーブルカー急停止**（兵庫県川西市）11月3日、能勢電気軌道のケーブルカーが山上・黒川駅間で急停止し、乗員、乗客ら13名が負傷した。原因は乗客による運転妨害。《データ》負傷者13名(運輸省・朝日新聞社調べ)
- **この頃～ 大気汚染**（兵庫県尼崎市）48年頃から、兵庫県尼崎市の南東部にある臨海工業地区の周辺で大気汚染が深刻化し、48年11月30日までに住民3236名が公害病患者に認定され、60名が死亡した。《データ》死者60名、患者3236名(被認定者のみ。48年11月30日現在)

1974年(昭和49年)

- **2.18 神戸デパート火災**（兵庫県神戸市長田区）2月18日午前零時頃、兵庫県神戸市長田区の神戸デパート(地上7階地下1階)の1階西側中央近くの紳士用品売り場で少年が放火。9時間以上も燃え続け、1階から5階部分の延べ約7300m^{2}を焼いた。消防士40名が作業中に負傷。《データ》死者1名、負傷者40名、焼失面積7300m^2
- **4月～8月 光化学スモッグ被害**（大阪府・兵庫県）4月から8月にかけて、大阪府と兵庫県とで光化学スモッグが発生、特に6月末までに13回を記録した。
- **4.2 乗用車衝突**（兵庫県西脇市）4月2日、乗用車が兵庫県西脇市津万の国道175号線で対向の乗用車と正面衝突し、2台とも道路脇に転落、双方の運転者や同乗者のうち3名が死亡、5名が重軽傷を負った。原因は飲酒運転。《データ》死者3名、重軽傷者5名、車両2台衝突
- **6.頃 光化学スモッグ被害**（兵庫県）6月頃、兵庫県で光化学スモッグが発生し、のべ4172名が眼や咽喉の痛みなど特有の症状を訴えた。《データ》患者4172名
- **9.16 トラック・乗用車追突**（兵庫県姫路市）9月16日、兵庫県姫路市の国道2号で、居眠り運転の大型トラックが信号待ちの乗用車2台に追突、1台が炎上して同乗の4名が死亡。《データ》死者4名、負傷者2名
- **11.23 八鹿事件**（兵庫県養父郡八鹿町）11月23日、兵庫県八鹿町の県立八鹿高等学校で教諭多数が下校する直前、部落解放同盟支部長ら差別教育糾弾闘争共闘会議の関係者に拉致されて同校の体育館に監禁され、殴られたり蹴られたりして53名が負傷した。《データ》負傷者53名
- **この年 公害病認定患者増加**（兵庫県尼崎市）49年現在、兵庫県尼崎市の大気汚染による公害病認定患者は3600名を越え死亡者も100名を突破。《データ》公害病認定患者3600名以上、死者100名以上
- **この年 騒音公害**（兵庫県国道43号）49年現在、兵庫県国道43号の騒音被害が深刻化している。《データ》騒音

1975年(昭和50年)

- **4.19 連続企業爆破事件**（東京都中央区・兵庫県尼崎市）4月19日午前1時頃、東京都中央区銀座とトキワビル5階の韓国産業経済研究所付近と兵庫県尼崎市神田北通の尼崎松本ビル7階のオリエンタルメタル付近とでほぼ同時に時限式爆弾が爆発した(爆破後、東アジア反日武装戦線の宣伝文を現場付近で発見)。
- **5月 赤潮発生**（兵庫県飾磨郡家島町付近）5月、兵庫県家島町の家島諸島付近の海域に赤潮が発生し、養殖ハマチ多数が死ぬなど深刻な被害があった。《データ》魚介類被害

兵庫県(1975年)

- **5.17〜18　暴走族乱闘**（兵庫県神戸市中央区）5月17日から18日にかけて、神戸市中央区三宮町の国鉄三宮駅付近で暴走族と便乗者多数が騒ぎ、駆けつけた警察官44名が重軽傷を負った。《データ》重軽傷者44名
- **5.21　ハマチ大量死**（兵庫県）5月21日から播磨灘に異常発生した赤潮により、兵庫県家島付近の養殖ハマチ4万5000匹が全滅、被害は6700万円で、香川、徳島県にも及んだ。47年夏にも、約1400万匹のハマチが死に71億円に上る大被害を出してる。
- **6.10　あいぼり丸・漁船接触**（兵庫県明石市沖）6月10日、関西汽船の大型客船あいぼり丸が兵庫県明石市の播磨灘で漁船の操業区域に突っ込み、うち多数と接触し、乗組員4名が死傷した。《データ》死傷者4名、船舶接触

1976年(昭和51年)

- **3.9　日本触媒化学工場火災**（兵庫県姫路市網干区興浜）3月9日午後零時すぎ、兵庫県姫路市網干区興浜の日本触媒化学工業姫路製造所のアクリル酸メチルエステル貯蔵タンクが突然爆発して炎上、刺激性のガスが発生して付近に広がり、消防士18名、従業員9名、住民29名の計56名の目が炎症を起こしたほか1名が負傷した。1億5259万円の損害。《データ》目の炎症者56名、負傷者1名、被害額1億5259万円
- **5.15〜16　神戸まつり見物客暴動**（兵庫県神戸市葺合区）5月15日から16日にかけて、神戸市葺合区小野柄通の繁華街フラワーロードで神戸まつりの見物客や暴走族ら約1万人が通りがかりのタクシーに放火するなどして騒ぎ、11時45分、神戸新聞社の取材カメラマンが逃げ遅れて殴る蹴るの乱暴を受け、群衆の移動させた警察の大型輸送車の下敷きになって死亡した。《データ》死者1名
- **この頃〜　騒音・排気ガス被害**（兵庫県）51年頃から、兵庫県神戸、芦屋、西宮、尼崎市の阪神高速道路および国道43号線(第2阪神国道)沿いの地域で通過車両による騒音や排気ガスの被害が深刻化し、住民の健康への影響などが懸念された(51年8月30日、地元住民らが騒音、排気ガスの削減実施と損害賠償を求めて提訴)。

1977年(昭和52年)

- **1.23　下谷上農村舞台火災**（兵庫県神戸市）1月23日、神戸市の下谷上農村舞台から出火、同舞台を全焼した。下谷上農村舞台は江戸期の農村文化を知る資料として民俗学的に重要だった。《データ》全焼建物1棟
- **2.8　下水道改良工事現場爆発**（兵庫県神戸市東灘区住吉町）2月9日、兵庫県神戸市東灘区住吉町の下水道改良工事中の市道が突然爆発、舗装コンクリートが割れ、散乱、1名が死亡、15名が重軽傷を負い、家屋29棟、38世帯に被害。《データ》死者1名、重軽傷者15名
- **3.5　東海道・山陽新幹線列車破損**（兵庫県西宮市付近）3月5日、東海道・山陽新幹線の東京発広島行きひかりが六甲トンネルに入ったところ、窓ガラス130枚が割れたのに続き、パンタグラフのガラスや車体下部のブレーキ管などが壊れたが、乗務員や乗客に死傷者はなかった。原因は車体下部に氷結した雪片が落ち、線路付近の石をはね上げたため。《データ》車両破損
- **3.12　ダンプカー・神戸電鉄電車衝突**（兵庫県）3月12日、兵庫県神戸電鉄押部谷・電鉄栄駅間の踏切でダンプカーと電車が衝突、56名負傷。《データ》負傷者56名
- **3.23　ATC誤作動**（兵庫県）3月23日、山陽新幹線西明石・新神戸駅間の神戸トンネルの中で上り列車の運転士から「ATC装置が働き、手動ブレーキで速度を落とした」

兵庫県(1980年)

との連絡があったため、専門家による調査をしたが原因解明できなかった。
- 4.27 出光興産製油所原油流出（兵庫県姫路市）4月27日、臨海工業地区にある兵庫県姫路市の出光興産兵庫製油所で貯蔵用タンクが破損、同タンク下部から原油680klが敷地内へ流出したが、海洋汚染はなかった。《データ》流失油680kl
- 8.7 コレラ発生（兵庫県）8月7日、県洋上大学に参加、フィリピン、ベトナムなどを回って帰国した参加者から真性コレラ患者3名が見つかった。《データ》真性患者3名
- 8.10 海自対潜哨戒ヘリ墜落（兵庫県城崎郡城崎町沖）8月10日、兵庫県城崎町の沖合で海上自衛隊小松島基地対潜哨戒ヘリHSS－2が墜落、2名が死亡した。《データ》ヘリコプター1機墜落
- 12.30 住宅火災（兵庫県西宮市門戸荘）12月30日朝、兵庫県西宮市門戸荘のマンションから出火、53m²を全焼一家5名が焼死。原因はストーブのガスの爆発。《データ》焼死者5名

1978年(昭和53年)

- 1.4 新幹線停電（岡山県・兵庫県）1月4日午後6時16分ごろ、新幹線の相生駅を中心に上下約30kmの区間の架線が突然停電となり、岡山・姫路駅間で上下線が不通となった。《データ》新幹線が不通

この年 赤潮発生（大阪府・兵庫県）この年、兵庫県寄りの大阪湾で赤潮が発生した。

1979年(昭和54年)

- 9.6 住宅火災（兵庫県三木市）9月6日、兵庫県三木市の住宅から出火、110m²を焼いた。4名が焼死した。損害額は1162万円。《データ》死者4名、焼失面積110m²、被害額1162万円

1980年(昭和55年)

- 2.24 住宅火災（兵庫県太子町）2月24日、兵庫県太子町で住宅(45m²)が焼け、4名が死亡した。《データ》死者4名、焼失面積45m²
- 4.2 播但線人身事故（兵庫県神崎郡）4月2日午前8時50分ごろ、兵庫県神崎郡の国鉄播但線長谷・生野駅間にある大福トンネル内で、歩いていた近くの森林組合作業員ら5名が鳥取発大阪行き特急「はまかぜ2号」にはねられ、3名が死亡、2名が重傷を負った。《データ》死者3名、重傷者2名
- 4.23 飛行船不時着（兵庫県神戸市）4月23日、神戸市のポートアイランドにけい留中の飛行船が、けい留作業のミスでけい留ロープがはずれ、クルーと報道関係者各1名を乗せたまま漂流した。約45km離れた京都府亀岡市内に不時着、船体が中破、1名が重傷を負った。《データ》重傷者1名
- 6.13 輸入冷凍海老コレラ菌汚染（兵庫県神戸市）6月13日、神戸市でタイ産の輸入冷凍海老がコレラ菌に汚染されていることがわかり(厚生省神戸検疫所が検出)、厚生省は汚染エビの消却指示した。《データ》魚介類汚染
- 10.3 電話局コンピューター故障（兵庫県神戸市）10月3日、神戸市の中心部の元町電話局で新鋭電子交換機「D10」の頭脳部分のコンピューターが故障、8時間にわたり約2万本の加入電話がマヒ。《データ》電話不通

兵庫県(1981年)

1981年(昭和56年)

2.1 車両火災（兵庫県御津市）2月1日、兵庫県御津市で車両火災が発生、4人が死亡した。《データ》死者4名

7.12 一酸化炭素中毒（兵庫県神戸市灘区）7月12日午前2時40分、兵庫県神戸市灘区の住宅で、5人が一酸化炭素中毒で死亡した。前夜から熱帯夜に近い蒸し暑い夜で、クーラーをかけて室内を閉め切っていたため、消し忘れたガス湯沸かし器の火が、酸欠状態で消え、一酸化炭素中毒になったらしい。《データ》死者5名

11.12 店舗火災（兵庫県神戸市中央区）11月12日午後9時55分ごろ、神戸市中央区の「国際マーケット」で出火、倉庫など12棟、2360m²と129戸、37世帯48人が被災した。この日は異常乾燥注意報が出ていた。《データ》倉庫12棟、2360m²、129戸、37世帯48人被災

1982年(昭和57年)

4.26 乗用車衝突事故（兵庫県神戸市）4月26日午後11時すぎ、兵庫県神戸市の国道で、同市内の若者6人の乗った乗用車が高架になっている阪神高速道路のコンクリート支柱に激突して大破、4人が死亡し、2人がけが。乗用車は100kmを超えるスピードでジグザグ運転していた。《データ》死者4名、負傷者2名

7.26 乗用車電柱激突（兵庫県神戸市）7月26日午前2時35分ごろ、兵庫県神戸市の国道で、6人の乗った乗用車が道路わきの電柱に激突し、5人が死亡、1人が負傷した。現場は見通しのいい直線であることから、スピードの出しすぎでハンドル操作を誤ったものとみられる。《データ》死者5名、負傷者1名

8.10 タンカー・冷凍貨物船衝突（兵庫県神戸市兵庫区）8月10日午後9時15分、兵庫県神戸市兵庫区の和田岬沖でタンカー金栄丸と中国船籍の冷凍貨物船が衝突、金栄丸の船体に穴があき積み荷の軽油430kl（ドラム缶2050本分）が流出した。《データ》軽油430kl流出

9.12 YS11型機・ジャンボ機ニアミス（兵庫県）9月12日午後1時7分、大阪空港を離陸した東亜国内航空YS11型機が淡路島上空で左側約500mを全日空のジャンボ機に追い抜かれた。高度はともに4000mで、東京、大阪の両管制官に連絡ミスがあったものとみられる。

12.10 ダンプカー・神戸電鉄三田線普通電車衝突（兵庫県神戸市北区有野町）12月10日午前9時55分、兵庫県神戸市北区有野町の神戸電鉄三田線二郎駅付近の踏切で、ダンプカーと普通電車が衝突した。この事故で16人が重軽傷を負った。事故原因はダンプカーの運転手が踏切で一旦停止しないで、進入したものとみている。《データ》重軽傷者16名

12.16 亀山総合市場火災（兵庫県姫路市亀山）12月16日午前9時15分、兵庫県姫路市亀山の亀山総合市場内の衣料店から出火、木造2階建て3070m²を焼き、15世帯53人が焼け出された。出火原因は、火災発生の直前に不審な男が灯油をまいていたらしいということから、この男が放火をしたものと断定。《データ》焼失面積3070m²

1983年(昭和58年)

1.4 乗用車ガードレール衝突（兵庫県加東郡東条町天神）1月4日午後8時45分、兵庫県加東郡東条町天神の中国自動車道路で、乗用車がガードレールに衝突したところへ後続の乗用車が追突、1人が死亡、5人が負傷した。《データ》死者1名、負傷者5名

兵庫県(1984年)

6.4 観客圧死（兵庫県西宮市）6月4日午後6時45分ごろ、兵庫県西宮市の阪神甲子園球場であった若手人気歌手らの野球大会の終了後、ファンの女子中高校生らが歌手を追って出入口で将棋倒しになり、10人が重軽傷を負い、女高生1人が10日後に死亡した。《データ》死者1名、負傷者9名

11.16 トレーラー横転衝突事故（兵庫県神戸市）11月16日午前4時50分ごろ、神戸市の阪神高速道路カーブで、セミトレーラーが横転、反対車線に飛び出してふさいだところに乗用車と大型トラック2台が次々に衝突、積み荷の化学薬品などに引火して炎上し、トラックの運転手が焼死するなど2人が死亡し、3人がけがをした。《データ》死者2名、負傷者3名

1984年（昭和59年）

5.5 阪急電鉄神戸線特急・回送電車衝突（兵庫県神戸市灘区）5月5日午前11時30分、兵庫県神戸市灘区の阪急電鉄神戸線六甲駅構内の上り線で、回送電車に特急電車が衝突、乗員乗客63人が負傷した。原因は回送電車が赤信号を確認しないで発進したこととみられる。《データ》負傷者63

5.30 地震（兵庫県）5月30日午前9時39分ごろ、兵庫県姫路市の北西内陸部を震源とする地震がおきた。マグニチュード5.5で、その後、震度4から1の余震が8回続いた。山崎町を中心に東西80kmに渡る山崎断層の1かくで、大型地震は61年5月のマグニチュード5.9以来。兵庫県下で1人が軽傷を負ったほか、東海道・山陽新幹線150本が停電で最高3時間遅れ、15万人に影響が出た。《データ》軽傷者1名、新幹線3時間遅れ

5.30 地震（兵庫県姫路市）5月30日朝、西日本一帯に地震が発生、兵庫県姫路市で震度3を記録した。

6.1 マイクロバス転落（兵庫県宝塚市）6月1日午前8時30分、兵庫県宝塚市の川下川ダムにマイクロバスが転落、4人が死亡、1人が負傷した。《データ》死者4名、負傷者1名

6.6 ワゴン車・大型観光バス衝突（兵庫県関宮町）6月6日午後2時半ごろ、兵庫県関宮町の国道で、ワゴン車が前からきた大型観光バスにぶつかって大破、ワゴン車に乗っていた10名のうち7人が死亡、残りの3人と観光バスに乗っていた高校生5人が重軽傷を負った。原因はワゴン車がジグザグ運転をしながら対向車線に入ったため。ワゴン車の一行は60〜80歳前後のお年寄りで、耳が不自由であった。《データ》死者7名、負傷者8名

6.28 麻酔ミス（兵庫県神戸市須磨区高倉台）6月28日、兵庫県神戸市須磨区高倉台の兵庫県立こども病院で、新人医師の麻酔器の操作で、酸素ガスと笑気ガスの切り替えを誤り、酸欠状態が長く続いたため、乳児が昏睡状態になった。《データ》意識不明1名

7.24 トラック・乗用車追突（兵庫県加古川市）7月24日午後3時すぎ、兵庫県加古川市の自動車専用道路、加古川バイパスで、宅急便トラックが乗用車に追突、さらに前の乗用車に追突するなど、6台の玉突き事故が発生、5台が炎上し最初に追突された乗用車に乗っていた4人が車内に閉じ込められるなどして計5人が焼死、1人がけがをした。《データ》死者5名、負傷者1名

7.31 ヘリコプター衝突（兵庫県明石市）7月31日午後1時ごろ、兵庫県明石市の国鉄西明石駅南側上空で、朝日放送がチャーターした大阪エアウエアズのヘリコプターに、毎日新聞大阪本社のヘリコプターが衝突、大阪エアウエアズ側に乗っていた3

259

兵庫県(1984年)

人が死亡した。毎日機の3人は打撲傷。《データ》死者3名、負傷者3名
- **8.11 玉突事故**（兵庫県姫路市）8月11日午前3時15分、兵庫県姫路市の自動車専用道路、姫路バイパスでトラックや乗用車など5台の玉突事故が発生、2台が炎上し、4人が焼死、8人が重軽傷を負った。《データ》死者4名、重軽傷者8名、車両2台炎上
- **8.20 ドライアイス入りビン破裂**（兵庫県西宮市甲子園町）8月20日午後2時40分、兵庫県西宮市甲子園町の阪神甲子園球場で、小学生がビンにドライアイスをいれて振り回しているうちにビンが破裂、破片が飛び散り近くにいた人に刺さるなどして、13人が負傷した。《データ》負傷者13名
- **9.22 玉突事故**（兵庫県高砂市阿弥陀町）9月22日午後1時40分、兵庫県高砂市阿弥陀町魚橋の加古川バイパス下り線で、トラックが信号待ちの乗用車に追突したのをきっかけに、6台の玉突事故となった。この事故で、車2台が炎上、4人が負傷した。原因はトラックの運転手のわき見運転。《データ》負傷者4名、車両2両炎上
- **10.19 山陽線寝台特急暴走**（兵庫県）10月19日午前1時48分ごろ、山陽線西明石駅構内で、宮崎発東京行き上り寝台特急「富士」(15両編成)が暴走、機関車のすぐ後ろの先頭客車がプラットホームに激突して大破し、さらに後部の3両が45度傾いて脱線、機関車と最後部の電源車、7両目を除く8両も脱線した。乗客336人のうち31人が重軽傷を負った。兵庫県明石署などの調べで、機関士は岡山駅で乗車する前に同駅近くの飲食店で日本酒0.5リットルを飲んでおり、事故発生直前に居眠りしていたことが分かった。《データ》負傷者31名

1985年(昭和60年)

- **2.8 コンクリート片落下**（兵庫県姫路市）2月8日午前9時ごろ、兵庫県姫路市で、解体中の駐車場の4階屋上からレンガ大のコンクリート片数十個が前の路上に落ち、通行中の会社員が頭の骨を折って死亡したほか4人がけがをした。《データ》死者1名、負傷者4名

1986年(昭和61年)

- **6.29 倉庫火災**（兵庫県尼崎市）6月29日午前10時45分ごろ、兵庫県尼崎市の菱電運輸園田営業所の倉庫2階から出火、鉄筋3階建てのうち2、3階部分、1500m^2が焼け、家電製品6億円分が焼けたり、水をかぶったりした。原因は、1階の壊れたシャッターをガスバーナーで切断中に、火花が天井に引火したため。《データ》焼失面積1500m^2、家電製品(6億円相当)
- **7.12 2階建てバス横転**（兵庫県佐用町）7月12日午前10時40分ごろ、兵庫県佐用町の中国自動車道で、大阪市の中央観光の2階建てバスが横転、乗客40人が重軽傷を負った。バスは時速90kmで走行していたが雨でぬれた路面でスリップ、道路端のノリ面に乗り上げ、150m暴走して横転した。《データ》重軽傷者40名
- **7.31 寮火災**（兵庫県神戸市北区）7月31日午後11時40分ごろ、神戸市北区の社会福祉法人の寮から出火、木造モルタル2階の寮1027m^2が全焼、他の寮など2棟の一部384m^2が焼けた。全焼した寮にいた8人が焼死した。建物が古く火の回りが早かったのと、催眠薬を飲んで寝た人がいて逃げ遅れた。《データ》死者8名、焼失面積384m^2
- **12.28 山陰線回送列車転落**（兵庫県城崎郡香住町）12月28日午後1時25分ごろ、兵庫県城崎郡香住町の山陰線余部鉄橋(高さ41m)で、回送中の香住発浜坂行きお座敷列車7両が転落、真下の水産加工工場や民家を直撃した。この事故で、工場の従業

員5人と列車の車掌1人が死亡、6人が重傷を負った。当時、鉄橋の風速計は最大瞬間風速33mを記録しており、この突風にあおられたものとみられる。《データ》死者6名、負傷者6名

1987年(昭和62年)

1.17 女性エイズ患者（兵庫県神戸市）1月17日、厚生省は「エイズ対策専門家会議」を開き、兵庫県内の医療機関からの報告のあった、神戸市在住の女性を新たにエイズ患者と認定した。この女性は初めて異性間の性交渉による患者と確認された。また、女性の患者もわが国初であった。20日、この女性患者が入院先の神戸市内の病院でカリニ肺炎のため死亡したと発表。発病してから約半年とのこと。これでエイズ患者の死者は18人となった。《データ》死者1名

8.16 モーターボート・パイロットボート衝突（兵庫県神戸市兵庫区和田岬沖）8月16日午後4時15分、兵庫県神戸市兵庫区和田岬沖においてモーターボートとパイロットボートが衝突、モーターボートは船体が2つに割れ、乗っていた5人が海に投げ出された。この事故で、1人が死亡、4人が重軽傷を負った。《データ》死者1名、重軽傷者4名

1988年(昭和63年)

1.15 住宅火災（兵庫県姫路市）1月15日午前1時半ごろ、兵庫県姫路市の住宅から出火、木造2階建て住宅と平屋の離れの計310m^{2}が全焼。5人が焼死し、1人が顔や手足にやけどをした。1階居間で使っていた石油ストーブか電気こたつが原因とみられている。《データ》死者5名、負傷者1名、焼失面積310m^2

9.4 マンション火災（兵庫県西宮市南越岩町）9月4日午前5時50分、兵庫県西宮市南越岩町のマンションの一室から出火、一室65m^{2}を全焼、一家3人が焼死した。《データ》死者3名、焼失面積65m^2

1989年(平成1年)

2.2 高速艇激突事故（兵庫県津名郡津名町）2月2日午後6時40分ごろ、兵庫県津名郡津名町の津名港で、共同汽船の高速艇「緑風」(87トン)が港入り口の防波堤に激突、乗客2人が死亡、16人が重軽傷を負った。原因は操船ミスとみられる。また、2月8日午前8時22分ごろ、淡路島の洲本港で、同汽船の高速艇「清風」(91トン)が出港の際、岸壁に衝突、乗客1人がけがをした。《データ》死者2名、負傷者17名

2.13 住宅火災（兵庫県西宮市）2月13日午前8時15分ごろ、兵庫県西宮市熊野町、コスモハイツ甲子園口A棟で火災があり、一室の子供部屋と台所の一部計7m^{2}が焼け、一家4人が焼死した。《データ》死者4名、焼失面積7m^2

4.7 料亭火災（兵庫県西宮市）4月7日午前8時45分ごろ、西宮市甲陽園東山町の料亭本館南側の茶室から出火、茶室約40m^{2}が全焼し、近くの山林の一部を焼いた。《データ》焼失面積40m^2

4.18 爆発事故（兵庫県神戸市兵庫区）4月18日午前1時半ごろ、神戸市兵庫区島上町の港湾土木会社の事務所と、停泊中の通船「あかし」(16トン)で爆発物が爆発したが、けが人はなかった。同社は関西新空港建設の下請けで新空港に反対する過激派のゲリラとみられる。

兵庫県(1990年)

1990年(平成2年)

1.16 防衛庁関係の寮放火（兵庫県伊丹市）1月16日午後5時5分ごろ、伊丹市緑ケ丘防衛庁共済組合伊丹独身寮で1階玄関フロアの古新聞が燃えるボヤがあった。火の気はなく、いたずらによる放火とみられる。

1.27 重油タンク火災（兵庫県神戸市長田区）1月27日午前11時半ごろ、神戸市長田区駒ケ林南町にある油槽所の重油タンクを解体中に出火、タンク内部壁面などに残っていた重油スラッジが焼けた。側壁を解体する溶断の火花がスラッジに燃え移ったとみられる。

2.15 化学工場爆発（兵庫県明石市二見町南二見）2月15日午後7時ごろ、兵庫県明石市二見町南二見の化学薬品精製会社で、工場が爆発炎上、約200m^{2}を全焼し、2人がやけどをした。タンクからあふれた油が気化して充満、引火した可能性がある。《データ》負傷者2名、全焼1棟、焼失面積約200m^2

3.3 車両火災（兵庫県神戸市中央区）3月3日午前3時半ごろ、神戸市中央区南本町通の駐車場「津川合名モータープール」で駐車中の乗用車3台が全焼、2台の一部が焼けた。ふだん火の気がないことから不審火とみられる。《データ》車両3台全焼

3.3 大型トラック炎上（兵庫県宝塚市）3月3日午前6時55分ごろ、兵庫県宝塚市川面長尾山の中国自動車道上り線で、大型トラックの車体後部から煙が上がり、左右の後輪タイヤや荷台の下部などを焼いた。何らかの原因でタイヤが過熱したらしい。

3.12 工事用囲い倒れ歩行者けが（兵庫県神戸市中央区）3月12日午前8時30分ごろ、兵庫県神戸市中央区布引町、JR三ノ宮駅東口コンコース南側で、駅舎改修工事用の鉄製仮囲いが強風で倒れ、2人が下敷きとなり重軽傷を負った。当時、強風波浪注意報が発令されており、20m前後の風が吹いていた。《データ》負傷者2名

3.18 尼崎の長崎屋火災（兵庫県尼崎市）3月18日午後零時35分ごろ、兵庫県尼崎市神田北通のスーパー「長崎屋尼崎店」4階の寝具・インテリア売り場付近から出火、4階部分約950m^{2}がほぼ全焼、15人が一酸化炭素などで死亡、6人が重軽傷を負った。《データ》死者15名、負傷者6名、焼失面積約950m^2

4.29 ワゴン車中央分離帯に衝突（兵庫県佐用郡上月町）4月29日午前0時55分ごろ、兵庫県佐用郡上月町中山の中国自動車道下り線で、8人が乗ったワゴン車が中央分離帯に衝突し、7人がワゴン車から降りた直後、後続の中型トラックが追突。1人が頭を強く打って死亡、6人が重軽傷を負った。《データ》死者1名、負傷者6名

4.29 コレラ感染（兵庫県西宮市）4月29日、兵庫県西宮市の男性が真性コレラにかかり病院に隔離された。この男性は18日に出国、インドネシア、タイを訪れて、26日帰国、検疫所で検査したところ、エルトール小川型のコレラ菌が検出された。《データ》感染者1名

5.27 山火事（兵庫県宝塚市）5月27日午後3時ごろ、宝塚市花屋敷荘園の釣鐘山で山火事が発生、風にあおられ山頂に向けて燃え広り、雑木林約65アールを焼いて約3時間後に消えた。《データ》焼失面積約65アール

6.9 中国自動車道多重衝突（兵庫県加東郡社町）6月9日午前8時半ごろ、兵庫県加東郡社町上久米の中国自動車道下り線で、観光バス、大型トラック、乗用車など計8台が衝突し、バスの乗客22人全員を含む計32人が重軽傷を負った。原因は雨で乗用車がスリップしたため。《データ》負傷者32名

6.15 中国自動車道玉突き事故（兵庫県西宮市）6月15日午前7時15分ごろ、西宮市塩瀬

町名塩の中国自動車道上り線で、雨の中、乗用車が中央分離帯に激突、後続の乗用車など6台が玉突き衝突し、3人が重軽傷を負った。《データ》負傷者3名

6.21 住宅火災（兵庫県尼崎市）6月21日午後8時15分ごろ、尼崎市西難波町の昭和市場(27店)で火災があり、住宅1棟、電器店、中華料理店、映画館「第2新花月映劇」などの建物計約240m²が全焼、男性が頭に軽いやけどを負った。原因はてんぷら油に火が引火したため。《データ》負傷者1名、焼失面積約240m²

7.18 積荷のワイヤ落下（兵庫県神戸市東灘区）7月18日午前11時25分ごろ、神戸市東灘区御影浜町の市道港湾幹線の高架道路を走っていた大型トレーラーが傾き、積み荷の鋼鉄製ワイヤの束(直径約2m、重さ2.5トン)数個が約16m下に落下、高架下の電線を切断し、乗用車を押しつぶした。《データ》車両1台大破

7.22 玉突き事故（兵庫県朝来郡朝来町）7月22日午後5時40分ごろ、兵庫県朝来郡朝来町の国道312号南行き車線で、海水浴帰りの中型バスが乗用車に追突、さらに前の6台が次々と玉突き衝突し、女性1人が重傷、バスの乗客ら24人が軽傷を負った。《データ》負傷者25名

7.29 ワゴン車ガードレールに衝突（兵庫県神戸市東灘区）7月29日午前2時55分ごろ、神戸市東灘区甲南町の国道2号で、大学生ら7人の乗ったワゴン車が道路左側のガードレールに衝突。1人が即死、4人が重傷、2人が軽いけがをした。原因はわき見運転。《データ》死者1名、負傷者6名

8.19 水上バイク衝突（兵庫県明石市沖）8月19日午後5時20分ごろ、兵庫県明石市松江の松江海水浴場沖で、水上バイク同士が衝突、3人が重軽傷を負った。《データ》負傷者3名

9.3 住宅火災（兵庫県神戸市長田区）9月3日午前2時20分ごろ、神戸市長田区菅原通、通称牧野鉄工団地のビル付近から出火、同ビル、民家、雑居建物、店舗など計5棟約1200m²が全焼、隣のマンションの壁をこがした。《データ》全焼5棟、焼失面積約1200m²

9.27 建設現場で塗料缶落下（兵庫県川西市）9月27日午前8時半ごろ、川西市加茂のマンション建設現場で、高さ約8mの昇降用リフトから塗料缶(15キロ)4個と防水用マット(36キロ)4個が落ち、通園途中の幼稚園児ら10人の列を直撃、園児1人が重体、1人が軽いけがをした。《データ》負傷者2名

10.4 食中毒（兵庫県神戸市西区）10月4日、兵庫県神戸市西区伊川谷町のギョーザ店で、ギョーザと焼き飯などを食べた主婦など53人が高熱と下痢、腹痛を訴え、うち27人が入院した。従業員の便からサルモネラ菌が検出され、サルモネラ菌による食中毒事件と断定。《データ》患者53名

10.14 ガソリンスタンドガス爆発（兵庫県神戸市灘区）10月14日午後9時半ごろ、神戸市灘区岩屋南町のガソリンスタンドでガス爆発があり、ガラス片、コンクリート片が周囲約100mに散乱。この爆発で従業員1人がやけど、1人が軽傷、客1人が軽いけがをした。原因はガソリンスタンド前に埋設された都市ガス本管に亀裂が入り、ガスが地上まで漏れていたため。《データ》負傷者3名

10.27 ダイバー死亡（兵庫県神戸市垂水区）10月27日午前8時5分ごろ、兵庫県神戸市垂水区東舞子町の海で、素潜りのダイビングをしていた男性が小型漁船のスクリューに巻き込まれ死亡した。《データ》死者1名

11.8 鋼管破裂（兵庫県尼崎市）11月8日午後2時20分ごろ、尼崎市道意町にある古河電

兵庫県(1991年)

工大阪事業所の銅板加工工場で、高圧水ポンプに水を送る鋼管(直径約25cm)が破裂し、作業員1人が死亡、2人が重軽傷を負った。《データ》死者1名、負傷者2名

1991年(平成3年)

1.13 マイクロバス・大型トラック追突（兵庫県西宮市）1月13日午後1時35分ごろ、西宮市川西町の阪神高速道路神戸線の上り線で、マイクロバスが大型トラックに追突、はずみで追い越し車線に飛び出し、乗用車2台に玉突き衝突、1人が重傷、21人がむち打ちなど軽いけがをした。原因は割り込んできた車を避けようとハンドルを左に切ったため。《データ》負傷者22名

2.7 トラック横転（兵庫県西宮市）2月7日午前5時55分ごろ、西宮市塩瀬町の中国自動車道下り車線で、路側帯付近に停車中のトラックに大型トラックが追突して追い越し車線で停車、さらにトラックが追突し、1人が即死、1人が重傷を負った。また、トラックの積み荷のドラム缶23本が散乱し、廃油など約1200リットルが流失した。《データ》死者1名、負傷者1名

2.18 集団登校児童はねられ負傷（兵庫県川辺郡猪名川町）2月18日午前7時45分ごろ、兵庫県川辺郡猪名川町木津鰻谷の県道で、歩道を集団登校園していた児童、園児16人の列に乗用車が突っ込み、2人が重体、2人が重傷、10人が軽傷を負った。原因は前の車を追い越そうとして運転を誤ったため。《データ》負傷者14名

3.7 大型トラック・ワゴン車衝突（兵庫県西宮市）3月7日午後11時40分ごろ、西宮市上大市の国道171号で、大型トラックとワゴン車が正面衝突、ワゴン車の後ろのタクシーも衝突して3台とも大破し、1人が即死、3人が重傷を負った。《データ》死者1名、負傷者3名

3.18 電話ケーブル損傷（兵庫県尼崎市）3月18日午後11時半ごろ、尼崎市金楽寺で下水道工事中に市外通話用の電話ケーブルを損傷し、尼崎市と大阪市西淀川区全域の計27万4500回線の市外通話が不通となり、銀行のオンラインシステム、消防署間の連絡、兵庫県警への110番などに影響が出た。《データ》電話ケーブル損傷

4.25 鉄板落下（兵庫県川西市）4月25日午後1時25分ごろ、兵庫県川西市栄根の県道で、大型トラック荷台の大型くい打ち機が、立体交差工事のための仮設連絡橋(高さ4.7m、幅6m、長さ40m)に衝突してH形鋼の横げたがずれ、上に乗っていた重さ2トンの鉄板8枚と上に駐車していた軽トラックが県道に落下した。けが人はなかった。

4.26 乗用車・ワゴン車衝突（兵庫県尼崎市）4月26日午前0時15分ごろ、尼崎市尾浜町の市道交差点で、乗用車とワゴン車が衝突、乗用車が大破、ワゴン車が横倒しとなり、7人が重軽傷を負った。《データ》負傷者7名

4.30 玉突き事故（兵庫県神戸市西区）4月30日午後3時15分ごろ、神戸市西区伊川谷町の市道西神中央線で、鉄くずを満載した大型トラックが軽ライトバンに追突、さらに歩道のコンクリート製電柱をなぎ倒して別のトラックなどに玉突き追突し、計24台が関係する事故となった。追突された車の14人がむちうちなどで軽いけがをした。原因は前方不注意。《データ》負傷者14名

6.1 土木作業車線路に落下（兵庫県神戸市垂水区）6月1日午前11時10分ごろ、神戸市垂水区塩屋町で民家の庭を工事中の工事用土木作業車ががけから約20m下の山陽電鉄の線路上に転落、普通電車が衝突して1両目前部が脱線し、作業車の運転手がけがをした。《データ》負傷者1名、電車1両脱線

兵庫県(1991年)

6.15 消毒薬から出火（兵庫県尼崎市）6月15日午前9時35分ごろ、兵庫県尼崎市杭瀬南新町の市立浦風小学校で、北校舎1階の角に置いてあったプールの消毒薬品が入った段ボール箱から出火、床や壁など約8m²が燃えた。

6.27 ガス発生剤製造工程で爆発（兵庫県揖保郡揖保川町）6月27日午前10時20分ごろ、兵庫県揖保郡揖保川町馬場にある工場で、自動車用エアバッグのガス発生剤製造工程で爆発があり、白煙が立ち込め、壁などが焼けた。

6.28 玉突き事故（兵庫県神戸市須磨区）6月28日午前9時20分ごろ、神戸市須磨区離宮西町の県道で、大型クレーン車が渋滞で止まっていた乗用車に追突、さらに前の9台が玉突き衝突し、1人が重傷、12人が軽いけがをした。《データ》負傷者13名

7.12 乗用車支柱に衝突（兵庫県神戸市東灘区）7月12日午前1時ごろ、神戸市東灘区御影本町の国道43号で、乗用車が中央分離帯の阪神高速道路の支柱に衝突し、1人が即死、2人が重傷を負った。原因はスピードの出し過ぎ。《データ》死者1名、負傷者2名

7.16 乗用車衝突（兵庫県姫路市飾磨区）7月16日午後11時ごろ、兵庫県姫路市飾磨区中島の国道250号で、乗用車同士が衝突し、親子3人が死亡、1人が重傷を負った。《データ》死者3名、負傷者1名

7.28 タンクローリー暴走（兵庫県神戸市兵庫区）7月28日午前10時半ごろ、神戸市兵庫区西出町の阪神高速道路神戸線の上り車線で、タンクローリーが中央分離帯を越えて反対車線に飛び込んでワゴン車と衝突、ワゴン車は大破し、一家5人が死亡、1人が重体となった。《データ》死者5名、負傷者1名

8.5 阪急航空ヘリコプター墜落（兵庫県美方郡村岡町）8月5日、兵庫県美方郡村岡町の大峰山で消息を絶った阪急航空のヘリコプターが6日午前7時20分、同山中の斜面に墜落し、大破しているのを捜索隊が発見した。墜落現場付近で死亡している8人を収容した。《データ》死者8名

8.9 マイクロバス・乗用車衝突（兵庫県西宮市）8月9日午後4時25分ごろ、西宮市本町の国道43号の交差点で、右折しようとしたマイクロバスと乗用車が衝突し、1人が死亡、12人が軽傷を負った。《データ》死者1名、負傷者12名

8.15 トラック追突（兵庫県佐用郡上月町）8月15日午前4時10分ごろ、兵庫県佐用郡上月町皆田の中国自動車道上り車線で、大型トラックがトラックに追突し、トラックが中央分離帯に衝突して横転、運転手が死亡した。《データ》死者1名

9.19 発電所内で作業員死亡（兵庫県高砂市）9月19日午後6時ごろ、兵庫県高砂市梅井、関西電力高砂発電所で、石油火力発電1号機の円筒形汽水分離器内部で足場の組み立て作業中、作業員2人が倒れ死亡した。《データ》死者2名

10.18 線路内へトラック突入（兵庫県揖保郡太子町）10月18日午前9時40分ごろ、兵庫県揖保郡太子町糸井のJR山陽線網干駅西約500mで、線路と並行した道路を走行中のトラックがガードレールを破って上り線路内に突っ込み、正午ごろまで普通電車上下13本が運休した。

10.24 第2神明道路玉突き事故（兵庫県神戸市西区）10月24日午前2時40分ごろ、神戸市西区竜が岡の第2神明道路西行き車線で、乗用車にトラックが追突、さらに後続の大型トラックが玉突き追突し、3人が死亡、1人が重体となった。乗用車がスピードを落としたところへトラックが追突したもの。《データ》死者3名、負傷者1名

12.7 ゴンドラ宙づり（兵庫県神戸市中央区）12月7日午前11時58分ごろ、神戸市中央区

265

兵庫県(1992年)

葺合町の北野異人館と六甲山系世継山の布引ハーブ園を結ぶ新神戸ロープウエーが止まり、ゴンドラ68台の約120人が25分間宙づりになった。予備動力で運転を再開して最寄りの駅に降ろした。

1992年(平成4年)

1.22 化学工場爆発（兵庫県加古郡播磨町）1月22日午前1時35分ごろ、兵庫県加古郡播磨町の化学薬品製造工場が爆発、炎上し、作業員3人がやけどを負った。爆風で付近の住宅8戸も窓ガラスが割れるなどの被害が出た。薬物を混合中に何らかの原因で異常反応が起き、爆発したらしい。《データ》負傷者3名

1.30 異人館街火災（兵庫県神戸市中央区）1月30日午前1時45分ごろ、神戸市中央区北野町、異人館「うろこの家」西隣の民家から出火、延べ約200m^{2}が全焼、うろこ美術館の壁など約10m^{2}を焦がした。暖房用の電気アンカのコードがショートしたのが出火原因とみられる。《データ》焼失面積約210m^2

2.5 山陽電鉄電車・トラック衝突（兵庫県明石市）2月5日午後0時25分ごろ、兵庫県明石市二見町西二見の踏切で、普通電車がトラックと衝突、前の2両が脱線し、うち1両が数m下の水田に突っ込み、トラックの運転手と電車の乗客5人が重軽傷を負った。トラックが遮断機の下りている踏切を渡った後、立ち往生していたらしい。《データ》負傷者6名、電車2両脱線

2.22 工場宿舎火災（兵庫県神戸市兵庫区）2月22日午後7時25分ごろ、神戸市兵庫区須佐野通、船舶修理会社工場内の作業員宿舎内から出火、鉄骨3階建ての同宿舎が全焼し、東隣の住宅の壁を焦がした。1人が煙に巻かれて死亡、1人が軽い一酸化炭素中毒となった。《データ》死者1名、負傷者1名、全焼1棟

3.16 旅館全焼（兵庫県神戸市兵庫区）3月16日午前2時50分ごろ、神戸市兵庫区本町、豊旅館1階東側の台所付近から出火、木造2階建ての同建物延べ約230m^{2}が全焼、両隣のマンションの一部も焼けた。けが人はなかった。調理器具の火の不始末ではないかとみられる。《データ》全焼1棟

4.2 軌道車衝突（兵庫県佐用郡佐用町）4月2日午前11時10分ごろ、兵庫県佐用郡佐用町平福、第3セクター智頭鉄道軌道敷設工事現場で、工事用の軌道車の衝突事故があり、作業員3人が死亡した。《データ》死者3名

4.5 特急バス・大型トラック追突（兵庫県美嚢郡吉川町）4月5日午後3時55分ごろ、兵庫県美嚢郡吉川町の中国自動車道下り車線で、日本交通の山陰特急バスが大型トラックに追突し、バスの乗員・乗客23人が重軽傷を負った。《データ》負傷者23名

5.1 山陽線新快速・乗用車衝突（兵庫県高砂市）5月1日午後7時半ごろ、兵庫県高砂市阿弥陀町のJR山陽線曽根駅構内の金ケ田踏切で、脱輪して動けなくなっていた乗用車に、新快速電車が衝突した。乗用車を運転していた男性は直前に逃げ出し、乗客約250人も無事だった。

7.3 マンション火災（兵庫県神戸市北区）7月3日午前4時10分ごろ、神戸市北区鈴蘭台北町、マンション5階の会社員宅から出火、54m^{2}が全焼し、家族3人が焼死した。ベランダに面した南西角の和室が火元とみられる。《データ》死者3名、全焼1室

7.10 乗用車衝突（兵庫県神戸市西区）7月10日午後10時50分ごろ、神戸市西区学園西町の市道交差点で、乗用車同士が衝突、1台が炎上した。この事故で炎上した車の2人が死亡、一方の1人が頭を打つなどして病院に運ばれた。《データ》死者2名、負傷者1名

兵庫県(1993年)

8.21 トラック・タクシー衝突（兵庫県神戸市灘区）8月21日午前10時10分ごろ、神戸市灘区寺口町の県道交差点で、大型トラックとタクシーが正面衝突した。トラックはタクシーをはね飛ばし、電柱を倒して4m下の道路へ転落、タクシーは歩道に乗り上げ大破した。この事故でタクシーの運転手と歩行者1人が死亡、トラックの運転手と歩行者2人が重軽傷を負った。《データ》死者2名、負傷者3名

8.31 トラック暴走（兵庫県神戸市灘区）8月31日午前10時50分ごろ、神戸市灘区浜田町の国道43号で大型トラックが暴走し、信号待ちの普通トラックや乗用車など計5台に次々に衝突、1人が右足を折って重傷、6人が首などに軽いけがを負った。《データ》負傷者7名

9.10 ワゴン車暴走（兵庫県神戸市北区）9月10日午前7時20分ごろ、神戸市北区山田町下谷上、阪神高速道路北神戸線上り車線で、ワゴン車がガードレールに衝突し、両側のガードレールに数回ぶつかりながら約200m暴走した。5人が車外に放り出され2人が死亡、3人が軽いけがをした。原因はワゴン車の運転手がハンドル操作を誤ったため。《データ》死者2名、負傷者3名

9.13 重油タンク爆発（兵庫県神戸市長田区）9月13日午前9時10分ごろ、神戸市長田区駒ケ林南町の石油事業所で、屋外タンクが爆発した。作業員5人は無事だった。ガスバーナー使用中、バーナーの熱がタンクの鉄板を伝わり、不十分な洗浄のために内壁に付着していた重油が気化、引火したのが原因とみられる。

10.8 中国自動車道玉突き事故（兵庫県川西市）10月8日午前1時45分ごろ、兵庫県川西市加茂の中国自動車道下り車線で、乗用車が道路左側のガードレールに衝突し、車線をふさぐかっこうで止まっているところへ後続の車7台が次々に衝突した。乗用車の運転手が死亡、後続車の1人が重傷、5人が軽い打撲傷を負った。乗用車の運転手がハンドル操作を誤ったらしい。《データ》死者1名、負傷者6名

10.29 工場全焼（兵庫県伊丹市）10月29日午前0時20分ごろ、兵庫県伊丹市北伊丹の段ボール製造会社から出火、鉄骨2階建ての同工場約4200m²がほぼ全焼した。《データ》全焼1棟、焼失面積4200m²

11.20 甲子園市場全焼（兵庫県西宮市）11月20日午前4時40分ごろ、兵庫県西宮市甲子園口、「甲子園市場」の店舗付近から出火、同市場の店舗付き住宅など計40棟がほぼ全焼。消防局の職員1人が軽いけがをした。火の回りが早いことから、くすぶっているうちに周辺の温度が急上昇し、フラッシュオーバー現象が起きたとみられる。《データ》全焼40店舗、焼失面積3600m²

1993年(平成5年)

1.26 トレーラー横転炎上（兵庫県尼崎市）1月26日午前5時55分ごろ、兵庫県尼崎市東園田町の名神高速道路上り車線で、トラックが歩行者をはね、後続の大型トレーラーが道路わきに倒れたこの男性に気付き、急ハンドルを切ったため横転、積荷に引火して炎上した。歩行者は死亡、トレーラーの運転手も軽いけがをした。《データ》死者1名、負傷者1名

3.8 高層ビル火災（兵庫県神戸市中央区）3月8日午後1時ごろ、神戸市中央区東川崎町に建設中の「神戸クリスタルタワー」(32階建て)の屋上から出火、一時黒煙が噴き上がった。防水用のアスファルトが燃えたらしい。

4.2 バス・トラック衝突（兵庫県神崎郡福崎町）4月2日午前3時40分ごろ、兵庫県神崎郡福崎町西田原の中国自動車道下り線で、神奈川中央交通の高速路線バスが、中

267

兵庫県(1993年)

央分離帯を越えて横転したトラックに衝突した。この事故でバスの運転手が死亡、乗客10人と、トラックの2人が軽いけがをした。《データ》死者1名、負傷者12名

4.24 中国道玉突き事故（兵庫県西宮市）4月24日午後0時10分ごろ、兵庫県西宮市塩瀬町の中国自動車道西宮名塩サービスエリア付近の上り線で、11台が絡む玉突き事故があり、5人がけがをして近くの病院に運ばれた。普通トラックがスリップしたところへ後続の車が突っ込んだらしい。《データ》負傷者5名

5.30 今津阪神市場全焼（兵庫県西宮市）5月30日午前4時20分ごろ、兵庫県西宮市津門川町の「今津阪神市場」付近から出火、同市場の店舗35戸と事務所など延べ約1580m^{2}が全焼。隣接するマンションや倉庫など4棟、約500m^{2}も焼けた。《データ》焼失面積2080m^{2}焼失

6.6 乗用車川に転落（兵庫県神戸市灘区）6月6日午前3時15分ごろ、神戸市灘区一王山町の鶴甲橋で、乗用車が欄干を突き破り、約5.3m下の石屋川に転落した。この事故で1人が即死、3人が大けが、運転していた男性は軽いけがをした。《データ》死者1名、負傷者4名

6.12 工場火災（兵庫県川西市）6月12日午後3時10分ごろ、兵庫県川西市東久代の工場・倉庫密集地付近から出火、倉庫や工場、事務所など4棟約800m^{2}が全半焼、さらに東側の工場団地の1棟のうち約500m^{2}が焼けた。近くを走るJR福知山線のダイヤが一時乱れた。《データ》5棟1300m^{2}全半焼

8.14 須磨裕厚病院火災（兵庫県神戸市須磨区）8月14日午前11時30分ごろ、神戸市須磨区大手大谷、須磨裕厚病院の第2病棟付近から出火、病棟をつなぐ中央通路約210m^{2}が焼け、駐車中の乗用車1台が全焼した。廊下や病室に煙が充満したため、病院内にいた入院患者全員が避難したが、けが人はなかった。

11.10 作業場火災（兵庫県神戸市須磨区）11月10日午前4時30分ごろ、神戸市須磨区大手町で縫製業者の作業場付近から出火、作業場約60m^{2}が全焼、東隣の酒店の住宅と店舗計2棟約400m^{2}が焼け、3人が焼死した。原因は作業場の石油ストーブで近くに積んでいたポリ容器の灯油が過熱したものとみられる。《データ》死者3名、3棟460m^{2}焼失

11.12 名神高速乗用車逆走（兵庫県西宮市）11月12日午後4時45分ごろ、兵庫県西宮市今津野田町の名神高速道路西宮料金所で、下り線を走ってきた乗用車が約1.4キロ逆走し、乗用車に接触した後、普通トラックと衝突、乗用車の男性は死亡、トラックの運転手も軽いけがをした。《データ》死者1名

1994年(平成6年)

5.13 東海道線踏切事故（兵庫県尼崎市）5月13日午後10時40分ごろ、兵庫県尼崎市長洲西通のJR東海道線池田街道踏切で、上り貨物列車が立ち往生していたワゴン車に衝突、並行して走っていた普通電車も衝突して先頭車両が脱線、ワゴン車の男性が頭などを打って重体となった。《データ》負傷者1名、電車1両脱線

5.16 アパート火災（兵庫県高砂市）5月16日午前8時30分ごろ、兵庫県高砂市高砂町木曽町のアパートから出火、2階建て約200m^{2}が全焼し、1階で男性と長男の幼稚園児が焼死した。《データ》死者2名、全焼1棟、焼失面積約200m^2

6.17 地震（徳島県・兵庫県）6月17日午前11時13分、徳島県を中心に地震が発生、震源は徳島県東部の深さ約10キロで、マグニチュードは4.6、徳島市で震度4、兵庫県洲本市で震度1を記録した。徳島県で震度4を記録したのは、1962年1月4日以来。

6.18 工場火災(兵庫県高砂市)6月18日午前0時10分ごろ、兵庫県高砂市梅井の旭硝子高砂工場のブラウン管製造工場「管球60工場」から出火、製品荷造り作業ライン約1万1200m^{2}が焼けた。《データ》焼失面積約1万1200m^2

12.7 エレベーター落下(兵庫県神戸市中央区)12月7日午前0時45分ごろ、神戸市中央区中町通の神戸質屋協同組合会館の貨物搬送用エレベーターが2階部分で停止、会館員らが手動で動かそうとしたところ、ワイヤが切れて1階部分まで落下し、4人が重軽傷を負った。《データ》負傷者4名

1995年(平成7年)

1.21 余震(兵庫県)1月21日午後9時12分ごろ、17日の余震とみられる地震が発生、震源は淡路島で、深さ10キロ、マグニチュードは4.1、淡路島の北淡町で震度4、神戸で震度3を記録した。

1.23 余震(兵庫県)1月23日午前0時33分ごろ、阪神・淡路大震災の余震とみられる地震が発生、震源は淡路島で、深さ10キロ、マグニチュードは4.2、淡路島北淡町で震度4、神戸で震度2を記録した。17日震災発生時から23日午前1時までに、余震の総回数は1000回を超え、体に感じる余震は105回になった。

3.16 ガス爆発(兵庫県芦屋市)3月16日午前10時30分ごろ、兵庫県芦屋市翠ケ丘町の民家でガス爆発があり、屋根の一部が吹き飛び壁が壊れるなどしたが、けが人はなかった。民家周辺では14日からガスのにおいがしていたという。

4.2 東海道線寝台特急・工事用台車衝突(兵庫県神戸市中央区)4月2日午前1時20分すぎ、神戸市中央区のJR東海道線の灘―三ノ宮間で、寝台特急「さくら」が工事用台車と衝突、約200人の乗客が乗っていたが、けが人はなかった。

5.28 商店街火災(兵庫県明石市)5月28日午後7時57分ごろ、兵庫県明石市東仲ノ町の商店街のパチンコ店付近から出火、同商店街の11軒、約650m^{2}が燃え、うち7軒が全焼したが、けが人はなかった。《データ》全半焼11棟、焼失面積約650m^2

6.8 高速の切れ目から乗用車転落(兵庫県神戸市中央区)6月8日午後4時30分ごろ、神戸市中央区弁天町の阪神高速道路で、阪神大震災の修復工事のため約300mにわたって取り除かれた高架道路から乗用車が約9m下の国道2号に転落、渋滞で止まっていた乗用車の上に落ちた。この事故で2人が重軽傷を負った。《データ》負傷者2名

6.26 山陽道衝突炎上事故(兵庫県相生市)6月26日午後9時50分ごろ、兵庫県相生市佐方の山陽自動車道上り線で大型トラックや乗用車など10台が関係する事故があり、このうち6台が炎上して全焼、3人が死亡、2人が車の中で挟まれるなどして重傷を負った。《データ》死者3名、負傷者2名

8.11 トラック・乗用車追突(兵庫県川西市)8月11日午前4時ごろ、兵庫県川西市加茂の中国自動車道下り線で、トラックが路側帯に停車していた乗用車に追突、乗用車は炎上し、車内にいた男性が死亡、トラックも前部が燃え、運転手は軽いけがをした。トラック運転手がわき見運転して路側帯方向に入り込み、乗用車を避けきれなかったらしい。《データ》死者1名、負傷者1名

8.19 脱水症状で死亡(兵庫県加古川市)8月19日午後5時25分ごろ、兵庫県加古川市金沢町の神戸製鋼所加古川製鉄所の表面処理工場で、男性が作業用エレベーター内で倒れているのを同製鉄所員が見つけ、病院に運んだが脱水症状がひどく死亡した。約1時間後、同工場6階の床の上で別の男性が死亡しているのが見つかった。2人が作業をしていたダクト付近は熱風で60から70度の高温になっており、暑さで

兵庫県(1995年)

脱水症状を起こしたらしい。《データ》死者2名
- **9.21 ダンプ・トラック追突**（兵庫県美嚢郡吉川町）9月21日午前5時5分ごろ、兵庫県美嚢郡吉川町の中国自動車道吉川ジャンクション付近の下り線で、大型ダンプが路側帯に駐車中のトラックに追突、2台とも横転しながら炎上し、トラックの運転手が車外に放り出され死亡、大型ダンプの運転手も軽いけがをした。《データ》死者1名、負傷者1名
- **10.18 多重衝突**（兵庫県神戸市北区）10月18日午前6時10分ごろ、神戸市北区山田町の第二新神戸トンネル中央付近で、保冷車にトラックが追突して停車、後続の乗用車も保冷車にぶつかり、乗用車を運転していた男性が死亡、同乗の4人が重軽傷を負った。《データ》死者1名、負傷者4名
- **11.9 タイヤが外れ作業員直撃**（兵庫県川西市）11月9日午前11時すぎ、兵庫県川西市加茂の中国自動車道上り線で、大型トラックの右側後部のタイヤ2本がはずれ、うち1本が路肩で側壁の補修作業をしていた作業員3人を直撃、1人が死亡、1人が軽傷を負った。もう1本のタイヤは後続の乗用車にぶつかったが、けが人はなかった。原因はタイヤホイールをはめ込むための8本のボルトが折れたため。《データ》死者1名、負傷者1名
- **11.14 乗用車踏切遮断機に衝突**（兵庫県小野市）11月14日午前0時20分ごろ兵庫県小野市樫山町の市道で、乗用車が神戸電鉄粟生線の踏切遮断機に衝突、後部座席の男性1人が死亡、運転手と同乗の4人が重軽傷を負った。《データ》死者1名、負傷者5名
- **12.22 地震**（和歌山県・兵庫県・徳島県）12月22日午後9時41分ごろ、和歌山、兵庫、徳島県にまたがる広い範囲で地震が発生、震源は紀伊水道で、震源の深さは約10キロ、マグニチュードは4.1、和歌山市では震度4を記録した。また、午後7時7分ごろにも、兵庫県南部を中心に地震があり、淡路島一宮町で震度3を記録した。阪神大震災の余震とみられる。
- **12.22 仮設住宅全焼**（兵庫県芦屋市）12月22日午後11時15分ごろ、兵庫県芦屋市高浜町の仮設住宅付近から出火、屋外に置いてあったプロパンガスのボンベに次々と引火して燃え広がり、仮設住宅1棟13戸がほぼ全焼し、住民二人が軽いけがをした。《データ》負傷者2名、全焼13戸

1996年(平成8年)

- **1.3 地震**（兵庫県）1月3日午後8時55分ごろ、兵庫県で地震が発生、震源は兵庫県南東部で、震源の深さは約10キロ、マグニチュードは3.4、兵庫県川辺郡猪名川町で震度4の中震を観測した。
- **1.9 トラック荷物落下**（兵庫県西宮市）1月9日午後8時ごろ、兵庫県西宮市甲子園口の県道で、10トントラックの積み荷のコンクリート製パイプが、鉄橋の鉄さくに当たり路上に落ちた。直後にオートバイで通りかかった男性がパイプに衝突して転倒し、頭などを強く打って死亡した。トラック運転手が高さ制限に気付かず、鉄橋をくぐろうとしたらしい。《データ》死者1名
- **1.23 阪神高速玉突き事故**（兵庫県神戸市東灘区）1月23日午前10時30分ごろ、神戸市東灘区向洋町東、阪神高速湾岸線下り線の六甲アイランド北出口付近で、大型トラックなど5台がからむ追突事故があり、2台が炎上、1人が死亡、1人がけがをした。《データ》死者1名、負傷者1名
- **1.25 トラック鋼材荷崩れ**（兵庫県西宮市）1月25日午前11時30分ごろ、兵庫県西宮市

兵庫県(1996年)

剣谷町の県道で、11トントラックに積んであった鋼材が荷崩れを起こし、対向車線を走っていた阪急バスにぶつかった。バスには県立西宮甲山高校の生徒46人が乗っており、7人が軽傷を負い、救急車で病院に運ばれた。ほかにも現場で首などに痛みを訴えている生徒がいた。鋼材はロープなどでしばっていなかった。《データ》負傷者7名

1.28 軽乗用車横転（兵庫県西宮市）1月28日午前0時30分ごろ、兵庫県西宮市越水社家郷山の芦有道路で、大学生の軽乗用車が、ひっくり返って大破した。大学生6人が同乗しており、2人が頭を強く打つなどで死亡、2人が重軽傷を負った。運転者は無事だった。《データ》死者2名、負傷者2名

2.2 タンクローリー・バス衝突（兵庫県飾磨郡夢前町）2月2日午前9時40分ごろ、兵庫県飾磨郡夢前町莇野の中国自動車道上り線で、タンクローリーと西日本JRバス大阪営業所の定期バスが衝突。バスの乗客の6人全員が軽いけがをした。《データ》負傷者6名

2.4 乗用車電柱に激突（兵庫県神戸市須磨区）2月4日午前2時15分ごろ、神戸市須磨区神の谷の市道で、会社員運転の乗用車が電柱に激突した。会社員と同乗者の計3人が頭を強く打って死亡。1人も頭などを強く打って意識不明の重体。原因は速度を出し過ぎたとみられる。《データ》死者1名、負傷者1名

2.5 新神戸トンネル追突事故（兵庫県神戸市北区）2月5日午前8時55分ごろ、神戸市北区山田町下谷上、新神戸トンネル有料道路の南行き車線で、乗用車やトラックなど9台がからむ追突事故が起き、男性1人が重傷を負った。同トンネルは同日正午前まで全面通行止めになった。

2.10 舞鶴自動車道玉突き事故（兵庫県多紀郡丹南町）2月10日午前1時10分ごろ、兵庫県多紀郡丹南町杉の舞鶴自動車道丹南第二トンネル内の下り車線で、乗用車が2台の乗用車に玉突き衝突した。3台とも炎上し、うち2台が全焼、2人が死亡、2人が頭などに軽いけがをした。事故当時、現場付近は大雪が降っていた。《データ》死者2名、負傷者2名

3.4 一酸化炭素中毒死（兵庫県神戸市長田区）3月4日午後0時30分ごろ、神戸市長田区上池田の民家で、2人が倒れているのを訪れた女性が見つけた。2人はすでに死亡しており、死因はともに一酸化炭素中毒。車のエンジンを切り忘れたまま室内に入り、車庫内に充満した排ガスがドアのすき間から室内に入り込んだのが原因とみられる。《データ》死者2名

3.26 乗用車・山陽電鉄普通電車衝突（兵庫県明石市）3月26日午後9時30分ごろ、兵庫県明石市田町の山陽電鉄本線砿町踏切に乗用車が進入し、普通電車と衝突した。乗用車は大破し、運転していた男性が全身を強く打って死亡、助手席の男性もけがをした。電車には135人の乗客がいたが全員無事だった。《データ》死者1名、負傷者1名

4.4 旅館全焼（兵庫県赤穂市）4月4日午前8時14分ごろ、兵庫県赤穂市御崎、赤穂御崎温泉内の観光旅館の本館調理場付近から出火、木造2階建ての本館約820m^{2}が全焼した。宿泊客61人、従業員21人がいたが全員避難して無事だった。《データ》全焼1棟、約820m^2

4.24 新神戸トンネル追突事故（兵庫県神戸市北区）4月24日午前1時30分ごろ、神戸市北区山田町の新神戸トンネル北行き車線で、トラック乗用車など4台が衝突する事故が発生、1人が頭を強く打つなどして死亡、2人が重軽傷を負った。《データ》死

兵庫県(1996年)

者1名、負傷者2名

5.11 トラック・乗用車追突（兵庫県美嚢郡吉川町）5月11日午前5時20分ごろ、兵庫県美嚢郡吉川町福吉の中国自動車道下り線で、大型トラックが乗用車に追突、2台とも炎上し、3人が焼死した。大型トラックが前の車を追い越すため、追い越し車線に出て乗用車に追突したらしい。《データ》死者3名、車両2台全焼

5.27 乗用車池に転落（兵庫県小野市）5月27日午前0時20分ごろ、兵庫県小野市王子町の県道で、乗用車が反対車線側の歩道を乗り越え約3m下の池に転落、車内にいた女性2人と男性1人が水死した。《データ》死者3名

6.9 ライトバンブロック塀に衝突（兵庫県龍野市）6月9日午前2時35分ごろ、兵庫県龍野市龍野町富永の県道交差点で、赤信号を無視した軽ライトバンをパトカーが見つけ、停止させようとしたところ逃走、乗用車と接触事故を起こしたうえ、民家のブロック塀に衝突した。車は大破し、乗っていた2人が死亡した。《データ》死者2名

6.11 山陽自動車道玉突き事故（兵庫県赤穂市）6月11日午後9時20分ごろ、兵庫県赤穂市大津の山陽自動車道の上り線で、大型トラック9台と乗用車6台、トラック1台がからむ玉突き衝突事故が起き、運転手ら10人が軽いけがをした。《データ》負傷者10名

7.10 住宅火災（兵庫県伊丹市）7月10日午後11時15分ごろ、兵庫県伊丹市桜ケ丘の住宅から出火、木造2階建ての住宅延べ約80m^{2}が全焼、2人が焼死した。《データ》死者2名、全焼1棟、焼失面積約80m^2

8.24 乗用車転落（兵庫県朝来郡和田山町）8月24日午前6時25分ごろ、兵庫県朝来郡和田山町高田の県道で、乗用車が道路左側のガードレールを突き破り約3m下の川土手に転落、2人が死亡、2人が重軽傷を負った。《データ》死者2名、負傷者2名

8.28 土砂崩れ多発（兵庫県多紀郡丹南町）8月28日午前10時15分ごろ、兵庫県多紀郡丹南町油井で裏山が崩れ、木造2階建て住宅が傾き、山からの鉄砲水で1人が生き埋めになり、腕や足などに軽傷を負った。また、10時20分ごろ、丹南町当野の舞鶴自動車道丹南トンネル西出口付近でも土砂崩れが起き、浸水したトンネル内に約10台の車が取り残されたが、全員避難して無事だった。未明から兵庫県南部の山間部を中心に断続的に強い雨が降り続き、11時までの降水量は丹南町の近くで183mmで、土砂崩れが多発した。《データ》負傷者1名

9.18 倉庫全焼（兵庫県神戸市長田区）9月18日午前0時30分ごろ、神戸市長田区苅藻島町にある運送会社倉庫から出火、鉄骨スレートぶき平屋建て倉庫1400m^{2}が全焼し、隣の2号倉庫一部、約200m^{2}を類焼、中にあったサラダ油約30トン、飼料約40トン、電話帳8トンが燃えた。《データ》全半焼2棟、焼失面積1600m^2、サラダ油約30トン、飼料約40トン、電話帳8トン

9.29 ワゴン車・トラック衝突（兵庫県美方郡村岡町）9月29日午後10時45分ごろ、兵庫県美方郡村岡町和田の国道9号で、建設作業員ら9人が乗ったワゴン車が中央線をはみ出し、対向車線の大型トラックと衝突、さらにこの大型トラックがワゴン車の後ろを走っていた大型保冷車とぶつかった。この事故でワゴン車の9人全員と大型トラックと保冷車の運転手が死亡、2人が重傷を負った。《データ》死者11名、負傷者2名

10.4 工事現場土砂崩れ（兵庫県神戸市北区）10月4日午後2時10分ごろ、兵庫県神戸市北区山田町原野の国道428号で、補強工事をしていたのり面が幅約40mにわたって

兵庫県(1997年)

崩れ落ちた。作業員10人は避難して無事だった。

10.22 震災仮設住宅全焼（兵庫県神戸市北区）10月22日午後10時30分ごろ、神戸市北区山田町下谷上中一里山、仮設ひよどり台南第2住宅の第5棟付近から出火、同棟の7戸のうち5戸、約100m^{2}が全焼、女性1人が軽いやけどをした。《データ》負傷者1名、全焼5戸、焼失面積約100m^2

10.22 工事現場トラック突入（兵庫県美嚢郡吉川町）10月22日午前1時15分ごろ、兵庫県美嚢郡吉川町大畑の中国自動車道下り線で、渋滞でとまっていた大型トラックに、別の大型トラックが追突、はずみでトラックは走行車線内の工事区域に突っ込み、工事作業車など2台に追突した。この事故で工事の警備にあたっていた警備員と作業中の男性が死亡、1人が重傷を負った。トラックが渋滞に気づくのが遅れたらしい。《データ》死者2名、負傷者1名

11.29 乗用車電柱に衝突（兵庫県加古川市）11月29日午前0時30分ごろ、兵庫県加古川市平荘町池尻の県道で、乗用車が道路左側の電柱に激突、3人が頭などを打って死亡した。《データ》死者3名

12.16 住宅火災（兵庫県豊岡市）12月16日午前11時38分ごろ、兵庫県豊岡市中央町の民家付近から出火、木造2階建ての住宅を全焼したほか、隣接の店舗や住宅などに燃え広がり、計8棟約1420m^{2}を全半焼した。この火事で老人1人が焼死した。《データ》死者1名、全半焼8棟、焼失面積約1420m^2

1997年(平成9年)

1.3 乗用車横転炎上（兵庫県洲本市）1月3日午前2時55分ごろ、兵庫県洲本市小路谷の市道で、乗用車が道路わきで横転して炎上、運転していた男性が運転席に閉じ込められて焼死、同乗の1人が頭の骨を折って重傷、1人が頭などに軽いけがをした。車の火は道路北側斜面の雑草に燃え移り、付近の山林約1.8haが焼けた。《データ》死者1名、負傷者2名、消失面積約1.8ha

1.13 山陽新幹線窓ガラス破損（兵庫県神戸市須磨区）1月13日午前11時ごろ、神戸市須磨区の山陽新幹線の高塚山トンネルで、「ひかり141号」の屋根で異音がし、窓ガラスにひびが入った。また、この列車より前にトンネルを通過した「のぞみ5号」と「ひかり101号」の窓ガラス計13枚にもひびが入っていた。トンネル内に落ちていた東京からの距離を示すアルミ製の標識が原因らしい。

3.11 天理教分教会全焼（兵庫県揖保郡揖保川町）3月11日午前6時20分ごろ、兵庫県揖保郡揖保川町の天理教揖保分教会から出火、木造平屋の旧館約195m^{2}と南側の鉄筋3階建て約375m^{2}の新館がほぼ全焼した。同分教会に住んでいる分教会長の子供5人のうち2人が一酸化炭素中毒で死亡、ほかの3人も軽い中毒症。《データ》死者2名、負傷者3名、焼失面積570m^2

4.8 化学工場火災（兵庫県尼崎市）4月8日午前10時10分ごろ、兵庫県尼崎市鶴町にある化学工業工場4階付近から出火、4階部分約700m^{2}が焼けたが、けが人はなかった。出火当時、工場内では吹き付け塗装のノズルをシンナーで洗う作業をしていた。《データ》焼失面積約700m^2

5.8 中鉄観光バス・ダンプカー追突（兵庫県美方郡温泉町）5月8日午前10時ごろ、兵庫県美方郡温泉町の県道で、道路工事のため停車中の車に気付いたダンプカーが急ブレーキをかけてスリップし、道をふさぐように停車したところに「中鉄観光」の観光バスが衝突。観光バスは約2m下の畑に転落し、乗員乗客18人が重軽傷を

兵庫県(1997年)

負った。《データ》負傷者18名

5.26 建設会社寮全焼 (兵庫県西宮市) 5月26日午前1時5分ごろ、兵庫県西宮市今津水波町、土木建設会社の事務所兼従業員寮から出火、鉄骨プレハブ2階建て延べ約240m²を全焼。北側の木造2階建てアパート延べ約160m²も半焼、2人が焼死、7人がやけどを負った。《データ》死者2名、負傷者7名、全半焼2棟、焼失面積400m²

6.3 中国自動車玉突き事故 (兵庫県加西市) 6月3日午前4時ごろ、兵庫県加西市西野々町の中国自動車道下り線で、大型トラックが、大型トラックに追突、さらに前方に停車していた普通トラックに玉突き追突、1人が死亡、5人が軽傷を負った。《データ》死者1名、負傷者5名

7.8 乗用車側壁に衝突 (兵庫県神戸市兵庫区) 7月8日午後7時45分ごろ、神戸市兵庫区平野町天王谷の西神戸有料道路山麓バイパス布引トンネル内で、乗用車がトンネルの側壁に衝突して炎上、2人が焼死した。路上に落ちていたシートを避けようとしてハンドル操作を誤ったらしい。《データ》死者2名

8.25 タンクローリー横転 (兵庫県姫路市) 8月25日午後11時25分ごろ、兵庫県姫路市飾東町佐良和の山陽自動車道姫路東ランプウェイの入り口付近で、硫酸約6000リットルを積んだタンクローリーが横転、運転手が胸などを強く打って死亡したが、硫酸の流出はなかった。現場は急な右カーブの1車線道路で、カーブを曲がりきれなかったらしい。《データ》死者1名

9.17 団地の裏山崩れる (兵庫県神戸市須磨区) 9月17日午前0時40分ごろ、兵庫県神戸市須磨区妙法寺円満林の万寿ケ丘団地で、裏山が高さ20m、幅10mにわたって崩れ土砂が民家軒下まで迫ったが、けが人などはなかった。

10.19 中国自動車道多重衝突 (兵庫県東条町) 10月19日午後9時ごろ、兵庫県東条町の中国自動車道下り線で、軽四貨物が横転、後続のトラックや13人が乗ったマイクロバスなど7台が追突するなどし、トラックの運転手が重傷、8人が軽傷を負った。《データ》負傷者9名

11.1 住宅火災 (兵庫県御津町) 11月1日午前1時ごろ、兵庫県御津町の民家から出火、木造2階建て住宅延べ約160m²を全焼、3人が死亡した。ストーブの熱で布団などが燃えたのではないかとみている。《データ》死者3名

11.30 山陽道玉突き事故 (兵庫県相生市) 11月30日午前9時10分ごろ、兵庫県相生市那波の山陽自動車道上り線で、渋滞で止まっていたトラックに大型トラックが追突するなど計5台が関係する玉突き事故があり、大型トラックの運転手が胸を強く打って死亡、7人が軽傷を負った。《データ》死者1名、負傷者7名

12.6 仮設住宅火災 (兵庫県神戸市東灘区) 12月6日午前1時30分ごろ、神戸市東灘区魚崎南町の阪神大震災被災者用の仮設住宅の1室から出火、3号棟の全8戸延べ約210m²を全焼したが、けがはなかった。火元の1室6畳間の石油ストーブが原因らしい。《データ》焼失面積約210m²

12.22 山陽線人身事故 (兵庫県神戸市須磨区) 12月22日午後9時15分ごろ、神戸市須磨区須磨浦通のJR山陽線須磨駅下りホームで、誤ってホームから転落した男性と手を差し出して助けようとした男性の2人が、野洲発網干行きの快速電車にはねられ、2人とも全身を強く打って死亡した。《データ》死者2名

1998年(平成10年)

- **1.19 軽トラック中央分離帯に衝突**（兵庫県西宮市）1月19日午前6時15分ごろ、兵庫県西宮市本町の阪神高速道路神戸線上り線で、軽トラックが中央分離帯に衝突、炎上。運転していた男性が死亡した。《データ》死者1名

- **1.23 仮設住宅火災**（兵庫県尼崎市）1月23日午後8時ごろ、兵庫県尼崎市杭瀬南新町の阪神大震災被災者用仮設住宅の男性宅から出火、男性宅と隣家の計46m^{2}を全焼、3戸の壁を焦がすなどし、1時間半後に消えた。《データ》焼失面積46m^2

- **1.31 住宅火災**（兵庫県西宮市）1月31日午前6時45分ごろ、兵庫県西宮市上ケ原一番町の民家から出火、木造2階建て住宅約250m^{2}を全焼し、1人が焼死した。《データ》死者1名、全焼1棟、焼失面積約250m^2

- **2.13 タクシー・軽トラック衝突**（兵庫県芦屋市）2月13日午前10時35分ごろ、兵庫県芦屋市松ノ内の市道交差点で、タクシーと軽トラックが衝突、はずみで軽トラックが近くにいた母子をはね、母親が死亡、子供が大けがをした。母子は信号機のない同交差点で、車の行き来が途切れるのを待っていた際に、事故に巻き込まれた。《データ》死者1名、負傷者1名

- **2.14 住宅火災**（兵庫県西宮市）2月14日午後9時25分ごろ、兵庫県西宮市川添町の民家から出火。木造平屋約140m^{2}を焼き、2人が焼死した。《データ》死者2名、焼失面積約140m^2

- **2.20 文化住宅火災**（兵庫県尼崎市）2月20日午前11時45分ごろ、兵庫県尼崎市神田南通の文化住宅2階から出火、木造モルタル2階建て延べ約440m^{2}を半焼し、1人が焼死した。《データ》死者1名、焼失面積約440m^2

- **3.3 住宅火災**（兵庫県尼崎市）3月3日午前6時ごろ、兵庫県尼崎市東塚口町の民家から出火、木造2階建て延べ約110m^{2}のうち1階居間など約20m^{2}が焼けた。2人家族のうち女性1人は一酸化炭素中毒で死亡、もう1人の男性も重体。《データ》死者1名、負傷者1名、焼失面積約20m^2

- **3.3 トレーラー暴走**（兵庫県神戸市灘区）3月3日午後2時50分ごろ、神戸市灘区篠原の県道で、10トントレーラーが、道路工事のため停車していた乗用車3台に次々と接触したうえ、対向車線を約50m暴走、乗用車と衝突し、道路わきのコンクリート壁に接触、横転した。この事故でトレーラー運転手は即死。乗用車を運転していた女性が重傷を負ったほか、同乗の母子2人も軽傷を負った。《データ》死者1名、負傷者3名

- **3.10 住宅火災**（兵庫県尼崎市）3月10日午前5時40分ごろ、兵庫県尼崎市立花町の会社員方から出火。木造2階建て約100m^{2}のうち1階部分約60m^{2}を焼き、1人が死亡、2人が顔などにやけどを負った。《データ》死者1名、負傷者2名、焼失面積約60m^2

- **4月 高濃度ダイオキシン検出**（兵庫県千種町）兵庫県千種町のごみ焼却施設「宍粟環境美化センター」の埋め立て処分場の焼却灰から、1グラム当たり最高6万4000ピコグラムという国内最高のダイオキシンが検出された。

- **4.11 住宅火災**（兵庫県太子町）4月11日午前4時15分ごろ、兵庫県太子町東南の民家から出火、木造2階建て住宅延べ約90m^{2}を全焼、2人が死亡、1人が軽いやけどを負った。《データ》死者2名、負傷者1名

- **4.26 住宅火災**（兵庫県洲本市）4月26日午前5時40分ごろ、兵庫県洲本市本町の民家1階から出火、木造2階建て住宅延べ約95m^{2}を全焼。火はさらに、東西の隣家に燃

兵庫県(1998年)

え移り、それぞれ木造平屋建て住宅計2棟約125m^{2}を全焼したほか、周辺の住宅など5棟の一部を焼き、3人が焼死した。《データ》死者3名

6.1 アパート火災（兵庫県尼崎市）6月1日午前4時20分ごろ、兵庫県尼崎市元浜町の木造2階建てアパート1階から出火、1室約12m^{2}を焼き、1人焼死した。《データ》死者1名

6.13 軽乗用車・トラック追突（兵庫県川西市）6月13日午前4時ごろ、兵庫県川西市加茂の中国自動車道上り線で、軽乗用車がトラックに追突、さらに中央分離帯に激突して横転した。軽乗用車を運転していた女性は車外に投げ出されて後続の軽乗用車にはねられ、死亡した。《データ》死者1名

8.5 幼女熱中症で死亡（兵庫県南光町）8月5日午後2時50分ごろ、兵庫県南光町下徳久、路上に止めた乗用車の中で、子供2人がぐったりしているのを、母親が見つけ、病院に運んだが、熱中症で既に死亡していた。母親は2人を車内に残して近くの親類宅へ出掛けていたが、車内はエアコンが切れた状態で50度近い高温になっていた。《データ》死者2名

10.29 乗用車横転（兵庫県神戸市西区）10月29日午前1時50分ごろ、神戸市西区玉津町の第2神明道路玉津インター入り口で、乗用車が道路右側の側壁に衝突し、横転、後部座席の女性が死亡、運転していた男性と同乗の2人の計3人が重傷を負った。ぜんそくの発作が起きた子どもを、病院につれていく途中で、急な左カーブをスピードの出し過ぎて曲がりきれなかったらしい。《データ》死者1名、負傷者3名

12.20 乗用車転落（兵庫県姫路市飾磨区）12月20日午後3時50分ごろ、兵庫県姫路市飾磨区細江の姫路港公共岸壁で、乗用車が車止めを乗り越えて海中に転落し、近くの海上で男性が遺体で、海中から引き揚げた車の中で男性の両親2人の遺体を見つけた。《データ》死者3名

1999年(平成11年)

2.14 団地火災（兵庫県津名町）2月14日午前7時40分ごろ、兵庫県津名町塩尾の団地の一室から出火、出火元の部屋と真上の部屋、計約100m^{2}を全焼した。この火事で保育園児3人が焼死したほか、園児らの母親が逃げようとしてベランダから飛び降り、全身を強く打ち間もなく死亡した。玄関横の台所から火が上がっているのが目撃されている。《データ》死者4名、全焼2部屋、焼失面積約100m^2

2.28〜 B型肝炎院内感染（兵庫県加古川市）2月28日と4月26日、兵庫県加古川市の診療所「福原泌尿器科」で、B型肝炎に感染した透析患者が劇症肝炎を発症して死亡した。その後さらに4人が死亡し、死者は6人となった。B型肝炎は感染症予防法で診断後7日以内の届け出が義務づけられているのにこれが守られず、4月26日に死亡した患者は約1カ月も感染の届けがなかった。《データ》死者6名

3.12 団地火災（兵庫県神戸市）3月12日午後9時20分ごろ、神戸市中央区港島中町の14階建て公団住宅の5階一室が爆発して炎上、同室57m^{2}を全焼し、6階の一室57m^{2}を全焼、さらに7階一室57m^{2}のうち30m^{2}を焼き、約1時間20分後に消えた。この火事で男性1人が死亡。詮が開いたガスコンロから充満したガスが爆発した事が原因。《データ》死者1名、全焼2部屋、半焼1部屋、焼失面積延べ約144m^2

4.6 強風でけが人相次ぐ（兵庫県・大阪府）4月6日、兵庫県や大阪府で突風が発生し、被害が続出した。午前11時20分ごろ、兵庫県神戸市長田区二葉町の市立二葉小学校でフェンスに設置された選挙掲示板が木枠ごと倒れ、通りかかった女性が頭部

兵庫県(1999年)

に軽傷を負った。同じころ、同県明石市の県立明石公園内でも露天商のテントが倒れ、2人がパイプで頭などを打ち軽傷。大阪府東大阪市ではマンションの足場が倒壊して露店が下敷きになり、経営者の女性が軽傷を負った。《データ》負傷者4名

4.10 地下鉄工事現場土砂崩れ（兵庫県神戸市）4月10日午後2時25分ごろ、神戸市兵庫区浜中町2の地下約7mにある市営地下鉄海岸線工事現場で、土砂200キロが崩れ落ちる事故が発生、約2m下で掘削作業をしていた男性1人が頭を打ち即死、1人が右足などに軽傷を負った。地下約5mに露出している雨水管の底に付着していた土の塊が、振動などで縦1m、横60cm、奥行き60cmにわたって崩落したとみられる。同工事の労災事故は今回を含め10件、死者2人、負傷者は22人にのぼっている。《データ》死者1名、負傷者1名

5.19 民家裏山崩れる（兵庫県神戸市）5月19日午後11時50分ごろ、神戸市兵庫区平野町の民家裏山の斜面が幅約10m高さ約20mにわたって崩落し、樹木十数本が近くの駐車場に倒れ、2世帯4人が自主避難した。斜面には防護フェンスが設置してあったが、樹木が張り出してきたため、3月ごろから付近住民が不安を示していた。同日夜は市内で最大瞬間風速21.1mを記録しており、強風のため樹木が倒れたとみられる。

6.14 地震（京都府・兵庫県）6月14日午前4時40分ごろ、京都府と兵庫県で地震が発生。震源は京都府南部で深さは約10キロ、マグニチュードは4.2。京都府三和町、兵庫県市島町で震度3、京都市中京区、兵庫県三田市で震度2を記録した。

7月 MRSA集団感染（兵庫県神戸市）7月に、神戸市須磨区の国立神戸病院で新生児1人からMRSA(メチシリン耐性黄色ブドウ球菌)が検出されたことが、9月になって判明、その後6月〜9月にかけて生まれた新生児96人中59人が感染、また職員も37人中8人が感染していた。感染した新生児のほとんどが同じDNAの型をもつMRSAを持っていた。《データ》感染者67名

8.9 住宅火災（兵庫県宝塚市）8月9日午前1時半ごろ、兵庫県宝塚市武庫山の民家から出火、木造2階建て延べ124m^{2}のうち1階部分など約90m^{2}が焼け、男性1人が焼死した。《データ》死者1名、焼失面積約90m^2

8.9〜14 病院でサルモネラ菌食中毒（兵庫県姫路市）8月9日から14日にかけて、兵庫県姫路市飾磨区三宅の医療法人公仁会「姫路中央病院」で、入院患者や病院職員ら21人が腹痛や下痢などの食中毒症状を訴え、患者の便などからサルモネラ菌が検出されていたことが28日、分かった。原因は9日に病院の昼食として出されたホウレンソウのおひたしで、病院は同保健所に食中毒発生を届け出ていなかった。同病院は29日から3日間、給食業務停止処分になるとともに、届け出を徹底指導された。《データ》患者21名

9.26 隕石民家直撃（兵庫県神戸市）9月26日午後8時20分ごろ、神戸市北区筑紫が丘の民家に隕石が落下し、木造スレートぶきの自宅の屋根に直径約10センチの穴が開いて2階の部屋に石の破片が散らばっていた。石は全部で約10個で合計136グラム。一番大きいものは長さ約5センチと卵の半分ほどの大きさで約60グラム、黒と灰の交じったような色をしていた。けが人はなかった。

9.27 山陽新幹線保守用車両追突（兵庫県神戸市）9月27日未明、神戸市西区の山陽新幹線新神戸—西明石間で保守用車両同士が追突し、脱線。作業員3人が負傷した。新大阪—姫路間は始発から約2時間不通になり、1万人の足に影響が出た。9月24日には台風18号と、山口県内の徳山—小郡間の停電事故の影響で大幅なダイヤの乱

277

兵庫県(2000年)

れがあったばかりだった。《データ》負傷者3名

2000年(平成12年)

2.28 カーフェリー火災（兵庫県明石市）2月28日午後10時20分ごろ、兵庫県明石市の明石港沖約14キロの播磨灘で、高松発神戸行きのカーフェリー「りつりん2」の機関室から出火。乗組員が消火に当たり火は間もなく消えたが、同船は自力航行できず、強風・低温のなか巡視船とヘリー機で60人の乗客全員を救出した。29日朝、同フェリーはタグボート2隻にえい航されて神戸港第3突堤に到着した。この火事で5人が負傷。《データ》負傷者5名

3.2 テレホンクラブ放火（兵庫県神戸市）3月2日早朝、神戸市中央区で同系列のテレホンクラブ2店に相次いで火炎瓶が投げ込まれて火災が発生、同ビルの2、3階部分計約60m^{2}を焼いて約1時間半後に消えたが、男性客4人が死亡し、客と従業員計6人が重軽傷を負った。後に元暴力団員らが現住建造物放火容疑で逮捕された。《データ》死者4名、負傷者6名、焼失面積約60m^2

3.10 店舗火災（兵庫県尼崎市）3月10日午後11時10分ごろ、兵庫県尼崎市玄番北之町、新三和商店街の店舗から出火、事務所をはじめ洋服店や飲食店など計10棟延べ約1000m^{2}を全焼して2人が死亡した。その2日後の13日午後9時40分ごろ、同市神田北通の3戸続きの住宅から出火、木造2階建て延べ約180m^{2}のうち中央の空き家約60m^{2}を全焼した。けが人はなかった。この付近では他にもボヤが発生しており、連続放火の可能性もある。《データ》全焼10棟、焼失面積約1060m^2

6.5〜29 流行性結膜炎院内感染（兵庫県神戸市）6月5日から29日にかけて、兵庫県神戸市中央区にある神戸大学医学部付属病院の眼科病棟の入院患者や医師ら30人が、ウイルスによって感染する流行性角結膜炎に感染していたことが、7月1日に判明した。同病院は院内感染の疑いがあるとして眼科の新規入院受け入れをやめ、入院患者を転院させて病棟を一時閉鎖した。《データ》感染者30名

7.9 プレジャーボートから転落（兵庫県明石市）7月9日正午ごろ、兵庫県明石市の明石海峡大橋付近で、6歳の男児がプレジャーボートから転落、助けようとした両親も海に流されて、3人は行方不明となった。同プレジャーボートには他に転落した男児の姉で8歳の女児が乗っていたが、この女児は1人で船を動かして港にたどり着いた。プレジャーボートに救命胴衣は積んであったが、家族は5人ともこれを着用していなかった。《データ》行方不明者3名

8.18 震災復興住宅火災（兵庫県西宮市）8月18日午前4時ごろ、兵庫県西宮市甲子園口にある市営の震災復興住宅8階の一室から出火、同室約65m^{2}を全焼した。この火事で、避難しようと女性が、南側ベランダから外壁を乗り越えて約21m下の地上に飛び降り、全身を強く打って死亡したほか、9階の男性が消火する際、ガラスで手足を切って軽傷を負った。《データ》死者1名、負傷者1名

8.27 淡路花博で滑り台横転（兵庫県）8月27日午後0時半ごろ、兵庫県・淡路島で開催中の淡路花博「ジャパンフローラ2000」のイベント特設会場で、ゴム製滑り台が横倒、乗っていた子供十数人が地面に投げ出されて、1人が右手首骨折の重傷、12人が頭や手足などに軽い打撲傷を負った。滑り台を膨らませる送風機の電源が抜けていた。《データ》負傷者13名

10.6 神戸大学で結核集団感染（兵庫県神戸市）10月6日、兵庫県神戸市灘区在住の、大学のサークルに所属する22人が結核に集団感染したこと判明した。うち1人が

発症、入院したが、21人は症状が出なかった。入院した学生は6月初旬から症状が現れ始め、一度は大学の保健センターでかぜと診断されたが、その後の検査の結果、結核と判明した。《データ》感染者22名

- **10.21 調整弁ミスで患者が酸欠死**（兵庫県神戸市）10月21日午前0時25分ごろ、兵庫県神戸市中央区にある神戸大医学部付属病院で、大動脈りゅう破裂で入院中の女性患者が細菌に感染した人工血管の除去手術をうけていた際、病院側が酸素と麻酔ガスを送り込む装置内の圧力を調整する弁を誤って酸素注入口に装着、酸素が体内に流れなくなり、同午前1時に心停止状態となり、同4時38分に死亡した。病院側はミスを認めている。《データ》死者1名

2001年（平成13年）

- **1.7 工場爆発**（兵庫県姫路市）1月7日午後5時25分ごろ、兵庫県姫路市大津区吉美の鋼管製造会社工場で圧延用ロールを製造する遠心鋳造機が爆発、鋳造機から飛び散った高温の溶鉄を浴び、従業員4人が全身やけどなどで死亡した。高温の溶鉄に何らかの要因で水分が混じり、水蒸気爆発を起こしたのではないかとみられている。高温の鉄が約90m^{2}にわたって流出した。《データ》死者4名

- **1.14 地震**（兵庫県）1月14日午前8時55分ごろ、兵庫県で地震が発生。震源は同県北部で深さは約10キロ、マグニチュードは4.2。同県温泉町で震度3、竹野町、美方町、鳥取市で震度2を記録した。

- **2.1 地震**（兵庫県）2月1日午前1時50分ごろ、兵庫県で地震が発生。震源は同県北部で深さは約10キロ、マグニチュードは4.1。同県村岡町で震度3、豊岡市、竹野町、美方町、温泉町、京都府大江町、加悦町、伊根町、野田川町、久美浜町、鳥取県国府町で震度2を記録した。

- **2.16 地震**（兵庫県）2月16日午前2時19分ごろ、兵庫県で地震が発生。震源は兵庫県北部で深さは約10キロ、マグニチュードは4.3。同県温泉町で震度3、豊岡市、村岡町、美方町、鳥取市、鳥取県国府町、岩美町、船岡町、八東町、岡山県上斎原村で震度2を記録した。

- **6.5 ヘリコプター墜落**（兵庫県西淡町）6月5日午前5時10分ごろ、兵庫県西淡町（淡路島）松帆古津路の駐車場に小型ヘリコプターが墜落。操縦士と整備士が背中や腰を強く打ち、いずれもせき髄損傷などの重傷を負った。同4時55分ごろ、西淡町が臨時ヘリポートとして使っている現場駐車場から離陸。間もなくエンジンの不調を示す警告灯が点灯したため、駐車場に引き返そうとして墜落した。《データ》負傷者2名、ヘリコプター墜落

- **6.7 ひき逃げ**（兵庫県神戸市）6月7日午前8時ごろ、神戸市北区有野町有野の有野川河川敷で、女児の遺体が見つかった。遺体に車にはねられたような跡があることから、兵庫県警有馬署は、ひき逃げされた後、川に捨てられた可能性があるとみて捜査。遺体には手などに車にはねられたとみられる傷があり、右手を骨折。周辺には事故の形跡はなく、離れた場所で事故に遭った可能性がある。《データ》死者1名

- **7.21 明石歩道橋圧死事故**（兵庫県明石市）7月21日午後8時40分ごろ、兵庫県明石市大蔵谷のJR朝霧駅南側と大蔵海岸を結ぶ高架式歩道橋で、花火見物から帰る客と海岸に向かう客の押し合いで、約200人が将棋倒しになり、子ども9人と高齢者2人の計11人が死亡、247人が負傷した。花火会場への出入り口はこの歩道橋だけで、過去最高の約15万人の人出となり、警備対策の不十分さが大事故を誘発したとして、

兵庫県(2001年)

明石署、警備会社、明石市関係者が業務上過失致死の罪に問われた。《データ》死者11名、負傷者247名

12月～ 結核感染（兵庫県神戸市）12月から翌年にかけて、神戸市内の私立女子中学校の男性教師が結核に感染・発病し、同僚3人と生徒97人の計100人が結核に感染した。同教師は12月28日に市内の病院で結核と診断され入院。生徒ら100人は発病しておらず、同保健所が発病を予防する薬を半年間服用するよう指導している。《データ》患者1名、感染者100名

12.30 人工砂浜陥没（兵庫県明石市）12月30日午後0時50分ごろ、兵庫県明石市大蔵海岸通の人工海浜「大蔵海岸」で突然砂浜が陥没した。陥没は深さ約1.5mに及び、散歩中の女児1人が砂に埋まって重体となり、後日死亡した。現場付近では同様の陥没が続き、調査の結果堤防のすき間から砂が海中に流れ出し、砂浜の地中部分に空洞が出来たのが原因と判明、市が応急工事をしたが、抜本的な堤防の改修工事は行われていなかった。《データ》死者1名

2002年(平成14年)

2.12 天理教分教会火災（兵庫県西脇市）2月12日午前7時45分ごろ、兵庫県西脇市和田町の天理教和田町分教会から出火。木造平屋一部2階建ての分教会兼住宅約140m^{2}と隣接する納屋約18m^{2}を全焼、男性1人が焼死した。同日午後3時ごろには、大阪府泉南市信達市場の天理教信達分教会に付属する鉄骨3階建て住居から出火。住居部分と棟続きの木造平屋建て分教会、隣接する民家の計600m^{2}を全焼し、女児1人が焼死し、子ども6人を含む8人が煙を吸うなどして病院で手当てを受けた。《データ》死者2名、負傷者8名

2.19 住宅火災（兵庫県宝塚市）2月19日午前8時40分ごろ、兵庫県宝塚市長寿ガ丘の木造2階建て住宅から出火。延べ100m^{2}を全焼し、住んでいた男性2人が焼死した。《データ》死者2名、焼失面積約100m^2

3.15 住宅火災（兵庫県宝塚市）3月15日午後11時25分ごろ、兵庫県宝塚市花屋敷荘園の木造2階建て住宅から出火。同住宅など計4棟の約170m^{2}を焼き、火元の住宅に住んでいた母子3人が焼死、父親が両足にやけどを負った。父親が帰宅した時には1階の居間から火の手が上がっていたという。《データ》死者3名、焼失面積約170m^2

3.19 山林火災（兵庫県宝塚市）3月19日午前10時45分ごろ、兵庫県宝塚市切畑の山林から出火。近隣から応援の消防車計63台と各府県や陸上自衛隊のヘリコプター8機が消火活動を行ったが、約50時間に渡って燃え続け、雑木林など32haを焼いた。炎は一時住宅地の付近数十mまで接近し、241世帯に避難勧告が、うち93世帯に避難命令が出された。《データ》焼失面積約32ha

6.7 住宅火災（兵庫県尼崎市）6月7日午前3時5分ごろ、兵庫県尼崎市西大物町の木造2階建て住宅から出火。延べ約70m^{2}を全焼し、女性1人が全身やけどによるショックで死亡した。《データ》死者1名、焼失面積約70m^2

7.11 神戸淡路鳴門自動車道で多重衝突事故（兵庫県淡路町）7月11日、兵庫県の神戸淡路鳴門自動車道で路線バス2台やトレーラー、トラックなど計10台が関係する玉突き衝突事故が発生、4人が死亡、45人が重軽傷を負い病院に運ばれた。《データ》死者4名、負傷者45名

8.28 飲酒運転バス運転手が女性をはねる（兵庫県神戸市）8月28日午前9時5分ごろ、神戸市須磨区西落合の市道で、酒気帯び運転をしていた神戸市営バス運転手が、

女性をはねて死亡させ、道路交通法違反で逮捕された。《データ》死者1名

2003年(平成15年)

- **1.20 落雷で信号機故障**(兵庫県西宮市)1月20日午後8時半ごろ、兵庫県西宮市甲子園口のJR東海道線甲子園口駅で、落雷による信号機故障が発生した。終日ダイヤが大幅に乱れ、運休と遅れが計176本、約12万8000人に影響が出た。
- **1.23 中国自動車道路玉突き事故**(兵庫県伊丹市)1月23日午後11時半ごろ、兵庫県伊丹市荒牧の中国自動車道上り車線で、観光バス1台を含む8台が関係する玉突き事故が発生。トラック運転手の男性が間もなく死亡。観光バスの乗客ら35人が負傷した。《データ》死者1名、負傷者35名
- **6.2 住宅火災**(兵庫県神戸市)6月2日、神戸市西区の木造2階建て住宅から出火、救助のために建物に入った消防士が崩落した天井の下敷きになり、4人が死亡、10名が重軽傷を負った。火を出した男性も死亡した。《データ》死者5名、負傷者10名
- **6.9 リサイクル工場爆発**(兵庫県姫路市)6月9日午前10時40分ごろ、兵庫県姫路市白浜町の鉄骨リサイクル会社で、亜鉛を溶かす炉が爆発。従業員2人が負傷した。《データ》負傷者2名
- **6.29 ワゴン車にはねられ死亡**(兵庫県明石市)6月29日午後4時45分ごろ、兵庫県明石市新明町の県道で、全盲の女性の外出介助をしていたボランティアの主婦が酒気帯び運転中のワゴン車にはねられ、死亡した。《データ》死者1名
- **7.31 生肉でE型肝炎感染**(兵庫県・鳥取県)7月31日、シカの生肉やイノシシの肝臓を食べて、E型肝炎に集団感染し、1人が死亡していた事が明らかになった。鳥取県で1月下旬～2月上旬に野生のイノシシの肝臓を生で食べた2人が3月になってE型肝炎を発症、うち1人が死亡した。兵庫県では4月中～下旬、4人は発熱、吐き気などの症状が表れ、肝機能も低下して急性肝炎と診断。その後の血清検査でE型肝炎と判断された。《データ》死者1名
- **8.5 落雷**(兵庫県)8月5日午後、兵庫県で落雷が発生、鉄道に被害が相次いだ。午後2時45分ごろ、三田市のJR福知山線広野駅で、同3時ごろには伊丹市の同線北伊丹駅で、それぞれ信号機が故障。72本が運休するなど約5万5800人に影響が出た。阪神本線でも午後3時25分ごろ、誤作動により芦屋市内7カ所の踏切で遮断機が下りた状態となり、28本が最大7分遅れ、約5000人に影響が出た。
- **8.15 土砂崩れ**(兵庫県神戸市)8月15日午前5時5分ごろ、神戸市長田区滝谷町の神戸電鉄有馬線丸山—長田駅間で、前日から降り続いた雨の影響で線路脇の斜面が崩落。計134本が運休し、約2万人に影響した。
- **10.9 点滴薬を誤投与**(兵庫県神戸市)10月9日神戸大医学部付属病院は、食道せん孔による感染症で入院中の女性に誤って糖尿病用のインスリンを投与したと発表した。女性は重い意識障害に陥り、後日死亡した。病院側は会見で「(症状悪化は)病気の可能性が高い。しかし、誤投与による可能性も否定できない」などと述べた。家族には謝罪、兵庫県や県警生田署に経過を報告。《データ》死者1名
- **11.19 管挿入ミスで乳幼児死亡**(兵庫県神戸市)11月19日、神戸市中央区の神戸大学医学部付属病院が、抗がん剤投与のため心臓近くの静脈にカテーテル(管)を入れる処置を受けた乳幼児が、心臓の壁に穴が開いて死亡したと発表した。同病院は、「カテーテル挿入時に発生した医療事故の可能性がある」と患者の両親に謝罪し、兵庫県警生田署や文部科学省などに報告した。また、外部委員を含む事故調査委

兵庫県(2003年)

員会を設置することを決めた。《データ》死者1名

12.19 住宅火災（兵庫県西宮市）12月19日午後11時35分ごろ、兵庫県西宮市山口町名来にある住宅から出火、木造2階建て延べ約100m^{2}のうち約80m^{2}を焼き、東隣のディスカウントストアに延焼。一部鉄骨平屋建て約600m^{2}を全焼した。消火作業中、消防士1人が一酸化炭素中毒で間もなく死亡。別の消防士1人と地元消防団員1人ものどなどに軽傷を負った。《データ》死者1名、負傷者2名、全半焼2棟、焼失面積約680m^2

2004年(平成16年)

1.26 住宅火災（兵庫県黒田庄町）1月26日午前7時半ごろ、兵庫県黒田庄町の住宅から出火。木造平屋建て住宅約120m^{2}のうち台所部分約5m^{2}を焼いて約30分後に消えた。焼け跡から男女2人の焼死体が見つかった。《データ》死者2名、焼失面積約5m^2

2.18 アパート火災（兵庫県神戸市）2月18日午前6時20分ごろ、神戸市兵庫区のアパートから出火、木造2階建て延べ約93m^{2}のうち2階の一室など約24m^{2}を焼き、同室から男性の遺体が見つかった。隣室の女性も逃げる際に煙を吸い、のどをいためて重傷。《データ》死者1名、負傷者1名、焼失面積約24m^2

3.19 重油タンク内に転落（兵庫県尼崎市）3月19日午前11時35分ごろ、兵庫県尼崎市の石油精製工場で、重油タンクを解体していた男性作業員3人が、高さ約15mの屋根ごとタンク内に落下。3人とも全身を強打して病院に運ばれたが、2人が死亡。他1人は意識不明の重体。《データ》死者2名、負傷者1名

3.27 パラグライダー墜落（兵庫県青垣町）3月27日午後2時40分ごろ、兵庫県青垣町の岩屋山周辺でパラグライダーをしていた男性が、地上から高さ約15mのところでバランスを崩し、河川敷に墜落し、骨盤を骨折するなど意識不明の重体。《データ》負傷者1名

3.28 競艇で衝突（兵庫県尼崎市）3月28日午後0時35分ごろ、兵庫県の尼崎競艇場で行われていた第5レースで、ボートが、別の選手のボートと接触した。選手はガードレールに衝突してボートから振り落とされ、護岸と結ぶ金属製の係留アームで全身を強く打ち死亡した。《データ》死者1名

4.11 水上バイク爆発（兵庫県神戸市）4月11日午前11時半ごろ、神戸市兵庫区の兵庫埠頭沖約40mの海上で、大阪府の男性操縦の3人乗り水上バイクが突然、爆発、炎上した。男性は海上に投げ出されて背骨を折る重傷。《データ》負傷者1名

4.26 軽乗用車と普通電車衝突（兵庫県尼崎市）4月26日午前11時10分ごろ、兵庫県尼崎市の阪急神戸線園田―塚口間の踏切で、軽乗用車と梅田発三宮行き下り普通電車が衝突。車は十数m引きずられて大破、運転していた男性が死亡した。《データ》死者1名

5.8 突風でパラグライダー転倒（兵庫県猪名川町）5月8日午後1時ごろ、兵庫県猪名川町の大野山中腹にあるパラグライダー離陸場で、飛行しようとした男性が突風にあおられて転倒、地面で頭などを打ち間もなく死亡した。《データ》死者1名

5.14 卓球台に挟まれ死亡（兵庫県神戸市）5月14日午後9時ごろ、神戸市北区の市立中学の体育館で、小学1年生が折りたたんで収納しようとしていた卓球台に頭を挟まれ死亡した。《データ》死者1名

6.3 乗用車が電車に衝突（兵庫県明石市）6月3日午後9時55分ごろ、兵庫県明石市のJR山陽線土山駅東側の西上岡踏切で、パトカーが追跡していた乗用車が遮断機の

降りた踏切に侵入し、新快速電車と衝突。車は大破し、乗っていた男女2人が死亡した。電車の乗客約215人にけがはなかった。《データ》死者2名

6.15 大学で異臭騒動（兵庫県西宮市）6月15日午後8時ごろ、兵庫県西宮市の関西学院大上ケ原キャンパスで、何者かが催涙スプレーのようなものを学生会館新館4階の廊下でまき、ラクロス部の部室などにいた部員8人が、目やのどの痛みなどを訴えた。8人は病院で手当てを受けたがいずれも軽症。《データ》負傷者8名

7.12 地震（兵庫県）7月12日午後9時45分ごろ、兵庫県南西部で震度3の地震があった。震源は同県南西部で、深さは約10キロ。マグニチュードは4.0。

7.22 タグボート沈没（兵庫県神戸市）7月22日午後9時35分ごろ、神戸市兵庫区の和田岬沖約6.5キロを航行中の福山海運のタグボート「第12神龍丸」が救難信号を発信。船は深さ約20mの海底で見つかった。船内で船長が、沈没現場の南西約20キロの海上で機関長が、遺体で発見された。《データ》死者2名

7.24 熱中症（兵庫県尼崎市）7月24日午前10時ごろ、兵庫県尼崎市の春日公園グラウンドで、地元の少年ソフトボールチームの練習に参加していた小学4年生が突然倒れ、意識不明になり病院に運ばれ、約1時間半後に死亡が確認された。熱中症の疑いが強い。《データ》死者1名

7.30 熱中症（兵庫県篠山市）7月30日午後1時半から同4時ごろまで、兵庫県篠山市のパチンコ店でパチンコをしていた男性が、屋外駐車場に止めてエンジンを切ったままのワンボックスカー内に2歳の長男を放置。男児は熱中症で死亡した。《データ》死者1名

8.5 住宅火災（兵庫県姫路市）8月5日午前3時ごろ、兵庫県姫路市のマンション5階の一室から出火、約65m^{2}を全焼した。妻と二女とみられる2人の遺体が見つかった。夫は上半身に大やけど。小学5年生の長女は無事だった。《データ》死者2名、負傷者1名、焼失面積約65m^2

8.7 トラックと乗用車玉突き（兵庫県赤穂市）8月7日午前6時すぎ、兵庫県赤穂市の山陽自動車道上り線の高山トンネルで、10トントラック1台と乗用車3台が関係する玉突き事故が起きた。トラック1台と乗用車2台が炎上。追突され炎上した乗用車3台に乗っていた幼児3人を含む5人が死亡した。多数の後続車が煙にまかれ、救急隊員2人を含む19人が煙を吸って病院に運ばれ、うち2人が入院した。《データ》死者5名、負傷者19名

9.20 小型機墜落（兵庫県南淡町）9月20日午後4時半ごろ、兵庫県南淡町の諭鶴羽山の南側斜面に小型飛行機が墜落し、乗っていた男女が、頭などを強く打ち死亡した。濃霧で操縦を誤ったとみられる。《データ》死者2名

9.22 ゴミ収集車が坂道暴走（兵庫県神戸市）9月22日午前7時35分ごろ、神戸市の市道で、産業廃棄物収集業者のゴミ収集車が、無人で坂道を約8m下り、前を歩いていた会社員男性をひいて止まった。男性は全身を強く打ち、死亡した。《データ》死者1名

10.10 自動車部品が直撃（兵庫県三木市）10月10日午後1時50分ごろ、兵庫県三木市の解体業者の敷地で、アルバイト従業員が自動車部品を燃やしていたところ、他の部品と一緒に焼却していたシャフトが何かの弾みで飛び、会社員男性の頭にあたった。男性は頭の骨を折るなどして、病院に運ばれたが約1時間後に死亡した。《データ》死者1名

兵庫県(2004年)

- **11.13 中国自動車道で6台玉突き**（兵庫県宝塚市）11月13日午前2時ごろ、兵庫県宝塚市の中国自動車道下り線で、大型トラックが、前で路側帯に急停車した自動車運搬車に接触、その後、渋滞の最後尾に止まっていた大型トラックに追突し、さらに前の3台のトラックや乗用車が追突した。大型トラック運転手1人が死亡、2人が頭などに重軽傷を負った。《データ》死者1名、負傷者2名

- **11.13 医療器具誤用**（兵庫県西宮市）11月13日、兵庫県西宮市の兵庫医大病院で静脈瘤の破裂を防ぐ手術を受けた男性が、手術翌日の吐血に対する処置ミスで死亡した。同病院の外部調査委員会は、主治医の1人が止血のためにチューブを用いた際、取扱説明書を斜め読みして挿入したこと、挿入後の確認を怠ったまま4人いる主治医全員が帰宅したことなどを指摘、医師のずさんな対応を認定した。《データ》死者1名

- **11.27 有害物質漏洩**（兵庫県神戸市）11月27日午前9時半ごろ、神戸市中央区のタンク洗浄会社のタンクターミナル敷地内のバルブが故障し、有害な化学物質であるブチルフェノールが流出、気化して一時白煙が上がった。

- **11.28 温タオルで火傷しひざ下切断**（兵庫県尼崎市）11月28日、兵庫県立尼崎病院で、糖尿病で知覚まひのある女性患者が「寒い」と訴えたのに対し、看護師が電子レンジで温めたタオルを足元に置いたところ低温火傷を起こし、やがて壊死した。病院側は翌年3月に右ひざ下を切断手術。県は9月15日、患者に賠償金を支払って和解することを決めた。《データ》患者1名

- **11.30 カテーテルで血管損傷**（兵庫県神戸市）神戸市中央区の市立中央市民病院で女性が胃の全摘手術を受けたため11月30日午前から高カロリー栄養液を注入する治療を受けていた。午後10時ごろ、呼吸困難を訴え、約2時間後に心肺が停止、死亡した。カテーテルが血管を突き破り、多量の栄養液などが胸に漏れ出したことが原因と判明した。《データ》死者1名

- **12.18 ホテルで食中毒**（兵庫県神戸市）12月18日、神戸市中央区のホテルで調理した料理が原因とみられる食中毒が発生し、計164人が嘔吐や下痢、発熱などの症状を訴えた。全員軽症だった。《データ》患者164名

2005年(平成17年)

- **1.3 住宅火災**（兵庫県明石市）1月3日午前3時半ごろ、兵庫県明石市の住宅から出火、木造平屋建て約100m²を全焼した。住人夫婦と正月休みで帰省中だった10歳の孫ら4人が焼死、2人が軽傷を負った。《データ》死者4名、負傷者2名、焼失面積約100m²

- **1.10 阪急電車と乗用車衝突**（兵庫県尼崎市）1月10日午前0時10分ごろ、兵庫県尼崎市の阪急神戸線武庫之荘―西宮北口駅間の丸山踏切で、梅田発三宮行き急行電車が乗用車と衝突し、1両目が脱線した。この事故で車の運転手や同乗者ら計3人が即死。電車の乗客にけがはなかった。警官が職務質問しようとし、逃走した直後のことだった。《データ》死者3名

- **2.1 路面凍結で37台衝突**（兵庫県神戸市）2月1日午前4時半ごろ、神戸市灘区岩屋中町の国道43号岩屋陸橋で、路面凍結のために乗用車や大型トラックなどが次々とスリップし、18カ所で計37台が関係する追突事故が起きた。西行き車線が下り坂に差し掛かった付近で大型トラックがスリップ、車線をふさぎ後続車が次々と追突した。さらに東行き車線でも、ブレーキをかけた車がスリップし、後続車が相次いで追突したという。《データ》負傷者1名

兵庫県(2005年)

2.7 連続不審火（兵庫県姫路市）兵庫県姫路市広畑区で2月7日午前4時半〜5時ごろにかけて、住宅や店舗などを焼く不審火が7件相次ぎ、1人が死亡、1人が大やけどを負った。いずれも半径約300mの範囲で起きていることから、連続放火の疑いもある。《データ》死者1名、負傷者1名

3.15 軽乗用車とバイク衝突（兵庫県川西市）3月15日午後10時35分ごろ、兵庫県川西市の県道交差点で、右折していた軽乗用車と、対向車線を直進してきた大型オートバイが衝突。オートバイの運転手と、軽乗用車に同乗していた3人のうちの1人が頭などを強く打ち搬送先の病院で死亡、残る2人も重傷を負った。《データ》死者2名、負傷者2名

3.26 店舗火災（兵庫県伊丹市）3月26日午前4時45分ごろ、兵庫県伊丹市の店舗兼住宅から出火、木造2階建て店舗兼住宅約210m²を全焼、1人が焼死体で見つかり、1人が一酸化炭素中毒で死亡。1階が居酒屋、2階が住居で、25日午後11時ごろに店を閉めたという。《データ》死者2名、焼失面積約210m²

4.4 ガスタンク爆発（兵庫県西脇市）4月4日午後0時45分ごろ、兵庫県西脇市上野で、直径14.6mのガスタンクが爆発。タンク上で解体作業をしていた2人が爆風で転落し、1人が約3時間後に死亡。もう1人と近くにいた別の1人が重軽傷。《データ》死者1名、負傷者2名

4.9 漁船転覆（兵庫県香美町沖）4月9日午後0時半ごろ、兵庫県香美町鎧沖で漁船が転覆しているのを別の漁船が発見。約2時間後、海上保安庁のヘリが乗組員1人を救助したが、現場から約3キロ西の海上で救助された1人は間もなく死亡、1人が行方不明となった。《データ》死者1名、行方不明者1名

4.14 呼吸器チューブ外れ死亡（兵庫県三木市）兵庫県三木市の市立三木市民病院で、入院患者の人工呼吸器のチューブが外れ、5日後に死亡していたことが5月27日、わかった。4月14日早朝、人工呼吸器のチューブが機械側の接続口から外れ、警報が鳴動。医師の心臓マッサージで蘇生したが、意識は戻らず19日に死亡した。《データ》死者1名

4.21 小型機墜落（兵庫県豊岡市）4月21日午前11時20分ごろ、兵庫県豊岡市の但馬空港で1人乗りの曲芸用小型飛行機が滑走路上に墜落、操縦していたパイロットが死亡した。《データ》死者1名

4.25 JR福知山線脱線事故（兵庫県尼崎市）4月25日午前9時20分ごろ、兵庫県尼崎市のJR福知山線塚口—尼崎間で、宝塚発同志社前行き上り快速電車の1〜4両目が脱線した。先頭の2両が進行方向左側の線路脇のマンションに突っ込み大破。107人が死亡、500人以上がけがをし、昭和62年のJR開業以来、最悪の事故となった。国交省は速度超過が脱線の主因と断定。死亡した23歳の運転士が、直前の運転ミスについての列車無線による車掌の報告内容に気を取られたため、ブレーキ操作が遅れ、制限速度70キロの現場カーブに約116キロで進入して脱線したとみられる。また、JR西日本による新型ATS(自動列車停止装置)の整備の遅れや、運転士に対する厳しい日勤教育の状況、ゆとりのないダイヤにも問題があったとして、同社の社長ら鉄道本部幹部経験者9人と運転士の計10人が書類送検された。《データ》死者107名、負傷者500名以上

4.30 登山道で転落（兵庫県養父市）4月30日午後3時58分ごろ、兵庫県養父市大屋町筏の登山道で、家族で天滝を見物して帰る途中の小学1年の男児が、25m下の河川敷まで転落した。病院に運んだが同6時ごろ死亡を確認した。滝から約700m下った

285

兵庫県(2005年)

地点で4人の最後尾を歩いており、足を踏み外した可能性があるとみられる。《データ》死者1名

6.9 **観覧車点検中に挟まれ死亡**（兵庫県神戸市）6月9日午前9時20分ごろ、神戸市中央区の遊園地「神戸ポートピアランド」で、観覧車の高さ6.5mの位置にある作業場所で油圧パイプなどを点検中の作業員が、観覧車を回転させる駆動部に巻き込まれ死亡した。胸を締め付けられ即死状態だった。《データ》死者1名

6.22 **トンネル内でトラックと乗用車接触**（兵庫県宝塚市）6月22日午前6時35分ごろ、兵庫県宝塚市の中国自動車道宝塚東トンネル上り線入り口付近で、普通トラックと乗用車が接触。トラックはトンネル内の壁面に激突し運転手が死亡、乗用車の運転手は軽傷。《データ》死者1名、負傷者1名

6.26 **パラグライダー墜落**（兵庫県養父市）6月26日午後3時5分ごろ、兵庫県養父市別宮の東鉢伏高原で、飛行中のパラグライダーが地上約8mから墜落。操縦していたパイロットが死亡した。《データ》死者1名

7.19 **逃走中に衝突・炎上**（兵庫県西脇市）7月19日午後10時50分ごろ、兵庫県西脇市和布町の国道175号で、パトカーに追跡されていた乗用車がセンターラインを越え、対向車線を走っていた別の乗用車とワンボックスカーに相次いで衝突、3台とも炎上した。追跡された乗用車に乗っていた2人が遺体で見つかり、別の車の女性が重傷、男性2人が軽傷。事故を起こした乗用車は職務質問に対して急発進して逃げ、パトカーで追跡されていた。《データ》死者2名、負傷者3名

7.21 **パトカーに追われ交差点で衝突**（兵庫県神戸市）7月21日午後11時半ごろ、神戸市垂水区西舞子の市道交差点で、兵庫県警明石署のパトカーが追跡していた乗用車が、右折してきた乗用車に衝突。逃走中の車の運転手と同乗者が重傷、衝突された乗用車の女性と男児が軽傷。逃走中の乗用車は蛇行しながら暴走しているところを発見され追跡されていた。《データ》負傷者4名

7.23 **漁船が貨物船と衝突**（兵庫県淡路市）7月23日午前7時半ごろ、兵庫県淡路市育波の育波漁港沖約5.3キロの播磨灘で、小型底引き網漁船と貨物船が衝突した。漁船の船長が海に投げ出され水死した。貨物船を操船していた甲板員が進行方向に背を向けていたのが原因として、業務上過失致死などの疑いで逮捕された。《データ》死者1名

8.14 **工場で爆発**（兵庫県神戸市）8月14日午後3時ごろ、兵庫県神戸市の電子機器製造業の排水用タンクが爆発炎上し、1人が死亡、1人が軽傷を負った。タンクの腐食防止加工の作業を行っていて、可燃性樹脂に凝固剤を加えるなどしているうちに爆発が起きたものとみられている。《データ》死者1名、負傷者1名

8.20 **住宅火災**（兵庫県姫路市）8月20日午前10時15分ごろ、兵庫県姫路市飾磨区上野田の住宅から出火、木造2階建て住宅が焼けた。焼け跡から2人の遺体が見つかった。《データ》死者2名、全焼1棟

8.29 **住宅火災**（兵庫県神戸市）8月29日午前1時35分ごろ、神戸市灘区箕岡通の住宅から出火。木造平屋建て住宅約100m^{2}のうち約50m^{2}を焼いた。2人が病院に搬送されたが間もなく死亡した。ともに多量の煙を吸った跡があり、就寝中に出火し逃げ遅れたとみられる。《データ》死者2名、焼失面積約50m^2

9.8 **トラックが追突**（兵庫県宝塚市）9月8日午前0時20分ごろ、兵庫県宝塚市宮の町の国道176号交差点で、トラックが赤信号で止まっていた別の大型トラックに追突し

た。追突したトラックの運転手が間もなく死亡した。《データ》死者1名
- 10.4 **食品異物混入**（兵庫県神戸市）10月4日午後0時50分ごろ、神戸市中央区楠の市立中学校で、給食時間にクラス共用のやかんの茶を飲んだ2年3組の生徒が腹痛を訴えた。生徒計14人が病院で診察を受け、うち12人が嘔吐などの症状で入院したが、軽症。茶には黄色いチョークの粉が混入していた。5日、傷害の非行事実で同中2年の男子生徒を補導した。《データ》患者14名
- 11月 **栄養剤注入ミスで患者死亡**（兵庫県神戸市）11月、神戸市中央区の市立中央市民病院で、70代の男性患者に栄養剤を注入していた管が外れて栄養剤が肺に流れ込み、肺炎を起こして死亡した。男性は食べ物を飲み込めない疾患のため、鼻から胃に管で栄養剤を注入していた。《データ》死者1名
- 11.2 **住宅火災**（兵庫県尼崎市）11月2日午前3時25分ごろ、兵庫県尼崎市潮江の文化住宅から出火、木造2階建て延べ約200m^{2}を全焼、北隣の木造平屋住宅（約80m^2）と南隣の木造2階建て住宅（約140m^2）をそれぞれ半焼した。文化住宅から2人が遺体で見つかったほか1人が軽傷。《データ》死者2名、負傷者1名
- 11.17 **登山者滑落**（兵庫県養父市）11月17日午前11時50分ごろ、兵庫県養父市福定の氷ノ山・不動滝近くの登山道を下っていた男性が足を滑らせ約150m落ち、滝つぼ付近に転落した。約2時間後に発見されたが死亡していた。《データ》死者1名
- 12.2 **トラックが乗用車に追突**（兵庫県川西市）12月2日午後11時40分ごろ、兵庫県川西市加茂の中国自動車道下り車線で、大型トラックが、渋滞のため低速運転中の乗用車に追突、乗用車の前を走っていたトラック2台を巻き込む玉突き事故になった。乗用車に乗っていた2人が死亡。《データ》死者2名
- 12.17 **凍結路面でスリップ**（兵庫県神戸市）12月17日午前6時半ごろ、神戸市西区櫨谷町池谷の市道で、停車中の乗用車に後ろから来たトラックが衝突。車外にいた乗用車の運転手が死亡した。道路は上り坂で、路面は凍結。トラックはブレーキをかけたためスリップしたとみられる。《データ》死者1名
- 12.19 **地下溝で爆発**（兵庫県伊丹市）12月19日午後5時半ごろ、兵庫県伊丹市南鈴の市道で、マンホールの鋼鉄製のふたが爆発音とともに外れた。マンホールの下には電線を通した地下溝があり、直後から約8分間、周辺の約3250世帯や8カ所の信号機が停電した。《データ》停電3250万世帯

2006年（平成18年）

- 1.4 **住宅全焼**（兵庫県姫路市）1月4日午前2時55分ごろ、兵庫県姫路市の民家から出火、木造2階建て約150m^{2}を全焼した。出火時には2家族が遊びに来ており、大人計4人が煙を吸うなどして重軽傷、小学2～6年生の児童5人の遺体が見つかった。1階配電盤の漏電により出火したとみられ、事件前夜には配電盤のブレーカーが2度落ちていた。《データ》死者5名、負傷者4名、全焼1棟、焼失面積約150m^2
- 1.22 **回送電車脱線**（兵庫県神戸市）1月22日午後0時25分ごろ、神戸市北区有野町唐櫃の神戸電鉄有馬線の有馬口第1踏切付近で、回送電車の先頭車両と3両目の後部台車が脱線。この事故の影響で、谷上―岡場間が上下線とも不通になった。《データ》電車2両脱線
- 2.4 **神戸電鉄脱線**（兵庫県神戸市）2月4日午前0時10分ごろ、神戸市北区有野町の神戸電鉄有馬線有馬口駅構内で、新開地発三田行きのくだり普通電車の3、4両目が脱線。乗客67人にけがはなかった。前月22日、ほぼ同じ地点の上り線で事故原因未解明

兵庫県(2006年)

の回送列車の脱線事故があったばかりで、上下線とも時速15キロ以下で徐行運転中だった。本線から電車をホームに引き込むポイントレールの摩耗が主原因とみられるが、平成17年11月の検査では異状はなかったという。《データ》電車2両脱線

2.22 大型トラックが陸自車両に衝突（兵庫県福崎町）2月22日午前9時25分ごろ、兵庫県福崎町大貫の中国自動車道上り線で、大型トラックが陸上自衛隊姫路駐屯地の隊員12人を乗せた車両に追突。陸士長2人が死亡し、隊員10人とトラックの運転手が重軽傷を負った。大型トラック3台とジープの計4台が隊列を組んで走行車線を走っていたところ、追い越し車線から車線変更してきたトラックが自衛隊先頭のトラックに衝突したという。トラックの運転手は業務上過失致死傷容疑で逮捕された。《データ》死者2名、負傷者11名

2.23 トラック追突（兵庫県赤穂市）2月23日午前4時40分ごろ、兵庫県赤穂市大津の山陽自動車道上り線で、急停止して横向きになった大型トラックに後続の大型トラック3台が追突、うち2台が大破・炎上した。この事故で2人がろっ骨を折るなどのけがを負い、後続トラックを運転していた1人が死亡した。《データ》死者1名、負傷者2名、トラック2台大破

4.5 JR芦屋駅ビル火災（兵庫県芦屋市）4月5日午後4時半ごろ、兵庫県芦屋市船戸町のJR東海道線芦屋駅の駅ビル5階の中華料理店から出火。約40分後に鎮火した。出火直後に爆発音がし、ビルの客ら約1500人が避難。けが人はなかった。出火当時、調理室ではてんぷら鍋で油を熱しており、気化した油が排気口内に充満して高温になり、爆発・燃焼したとみられる。この火災で東海道線が上下線とも同駅付近で約5分間運転を見合わせるなど、約8000人に影響した。

4.5 4台玉突き衝突（兵庫県神戸市）4月5日午前4時15分ごろ、神戸市垂水区名谷町の第二神明道路・名谷ジャンクション付近の下り線で、乗用車が左右両側のガードレールに衝突。乗用車は別の乗用車など2台に次々と追突し、後から来た大型トラックとも衝突した。この事故で、追突した乗用車の男性が腹部などを打ち死亡、最初に追突された車の同乗者2人が手や足に軽傷を負った。《データ》死者1名、負傷者2名

4.7 団地火災（兵庫県赤穂市）4月7日午前5時半ごろ、兵庫県赤穂市の市営団地の一室から出火し、木造平屋建て約220m^{2}のうち同宅約36m^{2}を全焼。約50分後に鎮火し、焼け跡から5歳の男児と3歳の女児の遺体が見つかった。同宅は3人暮らしで、出火当時母親は仕事で不在だった。《データ》死者2名、全焼1戸、焼失面積約36m^2

4.11 横転トラックに衝突（兵庫県赤穂市）4月11日午前5時15分ごろ、兵庫県赤穂市大津の山陽自動車道上り線で、ガードレールに衝突して横転した13トントラックに後続の12トントラックが追突。12トントラックの男性運転手が頭を打って死亡した。13トントラックの運転手は、横切った小動物を避けようと急ハンドルを切ったという。《データ》死者1名

5.3 プレジャーボート衝突（兵庫県明石市）5月3日午後4時20分ごろ、兵庫県明石市二見町西二見の沖合を進んでいたプレジャーボートが、二見大橋の橋脚に衝突。乗っていた5人のうち、操縦者を含む2人が重傷、3人が軽傷を負った。《データ》負傷者5名

5.3 グライダー墜落（兵庫県豊岡市）5月3日午前10時半ごろ、兵庫県豊岡市の但馬飛行場で、2人乗りのモーターグライダーが離陸直後に同飛行場の滑走路北側に墜落、炎上した。この事故で搭乗していた男性2人が即死した。《データ》死者2名、グライダー1機墜落

5.20 ボート選手集団食中毒（兵庫県神戸市）5月20日、神戸市東灘区の神戸大学深江キャンパスで行われた「全日本カッター競技大会」で、18～22歳の選手ら男女14人が嘔吐などの食中毒症状を訴え、2人が入院。昼食に出た弁当による集団食中毒で、弁当を調理・配達したレストランが21日から3日間の営業停止処分を受けた。《データ》患者14名

5.27～28 大学の宿泊施設で食中毒（兵庫県三田市）5月27日から1泊2日で兵庫県三田市香下にある関西学院大学の施設「関西学院千刈キャンプ」に宿泊していた学生56人中、23人が腹痛や下痢など食中毒のような症状を訴え、6月2日までに全員が快方に向かった。学生らは5月27日の夕食と翌28日の朝食をキャンプ場の食堂でとったという。《データ》患者23名

6.1 バス追突（兵庫県尼崎市）6月1日午後3時5分ごろ、兵庫県尼崎市南城内の阪神高速上り線尼崎料金所近くで、観光バス会社の大型バスが前方の同社バスに追突。2台のバスには大阪の市立中学校2年の生徒ら計110人が乗っており、うち生徒の男女計9人が首を痛めるなどの軽症を負った。前のバスがETC専用レーンの料金所手前約10mで急停止した車に気づき、急ブレーキを踏んだのが追突の原因。《データ》負傷者9名

6.2 パトカーがバイクに衝突（兵庫県芦屋市）6月2日午前4時50分ごろ、兵庫県芦屋市前田町の国道2号交差点で、パトカーがミニバイクに衝突。ミニバイクの男性が鎖骨骨折などで重傷を負った。パトカーは携帯電話で通話しながら横切る乗用車を発見し、停止させるため急発進して交差点を左折したところ、青信号で走ってきたミニバイクと衝突した。パトカーは赤色灯をつけず、サイレンも鳴らしていなかった。《データ》負傷者1名

6.14 ウオータージャンプで着水失敗（兵庫県養父市）6月14日午後0時25分ごろ、兵庫県養父市大屋町若杉のスキー場で、スノーボードでプールに飛び込む「ウオータージャンプ」の練習をしていた女性が着水に失敗し、頭部を水面で激しく打って脳内出血で意識不明の重体。女性はジャンプ台から約2.5m下のプールに飛び出す練習をしており、ヘルメットとライフジャケットは着用していた。《データ》負傷者1名

6.20 地下鉄駅でエレベーター事故（兵庫県神戸市）6月20日午後1時50分ごろ、神戸市西区の市営地下鉄西神・山手線の学園都市駅で、ホームからコンコースに上昇中のエレベーターが突然止まり男女11人が閉じ込められ、約20分後に救出された。70歳代の夫婦が不調を訴え、駅長室で手当てを受けた。同基は前月22日にも突然停止して15人が閉じ込められる事故があり、内扉に異物が挟まると作動する安全装置が原因と判明して装置の感度を変更したばかり。同月13日の定期点検では異常はなかったという。《データ》患者2名

6.28 乗用車が竹やぶに転落（兵庫県神戸市）6月28日午前8時20分ごろ、神戸市北区山田町藍那の阪神高速北神戸線上りで、道路左側のガードレールを突き破り、高架下の県道と線路を飛び越えて約120m先の竹やぶに転落している乗用車が見つかり、乗っていた男女2人の死亡が確認された。《データ》死者2名

7.22 旅館で食中毒（兵庫県神戸市）7月22日、神戸市北区の有馬温泉の旅館で夕食を食べた宿泊客のうち、17人が嘔吐などの食中毒症状を訴え、うち男性1人、女性4人が一時入院。同市保健所は旅館の食事が原因の食中毒と断定、主厨房を24日から3日間の営業停止にした。《データ》患者17名

8.2 心臓を傷つけ患者死亡（兵庫県神戸市）8月2日、神戸市中央区の同市立中央市民病

兵庫県(2006年)

院で、急性肺塞栓症の60代女性患者の治療中に心臓を数mm傷つけるミスがあった。患者は血圧が急低下し緊急手術を施したが症状が悪化、3日早朝に死亡した。同病院はミスに伴う出血や緊急手術が負担となり症状を悪化させた可能性があると判断し、異状死として届け出た。《データ》死者1名

8.5 クリ焼き機爆発（兵庫県西宮市）8月5日午後5時半ごろ、兵庫県西宮市塩瀬町名塩の中国自動車道下り線の西宮名塩サービスエリアで、プロパンガスを使ってクリを焼く機械が突然爆発。作業をしていた男性に機械の部品が当たり出血多量で約4時間後に死亡したほか、一緒に作業していたアルバイト男性2人が軽傷を負った。周辺にいた客にけがはなかった。《データ》死者1名、負傷者2名

8.24 ダンプカーが大型トラックに追突（兵庫県神戸市）8月24日午前6時40分ごろ、神戸市灘区岩屋南町の阪神高速神戸線上りの摩耶出口付近で、ダンプカーが渋滞で停車中の大型トラックに追突。ダンプカーの男性運転手と、同乗していた男性が全身を強く打って間もなく死亡した。大型トラックの運転手にけがはなかった。《データ》死者2名

9.17 イノシシ親子が特急に衝突（兵庫県）9月17日午後8時25分ごろ、JR福知山線の三田—道場間で、特急電車が線路内に進入した動物に衝突。後続の普通電車の運転士が、付近で親子とみられるイノシシ3頭が死んでいるのを発見した。この事故で電車計4本が17〜12分遅れ、約350人に影響した。《データ》イノシシ3頭死亡

11.11 住宅火災（兵庫県加古川市）11月11日午前2時50分ごろ、兵庫県加古川市尾上町の民家から出火し、鉄骨2階建て住宅延べ約130m^{2}のうち2階部分など約60m^{2}を焼いて約1時間後に鎮火。母親と二女、同居の男性の3人が死亡した。《データ》死者3名、焼失面積約60m^2

12.5 トラックから落ちた鉄箱に追突（兵庫県西宮市）12月5日午前3時半ごろ、兵庫県西宮市甲子園町の阪神高速神戸線下りで、大型トラックの荷台から重さ3トンの鉄製の箱2個が落ち、1個に後続の軽トラックが衝突。運転手が胸を打ち軽傷、後部座席の妻が出血性ショックで死亡した。別の1個は15m下の阪神甲子園球場に落ちたが、人はおらずけが人はなかった。大型トラックの男性運転手は道路交通法(安全運転義務)違反容疑で逮捕された。箱の横幅は荷台の幅より約20cm大きく、同法(積載の制限)違反の疑いもある。《データ》死者1名、負傷者1名

2007年（平成19年）

1.10 石灯ろう倒壊（兵庫県西宮市）1月10日午後10時50分ごろ、兵庫県西宮市社家町の西宮神社境内で、高さ約2.65mの石灯ろう3基が倒れた。1基がそばにいた近くの男児の頭をかすめ、男児が軽傷。灯ろうには露店などに電気を送るための仮設電線がかけられており、近くにいた消防団の車が発進した際、電線をひっかけたとみられる。《データ》負傷者1名

1.20 カラオケ店で火災（兵庫県宝塚市）1月20日午後6時半ごろ、兵庫県宝塚市安倉南のカラオケボックス1階調理場付近から出火、爆発音とともに炎上し、鉄骨2階建て延べ194m^{2}のうち1階を全焼、2階を半焼した。2階にいた10代の少年少女8人が病院に搬送され、3人が死亡、1人が重傷、4人が軽傷。店員が揚げ物調理中に目を離して油が発火、プロパンガスボンベに引火して爆発、炎上したもの。防火設備が一切なかったことなどから経営者兼店長が30日に逮捕された。《データ》死者3名、負傷者5名

兵庫県(2007年)

2.10 金網ストーブで一酸化炭素中毒(兵庫県神戸市)2月10日午後5時ごろ、神戸市東灘区深江北町の民家で、住人2人が死んでいるのが見つかった。死因はともに一酸化炭素中毒。金網型ガスストーブを長時間使用した形跡があり、不完全燃焼が原因とみられる。この型のストーブには不完全燃焼防止装置がなく、神戸市で平成8～13年に、3件の同様の事故で4人が中毒を起こし、うち2人が死亡していた。《データ》死者2名

2.21 漁船転覆(兵庫県姫路市)2月21日午前5時半ごろ、兵庫県姫路市の姫路港南約30キロの播磨灘で、底引き漁船が転覆しているのをフェリーが見つけた。船長は同6時ごろ、ケミカルタンカーに救助され、けがはなかった。現場の東約35キロを航行中の韓国籍の引き船の台船に傷があった。

3.4 不発弾処理(兵庫県神戸市)神戸市は3月4日午前8時半から午後3時ごろ、同市東灘区青木のマンション建設現場で見つかった太平洋戦争中の250キロ爆弾とみられる不発弾処理を行った。現場から半径300m以内は立ち入り禁止となり、住民約1万人が避難、阪神電鉄本線は西宮—御影駅間で運休した。阪神高速神戸線も一部通行止めとなった。

3.10 住宅火災(兵庫県朝来市)3月10日午前4時半ごろ、兵庫県朝来市生野町円山の住宅から出火した。木造2階建て延べ280m^{2}を全焼し、焼け跡から2人の遺体が見つかり、1人が軽いけが。《データ》死者2名、負傷者1名、全焼1棟

3.24 踏切で車椅子脱輪(兵庫県西宮市)3月24日午後8時10分ごろ、兵庫県西宮市里中町の阪神本線鳴尾駅東側の小曽根道踏切で、女性の電動車椅子の右前輪がレールと枕木の間に挟まって身動きが取れなくなり、下り特急電車と接触した。女性は約6m飛ばされ、重傷。雨でスリップした右前輪が横向きになって、溝に挟まった。車両が通行できない踏切で、障害物検知装置は設置されていなかった。《データ》負傷者1名

4.1 乗用車が横転(兵庫県伊丹市)4月1日午後9時10分ごろ、兵庫県伊丹市北伊丹の県道で、乗用車が中央分離帯に接触した後、約40m先の道路脇の電柱に衝突し横転した。運転手が死亡し、助手席にいた1人が重傷、後部座席にいた子ども4人が軽傷を負った。《データ》死者1名、負傷者5名

4.3 山林放火(兵庫県赤穂市)4月3日午後3時35分ごろ、兵庫県赤穂市砂子の山林から出火、約25haが焼け、4日午前10時50分ごろ消えた。出火直後にふもとにいた男性が「火を付けた」と認めたため、森林法違反(森林放火)容疑で逮捕した。《データ》焼失面積約25ha

4.20 地下汚水槽点検中に死亡(兵庫県神戸市)4月20日午後6時20分ごろ、神戸市須磨区平田町の雑居ビルの地下1階通路にあるマンホール下の汚水槽で従業員2人が倒れているのが発見され、病院に運ばれたが死亡した。2人は同日午後6時前から汚水槽を点検していた。汚水は約40cmの高さまでたまり、硫化水素が発生。酸素濃度も低かった。作業中に酸欠状態になるなどしたとみられる。《データ》死者2名

4.28 共同住宅火災(兵庫県伊丹市)4月28日午前5時20分ごろ、兵庫県伊丹市北野の木造2階建て共同住宅の一室から出火し、約40m^{2}のうち1階部分約20m^{2}を焼き、2人が遺体で見つかった。他の4世帯の9人は無事だった。《データ》死者2名、焼失面積約20m^2

4.30 乗用車同士が正面衝突(兵庫県神戸市)4月30日午後10時半ごろ、神戸市北区有

291

兵庫県(2007年)

野町有野の六甲北有料道路・有野第1トンネル南出入り口付近で、乗用車が対向車線の乗用車と正面衝突した。乗用車の運転手が死亡し、同乗の2人が重傷。対向車の乗用車の運転手も重傷を負った。《データ》死者1名、負傷者3名

5.10 突風で鉄製ふた落下（兵庫県宝塚市）5月10日午後3時すぎ、兵庫県宝塚市中山五月台の市立小学校の校舎屋上で、冷房工事のため置いてあった配管ダクト用の重さ約5キロの鉄製ふたが突風で約20m飛ばされ、下校のため校庭にいた6年生約60人の上に落下した。1人が重傷、1人が軽傷。《データ》負傷者2名

6.9 住宅火災（兵庫県豊岡市）6月9日午前4時ごろ、兵庫県豊岡市日高町庄境の住宅から出火、木造2階建て住宅約180m^{2}と隣接する納屋約120m^{2}の計300m^{2}を全焼した。焼け跡から3人が遺体で見つかり、1人が軽症。《データ》死者3名、負傷者1名、焼失面積約300m^2

6.23 飲酒運転で衝突（兵庫県尼崎市）6月23日午後9時半ごろ、兵庫県尼崎市三反田町の県道で、ワンボックス車がセンターラインを越え、タクシーと衝突。タクシーの運転手と、後部座席の乗客が死亡した。ワンボックス車の運転手は飲酒運転で逮捕歴があり、当日も朝から事故直前まで飲酒していた。この事故の直前には、約800m北の同じ県道で男性をはねて死亡させるひき逃げ事件も起こしていた。公判では危険運転致死罪に問われ、12月19日、交通事故の刑事裁判では最も重い懲役23年を言い渡された。《データ》死者3名

8.4 店舗火災（兵庫県明石市）8月4日午前3時25分ごろ、兵庫県明石市魚住町西岡の居酒屋から出火。木造2階建て4戸1棟の建物のうち、店舗兼住宅約90m^{2}を全焼した。焼け跡から2人の遺体が見つかった。《データ》死者2名、全焼1棟、焼失面積約90m^2

8.4 中国道で4台事故（兵庫県宍粟市）8月4日午後8時半ごろ、兵庫県宍粟市山崎町葛根の中国自動車道下り線で、車計4台が関係する事故が起きた。先頭のRV車が横転して裏返しとなり、乗っていた4人のうち1人が死亡、2人が意識不明の重体になるなど、計7人が死傷した。《データ》死者1名、負傷者6名

8.25 クレーン倒壊（兵庫県神戸市）8月25日午前9時50分ごろ、神戸市中央区東川崎町の造船神戸工場のドックで造船用大型クレーンの、長さ約30mのアーム部分が折れて地上に落下した。3人が死亡、4人が重軽傷を負った。《データ》死者3名、負傷者4名

9月～ 耐性緑膿菌院内感染（兵庫県神戸市）9月から平成20年3月までに、神戸市立医療センター中央市民病院で、入院患者計19人が耐性緑膿菌に感染し、このうち末期がん患者ら60～70代の男女6人が死亡した。院内感染とみられる。9月、入院患者13人が耐性緑膿菌に感染していることが発覚。患者の隔離など対策をとったが、12月と平成20年1、3月にさらに計6人の感染が判明した。耐性緑膿菌には一部の抗生物質が効かない。《データ》死者6名、感染者13名

10.2 住宅火災（兵庫県猪名川町）10月2日午前5時45分ごろ、兵庫県猪名川町の鉄筋コンクリート3階建て事務所兼住宅の3階の一室から出火、約50m^{2}を全焼した。住人の一家4人が焼死した。《データ》死者4名、焼失面積約50m^2

11.5 住宅火災（兵庫県神戸市）11月5日午前7時40分ごろ、神戸市須磨区の住宅で火災が発生。木造モルタル3階建て延べ約120m^{2}のうち約12m^{2}を焼き、約30分後に消し止められた。住人の一家4人が病院に運ばれたが死亡した。煙を吸い込んだことが死因とみられる。《データ》死者4名、焼失面積約12m^2

兵庫県(2008年)

- **12.6 救急搬送遅れ死亡**（兵庫県姫路市）12月6日未明、兵庫県姫路市で、急病の60代男性への119番要請に約3分で到着した救急車が、近隣の18病院から「専門医がいない」などと搬送を断られた。同1時20分ごろ、約30キロ離れた病院への搬送が決まったが、男性は搬送中に心肺が停止、同1時56分に病院に到着したが、同2時17分に死亡が確認された。《データ》死者1名
- **12.11 住宅火災**（兵庫県姫路市）12月11日午前3時25分ごろ、兵庫県姫路市西八代町の住宅から出火。木造2階建て住宅延べ約130m²を全焼し、隣接する廃屋の一部も焼いた。3人が遺体で発見された。《データ》死者3名、全焼1棟

2008年(平成20年)

- **2.25 ハンバーガーに釣り針混入**（兵庫県姫路市）2月25日午後5時半ごろ、兵庫県姫路市のコンビニの店長から、「ハンバーガーの中に釣り針が入っていた」と届け出があった。24日午後8時ごろにハンバーガーを食べた市内の男子専門学校生の腸内と空き袋から、釣り針が1本ずつ見つかった。《データ》負傷者1名
- **3.5 3隻玉突き衝突**（兵庫県神戸市）3月5日午後2時55分ごろ、神戸市垂水区の垂水漁港沖約3キロの明石海峡で、貨物船とタンカー計3隻が衝突し、中米・ベリーズ船籍の貨物船「ゴールドリーダー」(1466トン)が沈没した。男性船員9人のうち6人は救助されたが、1人が死亡、5人は無事。ほか3人が行方不明となった。他の2隻の乗組員にけがはなかった。《データ》死者1名、行方不明者3名、貨物船1隻沈没
- **3.9 駐車場から軽乗用車転落**（兵庫県養父市）3月9日午前10時50分ごろ、兵庫県養父市のペンション前の駐車場で、軽乗用車が約10m下の別の駐車場に転落した。車は弾みで、付近にいた女性に衝突し、女性は全身打撲で間もなく死亡した。軽乗用車の運転手も腕の骨を折るなどの重傷を負った。《データ》死者1名、負傷者1名
- **3.16 リフトのワイヤ外れ転落**（兵庫県養父市）3月16日午後1時40分ごろ、兵庫県養父市のスキー場で、初心者コースの1人乗りリフトのワイヤロープが突然大きく揺れて滑車から外れ急停止した。乗っていた男性2人、女性1人の計3人が約5m下の雪上に振り落とされ、軽重傷を負った。16日午前8時前後の点検では、異常はなかったという。《データ》負傷者3名
- **4.21 住宅火災**（兵庫県西宮市）4月21日午前7時5分ごろ、兵庫県西宮市の住宅から出火し、鉄骨2階建て延べ130m²を全焼した。焼け跡から3人の遺体が見つかった。住人の男性は近所の人に救出されたが煙を吸うなどして病院に運ばれた。《データ》死者3名、負傷者1名、焼失面積約130m²
- **4.28 アーチェリーの矢刺さり重傷**（兵庫県神戸市）4月28日午後1時10分ごろ、神戸市の私立高で、アーチェリー部員の男子生徒の額に、別の男子部員が放ったアーチェリーの矢が刺さった。矢は男子生徒の頭蓋骨を貫通して重傷だが、意識はあり命に別条はなかった。アーチェリーの弦の張り具合などを調整中、誤って矢を放ったという。《データ》負傷者1名
- **4.29 コースター事故**（兵庫県姫路市）4月29日午後3時ごろ、兵庫県姫路市豊富町神谷の遊園地「姫路セントラルパーク」で、ミニコースターに乗っていた10歳の女児が、上半身をコースター内壁にぶつけ、左鎖骨を折る重傷を負った。コースターは410mのコースを最大時速38キロで1分弱で走行。女児は右カーブで上半身を外側に激しく振られたらしい。《データ》負傷者1名
- **5.18 突風で祭りの看板落下**（兵庫県神戸市）5月18日午後2時10分ごろ、「神戸まつり」

兵庫県(2008年)

のパレードで神戸市中央区の県道に設置されたアーチ型出発ゲートの支柱と、支柱に備えられていたベニヤ板製の看板が倒れた。看板が観客ら6人に当たり、9歳女児を含む3人が病院に運ばれたが軽傷。突風が原因とみられる。《データ》負傷者3名

6.3 頭にバーベルが落下（兵庫県芦屋市）6月3日午前6時45分ごろ、兵庫県芦屋市茶屋之町の寺住職の男性が自宅わきの空き地で倒れているのが発見された。男性は頭を強く打ち、既に死亡。近くには重さ約30キロのバーベルが落ちていた。男性はバーベルで運動する習慣があったといい、誤ってバーベルを落として頭部を強打したとみられる。《データ》死者1名

6.5 軽乗用車全焼（兵庫県神戸市）6月5日午前9時ごろ、神戸市兵庫区の国道428号で、大型トラックが前方の軽乗用車と乗用車に次々に衝突。軽乗用車が全焼し、車内にいた2人が死亡。乗用車を運転していた女性が胸を打って病院に運ばれた。《データ》死者2名、負傷者1名

6.20 フェリーと漁船衝突（兵庫県淡路市）6月20日午前4時25分ごろ、兵庫県淡路市の江埼灯台から西約2キロの明石海峡で、大分発大阪行きフェリー「さんふらわあにしき」(9711トン)と底引き網漁船「住吉丸」(4.9トン)が衝突した。住吉丸は転覆、乗組員3人全員が海に投げ出されたが、無事救助された。フェリーの乗員・乗客計185人に、けが人などはなかった。

6.21 飲料に殺虫成分混入（兵庫県神戸市）6月21日、神戸市西区の男性が飲んだジュースから家庭用殺虫剤の成分「テトラメスリン」が検出された。男性は吐き気を訴えたが軽症。何者かが混入した可能性がある。男性は、紙パック入りのマンゴージュース2本を購入、1本にストローを挿したが、飲まずに自宅玄関先に置いたまま出かけた。帰宅後に飲んだところ苦みを感じ、別の1本を飲んだ後、吐き気を覚えたという。《データ》患者1名

7.9 海自潜水艦建造中に事故（兵庫県神戸市）7月9日午前8時ごろ、神戸市兵庫区の造船所で、建造中の潜水艦内で作業をしていた男性作業員5人が全身や顔などにやけどを負い、このうち3人が重傷。電気系統の作業中、火花が飛んだという。《データ》負傷者5名

7.29 こんにゃくゼリーで1歳児窒息死（兵庫県）7月29日、兵庫県の祖母宅で凍らせたこんにゃくゼリーを食べた1歳の男児が、直後にのどに詰まらせ、病院に運ばれたが脳死状態になり、9月20日に多臓器不全で死亡した。こんにゃくゼリーによる死亡は17人目で、昨年10月に業界団体が表示を改善して以降、初の死亡事故。《データ》死者1名

7.30 サッカー合宿で食中毒（兵庫県上郡町）7月末、兵庫県上郡町で合宿した近畿など6高校のサッカー部員や関係者計69人が、サルモネラ菌による食中毒にかかり、県は8月7日、原因の仕出し弁当を作った店を3日間の営業停止にした。全員快方に向かった。179人の生徒や、関係者が7月29、30日の昼に同じ弁当を食べたが、計69人が30日夜以降に発症した。《データ》患者69名

8.7 豪雨・落雷（兵庫県西宮市）8月7日午後2時半ごろ、兵庫県西宮市のJR東海道線甲子園口駅で、落雷による故障で信号が制御できなくなり列車の運転を見合わせた。また、西宮市の阪神甲子園球場でも、第3試合が始まった直後の午後2時過ぎから激しい雨となり、約45分間にわたって試合が中断した。

8.12 作業用足場が倒壊（兵庫県神戸市）8月12日午前9時35分ごろ、神戸市西区にある

団地で、5階建ての集合住宅の外壁塗装作業用の足場の一部が倒壊、作業員が転落するなどした。1人が骨を折る重傷、3人が軽傷。足場は5階部分まで鉄パイプなどで組まれており、事故当時は足場の撤去作業中だった。解体の手順を誤った可能性がある。《データ》負傷者4名

8.22 **国道で交通事故**（兵庫県赤穂市）8月22日午後10時50分ごろ、兵庫県赤穂市の国道2号で、大型トラックなど4台が関係する事故があった。トラック運転手の男性が胸を強打して死亡、乗用車を運転していた女性が首に軽傷を負った。最初に大型トラックが保冷車に追突し道路脇の自転車店に突っ込んだ。保冷車は弾みで前の乗用車に追突、さらに対向の大型トレーラーと接触した。《データ》死者1名、負傷者1名

8.30 **住宅火災**（兵庫県明石市）8月30日午後4時10分ごろ、兵庫県明石市鳥羽の住宅から出火、木造2階建て延べ約70m^{2}を全焼した。2階の焼け跡から子ども3人が遺体で見つかった。亡くなったのは3歳から8歳の男児。出火当時、母親はパート勤務で留守だった。《データ》死者3名、焼失面積約70m^2

9.3〜 **ホテル食堂で食中毒**（兵庫県神戸市）9月3日夜、神戸市内のホテルのレストランで集団食中毒があり、保健所は同レストランを6日から3日間の営業停止処分にした。男性11人が嘔吐や腹痛などの症状を訴えたが、いずれも快方に向かった。《データ》患者11名

9.26 **鉄道事故に巻き添え**（兵庫県明石市）9月26日午前7時40分ごろ、兵庫県明石市のJR山陽線大久保駅下りホームで、女性が電車にはねられた。女性は電車に衝突してホーム側にはね飛ばされ、電車を待っていた男女4人が打撲で軽傷を負った。はねられた女性は即死だった。《データ》死者1名、負傷者4名

9.30 **道路に張られた糸で軽傷**（兵庫県加古川市）9月30日午後4時ごろ、兵庫県加古川市の市道で、自転車で帰宅途中だった市内の高校生が、道路を横切って張られた糸に首をひっかけ、軽傷。悪質ないたずらとみられる。糸は裁縫用の黒い木綿糸で、道路沿いに設置された道路標識と、反対側のミラーの支柱に約1.4mの高さで結ばれていた。《データ》負傷者1名

10.11 **トンネルの掘削工事現場で爆発**（兵庫県養父市）10月11日午後4時半ごろ、兵庫県養父市の和田山八鹿道路畑トンネル内の掘削現場で突然爆発が起き、作業員4人が目や顔などに重軽傷を負った。発破作業で不発となったダイナマイトが時間をおいて爆発し、撤去のために近づいていた4人が巻き込まれたとみられる。《データ》負傷者4名

10.22 **乗用車同士が衝突炎上**（兵庫県姫路市）10月22日午前8時半ごろ、兵庫県姫路市の播但連絡道路と姫路バイパス(国道2号)が交差する姫路ジャンクションで、乗用車が、対向車線を走っていた乗用車と衝突、いずれも炎上した。乗用車の運転手が死亡、対向車の運転手は腰に軽傷、同乗の女性が胸の骨を折る重傷。《データ》死者1名、負傷者2名

10.29 **洗浄機の排ガスで一酸化炭素中毒**（兵庫県宍粟市）10月29日、兵庫県宍粟市の市立城東保育所で昼寝していた3歳前後の園児6人が突然体調を崩して病院に運ばれ、一酸化炭素中毒と診断された。当時、外壁塗装工事をしており、高圧洗浄機の排ガスが室内に流れ込んだ可能性がある。《データ》負傷者6名

11.13 **キャンディにゴム手袋が混入**（兵庫県）キャンディーの一部にゴム片が混入し

兵庫県(2008年)

た可能性があるとして、この商品の製菓メーカーは11月13日、約110万個を自主回収することを発表した。7月27〜28日に、同社工場で従業員があめ状の製品を釜からかき出す際、つけていた手袋の一部が破れ、混入したとみられる。「1cm四方の異物が入っている」との苦情が8月末から寄せられ、28件に上ったため公表した。

11.28 姫路で県道陥没（兵庫県姫路市）11月28日午後5時半ごろ、兵庫県姫路市の県道が突然陥没した。幅約80cm、長さ約1m、深さ約50cmの穴が開き、乗客約10人が乗った神姫バス1台と、乗用車など8台が次々にはまった。けが人はなかった。前日まで下水道工事があり、道路の地下に下水管を埋めた際に土を取り除き過ぎ、下水管の上部に空間ができて崩れたとみている。

12.6 タクシーが家に突入（兵庫県西宮市）12月6日午前9時20分ごろ、兵庫県西宮市雲井町で、乗客を乗せたタクシーが住宅の玄関に衝突した。男性運転手は死亡、乗客の女性が足などに軽傷。住民にけがはなかった。事故直前、運転手が突然助手席側に倒れたという。意識を失ったとみられる。《データ》死者1名、負傷者1名

12.15 住宅火災（兵庫県姫路市）12月15日午前5時10分ごろ、兵庫県姫路市網干区の店舗兼住宅から出火。木造2階建て延べ約150m²を全焼し4時間後に消えた。焼け跡から3人の遺体が見つかった。《データ》死者3名、焼失面積約150m²

2009年(平成21年)

1.12 強風でフェリーあおられる（大阪府大阪市・兵庫県神戸市）1月12日、西日本各地が強風に見舞われ、交通機関に影響が出た。午前8時25分ごろ、大阪市住之江区のフェリーターミナルで、入港中のフェリー(9711トン、乗員乗客121人)が強風であおられ、岸壁に接触。左舷船尾部分が長さ約11mに渡りへこんだが、怪我人などはなかった。事故当時、付近の海上は風速14mの風が吹いていたという。午前11時46分には、兵庫県神戸市で最大瞬間風速16.9mを観測しロープウェーが運休した。《データ》フェリー1隻一部破損

1.30 踏切事故（兵庫県神戸市）1月30日午後6時ごろ、兵庫県神戸市兵庫区御所通のJR和田岬線御所通踏切(警報機、遮断機付き)内で、男性が和田岬発兵庫行き普通電車(6両編成、乗客約500人)にはねられた。男性は肋骨骨折などで重傷。また、電車が現場に約30分停車するなど、約1000人に影響が出た。男性は白内障で、夜になると見えにくくなるといい、誤って踏切内に入ったとみられる。《データ》負傷者1名

1.30 ダイエット食品に劇薬（兵庫県尼崎市）1月30日、兵庫県は、尼崎市の女性が中国製ダイエット用食品を摂取後、肝機能障害などを発症したと発表。製品からは国内未承認の肥満治療薬と発がん性のある劇薬の成分が検出された。女性は平成19年2月ごろ、中国でこの製品を入手した友人から土産として1本(60錠入り)を受け取り、その後インターネットで計7本を購入。断続的に摂取していたが、平成20年12月に腹痛を起こし、16日間入院した。《データ》患者1名

2.8 ベランダから転落（兵庫県西宮市）2月8日午前9時45分ごろ、兵庫県西宮市高須町のマンション(18階建て)で、同マンション16階に住む3歳男児がテラス状になった2階屋根部分に倒れているのが発見された。男児は市内の病院に搬送されたが、死亡が確認された。ベランダにあったエアコンの室外機に登り、誤って落ちたとみられる。事故当時、母親は室内で洗濯中だった。《データ》死者1名

2.25 エレベーターから転落（兵庫県姫路市）2月25日午後1時20分ごろ、兵庫県姫路市林田町の食品会社工場で、パート従業員の女性が1階と2階の途中で停止した荷物

専用エレベーターのかごと壁のすき間に挟まっているのが発見された。女性は病院に運ばれたが、出血性ショックで間もなく死亡した。エレベーターに商品を運び入れようと扉を開けた際にかごがなく、2階から転落して挟まれた可能性が高いとみられる。《データ》死者1名

3.5 高所作業車が転倒（兵庫県姫路市）3月5日午前11時10分ごろ、兵庫県姫路市豊富町神谷のサファリパークで、ジェットコースターの橋脚塗装をしていた高所作業車がバランスを崩して転倒。男性作業員2人が地面に投げ出され、全身を強く打って死亡した。ジェットコースターは法定点検のため運休中だった。また、園内には観客約500人がいたが、作業は営業エリア外で行われており、影響はなかった。《データ》死者2名

3.8 ショッピングセンター火災（兵庫県尼崎市）3月8日午後9時55分ごろ、兵庫県尼崎市椎堂のショッピングセンターから出火。9日未明に鎮火したが、16店舗が入居する西側部分延べ約2050m^2をほぼ全焼し、東側部分の建物にも延焼した。近くに住む女性1人が煙を吸って病院に運ばれた。同市場は店舗兼住宅が東西に長屋状に連なり、商店街を形成しているが、細い路地で火の回りが早かったという。《データ》焼失面積約2050m^2、負傷者1名

3.20 ショッピングセンター火災（兵庫県尼崎市）3月20日午前1時ごろ、兵庫県尼崎市東難波町の小売市場付近から出火し、市場内の複数の建物に燃え広がった。棟続きの2階建て店舗兼住宅など計46戸延べ3177m^2が全焼。消防団員の男性1人が左足首を骨折し、市消防局職員1人が頭に軽傷を負った。28日、別の放火事件で逮捕・起訴された男が、非現住建造物等放火容疑で再逮捕された。《データ》全焼46戸、焼失面積3177m^2、負傷者2名

3.20 コンテナ船の係留ロープ切断（兵庫県神戸市）3月20日午前7時40分ごろ、兵庫県神戸市中央区港島のポートアイランドコンテナ第18バース(ふ頭)で、コンテナ船の係留作業中に接岸用の布製ロープ(長さ150m、直径約10cm)が突然切れ、ロープの直撃を受けた作業員の男性2人が頭を強く打つなどして死亡した。コンテナ船は中国・香港船籍で、船から投げられたロープ2本のうち1本を岸壁のビットに固定し、もう1本を固定しようとしたところで突然船が動き出し、固定していた方のロープが切れたという。《データ》死者2名

3.21 寝たきりの患者が骨折（兵庫県佐用町）3月21日、兵庫県佐用町の佐用共立病院で平成20年12月8日から21年1月19日にかけて、75～99歳の入院患者6人(男性1人、女性5人)が肋骨各1～7本を折っていたことが明らかになった。6人は寝たきりで痛みを訴えることもできない状態で、いずれも外傷はなかった。22年3月11日、この病院の26歳の看護師が傷害容疑で逮捕された。「人間関係に悩んでやった」と自供したという。逮捕容疑は1人の女性患者の胸を両手で圧迫するなどして肋骨を骨折させたことによる。6人は当時75～99歳でいずれも骨粗しょう症を患い、寝たきりで意思表示ができない状態だった。肺炎などで既に全員死亡している。また、この看護師がボールペンなどで患者の目を突いたことも明らかになった。《データ》負傷者6名

5.2 玉突き事故（兵庫県神戸市）5月2日午前7時25分ごろ、兵庫県神戸市東灘区深江浜町の阪神高速道路湾岸線下り線の東神戸大橋で、渋滞で停車していた乗用車に3トントラックが追突、乗用車は前の車に追突し、乗用車4台とトラック1台の計5台による玉突き事故になった。男性1人が左足骨折の重傷、0～6歳の子ども3人を含む12

兵庫県(2009年)

人が軽傷を負った。この事故で下り線が最大約5km渋滞した。《データ》負傷者13名

5.16 新型インフル、国内初感染 (兵庫県・大阪府茨木市) 5月16日、厚生労働省が、兵庫県で8人の新型インフルエンザ感染者が確認されたことを発表した。感染したのは神戸市内の2つの高校に通う生徒8人で、ほかに県内の別の高校に通う生徒3人も感染の疑いが濃厚。いずれも海外渡航歴はなく、水際の検疫以外では国内初の感染確認。全員バレーボール部員で、3校の間にはクラブ活動の交流試合でつながりがあった。また、大阪府茨木市の高校に通う生徒8人とその家族1人の計9人も感染の疑いが濃厚で、こちらも海外渡航歴はないという。《データ》感染者8名、感染疑い例12名

7.10 学生寮で集団食中毒 (兵庫県西宮市) 7月10日、兵庫県西宮市保健所が、同市内にある女子大・短大の学生寮で18歳から20歳の女子学生55人が食中毒症状を訴え、うち1人が入院したことを発表した。入寮者242人が食堂で食事をとり、8日午前2時ごろから腹痛や下痢などを訴え始めたが、全員が快方に向かっているという。《データ》患者55名

7.20 ヘリ墜落 (兵庫県豊岡市) 7月20日午前10時50分ごろ、米子空港(鳥取県境港市)から但馬空港(兵庫県豊岡市)に向かって飛行中のヘリコプター(男性2人乗り)と連絡が取れなくなったとの通報があった。8月6日午前10時55分ごろ、豊岡市出石町の西床尾山(843m)北側斜面にヘリコプターが墜落しているのが発見され、同機に搭乗していた2人の遺体も近くで見つかった。《データ》死者2名、ヘリコプター1機墜落

7.23 ドリフト走行中に人をはねる (兵庫県姫路市) 7月23日午前2時ごろ、兵庫県姫路市白国の駐車場で中学3年の少年が軽乗用車にはねられ、全身を強く打って死亡した。友人である16歳の少年が運転する車のドリフト走行を見物中、少年の車にはねられたとみられる。車を運転していた少年が自動車運転過失致死と道交法違反(無免許運転)容疑で、助手席に同乗していた18歳の少年が道交法違反(無免許ほう助)容疑で逮捕された。《データ》死者1名

7.25 受け身練習で柔道部員死亡 (兵庫県姫路市) 7月25日午前10時50分ごろ、兵庫県姫路市夢前町戸倉の私立高校で、男子柔道部員の2年生が練習中に気分が悪くなり、病院に搬送された。26日未明、頭部の強打による急性硬膜下血腫で死亡した。後ろに倒れる受け身の練習をしていた際に体調不良を訴え、トイレから戻らなかったため別の部員が見に行ったところ、嘔吐し倒れていた。入部したばかりの初心者で、この日は自主練習で顧問の教諭はいなかったが、経験者の部員3人から指導を受け、普通の畳より柔らかい投げ込み用マットを使って練習をしていたという。《データ》死者1名

8.1 突風・豪雨 (京都府・兵庫県) 8月1日、近畿地方は大気が不安定となり、各地で豪雨や突風に見舞われた。福知山市では午前6時までの1時間に8月としては観測史上最大の62.5mm、同9時までの3時間でも同じく最大となる91.5mmを記録。宇治市や京都市伏見区では午前11時ごろからの短時間に突風の被害が相次いだ。宇治市五ケ庄の万福寺では重要文化財の建物の屋根瓦や障子が吹き飛ぶなどしたほか、塔頭客殿も破損した。また、同市五ケ庄の自動車会社のトタン屋根が飛び、同市木幡のゴルフ場コンクリート製の支柱(高さ約20m)29本が折れ、京都市伏見区日野奥出では木造平屋建ての物置小屋が全壊した。被害が局地的で極めて強い風が拭いていることから、竜巻やダウンバーストだった可能性があるとみられる。また、兵庫県丹波市柏原町では午前4時50分までの1時間雨量が観測史上最大の67.5mmを

兵庫県(2009年)

記録。同町母坪の加古川の支流・高谷川で避難判断水位(2.1m)を超え、午前10時50分までに流域の8地区1268世帯(3525人)に避難勧告が出た。また、同市青垣町大名草では午前6時50分ごろに国道427号沿いの斜面で土砂崩れが発生。上下線が約20kmにわたって通行止めとなった。《データ》全壊1棟、一部破損6棟

8.2 **橋から転落**（兵庫県神戸市）8月2日午前5時10分ごろ、兵庫県神戸市兵庫区平野町の天王谷川に架かる橋から男性が転落し、川に流された。約4時間半後、約50m下流で木に引っかかっている男性が発見されたが、すでに死亡していた。男性は橋の付近に住んでおり、近所の家に行く途中だったとみられる。天王谷川上流では同日午前0時から同5時までに123mmの雨量を観測。事故当時は大雨洪水警報が発令されており、川の水かさが増して橋が冠水していた。《データ》死者1名

8.10 **台風9号**（兵庫県・岡山県・徳島県・京都府）8月10日、台風9号が紀伊半島の南へ進み、大雨による被害が拡大。11日正午までに兵庫・岡山・徳島の3県で13人が死亡、17人が行方不明となった。各地で停電や断水も多数発生し、兵庫・京都・岡山・香川の4府県で延べ約3万世帯に避難勧告・指示が出たほか、JR姫新線、播但線、山陰線、土讃線などで一部区間が運休、中国自動車道も兵庫県や岡山県の一部区間で通行止めになるなど、交通機関も大きく乱れた。10日、兵庫県と岡山県が災害対策本部を設置し、佐用町、宍粟市、美作市に災害救助法、佐用町、美作市に被災者生活再建支援法を適用。同日、陸上自衛隊が佐用町、同県上郡町、岡山県美作市に災害派遣した。特に被害の激しかった兵庫県佐用町では、増水した川に流されるなどして18人が死亡した。また、関東甲信地方でも局地的な大雨となった。午前11時50分時点の24時間降水量は栃木県日光市で279mm、神奈川県山北町で185.5mm、千葉県佐倉市で145.5mm、東京都心で90.5mmを記録した。《データ》死者25名、行方不明者2名、負傷者23名、全壊183棟、半壊1130棟、床上浸水973棟、床下浸水4629棟

8.23 **登山者が転落**（兵庫県養父市）8月23日午後0時半ごろ、兵庫県養父市大屋町筏の天滝渓谷の登山道で男性が倒れているのが発見された。男性は病院に搬送されたが、首の骨を折っており死亡が確認された。ハイキングクラブの仲間と山歩きに参加し、足を滑らせて転落したとみられる。《データ》死者1名

9.3 **住宅火災**（兵庫県加古川市）9月3日午前4時40分ごろ、兵庫県加古川市加古川町木村の住宅から出火し、木造2階建て住宅と隣接する平屋建てプレハブ棟の計延べ106m^{2}を全焼。焼け跡から住人の女性と7歳の三女とみられる2人の遺体が見つかった。夫、長女、次女の3人は避難して無事だった。《データ》死者2名、全焼2棟、焼失面積106m^2

9.27 **電車にイノシシが衝突**（兵庫県三田市）9月27日午後8時15分ごろ、兵庫県三田市のJR福知山線三田—道場駅間で、走行中の新三田発京都行き上り普通電車(乗客約100人)が線路内に飛び込んだイノシシと衝突して停車した。乗客に怪我はなく、運転士が安全を確認し18分後に運転を再開。イノシシは線路外で死んでいた。この事故で上下線計13本が最大で21分遅れ、約1700人に影響が出た。

10.7 **コンテナから転落**（兵庫県神戸市）10月7日午後6時50分ごろ、兵庫県神戸市中央区港島の倉庫会社のコンテナ置き場で、男性作業員が高さ9mのコンテナから転落し、病院に運ばれたが死亡が確認された。台風18号に備え、計5人でコンテナに上り、固定用のチェーンの具合を確認していたという。強風にあおられたか、雨で足をすべらせて転落した可能性が高いとみられる。同市内では日午後6時からの1

兵庫県(2009年)

時間に3.5mmの雨が降り、やや強い風が吹いていた。《データ》死者1名

10.13 住宅火災（兵庫県神戸市）10月13日、兵庫県神戸市長田区の住宅で火災が発生。5戸が連なる棟続き木造3階建て住宅の1戸約130m^{2}が全焼し、2歳と1歳の男児2人が死亡した。住宅には両親と子ども3人の5人家族が暮らしており、出火当時は子ども3人が在宅していたが、5歳の女児は近くで民家の修理をしていた大工に救助されて無事だった。3階居間が最も激しく焼けており、2歳男児がライターで遊んでいて引火したとみられる。《データ》死者2名、全焼1棟、焼失面積約130m^2

10.24 タンクローリー火災（兵庫県姫路市）10月24日午前10時30分ごろ、兵庫県姫路市飾磨区にある鉄鋼メーカー製造所でタンクローリーが炎上。スクラップ約4000トンと、隣接する飼料会社のプレハブ小屋1棟約30m^{2}を焼き、午後3時過ぎに鎮火した。タンクローリーを運転していた男性が全身火傷で意識不明の重体、作業員2人が軽傷を負った。《データ》負傷者3名、タンクローリー1台全焼、スクラップ約4000t焼失、全焼1棟、焼失面積約30m^2

10.30 乗用車が歩行者をはねる（兵庫県加東市）10月30日午後10時25分ごろ、兵庫県加東市社の県道を横断中の男性3人が乗用車にはねられ、1人が頭を強く打って死亡、1人が頭に重傷、1人が軽傷を負った。横断歩道のない道路を横断中にはねられたとみられる。3人は県内の小学校の教頭で、同県立教育研修所で研修を受けた後、飲食店で懇親会を行い、研修所の宿泊施設に行く途中だった。《データ》死者1名、負傷者2名

11.2 ヨット転覆（兵庫県西宮市）11月2日午前11時15分ごろ、兵庫県西宮市西宮浜の新西宮ヨットハーバー沖で、大学ヨット部のヨット8隻が強風でヨットハーバーに戻れなくなった。2隻が転覆、4隻が座礁、2隻が航行不能で漂流したが、乗っていた16人全員が救助されるか、自力で海岸にたどりついた。この日、兵庫県南部を含む各地に早朝から強風波浪注意報が出ており、救助当時の現場海上は波の高さ約1m、風速約10〜14mだった。《データ》ヨット8隻が転覆・座礁・航行不能

11.17 住宅火災（兵庫県豊岡市）11月17日午前5時ごろ、兵庫県豊岡市出石町寺坂の住宅から出火し、木造2階建て約300m^{2}を全焼。焼け跡の1階と2階から夫婦とみられる男女2人の遺体が見つかった。《データ》死者2名、全焼1棟、焼失面積約300m^2

11.28 砂利運搬船が沈没（兵庫県姫路市）11月28日午前5時5分ごろ、兵庫県姫路市家島町の家島港内で砂利運搬船（465トン）が浸水し始め、約30分後に船首部分を残して沈没した。乗組員3人は積んでいたボートで脱出して無事だった。砕石約1000トンを積んで同県南あわじ市の湊港に向けて出港した直後、水深約5m地点にあった造船所の船舶陸揚げ用レールのコンクリート土台に乗り上げて船底が破損し、機関室に浸水したとみられる。現場は規定の航路から外れていた。《データ》砂利運搬船1隻沈没

12.12 バラフエダイで食中毒（兵庫県宝塚市）12月12日、兵庫県宝塚市に住む女性が鹿児島県の喜界島で釣った魚を自宅に持ち帰り、女性5人で鍋と空揚げにして食べたところ、全員が温かいものに触れても極端に冷たく感じるドライアイスセンセーションと呼ばれる症状や、手足のしびれなどの中毒症状を起こした。うち4人が入院したが、生命に別条はないという。症状から、魚は亜熱帯のサンゴ礁にすむバラフエダイで、天然毒が生物濃縮されるシガテラ毒による食中毒とみられる。《データ》患者5名

2010年(平成22年)

- **1.7 ビニールハウス倒壊**（兵庫県豊岡市）1月7日午後5時半ごろ、兵庫県豊岡市で農家の夫婦がビニールハウスの雪下ろしをしていたところ、ハウスが突然倒壊して下敷きになった。夫は約1時間後に自力ではい出したが、妻は搬送先の病院で死亡が確認された。2人は午後5時ごろから、積もった雪をハウスの内側から棒で押して落としており、ハウス上の積雪は約10cmだったという。《データ》死者1名

- **1.28 住宅火災**（兵庫県神戸市）1月28日午前2時ごろ、神戸市垂水区桃山台の木造2階建て住宅から出火し、延べ約140m^{2}を全焼、東隣の民家も約30m^{2}焼いた。この火事で6人家族のうち3人が死亡、3人がのどにやけどをして病院に運ばれた。1階居間が激しく燃えていたという。《データ》死者3名、負傷者3名、全焼1棟、半焼1棟、焼失面積約170m^2

- **2.13 給食からカドミウム検出**（兵庫県）2月12日、兵庫県体育協会は、同月4、5両日に同県神河町の学校給食などで使った玄米から0.79ppmのカドミウムを検出したと発表した。これは食品衛生法の基準である1.0ppmを下回り人体への影響はないというが、0.4ppm以上1.0ppm未満の場合、農林水産省が流通を止めることになっている。同協会は県内の大半の学校給食で米の手配を担当しており、年3回、自主的に汚染の有無を調査。米は同月10日にすべて回収し、他に汚染の可能性がある米は流通していないという。

- **3.3 新幹線内煙トラブル**（兵庫県）3月3日、博多発東京行き山陽新幹線の車内で、煙が立ちこめ、新神戸駅で運行を停止した。このトラブルで東海道・山陽新幹線は後続などが最大で3時間17分遅れ、約7000人に影響が出るなど大きく混乱した。車輪内側に位置し、モーターの動力を車軸に伝える歯車を収納しているアルミ製の「歯車箱」が破損、内部を満たすオイルが漏れたとみられる。

- **3.25 建設中のごみ処理施設が爆発**（兵庫県姫路市）3月25日、姫路市のごみ処理施設敷地内で、爆発事故が発生。爆発したのは温水プール用ろ過室で、小型バーナーに着火したとたんに爆発した。施設建設地とその一帯は埋立地であり、自然発生したガスが施設内に充満した可能性があるとみられる。やけどを負った作業員9人のうち、男性1人が頭を打ち意識不明の重体、4人が重傷を負った。《データ》負傷者9名

- **3.28 貨物船衝突で沈没**（徳島県・兵庫県）3月28日午前0時10分過ぎ、大鳴門橋直下の鳴門海峡で広島県江田島市の船舶会社所有の貨物船の左舷に、マーシャル諸島船籍の貨物船が衝突した。衝突された貨物船は沈没し、乗組員4名中2名は相手方貨物船に救助されたが、うち1名は腰の骨を折るなど重傷、残る2名は行方不明。相手方貨物船の中国人船員15名は全員無事だった。《データ》沈没1隻、負傷者1名、行方不明者2名

- **3.30 石油ストーブの蓋が外れ火災**（兵庫県加西市）3月30日、経済産業省は、加西市の家電製造会社が製造した石油ストーブに起因する火災が4件発生したと発表。カートリッジ式タンクのふたが外れ、灯油が漏れて、引火したもの。死者も1名出ている。ふたは強く押し込んだ後に90度回転させる方式で、利用者の締め付けが不完全だったと思われる。製造会社は、ふたを確実に閉めるよう注意を喚起するとともに、代替部品が準備でき次第、タンクをリコールするという。《データ》死者1名

- **4.26 住宅火災**（兵庫県加西市）4月26日午前4時ごろ、兵庫県加西市殿原町の住宅から出火、木造2階建て住宅と隣接の納屋の計2棟約350m^{2}を全焼し、焼け跡から2人の遺体が見つかった。《データ》死者2名、全焼2棟、焼失面積約350m^2

兵庫県(2010年)

5.3 ベッドで跳びはね女児転落（兵庫県姫路市）5月3日午後6時40分ごろ、兵庫県姫路市のビジネスホテルに宿泊していた家族の女児が6階客室の窓から転落して、約9.5m下の2階張り出し部分で頭を打ち、約2時間後に死亡する事故があった。女児はベッドの上で跳びはねて遊んでいてバランスを崩し、そばの窓から転落したという。事故当時両親は部屋にいたが、女児のそばにはいなかった。ベッドから窓の下枠までは約40cmで、窓に転落防止柵は設置されていなかった。《データ》死者1名

5.4 御立トンネル追突事故（兵庫県姫路市）5月4日午後1時半ごろ、山陽自動車道上り御立トンネル入り口付近で多数の自動車による追突事故があった。事故に関係した車輌は8台で、うちトラックとワゴン車2台の計3台が炎上し、トラックと1台のワゴン車から男性3人の遺体が発見された。もう1台のワゴン車の男性2人はのどの火傷などの軽傷を負った。この事故で、山陽姫路東、山陽姫路西の両IC間で、下りが約2時間、上りは約9時間通行止めとなり、同ICを先頭に最長約18キロ渋滞した。《データ》死者3名、負傷者2名、自動車焼失3台

5.24 大雨で線路に土砂流入（兵庫県神戸市）5月24日午前、西日本では前日に引き続き広範囲で雨が降り続き、土砂崩れや道路通行止め、列車運休が各地で相次いだ。神戸市では、神戸電鉄の線路脇の斜面の土砂が崩れ、線路上に流入。急行電車が土砂の上を通過し、安全のため直後に停車、約100人の乗客は歩いて近くの駅まで移動した。また、斜面の上の駐車場の自動車教習所の車2台が土砂とともに斜面上に転落した。

5.29 飲酒運転でひき逃げ（兵庫県西宮市）5月29日午後10時45分ごろ、西宮市深津町の市道交差点で横断歩道を渡っていた男性2人が乗用車にはねられた。2人のうち大学院3年生の男性が頭を強く打ち死亡、もう1人の会社員の男性は左足を骨折する重傷を負った。乗用車はそのまま走り去ったが、約30分後に徒歩で現場に戻った男性が容疑を認め、逮捕された。男性の呼気からはアルコールが検出された。《データ》死者1名、負傷者1名

6.2 校舎から転落して女児死亡（兵庫県篠山市）6月2日午後4時5分ごろ、篠山市波賀野新田の小学校の校舎脇で、教員が1年生の女児が倒れているのを見つけたが、全身を強く打っており病院で死亡が確認された。この日は授業参観日で、放課後の保護者懇談会の終了後、保護者とともに下校するため、女児を含む児童約20人が校舎3階の図書室に待機して、かくれんぼを遊びをしていたという。女児は誤って転落したとみられる。《データ》死者1名

7.23 林間学校で出窓から転落（兵庫県養父市）7月23日午後5時半ごろ、林間学校で民宿に滞在中の小学5年の女児が2階から転落する事故があった。女児は出窓に腰掛け、窓が開いているのに気付かず後ろにもたれようとして、後ろ向きに転落したもよう。出窓から直下のコンクリート通路までは4.6mあり、女児は頭の骨を折る重傷を負った。《データ》負傷者1名

8.10 甲子園観戦の野球部員が食中毒（兵庫県西宮市）8月10日夜、兵庫県西宮市鳴尾浜の県立総合体育館に宿泊していた鹿児島県立高校の硬式野球部員7人が、下痢や嘔吐などの食中毒症状を訴え11日朝、病院に運ばれた。3人が入院し、ほか4人が治療を受けたが、重症者はいないという。野球部は9〜13日の予定で兵庫、岡山県に遠征。阪神甲子園球場で開かれている全国高校野球選手権大会の観戦も含まれていた。《データ》患者7名

8.17 塩酸移し替え作業でやけど（兵庫県神戸市）8月17日午前7時45分ごろ、神戸市西

兵庫県(2010年)

区玉津町居住の製薬会社から「塩酸が漏れた」と119番通報があった。兵庫県警神戸西署や市消防局によると、同社敷地内で塩酸1000リットル入りのタンクを4トントラックの荷台に載せ、ホースを使って別のタンクに塩酸を移し替える作業中に塩酸約10リットルが漏れ、作業をしていた男性が頭などに浴びて軽いやけどを負ったという。《データ》負傷者1名

8.18 無免許ひき逃げ（兵庫県尼崎市）8月18日午前8時半ごろ、兵庫県尼崎市杭瀬北新町の市道で車線変更しようとした軽乗用車が後方から来た大型バイクと接触し、そのまま逃走。バイクを運転していた男性が右ひじに軽傷を負った。同日、軽乗用車を運転していた69歳の男が自動車運転過失傷害と道交法違反(救護義務違反、無免許運転など)の容疑で逮捕された。男は過去一度も運転免許証を取得したことがなく、昭和57年7月にも無免許運転で逮捕されていた。《データ》負傷者1名

8.19 熱中症で死亡か（兵庫県神戸市）8月19日午後7時15分ごろ、兵庫県神戸市東灘区御影塚町のマンション5階で、共に80代の夫婦が死亡しているのが発見された。夫は和室で下着姿、妻は台所で全裸で倒れており、外傷はなく、死後10日前後たっていた。熱中症で死亡したものとみられる。《データ》死者2名

8.23 小型機が胴体着陸（兵庫県神戸市）8月23日午前10時27分ごろ、神戸市中央区の神戸空港に小型プロペラ機が胴体着陸した。小型機には男性が1人で乗って操縦していたが、けがはなかった。この事故を受け、神戸空港は滑走路を閉鎖した。小型機は訓練飛行中で、八尾空港(大阪府)から神戸空港に向かった後、再び八尾空港に戻る予定だったという。小型機は着陸の際、車輪を出さなかったとみられる。

9.5 玉突き事故（兵庫県神戸市北区）9月5日午後5時半ごろ、神戸市北区淡河町萩原の山陽自動車道上り線で、広島県福山市の運送会社の大型トラックが、渋滞最後尾の乗用車に追突、他に4台を巻き込む玉突き事故となった。乗用車の後部座席にいた1人が死亡し、12人がけがをした。《データ》死者1名、負傷者12名

9.25 マヨネーズ散乱で多重事故（兵庫県加古川市）9月25日午前0時ごろ、兵庫県加古川市加古川町の加古川バイパスの下り線で、路面に散乱したマヨネーズに滑るなどして乗用車など計8台が相次いで転倒、追突する多重事故が発生した。男女3人が顔や腕などに軽傷。マヨネーズは別の車の荷台などから落下したとみられる。《データ》負傷者3名

10.10 マンション屋上から転落（兵庫県神戸市中央区）10月10日午後2時25分ごろ、神戸市中央区琴ノ緒町の7階建てマンションから小学6年生の男児が転落、全身を強く打って死亡した。男児が屋上にある明かり取りの天窓に乗り、ガラスを突き破って約25m下に転落したとみられる。《データ》死者1名

10.14 ATS作動で緊急停止（兵庫県尼崎市）10月14日午後5時10分ごろ、兵庫県尼崎市でJR福知山線の快速電車が速度超過し、ATS(自動列車停止装置)が作動して緊急停止。現場は、平成17年4月に起きたJR福知山線脱線事故兵庫県尼崎市のカーブ地点だった。運転士が考え事をしていて、カーブ手前での減速が遅れたという。けが人はなかった。JR西日本は、報道機関の取材があるまで、過去のトラブルの一部を把握しながら公表していなかった。12月13日、17～21年の間、現場付近でATSが作動し緊急停止したトラブルが10件あったと発表した。

10.18 毒キノコで食中毒（滋賀県・兵庫県・岡山県）10月18日、滋賀、兵庫、岡山でホンシメジなどに似たクサウラベニタケなどによる食中毒が発生。いずれも症状は軽度だが、滋賀県甲賀市の男女3人が吐き気などを訴え、兵庫県姫路市の夫婦、

兵庫県(2010年)

同岡山県新見市の家族5人も発症した。《データ》患者10名

- **10.24 クマ被害**（兵庫県朝来市・福井県）10月24日、兵庫県と福井県で2人がクマに襲われた。午前5時半ごろ、兵庫県朝来市山口の山沿いの市道で、散歩していた近くの男性が襲われ、もみあい状態で約5m下の河川敷に転落。男性は額などを引っかかれ重傷。午前8時ごろには、福井県勝山市村岡町黒原で農作業中の男性が襲われ、顔や両ひざに大けがをした。付近では22、23日に計3件の目撃情報があり、この日も猟友会員らが近くで子グマ1匹を射殺した。《データ》負傷者2名
- **12.12 天窓破り転落**（兵庫県南あわじ市）12月12日午後3時15分ごろ、兵庫県南あわじ市阿万下町の公衆トイレで、近くに住む小学6年の男児が屋根に上り、プラスチック製天窓とその下に張ってあったガラスを突き破って床に転落した。男児は頭にガラス片が刺さるなど重傷を負った。《データ》負傷者1名
- **12.17 鉄道事故**（兵庫県神戸市垂水区）12月17日午後9時45分ごろ、神戸市垂水区のJR舞子駅で、電車を降りた女性が、ホームから車両間の連結部分に転落し、気付かずに発車した電車にひかれて死亡した。ホームの乗客の合図に気付いた車掌が非常ブレーキをかけたが、停止したのは約10m先だったという。事故当時、駅員はホームにはいなかった。この事故で約5700人に影響が出た。また、国土交通省は18日、鉄道事故調査官を派遣した。《データ》死者1名
- **12.25 ノロウイルスで集団食中毒**（兵庫県神戸市）12月25日、神戸市は、同市中央区の中華料理店の従業員4人と利用客58人が嘔吐や下痢などの食中毒症状を訴え、従業員3人からノロウイルスを検出したと発表した。同市は集団食中毒の可能性が高いと判断し、同店を27日まで営業停止処分とした。全員快方に向かっているという。《データ》患者62名

2011年(平成23年)

- **1.24 山火事**（兵庫県高砂市）1月24日午前6時5分ごろ、兵庫県高砂市阿弥陀町の通称・鷹巣山の山林から出火。火は隣接する姫路、加古川両市にも広がり、一時は自衛隊などのヘリコプターが消火に当たった。最終的な鎮火が確認された29日午前8時ごろまでに、約120haを焼失した。けが人や家屋への被害はなかった。高砂市は、山の東側の阿弥陀町地徳地区などに自主避難を促し、21世帯47人が避難した。《データ》焼失面積約120ha
- **2.18 市場で火災**（兵庫県尼崎市塚口町）2月18日午前2時15分ごろ、兵庫県尼崎市塚口町の市場から出火。木造2階建て延べ約2940m^{2}をほぼ全焼した。不審火の可能性があるという。けが人はなかった。阪急神戸線の梅田―西宮北口間と伊丹線が始発から午前6時半ごろまで運転を中止、9万9000人に影響した。《データ》全焼1棟、焼失面積約2940m^2
- **3.4 ヒブ接種後に幼児死亡**（兵庫県）3月4日、厚生労働省は、小児用肺炎球菌やインフルエンザ菌b型(ヒブ)ワクチンを接種した乳幼児が、翌日から3日後に死亡する事例が先月下旬から今月にかけ4件起きたと発表。同省は両ワクチンの接種を一時中止することを決め全国の自治体などに連絡した。《データ》死者2名
- **4.8 集合住宅で火災**（兵庫県尼崎市）4月8日午前1時10分ごろ、兵庫県尼崎市昭和南通の2階建て集合住宅から出火、西側にある1階約30m^{2}が焼け、ほぼ寝たきりの女性と女性の長男とみられる男性が死亡。長女とみられる女性が意識不明の重体となった。《データ》死者2名、負傷者3名、焼失面積約30m^2

兵庫県(2011年)

5.31 川に車転落（兵庫県神戸市北区）5月31日午後3時ごろ、神戸市北区有馬町のホテルの駐車場から、乗用車が約20m下の六甲川に転落し、70代の2人が死亡。車は駐車場の鉄製の柵をなぎ倒し、逆さまの状態で川に落ちていた。《データ》死者2名

6.9 住宅火災（兵庫県たつの市）6月9日午前4時10分ごろ、兵庫県たつの市御津町苅屋の5軒続きの集合住宅から出火、木造平屋486m^{2}を全焼し、焼け跡から2人の遺体が見つかった。住宅には3軒に1人ずつ住んでおり、60代女性は外出して無事だった。《データ》死者2名、全焼1棟、焼失面積約486m^2

7.20 トラック追突事故（兵庫県佐用町）7月20日午後10時35分ごろ、兵庫県佐用町の中国自動車道下り線で、ガソリン不足のため走行車線にはみ出し止まっていた乗用車に大型トラックが追突。乗用車のそばにいた母子が弾みではねられ、77歳の母親が死亡、49歳の長女が意識不明の重体。母子はJAFの指示で車外で待機していた。《データ》死者1名、負傷者1名

7.20 術後の吸入で医療ミス（兵庫県神戸市中央区）7月20日、神戸市の神戸市立医療センター中央市民病院が、手術直後の80代の男性患者に酸素と間違え二酸化炭素を吸入させる医療ミスがあったと発表。男性は危篤状態で、病院は家族に経緯を説明し謝罪した。男性は腹部大動脈瘤手術を受け、無事終了。麻酔科医が呼吸器に二酸化炭素のボンベをつなぎ、約3分後に心臓が停止したため間違いに気付いた。《データ》患者1名

8.11 交通事故（兵庫県淡路市）8月11日午後9時半ごろ、兵庫県淡路市白山の神戸淡路鳴門自動車道上り線で、大型トラックが男女2人乗りのオートバイと衝突する事故が発生。オートバイの女性が全身を打ち即死、男性も病院に搬送されたが、間もなく死亡した。県警高速隊は、トラックの運転手を自動車運転過失致死容疑で現行犯逮捕した。《データ》死者2名

8.18 甲子園で熱中症（兵庫県西宮市）夏の甲子園大会が行われている阪神甲子園球場で、熱中症とみられる症状で救護室に運ばれた選手と観客は8月18日までに339人で、猛暑と言われた平成22年同時期の297人を上回っている。熱中症で運び込まれた人が22年夏、1日最高31人だったが、23年は8月12日に46人に上り、30人以上の日が既に6日に達した。救護室には医師2人、看護師3、4人が常駐し、対応している。7日の花巻東─帝京戦で、花巻東の選手が熱中症のため交代した。昭和50年～平成21年の部活動中の熱中症死亡事故は、野球が35人と最も多かった。《データ》患者339名

8.19 コンテナ船、居眠り操舵で事故（兵庫県神戸市垂水区）8月19日午前4時40分ごろ、神戸市垂水区東舞子町の兵庫県立舞子公園岸壁にオランダ船籍のコンテナ船が衝突した。コンクリート岸壁が幅約2mにわたって損傷した。船は、中国から大阪港へ向かう途中で、ロシア人の船長とフィリピン人などの船員15人が乗っていたが、乗組員や周辺住民らにけがはなかった。ウクライナ人の2等航海士は自動操舵中で居眠りしていたと話しているという。

8.30 小型機立ち往生（兵庫県神戸市中央区）8月30日神戸空港(神戸市中央区)で、埼玉に本社のある航空会社の訓練用小型プロペラ機がパンクし、滑走路が午後0時10分ごろから2時間45分間閉鎖され、4便が欠航、4便が行き先を変更した。同機は、私立大学の女子学生が着陸と離陸を繰り返す訓練中で、最後に着陸・停止しようとした際にバランスを崩し、教官がブレーキをかけたという。同大学は8月から、パイロット養成のための「飛行訓練センター」を神戸空港に設置。訓練実習をこ

兵庫県(2011年)

の航空会社に委託していた。

11.2 アスベスト被害（兵庫県尼崎市）11月2日、大手機械メーカーのクボタは、兵庫県尼崎市の旧神崎工場でアスベスト(石綿)が原因の死者が9月末で311人になったと発表した。平成23年3月末から11人増えた。元従業員が3人増の155人、周辺住民は8人増の156人。《データ》死者計311名

11.16 ひき逃げ（兵庫県伊丹市）11月16日午後9時55分ごろ、兵庫県伊丹市中央の県道交差点で、乗用車が原付バイク2台と衝突し、そのまま逃走。原付バイクの女性1人が死亡、別の原付バイクの女性1人が重体。《データ》死者1名、負傷者1名

11.25 女子校でボヤ（兵庫県宝塚市）11月25日午前8時5分ごろ、兵庫県宝塚市塔の町の私立女子校から出火、1階にある修道院の倉庫内の冷蔵庫と壁約2m²を焼き、約10分後に消し止めた。生徒と教職員ら計約740人が避難したが、けが人はなかった。

11.30 玉突き事故（兵庫県神戸市兵庫区）11月30日正午過ぎ、神戸市兵庫区菊水町の市道交差点で、バスやトレーラーなど5台が絡む追突事故が発生した。バスの乗客ら22人が軽傷、男児ら12人が救急搬送されたが、命に別条はない。赤信号で車2台とトレーラー、バスの順番で止まっていたところに、トレーラーが追突し、玉突きの形でバスが前のトレーラーにぶつかったという。《データ》負傷者22名

12.4 パトカー追跡中にバイク転倒（兵庫県芦屋市）12月4日午後11時15分ごろ、兵庫県芦屋市公光町の市道で、パトカーが追跡していたオートバイが転倒、乗っていた男性が死亡した。《データ》死者1名

12.10 交通事故（兵庫県加西市）12月10日午後11時5分ごろ、兵庫県加西市上野町の県道で、市立小6年と2年の兄弟が軽トラックにはねられる事故が発生。弟は頭を強く打って即死、兄も全身を強く打って間もなく死亡した。2人は同日深夜の皆既月食を見ようと、母親と出かけた帰りだった。県警加西署は、軽トラックを運転していた建築業の53歳の男性を自動車運転過失致死の疑いで現行犯逮捕した。男性の呼気からは1リットル中0.4ミリグラムのアルコールが検出された。《データ》死者2名

12.19 踏切事故（兵庫県丹波市）12月19日午後5時55分ごろ、兵庫県丹波市山南町上滝上ノ段のJR福知山線阿草踏切で、立ち往生していた軽乗用車に特急が衝突した。軽乗用車は鉄橋まで押し出され、篠山川の河川敷に転落大破し、乗っていた男性が死亡した。乗客59人にけがはなかった。この事故で、後続の特急4本が運休した。《データ》死者1名

2012年(平成24年)

1.2 住宅火災（兵庫県姫路市）1月2日午後10時10分ごろ、兵庫県姫路市東延末のアパートから出火し、木造2階建て延べ約240m²のうち、2階部分20m²が焼失した。この火事で、住人の男性と妻とみられる男女2人が死亡した。《データ》死者2名、焼失面積約20m²

1.6〜 相次ぐ火災（大阪府・兵庫県）1月6日深夜から7日朝にかけ大阪府と兵庫県で火災が相次ぎ、計4人が死亡、1人が意識不明の重体。午後11時35分ごろ、大阪府八尾市志紀町南の民家から出火。木造平屋建て約100m²を全焼、1人の遺体が見つかった。7日午前1時15分ごろ、兵庫県佐用町佐用の民家から出火。木造2階建て延べ196m²を全焼、家主男性の遺体が見つかり、同居の母も意識不明の重体。午前3時ごろには、堺市中区深井水池町の3階建てマンションから出火。1階の1室約15m²を焼き、60代ぐらいの男性の遺体が見つかった。午前7時35分ごろ、八尾

恩智中町の共同住宅から出火。木造平屋建て約180m^{2}を全焼、女性1人の遺体が見つかった。《データ》死者4名、負傷者1名

1.17 商店街で火災（兵庫県尼崎市塚口本町）1月17日午前1時20分ごろ、兵庫県尼崎市塚口本町の商店街から出火、延べ約860m^{2}を全焼、約8時間半後に鎮火。建物は7戸の棟割りで、美容室と飲食店が営業、2店舗に3人がいたが無事。不審火の可能性もあるとみられる。南西約150mの中央市場は平成23年2月、延べ約2800m^{2}が全焼する火災が起きている。《データ》全焼1棟、焼失面積約860m^2

1.19 スクラップから出火（兵庫県尼崎市東海岸町）1月19日午後11時半ごろ、兵庫県尼崎市東海岸町の岸壁にあるスクラップ回収・販売会社のスクラップ置き場から出火。スクラップ置き場は高さ約10mの壁に囲まれ、使用済みの電気モーターや配電盤が燃えていて、黒煙が大阪湾の方向に流れる可能性があるという。《データ》焼失面積約2400m^2

1.24 居酒屋でガス爆発（兵庫県神戸市中央区琴ノ緒町）1月24日午後10時5分ごろ、神戸市中央区琴ノ緒町の居酒屋から「店内でガス爆発があった」と通報があり、まもなく店員が消し止めた。店員4人と客や通行人ら21～71歳の男女計8人がけが、うち店員2人は重傷。店員が使用済みのカセットコンロ用ガスボンベに穴を開けたところ爆発、引火したという。東海道線が一時止まり、上り線で4本が最大14分遅れ、約1400人に影響。《データ》負傷者8名

1.27 玉突き事故（兵庫県伊丹市）1月27日午後1時10分ごろ、兵庫県伊丹市昆陽池の国道171号交差点で、4台が絡む玉突き衝突事故が発生。1人が死亡、23人が軽傷。右折待ちのため交差点で停止していたトラックに、別のトラックが追突、前のトラックが弾みで伊丹市営バスにぶつかり、バスが先頭の乗用車に追突した。最初に追突したトラック運転手の女性が死亡、市営バスの運転手と乗客21人、前方のトラックの男性運転手の計23人が首などに軽傷。《データ》死者1名、負傷者23名

2.3 重要文化財の神社が火事（兵庫県姫路市）2月3日午後0時半ごろ、兵庫県姫路市広嶺山の広峯神社で火事があり、本殿南側の檜皮葺き屋根の一部約30m^{2}が焼けた。けが人はなかった。出火当時は境内で護摩だきをしており、その火が飛び火した可能性があるとみられる。本殿は国の重要文化財。《データ》焼失面積約30m^2

2.17 踏切事故（兵庫県明石市）2月17日午後4時50分ごろ、兵庫県明石市のJR山陽線西明石駅構内の関係者専用踏切で、特急列車が、2トントラックと衝突。トラックは横転、列車は約200m走り停車、脱線はしなかった。20～61歳の男性3人と女性5人が軽傷。踏切は運搬用で、警報機はあるが遮断機はなかった。乗客は西明石駅まで歩いた。姫路—神戸間の上下線で約3時間20分運転を見合わせた。《データ》負傷者9名

3.3 スナックで放火（兵庫県姫路市網干区）3月3日午前1時5分ごろ、兵庫県姫路市網干区のスナックに男が押し入り、ガソリンのような液体をまいて火を付け逃げた。店内には4人がおり、経営者の女性が一酸化炭素中毒で死亡。客の会社員男性が意識不明の重体。女性の母で店の従業員が重傷、女性客も軽傷を負った。この店の常連客で近くに住む工員の男が放火したとみて、殺人と現住建造物等放火の疑いで逮捕状を請求。同日午後0時15分ごろ、重いやけどを負った工員が広島県警に出頭してきた。店は木造2階建ての1階部分で、火災で延べ約100m^{2}のうち50m^{2}を焼いた。《データ》死者2名、負傷者3名、焼失面積約50m^2

4.5 バス事故で塾生徒ら負傷（兵庫県加西市）4月5日午後9時45分ごろ、兵庫県加西市

兵庫県(2012年)

畑町の中国自動車道下り線で、マイクロバスが照明灯に衝突した。バスには岡山県津山市の学習塾の生徒ら15人が乗っており、骨折とみられる中学2年の男子1人と塾の経営者と運転手の男性2人が病院に運ばれた。ほかの小中高生男女12人は軽傷とみられる。路面は当時、雨でぬれていた。《データ》負傷者15名

4.13 被災地産牛肉を偽装の疑い（兵庫県伊丹市）4月13日、東日本大震災の被災地の産地表示を偽装して牛肉を販売したとして、兵庫県伊丹市の食肉販売会社など十数カ所をJAS法違反の容疑で家宅捜索した。産地を隠して売り上げを伸ばそうとした悪質な行為と判断、強制捜査に踏み切った。平成23年9月～24年2月、福島や宮城などが産地の牛肉約1420キロを、鹿児島や愛媛、佐賀産として販売していた。

4.14 エスカレーター事故（兵庫県神戸市須磨区潮見台町）4月14日午後1時45分ごろ、神戸市須磨区潮見台町の宗教法人所有の屋外上りエスカレーターで、近くに住む1歳女児が、終点部分のステップ吸い込み口の隙間に右手小指を挟まれ、切断する重傷を負った。エスカレーターは近くの宗教法人が急勾配の私道に約10年前に3基設置し、昼間は付近住民にも開放していた。事故があったのは最上部の1基で、女児は家族4人で坂の上の自宅に帰る途中だった。管理業者が毎月点検を実施し、問題は報告されていなかったという。《データ》負傷者1名

4.15 工場でCO中毒（兵庫県尼崎市大浜町）4月15日午前9時55分ごろ、兵庫県尼崎市大浜町にある産業機器メーカーの工場で、男性社員2人が倒れているのを別の社員が発見。病院に搬送されたが、男性1人が一酸化炭素(CO)中毒で死亡。もう1人の男性社員は軽傷。2人は午前9時45分に工場3階にあるダクトの清掃作業を始めたばかりだった。溶解炉内に残っていた一酸化炭素がダクト内に流れ込んだ可能性があるとみられる。《データ》死者1名、負傷者1名

4.16 踏切事故（兵庫県川西市）4月16日午後0時35分ごろ、兵庫県川西市平野の能勢電鉄・遮断機、警報機付きの谷川踏切で、2歳の男児が川西能勢口発妙見口行き普通電車にはねられ、死亡した。男児は、母親と一緒に現場から東約100mの寺で育児中の母親の交流会に参加していて、食事後に姿が見えなくなったという。電車の男性運転士が踏切内に立っていた男児を発見、急ブレーキをかけたが間に合わなかった。乗客約100人にけがはなかった。この事故で2本が運休、5本に遅れが出て約1500人に影響した。《データ》死者1名

5.1 多重衝突事故（兵庫県宝塚市）5月1日午前8時45分ごろ、兵庫県宝塚市安倉西の県道交差点で、乗用車4台とトラック2台が絡む多重事故が発生。9人が負傷し、うち男性2人と女性1人が重傷。重傷の3人が乗っていた乗用車が、前方の追い越し車線に止まっていた軽乗用車に接触。弾みで乗用車は対向車線にはみ出し、トラックなどと衝突して大破、外れたタイヤが別の乗用車に当たったという。《データ》負傷者9名

5.29 各地で雷雨被害（大阪府・埼玉県・静岡県・兵庫県）5月29日、西日本から東北の広い範囲で雷雨に見舞われ、各地で被害が相次いだ。近畿地方では、大阪府箕面市で落雷のため民家の外壁が燃え、兵庫県神戸市北区上津台では、工事作業中だった男性が落雷直後に倒れ、芦屋市朝日ケ丘町では雨で増水した水路に男性が流され重傷。姫路市にある国宝・姫路城でも、修理中の天守付近に落雷し、見学施設のエレベーターが停止した。

6.18 タマネギ産地偽装（兵庫県南あわじ市）中国産のタマネギを淡路島産と偽って販売したとして、兵庫県警が同県南あわじ市の農産物加工販売会社と経営幹部ら

308

兵庫県(2012年)

を不正競争防止法違反容疑で立件する方針を固めた。同社は加工した「むきタマネギ」を大阪府や愛知県などの15社に販売。販売先ではメーカーや外食産業用にペーストにするなどして使用されていたという。

7.6 震災がれき処理で中皮腫か（兵庫県明石市）7月6日兵庫県明石市は、阪神大震災のがれき処理に公務で携わった40代の男性職員が中皮腫を発症したと発表。がれき処理と発症の因果関係は不明。職員は当時、環境部でごみ収集を担当、マスクや軍手などを着用したが、防じんマスクではなかったという。《データ》発症者1名

7.10 工事作業車にトラックが追突（兵庫県加古川市東神吉町）7月10日午後11時10分ごろ、兵庫県加古川市東神吉町の加古川バイパス上り線で、作業車に大型トラックが突っ込み、作業車内にいた2人と路上にいた作業員3人の計5人が救急搬送、うち2人が重傷。5人とも搬送時には意識があったという。加古川バイパス上り線は加古川西ランプ―出河原ランプの約2キロが通行止めとなった。《データ》負傷者5名

8.29 火力発電所でクラゲ原因のトラブル（兵庫県・大阪府・福井県）関西電力管内の火力発電所でクラゲの大量発生のために出力を25％以上落としたトラブルが、4月以降50回も発生したことが分かった。赤穂火力発電所2号機で8月10日クラゲが大量発生し運転を停止。7月27日にも同様の理由で運転を停止。トラブルは、南港発電所2号機と同3号機、姫路第2発電所4号機と同5号機などでも発生。クラゲが大発生し運転停止や出力低下となるのは、通常は取水口でクラゲを除去するが、大量発生すると詰まってしまい、冷却などに使う海水が取り込めなくなるためという。

8.29 漁船が転覆（兵庫県洲本市）8月29日午前6時25分ごろ、兵庫県洲本市の由良港の南約4キロ沖で、漁船「住吉丸」が転覆しているのを別の漁船が見つけた。船長1人が行方不明。船体は半分以上が沈んでいたが衝突痕は確認できなかった。当時、洲本市沖合には波浪注意報が出ていた。《データ》行方不明者1名

9.16 住宅火災（兵庫県福崎町）9月16日午前3時15分ごろ、兵庫県福崎町西田原の住宅から出火、木造2階建ての美容室兼住宅延べ150m²を全焼した。この火事で、同居する長男の会社員の妻が死亡した。また、2階の焼け跡から2人の遺体が見つかり、会社員男性の高校1年長男と中学1年次男とみている。ほか3人が軽傷を負った。出火当時は家族7人全員が2階で寝ていた。1階居間のコンセント付近が激しく燃えていたという。《データ》死者3名、負傷者3名、全焼1棟、焼失面積約150m²

9.24 乗用車が海に転落（兵庫県神戸市中央区新港町）9月24日午前3時10分ごろ、神戸市中央区新港町の新港第2突堤の岸壁から、乗用車が海に転落したと通行人の男性から通報があった。海中で男女3人を発見。3人は間もなく死亡した。助手席に乗っていた男性は自力で脱出し軽傷。4人は友人同士。岸壁には、海に向かって数mのタイヤ痕が残っていた。高速で車体を横滑りさせて方向転換を繰り返すドリフト走行をしていて曲がり切れず、車止めを乗り越えて転落したとみている。《データ》死者3名

9.29 化学工場で爆発（兵庫県姫路市網干区）9月29日午後2時35分ごろ、兵庫県姫路市網干区興浜の化学メーカー製造所で、アクリル酸が入ったタンクが爆発した。消火活動のため出動した市消防局の消防隊員1人が爆発に巻き込まれて死亡し、従業員1人が意識不明の重体。また、消防隊員、従業員、警察官の計35人が重軽傷を負った。何らかの原因でタンク内に異常な化学反応が発生し、爆発につながった可能性があるとみられる。《データ》死者1名、負傷者36名

10.26 乗用車とトレーラーが衝突（兵庫県神戸市垂水区塩屋町）10月26日午後4時50

兵庫県(2012年)

分ごろ、神戸市垂水区塩屋町の国道2号で、乗用車と大型トレーラーが正面衝突し、乗用車を運転していた男性と後部座席の女性が即死した。トレーラーの男性運転手にけがはなかった。現場は片側1車線で、乗用車が対向車線にはみ出したとみられる。死亡した男女は愛知県東浦町の夫婦とみられる。《データ》死者2名

11.22 コメ産地偽装（兵庫県神戸市北区）11月22日兵庫県警生活経済課などは、兵庫県内のJAが岩手県産のコメを兵庫県産に混ぜた商品を別のブランド米の名をつけて販売した問題で、同JAと男性職員4人を不正競争防止法違反容疑で神戸地検明石支部に書類送検した。4人は共謀して平成24年3月5～20日、岩手県産のコメと兵庫県産のコメを9対1の割合で混ぜ、兵庫県産のブランド名で計1071袋(約5トン)を神戸市西区の直売所で販売したとされる。「県内産」の産地表記のうえに「国内産」と印字したシールを貼って産地を偽装していた。

2013年(平成25年)

1月 マダニによる感染被害（兵庫県・岡山県・島根県・広島県・山口県・徳島県・愛媛県・高知県・長崎県・熊本県・宮崎県・鹿児島県・佐賀県）1月30日、厚生労働省は、中国において平成21年頃より発生が報告されていた、ダニ媒介性疾患「重症熱性血小板減少症候群(SFTS)」の症例を日本国内で初めて確認したことを報告した。患者は山口県の成人女性(最近の海外渡航歴なし)で平成24年秋に死亡していた。厚生労働省は全国自治体に情報提供を依頼、各都道府県から同様の症例報告が寄せられた。死亡者の症例は平成17年秋にさかのぼることが判明、平成25年12月までに、西日本の13県で21人が確認されている。死亡者を含めた感染者数は42人、40代～90代(未公表2人)の男女。草むらややぶに生息するマダニ(体長2～10mm)によって国内で感染したとみられる。《データ》感染者数42名、うち死者21名(平成25年12月19日時点)

1.5 滑落死（兵庫県姫路市）1月5日、明神山(標高668m)で男性と8歳の孫が不明となり捜索していたが、1月6日朝、山中で発見された。祖父は死亡が確認され、孫の女児は顔などに軽傷。祖父が下山中に誤って約20m滑落し、頭などを打ったとみられる。《データ》死者1名、負傷者1名

1.15 老人施設送迎車が衝突（兵庫県明石市）1月15日午後5時5分ごろ、兵庫県明石市の市道で老人福祉施設のデイサービスの送迎車が信号柱に衝突した。後部座席に乗っていた利用者の79歳の女性が頭や体を強く打ち、間もなく死亡した。運転していた施設のパート従業員も意識不明の重体。付近にブレーキ痕はなかった。《データ》死者1名、負傷者1名

2.2 高速で横転（兵庫県姫路市）2月2日午前8時ごろ、兵庫県姫路市飾東町佐良和の山陽自動車道姫路東ICで、中高生の乗ったワゴン車が衝突し横転した。愛媛県松山市の私立高校の硬式テニス部員6人と、同校に来春入学予定の中学生2人の計8人の女子生徒が乗っており、1人が意識不明の重体、7人が重軽傷。運転していた硬式テニス部顧問の同校教諭を自動車運転過失傷害容疑で現行犯逮捕した。《データ》負傷者8名

2.12 踏切でトラック立ち往生（兵庫県高砂市）2月12日午後3時50分ごろ、兵庫県高砂市荒井町南栄町の山陽電鉄の踏切で、車両運搬用トラック(3トン)の荷台の一部が線路をふさぎ、特急電車(6両編成、乗客約70人)が接触。弾みで車両の1、2両目が脱線し、傾いたまま沿線の電柱やブロック塀などをなぎ倒して約120m進み、近くの荒井駅ホームに乗り上げて止まった。電車の男性運転士が足を挟まれ右太もも

兵庫県(2013年)

を骨折するなどの重傷、トラック運転手と乗客13人が軽傷。トラックの運転手を自動車運転過失傷害容疑で逮捕、運転手は容疑を認めている。《データ》負傷者15名、電車2両脱線

3.20 住宅火災（兵庫県加古川市）3月20日午前0時50分ごろ、兵庫県加古川市の民家から出火。木造2階建て住宅を全焼し、隣接する空き家と倉庫も含め3棟延べ140m²が焼けた。焼け跡から2遺体が見つかり、住人の親子とみられる。《データ》死者2名、全焼1棟、焼失面積140m²

4.7 地車の下敷きになり死亡（兵庫県南あわじ市）4月7日午後1時ごろ、兵庫県南あわじ市の市道で、祭りの地車をひいていた同市立中学の2年生が転倒し、地車の車輪にひかれた。病院に搬送されたが、頭を強く打っており間もなく死亡した。6、7両日に福良八幡神社春季例祭が開かれており、地車を前後に動かす「お練り」の際の後退時に転倒し、右車輪にひかれたという。《データ》死者1名

4.13 淡路島地震（兵庫県）4月13日午前5時33分ごろ、兵庫県淡路島付近を震源とする強い地震があり、兵庫県淡路市(淡路島)で震度6弱、南あわじ市で震度5強、近畿地方を中心に中部から九州の広い地域で震度5弱〜1の揺れを観測した。震源の深さは約15キロで、地震の規模を示すマグニチュードは6.3と推定。近畿地方で震度6弱を観測したのは阪神大震災(平成7年1月17日)以来。《データ》負傷者35名、全壊8棟、半壊101棟、一部破損家屋8305棟

5.4 軽自動車横転（兵庫県川西市）5月4日午後2時55分ごろ、兵庫県川西市の県道で、軽自動車が中央分離帯のガードレールに衝突し、横転した。運転していた男性は市内の病院に搬送されたが、約1時間後に死亡した。運転席後ろのチャイルドシートに乗っていたとみられる生後3カ月の長女が神戸市内の病院に運ばれ、意識不明の重体。《データ》死者1名、負傷者1名

5.6 航空機エンジン火災（大阪府・兵庫県）5月6日午後0時15分ごろ、大阪(伊丹)空港に着陸した大分発の日本航空便で、右側エンジンからの出火を示す計器表示が出た。消火後にエンジン内部を確認したところ、黒いすすなど火災の跡が見つかった。けが人はなかったが、国土交通省の運輸安全委員会は事故につながる恐れがある「重大インシデント」と判断した。

5.10 豆アジにフグの稚魚混入（大阪府・兵庫県）国内の大手小売業者は5月10日、今月8日に大阪府、兵庫県の系列店舗計45店舗で販売した鮮魚の「豆アジ」に、毒性のあるフグ(キタマクラ)とみられる稚魚が含まれていたと発表した。販売総数は約600パック。購入者からの申告で1パックに1匹の混入が判明したが、健康被害は報告されていないという。

5.17 ジェットコースター事故（兵庫県神戸市）5月17日午後2時20分ごろ、神戸市灘区の市立王子動物園にある小型ジェットコースターが緊急停止し、5歳の男児が約2m下の地面に転落した。男児は病院に運ばれたが、両膝に擦り傷を負う軽傷。男児は装着していた安全バーと座席との隙間からすり抜けて座席の上に立ち上がり落ちたとみられている。《データ》負傷者1名

5.27 押し船転覆（兵庫県洲本市）5月27日午後3時15分ごろ、兵庫県洲本市の生石鼻灯台南東約2.7キロ付近を航行していたパイロットボートから「船が転覆している」と118番があった。和歌山海上保安部などが付近を捜索し、大阪市此花区の押し船が転覆しているのを発見。乗組員3人のうち船長は船内から救助され無事。他の2人は搬送先の病院で死亡が確認された。《データ》死者2名

兵庫県(2013年)

5.31 観光バスが出火しトンネル火災（兵庫県神戸市）5月31日午後3時25分ごろ、神戸市灘区の六甲有料道路・六甲山トンネル内で、走行中の観光バスのエンジン付近から出火。バスは停止し、まもなく駆け付けた市消防局などが火を消し止めた。乗客・乗員計22人は逃げて無事だった。運転していた男性は「エンジンにトラブルがあった」と話している。

6.18 トラック・乗用車玉突き事故（兵庫県神戸市）6月18日午前11時55分ごろ、神戸市北区の山陽自動車道下り線で、大型トラック(13トン)と乗用車3台の計4台が絡む玉突き事故があった。乗用車に乗っていた20代の男性が意識不明の重体のほか、けが人が複数人。大型トラックを運転していた男性が自動車運転過失傷害容疑で現行犯逮捕された。

6.22 マンション敷地で土砂崩れ（兵庫県芦屋市）6月22日午前10時45分ごろ、兵庫県芦屋市の3階建てマンションの住民女性が、敷地の一部が高さ5m、幅14mにわたって崩落しているのが見つかった。けが人はない。マンション10室のうち、居住する5世帯11人に避難勧告が出された。市はこの数日のまとまった雨が原因とみている。

6.28 誤投与で乳児の足指壊死（兵庫県神戸市）6月28日、神戸市須磨区の県立こども病院で心臓疾患で入院中の生後1カ月の女児に、規定以上の濃度の抗生物質を投与し、右足指3本が壊死し切除する医療ミスがあった。点滴開始から約1時間40分後に警報が鳴り、右足指3本の壊死が確認され切除した。規定より10倍濃い抗生物質により足の血管が詰まったのが原因とみている。点滴の際、量などは処方箋に記すか、口頭の場合でも復唱して確認する規則だが、守られていなかったという。《データ》負傷者1名

7.1 住宅火災（兵庫県姫路市）7月1日午前3時20分ごろ、兵庫県姫路市の民家から火が出ていると119番通報があった。木造2階建て延べ約120m^{2}と、南側の木造2階建て住宅延べ約100m^{2}が全焼。周囲の民家4軒も壁などが焼け、約5時間後に鎮火。男女3人の遺体が見つかった。住人の夫妻と長男が行方不明で、遺体は3人とみられる。《データ》死者3名、全焼2棟、焼失面積約220m^2

7.7 ワゴン車が衝突（兵庫県加東市）7月7日午後10時50分ごろ、兵庫県加東市沢部の国道175号で、少年が運転するワゴン車が中央分離帯に衝突、横転した。同乗していた5人のうち、女子高校生が頭を強く打って間もなく死亡。運転していた少年と17～18歳の少年4人が重軽傷を負った。《データ》死者1名、負傷者5名

7.12 市役所に放火（兵庫県宝塚市）7月12日午前9時40分ごろ、兵庫県宝塚市東洋町の宝塚市役所で火災が発生。男が市役所1階市税収納課で火炎瓶のような物を2本投げ入れ、約2200m^{2}を焼いた。職員4人と市民1人の計5人が負傷、職員1人が熱中症の症状で病院に搬送された。男は平成7年から自宅マンションの固定資産税を滞納、マンションや預金を差し押さえられていたことに恨みがあったとみられる。《データ》負傷者5名、患者1名、焼失面積約2200m^2

8.6 乗用車が暴走（兵庫県西宮市）8月6日午後1時ごろ、兵庫県西宮市門戸東町の市道で、自転車に乗っていた女性が乗用車にはねられ死亡。車はさらに南へ約480m走り、男性が運転する乗用車および路肩に停車中のトラックに追突した。暴走した乗用車の運転手は軽傷、精神的に動揺するなどして検査入院し追突された車の男性も左膝に軽傷を負った。現場は片側1車線の直線道路で、死亡した女性は数十m引きずられた可能性もあるという。《データ》死者1名、負傷者2名

8.8～13 高校野球関連の熱中症（兵庫県西宮市）8月8日から13日、阪神甲子園球場(兵

312

庫県西宮市)で行われている高校野球大会において、熱中症などの症状を訴えて手当てを受けた観客は、合計181人になった。1日平均約30人と、平成24年の同時期と比べて2.4倍に増加している。軽度の人が多いが、病院に搬送された人もいるという。《データ》患者数181名

8.13 **熱中症**（兵庫県神戸市・大阪府東大阪市）8月13日午前8時ごろ、神戸市垂水区の民家で、熱中症とみられる症状で女性2人が死亡した。また、8月15日午前10時20分ごろ、東大阪市稲田本町の民家で、夫妻が死亡。いずれも室内のエアコンはついていなかったことなどから、熱中症の可能性があるとされる。15日朝の大阪市の最低気温は27.6度までしか下がらず、午前10時の時点で33.0度まで上昇していたという。《データ》死者6名

8.23 **強風で車が飛ばされ重軽傷**（兵庫県篠山市）8月23日午後6時40分ごろ、兵庫県篠山市今田町今田新田の温泉施設の駐車場で、男性2人が乗った乗用車が強風に巻き上げられ、駐車場内の約7m離れた場所まで飛ばされた。男性1人は鎖骨などを折る重傷、同乗していた男性も打撲などの軽傷を負った。車を発進させる際に強風が吹き、約4〜5m浮き上がって1回転したという。《データ》負傷者2名

8.23 **車輪格納不可で引き返し**（兵庫県伊丹市）8月23日午後8時半ごろ、伊丹発宮崎行きの日本航空便で離陸直後、コックピット内にある車輪格納用レバーが動かなくなる事故が発生した。同機は車輪を出したまま旋回して伊丹空港に引き返し、約40分後に着陸。乗客52人にけがはなかったという。

9.2 **バイパスで車衝突**（兵庫県姫路市）9月2日午前2時35分ごろ、兵庫県姫路市継、姫路バイパス上り線の追い越し車線で、乗用車が横転、後続の軽乗用車が衝突し、2台とも炎上した。乗用車から男性の遺体が見つかったほか、軽乗用車を運転していた男性は足を骨折して重傷、同乗の女性2人が軽傷。炎上した2台のほか、トラックが乗用車を避けようとして横転、別のトラックが乗用車と接触するなど計5台がからむ事故となった。《データ》死者1名、負傷者3名、車両2台全焼

9.2 **ワゴン車壁衝突**（兵庫県養父市）9月2日午前6時ごろ、兵庫県養父市畑の北近畿豊岡自動車道上り線で、ワゴン車が中央分離帯のポールを倒して対向車線側の側壁に衝突。同乗の3人のうち、1人が死亡、1人が重傷、運転手ともう1人が軽傷を負った。《データ》死者1名、負傷者3名

10.9 **台風24号**（兵庫県・滋賀県・鳥取県・島根県・広島県）10月9日午前、台風24号が温帯低気圧に変わり山陰地方は強風に見舞われた。JR福知山線は風速計が規制値に達し、新三田—谷川間で一時運転を見合わせ、約1万2000人に影響した。滋賀県栗東市は、下戸山・安養寺地区の173世帯に避難勧告を出した。鳥取県では、大山町塩津で9日午前5時43分に10月の観測史上最大となる最大瞬間風速29.4mを記録。鳥取市では女性が風にあおられて軽傷を負った。鳥取県は公立小中学校と特別支援学校で184校、県立高校は12校が休校した。島根県は18市町村の全公立小中学校が休校。同県は最大約1万戸が停電した。広島県内でも9日未明から、延べ約2100戸が一時停電した。《データ》負傷者1名

11.7 **無資格でレントゲン撮影**（兵庫県神戸市）11月7日、兵庫県神戸市東灘区にある日山クリニックで、平成21年から24年の3年間に正・准看護師9人と事務員4人の計13人が無資格でレントゲン撮影を計数千回繰り返していた疑いがあることが明らかになった。逮捕された院長は無資格でのレントゲン撮影について「知らなかった。指示したことも黙認したこともない」と供述しているが、医院ぐるみで不正

兵庫県(2013年)

を行っていた可能性が高いとみられている。

11.11 **酒造会社が不適切表示**（兵庫県神戸市）11月11日、兵庫県神戸市灘区の酒造会社が、純米酒などの「特定名称酒」に醸造アルコールを使用する、本醸造酒や吟醸酒に農林水産省の規格外の加工用米を使用するなど、計38銘柄で不適切表示をしていたことが明らかになった。同社によると、醸造アルコールは現場の担当者が品質を一定にするため、純米酒に混ぜることがあった。また、本醸造酒などでは、こうじを作る際、誤って規格外の米を混ぜていたという。同社社長は「偽装するつもりはなかった。会社として管理不足だった」としている。

11.13 **ホームセンターで火災**（兵庫県明石市）11月13日午前11時20分ごろ、兵庫県明石市魚住町清水のホームセンターの店外にある男子トイレ個室から出火し、便器や壁などが焦げた。火元の個室に倒れていた男性が全身やけどのため約9時間後に死亡し、隣の個室にいた男性が顔などに軽いやけどを負った。死亡した男性は火災直前にガソリン6lを購入し、金属缶2個に入れて個室に持ち込んでいた。《データ》死者1名、負傷者1名

11.20 **地震**（兵庫県宍粟市、上郡町）11月20日午前10時57分ごろ、兵庫県南西部を震源とする地震があり、同県宍粟市と上郡町で震度3を観測した。震源の深さは約10km、マグニチュードは3.9と推定される。

11月 **患者急変に気づかず死亡**（兵庫県洲本市）11月、兵庫県洲本市の県立淡路医療センターに心不全で入院していた男性が、容体急変の折に心電図の異常アラームが鳴っていたにも拘わらず、スタッフらが気づかず、その後男性が死亡していたことが判明。病院側が音を小さくしていたという。死因との因果関係は判定できないとしているが、対応の遅れがあったと認めている。《データ》死者1名

2014年(平成26年)

1.6 **鎮痛薬盗難**（兵庫県神戸市）1月6日、兵庫県神戸市中央区の神戸赤十字病院で、鎮痛薬(ミダゾラム)のアンプル約50本がなくなっていることが判明。実際になくなり始めたのは数か月前からという。ミダゾラムは全身麻酔前に注射されるケースが多く、向精神薬に分類され、過剰投与で呼吸困難などに陥るなどの副作用を引き起こす薬。《データ》鎮痛薬アンプル50本盗難

1.10 **市営バスが追突事故**（兵庫県伊丹市）1月10日の午前8時頃、兵庫県伊丹市の県道で市営バスが別の市営バスに追突する事故が発生。双方のバスに乗っていた乗客あわせて11人がけがを負った。《データ》けが11人

1.20 **住宅火災相次ぐ**（兵庫県・京都府）1月20日の未明から、兵庫と京都で火災が相次いだ。兵庫県加古川市のマンション5階から出火。また、京都市山科区の民家から出火し、木造2階建て約50m2を全焼。さらに、兵庫県佐用町の民家からも出火し、木造2階建て約140m2を全焼した。いずれも焼け跡から住人と見られる遺体が発見されている。《データ》死者3名

2.25 **大気汚染**（大阪府・兵庫県）2月25日午後、大気汚染を引き起こす微小粒子状物質「PM2.5」の濃度が西日本各地で上昇。大阪市内では85マイクログラムを記録した。26日には市内の平均濃度の最大値が90.4マイクログラムを観測、府全域の注意喚起が発令された。また、兵庫県加古川市でも26日午前の最大平均値で81マイクログラムを記録した。

3.24 **大学馬術部が火災**（兵庫県神戸市）3月24日未明、兵庫県神戸市西区の甲南大学

兵庫県(2014年)

広野総合グラウンドにおいて、馬術部の部室と馬小屋から出火。木造平屋建ての部室と馬小屋あわせて約300m2が全焼し、保有していた馬6頭が死んだ。《データ》馬6頭焼死

3.26 タンカー沈没事故（兵庫県姫路市）3月26日夜、兵庫県姫路市沖の播磨灘で、ケミカルタンカーとセメントタンカーによる衝突事故が発生。セメントタンカーが転覆、約3時間半後に沈没した。双方の船の男性乗組員各1人がけがを負った。《データ》けが2名

4.3 ビルの足場が崩落（兵庫県神戸市）4月3日、神戸市中央区で行われていたビルの工事中、足場が崩れ、自転車で通行中の女性1人と歩行中の男性1人が巻き添えとなり足場の下敷きとなり、けがを負った。《データ》けが2名

4.13 パトカー衝突で死傷（兵庫県丹波市）4月13日昼過ぎ、兵庫県丹波市の県道交差点で、ミニパトカーと乗用車の衝突事故が発生。乗用車を運転していた女性と、5歳の長男が死亡、後部座席にいた3歳の次男が軽傷を負った。パトカーを運転した巡査長はパトロールの帰りだった。《データ》死者2名、けが1名

4.18 玉突き事故でけが（兵庫県赤穂市）4月18日未明、兵庫県赤穂市の山陽道上り線で、大型トラックと高速バスの追突事故が発生。追突された高速バスが、別の大型トラックに追突した。この事故で、バスの乗客12人とトラックの運転手2人が軽傷を負った。《データ》けが14名

5.11 捨てた炭から山林火災（兵庫県赤穂市）5月11日午後、兵庫県赤穂市の山林から出火し、夜中までに約50haにまで燃え広がった。火災の影響で山陽自動車道や播磨自動車道などで通行止めが発生した。12日になって、火災の原因はバーベキューの火の不始末が原因と判明。バーベキューで使用した炭を、自宅の裏にある山に捨てたことで森林に燃え広がったと見られている。

5.29 タンカー爆発事故（兵庫県姫路市）5月29日午前、兵庫県姫路市の姫路港沖の播磨灘で、原油運搬タンカーの爆発炎上事故が発生。乗組員8人のうち、船長が行方不明、船員1人が全身やけどの重体、船員3人が重傷を負った。爆発当時、船長と船員らは、甲板で研磨機で船体のさび取りなどの作業をしていたという。31日、沈没した船内から行方不明だった船長の遺体が発見された。《データ》死者1名、けが4名

8.6 遊具事故で死亡（兵庫県神戸市）8月6日夕方、兵庫県神戸市須磨区にある「名谷公園」の遊具にかかった紐が9歳の男児の首に巻き付いた状態で発見された。男児は病院へ搬送されたが意識不明の重体で、11日午前に亡くなった。紐は犬のリードで、遊具のうんていにリードの輪がかかり、男児が遊ぶ内に誤って絡み宙づりになったとみられるという。《データ》死者1名

8.16 豪雨（京都府・兵庫県・近畿地方）8月16日、西日本地方は広い範囲で大気が不安定となり京都市で1時間に87.5mmの猛烈な雨となるなど局地的豪雨となった。床下浸水などの被害の他、交通機関も乱れ、「五山の送り火」などで京都を訪れていた観光客にも影響した。京都市右京区では用水路で土嚢を積んでいた男性が流され死亡、兵庫県川西市では砂防ダムの工事関係者が土砂崩れに巻きこまれて死亡した。京都市の1時間の雨量は1906年から開始された観測の歴史の中で史上第2位の雨量という。17日、京都府福知山市では24時間の雨量が303.5mmを記録、観測史上最多の雨量となった。どうしないの広範囲で冠水被害が起き、民家の裏山で起きた土砂崩れなどで住民の男性が死亡するなど、豪雨関連の死者は5名となった。18日までに福知山市などの被害があった地域では3500棟以上が浸水した。

315

兵庫県(2014年)

《データ》死者5名

8.26 地震（兵庫県）8月26日未明、大阪湾を震源とする地震が発生。兵庫県淡路島で震度3を観測した。マグニチュードは4.1と推定される。

9.10 大阪、兵庫で局地的豪雨（大阪府・兵庫県）9月10日の深夜から、大阪府北部や兵庫県阪神地域が雷を伴った局地的豪雨に見舞われた。大阪府池田市、兵庫県伊丹市などで1時間に100mmを超す雨量を記録した。

9.18 高層住宅火災（兵庫県神戸市）9月18日未明、神戸市兵庫区にある14階建ての集合住宅の11階の一室から出火、焼け跡から2人の遺体が見つかった。この部屋にすむ70代の女性と50代の長女と見られる。次女も一緒に住んでいたが逃げて無事だった。《データ》死者2名

10.5 だんじりで女性死亡（兵庫県三田市）10月5日午後4時半頃、兵庫県三田市の三田天満神社で行われていた例大祭のだんじりが、経大の建物に衝突、屋根が崩落した。落ちてきた屋根の下敷きになるなどで、40代の女性が死亡、合計14人が負傷。だんじりのひき手が方向を誤った可能性があるという。《データ》死者1名、けが14名

10.7 兵庫でデング熱感染（兵庫県）10月7日、厚生労働省は兵庫県西宮市でデング熱感染とみられる患者が確認されたと発表。患者は19際の学生で、東京都立代々木公園で蚊に刺され感染した患者とウィルスの遺伝子配列が一致、感染場所が西日本で確認されたのは初。女子学生は9月10日から16日までのマレーシア旅行中に蚊に刺され、海外で感染したと考えられていたが、潜伏期間が長かったためウィルスを検査。代々木公園由来の物と一致し、国内感染の可能性が高いとわかった。この学生は帰国後市内から出ておらず、代々木公園で感染した人が西宮市内で蚊に刺され、その蚊に女性が刺されたと見られている。《データ》患者1名

10.10 賞味期限を誤表示（兵庫県）10月10日、阪急電鉄は兵庫県宝塚市にある宝塚大劇場のレビューショップ1で、焼き菓子に表示されていた賞味期限が誤っていたと発表。最大で35箱を販売した可能性があるという。

11.20 有機溶剤による疾患、労災認定（兵庫県）11月20日、兵庫県明石市の金属加工会社に勤務していた男性が、有機溶剤のトリクロロエチレンのために腸疾患を発症したとして、10月に労災認定を受けていたことが判明。この溶剤による疾患の認定は全国で2例目という。《データ》認定1名

11.21 住宅火災（兵庫県尼崎市）11月21日午後、兵庫県尼崎市にある民家から出火、木造二階建ての約150m2を全焼し、隣接するアパートの一部にも延焼した。焼け跡から3人の遺体が発見された。遺体はこの家に住む70代の夫婦と30代の娘と見られるが、22日、警察は無理心中の可能性を含め殺人の疑いで捜査をはじめた。《データ》死者3名

12.6 高層マンション火災（兵庫県神戸市）12月6日未明、兵庫県神戸市にある30階建ての高層マンションの15階の1室から出火、同室約70m2を全焼した。焼け跡から24歳の長女の遺体が発見され、48歳の母親は意識不明の重体。11歳の長男は軽いやけどを負った。父親は当時不在だったという。一時、マンションの住人約100人が避難し、騒然となった。《データ》死者1名、けが2名

2015年(平成27年)

1.3 温泉街で火災（兵庫県豊岡市）1月3日午前6時10分ごろ、兵庫県豊岡市城崎町湯島の城崎温泉街にある木造2階建て店舗兼住宅から出火。同店や近隣の店舗など8棟

が全焼、他に11棟が焼け、約5時間後に鎮火。火元の店舗の店主である男性と、隣接する住宅に住む女性の計2人が死亡した。また、2軒の旅館の宿泊客約60人が豊岡市役所城崎支所へ一時避難する騒ぎとなった。《データ》死者2名、全焼8棟、一部焼失11棟

1.20 集合住宅火災（兵庫県神戸市）1月20日午前6時5分ごろ、兵庫県神戸市長田区重池町の鉄骨3階建て集合住宅から出火しているとの119番通報があった。3階の2室とその前の廊下部分延べ約20m^{2}が焼け、住人3人が死亡した。他に3人が病院に搬送されたが、命に別状はないという。《データ》死者3名、負傷者3名、焼失面積約20m^2

1.21 乗用車同士が衝突（兵庫県宍粟市）1月21日午前10時45分ごろ、兵庫県宍粟市山崎町市場の県道で軽乗用車が対向の乗用車に衝突。乗用車を運転していた男性が胸を強く打ち死亡、助手席にいた女性と軽乗用車を運転していた女性が重傷を負った。軽乗用車が中央線を越えたとみられる。《データ》死者1名、負傷者2名

2.5 住宅火災（兵庫県尼崎市）2月5日夜、兵庫県尼崎市西難波町3丁目の木造平屋集合住宅で火災が発生。同住宅4戸のうち1戸約70m^{2}が焼け、住人の夫婦2人が死亡。同居していた長男は避難して無事だった。《データ》死者2名、焼失面積約70m^2

2.15 集合住宅火災（兵庫県神戸市）2月15日午前10時5分ごろ、兵庫県神戸市東灘区西岡本の木造2階建て集合住宅の2階の一室から出火し、2階の4部屋計150m^{2}が燃えた。2階の部屋で同居していた男女2人が死亡、火元の部屋に住む男性と別の部屋に住む女性が火傷を負い軽傷。《データ》死者2名、負傷者2名、焼失面積150m^2

3.26 工場火災（兵庫県朝来市）3月26日午後3時20分ごろ、兵庫県朝来市山東町楽音寺のグンゼ梁瀬工場で火災が発生。延べ床面積3万6000m^{2}のうち縫製・仕上工場約3500m^{2}が全焼し、約6時間半後に鎮火。従業員の男女3人が喉の火傷などの軽傷を負い救急搬送された他、従業員約140人が避難した。3月30日、工場の一部が生産を再開した。《データ》負傷者3名、焼失面積約3500m^2

3.28 ススキ群生地火災（兵庫県神河町）3月28日午後0時30分ごろ、西日本有数のススキの群生地として知られる兵庫県神河町の砥峰高原で火災が発生。この日は午後2時から恒例の山焼きイベントが開催される予定で、見物客約2500人が訪れていたが、イベントは急遽中止になった。山焼きを予定していなかった約300m^{2}が燃えた他、消火のため予定地内のススキも焼いた。観光客の男性2人がコーヒーを飲むために簡易型ガスコンロに火をつけたところ、ススキに燃え移ったという。《データ》ススキ群生地約300m^{2}焼失

5.26 トンネル内で交通事故（兵庫県宝塚市）5月26日午前7時20分ごろ、兵庫県宝塚市切畑の長尾山トンネル内で、乗用車2台とオートバイ1台の計3台が絡む事故があった。乗用車の1台が車線をはみ出して対向のオートバイと接触し、さらに対向してきた乗用車と正面衝突したという。乗用車を運転していた男性2人が重傷を負い、オートバイを運転していた男性に怪我はなかった。事故処理のため、トンネル内が一時通行止めになった。《データ》負傷者2名

7.19 オートバイ・乗用車衝突（兵庫県宍粟市）7月19日午後10時半ごろ、兵庫県宍粟市山崎町高下の中国自動車道下り線で、オートバイが乗用車に衝突し、炎上。オートバイを2人乗りしていた少年2人が出血性ショックなどで死亡した。また、乗用車はオートバイと衝突後に別の乗用車と接触したが、2台に乗っていた計6人に怪我はなかった。現場は片側2車線の直線で、オートバイが逆走し、追い越し車線を走行中の乗用車に衝突したものとみられる。《データ》死者2名、オートバイ1台炎上

兵庫県(2015年)

7.25 ボートが防波堤に衝突（兵庫県西宮市）7月25日午後8時45分ごろ、兵庫県西宮市の沖合約3kmに位置する防波堤にプレジャーボートが衝突、沈没した。ボートには西宮市に隣接する芦屋市で開催された花火大会「芦屋サマーカーニバル」の見物客9人が乗っていたが、海へ投げ出されるなどして、男性2人が胸や腹を強く打ち重傷、男女7人が軽傷を負った。事故当時、周辺海域では花火見物のボートなど約100隻が航行していた。《データ》負傷者9名、プレジャーボート1隻沈没

7.26 漁船・プレジャーボート衝突（兵庫県淡路市）7月26日午前9時25分ごろ、兵庫県淡路市岩屋の沖合約11kmで、漁場を移動中の2人乗りの小型底引き網漁船が停留中の5人乗りプレジャーボートに衝突。ボートに乗っていた男性3人が足や胸を打撲するなどして軽傷を負った。また、ボートの船体に縦約60cm・横約55cmの穴があき浸水したため、漁船がボートを港まで曳航した。《データ》負傷者3名

7.31 乗用車同士が正面衝突（兵庫県西宮市）7月31日午後11時ごろ、兵庫県西宮市越水の有料道路「芦有ドライブウェイ」で、乗用車同士が正面衝突する事故が発生。2台に乗っていた5人のうち女性1人が死亡、男性2人が意識不明の重体、1人が首の骨を折る重傷、1人が軽傷を負った。現場は片側1車線。トンネルの出口から約50mの山道の直線で、周辺はカーブが続いていた。《データ》死者1名、負傷者4名

8.10 小学校敷地でヒ素検出（兵庫県尼崎市）8月10日、兵庫県尼崎市が、同市稲葉荘の市立大島小学校の敷地からヒ素が検出されたことを発表した。検出量は1l中0.02mgで、国の環境基準(1l中0.01mg)の2倍。災害用貯水タンクを設置するため、校舎脇の土地を約5m掘削して土壌調査をしたところ、ヒ素が検出された。健康被害の恐れはないというが、原因は不明。

奈良県

1889年(明治22年)

8.19 十津川大水害（奈良県・和歌山県）8月18日から21日にかけて、奈良県吉野郡の十津川流域は記録的な豪雨に襲われた。豪雨による洪水の後、各地で山地斜面が崩壊し(大規模崩壊地1107ヶ所)、土砂が河川に落ち込んだことによって河川が閉塞、その閉塞で発生した新湖(新湖53ヶ所)が決壊し、甚大な被害を出した。死者は1496名に及んだ。明治22年10月、被災者600戸は北海道に向かって移住を開始し、新十津川市(現)をつくった。《データ》死者1496名、流失家屋365棟、流失田畑1463反、流出宅地496反

1913年(大正2年)

1.26 生駒山トンネル崩壊（奈良県）1月26日、工事中の生駒山トンネルで工夫のミスによりトンネル崩壊、作業員ら150余名が閉じ込められた。《データ》死者19名

6月〜8月 干ばつ（和歌山県・奈良県）6月から8月にかけて、近畿以西の各地が空梅雨となり、続いて日射しの強い日が続いた。和歌山県では7月5日から8月17日にかけて、奈良県では8月中など、長期間にわたり降雨のない地域が続出。灌漑用水が枯渇し、田畑に亀裂が生じたり、農作物が枯死するなどの被害が出た。

1931年(昭和6年)

11月 大阪電軌線電車衝突（奈良県富雄村）11月、大阪電軌線の電車が奈良県富雄村の付近で衝突した。《データ》車両衝突

1932年(昭和7年)

1月 バス・近鉄線電車衝突（奈良県西大寺町）1月、近鉄線の電車とバスが西大寺駅の付近で衝突した。《データ》車両衝突

1月〜 地すべり（大阪府中河内郡堅上村・奈良県北葛城郡王寺町）1月、大阪府堅上村の峠地区で大規模な地すべりが発生。関西線亀の瀬トンネルが崩壊したほか、付近を流れる大和川の川底が隆起し、隣接する奈良県王寺町の藤井地区で家屋が浸水したため、両県および内務省は大和川の浚渫(しゅんせつ)を繰り返した。

1933年(昭和8年)

3.18 山崩れ（奈良県吉野郡）3月18日、奈良県吉野郡の十津川流域の長殿地区で大規模な山崩れがあった。

この頃 地割れ（奈良県）この頃、奈良市東部にある春日奥山の周遊道路の大杉付近と地獄谷、及び磯城郡上之郷村で大規模な地割れが見つかった。

1934年(昭和9年)

4.15 陸軍飛行隊戦闘機墜落（奈良県）4月15日、陸軍立川航空第5連隊の91式戦闘機と88式偵察機の合計20機が立川、ソウル(韓国)間の往復訓練をおこなった帰途、91

奈良県(1935年)

式戦闘機のうち1機が密雲で視界が利かなくなり、奈良県内に墜落したが、操縦者はパラシュートで脱出して無事だった。《データ》戦闘機1機墜落

1935年(昭和10年)
1.10 円照寺火災（奈良県奈良市）1月10日、奈良市の南にある円照寺で放火による火災があった。

1936年(昭和11年)
2.4 陸軍飛行隊機墜落（奈良県生駒郡）2月4日、陸軍大刀洗飛行連隊の94式偵察機715号が明野ヶ原から大刀洗へ戻る際、奈良県生駒郡の四条峠に墜落し、乗員2名が死亡した(6日朝、機体と遺体を発見)。《データ》死者2名、航空機1機墜落

5月 トンネル崩壊（奈良県）5月、奈良県の天辻トンネルが崩壊した。

5月 文武館中学校火災（奈良県）5月、奈良県の文武館中学校で火災があり、演武場を焼失した。《データ》建物1棟全焼

9月 桜本坊火災（奈良県吉野郡）9月、奈良県吉野郡の大峰山の桜本坊で火災があり、同坊を全焼した。《データ》建物全焼

1937年(昭和12年)
3月 地すべり（奈良県吉野郡大塔村）3月、奈良県大塔村の清水地区で地すべりが激しくなった。

5.15 病院火災（奈良県生駒郡）5月15日、奈良県生駒郡の信貴山脳病院で火災があり、患者3名が焼死した。《データ》死者3名

6月 落雷（奈良県高市郡船倉村）6月、奈良県船倉村で落雷により住民7名が焼死した。《データ》死者7名

1938年(昭和13年)
7月 赤痢発生（奈良県高市郡余橋村）7月、奈良県余橋村で住民に多くの赤痢患者が出た。原因は夏祭りの黄粉菓子。《データ》患者多数

7.11 雷雨（奈良県）7月11日、奈良県の各地で激しい雷雨による被害が相次いだ。《データ》被害額300万円以上

1940年(昭和15年)
6.17 豪雨（奈良県）6月17日、奈良県で大雨により道路損壊や河川氾濫などの被害が相次いだ。《データ》道路損壊、河川氾濫、被害額46万円

6.17 奈良バス・大阪電軌線電車衝突（奈良県奈良市）6月17日、大阪電気軌道線の電車と奈良バスが奈良市油坂町の踏切で衝突した。《データ》車両衝突

1941年(昭和16年)
1月 寮火災（奈良県）1月深夜、奈良県の八紘寮で火災があり、同寮の一部を全焼した。《データ》建物一部全焼

1947年(昭和22年)
4.19 近鉄奈良線トンネル内火災（奈良県）4月19日、近畿日本鉄道奈良線の生駒駅近くの生駒山トンネル内で、通過中の列車が車両火災を起こし、乗客ら30名が死亡、

奈良県(1953年)

37名が重傷を負った。《データ》死者30名、重傷者37名、車両火災
- **7.4 東大寺火災**（奈良県奈良市）7月4日、奈良市雑司町の華厳宗総本山金光明四天王護国寺（東大寺）で火災があり、本坊を全焼した。《データ》全焼建物1棟、被害額300万円

1948年（昭和23年）
- **11.1 市役所火災**（奈良県奈良市）11月1日、奈良市役所で火災があり、庁舎を全焼した。《データ》全焼建物1棟

1949年（昭和24年）
- **1.14 貨物列車待合室突入**（奈良県吉野郡五條町）1月14日、奈良県五條町の和歌山線五條駅で、貨物列車が車止めを破って待合室に突っ込み、乗務員や列車待ちの乗客8名が死亡、20名余りが重軽傷を負った。《データ》死者8名、負傷者20名余り、車両突入
- **1.26 法隆寺金堂火災**（奈良県生駒郡斑鳩町）1月26日、奈良県斑鳩町の法相宗総本山法隆寺西院の金堂（国宝）から出火し、堂内の壁画12面を全焼した。原因は電気ごたつの過熱と見られる。金堂は胴張りの柱や雲肘木など飛鳥様式の特徴を示す建築物で、焼失した壁画は白鳳美術を代表する作品だった。《データ》壁画12面全焼
- **7.27～30 ヘスター台風**（福井県・三重県・滋賀県・京都府・兵庫県・奈良県・徳島県・香川県）7月27日に、伊勢湾付近に上陸したヘスター台風は、名古屋市の西方を通って、30日に若狭湾へ抜けた。この影響で、福井・三重・滋賀・京都・兵庫・奈良・徳島・香川の8県で住民16名が死亡、29名が負傷、18名が行方不明となり、家屋55戸が全壊、147戸が半壊、62戸が流失、1967戸が床上浸水、9594戸が床下浸水、田畑約11.5haが流失、約150.2haが冠水、道路347か所と堤防253か所が損壊、橋梁420か所が流失した。《データ》死者16名、負傷者29名、行方不明者18名、全壊家屋55戸、半壊家屋147戸、流失家屋62戸、床上浸水家屋1967戸、床下浸水家屋9594戸、流失田畑約11.5ha、冠水田畑約150.2ha、道路損壊347か所、橋梁流失420か所、堤防決壊253か所

1950年（昭和25年）
- **3.13 新東宝あやめが池撮影所火災**（奈良県）3月13日、奈良県の新東宝あやめが池撮影所で火災があり、関連施設を全焼した。《データ》建物全焼

1951年（昭和26年）
- **4.12 信貴山寺本堂火災**（奈良県生駒郡）4月12日、奈良県生駒郡の真言宗朝護孫子寺（通称信貴山寺）で火災があり、本堂を全焼した。同寺は聖徳太子の創建と伝えられる名刹で、所蔵の「信貴山縁起絵巻」でも有名。《データ》本堂全焼

1953年（昭和28年）
- **7.18～19 豪雨**（茨城県・千葉県・東京都・神奈川県・山梨県・長野県・岐阜県・静岡県・愛知県・三重県・京都府・奈良県・和歌山県）7月18日午前2時過ぎから翌19日にかけて、三重・奈良・和歌山の3県を中心に大雨が降り、有田川、日高川、熊野川、貴志川が決壊、紀勢西線や和歌山線、和歌山鉄道などの交通網と通信網が途絶した他、13都府県で住民671名が死亡、4540名が負傷、4237名が行方不明、家屋2033戸が全壊、2423戸が半壊、5174戸が流失、1万3827戸が床上浸水、1万4526戸が床下浸水、田畑約32.5haが流失または埋没、約111.6haが冠水、道路1万2140か所が損壊、橋梁524か所が流失、堤防1476か所が決壊、山崩れ1683か所など、被害が相次いだ。《データ》死者671名、負傷者4540名、行方不明者4237名、被災者約10万

奈良県(1953年)

6738名、全壊家屋2033戸、半壊家屋2423戸、流失家屋5174戸、床上浸水家屋1万3827戸、床下浸水家屋1万4526戸、流失・埋没田畑約32.5ha、冠水田畑約111.6ha、道路損壊1万2140か所、橋梁流失524か所、堤防決壊1476か所、山崩れ1683か所、電柱倒壊1102か所、被害額約450億円

8.14〜15 豪雨(三重県・滋賀県・京都府・奈良県・和歌山県)8月14日夜から15日未明にかけて、三重・滋賀・京都・奈良・和歌山の5府県に大雨が降り、京都府井手町で同町東端の大正池が決壊して全家屋約1000戸の70％以上が倒壊または流失し、住民50名が死亡、150名が負傷、滋賀県多羅尾村でも山崩れが発生し、住民44名と家屋230戸が土砂の下敷きになるなど各地で被害が相次ぎ、170名が死亡、361名が負傷、269名が行方不明となり、家屋328戸が全壊、265戸と橋梁296か所が流失、田畑約33.7haが流失または埋没、堤防346か所が決壊した。《データ》死者170名、負傷者361名、行方不明者269名、全壊家屋328戸、流失家屋265戸、流失・埋没田畑約33.7ha、橋梁流失296か所、堤防決壊346か所

1954年(昭和29年)

3.6 降灰(奈良県吉野郡)3月6日、奈良県吉野郡で50カウント前後の放射性物質を含む黄色がかった灰が降った(4月2日に200ppmの放射能を検出)。

5月〜7月 ニューカッスル病発生(大阪府・和歌山県・奈良県)5月から7月初めにかけて、大阪・和歌山・奈良の3府県で養鶏約30万羽にニューカッスル病が発病し、うち6万羽が死亡した。《データ》鶏30万羽発病(うち6万羽死亡)

1955年(昭和30年)

7.16 桜井町大火(奈良県磯城郡桜井町)7月16日、奈良県桜井町谷新町にある製材所付近から出火し、10m前後の強風にあおられて住宅172戸(約4万9587m^2)を全焼、住民130名余りが重軽傷を負い、162世帯(730名)が焼け出された。原因は送電用トランスのショート。《データ》重軽傷者130名余り、全焼家屋172戸、焼失面積約4万9587m^2、被災者162世帯(730名)、被害額16億円

1956年(昭和31年)

1.27 住宅火災(奈良県奈良市)1月27日午前3時15分頃、奈良市木辻瓦堂町の木造2階建のアパートから出火して、同アパートと両隣の特殊飲食店の3戸(約893m^2)を全焼、1戸を半焼、居住者ら14名が焼死、3名が軽傷を負った。《データ》死者14名、軽傷者3名、全焼家屋ほか3戸、半壊家屋1戸、焼失面積約893m^2

5.27 急性アルコール中毒死(奈良県東山村)5月27日、奈良県東山村で、田植の手伝いに来ていた人4名がウイスキーを飲んで急死した。《データ》死者4名

1957年(昭和32年)

4.29 奈良女子大学学生寮集団赤痢(奈良県奈良市)4月29日、奈良女子大学の学生寮(入寮者356名)で、雨のために中止となったピクニック用の弁当を食べた学生のうち93名が食中毒症状を起こし、学校医が届け出を怠ったため、奈良県公衆衛生課が調査に乗り出した結果、真性または擬似赤痢の患者が続出していることがわかり、入寮者全員が1週間の外出禁止処分を受けた。《データ》患者93名

1958年(昭和33年)

4.17 御所高等学校火災(奈良県御所市)4月17日午前3時頃、奈良県御所市の県立御所

高等学校の南館職員室から出火、全校舎の約80%を全焼した。《データ》校舎一部焼失
- **8.24～27 日教組組合員・警官隊衝突**（奈良県奈良市）8月24日から27日にかけて、奈良市高畑町で文部省主催の道徳教育講習会が開かれた際、日本教職員組合などの組合員1000名が講習会を阻止しようとして会場周辺で警官隊と衝突し、双方あわせて100名が負傷した。《データ》負傷者100名

1959年（昭和34年）
- **4.18 皇太子夫妻歓迎提灯行列参列者重軽傷**（奈良県奈良市）4月18日、奈良市の奈良ホテル付近で行われた皇太子夫妻の歓迎提燈行列で、歓迎の列が乱れ、女性や子供の参列者14名が重軽傷を負った。夫妻は、伊勢神宮への結婚報告を終えて、次の神武天皇陵に報告のため奈良市を訪れたもので、奈良ホテルは宿舎だった。《データ》重軽傷者14名

1960年（昭和35年）
- **4.23 春日原始林火災**（奈良県奈良市）4月23日、奈良市の春日原始林で火災があり、同林の一部を焼いた。《データ》山林一部焼失

1962年（昭和37年）
- **5.1 ダム建設現場落盤**（奈良県吉野郡下北山村）5月1日、奈良県下北山村池原の吉野熊野電源開発池原ダム建設現場で落盤が発生、作業員8名が生き埋めになり、4名が死亡した。《データ》死者4名
- **12.20 興福寺阿修羅像汚損**（奈良県奈良市）12月20日、奈良市登大路町の法相宗本山興福寺の阿修羅像(国宝)が複製作成の過程で汚損した。《データ》仏像1体汚損

1964年（昭和39年）
- **3.22 奈良交通バス転落**（奈良県大和高田市）3月22日午後0時40分頃、奈良県大和高田市築山の県道で、奈良交通の馬見発高田行き定期バスが、対向車とすれ違う際、誤って約10m下の新堀池(深さ約1.5m)に落ち、乗客ら9名が死亡、69名が重軽傷を負った。《データ》死者9名、重軽傷者69名、車両1台転落
- **11.29 五條中学校火災**（奈良県五條市）11月29日午前0時頃、奈良県五條市須恵町の五條中学校で火災があり、校舎など7棟(3459m^2)を全焼、消防関係者ら7名が負傷した。原因は同校生徒による放火。《データ》負傷者7名、全焼校舎7棟、焼失面積3459m^2、被害額8000万円

1965年（昭和40年）
- **1.10 猪暴走**（奈良県）1月10日、奈良県大和高田市や新庄町などに大猪が出没し、通行人ら10名が重軽傷を負った。《データ》重軽傷者10名

1966年（昭和41年）
- **3.29 屎尿処理場建設反対派住民騒擾**（奈良県大和高田市）3月29日、奈良県大和高田市の住民百数十名が清掃組合協議会による共同屎尿処理場の建設に抗議して市役所に押しかけ、20名が負傷した。《データ》負傷者20名
- **5.18 工場火災**（奈良県生駒郡斑鳩町）5月18日午後4時50分、奈良県斑鳩町の工場から出火し、同工場など7棟(3251m^2)を全焼、住民ら65名(11世帯)が焼け出された。

奈良県(1966年)

《データ》全焼工場ほか7棟、焼失面積3251m^2、被災者65名(11世帯)、被害額1億3879万円(消防庁調べ)

5.22 光洋紡績火災（奈良県天理市）5月22日午前1時20分、奈良県天理市永原町の光洋紡績で火災があり、同工場1棟(343m^2)を全焼した。《データ》全焼工場1棟、焼失面積343m^2、被害額7274万円(消防庁調べ)

11.11 トラック・近鉄電車連続衝突（奈良県宇陀郡室生村）11月11日午前と午後の2回、奈良県宇陀郡室生村の近畿日本鉄道大阪線三本松駅付近の無警報機踏切で、トラックと急行電車が衝突、乗客ら3名が死亡、15名が重軽傷を負った。《データ》死者3名、重軽傷者15名、車両衝突

1967年(昭和42年)

2.11 乗用車転落（奈良県吉野郡十津川村）2月11日、奈良県十津川村小原で、国道168号線から乗用車が転落、5名が死亡した。《データ》死者5名、車両1台転落

5月 養魚池毒薬投入（奈良県北部）5月、奈良県北部の金魚などの養殖池59か所に毒薬が投げ込まれ、養殖魚多数が死亡した（後に同県在住の養殖業者を逮捕）。《データ》養殖魚多数死亡、被害額8000万円

10.30 奈良交通バス転落（奈良県宇陀郡室生村）10月30日、奈良県室生村の室生大橋付近で、奈良交通の臨時定期バスが道路から約5m下の宇陀川に落ち、乗客ら14名が重傷、49名が軽傷を負った。《データ》重傷者14名、軽傷者49名、車両1台転落

11.5 公演会場観客負傷（奈良県奈良市）11月5日、奈良市のザ・タイガースの公演会場で、観客30名が重軽傷を負った。《データ》重軽傷者30名

1968年(昭和43年)

8.7 陸上自衛隊捜索機不時着（奈良県吉野郡東吉野村）8月7日、奈良県東吉野村の高見山で、陸上自衛隊中部方面隊のLM1型連絡機が同西部方面隊の遭難機捜索中に不時着し、機体が大破、乗員2名が軽傷を負った。《データ》軽傷者2名、航空機1機大破(防衛庁調べ)

この年 芳野川水銀汚染（奈良県宇陀郡）43年、奈良県菟田野町、榛原町の芳野川で魚の体内から高濃度（水俣湾や阿賀野川の汚染時の約10分の1）の水銀を検出。原因は同流域にある水銀鉱とみられ、含有濃度はフナやカワムツなどで平均1.31ppm、検査総数のうち80%が1ppm以上、最低値も0.6ppmをそれぞれ記録した(44年8月に厚生省が魚類調査の結果を発表)。

1969年(昭和44年)

4.24 住宅ガス爆発（奈良県宇陀郡大宇陀町）4月24日午後4時頃、奈良県大宇陀町の住宅で機械式ポンプのスイッチの火花が漏れていたガスに引火、爆発し、家族1名が死亡、2名が負傷した。《データ》死者1名、負傷者2名

6.9 猿谷ダム異常放水（奈良県吉野郡大塔村）6月9日午後2時10分頃、奈良県大塔村猿谷の建設省猿谷ダムで水門が突然開き、約1時間後の復旧までにダム貯水池の水約70万トンが流出し、砂利採取用のブルドーザーや機械などが水没。原因は社会見学で訪れた小学生が水門操作盤の開閉スイッチに触れたためとみられる。《データ》機械類水没、被害額約1000万円

奈良県(1973年)

1970年(昭和45年)

- **3月 河川汚濁**(奈良県)3月、奈良県の大和川流域の23工場が廃液を同川に排出した(同月に県が該当工場に施設改善警告)。
- **11.13 正倉院御物青酸汚染**(奈良県奈良市)11月13日、奈良市の東大寺正倉院で、収蔵の御物から青酸が検出された。
- **この年 鉛再生工場汚染**(奈良県磯城郡田原本町)45年、奈良県田原本町の鉛再生工場が有毒物を含む煙を排出、周辺地域を汚染した(45年9月22日、同町の買収により工場は操業停止)。

1971年(昭和46年)

- **6.13 観光バス転落**(奈良県吉野郡下市町)6月13日、観光バスが奈良県下市町の登山道路で運転を誤って谷底へ落ち、乗員、乗客ら2名が死亡、42名が負傷した。《データ》死者2名、負傷者42名、車両1台転落(警察庁調べ)

1972年(昭和47年)

- **2.2 老人病院火災**(奈良県北葛城郡香芝町)2月2日、奈良県香芝町の老人病院で火災があり、施設の一部(30m²)を全焼、入院患者ら3名が死亡した。原因はたばこの火の不始末。《データ》死者3名、焼失面積30m²、被害額不明(消防庁・朝日新聞社調べ)
- **7月 光化学スモッグ発生**(奈良県)7月末、奈良県で同県初の光化学スモッグが発生した(発生後、県公害課は注意報発令に備えて職員の常駐態勢などを採用)。
- **7.20 工場火災**(奈良県桜井市)7月20日、奈良県桜井市の工場で火災があり、同工場(2490m²)を全焼、4名が負傷した。《データ》負傷者4名、工場全焼、焼失面積2490m²、被害額1億円(消防庁・朝日新聞社調べ)
- **8.2 近鉄奈良線急行電車爆破**(奈良県奈良市)8月2日午後2時25分頃、近畿日本鉄道奈良線菖蒲池・学園前駅間を通過するおり、西大寺発難波行き急行電車(4両編成)の3両目の後部右側扉付近の座席下で布製のボストンバッグが突然爆発し、乗客のうち2名が重傷を、19名が軽傷を負った。県警察の調べによれば、爆発物はダイナマイトを粉ミルク缶に詰めた自家製のもの。《データ》重傷者2名、軽傷者19名(運輸省調べ)
- **9.17 長谷寺火災**(奈良県桜井市)9月17日午後6時20分頃、奈良県桜井市初瀬町の真言宗豊山派総本山長谷寺(通称長谷観音)奥之院の菩提院居間から出火し、木造平屋建の同院庫裏(127m²)と隣接の陀羅尼堂(134m²)を全焼したが、死傷者はなかった。長谷寺は天武期の創建、本堂は重要文化財の指定を受けており、境内の桜や牡丹で歌枕としても有名。《データ》全焼建物2棟、焼失面積261m²
- **11.20 バス・トラック追突**(奈良県天理市)11月20日、バスが奈良県天理市勾田町の道路で補修作業現場の付近に一時停止したところ、後続のトラックに追突され、乗務員を除いて乗客47名全員が負傷した。《データ》負傷者47名、車両追突(警察庁調べ)

1973年(昭和48年)

- **3月 団地住民腎炎集団発生**(奈良県大和郡山市)3月、奈良県大和郡山市の矢田山団地で、子供を中心に住民68名が異常な高率で腎炎に感染していることがわかった(大阪市立大学医学部小児科の調査などによる。県公衆衛生課や生駒保健所は、尿検査を根拠に集団発生を否定)。原因は未解明。《データ》患者68名
- **この年 光化学スモッグ被害**(奈良県)この年、奈良県で光化学スモッグが7回にわたっ

奈良県(1974年)

て発生し、住民らのべ26名が眼や咽喉の痛みなど特有の症状を訴えた。《データ》患者26名

1974年(昭和49年)

- **3.9 濃霧**（奈良県北葛城郡河合町）3月9日、奈良県北葛城郡河合町の西名阪道路で局地的な濃霧が発生し、上下線で各2件の追突事故が起きた。同時多発事故。《データ》死者2名、負傷者7名
- **4月～ 光化学スモッグ発生**（奈良県）4月から50年3月にかけて、奈良県で光化学スモッグが3回発生した。

1976年(昭和51年)

- **5.8 タクシー落石損壊**（奈良県吉野郡）5月8日、個人タクシーが奈良県吉野郡の国道168号線の三里トンネル付近で落石を受け、運転手と旅客者の乗客4名が死亡、1名が軽傷を負った。《データ》死者5名、軽傷者1名、車両1台損壊

1977年(昭和52年)

- **この頃 光化学スモッグ発生**（奈良県）52年頃、奈良県で光化学スモッグが発生し、光化学スモッグ注意報または予報が複数回発令された。

1978年(昭和53年)

- **6.3 火災**（奈良県）春日奥山の一部焼失、これを機に対策を検討、9月16日に春日奥山防火計画がまとまる。

1979年(昭和54年)

- **4.17 ダンプカー・和歌山線客車衝突**（奈良県）4月17日、国鉄和歌山線志都美・畠田駅間の踏切で、客車とダンプカーが衝突し、4両が脱線した。この事故で1名が死亡、21名が負傷した。《データ》死者1名、負傷者21名

1980年(昭和55年)

- **5.1 近鉄線急停車乗客負傷**（奈良県）5月1日、近鉄・生駒ケーブル線で助役が出発指示の合図を誤り、扉を開けたまま出発。これに気付いた運転士が急ブレーキをかけたため乗客22人が負傷した。《データ》負傷者22名
- **この頃 西名阪道路低周波騒音被害**（奈良県北葛城郡香芝町）55年頃、奈良県香芝町の西名阪道路の高架橋から超低周波による振動および騒音が発生し、道路沿いの地域の住民ら多数が頭痛や難聴、不眠症などの症状を訴えた(55年10月6日に住民70名が損害賠償と騒音差止めを求めて提訴)。超低周波は、20ヘルツ未満の周波数の領域を指し、耳には実際の音は聴こえない。《データ》患者多数

1981年(昭和56年)

- **この年 公害**（奈良県）この年の県内新規公害苦情は701件で、騒音、悪臭が289件(41%)を占めた。西名阪道路の低周波公害裁判は奈良地裁で係争中。吉野郡内に点在するダムでは淡水赤潮が3年前から発生している。《データ》公害苦情701件

1982年(昭和57年)

- **3.29 山小屋火災**（奈良県東吉野村）3月29日午前7時20分ごろ、奈良県東吉野村の明神平で330m^{2}の山小屋が全焼、泊まっていた大阪市の学習塾のグループ10人のうち

奈良県(1984年)

教師と中学生3人が焼死した。出火の原因はろうそくの火が引火したため。《データ》死者4名

- 6.3 **大雨**（関東地方・東海地方・沖縄県・奈良県）6月3日、関東地方、東海地方の太平洋側は強風と大雨に見舞われ、各地で被害が続出した。警察の午前中までのまとめによると、東京、沖縄、奈良など1都2府8県で3人が負傷、床上浸水91棟、床下浸水186棟、道路11カ所が壊れ、12カ所で山崩れやがけ崩れが発生した。《データ》負傷者3名、床上浸水91棟、床下浸水186棟、道路破損11カ所、山崩れ、がけ崩れ12カ所
- 7.8 **トラック・乗用車追突**（奈良県大和郡山市）7月8日午前8時ごろ、奈良県大和郡山市の西名阪自動車道天理料金所で、料金払いで止まっていた乗用車に大型トラックが追突、乗用車は炎上して乗っていた夫婦が焼死した。《データ》死者2名
- 7.8 **多重衝突事故**（奈良県天理市）7月8日午前9時ごろ、渋滞中の天理市の名阪国道で、保冷車が乗用車に追突したのをきっかけに計9台が追突、1台が炎上、3台が道路から落ち、1人が死亡、3人がけが。《データ》死者1名、負傷者3名
- 8.4 **山崩れ**（奈良県吉野郡西吉野村和田）8月4日午前2時ごろ、奈良県吉野郡西吉野村和田の通称くえ山の斜面が崩れ落ち吉野川支流の丹生川をせき止めた。このため上流がダム状態になり、9戸が床上浸水、19戸が床下浸水、山崩れで郵便局が全壊した。さらに新たな崩壊が起こり、吉野農協の建物内にあった約6トンの塩素系農薬のほとんどがケースごと下流へ流れた。《データ》床上浸水9戸、床下浸水19戸、全壊家屋1棟、塩素系農薬6トン
- この年 **公害苦情**（奈良県）この年の、奈良県の公害苦情は630件。騒音、悪臭が280件で44%を占めた。工場が少ないので大気汚染はそれほどでもないが、大和川は生活排水の流れ込みで汚れがひどく全国でも最悪の汚染河川。下水施設は奈良市など北部地域にしか普及しておらず、水質浄化対策は遅れている。《データ》公害苦情630件

1983年（昭和58年）

- 1.30 **住宅火災**（奈良県奈良市）1月30日午前4時半ごろ、奈良市の住宅から出火、木造2階建て125m²を全焼、足の不自由な老夫婦と同居の娘一家3人が焼死した。《データ》死者3名、焼失面積125m²
- 1.31 **シンナー中毒**（奈良県北葛城郡上牧町上牧）1月31日、奈良県北葛城郡上牧町上牧にある貸しガレージで、女子高生3人がシンナー中毒で死亡しているのが見つかった。《データ》死者3名
- 5.31 **硫酸銅中毒**（奈良県山辺郡山添村春日）5月31日午後3時20分、奈良県山辺郡山添村春日の中学校で、生徒ら21人が腹痛、吐き気を訴え、病院で手当を受けた。警察の調べによると、校内にある冷水機の一つに誰かが硫酸銅をいれたとみられる。《データ》中毒患者21名
- 12.1 **ホテル火災**（奈良県奈良市川上町）12月1日午前1時30分、奈良県奈良市川上町の三笠温泉郷のホテルで火災が発生、木造5階建て1200m²を全焼、7人が負傷した。《データ》負傷者7名、焼失面積1200m²

1984年（昭和59年）

- 1.21 **西大寺火災**（奈良県奈良市西大寺芝町）1月21日午後8時30分、奈良県奈良市西大寺芝町の真言律宗総本山西大寺境内の塔頭、清浄院の台所から出火、木造平屋階

奈良県(1986年)

建ての塔頭230m²を全焼した。この火災で住職がやけどを負ったが、境内の国宝や重要文化財は無事だった。《データ》負傷者1名、焼失面積230m²

1986年(昭和61年)

- **3.23 雪害**（奈良県）3月23日、県下全域に降った雪は、吉野、宇陀両郡を中心に28市町村で、スギ、ヒノキの倒伏などの森林被害を起こした。被害面積は2万3391ha、被害額は約96億円で県としては戦後最悪。《データ》被害面積2万3391ha、被害額約96億円
- **5.7 ヘリコプター墜落**（奈良県吉野郡天川村）5月7日午後3時15分、奈良県吉野郡天川村の大峰山系にある山上ヶ岳の付近に日本農林のヘリコプターが墜落、2人が死亡した。《データ》死者2名、ヘリコプター1機墜落

1989年(平成1年)

- **11.7 ダンプカー・桜井線電車衝突**（奈良県天理市）11月7日午後8時半ごろ、奈良県天理市田町長田のJR桜井線長柄—天理間の住宅踏切で、2両編成の電車と大型ダンプカーが衝突し、電車は脱線、ダンプカーは線路わきの田んぼに横転した。ダンプカーの運転手が死亡、積み荷の溶けたアスファルト（温度120－130度）が飛び散り、乗客20人全員と乗務員2人がけが、やけどを負った。《データ》死者1名、負傷者22名

1990年(平成2年)

- **10.30 桜井線電車・トラック衝突**（奈良県大和高田市）10月30日午前5時35分ごろ、奈良県大和高田市三和町のJR桜井線大道踏切で、普通電車が大型トラックと衝突、電車の先頭車両が脱線、トラックが線路沿いの会社事務所に突入したがけが人はなかった。
- **10.31 阪奈道路玉突き事故**（奈良県奈良市）10月31日午前1時15分ごろ、奈良市菅原町の阪奈道路交差点で、トラックがワゴン車に追突、さらに3台に次々と玉突き衝突し、1人が即死、6人が軽いけがをした。原因は居眠りかわき見運転。《データ》死者1名、負傷者6名

1991年(平成3年)

- **1.12 ゴルフ場建設現場土砂崩れ**（奈良県吉野郡吉野町）1月12日午後1時半ごろ、奈良県吉野郡吉野町色生のゴルフ場建設現場で、雨水排水管の埋設作業中に土を削り取った山はだが崩れ、2人が生き埋めになって死亡した。《データ》死者2名
- **3.23 増水で道路崩れる**（奈良県奈良市）3月23日朝、奈良市富雄元町で、前日からの雨で富雄川に沿った幅8.4mの県道のうち、川沿いの歩道と1車線が川の増水により幅約3.4m、長さ約16.2m、高さ3.7mにわたって崩れ落ちた。《データ》道路崩壊
- **5.9 乗用車分岐壁に激突**（奈良県山辺郡山添村）5月9日午前0時半ごろ、奈良県山辺郡山添村遅瀬、名阪国道の五月橋サービスエリア付近で、乗用車がコンクリート製分岐壁に激突、運転していた男性が即死、1人が重傷、1人が重体となった。《データ》死者1名、負傷者2名
- **12.29 近鉄電車脱線**（奈良県生駒郡平群町）12月29日午前9時50分ごろ、奈良県生駒郡平群町平等寺の近鉄生駒線竜田川7号踏切付近で、2両編成下り普通電車の後ろ1両が脱線したが、けが人はなかった。《データ》電車1両脱線

1992年(平成4年)

1.8 パトカー・乗用車衝突（奈良県生駒市）1月8日午前2時5分ごろ、奈良県生駒市北田原町の国道163号交差点で、大阪府警四条畷署の覆面パトカーと乗用車が出合い頭に衝突し、パトカーの2人が重傷、2人が軽いけが、乗用車の男性も軽いけがをした。パトカーはサイレンを鳴らしながら、赤信号の交差点に入ろうとしたらしい。《データ》負傷者5名

2.10 桜井線電車・マイクロバス衝突（奈良県天理市）2月10日午前8時23分ごろ、奈良県天理市三昧田町のJR桜井線三昧田踏切で、普通電車が天理教会のマイクロバスと衝突した。マイクロバスは大破し、乗っていた3人が死亡、2人が重体、電車の乗客にけがはなかった。原因はマイクロバスが踏切内に進入後、反対側の遮断機が下りたため。《データ》死者3名、負傷者2名

12.28 旅館全焼（奈良県奈良市）12月28日午後5時40分ごろ、奈良市春日野町、料理旅館の南側重油タンク置き場付近から出火し、旧館延べ約1100m^{2}を全焼、新館の一部も焼いて4時間後に消えた。女性1人がショックで病院に運ばれた。ふろや暖房のためのボイラー付近から出火したらしい。《データ》負傷者1名、全焼1棟、焼失面積1100m^2

1993年(平成5年)

2.4 橿原神宮神楽殿焼失（奈良県橿原市）2月4日午後1時45分ごろ、奈良県橿原市久米町の橿原神宮で、国の重要文化財に指定されている神楽殿付近から出火、木造桧皮ぶき平屋建ての同建物約260m^{2}が全焼した。《データ》焼失面積約260m^2

5.15 アジサイ寺火災（奈良県大和郡山市）5月15日午前10時45分ごろ、「アジサイ寺」として知られる奈良県大和郡山市矢田町の矢田山金剛山寺の塔頭、北僧坊付近から出火、庫裏や宿坊など計4棟の同坊計約700m^{2}がほぼ全焼、1時間半後に消えた。《データ》4棟700m^2

6.5 ヘリコプター墜落（奈良県吉野郡川上村）6月5日午前10時すぎ、奈良県吉野郡川上村瀬戸の山中に、木材運搬用にチャーターされていたヘリコプターが墜落、パイロットが死亡した。つり上げようとした木材10本が立ち木の枝にひっかかり、バランスを崩して墜落したらしい。《データ》死者1名、ヘリコプター1機墜落

6.23 阪奈道スリップ事故（奈良県生駒市）6月23日午前6時45分ごろ、奈良県生駒市桜ケ丘の阪奈道路で、ワゴン車が中央分離帯を乗り越える形で反対車線へ飛び出し、対向の乗用車2台に次々と衝突し、3人が死亡、3人が大けがをした。ワゴン車が雨の中スピードを出し過ぎていたためスリップ、ハンドル操作を誤ったらしい。《データ》死者3名、負傷者3名

8.13 旅館全焼（奈良県吉野郡十津川村）8月13日午後10時20分ごろ、奈良県吉野郡十津川村平谷の旅館付近から出火、木造2階建ての同旅館と北隣の住宅、衣料雑貨店の計3棟が全焼、北側の旅館が半焼した。宿泊客らは、全員避難して無事だった。《データ》全焼3棟、半焼1棟

1994年(平成6年)

4.16 多重衝突事故（奈良県天理市）4月16日午後5時ごろ、奈良県天理市内馬場町の国道25号の天理トンネル内で、乗用車が対向の乗用車に衝突後、前を走っていた乗用車に追突、対向の車は別の乗用車に衝突し、男性1人が死亡、6人が重軽傷を

奈良県(1995年)

負った。《データ》死者1名、負傷者6名

1995年(平成7年)

- **6.14** 住宅火災（奈良県奈良市）6月14日午前2時30分ごろ、奈良市法蓮西町の民家から出火、木造平屋建ての棟続き住宅3戸延べ約250m²が全焼、民家の家族2人が焼死した。《データ》死者2名、全焼3戸、焼失面積約250m²
- **7.1** 乗用車接触され川に転落（奈良県生駒市）7月1日午前8時15分ごろ、奈良県生駒市上町の県道で、乗用車同士が接触、はずみで1台が富雄川に転落、男性1人が死亡、1人が重体、運転していた男性もけがをした。《データ》死者1名、負傷者2名
- **11.3** 住宅火災（奈良県高市）11月3日午前3時ごろ、奈良県高市郡高取町市尾の住宅から出火、木造2階建て住宅約120m²が全焼、4人が焼死した。たばこの火の不始末の可能性もあるとみられる。《データ》死者4名、全焼1棟、焼失面積約120m²

1996年(平成8年)

- **1.10** 住宅火災（奈良県大和郡山市）1月10日午後11時30分ごろ、奈良県大和郡山市堺町、民家の2階付近から出火、木造2階建ての同住宅が全焼、3人が死亡した。《データ》死者3名、全焼1棟
- **2.6** 乗用車・トラック衝突（奈良県大和郡山市）2月6日午前4時40分ごろ、奈良県大和郡山市筒井町の国道25号で、乗用車とトラックが正面衝突した。乗用車の3人が重軽傷を負い、トラックの男性が軽傷を負った。乗用車が中央線を越え、トラックに衝突したらしい。《データ》負傷者4名
- **2.24** 桜井線電車・軽乗用車衝突（奈良県天理市）2月24日午前7時50分ごろ、奈良県天理市蔵之庄町のJR桜井線「内川踏切」で、普通電車と軽乗用車が衝突した。軽乗用車の2人が頭に軽いけがをした。電車の乗客約160人は無事だった。事故のため、電車は現場に約40分止まり、次の駅で運転を打ち切ったほか、上下4本の電車が遅れた。《データ》負傷者2名
- **3.23** 火災（奈良県大和高田市）3月23日午前1時30分ごろ、奈良県大和高田市で、倉庫付近から出火、木造平屋同倉庫約2600m²が全焼、さらに南隣の民家など3棟が全半焼し、倉庫と民家で合わせて3300m²が全焼した。《データ》全半焼4棟、焼失面積3300m²
- **4.15** 軽乗用車・近鉄大阪線特急衝突（奈良県香芝市）4月15日午後9時15分ごろ、奈良県香芝市下田西の近鉄大阪線の踏切で、上り特急電車と軽乗用車が衝突、軽乗用車は大破し、乗っていた男性2人が死亡、電車の乗客42人のうち、2人が頭や手などに軽いけがをした。《データ》死者2名、負傷者2名
- **8.21** 製材所火災（奈良県桜井市）8月21日午後11時50分ごろ、奈良県桜井市阿部の製材所から出火、木造平屋建ての約500m²が全焼したほか、南側のアパートや木造の民家など5棟計約700m²が全半焼した。《データ》全半焼6棟、焼失面積1200m²
- **8.23** 倉庫火災（奈良県橿原市）8月23日午後2時50分ごろ、奈良県橿原市寺田町の木材店の木造平屋建ての倉庫2棟延べ約500m²と資材置き場に積み上げていた木材が全焼したほか、北隣の土木建設会社の資材置き場と民家3棟が全半焼した。この火事で焼失した木材の被害額は約5億円。《データ》全半焼5棟、木材約5億円
- **8.26** ゴム工場が全焼（奈良県生駒郡斑鳩町）8月26日午後7時50分ごろ、奈良県生駒郡斑鳩町竜田、ゴム再生業の工場付近から出火、軽量鉄骨平屋建ての工場約650m²

奈良県(1998年)

が全焼した。けが人はなかったが、この火事の影響で付近の住宅約800戸が一時停電した。《データ》全焼1棟、焼失面積650m²

9.15 ガス爆発（奈良県磯城郡田原本町）9月15日午後7時15分ごろ、奈良県磯城郡田原本町のマンションの2階付近で、爆発事故が発生、2階の約40m²が焼け、住人1人が重体となった。マンションで使っているプロパンガスが室内に漏れ、何かの火で爆発したとみられる。《データ》負傷者1名

11.9 西名阪自動車道玉突き事故（奈良県天理市）11月9日午前10時ごろ、奈良県天理市櫟本町の西名阪自動車道で、トラックが乗用車に追突、はずみで乗用車が観光バスにぶつかるなど、計5台が次々に衝突、観光バスに乗っていた観光客7人とほかの車の1人が軽いけがをした。また、12月18日未明にも、同自動車道で大型トラック同士の追突事故が発生。はずみで前方のトラック2台に玉突き衝突、1人が首の骨を折って死亡、2人が顔などに軽いけがをした。《データ》死者1名、負傷者10名

1997年(平成9年)

1.12 県立城内高校火災（奈良県大和郡山市）1月12日午前5時ごろ、奈良県大和郡山市城内町、県立城内高校の格技場付近から出火、鉄骨平屋建て約350m²の格技場を全焼し、隣の温室のガラスが割れた。けが人はなく、校舎などへの延焼もなかった。《データ》焼失面積約350m²

3.24 西名阪道追突事故（奈良県大和郡山市）3月24日午後4時20分ごろ、奈良県大和郡山市横田町の西名阪自動車道で、渋滞のため停車中の軽トラックに、大型トレーラーが追突。トレーラーがさらに前方の乗用車などに当たるなどして計7台の絡む事故となり、軽トラックと大型トレーラーを運転していた男性2人が即死、3人が軽いけがを負った。《データ》死者2名、負傷者3名

6.7 マンション駐輪場火災（奈良県奈良市）6月7日午前2時30分ごろ、奈良市大宮町のマンションの1階の駐輪場から出火、約50m²の駐輪場やマンション通路に置いてあった自転車約100台とミニバイク7台が焼けた。黒煙と悪臭がマンション内に立ち込め、入居者10人が煙を吸い込んで軽い一酸化炭素中毒となった。駐輪場は火の気がなく放火の疑いが強い。《データ》負傷者10名、全焼自転車約100台、全焼ミニバイク7台

1998年(平成10年)

2.19 住宅火災（奈良県奈良市）2月19日午後5時35分ごろ、奈良市中新屋町の民家から出火し、木造一部2階建ての住宅と西隣の住宅など3棟計約280m²を全焼。さらに東隣の住宅約140m²のうち約80m²を焼き、1人が焼死した。《データ》死者1名、全半焼4棟、焼失面積360m²

3.11 近鉄大阪線人身事故（奈良県橿原市）3月11日午前10時40分ごろ、奈良県橿原市中曽司町の近鉄大阪線の踏切で、男性が、踏切内に迷い込んだ飼い犬を助けるため遮断機を持ち上げ中に入ったところ、特急にはねられ即死、男性が抱いていた犬も死亡した。乗客約90人にけがはなかった。犬を抱き上げ踏切の外に出ようとしてはねられたらしい。《データ》死者1名

4.6 住宅火災（奈良県御所市）4月6日午後8時ごろ、奈良県御所市櫛羅の民家から出火。木造2階建て延べ約130m²を全焼、2人が焼死した。《データ》死者2名

5.31 釣り人滝つぼに転落（奈良県十津川村）5月31日午後2時半ごろ、奈良県十津川村

331

奈良県(1998年)

の白谷川上流で、同僚ら6人でアマゴ釣りに来ていた男性が滝つぼに転落、これを助けようとして岩場を移動した男性も足を滑らせて滝つぼに転落、1人が死亡、1人が重傷を負った。《データ》死者1名、負傷者1名

- **8.8 名阪国道玉突き衝突**（奈良県天理市）8月8日午前6時50分ごろ、奈良県天理市岩屋町の名阪国道大阪行き車線で、10トントラックが、渋滞で停車中のトラックに追突、さらに左側側道を暴走して前の車3台に衝突するなど、計9台が関係する事故となった。10トントラック運転手が死亡、3人が軽傷を負った。現場は片側2車線で、10トントラックにブレーキをかけた跡はなかった。《データ》死者1名、負傷者3名
- **11.2 大型トレーラー・トラック追突**（奈良県都祁村）11月2日午後11時半ごろ、奈良県都祁村の名阪国道で、大型トレーラーにトラックが追突、トラックの運転席が炎上、運転手は逃げ出したが、助手席にいた母子2人が焼死した。《データ》死者2名
- **11.7 自転車・関西線快速電車衝突**（奈良県奈良市）11月7日午後6時10分ごろ、奈良市大安寺のJR関西線の線路内で自転車を押して歩いていた中学生が、快速電車にはねられ死亡した。乗客約200人にけがはなかったが、快速は現場で33分間停車した。《データ》死者1名
- **12.10 住宅火災**（奈良県奈良市）12月10日午前10時ごろ、奈良市学園緑ケ丘の民家1階台所付近から出火。木造2階建て同住宅約150m^{2}を全焼し、1人が焼死、1人が軽いけがをした。《データ》死者1名、負傷者1名、全焼1棟、焼失面積約150m^2
- **12.22 住宅火災**（奈良県橿原市）12月22日午後8時15分ごろ、奈良県橿原市常盤町の男性宅1階から出火、木造2階建て住宅約200m^{2}を全焼、妻が焼死した。長男の妻も煙を吸い軽症。《データ》死者1名、負傷者1名、全焼1棟、焼失面積約200m^2

1999年(平成11年)

- **1.16〜31 連続寺院放火**（奈良県）1月16日から31日にかけて、奈良市や奈良県高市郡明日香村などで計5件の連続寺院放火事件が発生。
- **1.31 天益寺火災**（奈良県大宇陀町）1月31日午前2時ごろ、奈良県大宇陀町迫間の天益寺本堂から出火、木造平屋建て約64m^{2}と、北隣の脇堂約24m^{2}の計約90m^{2}を全焼した。また、同午前6時10分ごろには、天益寺の北西約7キロにある同県桜井市外山の不動院で、ボヤがあった。奈良県内では1月16日夜〜23日夜にかけて寺院を狙った放火未遂や不審火が3件相次いで発生していた。《データ》焼失面積約90m^2
- **7.13 防災ヘリ墜落**（奈良県）7月13日、奈良県で捜索活動中の防災ヘリが墜落し、2人が軽傷を負った。ヘリは就航1カ月のもので、事故調査委員会が機長の操縦ミスなどを指摘。《データ》負傷者2名
- **12.7 水酸化ナトリウム混入事件**（奈良県）12月7日、奈良県で児童が給食のカレーに水酸化ナトリウムを混入する事件が発生、児童4人が負傷。学校の薬品管理の杜撰さが問題になった。《データ》負傷者4名

2000年(平成12年)

- **3.9 トラック衝突・炎上でガス発生**（大阪府・奈良県）3月9日午前10時半ごろ、大阪府千早赤阪村と奈良県御所市の府県境にある国道309号水越トンネル内で、奈良県大淀町、古谷化成工業所所有の2トントラックが走行中に側壁に衝突して座席付近から出火し炎上、積み荷の塩化ビニール製のハンガーやおもちゃのバケツなど積み荷約1トンが燃え、有毒ガスが発生した。トラックの運転手が、手やのどなどに

やけどを負ったほか、付近の住民やドライバーらが有毒ガスを吸い込み、18人が被害を負った。《データ》負傷者18名、車両1台炎上

- 9.1 渇水でダム貯水率低下（奈良県宇陀郡室生村）9月1日、奈良県宇陀郡室生村で、渇水のため室生ダムの貯水率が27%に低下。県は6年ぶりに市町村へ10%カットの給水制限を実施。
- 12.8 玉突き衝突（奈良県天理市）12月8日午前4時5分ごろ、奈良県天理市福住町の名阪国道福住インター付近の名古屋行き車線で、ダンプカー乗用車に追突、後続の大型トラックなど11台が次々と玉突き事故を起こした。この事故で、トラックを運転していた男性が頭などを打ち死亡したほか、9人が重軽傷を負った。事故直前に故障のため福住バス停に止まっていたトラックから煙が道路上に広がり、乗用車が減速したところにダンプカーが追突したとみられる。《データ》死者1名、負傷者9名、車両13台被害

2001年（平成13年）

- 7.2 土産物店火災（奈良県吉野町）7月2日午後4時35分ごろ、奈良県吉野町吉野山の金峯山寺二王門参道沿いの薬店から出火。木造三階建ての同店と隣の土産物店計1300m^{2}を全焼、倉庫の一部を焼いた。近所の男性が消火作業中に左足の骨を折り重傷。火は一時、金峯山寺二王門（国宝）の約20mまで迫ったが、消し止めた。《データ》負傷者1名、焼失面積1300m^2
- 7.31 保育園でO-157集団感染（奈良県生駒市）7月31日、奈良県生駒市辻町の市立ひがし保育園の男児が病原性大腸菌O-157のため死亡した。他にも同幼稚園の園児とその家族計20人が感染し、うち6人が入院した。病原菌の潜伏期間などから、園児らが感染したのは7月24日ごろとみられるが、感染源や感染経路は特定できなかった。《データ》感染者21名、死者1名

2002年（平成14年）

- 2月～3月 結核集団感染（奈良県当麻町）2月、奈良県当麻町染野の向聖台会当麻病院で入院患者2人が結核に感染し、うち女性1人が3月11日に死亡した。他に3人の患者も結核に感染している疑いがあり、県葛城保健所は、集団感染の疑いが強いとみて結核対策委員会を設置した。院内感染の可能性もある。《データ》患者5名、死者1名
- 3.12 住宅火災（奈良県菟田野町）3月12日午前2時15分ごろ、奈良県菟田野町別所の宗教家宅から出火。木造3階建て住宅延べ約120m^{2}を全焼し、居住者の夫婦2人が焼死した。夫婦は日蓮宗を信仰し、住宅の一部を改装してお堂を作っていた。《データ》死者2名
- 7.5 渇水（奈良県）7月5日、奈良県の吉野川で、渇水により40%の取水制限が設けられ、県営プールが閉鎖した。
- 8.26 井戸水から発がん性物質検出（奈良県北葛城郡王寺町）8月26日、奈良県北葛城郡王寺町のクリーニング工場の井戸水から発がん性物質が検出された。住民は周知が遅いと県に反発。

2003年（平成15年）

- 5.23 春日山原始林火災（奈良県春日野町）5月23日午後7時35分ごろ、奈良市春日野町の世界遺産に登録されている春日山原始林から出火、下草などに燃え広がった。国の天然記念物「春日の大杉」のうち1本が焼けた。落雷が原因と思われる。《デー

奈良県(2003年)

タ》杉一本焼失
- **8.1 ダムの試験貯水で道路・民家に亀裂**（奈良県吉野郡川上村）8月1日、国土交通省は、奈良県吉野郡川上村白屋で道路や民家に亀裂が起きた問題で大滝ダムの試験貯水との因果関係を認め、同地域の全38戸が移転する事になった。《データ》移転38戸

2004年(平成16年)

- **3.22 トラック横転衝突事故**（奈良県天理市）3月22日午前5時45分ごろ、奈良県天理市の名阪国道名古屋行き車線で、トラックが走行車線左側ガードレールに接触、横転したところに後続の大型トレーラーが衝突した。トラックに乗っていた男性4人のうち1人が死亡、3人が軽傷。《データ》死者1名、負傷者3名

- **7.11 カラスが感電しケーブルカー停止**（奈良県生駒市）7月11日午後2時50分ごろ、奈良県生駒市の近鉄生駒ケーブル山上線で、送電線上にカラスが感電したため停電し、走行中の上下各1本のケーブルカーが突然停止した。当時計48人が乗車していた。復旧までの約1時間、乗客はケーブルカーに閉じこめられた状態になったが、トラブルはなかった。計10本が運休した。

- **7.31 少年刑務所で食中毒**（奈良県奈良市）奈良市の奈良少年刑務所は7月31日午後0時半ごろ、多数の受刑者が腹痛、下痢などの症状を訴えていると同市保健所に通報した。同刑務所の約400人と隣接の奈良少年鑑別所の9人が発症し、いずれも軽症。同保健所は集団食中毒とみている。《データ》患者約400名

- **9.20 箱型ブランコでけが**（奈良県五條市）9月20日午後5時半ごろ、奈良県五條市の県営南和住宅内の児童公園で、箱型ブランコで遊んでいた近くの小学2年の男児が支柱とブランコのすき間部分に右手中指を挟み、つめがつぶれ、全治1カ月のけがを負った。《データ》負傷者1名

2005年(平成17年)

- **1.22 僧堂で一酸化炭素中毒**（奈良県田原本町）1月22日午後8時10分ごろ、奈良県田原本町笠形の僧堂で、尼僧と、近所の女性6人の計7人が仏間で倒れているのを、うち1人の家族が見つけた。7人は病院に搬送されたが、2人が死亡した。室内に練炭の火鉢と石油ファンヒーターなどがあり、一酸化炭素中毒事故とみられる。《データ》死者2名、負傷者5名

- **3.29 マンション火災**（奈良県奈良市）3月29日午前3時ごろ、奈良市学園大和町の6階建てマンションの一室から出火、約65m²を全焼した。焼け跡から男女2人の遺体が見つかった。計4人家族で、2人はベランダ伝いに逃げて無事だった。《データ》死者2名、焼失面積約65m²

- **8.18 バイクと乗用車衝突**（奈良県上牧町）8月18日午後9時5分ごろ、奈良県上牧町上牧の町道交差点で、乗用車と、中学生男子2人乗りのミニバイクが衝突した。中学生2人は間もなく死亡。乗用車が交差点を右折しようとした際に直進してきたバイクとぶつかったとみられる。少年2人は無免許で、ヘルメットもかぶっていなかった。《データ》死者2名

- **12.18 住宅火災**（奈良県奈良市）12月18日午前2時50分ごろ、奈良市富雄川西の住宅から出火、木造2階建て住宅延べ約90m²を全焼した。焼け跡から2人が遺体で見つかった。1人が軽傷。住人は4人家族で、出火当時、全員2階で寝ていた。《データ》死者2名、負傷者1名、焼失面積約90m²

12.23 **住宅火災**（奈良県奈良市）12月23日午後9時半ごろ、奈良市富雄元町の住宅から出火。木造2階建て住宅延べ約250m²を全焼し、約3時間後に消えた。焼け跡から男女1人ずつの遺体が見つかった。《データ》死者2名、全焼1棟、焼失面積約250m²

12.28 **地震**（三重県・奈良県）12月28日午前11時18分ごろ、三重、奈良県で地震があった。大阪管区気象台によると、震源は三重県中部の深さ約50キロ。マグニチュードは3.9。三重県名張市で震度3を観測した。

2006年（平成18年）

4.2 **落雷**（奈良県奈良市）4月2日午後2時50分ごろ、奈良市春日野町の旅館のかやぶき屋根に落雷して出火、屋根の一部約10m²を焼いた。宿泊客8人は外出中で、従業員にもけがはなかった。同日は午前9時半～午後6時の間、県内全域に雷注意報が発令されていた。《データ》一部焼損1棟、焼失面積約10m²

5.13 **登山者滑落**（奈良県下北山村）5月13日午後2時10分ごろ、奈良県下北山村の釈迦ケ岳山頂付近で女性1人が登山道から滑落し、翌日午後に頸椎骨折のため死亡した。同日午後7時10分ごろには男性1人も登山道から転落したが、約2時間後に救助された。他のメンバーは下山した。《データ》死者1名

7.14 **天理教分教会全焼**（奈良県大和高田市）7月14日午前11時20分ごろ、奈良県大和高田市の天理教修心分教会付近から出火。木造平屋建ての同分教会と東隣にある木造2階建ての分教会長宅の2棟計約180m²を全焼したほか、ガレージの一部が焼けた。教会の焼け跡から分教会長の妻の遺体が見つかった。《データ》死者1名、全焼2棟、焼失面積約180m²

7.14 **名阪国道で玉突き事故**（奈良県奈良市）7月14日午前11時50分ごろ、奈良市針町の名阪国道大阪行き車線で、渋滞で停車していた軽乗用車に大型トラックが追突。計6台が絡む事故となり、前方の大型トレーラーとの間に挟まれた軽乗用車の女性と助手席にいた妹の2人が全身を強く打って即死したほか、3人が重軽傷を負った。《データ》死者2名、負傷者3名

10.27～12.7 **無洗米にステンレス片混入**（奈良県）10月27日から12月7日までの間に奈良県葛城市の農協精米工場で精米した無洗米に粉状のステンレス片が混入していたことが判明し、同農協は12月14日までに自主回収を申し出た。対象は同工場で精米した計264トン。ステンレス片は精米後のベルトコンベヤー1カ所の摩耗個所と同一成分で、健康に影響はないという。

11.15 **住宅全焼**（奈良県高取町）11月15日午前1時10分ごろ、奈良県高取町の民家から出火。木造2階建ての母屋と棟続きの同平屋建て離れなど計約300m²を全焼し、住人夫婦とその母親とみられる3人の焼死体が見つかった。《データ》死者3名、全焼2棟、焼失面積約300m²

11.24 **路線バスとワゴン車衝突**（奈良県奈良市）11月24日午前9時20分ごろ、奈良市五条畑の国道308号で、奈良交通の路線バスと奈良市にある特別養護老人ホームの送迎用ワゴン車が正面衝突。ワゴン車に乗っていた91歳の男性が搬送先の病院で死亡、他の18人が重軽傷を負った。《データ》死者1名、負傷者18名

2007年（平成19年）

1.30 **土砂崩れ**（奈良県上北山村）1月30日、奈良県上北山村西原の国道169号の西側斜面が幅約30m、高さ約35mにわたって崩れ、車1台が埋まった。車内から男女3人

奈良県(2007年)

が救出されたが死亡していた。現場付近で同月18、21両日に土砂崩れがあり、復旧工事に伴い、落石防止の金網に加えて高さ約6mの鉄製の防護柵を設置していたが、土砂は柵を押し倒す形で道路をふさいだ。《データ》死者3名

- **2.4 酒気帯び運転で衝突**(奈良県橿原市)2月4日午前2時20分ごろ、奈良県橿原市城殿町の国道169号交差点で、軽乗用車がワゴン車と衝突、ワゴン車の運転手が死亡した。軽乗用車の運転手は「家で缶ビール2本と缶酎ハイ1本を飲んで仕事に行く途中だった」と供述。《データ》死者1名
- **4.10 住宅火災**(奈良県天理市)4月10日午後5時ごろ、奈良県天理市森本町の住宅から出火し、木造平屋建て1棟と東隣の木造の空き家の計2棟延べ約200m^{2}を全焼した。出火元の焼け跡から5人の遺体が見つかった。《データ》死者5名、全焼2棟、焼失面積約200m^2
- **7.2 トラックの鉄扉が直撃**(奈良県大和郡山市)7月2日午後5時10分ごろ、奈良県大和郡山市今国府町の国道25号で、走行中の自動車運搬用トラック荷台後部の鉄製扉が開き、左脇の歩道を自転車で対向してきた女性を直撃した。女性は左腕を肩から下で切断する重傷。荷台から車がはみ出して扉をロックできず、荷台側面に針金でくくり付けて固定していたが、走行中に何らかの理由で外れたとみられる。《データ》負傷者1名
- **7.21 O157で死亡**(奈良県安堵町)病気のため自宅療養中だった奈良県安堵町の男性が、7月11日以降下痢や下血などがあり、13日に入院、溶血性尿毒症症候群(HUS)を23日に発症し、21日夜に死亡した。男性は病原性大腸菌O157に感染していたことが明らかになったが、感染経路は不明。《データ》死者1名

2008年(平成20年)

- **1.19 トンネル内で正面衝突**(奈良県曽爾村)1月19日午前7時20分ごろ、奈良県曽爾村の国道369号栂坂トンネル内で、養護学校教諭男性運転の乗用車と、旅館経営の男性運転の乗用車が正面衝突。男性教諭の車の助手席に乗っていた妻が全身を強く打ち死亡、男性教諭は鎖骨骨折の重傷。後部座席の娘2人が軽傷。旅館経営男性も肋骨を折る重傷を負った。《データ》死者1名、負傷者4名
- **4.12 登山中川に転落**(奈良県天川村)4月12日午前9時ごろ、奈良県天川村の登山道で、男性が約50m下の川に転落したと通報があった。男性は病院に運ばれたが頭などを強打しており死亡が確認された。《データ》死者1名
- **12.2 工場火災**(奈良県大和郡山市)12月2日午前9時50分ごろ、奈良県大和郡山市の金属成型工場から出火、約2時間半後に鎮火した。けが人はなかった。工場のすぐ南にある保育園の園児約100人が近くの駐車場に一時避難した。従業員が工場内で解体作業中、ガスバーナーの火が引火したとみられる。

2009年(平成21年)

- **1.7 住宅火災**(奈良県奈良市・大阪府高石市)1月7日未明から早朝にかけて、住宅火災が多発。午前2時半ごろ、奈良県奈良市大柳生町で木造2階建て母屋と木造平屋の離れを全焼、老人2人が死亡。このほか、大阪府高石市で老人1人が死亡した。《データ》死者3名
- **3.12 国宝の拝殿に放火**(奈良県天理市)3月12日午前4時半ごろ、奈良県天理市布留町の石上神宮で、摂社・出雲建雄神社拝殿から出火。火災報知機で気付いた神社

の男性権祢宜が消火器で消し止めたが、格子戸・敷居・土壁など7カ所が焼け焦げた。拝殿の外周を囲むように7カ所に油がまかれており、放火の疑いが強い。出火した拝殿は中央部分が開けている割拝殿では現存最古とされ、国宝に指定されている。《データ》部分焼1棟

7.16 栽培したイモを食べ腹痛（奈良県奈良市）7月16日午前10時20分ごろ、奈良県奈良市の小学校から、ジャガイモを食べた児童が嘔吐したり、腹痛を訴えているとの119番通報があった。ジャガイモは校内の畑で栽培したもので、これを食べた児童48人と教諭ら8人のうち、児童23人が症状を訴え、男児9人と女児8人の計17人が病院に搬送された。全員軽症だという。ジャガイモの芽や皮に含まれる有毒物質ソラニンが原因とみられる。《データ》患者23名

8.11 古墳で崩落（奈良県明日香村）8月11日午前11時ごろ、奈良県明日香村のキトラ古墳で、墳丘本体の西約20mの斜面が崩落した。崩落の規模は幅2.5m、高さ5.5m。奈良文化財研究所と同村教委が土砂を撤去し、土のうを積み上げて仮復旧しており、墳丘への影響はないという。

8.11 ホテルで集団食中毒（奈良県大和高田市）8月11日、奈良県が、全国高校総合体育大会に出場した千葉県柏市の大学付属高校のサッカー部員ら18人が下痢や腹痛など食中毒の症状を訴えたことを発表した。全員軽症で、8人からカンピロバクターが検出された。同県大和高田市のホテルで取った食事が原因だった。《データ》患者18名

9.9 不要手術で死亡（奈良県大和郡山市）9月9日、奈良県大和郡山市の病院が不必要な肝臓手術をして患者を死亡させた疑いが強まったとして、奈良県警が同病院などを傷害致死容疑で家宅捜索した。手術を巡り、過失ではなく、故意に患者を傷付けて死亡させたとする傷害致死容疑で強制捜査するのは極めて異例。平成18年6月ごろに男性入院患者の肝臓がん手術を行い失血死させたが、県警に不必要な手術で患者が死亡したとの内部告発があったという。平成21年6月診療報酬の不正受給事件で同病院を家宅捜索した際に県警が押収した、患者に関する資料を専門医に見せたところ、肝臓の腫瘍は良性で、手術は必要なかった可能性があることが分かった。同病院を巡っては、平成17年から平成19年にかけて実際にはしていない心臓カテーテル手術をしたように装い、診療報酬約830万円をだまし取ったとして、院長・事務長らが詐欺罪で起訴されていた。《データ》死者1名

11.1～ 無許可工事で古墳破壊（奈良県御所市）11月1日から奈良県御所市にある国の史跡・巨勢山古墳群で、無許可でゴルフ場の拡張工事が行われ、少なくとも4基の古墳が破壊され、うち2基は半壊された。山の斜面は約5400m^{2}が重機で掘削された。ゴルフ場側は現状変更許可申請を文化庁に出しておらず、市民からの通報で発覚した。文化庁と市教委はゴルフ場側に原状回復を求め、専門家を交えて復旧方法を検討。同古墳群は5世紀中ごろ～6世紀後半の小規模古墳約700基が集まる国内最大規模の群集墳で、平成14年12月に国の史跡に指定されている。

12.8 除細動器が作動せず死亡（奈良県大和郡山市・東京都新宿区）12月4日午前10時ごろ、奈良県大和郡山市小泉町で男性が倒れているとの119番通報があり、救急隊が心肺停止状態の男性を蘇生させようと使い捨てパドルを半自動除細動器に装着したが、接続不良のため作動しなかった。予備パドルも作動せず、男性は午前11時ごろ、搬送先の病院で死亡が確認された。死因は心不全で、男性に既往症はなかった。事故後の調査で、米国製の除細動器用パドルに規定外の工具で製造された

奈良県(2010年)

不良品が交じっていることが判明。8日、輸入・販売元である東京都新宿区の医療機器販売会社が、パドル4657個を自主回収することを発表した。《データ》死者1名

2010年(平成22年)

1.5 山中で滑落死（奈良県下北山村）1月5日午後2時半ごろ、奈良県下北山村の山中で男性が倒れているのを、捜索中の県警吉野署員が発見。さらにその近くで別の男性の遺体を見つけ収容した。2人は12月29日に自宅を出て同村に向かったが帰宅せず、家族が4日に捜索願を出していた。2人が滝を見に出かけ滑落したとみられている。《データ》死者1名、負傷者1名

5.3 ペダル踏み間違えて事故（奈良県天理市）5月3日午後7時15分ごろ、奈良県天理市櫟本町の市道を歩いていた2人の女性が乗用車にはねられる事故があった。女性の1人は間もなく死亡、もう1人も約4時間後に亡くなった。運転していた76歳の男性は、アクセルとブレーキを踏み間違えたと述べているという。《データ》死者2名

5.28 スーパーに乗用車が衝突（奈良県奈良市）5月28日午前10時35分ごろ、奈良市三碓のスーパーで、バック中の乗用車が車止めを越えて店の外壁に激突した。壁はへこみ、内側の台で購入品を袋詰めしていた買い物客男女4人が衝撃で軽傷を負った。運転手が駐車中にアクセルを踏み過ぎたとみられる。《データ》負傷者4名

8.20 小学生がはねられ死亡（奈良県橿原市）8月20日午後9時半ごろ、奈良県橿原市曲川町の市道交差点で、自転車に乗っていた小学生がワゴン車にはねられ、頭を強く打って死亡した。現場は信号機のないT字路で、運転手が右折しようとして出合い頭にはねたとみられる。県警橿原署は、運転手を自動車運転過失傷害(後に同過失致死に切り替え)容疑で現行犯逮捕した。《データ》死者1名

11.6 国内で回帰熱を確認（奈良県）11月6日、奈良市保健所は、奈良県在住の女子大生が感染症の回帰熱を発症したと発表した。回復に向かっている。国内では数十年間、患者の報告例がなく、9月上旬のウズベキスタン滞在中に感染したとみられる。人から人には直接感染しないため、国内での感染拡大はないという。《データ》患者1名

2011年(平成23年)

2.28 鳥インフルエンザ（奈良県五條市）2月28日、奈良県は、五條市六倉町の養鶏場で多数の鶏が死んでいるのが見つかり、遺伝子検査で、高病原性鳥インフルエンザ「H5型」ウイルスが検出されたと発表した。県は半径10キロ以内を移動制限区域に指定し、鶏や卵の移動を禁止。飼育している全約10万羽の殺処分を開始。養鶏農家11戸が鶏と卵の移動が制限されていたが、発生農場の防疫措置の完了後21日間が経過したため3月29日午前0時解除された。《データ》殺処分約10万羽

4.26 偽ED薬で意識障害（奈良県）4月26日、奈良県は、平成22年6月インターネットで購入した勃起不全(ED)治療薬の偽造品を服用した県内の40代男性が意識障害を起こし、病院に救急搬送されたと発表した。偽造品が原因と疑われる健康被害の報告は初めて。この薬は国内で有効成分が20ミリグラムまでしか承認されていないが、偽造品は50ミリグラム含むと表示されていたという。県はネットで販売されているED治療薬には偽造品も多いと指摘。《データ》患者1名

5.24 住宅火災（奈良県奈良市）5月24日午前5時20分ごろ、奈良市六条町の男性宅から出火、木造平屋建てのリフォーム店兼住宅約170m^{2}を全焼し、焼け跡から男性と

妻、息子とみられる遺体が見つかった。遺体はそれぞれ別の部屋で見つかり、3人とも目立った外傷はなかった。息子とみられる遺体が見つかった住宅部分西端の部屋がよく燃えていたという。《データ》死者3名、全焼1棟、焼失面積約170m^2

6.20 大雨（愛媛県・高知県・和歌山県・奈良県）6月20日、愛媛県宇和島市では、1時間に観測史上最大の74.5mmの雨量を計測。計11カ所で土砂崩れが起き、床上・床下浸水が計10件発生。5世帯9人と2保育園約50人が自主避難し、小中学校など163校が臨時休校。高知県四万十市内では、1時間に6月の観測史上最大となる54.5mmの雨量を記録。同県香美市と南国市で計252世帯が停電。香美市では信号機2基が停止。和歌山県では、JR和歌山線で2本が運休、紀勢線で8本が部分運休し、両線で計43本が最長90分遅れた。奈良県下北山村上池原の国道169号で午後7時ごろ、のり面が幅約40m、高さ約10mにわたって崩れ、付近約7キロが通行止めになった。

7.24 地震（三重県・奈良県）7月24日午後11時32分ごろ、三重県南部を震源とする地震があり、奈良県宇陀市で震度4を観測した。震源の深さは約40キロ、マグニチュードは4.7。

9.16 地震（奈良県・和歌山県）9月16日午前7時15分ごろ、奈良県十津川村付近を震源とする地震があり、同村や和歌山県田辺市で震度3を観測した。震源の深さは約70キロ。マグニチュードは4.3。

9.18 エレベーター事故（奈良県香芝市）9月18日、奈良県香芝市のマンションでエレベーターが急停止した。乗っていた女性が転倒して腰椎を圧迫骨折の怪我を負った。《データ》負傷者1名

11.17 路線バス水路に転落（奈良県大和郡山市）11月17日午後6時40分ごろ、奈良県大和郡山市小泉町の県道交差点で、路線バスが道路沿いの水路に転落した。乗客6人と運転手1人が軽傷。《データ》負傷者7名

12.14 食品に針混入（奈良県奈良市）12月14日午前9時半ごろ、奈良市のスーパーに、男性から「きつねうどんのパックの中に針が入っていた」と連絡があり、県警に通報した。12月8日以降、奈良市内のスーパーで相次いで発見された一連の針混入事件は5店舗計15本となった。いずれもけが人は出ていない。

2012年(平成24年)

3.2 土砂崩れ（奈良県東吉野村）3月2日午前6時半ごろ、奈良県東吉野村鷲家の国道166号沿いの斜面が幅約30m、高さ約25mの範囲にわたって崩落。現場を挟んで約3キロの区間が全面通行止めとなった。台風12号による豪雨に見舞われた平成23年9月2日にも、現場の南約200mで約20mにわたって土砂崩れがあった。

7.19 飲酒運転（奈良県斑鳩町）7月19日午後6時50分ごろ、奈良県斑鳩町法隆寺東の国道25号で、酒気帯び運転の乗用車に歩行中の男女2人がはねられ、搬送先の病院で死亡した。乗用車は男女を相次いではねた後、道路脇の民家の駐車場に突っ込み停車した。民家の住人にけがはなかった。《データ》死者2名

8.13 合宿の中学生ら遭難（奈良県東吉野村）8月13日、奈良県東吉野村の明神平付近で、合宿をしていた大阪市の中学校の男子生徒10人と引率の教諭2人が下山途中に道に迷い、遭難。山中で野営した一行は、14日午前、捜索隊に発見され、同日午後には下山した。生徒2人が足や顔に軽傷を負った。付近は、なだらかな草原が広がる入門者向けのコースだという。《データ》遭難者12名

奈良県(2013年)

2013年(平成25年)

1.3〜30 ノロウイルス感染（奈良県桜井市）奈良県桜井市の病院で、1月3日から30日までの間に、患者20人と看護師9人がノロウイルスに感染し、70代の女性患者が30日未明に死亡した。死因やノロウイルス感染との因果関係は不明としている。《データ》死者1名、感染者28名

1.15 古墳内で崩落（奈良県橿原市）1月15日午前8時15分から同35分の間に、国史跡・植山古墳(6世紀末〜7世紀前半)の、西側石室の石1個が崩落した。石は長辺1.3m、重さ1.3トンで、約2m下の床面に落ちた。床面にあった閾石の一部が擦れた以外に損傷はなく、人的被害もなかった。

2.9 住宅火災（奈良県宇陀市）2月9日午前4時20分ごろ、奈良県宇陀市榛原笠間の会社員宅から出火、木造平屋建て住宅約250m²を全焼した。焼け跡から2人の遺体が見つかった。一緒に住む会社員の両親と連絡が取れず、2人の可能性があるとみられる。《データ》死者2名、全焼約250m²

3.22 鉄道事故（奈良県王寺町）3月22日午後4時20分ごろ、奈良県王寺町のJR和歌山線王寺—畠田間にある鉄橋「葛下橋梁」で、同町立中学2年の男子生徒2人が上り普通電車にはねられた。1人は死亡、もう1人は約5m下の川に転落し重傷。乗客にけがはなかった。2人は鉄橋の下を流れる葛下川のニシキゴイなど魚を捕まえるため、鉄橋を渡り、対岸に向かっていたとみられる。《データ》死者1名、負傷者1名

4.15 軽自動車が踏切で柱に衝突（奈良県香芝市）4月15日午後6時25分ごろ、奈良県香芝市の近鉄大阪線の踏切で、軽乗用車が踏切の柱に衝突し線路をふさいだ。上り準急電車は異常を知らせる無線を受信し、車に衝突する前に停止。乗客にけがはなく、車を運転していた60代女性が腹を打ち軽傷。女性は踏切前で停止しようとして誤ってアクセルを踏んだという。《データ》負傷者1名

5.17 パッカー車とバイク衝突（奈良県田原本町）5月17日午後8時15分ごろ、奈良県田原本町の交差点で、南に向かっていたパッカー車と東に向かっていた原付バイクが出合い頭に衝突。バイクに乗っていた同県上牧町の男性2人が間もなく死亡した。県警田原本署は、パッカー車を運転していた男性を自動車運転過失傷害の疑いで現行犯逮捕した。《データ》死者2名

11.2 偽装肉にアレルギー物質（奈良県奈良市）11月2日、奈良県奈良市の旅館が「和牛ステーキ」として提供していた肉が、実際には豪州産の成型肉で、アレルギー物質の乳・大豆・小麦が含まれていたことが明らかになった。問題の成型肉は同年10月から子供用献立に用いられたが、アレルギー物質が含まれていることはメニューに表示していなかった。同旅館の料理長は社内調査で「和牛と思い込んで使っていた」と釈明したというが、納入時の段ボール箱に貼られたラベルには「牛肉加工肉(成型肉)」「豪州産」「原材料の一部に、乳、大豆、小麦を含む」と明示されていた。

12.13 タクシー客が転落（奈良県葛城市）12月13日未明、奈良県葛城市の南阪奈道路で、タクシー乗客の男性が道路に転落し、後続車にはねられ死亡した。男性は酒を飲んで帰宅する途中で、気分が悪くなり、自分でドアを開けて嘔吐していたとみられる。タクシーは男性が転落したのに放置して走り去ったといい、同日夜に運転手の男が道交法違反(救護義務違反)容疑で逮捕された。運転手は転落に気づかなかったとして、容疑を否認しているという。《データ》死者1名

12.15 地震（奈良県・大阪府高槻市,枚方市・京都府城陽市,井手町）12月15日午前0

時13分ごろ、奈良県を震源とする地震があり、大阪府高槻市、枚方市、京都府城陽市、井手町で震度3、大阪府大阪市中央区、北区、此花区、平野区、吹田市、京都府京都市伏見区、兵庫県西宮市、奈良県奈良市で震度2を観測した。震源の深さは約10km、マグニチュードは3.7と推定される。

2014年(平成26年)

- **1.22 停電で鉄道運休**（奈良県）1月22日、奈良県のJR関西線王寺―柏原間で停電が発生した。王寺駅構内の架線の一部が切れテイルのが発見され、同線以外にも和歌山線、桜井線などで運転見合せとなり、運休なども重なり通勤・通学客約4万2千人に影響が出た。
- **2.3 濃霧で列車運休**（奈良県）2月3日の朝、近畿地方は広い範囲で濃霧に覆われ、奈良県を中心に鉄道などの交通機関に影響。JRでは濃霧のために合計18本が運休し、近鉄線などでも遅れや運休が発生した。《データ》運休18本
- **7.6 水難事故相次ぐ**（大阪府・奈良県）7月6日、関西地方で水難事故が相次いだ。午後1時ごろ、奈良県五條市の吉野川で、友人と泳いで遊んでいた男子高校生が水に沈んだとの通報があり、約30分後に川底に沈んでいる高校生が発見されたが死亡が確認された。また、午後8時頃、大阪府摂津市の用水路で、小学3年生の男子児童が水中に沈んでいるのを、捜索中の警察署員が発見、病院に搬送されたが死亡が確認された。《データ》死者2名
- **7.13 ヒョウタンで食中毒**（奈良県・近畿地方）7月13日、大阪市に本社のあるロイヤルホームセンターが、関東や京阪神などの30店舗で、毒性の強い観賞用ヒョウタンの苗を販売していたと発表。「食用」と表示していたという。この苗を買って収穫したヒョウタンを食した奈良県の女性が、食中毒を発症し入院した。販売したのは平成25年4月中旬から6月下旬と、26年4月中旬から6月下旬で、合計で約3000個ほどの売り上げがあったという。《データ》食中毒1名
- **7.30 住宅火災**（奈良県）7月30日未明、奈良県御所市の市営住宅2階の1室から出火、約20m2を半焼した。部屋にすむ夫婦が救助されたが、病院で死亡が確認された。《データ》死者2名
- **8.28 ダイオキシンの基準値超える**（奈良県）8月28日、大阪湾フェニックスセンターが管理する埋立処分場に搬入したゴミの焼却廃棄物から、基準値を上回るダイオキシンが検出されたと奈良県桜井市が発表。廃棄物は7月に市内の処理施設から搬出した煤塵約11トン。
- **9.2 住宅火災**（奈良県）9月2日午後6時頃、奈良県橿原市の住宅から出火、木造二階建て延べ約200m2を全焼した。焼け跡から3人の遺体が発見された。この家に暮らしていた80代の夫婦と50代の息子1人とみられる。《データ》死者3名

2015年(平成27年)

- **3.26 住宅火災**（奈良県生駒市）3月26日午前3時20分ごろ、奈良県生駒市谷田町の住宅から出火。木造2階建てを全焼、近接する住宅2棟も全焼し、午前5時15分ごろにはほぼ鎮火した。火元の住宅に住む男女3人と連絡が取れなくなったが、他の2棟の住人に怪我はなかった。《データ》家屋全焼3棟
- **8.1 プールで溺死**（奈良県橿原市）8月1日午前11時55分ごろ、奈良県橿原市雲梯町の橿原市総合プールで小学1年の男児が溺れ、病院に搬送されたが死亡した。家族ら

奈良県(2015年)

とプールを訪れ、子供たちだけで遊んでいたところ姿が見えなくなり、プールの底に沈んでいるのを発見された。男児の身長は約120cm。プールの深さは1.1～1.3mで、年齢や身長の制限はなく、事故当時は監視員が1人だった。《データ》死者1名

8.4 熱中症で電車遅延（和歌山県和歌山市・奈良県奈良市）8月4日午後1時55分ごろ、和歌山県和歌山市北野のJR紀伊駅で、停車した新大阪発新宮行き特急「くろしお」の男性運転士が体調不良を訴えた。運転士は意識が朦朧としており、熱中症の疑いで病院に搬送されたが、命に別条はなかった。運転席がある乗務員室にはエアコンが設置されており、稼動していたとみられる。くろしおは通常は紀伊駅を通過するが、運転士が停車させたという。別の運転士が乗車して約30分後に運転を再開したが、同列車と普通電車2本の計3本が遅れ、約350人に影響が出た。また、5日にも奈良県大和高田市高砂町のJR和歌山線高田駅で、停車中の奈良発和歌山行普通電車の男性運転士が体調不良を訴え、熱中症の可能性があるとして病院に搬送された。別の運転士が乗車して約45分後に運転を再開したが、約40人に影響が出た。同日、同県五條市では同年最高となる気温36.3度を記録した。《データ》患者2名

8.7 強風（奈良県奈良市）8月7日夕、奈良県奈良市上空に寒気が入り積乱雲が発生し、推定秒速17～32mの強風や激しい雷雨に襲われた。同市八条の温泉施設で窓ガラス1枚が割れて入浴客の男性2人が怪我をしたほか、同市六条で電柱3本が倒れ、市内の約670世帯が停電するなどの被害が出た。積乱雲から生じる強い下降気流であるダウンバーストや、積乱雲からの冷気と周囲の空気の境界で発生する突風であるガストフロントの可能性があるとみられる。《データ》負傷者2名、電柱3本倒壊、停電約670世帯

8.8 登山客が滑落（奈良県天川村）8月8日午後2時50分ごろ、奈良県天川村の大峰山系稲村ケ岳(標高1726m)で、登山中の男性が登山道から滑落した。男性は県の消防防災ヘリコプターに発見・救助されたが、全身を強く打っており、搬送先の病院で死亡が確認された。同日朝に友人と2人で入山、山頂付近の山小屋に宿泊し、9日に登頂する予定だったという。《データ》死者1名

8.27 欄干衝突で死亡事故（奈良県明日香村）8月27日未明、奈良県明日香村にある村道の飛鳥橋付近で、大破した乗用車をパトロール中の警察官が発見。付近には車内から投げ出されたとみられる男性3人と女性2人が倒れており、全員の死亡が確認された。5人は奈良県橿原市などに住む大学生や専門学校生で、橿原市の同じ中学出身の同級生。飲酒などの痕跡は確認されておらず、スピードの出し過ぎでハンドル操作を誤り、横転した後に橋の欄干に激突したとみられる。《データ》死者5名

和歌山県

1870年(明治3年)

10.12 台風（和歌山県・全国）10月12日、四国以東から東北地方南部にかけて台風による暴風雨があった。特に和歌山県の紀の川が大洪水となり、死者669名以上と言われる。《データ》死者669名以上、負傷者46名

1883年(明治16年)

6月～8月 干ばつ（和歌山県・近畿地方）6月から8月にかけて、全国的に高温小雨の天候となった。このため東海地方以西を中心に各地で干ばつとなり、農作物に大きな被害が出た。特に和歌山県北部では長期にわたり降雨がなく、紀ノ川流域の宮井用水の流量が通常の1/10に減り、水騒動が発生した。

1886年(明治19年)

10.25 暴風雨（和歌山県）10月25日紀州沖において、英貨物船ノルマントン号(1,533t)が荒天のため沈没。日本人乗客25名全員水死したが、英人乗客等27名はボートで脱出して無事。ノルマントン号事件と呼ぶ。社会問題化した。《データ》死者25名

1889年(明治22年)

8.19 十津川大水害（奈良県・和歌山県）8月18日から21日にかけて、奈良県吉野郡の十津川流域は記録的な豪雨に襲われた。豪雨による洪水の後、各地で山地斜面が崩壊し(大規模崩壊地1107ヶ所)、土砂が河川に落ち込んだことによって河川が閉塞、その閉塞で発生した新湖(新湖53ヶ所)が決潰し、甚大な被害を出した。死者は1496名に及んだ。明治22年10月、被災者600戸は北海道に向かって移住を開始し、新十津川市(現)をつくった。《データ》死者1496名、流失家屋365棟、流失田畑1463反、流出宅地496反

1913年(大正2年)

6月～8月 干ばつ（和歌山県・奈良県）6月から8月にかけて、近畿以西の各地が空梅雨となり、続いて日射しの強い日が続いた。和歌山県では7月5日から8月17日にかけて、奈良県では8月中など、長期間にわたり降雨のない地域が続出。灌漑用水が枯渇し、田畑に亀裂が生じたり、農作物が枯死するなどの被害が出た。

1926年(大正15年)

9.3～4 台風（和歌山県東牟婁郡・全国）9月3日、台風が日本に接近。4月、静岡県に上陸し、関東地方を通過した。この影響で和歌山県から東海・関東・東北地方にかけての各地が風水害に見舞われ、中でも和歌山県東牟婁郡、愛知県などで大きな被害が出た。全国の死者・行方不明者は221人、家屋全壊685棟、半壊4382棟に達した。《データ》死者・行方不明者221名、家屋全壊685棟、半壊4382棟

和歌山県(1927年)

1927年(昭和2年)

- **12.2 地震**（和歌山県有田川流域）12月2日、和歌山県の有田川流域を震央とする地震があった。
- **12.25 玉川丸沈没**（和歌山県付近）12月25日、玉川丸(60トン)が和歌山県の付近で猛吹雪のため座礁、沈没した。《データ》船舶1隻座礁・沈没
- **12.25 天祐丸沈没**（和歌山県付近）12月25日、天祐丸(60トン)が和歌山県の付近で猛吹雪のため座礁、沈没した。《データ》船舶1隻座礁・沈没
- **12.25 幸運丸沈没**（和歌山県付近）12月25日、幸運丸(110トン)が和歌山県の付近で猛吹雪のため座礁、沈没した。《データ》船舶1隻座礁・沈没

1928年(昭和3年)

- **1.11 来島丸漂流**（和歌山県日ノ御埼沖）1月11日、来島丸が和歌山県日ノ御埼の沖合で推進装置の損壊により漂流した。《データ》船舶1隻漂流
- **4.19 山林火災**（大阪府・和歌山県）4月19日、大阪府と和歌山県の境界付近で火災があり、山林約2.6km^{2}を全焼した。《データ》焼失面積約2.6km^2

1930年(昭和5年)

- **11.20 暴風雨**（三重県・和歌山県）11月20日、三重、和歌山の両県で暴風雨による被害が相次いだ。

1931年(昭和6年)

- **4.3 降雹**（和歌山県西牟婁郡日置町付近）4月3日、和歌山県日置町の付近に雹が降った。
- **10.13 台風**（和歌山県他）10月13日、和歌山、高知両県をはじめ全国各地で台風による被害が続出。高知県では住民17名が死亡、家屋1000戸が浸水し、和歌山県でも大雨による被害が相次いだ。《データ》死者17名、浸水家屋1000戸、道路・橋梁損壊、被害額500万円以上(高知県のみ)

1932年(昭和7年)

- **5.頃 高野山一乗院火災**（和歌山県伊都郡高野町）5月、高野山の別格本山一乗院で火災があり、本堂や護摩堂、大師堂などの寺院13棟と、同院の本尊弥勒菩薩像などの宝物多数を全焼した。一乗院は火災の直前に落成したばかりだった。《データ》寺院13棟全焼、被害総面積約1650m^2
- **10.27 陸軍偵察機墜落**（和歌山県荒崎沖）10月27日、陸軍の偵察機が陸海軍連合演習中、和歌山県の大崎近くにある荒崎の沖合に不時着、機体は沈没したが、乗員2名は近くの漁船に救助された。《データ》機体沈没

1933年(昭和8年)

- **6.29 高野山火災**（和歌山県伊都郡高野町）6月29日、和歌山県高野町にある古義真言宗総本山の高野山で山林火災があった。《データ》山林火災

1934年(昭和9年)

- **2.21 火災**（和歌山県田波村）2月21日未明、和歌山県田波村で火災があり、同村500戸のうち243戸(124棟)が焼けた。《データ》全焼家屋243戸124棟
- **2.23 第2泊栄丸難破**（和歌山県西牟婁郡串本町）2月23日、香川県鴨庄村の第2泊栄丸

和歌山県(1946年)

が潮岬の沖合で難破し、乗組員10名が行方不明になった。《データ》行方不明者10名、船舶1隻難破
- **6月～8月 干ばつ**（千葉県・和歌山県・四国地方・九州地方）6月から8月にかけて、関東、近畿、四国、九州の各地方で数十年ぶりという干ばつが発生し、農作物に被害が相次いだ。《データ》農作物被害、被害額約8960万円(愛媛・佐賀・熊本・宮崎・鹿児島県のみ)

1935年(昭和10年)
- **5.19 航空機転覆**（和歌山県西牟婁郡白浜町）5月19日午後2時40分頃、日本航空輸送研究所の14式水上機が、エンジンの故障で和歌山県白浜町の付近に不時着水しようとして、石垣にフロート部分が接触して転覆、大破し、乗客4名が重軽傷を負った。《データ》重軽傷者4名、航空機1機大破
- **8.18 有田鉄道列車衝突**（和歌山県有田郡）8月18日、和歌山県の有田鉄道線のガソリン機関車が正面衝突し、乗客ら76名が重軽傷を負った。《データ》重軽傷者76名

1936年(昭和11年)
- **6.30 海軍航空隊飛行艇墜落**（和歌山県西牟婁郡和深村）6月30日、海軍佐伯航空隊の飛行艇が訓練中に和歌山県和深村に墜落、乗員3名が死亡した。《データ》死者3名、飛行艇1隻墜落

1937年(昭和12年)
- **12.20 南富田小学校火災**（和歌山県）12月20日夕方、和歌山県の南富田小学校講堂で映画上映中に火災が発生、80人が死亡した。《データ》死者80名

1938年(昭和13年)
- **5.16 火災**（和歌山県和歌山市）5月16日、和歌山市の2ヶ所で火災があり、あわせて家屋60数戸を全半焼した。《データ》全半焼家屋60数戸
- **6.23 正智院火災**（和歌山県伊都郡高野町）6月23日夜、高野山別格本山の正智院で火災があり、約826m^{2}の同寺院を全焼した。原因は放火。《データ》全焼寺院1棟、焼失面積約826m^2

1940年(昭和15年)
- **3.16 中学校ボート部員溺死**（和歌山県和歌山市）3月16日、和歌山市南方の和歌浦で、練習中の和歌山中学校のボート部員8名が溺死した。《データ》死者8名

1941年(昭和16年)
- **8.25 台風**（和歌山県）8月25日、和歌山県が台風に襲われた。

1943年(昭和18年)
- **3.16～18 山林火災**（和歌山県東牟婁郡）3月16日午後、和歌山県七川村の山林から出火し、隣接する三尾川、小川両村に燃え広がり、2日後に鎮火するまでに約29.8km^{2}を全焼した。《データ》焼失面積約29.8km^2

1946年(昭和21年)
- **2.21 地震**（和歌山県田辺市南方沖）2月21日午後7時33分、和歌山県田辺市の南方沖

和歌山県(1946年)

(北緯33.5度、東経135.5度)を震央とする小規模な地震があった。
- **3.13 地震**（和歌山県西牟婁郡串本町南東沖）3月13日午前0時27分、和歌山県串本町の潮岬の南東沖(北緯33.0度、東経136.5度)を震央とする地震があった。
- **12.21 新宮市大火**（和歌山県新宮市）12月21日、和歌山県新宮市で火災があり、市役所や地方事務所、病院など家屋2398戸(総戸数の約70%)を全焼、52名が死亡、211名が負傷した。原因は南海地震。《データ》死者52名、負傷者211名、全焼家屋2398戸、被害額10億円
- **12.21 地震**（和歌山県田辺市付近）12月21日午後4時27分、和歌山県田辺市付近(北緯33.5度、東経135.4度)を震央とする小規模な地震があった。震源の深さは約20km。
- **12.22 地震**（和歌山県西牟婁郡串本町付近）12月22日午前2時8分、和歌山県串本町の潮岬付近(北緯33.5度、東経135.7度)を震央とする小規模な地震があった。震源の深さは約40km。

1947年(昭和22年)

- **1.25 地震**（和歌山県西牟婁郡串本町南西沖）1月25日午前1時48分、和歌山県串本町の潮岬の南西沖(北緯33.2度、東経135.3度)を震央とする地震があった。震源は海底付近。
- **2.18 地震**（和歌山県西牟婁郡串本町南東沖）2月18日午後10時30分、和歌山県串本町の潮岬の南東沖(北緯33.0度、東経136.8度)を震央とする地震があった。震源の深さは約400km。
- **4.11 地震**（和歌山県西牟婁郡串本町）4月11日午後7時31分、和歌山県串本町の潮岬(北緯33.5度、東経135.7度)を震央とする小規模な地震があった。震源は地表付近。
- **7.17 地震**（和歌山県西牟婁郡串本町潮岬南西沖）7月17日午前4時19分、和歌山県串本町にある潮岬の南西約20km沖(北緯33.4度、東経135.7度)を震央とする地震があった。震源は海底付近。

1948年(昭和23年)

- **6.15 熊野灘地震**（和歌山県他）6月15日、近畿地方を震域とするかなり強い地震が発生し、和歌山県で住宅13戸が倒壊、住民4名が軽傷を負った。震源は同県串本町の潮岬の南東約90kmの沖合。《データ》軽傷者4名、倒壊家屋13戸

1949年(昭和24年)

- **7.5～6 豪雨**（和歌山県・熊本県）7月5日から6日にかけて、西日本に大雨が降り、和歌山・熊本両県などで住民4名が死亡、6名が負傷、家屋16戸が全壊、36戸が半壊、12戸が流失、1483戸が床上浸水、3149戸が床下浸水、田畑約3.6haが流失、約78.3haが冠水、道路290か所と堤防150か所が損壊、橋梁117か所が流失、船舶34隻が沈没または流失、3隻が損壊した。《データ》死者4名、負傷者6名、全壊家屋16戸、半壊家屋36戸、流失家屋12戸、床上浸水家屋1483戸、床下浸水家屋3149戸、田畑流失約3.6ha、田畑冠水約78.3ha、道路損壊290か所、橋梁流失117か所、堤防決壊150か所、沈没・流失船舶34隻、損壊船舶3隻

1950年(昭和25年)

- **9.3 漁船多数沈没・流失**（和歌山県有田郡箕島町）9月3日、ジェーン台風の影響により和歌山県箕島町の周辺海域で、同町辰浜の打瀬舟37隻のうち3隻が沈没、13隻

が流失、21隻が破損し、乗組員合計150名のうち100名余りが行方不明になった。《データ》行方不明者100名余り、沈没船舶3隻、流失船舶13隻、破損船舶21隻

1951年(昭和26年)

1.21 新宮駅火災（和歌山県新宮市）1月21日、和歌山県新宮市の国鉄新宮駅で火災があり、駅舎を全焼した。《データ》建物全焼

1952年(昭和27年)

5.2 高野山明王院火災（和歌山県伊都郡高野町）5月2日、和歌山県高野町の真言宗別格本山高野山明王院で火災があり、同院の伽藍を全焼した。《データ》建物全焼

1953年(昭和28年)

7.18～19 豪雨（茨城県・千葉県・東京都・神奈川県・山梨県・長野県・岐阜県・静岡県・愛知県・三重県・京都府・奈良県・和歌山県）7月18日午前2時過ぎから翌19日にかけて、三重・奈良・和歌山の3県を中心に大雨が降り、有田川、日高川、熊野川、貴志川が決壊、紀勢西線や和歌山線、和歌山鉄道などの交通網と通信網が途絶した他、13都府県で住民671名が死亡、4540名が負傷、4237名が行方不明、家屋2033戸が全壊、2423戸が半壊、5174戸が流失、1万3827戸が床上浸水、1万4526戸が床下浸水、田畑約32.5haが流失または埋没、約111.6haが冠水、道路1万2140か所が損壊、橋梁524か所が流失、堤防1476か所が決壊、山崩れ1683か所など、被害が相次いだ。《データ》死者671名、負傷者4540名、行方不明者4237名、被災者約10万6738名、全壊家屋2033戸、半壊家屋2423戸、流失家屋5174戸、床上浸水家屋1万3827戸、床下浸水家屋1万4526戸、流失・埋没田畑約32.5ha、冠水田畑約111.6ha、道路損壊1万2140か所、橋梁流失524か所、堤防決壊1476か所、山崩れ1683か所、電柱倒壊1102か所、被害額約450億円

7.25 セスナ機不時着（和歌山県日高郡竜神村）7月25日、水難地域への救援物資を運ぶため阪神飛行場を離陸した青木航空のセスナ機が、和歌山県竜神村小森の山奥に不時着し、操縦士ら乗員が軽傷を負った。《データ》軽傷者数名、航空機1機墜落

8.14～15 豪雨（三重県・滋賀県・京都府・奈良県・和歌山県）8月14日夜から15日未明にかけて、三重・滋賀・京都・奈良・和歌山の5府県に大雨が降り、京都府井手町で同町東端の大正池が決壊して全家屋約1000戸の70％以上が倒壊または流失し、住民50名が死亡、150名が負傷、滋賀県多羅尾村でも山崩れが発生し、住民44名と家屋230戸が土砂の下敷きになるなど各地で被害が相次ぎ、170名が死亡、361名が負傷、269名が行方不明となり、家屋328戸が全壊、265戸と橋梁296か所が流失、田畑約33.7haが流失または埋没、堤防346か所が決壊した。《データ》死者170名、負傷者361名、行方不明者269名、全壊家屋328戸、流失家屋265戸、流失・埋没田畑約33.7ha、橋梁流失296か所、堤防決壊346か所

1954年(昭和29年)

2.18 バス転落（和歌山県新宮市）2月18日、和歌山県新宮市で、バスが運転を誤ってがけ下の水田に転落し、2名が死亡、30名が重軽傷を負った。《データ》死者2名、重軽傷者30名、車両1台転落

3.25 小学校類焼（和歌山県西牟婁郡富里村）3月25日、和歌山県富里村下川で火災があり、小学校や公民館、住宅など35戸と付近の山林約19.8haを全焼した。《データ》全焼家屋ほか35戸、山林全焼約19.8ha、被害額約6億円

和歌山県(1954年)

5月～7月 ニューカッスル病発生（大阪府・和歌山県・奈良県）5月から7月初めにかけて、大阪・和歌山・奈良の3府県で養鶏約30万羽にニューカッスル病が発病し、うち6万羽が死亡した。《データ》鶏30万羽発病(うち6万羽死亡)

6.1 参議院選挙宣伝機墜落（和歌山県）6月1日、和歌山県内で、参議院地方区補欠選挙の棄権防止ビラを配布中の飛行機が、木材運搬用ケーブルに翼を引っかけて墜落、乗員6名が負傷した。原因は超低空飛行を行った際の操縦ミスと見られる。《データ》負傷者6名、航空機1機墜落

6.22～23 豪雨（和歌山県）6月22日夜から23日朝にかけて、本州の南岸地域に大雨が降り、和歌山県で273mmの雨量を記録。同県を中心に近畿地方など各地で住民29名が死亡、28名が負傷、9名が行方不明となり、家屋49戸が全壊、89戸が半壊または流失、9万2049戸が床上浸水、846戸が床下浸水、田畑約580haが埋没、約330haが冠水、道路568か所と堤防401か所が損壊、木材約3094.3m³が流失、山崩れ10か所など、大きな被害が出た。《データ》死者29名、負傷者28名、行方不明者9名、全壊家屋49戸、半壊・流失家屋89戸、床上浸水家屋9万2049戸、床下浸水家屋846戸、埋没田畑約580ha、冠水田畑約330ha、道路損壊568か所、堤防決壊401か所、山崩れ10か所、木材流失約3094.3m³

6.28～30 豪雨（京都府・大阪府・和歌山県・香川県・高知県・長崎県・熊本県・大分県）6月28日から30日にかけて、停滞した梅雨前線の影響で、中部地方以西の各地に大雨が降り、京都・大阪・和歌山・香川・高知・長崎・熊本・大分など19府県で13名が死亡、25名が負傷、13名が行方不明になり、家屋154戸が全半壊、29戸が流失、7万164戸が床上浸水、田畑約5.5haが流失、約70.4haが冠水、道路819か所と堤防285か所が損壊、橋梁107か所が流失、がけ崩れ531か所などの被害が出た。この大雨の影響で、和歌山市では1週間前に続いて再び家屋1万戸以上が浸水し、護岸を爆破して雨水を河川に放水する応急策を採った他、熊本県山鹿市が浸水のために一時孤立した。《データ》死者13名、負傷者25名、行方不明者13名、全半壊家屋154戸、流失家屋29戸、床上浸水家屋7万164戸、流失田畑約5.5ha、冠水田畑約70.4ha、道路損壊819か所、橋梁流失107か所、堤防決壊285か所、がけ崩れ531か所(6月30日現在)

1955年(昭和30年)

10.20 台風26号（愛知県・和歌山県）10月20日午後0時、台風26号は紀伊半島南部に上陸後、名古屋市付近、中部地方山岳部、関東地方北部を通過して、午後8時には福島県を通って三陸沖へ抜けたが、この台風の影響で愛知、和歌山の両県を中心に住民5名が死亡、30名が負傷、7名が行方不明、家屋59戸が全壊、67戸が半壊、341戸が破損、2006戸が床下浸水、田畑約10.6haが冠水、がけ崩れ20か所、板塀の倒壊1991か所が発生、船舶12隻が沈没した。《データ》死者5名、負傷者30名、行方不明者7名、全壊家屋59戸、半壊家屋67戸、破損家屋341戸、床下浸水家屋2006戸、田畑冠水約10.6ha、20か所、板塀倒壊1991か所、船舶沈没12隻

12.16～17 遠洋マグロ漁船3隻遭難（和歌山県西牟婁郡串本町沖）12月16日夕方から17日にかけて、和歌山県串本町の潮岬の南方海上で、台風28号の影響により、遠洋マグロ漁船3隻が乗組員62名を乗せたまま消息を絶った。《データ》行方不明者62名、船舶3隻遭難

1956年(昭和31年)

5.7 南海電鉄急行電車火災（和歌山県伊都郡高野町）5月7日、和歌山県高野町の南海

和歌山県(1959年)

電鉄高野線神谷・細川駅間の神谷18号トンネル(長さ約180m)内で、極楽寺発難波行き急行電車(3両編成)が先頭車両のブレーキから発火して全焼し、1名が死亡、5名が重傷、35名が軽傷を負った。《データ》死者1名、重傷者5名、軽傷者35名、車両3両全焼

1957年(昭和32年)

3.21〜23 山林火災(和歌山県西牟婁郡日置川町)3月21日午後3時頃、和歌山県日置川町の紀勢西線のトンネル付近から出火、山林約10.7haを全焼して23日午前9時30分頃、鎮火した。列車の煤煙が原因と見られる。《データ》焼失面積約10.7ha、被害額5億9000万円

11.11 竜巻(和歌山県海南市)11月11日、和歌山県海南市大野から同市亀川へかけて直径約50mの竜巻が通過し、海南高等学校や大野小学校、大野幼稚園の木造校舎と住宅5戸が全壊、多数の屋根瓦が吹き飛んだほか、児童20名が負傷した。《データ》負傷者20名、校舎・家屋全壊

1958年(昭和33年)

1.26 貨物船第3正福丸転覆(和歌山県西牟婁郡串本町沖)1月26日夜、東京邦洋海運の貨物船第3正福丸(903t)が和歌山県串本町田子の潮岬西方4.8km沖合で風速30m前後の強風を受けて故障、転覆し、乗組員27名のうち22名が死亡した。《データ》死者22名、船舶1隻転覆

4.20 古座高等学校火災(和歌山県東牟婁郡)4月20日、和歌山県東牟婁郡の県立古座高等学校で火災があり、校舎の一部(2281m^2)を全焼した。《データ》校舎一部焼失、被災面積2281m^2

5.21 向陽高等学校火災(和歌山県和歌山市)5月21日、和歌山市の県立向陽高等学校で放火による火災があり、校舎1棟(778m^2)を全焼、同25日にもボヤを出した。《データ》全焼校舎1棟、焼失面積778m^2

5.26 星林高等学校火災(和歌山県和歌山市)5月26日、和歌山市の県立星林高等学校で放火による火災があり、校舎3棟(2200m^2)を全焼した。《データ》全焼校舎3棟、焼失面積2200m^2

6.8 勤務評定実施反対派教職員・警官隊衝突(和歌山県)6月8日、和歌山県の教職員らが、勤務評定の抜打ち実施に反対して警官隊と衝突、100名余りが重軽傷を負った。《データ》重軽傷者100名余り

8.16 勤務評定反対大会参加者・警官隊衝突(和歌山県和歌山市)8月16日、和歌山市で行われた勤務評定反対国民大会の参加者と、右翼や警官隊とが衝突、10名余りが負傷した。《データ》負傷者10名余り

11.17 オート三輪転落(和歌山県東牟婁郡古座川町)11月17日、映画鑑賞会から帰る途中の20数名を荷台に乗せた和歌山県田辺市のオート三輪が、同県古座川町の県道で誤って道路脇の水田に転落し、3名が死亡、4名が重傷、16名が軽傷を負った。《データ》死者3名、重傷者4名、軽傷者16名、車両1台転落

1959年(昭和34年)

1.1 バス転落(和歌山県伊都郡高野町)1月1日、和歌山県高野町南天狗谷の県道で、初詣客51名を乗せて奈良県野迫川村の立里荒神社から高野山駅へ向かう途中の南海電鉄バスが、濃霧のため運転を誤って約90m下の谷川に転落し、9名が即死、17

和歌山県(1959年)

名が重傷、21名が軽傷を負った。《データ》死者9名、重傷者17名、軽傷者21名、車両1台転落
- **1.18 漁船運裕丸沈没**（和歌山県西牟婁郡串本町沖）1月18日朝、和歌山県串本町の潮岬の沖合で、漁船運裕丸が激浪を受けて沈没した。《データ》船舶1隻沈没
- **6.1 熊野川渡船転覆**（和歌山県新宮市）6月1日、和歌山県新宮市の熊野大橋の上流で、瀞峡観光のプロペラ船が転覆、乗組員乗客18名のうち5名が死亡した。《データ》死者5名、船舶1隻転覆
- **6.11 瀞峡観光定期船沈没**（和歌山県新宮市）6月11日、和歌山県新宮市の熊野大橋の約15km上流で、乗組員6名と乗客18名を乗せて熊野川を下る途中の瀞峡観光の定期船(3t)が、プロペラを木材運搬用ケーブルに引っかけて転覆、この事故で船は沈没、5名が死亡、1名が重傷、1名が軽傷を負った。《データ》死者5名、重傷者1名、軽傷者1名、船舶1隻沈没
- **9.27 産業経済新聞社新聞輸送機墜落**（和歌山県田辺市沖）9月27日、和歌山県田辺市の田辺高等学校グラウンドへ号外の投下に向かった産業経済新聞社の新聞輸送機おおとり号が、故障のため同市磯間浦の三壺崎の西約500m沖合に左側翼から墜落、乗員2名が死亡した。《データ》死者2名、航空機1機墜落

1960年(昭和35年)

- **3.22 発電所建設現場ダイナマイト爆発**（和歌山県東牟婁郡熊野川町）3月22日、和歌山県熊野川町西敷屋の電源開発公社椋呂発電所建設現場の敷屋横坑内で、入口から16m奥に保管してあったダイナマイト約450kgが爆発、従業員休憩所などが爆風で吹き飛ばされ、作業員23名が即死、5名が重傷、4名が軽傷を負った。《データ》死者23名、重傷者5名、軽傷者4名、建物全壊
- **5.24 チリ地震津波**（北海道・青森県・岩手県・宮城県・三重県・和歌山県・徳島県）5月23日午前4時15分(日本時間)チリの沖合で非常に強い地震が発生。この影響で、24日午前4時頃、北海道霧多布村および青森県八戸市、岩手県宮古、釜石、大船渡、陸前高田の各市や大槌、山田両町、宮城県気仙沼市や女川、志津川両町、三重県尾鷲市、和歌山県田辺、海南両市や白浜、那智勝浦両町、徳島県阿南市など太平洋岸の全域に大規模な津波が押し寄せ、北海道で住民46名が死亡または行方不明となり、岩手県で57名が死亡、308名が重軽傷、5名が行方不明、3万5921名が被災、宮城県で50名が死亡、4名が行方不明となり、徳島県で家屋782戸が床上浸水、812戸が床下浸水、7714名が被災するなど、各地で119名が死亡、872名が重軽傷、20名が行方不明、1571棟が全壊、2183棟が半壊、1259棟が流失、1万9863棟が床上浸水、1万7334棟が床下浸水、44棟が破損、住宅以外の建物3962棟が被災、田畑529haが流失または埋没、6707haが冠水、道路177か所と堤防124か所が損壊、橋梁44か所が流失、山崩れ2か所、鉄道21か所と通信施設1714か所が被災、船舶94隻が沈没、1036隻が流失、1143隻が破損、3万2049世帯（約16万1680名）が罹災し、自衛隊が救援・復旧作業に出動した。《データ》死者119名、重軽傷者872名、行方不明者20名、全壊家屋1571棟、半壊家屋2183棟、流失家屋1259棟、床上浸水家屋1万9863棟、床下浸水家屋1万7334棟、破損家屋44棟、被災建物3962棟、流失・埋没田畑529ha、冠水田畑6707ha、道路損壊177か所、橋梁流失44か所、堤防決壊124か所、山崩れ2か所、鉄道被害21か所、通信施設被害1714か所、船舶沈没94隻、船舶流失1036隻、船舶破損1143隻、罹災世帯3万2049戸（約16万1680名）(6月6日現在・警察庁調べ)、被害額384億8950万円以上（北海道・青森・岩手・宮城・三重・和歌山県のみ）

10.7 豪雨（三重県・和歌山県）10月7日、三重県尾鷲市を中心に三重・和歌山両県の南部に大雨が降り、河川の氾濫や家屋の浸水などが相次ぎ、住民6名が行方不明になった。《データ》行方不明者6名、被害額45億円

1961年(昭和36年)

1.10 観光バス転落（和歌山県東牟婁郡古座町）1月10日、和歌山県古座町の国道42号線で、観光バスが道路から転落、乗客ら5名が重傷、37名が軽傷を負った。《データ》重傷者5名、軽傷者37名、車両1台転落

1.27 漁船沈没（和歌山県西牟婁郡串本町沖）1月27日、和歌山県串本町の潮岬の約3km沖で、勝浦港から出帆した同県那智勝浦町のマグロ漁船第7鵬栖丸(67トン)が沈没し、乗組員17名のうち15名が死亡した。《データ》死者15名、船舶1隻沈没

5.6 二酸化炭素中毒死（和歌山県御坊市）5月6日、和歌山県御坊市湯川町で、井戸の内部を清掃中の農家の人が炭酸ガスを吸い込んで死亡、救助に入った家族や隣人3名も次々に中毒死した。《データ》死者4名

1962年(昭和37年)

1.26 高野山奥の院火災（和歌山県伊都郡高野町）1月26日、和歌山県高野町の古義真言宗総本山高野山金剛峰寺の奥の院境内で火災があり、寺院造りの御供所を全焼した。山門や同院内に安置されていた白河灯、貧女の一灯などは焼失を免れた。原因はこたつの火の不始末。《データ》建物全焼

5.2 根来寺火災（和歌山県那賀郡岩出町）5月2日、和歌山県岩出町の新義真言宗総本山根来寺本坊の庫裏付近から出火し、奥御殿など伽藍6棟を全焼した。原因はこたつの火の不始末。《データ》全焼伽藍6棟

11.8 海上自衛隊対潜哨戒機墜落（和歌山県・徳島県）11月8日、紀伊水道で、訓練中の海上自衛隊第3航空群のS2F型対潜哨戒機が墜落し、乗員4名全員が死亡した。《データ》死者4名、航空機1機遭難

1963年(昭和38年)

4.11 高野山光台院火災（和歌山県伊都郡高野町）4月11日、和歌山県高野町の古義真言宗総本山高野山の光台院境内で火災があり、客殿など3棟(990m^2)を全焼した。原因は同院の雑役係の女性による放火。《データ》全焼建物3棟、焼失面積990m^2

6.6 洞南丸沈没（和歌山県西牟婁郡串本町沖）6月6日、和歌山県串本町の潮岬の南西約150km付近で、フィリピンから名古屋へ戻る途中の佐藤国汽船の貨物船洞南丸(2849トン)が沈没し、乗組員33名が死亡した(同11日に同船の漂流積荷のラワン材約2000トンを発見)。洞南丸は戦時標準船の改造船。《データ》死者33名、船舶1隻沈没(海上保安庁調べ)

1964年(昭和39年)

7.28 赤痢・腸チフス集団発生（和歌山県和歌山市）7月28日、和歌山市で、県庁職員70名が下痢や発熱の自覚症状を訴え、検査の結果、赤痢または腸チフスと判明。最終的な患者数は、赤痢96名、腸チフス36名になった。《データ》患者132名

12.12 火災（和歌山県御坊市）12月12日、和歌山県御坊市で火災があり、木造平屋建の仮設住宅14棟と市営住宅1棟を全焼、53世帯が焼け出された。仮設住宅は第2室戸台風の被災者向けの建築物。《データ》全焼住宅15棟、被災者53世帯

和歌山県(1965年)

1965年(昭和40年)

- **3.2 熊野交通バス転落**（和歌山県新宮市）3月2日、和歌山県新宮市相賀の国道168号線で、熊野交通の八木尾発新宮行き定期バスが約27m下の熊野川へ落ち、車両は逆さまになって半分以上が水没、乗客ら8名が死亡、24名が重軽傷を負った。《データ》死者8名、重軽傷者24名、車両1台転落
- **3.12 山林火災**（和歌山県）3月12日午前11時、和歌山県串本・古座川町境の山林から出火し、10m前後の風にあおられて燃え広がり、同14日夜の鎮火までに2040haを全焼した。《データ》全焼山林2040ha、被害額11億3986万円(消防庁調べ)

1966年(昭和41年)

- **1.28 新聞店火災**（和歌山県有田郡金屋町）1月28日午後0時40分、和歌山県金屋町の新聞店から出火し、同店など21棟(1219m^2)を全焼、1名が死亡、62名(15世帯)が焼け出された。《データ》死者1名、全焼店舗ほか21棟、焼失面積1219m^2、被災者62名(15世帯)、被害額1億円(消防庁調べ)
- **3.11 タンカーと外国籍貨物船衝突**（和歌山県有田市沖）3月11日、和歌山県有田市の沖合で、タンカー第5宝恵丸(166トン)が米国の貨物船ペリカンステート号(2613トン)と衝突、転覆直後に爆発し、乗組員のうち貨物船の2名が死傷、タンカーの5名が行方不明になった。《データ》死傷者2名、行方不明者5名(海上保安庁調べ)、船舶1隻転覆
- **3.19 温泉旅館火災**（和歌山県西牟婁郡白浜町）3月19日午後10時55分、和歌山県白浜町湯崎の旅館から出火し、同荘の木造モルタル4階建の本館および鉄筋5階建の別館、隣接のホテル(4047m^2)のほか、中学校の講堂など12棟を全焼、宿泊客390名のうち4名が焼死した。《データ》死者4名、全焼建物3棟、焼失面積4047m^2、被害額3億4000万円(消防庁調べ)
- **5.6 火災**（和歌山県和歌山市）5月6日午前1時14分、和歌山市中之島紀ノ川の工場から出火し、同工場など11棟(4645m^2)を全焼、住民ら4名(2世帯)が焼け出された。《データ》全焼工場ほか11棟、焼失面積4645m^2、被災者4名(2世帯)、被害額7958万円(消防庁調べ)
- **7.17 梅屋丸転覆**（和歌山県西牟婁郡すさみ町沖）7月17日、和歌山県すさみ町の鰹島で、磯釣り渡船梅屋丸(3.8トン)が接岸直前に転覆し、乗客の釣り客ら6名が死亡、7名が負傷した。原因は約5倍の定員超過。《データ》死者6名、負傷者7名、船舶1隻転覆(海上保安庁調べ)
- **11.29 銀光丸・テキサダ号衝突**（和歌山県日高郡美浜町沖）11月29日、和歌山県美浜町の日ノ御埼の北西約12kmで、大阪市の三光汽船のタンカー銀光丸(3万4318トン)がリベリア船籍のカナダの鉱石運搬船テキサダ号(6万9166トン)と衝突して爆発、炎上し、両船の乗組員14名が重軽傷を負った。《データ》重軽傷者14名、船舶1隻爆発

1967年(昭和42年)

- **5.24～6.17 集団赤痢**（和歌山県日高郡由良町）5月24日から6月17日にかけて、和歌山県由良町で、住民940名(全住民の約10%)が赤痢患者または保菌者であることがわかった。原因は同町の上水道とみられる。《データ》患者・保菌者940名
- **この頃～ 住友金属工業製鉄所微鉄粉排出**（和歌山県和歌山市）42年頃から、和歌山市の住友金属工業和歌山製鉄所が微鉄粉を排出し、周辺の住民多数が眼に微鉄粉が突き刺さって治療を受けた。45年6月の県公害対策課の調査によれば、同製鉄所周

辺での粉塵の総量は1か月間で1m²当たり38.84gになった。《データ》患者多数

1968年(昭和43年)

- **5.13 第1太功丸転覆**（和歌山県西牟婁郡串本町沖）5月13日、和歌山県串本町の潮岬の約480km沖合で、マグロ漁船第1太功丸(39トン)が転覆したが、乗組員13名はゴムボートで漂流後、同27日に全員救助された。《データ》船舶1隻転覆
- **7月 南紀療育園赤痢集団発生**（和歌山県西牟婁郡上富田町）7月中旬、和歌山県上富田町の児童福祉施設で、保母1名と収容者の園児26名が赤痢にかかった。田辺保健所によれば菌の種類はゾンネ1型だが、感染経路は不明。《データ》患者27名

1969年(昭和44年)

- **1.24 紀勢西線ディーゼル機関車転覆**（和歌山県西牟婁郡日置川町）1月24日、日置駅付近で、紀勢西線のディーゼル機関車が脱線、転覆し、機関士ら数名が重傷を負った。《データ》重傷者数名、車両転覆
- **3.31 旅館火災**（和歌山県西牟婁郡白浜町）3月31日未明、和歌山県白浜町の温泉旅館で火災があり、同館の一部(2543m²)を焼失したが、宿泊客や従業員に死傷者はなかった。《データ》焼失面積2543m²、被害額930万円
- **7.10 火災**（和歌山県西牟婁郡白浜町）7月10日、和歌山県白浜町の中心部で火災があり、住民や観光客ら4名が死傷した。《データ》死傷者4名
- **10.7 ドラゴン号沈没**（和歌山県東牟婁郡太地町沖）10月7日、和歌山県太地町の梶取崎の沖合で、パナマの貨物船ドラゴン号(1051トン)が悪天候により積荷が崩れて沈没、乗組員1名が死亡、9名が行方不明になった。《データ》死者1名、行方不明者9名、船舶1隻沈没(海上保安庁調べ)

1970年(昭和45年)

- **3.31 山林火災**（和歌山県）3月31日、和歌山県の土仏峠付近で火災があり、山林(380ha)を全焼した。《データ》全焼山林380ha
- **7.25 貨物船・デンマーク船衝突**（和歌山県）7月25日、紀伊水道で、貨物船とデンマークの船舶が衝突、乗組員7名が行方不明になった。《データ》行方不明者7名、船舶衝突
- **11.13 住友金属工業製鉄所爆発**（和歌山県和歌山市）11月13日、和歌山市湊の住友金属工業和歌山製鉄所で爆発が発生し、従業員1名が死亡、3名が重傷を負った。《データ》死者1名、重傷者3名
- **11.17 住友金属工業製鉄所爆発**（和歌山県和歌山市）11月17日午後7時過ぎ、和歌山市湊の住友金属工業和歌山製鉄所で熱炉の煙道が爆発し、付近にいた従業員2名が死亡、16名が重軽傷を負った。原因は高熱の鉱滓への撒水。《データ》死者2名、重軽傷者16名(労働省調べ)
- **この年 和歌川汚染**（和歌山県和歌山市）45年、和歌山市内を南北に流れる和歌川で生物化学的酸素要求量(BOD)が300ppm以上を記録、下流にある同市和歌浦の海苔養殖場でも汚染が深刻化した(9月30日、養殖関係の和歌川漁業協同組合が休漁決定)。《データ》水産物被害

1971年(昭和46年)

- **1.2 旅館火災**（和歌山県和歌山市）1月2日午前1時3分、和歌山市新和歌浦の旅館で火

和歌山県(1971年)

災があり、木造一部鉄筋コンクリート5階建の同旅館(3013m^2)を全焼、宿泊客ら16名が焼死、15名が負傷した。原因は不明。《データ》死者16名、負傷者15名、全焼建物1棟、焼失面積3013m^2、被害額2億1663万円(消防庁調べ)

7.4 楽穂丸・山福丸衝突 (和歌山県東牟婁郡那智勝浦町沖) 7月4日、貨物船第5寿重丸(498トン)が和歌山県那智勝浦町の駒ヶ崎の沖合で濃霧のため貨物船山福丸(2644トン)と衝突し、沈没。乗組員8名が死亡した。《データ》死者8名、船舶1隻沈没(海上保安庁調べ)

7.4 貨物船遭難 (三重県・和歌山県) 7月4日、貨物船など6隻が濃霧により熊野灘で遭難し、乗組員のうち1名が死亡、10名が行方不明になった。《データ》死者1名、行方不明者10名、船舶6隻遭難

9.9~11 豪雨 (愛知県・三重県南部・和歌山県) 9月9日未明から11日未明にかけて、愛知県、三重県南部、和歌山県で台風25号に刺激された秋雨前線による局地的な大雨が降り、三重県尾鷲市で1時間当たり最高92mm、合計1095mm(年平均降水量の約26%)の雨を記録。このため三重県を中心に住民43名が死亡、40名が負傷、住宅77棟が全壊、35棟が半壊、12棟が破損、11棟が流失、595棟が床上浸水、3863棟が床下浸水、住宅以外の25棟が被災、水田80haと畑38haが流失または埋没、水田587haと畑89haが冠水、道路265か所と堤防155か所が損壊、橋梁40か所が流失、がけ崩れ153か所が発生、鉄道9か所と回線など通信施設408か所が被災、2579名(705世帯)が被災した。《データ》死者43名、負傷者40名、全壊住宅77棟、半壊住宅35棟、破損住宅12棟、流失住宅11棟、床上浸水住宅595棟、床下浸水住宅3863棟、被災非住宅25棟、水田流失・埋没80ha、水田冠水587ha、畑流失・埋没38ha、畑冠水89ha、道路損壊265か所、橋梁流失40か所、堤防決壊155か所、がけ崩れ153か所、鉄道被害9か所、通信施設被害408か所、被災者2579名(705世帯)(警察庁調べ)、被害額(三重県のみ)94億円

10.9 住友金属製鉄所爆発 (和歌山県和歌山市) 10月9日午後1時30分過ぎ、和歌山市湊の住友金属工業和歌山製鉄所の新設タンクの溶接作業現場でアンモニアガスなどが引火し、爆発、2名が死亡した。《データ》死者2名

11.29 阪和線急行列車破損 (和歌山県和歌山市) 11月29日午後1時55分、阪和線山中渓・紀伊駅間の第1湯谷トンネルで天王寺発新宮行き急行列車きのくに(紀勢線直通)の制輪部分が焼損し、鉄製の破片が線路付近に飛び散り発火、現場付近の山林(約10ha)を全焼した。和歌山県警察によれば、原因はブレーキの故障。《データ》焼失面積約10ha(消防庁調べ)

この頃 手術後化膿症感染 (和歌山県和歌山市) 46年頃、和歌山市十番丁の和歌山県立医科大学付属病院で患者が手術後、化膿症にかかった。原因は手術室が細菌汚染されていたため(46年4月7日に患者が損害賠償を求めて提訴)。《データ》患者1名

1972年(昭和47年)

2.25 椿グランドホテル火災 (和歌山県西牟婁郡白浜町) 2月25日午前6時30分頃、和歌山県白浜町椿温泉の椿グランドホテルで木造2階建の本館の配膳室付近から出火し、同館と鉄筋コンクリート5階建の新館、同7階建の別館(1万1000m^2)を全焼、現場付近の飲食店など7棟を半焼、火元から約1km離れた雑木林にも延焼し、宿泊客364名のうち3名が焼死、従業員や消防士ら6名が軽重傷を負った。原因は失火とみられる。《データ》死者3名、軽重傷者6名、全焼施設3棟、半焼店舗ほか7棟、焼失面積1万1000m^2、被害額7億748万6000円(消防庁・朝日新聞社調べ)

和歌山県(1978年)

- **3.8 川留製革工場爆発**（和歌山県和歌山市）3月8日、和歌山市三沢町の工場で作業用のシンナーが引火し、爆発、2名が死亡、3名が負傷した。《データ》死者2名、負傷者3名
- **11.27 タンカー岸壁衝突**（和歌山県海草郡下津町沖）11月27日、英国のタンカーが和歌山県下津町の沖合で岸壁に激突し、送油管を損壊して積荷の原油が流出、現場付近の海面を汚染した。《データ》施設損壊

1973年(昭和48年)

- **7.27 山林火災**（和歌山県那賀郡岩出町）7月27日、和歌山県岩出町で火災があり、山林(186ha)を全焼した。同火災による焼失面積は48年で最大。《データ》山林火災、焼失面積186ha、被害額1億2895万円(消防庁・朝日新聞社調べ)
- **この頃 海洋汚染**（和歌山県海草郡下津町）48年頃、和歌山県下津町の埋立地にある富士興産原油貯蔵基地の周辺海域で汚染が発生した(49年1月30日、地元住民497名が県および下津町、富士興産、大崎漁業協同組合に関連施設の撤去と原状回復を求めて提訴)。

1974年(昭和49年)

- **4.12 真畔漁船とリベリア船籍貨物船衝突**（和歌山県潮岬沖）4月12日、高知県室戸市のマグロ漁船第11呂栄丸(284トン)が和歌山県串本町潮岬の沖合でリベリア船籍の貨物船オーシャンソブリン号(1万1144トン)と衝突し、、沈没。第11昌栄丸の乗組員14名が行方不明になった。原因は見張り不十分と操船ミス。《データ》行方不明者14名、船舶1隻沈没

1975年(昭和50年)

- **7.28 住友海南鋼管工場重油流出**（和歌山県海南市）7月28日、和歌山県海南市の住友海南鋼管工場で新造の貯蔵用タンクから重油が流出し、工場周辺の海域を汚染した。
- **8.10 日本航空旅客機破損**（和歌山県西牟婁郡串本町付近）8月10日、日本航空の旅客機が和歌山県串本町付近の上空で落雷を受け、機体が破損した。《データ》航空機1機破損

1977年(昭和52年)

- **3.30 トンヤン号・プロトクリトス号衝突**（和歌山県東牟婁郡太地町沖）3月30日、韓国の貨物船トンヤン号(908トン)が和歌山県太地町の梶取崎燈台の南東約10kmの沖合でギリシャの貨物船プロトクリトス号(9857トン)と衝突し、乗組員23名のうち2名が死亡、19名が行方不明になった。《データ》死者2名、行方不明者19名、船舶2隻衝突
- **6.15～7.2 コレラ発生**（和歌山県有田市）6月15日、和歌山県有田市で住民9名がコレラ感染者として隔離され、うち2名が真性患者とわかり、翌日1名が死亡。その後、有田市付近では、厚生省によるコレラ汚染地域の指定解除(7月2日)まで患者や発症前の保菌者の発生が続き、結局、患者は真性21名および擬似17名に、保菌者は26名になった。《データ》死者1名、患者・保菌者64名、被害額134億円
- **8.6 コレラ発生**（和歌山県由良町）8月6日、和歌山県由良町で真性患者1名、保菌者1名がみつかった。《データ》真性患者1名、保菌者1名

1978年(昭和53年)

- **12月～ 結核性中耳炎院内感染**（和歌山県和歌山市田中町）和歌山市田中町の耳鼻咽喉

和歌山県(1979年)

科医院で、53年12月以降54年5月までに治療を受けた患者のうち、20数名が結核性中耳炎に感染した。54年6月22日患者の両親が和歌山地裁に「感染は医療ミスによるもの」として、病院の医師を相手どり、354万円の損害賠償請求訴訟を起こした。《データ》感染者約20数名、損害賠償請求訴訟354万円

1979年(昭和54年)

5月 集中豪雨（和歌山県・静岡県・長野県・福島県・茨城県）8日、日本の南岸を通った低気圧のため、和歌山113mm、天城山320mm、長野県河南129mm、茨城県日立135mmなどの日雨量を観測。和歌山では1時間雨量43mmの記録更新。阿南町で河川増水で1名死亡、落石による負傷8名などの人的被害が出た。14日から15日、南岸を通過した低気圧のため、茨城県花園297mm、福島県上野224mmなどの大雨となり、茨城県北部でがけ崩れのため民家がつぶれ2名が死亡した。《データ》死者3名、負傷者8名

11.4 全日空YS11型機乱気流遭遇（和歌山県上空）11月4日、全日空のYS11型機が高知から東京へ飛行中、串本の東の海上で乱気流に巻き込まれた。このため洗面所にいたスチュワーデスや座席にいた乗客の計4名が負傷した。負傷したスチュワーデスと乗客はシートベルトを着用していなかった。《データ》負傷者4名

1980年(昭和55年)

5.19 交通事故（和歌山県御坊市）5月19日午前0時40分ごろ、和歌山県御坊市の国道42号で、軽乗用車が中央線を越えてコンクリートの信号機にぶつかった。乗っていた5名は車外に放り出されて即死した。5名は無免許で、だれが運転していたかわかっていない。《データ》死者5名

1981年(昭和56年)

3.27 パナマ貨物船・第12徳油丸衝突（和歌山県有田市沖）3月27日、和歌山県有田市沖の紀伊水道で、パナマの貨物船と小型タンカー第12徳油丸が衝突、タンカーはまもまく沈没し、船長ら4人が行方不明となった。《データ》行方不明者4名、船舶1隻沈没

8.21 乗用車衝突（和歌山県和歌山市本脇）8月21日午前1時半ごろ、和歌山県和歌山市本脇の県道で、乗用車がガードレールを突きやぶって擁壁に衝突し、大破した。車には定員を超える8人がすし詰めに乗っており、3人が死亡し、5人がけがをした。《データ》死者3名、負傷者5名

この年 河川汚濁（和歌山県和歌山市）この年、和歌山県は和歌山市中心部を流れる内川のヘドロから総クロム1200ppm、亜鉛2300ppmを検出した。工場汚水、家庭雑排水による高濃度汚染で発生する悪臭に対し、住民の批判が厳しい。和歌山市は下水道整備の取り組みが遅れ、昭和58年秋以降初めて一部供用開始の予定。《データ》クロム1200ppm、亜鉛2300ppm検出

1982年(昭和57年)

12.28 入院患者ショック死（和歌山県和歌山市）12月28日午前11時ごろ、和歌山県和歌山市の和歌山県立大付属病院で、入院患者がぼうこうの洗浄を受けた際、看護婦が洗浄液と消毒液を間違えて使用したことから、患者がショック死した。《データ》死者1名

1983年(昭和58年)

1.21 小型機行方不明（和歌山県上空）1月21日午後1時18分、大阪から北九州に向かっていた小型機が、天候が悪化したため北九州の管制官と交信していたが、「大阪に引き返す」との交信を最後に行方不明になった。《データ》小型機1機行方不明

1984年(昭和59年)

7.16 ホテル火災（和歌山県西牟婁郡白浜町）7月16日午前6時20分、和歌山県西牟婁郡白浜町の白浜温泉でホテルの従業員寮から出火、593m^{2}を全焼し、3人が焼死した。《データ》死者3名、焼失面積593m^2

1986年(昭和61年)

3.18 つり橋落下（和歌山県清水町）3月18日午後3時半ごろ、和歌山県清水町で、架設中のつり橋が13m下の川に落ち、橋の上で作業をしていた従業員3人が死亡し、2人が重軽傷を負った。《データ》死者3名、負傷者2名

9.13 乗用車・大型タンクローリー衝突（和歌山県粉河町）9月13日午前2時10分ごろ、和歌山県粉河町の国道24号で、乗用車と大型タンクローリーが正面衝突し、乗用車は大破、乗っていた5人が即死した。現場は、見通しのいい直線コースのため、居眠りか、わき見運転で乗用車が反対車線に入ったものとみられる。《データ》死者5名

1988年(昭和63年)

4.18 金剛峯寺火災（和歌山県高野町）4月18日午前2時半ごろ、和歌山県高野町、高野山真言宗総本山金剛峯寺の地蔵院から出火、木造平屋の本堂、庫裏、木造2～3階建ての宿坊2棟など3124m^{2}が全焼し、国の重要文化財「地蔵菩薩立像」（鎌倉時代中期）が焼失した。《データ》焼失面積3124m^2、重要文化財焼失

5.5 乗用車転落（和歌山県御坊市）5月5日午前2時15分ごろ、和歌山県御坊市の国道42号の橋のたもとから乗用車が道路を飛び出し、対岸のコンクリート護岸に激突して大破した。乗用車には定員を超えた7人が乗っており、6人が死亡し、1人が大けがをした。《データ》死者6名、負傷者1名

7.15 金剛峯寺火災（和歌山県高野町）7月15日午前4時ごろ、和歌山県高野町、高野山真言宗総本山金剛峯寺の赤松院の旧宿坊から出火、木造2階の250m^{2}を全焼した。4月18日にも火災が発生し重要文化財を焼失していた。《データ》焼失面積250m^2

9.25 竜巻（和歌山県串本町）9月25日午前9時45分ごろ、和歌山県串本町で、低気圧の通過に伴う大きな竜巻が発生、下校中の高校生が風にあおられて転倒し手首を骨折したほか、19人が、飛んできたかわらなどに当たって、顔や腕に1週間のけがをした。潮岬測候所の観測によると最大瞬間風速は39.8mであった。《データ》負傷者20名

1989年(平成1年)

2.14 フェリー・貨物船衝突（和歌山県串本町沖）2月14日午前4時40分ごろ、和歌山県串本町沖で日本カーフェリーの美々津丸（9551トン）と中国船籍の貨物船華宝（6833トン）が衝突、フェリーの右船尾に穴があいたが、浸水のおそれもなく、貨物船の一部がへこんだだけで航行を再開した。原因はフェリーの当直が酒酔い状態で見張りをしていたため。

7.10 油槽所タンク爆発（和歌山県和歌山市）7月10日午後1時半ごろ、和歌山市湊青岸

和歌山県(1990年)

坪、大岩石油青岸油槽所で、接着剤や塗料の材料のアクリル酸エチルエステル(約520kl)の入ったタンクが爆発、炎上した。消防署員2人が酸欠状態で手当を受けた。

1990年(平成2年)

3.5 乗用車川に転落（和歌山県和歌山市）3月5日午前0時20分ごろ、和歌山市内の紀の川に若い女性3人が乗った乗用車が転落した。運転していた女性は自力で脱出したが、2人が沈んだ車に閉じ込められて死亡した。《データ》死者2名

5.26 住金工場火災（和歌山県和歌山市）5月26日午後6時前、和歌山市湊の住友金属工業和歌山製鉄所で解体中の旧厚板工場に隣接する第2電気室の地下埋設物付近から出火、火は埋設路を伝って第1電気室に燃え移り、延べ6500m²を全焼、さらに第2電気室に全焼した。《データ》焼失面積延べ6500m²

8.16 溶けたはがね流出（和歌山県和歌山市）8月16日午前2時25分ごろ、和歌山市湊、住友金属和歌山製鉄所内にある関連会社日本ステンレス和歌山製鋼所で、溶かしたステンレスのはがねを仮置きしておく鋼鉄製の取りなべに穴があき、約40トンの溶けたはがねが流れ出した。

8.17 東燃工場火災（和歌山県有田市）8月17日午前6時40分ごろ、和歌山県有田市初島町浜、東燃和歌山工場の第2接触改質装置の反応塔(直径3.2m、高さ8m)の高温のナフサと水素の混合物が通っているステンレス製パイプの継ぎ目から火が噴き出した。

10.26 乱気流スチュワーデスけが（和歌山県海南市上空）10月26日午前11時9分ごろ、和歌山県海南市上空約3600mを飛行中の全日空ボーイング767が乱気流で激しく揺れ、スチュワーデス1人が大けが、3人が軽いけがを負った。《データ》負傷者4名

11.4 乗用車転落（和歌山県西牟婁郡中辺路町）11月4日午後11時ごろ、和歌山県西牟婁郡中辺路町野中の国道311号で、乗用車が道路左側約10m下の沢に転落、炎上し、1人が焼死、1人がけがをした。《データ》死者1名、負傷者1名、車両1台全焼

1991年(平成3年)

1.19 トラック紀勢線架線接触（和歌山県田辺市）1月19日午前10時半ごろ、和歌山県田辺市芳養町、JR紀勢線芳養駅近くの西ノ谷踏切で、クレーンを積んだ4トントラックが上り線の架線を引っかけ、白浜―南部駅間が不通となった。原因はクレーンのアームを上げたまま踏切に入ったため。

2.16 トレーラー・和歌山線電車衝突（和歌山県伊都郡かつらぎ町）2月16日午前7時40分ごろ、和歌山県伊都郡かつらぎ町中飯降、JR和歌山線の嵯峨谷第2踏切でトレーラーと普通電車(4両編成)が衝突、電車の先頭車両が脱線し、乗客9人が軽いけがをした。原因はトレーラーの後輪が踏切内のケーブル埋没用側溝工事の穴にはまって立ち往生したため。《データ》負傷者9名、電車1両脱線

2.21 家具工場全焼（和歌山県和歌山市）2月21日午後5時25分ごろ、和歌山県和歌山市北野の和歌山洋家具団地内で、工場など延べ2500m²が焼け、消防士1人が軽いけがをした。《データ》負傷者1名、焼失面積2500m²

9.15 高速道乗用車逆走（和歌山県海南市）9月15日午後6時25分ごろ、和歌山県海南市大野中の近畿自動車道松原・海南線上り線で、乗用車が逆走して他の乗用車と正面衝突、さらに後続の車が追突し、1人が即死、1人が重傷、4人が軽いけがを負った。原因は上り線内でUターンしたためとみられる。《データ》死者1名、負傷者5名

11.10 住宅全焼（和歌山県和歌山市）11月10日午前2時50分ごろ、和歌山県和歌山市田尻の住宅1階付近から出火、木造2階建ての延べ約200m^{2}が全焼、4人が焼死、1人が負傷した。《データ》死者4名、全焼1棟、焼失面積約200m^2

1992年（平成4年）

2.9 乗用車中央分離帯に激突（和歌山県和歌山市）2月9日午後11時ごろ、和歌山市南材木丁の県道で、乗用車が中央分離帯に激突して大破、4人が死亡した。スピードを出し過ぎてハンドル操作を誤ったとみられる。《データ》死者4名

2.10 一酸化炭素中毒（和歌山県有田郡湯浅町）2月10日午前10時半ごろ、和歌山県有田郡湯浅町のアパートで一家4人が倒れているのが発見され、3人が死亡、1人は重体となった。原因は一酸化炭素中毒とみられる。《データ》死者3名、負傷者1名

2.12 宿坊寺院火災（和歌山県伊都郡高野町）2月12日午後5時40分ごろ、和歌山県伊都郡高野町の高野山真言宗総本山金剛峯寺の宿坊寺院、総持院の庫裏付近から出火、宿坊約1600m^2、同寺院大本堂の屋根の一部を焼き約7時間40分後に鎮火、役僧1人が入院、消防署員ら2人が軽いけがをした。《データ》負傷者3名

6.27 超軽量機墜落（和歌山県那賀郡桃山町）6月27日午前8時5分ごろ、和歌山県那賀郡桃山町段新田のモモ畑に、1人乗り超軽量飛行機が墜落し、大破した。操縦していた男性が頭を強く打って死亡。畑の収穫作業の人たちにけがはなかった。エンジンが止まり失速したらしい。《データ》死者1名

8.13 ボンベ爆発（和歌山県西牟婁郡串本町）8月13日午後5時55分ごろ、和歌山県西牟婁郡串本町の離島、大島にあるキャンプ場でキャンプ客の使っていた携帯用ガスボンベが爆発し、炎が上がり、小学生ら7人が軽傷を負った。カセットコンロに金網を敷き、炭火をおこしていて、コンロのガスボンベに炭の熱が伝わり過熱、爆発したらしい。《データ》負傷者7名

1993年（平成5年）

5.23 ガス爆発（和歌山県伊都郡高野町）5月23日午後7時35分ごろ、和歌山県伊都郡高野町花坂のスナックで、プロパンガスが爆発、1人が重傷、1人が軽傷、4人が軽いやけどを負った。《データ》負傷者6名

6.26 観音寺本堂全焼（和歌山県橋本市）6月26日午前4時ごろ、和歌山県橋本市神野々、観音寺の本堂付近から出火、本堂約70m^{2}を全焼、隣接する居宅の一部も焼いた。本堂の観音座像は住職が持ち出し無事だった。《データ》全焼1棟、焼失面積70m^2

12.18 多重衝突（和歌山県和歌山市）12月18日午前6時15分ごろ、和歌山市岩橋の国道24号で、軽乗用車と大型ダンプカーが衝突、さらに乗用車も衝突した。軽乗用車の2人が死亡、ダンプカーと乗用車を運転していた2人も重傷を負った。《データ》死者2名、負傷者2名

1994年（平成6年）

6.4 ワゴン車・大型トラック衝突（和歌山県伊都郡かつらぎ町）6月4日午前5時10分ごろ、和歌山県伊都郡かつらぎ町の国道24号で、ワゴン車と大型トラックが正面衝突してワゴン車が大破、男女2人が死亡、女性1人が重体、男性1人が重傷を負った。《データ》死者2名、負傷者2名

8.8 駅前商店街火災（和歌山県新宮市）8月8日午後8時45分ごろ、和歌山県新宮市新宮

和歌山県(1995年)

のJR新宮駅近くの駅前本通商店街付近から出火。店舗兼住宅など9棟が全焼、商店3棟が半焼し、延べ約3200m^{2}が焼け、1人が軽傷、1人が煙を吸って病院へ運ばれた。《データ》負傷者2名、全焼9棟、半焼3棟、焼失面積延べ約3200m^2

1995年(平成7年)

6.6～7 群発地震（和歌山県）6月6日夕から7日未明にかけ、和歌山市で地震が発生、震源は和歌山県北部付近で、震源の深さは約10キロ、マグニチュードは最大で5弱、震度は4を記録した。地震は計9回発生、最大のものは7日午前0時52分に起きた4回目のもので震度4だった。

12.22 地震（和歌山県・兵庫県・徳島県）12月22日午後9時41分ごろ、和歌山、兵庫、徳島県にまたがる広い範囲で地震が発生、震源は紀伊水道で、震源の深さは約10キロ、マグニチュードは4.1、和歌山市では震度4を記録した。また、午後7時7分ごろにも、兵庫県南部を中心に地震があり、淡路島一宮町で震度3を記録した。阪神大震災の余震とみられる。

1996年(平成8年)

1.13 乗用車正面衝突（和歌山県日高郡印南町）1月13日午後2時30分ごろ、和歌山県日高郡印南町の国道42号で、乗用車が、トラックと正面衝突、乗用車運転の女性は胸などを強く打って死亡、同乗の3人、それにトラック運転手がそれぞれ重軽傷を負った。乗用車が中央線を越えたらしい。《データ》死者1名、負傷者4名

2.3 住宅火災（和歌山県和歌山市）2月3日午前1時40分ごろ、和歌山市吹屋町、民家から出火、木造平屋と棟続きの空き家計75m^{2}と東隣の木造平屋住宅65m^{2}が全焼、2人が焼死した。《データ》死者2名、焼失面積140m^2

7.8 クレーン車暴走（和歌山県和歌山市）7月8日午後2時30分ごろ、和歌山市舟津町の県道交差点で、大型クレーン車が止まっていた乗用車など7台に次々と追突。さらに約200m先でも、ライトバンなど6台にぶつかって止まった。追突された車に乗っていた15人が負傷した。《データ》負傷者15名

10.5 工事現場土砂崩れ（和歌山県東牟婁郡古座川町）10月5日午後1時30分ごろ、和歌山県東牟婁郡古座川町添野川の林道工事現場で、掘削した山の斜面が高さ30m、幅20mにわたって崩れ落ち、作業員3人が土砂に埋もれ3人が死亡、1人が顔に軽いけがをした。《データ》死者3名

12.23 パチンコ店で客将棋倒し（和歌山県御坊市）12月23日午後4時35分ごろ、和歌山県御坊市湯川町小松原のパチンコ店駐車場で、新規開店を待って並んでいた客約300人が入り口付近に殺到、将棋倒しとなり、最前列にいた男性が入り口わきのガラスを突き破り、首を切って死亡、女性2人も飛び散ったガラスの破片で手を切るなどの軽いけがをした。《データ》死者1名、負傷者2名

1997年(平成9年)

2.12 大型トラック・軽乗用車衝突（和歌山県伊都郡高野口町）2月12日午前0時25分ごろ、和歌山県伊都郡高野口町名古曽の国道24号交差点で、大型トラックと軽乗用車が衝突、軽乗用車の2人が頭を強く打ち死亡、1人が重体、1人が顔に軽いけがをした。《データ》死者2名、負傷者2名

3.18 和歌山県立医大付属病院火災（和歌山県和歌山市）3月18日午前3時50分ごろ、和歌山市七番丁の和歌山県立医大付属病院本館2階の脳神経外科処置室前の廊下で火

災報知機が作動。スプリンクラーが作動して、廊下に置いてあったゴミ袋二つと段ボール箱一つの一部を焼いただけで、火は消え、入院患者らに混乱はなかった。
- **10.4 乗用車電柱に激突**（和歌山県伊都郡かつらぎ町）10月4日午前2時20分ごろ、和歌山県伊都郡かつらぎ町妙寺の国道24号で、乗用車が道路ぞいの電柱に激突、2人が頭の骨を折って即死、2人が頭などに重傷を負った。原因はスピードを出しすぎで、道路わきの民家に接触したため。《データ》死者2名、負傷者2名

1998年（平成10年）

- **2.28 乗用車・ダンプカー衝突**（和歌山県和歌山市）2月28日午後6時ごろ、和歌山市上三毛の県道で、軽乗用車とダンプカーが正面衝突、軽乗用車に乗っていた2人が死亡、1人が重体、1人は重傷を負った。《データ》死者2名、負傷者2名
- **4.6 団地火災**（和歌山県岩出町）4月6日午後7時45分ごろ、和歌山県岩出町吉田の鴨沼団地の一室から出火、鉄筋4階建て団地の2階の1室約50m²を全焼、1人が焼死、1人が重傷を負った。同居している長男が、居間の布団にライターで火をつけたとみられる。《データ》死者1名、負傷者1名
- **5.4 軽乗用車母子をはねる**（和歌山県海南市）5月4日午後2時55分ごろ、和歌山県海南市上谷の観光牧場敷地内の道路で、軽乗用車が、放牧された牛を見るため道路を渡っていた母子をはね、道路わきの電柱に衝突した。母子2人と軽乗用車の運転をしていた男性の3人が死亡した。軽乗用車に乗っていた女性ら2人が重軽傷を負った。《データ》死者3名、負傷者2名
- **7.25 和歌山毒物カレー事件**（和歌山県和歌山市）7月25日午後6時頃、和歌山県和歌山市園部で、夏祭りの会場で気分が悪くなりおう吐する人が続出、午後8時までに32人が病院に収容され、翌26日に4人が死亡した。当初は集団食中毒と見られていたが、カレーライスから青酸化合物を検出したと発表、その後8月13日に、被害者4人の血液から、高濃度のヒ素が検出され、カレーに混入されたのがヒ素であることが判明した。この事件で63人が急性ヒ素中毒となった。《データ》死者4名、負傷者61名
- **8.1 ボート沈没**（和歌山県有田市）8月1日午後9時半ごろ、和歌山県有田市沖の沖ノ島付近でプレジャーボートが座礁して沈没。船長が水死、一緒に乗っていた男女2人は航行中の船に救助された。《データ》死者1名

1999年（平成11年）

- **3.25 地震**（和歌山県）3月25日午前0時7分ごろ、和歌山県で地震が発生。震源は紀伊水道で深さは約50キロ、マグニチュードは4.6。同県野上町で震度3、御坊市、有田市、湯浅町、粉河町、白浜町、大阪府岸和田市、奈良県下北山村、徳島市で震度2を記録した。
- **4月 カテーテルで心臓血管を傷つける**（和歌山県橋本市）4月、和歌山県橋本市の国保橋本市民病院で手術を受けた70歳代の女性患者が、薬剤を注入する管（カテーテル）で誤って心臓の血管を傷つけられ、すぐに大阪府内の病院に運ばれたが、その日のうちに死亡していたことが9月11日、明らかになった。さらに、平成9年に甲状腺の手術を受けた患者が誤って神経を傷つけられ、うまくしゃべれなくなるなどの後遺症が残る事故があった事もわかった。同市は医療ミスを認めた。《データ》死者1名
- **11.3 地震**（和歌山県）11月3日午後0時54分ごろ、和歌山県で地震が発生。震源は同

和歌山県(2000年)

県北部で深さは約10キロ、マグニチュードは3.7。和歌山市で震度3、海南市、同下津町、同野上町、同桃山町、同貴志川町、大阪府岬町で震度2を記録した。この地震でJR阪和線、和歌山線、紀勢線の計2本が運休、34本が部分運休し、50本に最大86分の遅れが出た。

2000年(平成12年)

2.16 住宅全焼（和歌山県和歌山市）2月16日午前4時半ごろ、和歌山市園部にある、毒物カレー・ヒ素保険金事件で公判中の林真須美被告の留守宅から出火、木造2階建て延べ約180m²をほぼ全焼して約45分後に消えた。4月3日、窃盗罪などで起訴されている無職男性が寝室付近にライターで火を付けたと判明、非現住建造物放火容疑で再逮捕された。事件の真須美被告の家なので火を付けたという。《データ》全焼1棟、焼失面積約180m²

3.25 一酸化炭素中毒（和歌山県有田市）3月25日、和歌山県有田市で、法要の食事直後に数人が練炭火鉢による一酸化炭素中毒を起こし、おう吐するなど異状を訴え、姉妹2人が死亡した。《データ》死者2名

4.15 地震（和歌山県）4月15日午前2時41分、和歌山県で地震が発生。震源は同県南部で深さは約50キロ、マグニチュードは4.9。川辺町、南部川村で震度4、海南市で震度3、和歌山市、奈良市、東大阪市、大阪府岸和田市、京都府八幡市、兵庫県明石市、徳島市で震度2を記録した。

5.31 高濃度ダイオキシン検出（和歌山県橋本市）5月31日、和歌山県橋本市の産業廃棄物処理場の土壌から高濃度のダイオキシンが検出された問題で、焼却炉などの撤去命令に業者が従わないため、県が行政代執行。

6.22 硫化水素中毒（和歌山県和歌山市）6月22日、和歌山県和歌山市中島の肥料製造所から硫化水素が漏れ、10人硫化水素による中毒となって、うち取引先社員の男性1人と肥料製造所の社長および社員の2人が重体で入院、7月5日夕、取引先社員が収容先の和歌山市の病院で死亡した。製造所の社長および社員の2人は無事退院した。《データ》死者1名、負傷者9名

12.20 地震（和歌山県）12月20日午前1時32分、和歌山県北部で地震が発生。震源の深さは約10キロ、マグニチュードは3.4。同県貴志川町で震度3を記録した。

2001年(平成13年)

2.5 地震（和歌山県）2月5日午前3時34分ごろ、和歌山県で地震が発生。震源は同県北部で深さは約10キロ、マグニチュードは3.7。和歌山市で震度3、海南市、下津町、貴志川町で震度2を記録した。

2.21 住宅火災（和歌山県海南市）2月21日午後9時45分ごろ、和歌山県海南市船尾の木造2階建住宅から出火。約110m²を全焼したほか、付近の住宅計6棟に延焼し、うち2棟が全焼、1人が負傷した。《データ》負傷者1名、全焼3棟、焼失面積約410m²

3.23 地震（和歌山県）3月23日午前7時45分ごろ、和歌山県で地震が発生。震源は紀伊水道付近で深さは約30キロ、マグニチュードは4.1。同日置川町で震度3、川辺町、奈良県下北山村で震度2を記録した。

5.10 ダイオキシン無害化（和歌山県橋本市）5月10日、和歌山県橋本市で、高濃度のダイオキシンが検出された産業廃棄物中間処理場跡に対する国内初のジオメルト工法による無害化処理が開始された。

- 7.14 貨物船・タンカー衝突（和歌山県有田市）7月14日午前9時10分ごろ、和歌山県有田市の沖ノ島沖約6キロの紀伊水道で18人乗り貨物船がLPGタンカーと衝突し、貨物船は10分後に沈没した。貨物船の乗組員のうち1人が行方不明、1人が腹部打撲で病院に搬送された。《データ》行方不明者1名、負傷者1名、貨物船沈没
- 7.27 化学工場火災（和歌山県和歌山市）7月27日午後1時ごろ、和歌山市馬場の化学工場から出火した。胃腸薬の原料を蒸留し生成品を抜く作業中に爆発、鉄筋二階建て延べ約90m²を全焼した。《データ》焼失面積約90m²
- 8.10 地震（和歌山県）8月10日午後3時42分ごろ、和歌山県で地震が発生。震源は紀伊水道で深さは約10キロ、マグニチュードは4.4。同県下津町で震度4、和歌山市で震度3を記録した。
- 10.15 地震（和歌山県）10月15日午前1時53分ごろ、和歌山県で地震が発生。震源は同県南部で深さは約30キロ、マグニチュードは4.4。同県中辺路町で震度4、湯浅町、田辺市、南部町で震度3を記録した。

2002年(平成14年)

- 1.4 地震（和歌山県）1月4日午後、和歌山県北部を震源とする有感地震が8回発生。うち0時8分ごろの地震は震源の深さが約20キロ、マグニチュードは3.6、同県熊野川町で震度3を記録した。
- 2.4 地震（和歌山県）2月4日午前6時2分ごろ、和歌山県で地震が発生。震源は紀伊水道で深さは約40キロ、マグニチュードは4.8。同県田辺市、川辺町、日置川町で震度3、御坊市、新宮市、湯浅町、奈良県下北山村で震度2を記録した。

2003年(平成15年)

- 2.24 土砂崩れ（和歌山県高野町）2月24日午前9時32分ごろ、和歌山県高野町細川の南海電鉄高野線で、難波発極楽橋行き下り急行電車(4両編成)が、がけ崩れで線路をふさいだ土砂に乗り上げ、先頭車両が脱線した。乗員2人、乗客約30人が乗っていたが、けがなどはなかった。
- 3.14 漁業調査船沈没（和歌山県串本町潮岬沖）3月14日午前4時15分ごろ、和歌山県串本町・潮岬の南東約1.8キロの海上で、漁業調査船「とりしま」と、貨物船「福仁丸」が衝突。「とりしま」は間もなく沈没、乗組員のうち12人は福仁丸に救助されたが、2人が行方不明。《データ》行方不明者2名
- 3.23 地震（和歌山県）3月23日午前4時10分ごろ、和歌山県で地震が発生。震源は同県北部で深さは約10キロ、マグニチュードは3.5。同県粉河町で震度3、橋本市、桃山町で震度2を記録した。
- 4.4 上池院宿坊火災（和歌山県高野町）4月4日午後8時ごろ、和歌山県高野町高野山にある宿坊寺院「上池院」敷地内の宿坊から出火、2棟のうち木造2階建て延べ約1200m²を全焼した。焼け跡からアルバイトをしていた男子高校生の遺体が見つかった。《データ》死者1名、全焼1棟、焼失面積約1200m²
- 8.6 地震（和歌山県）8月6日午前9時48分ごろ、和歌山県で地震が発生。震源は同県北部で深さは約10キロ、マグニチュードは4.0。同県湯浅町、金屋町で震度3を記録した。
- 12.13 寄生虫で養殖マダイ大量死（和歌山県串本町）12月13日、和歌山県串本町のマダイ養殖場で、寄生虫による白点病と呼ばれる病気のため、マダイが大量死して

いたことが分かった。10月初めごろから病気の兆候が出始め、11月末までにほぼ全滅の状態となった。被害は5社で計62万7000匹、最終的な損失金額は2億数千万円に上るとみられる。《データ》マダイ62万7000匹

12.27 押し船遭難（和歌山県美浜町）12月27日午前1時40分ごろ、和歌山県美浜町の日ノ御埼灯台西約7キロの海上で、パナマ船籍の押し船が遭難信号を発信。付近を捜索していた田辺海上保安部が午前11時過ぎまでに、4人を引き揚げたが、いずれも死亡した。《データ》死者4名

2004年（平成16年）

2.25 タンカーと漁船衝突（和歌山県和歌山市）2月25日午前8時40分ごろ、和歌山市の沖ノ島南西約2.5キロの紀伊水道で、タンカー「第87東洋丸」と、小型底引き網漁船「万栄丸」が衝突。万栄丸が転覆し、男性2人が海に投げ出された。1人はすぐに付近の漁船に救助され無事だったが、船長の男性は約1時間後に死亡が確認された。《データ》死者1名

5.20～21 小学生らノロウイルス感染（和歌山県日高町）5月20～21日、大阪府堺市立の2つの小学校の5年生と教員の計206人のうち、110人が下痢などの食中毒症状を訴え、うち一校の児童1人が入院した。両校の5年生と教員は、和歌山県日高町の堺市立日高少年自然の家で体験学習していた。児童9人からノロウイルスが検出された。《データ》患者110名

6.2 線路上の丸太で脱線（和歌山県海南市）6月2日午前7時15分ごろ、和歌山県海南市のJR紀勢線で、下り快速電車が線路上に散乱していた丸太に乗り上げ、先頭車両が脱線した。約500人の乗客のうち17人が負傷した。脱線の直前、線路の上を走る橋の上で、大型トレーラーが横転し、積み荷の丸太約30本がガードレールを突き破って約7m下の線路に落下していた。《データ》負傷者17名

7.21 熱中症（和歌山県和歌山市）7月21日午後2時10分ごろ、和歌山市毛和歌山県営紀三井寺球場スタンドで、全国高校野球和歌山大会の応援に来ていた県立和歌山高校の生徒が相次いで熱中症の症状を訴え、31人が救急車などで市内の3病院に運ばれた。《データ》患者31名

9.13 乗用車同士衝突（和歌山県和歌山市）9月13日午前3時20分ごろ、和歌山市の市道交差点で、信号待ちで止まっていた男性の乗用車に、会社員男性の乗用車が追突。会社員男性と助手席の男性の2人が頭を打つなどして間もなく死亡した。止まっていた乗用車の男性と同乗の友人2人の計3人も頭部打撲などで重軽傷を負った。《データ》死者2名、負傷者3名

10.9 乗用車逆走しトラックと衝突（和歌山県海南市）10月9日午前1時ごろ、和歌山県海南市の阪和自動車道海南東ICから、大学生の乗用車が大阪府方面に向かって約25キロにわたって逆走、これを避けようとした乗用車2台がガードレールなどに衝突。逆走の乗用車は阪南市山中渓で、4トントラックと10トントラックに相次いで正面衝突して止まった。大学生は間もなく死亡した。《データ》死者1名

12.13 化学工場でガス中毒（和歌山県和歌山市）12月13日午前10時半ごろ、和歌山市の化学メーカー工場付近から刺激性のあるガスが発生。隣接する会社の社員ら女性4人が頭痛などを訴え、救急車で病院に搬送された。ガスは染料の調合などに使う亜硫酸系のジアゾガス。混合作業中、異常反応を起こしてガスが漏れた。《データ》負傷者4名

和歌山県(2006年)

- **12.30 釣り船が衝突**（和歌山県和歌山市）12月30日午後1時40分ごろ、和歌山市西浜の和歌山南港内で、釣り船「第3住吉丸」が海面に突き出した金属製のくいに衝突、男性1人が海中に投げ出された。男性は別の船に救助された。乗船の11人全員が転倒などでけがをし、近くの病院に運ばれた。《データ》負傷者11名

2005年(平成17年)

- **3.2 小型機が山中で墜落**（和歌山県白浜町）和歌山県白浜町の南紀白浜空港を3月2日午前11時51分に出発し佐賀空港に向かった小型機が行方不明になり、午後4時22分ごろ、高知県馬路村の雁巻山近くの山中に墜落、炎上しているのが発見された。機内から1人の遺体が見つかった。《データ》死者1名
- **3.4 岩が崩落し民家直撃**（和歌山県和歌山市）3月4日午前6時50分ごろ、和歌山市和歌浦中の玉津島神社の裏山で重さ約2トンの岩が崩れ、山すそにある民家の屋根を直撃。中にいた住人が下敷きとなり死亡した。《データ》死者1名
- **4.1 トラックと乗用車衝突**（和歌山県印南町）4月1日午前8時45分ごろ、和歌山県印南町西ノ地の阪和自動車道で、乗用車と普通トラックが正面衝突。乗用車の運転手が死亡、同乗の3人が重傷。トラックの運転手ら2人もけが。トラックが中央線を越えたらしい。《データ》死者1名、負傷者5名
- **5.29 飲食店火災**（和歌山県和歌山市）5月29日午前1時ごろ、和歌山市北ノ新地田町の飲食店から出火、木造平屋建て約145m^{2}を全焼し、隣接する木造2階建ての飲食店と空き家2棟延べ約116m^{2}も全焼した。飲食店の焼け跡から経営者と従業員とみられる2人の遺体が見つかった。《データ》死者2名、焼失面積約260m^2
- **7.14 タンカー同士衝突**（和歌山県串本町）7月14日午後9時半ごろ、和歌山県串本町・大島沖約2.5キロの熊野灘で、タンカー同士が衝突。1人が軽いけが。《データ》負傷者1名
- **9.26 走行中の車に発砲**（和歌山県・大阪府）9月26日、和歌山県内の阪和自動車道など2カ所で、車が走行中に、同じ方向に走っている車から発砲される事件が発生。10月7日、覚せい剤取締法違反容疑で大阪府警に逮捕された暴走族の男が「エアガンで面白半分に撃った」と自供した。エアガンは改造されており、殺傷能力もあることが判明。他に仲間3人が逮捕された。《データ》車両損壊2台
- **12.16 住宅火災**（和歌山県岩出町）12月16日午後11時35分ごろ、和歌山県岩出町中黒の住宅から出火、木造2階建て住宅延べ約100m^{2}のうち、1階の約15m^{2}を焼き、間もなく消えた。焼け跡から2人の焼死体が見つかった。《データ》死者2名、焼失面積約15m^2
- **12.16 漁船から転落**（和歌山県串本町）12月16日午前6時55分ごろ、和歌山県串本町の潮岬南130キロの太平洋上で、マグロはえ縄漁船から乗組員1人が海中に転落、助けようとして飛び込んだ船長ともに行方不明になった。付近は西の風が相当強く、海も荒れ模様だったという。《データ》行方不明者2名

2006年(平成18年)

- **1.23 水先案内人が転落死**（和歌山県和歌山市）1月23日午前4時45分ごろ、和歌山市深山の友ケ島沖南約13キロで、パイロットボートから水先案内人が海に転落。約3時間後に南約2キロの海上で見つかり、搬送先の病院で死亡が確認された。死因は水死。水先案内人は、リベリア船籍のコンテナ船に縄ばしごで乗り移ろうとしてい

和歌山県(2006年)

たという。《データ》死者1名

- **3.28 竜巻**（和歌山県串本町）3月28日午後4時10分ごろ、和歌山県串本町潮岬の沖合南西2～5キロ付近で竜巻が発生し上陸した。同18分には最大瞬間風速14.0mを観測し、同20分に消滅した。けが人はなかったが、観光タワーの窓ガラス約40枚が割れたほか、周辺の駐車車両10台が壊れ、同町自動車学校の屋根瓦が飛ばされるなどの被害があった。寒冷前線が上空を通過する際に大気が不安定になり、竜巻が発生したとみられる。《データ》窓ガラス40枚損壊、車両10台損壊
- **7.6 土砂崩れ**（和歌山県上富田町）7月6日午前5時ごろ、和歌山県上富田町岩田で、民家裏山が幅約200m、高さ約60mにわたって崩れ、計6棟が全半壊した。けが人はなかった。崩落は4日夜以降の雨の影響とみられる。同地区では5月中旬に亀裂や小さな地滑りが確認されており、県などが警戒する一方、改修工事も予定していた。住民は雨のたび自主的に避難していたという。《データ》全半壊6棟
- **9.2 客船沈没**（和歌山県）9月2日午前2時ごろ、和歌山沖で中国・上海への曳航中の客船スカンジナビア号(5105トン)が沈没した。《データ》客船1隻沈没
- **9.3 ガソリンスタンドに乗用車衝突**（和歌山県岩出市）9月3日午後2時20分ごろ、和歌山県岩出市中迫の国道24号交差点脇のガソリンスタンドに乗用車が突っ込み、男性客とアルバイト店員の女子高校生に衝突した。男性は頭などを強打して死亡。高校生は右太ももを骨折したほか、漏れたガソリンが衣類に付いて引火し、足などにやけどを負った。この事故で、県警岩出署は乗用車を運転していた男性を業務上過失傷害容疑で現行犯逮捕。道交法違反(酒気帯び運転)の疑いもある。《データ》死者1名、負傷者1名
- **9.6 雷雨**（和歌山県）9月6日午後11時15分ごろ、和歌山県御坊市藤田町で、農業用ため池の水門を開けようとした男性2人が雷雨で増水した用水路に転落。1人が死亡、もう1人がろっ骨骨折などの重傷を負った。また同日夜、県内の海南市と湯浅町では落雷が原因の火災が発生し、住宅の一部が焼けたが、けが人はなかった。ほか、御坊市や美浜町で住宅などが冠水する被害があった。《データ》死者1名、負傷者1名
- **11.11 落雷で住宅全焼**（和歌山県田辺市）11月11日午前1時ごろ、和歌山県田辺市本宮町の民家から出火し、木造平屋住宅約70m^{2}を全焼。住人男性2人は逃げて無事だった。出火時は県全域に雷注意報が出ており、落雷が原因とみられる。《データ》全焼1棟、焼失面積約70m^2
- **12.13 建設中の橋の下敷きで死亡**（和歌山県上富田町）12月13日午前11時半ごろ、和歌山県上富田町生馬の橋りょう工事現場で、クレーン2基でつり上げていたコンクリート製の橋げたが約6m下の河川敷に落下。男性従業員ら4人が巻き込まれ、橋げたの下敷きになって1人が死亡、3人が足などに軽傷を負った。作業中に橋げたのバランスが崩れたとみられる。《データ》死者1名、負傷者3名

2007年(平成19年)

- **1.4 乗用車同士が正面衝突**（和歌山県有田川町）1月4日午後0時5分ごろ、和歌山県有田川町奥の湯浅御坊道路で、上り線を走っていた乗用車と、下り線の乗用車が正面衝突した。双方の運転手と下り線側の車に同乗していた1人の計3人が死亡、双方の同乗者計2人が重傷。下り線側の車が緩いカーブで中央線をはみ出したとみられる。《データ》死者3名、負傷者2名
- **4.7 貨物船同士が衝突**（和歌山県）4月7日午前5時15分ごろ、和歌山県すさみ町の江須

和歌山県(2008年)

崎沖南南西約4キロの海上で、日本の貨物船(313トン)とカンボジア船籍の貨物船(1208トン)が衝突し、日本の貨物船が沈没した。乗組員3人は救助されたが、1人が行方不明。保安部は11日、双方の貨物船の航海士を書類送検した。《データ》行方不明者1名

7.29 住宅でガス爆発（和歌山県和歌山市）7月29日午後6時5分ごろ、和歌山県和歌山市の木造2階建て住宅で爆発が起き、半径50m内の十数軒の住宅で壁が崩れたり窓ガラスが割れる被害が出た。この爆発で1人が重体、10人が割れたガラスで手足を切るなどの軽傷。全壊の住宅内からプロパンガスボンベ1本が栓の開いた状態で見つかり、充満したガスに何らかの原因で引火したとみられる。《データ》負傷者13名

7.30 落雷で鉄道トラブル（大阪府岸和田市・和歌山県橋本市）7月30日午前5時ごろ、大阪府岸和田市下松町、JR阪和線東岸和田北7踏切で、列車の異常を知らせる発光機が点灯、現場にさしかかっていた回送列車が安全確認作業を行った。この影響で上下線56本が運休し、65本が遅れた。発光機の電気系統の一部が焦げており、落雷の影響で発光機が誤作動したとみられる。また、同5時10分ごろ、和歌山県橋本市の南海高野線の小原田車庫に2回落雷があり、配電盤などが焦げた。上下線で急行2本が運休するなどした。

10.14 地震（中国地方・和歌山県）10月14日午前3時7分ごろ、松江市で震度4の地震があった。マグニチュードは4.0。島根県安来市と鳥取県境港市で震度3を記録した。また、同日午後11時38分ごろ、松江市と境港市で震度3の地震があり、マグニチュードは3.8。両地震とも震源は島根県東部で深さ約10キロ。15日午前8時2分ごろ、和歌山市で震度3の地震を観測した。震源は和歌山県北部で深さ約10キロ、マグニチュードは3.5。

11月～ 水道管からドジョウ（和歌山県湯浅町）和歌山県湯浅町が11月以降2～3ヶ月にわたって、町内の新築住宅2軒に、「水道水」としてため池の水を供給していたことがわかった。水道管と防火用配水管を誤って接続していたため。家に続く支管からは、ドジョウが出てきたという。町道に埋設された水道管に支管を接続する工事を実施した際、接続する管を誤り、防火用配水管に接続してしまったのが原因。このうち1軒の乳児が腸炎で通院しており、町長らが住人に謝罪した。

11.19 4トンの鉄製容器がトラック直撃（和歌山県岩出市）11月19日午前6時35分ごろ、和歌山県岩出市押川の県道トンネル内で、走行中の30トントレーラーに積まれていた重さ約4トンのごみ焼却炉用鉄製容器が左側側壁に接触して右側に倒れ、対向車線を走ってきた10トントラック運転席に衝突した。10トントラックの運転手が即死。《データ》死者1名

2008年(平成20年)

1.7～ ノロウイルス院内感染（和歌山県有田市）1月7～12日に、和歌山県有田市の私立病院でノロウイルスの集団感染が発生した。22～101歳の入院患者や職員ら計60人が7～12日に嘔吐下痢などの症状を示し、10日に誤嚥性肺炎で87歳の女性患者が死亡。女性を除く11人からノロウイルスを検出した。《データ》死者1名、患者60名

7.31 ラーメン店で一酸化炭素中毒（和歌山県和歌山市）7月31日午前4時25分ごろ、和歌山市のラーメン店で、店内に煙が充満していると通報があった。経営者の妻で同店従業員の女性が病院で死亡。仕込み中に一酸化炭素中毒になったとみられる。コンロにスープ用と焼き豚用の鍋がかけられていたが、窓は閉じられ、換気扇も

和歌山県(2009年)

動いていなかったという。《データ》死者1名

2009年(平成21年)

1.4 地震で津波到達（東京都・和歌山県・静岡県・高知県）1月4日朝、インドネシア東部ニューギニア島でマグニチュード7を超える地震が2回発生した。最初の地震は午前4時44分(日本時間同)ごろでマグニチュードは7.6、次の地震は同7時34分ごろでマグニチュードは7.3。この地震による津波が日本の太平洋沿岸に到達し、和歌山県串本町で50cm、小笠原諸島の父島で40cm、静岡県御前崎市、高知県室戸市で30cmを観測した。

1.12 引き船が行方不明に（和歌山県白浜町）1月12日午前11時55分ごろ、和歌山県白浜町市江崎沖を航行中の引き船(長さ約21m、49.75m)と突然連絡が取れなくなったとの118番通報があった。巡視船などが捜索し、南西約27kmの沖合で引いていた台船を見つけたが、乗組員3人と引き船は見つからなかった。同日午前11時45分ごろ、「船が傾いてきた。立て直している」と通話したのを最後に連絡が取れなくなったという。現場は同日昼ごろ北西の風約15m、波の高さ3〜5m。11日夜から和歌山県全域で強風・波浪注意報が出ていた。《データ》行方不明者3名、引き船1隻行方不明

2.5 給食で産地偽装（和歌山県田辺市）2月5日、和歌山県田辺市の城山台学校給食センターで、市内の食肉納入業者2社が県内産と指定されたにもかかわらず県外産の豚肉や牛肉を納入していたことが判明した。同センターは市立幼稚園・保育所、小・中学校の給食5600食をまかなうが、平成19年9月の開設直後から平成20年12月まで納入された豚肉計5563kgのうち850kg、牛肉計4693kgのうち1110kgが県外産だった。また、豚肉894kg、牛肉3033kgは違う部位が納入されていた。

2.6 製鉄所で火災（和歌山県和歌山市）2月6日午後11時ごろ、和歌山県和歌山市湊にある金属工業メーカー製鉄所の高炉付近で火災が発生し、7日午前4時55分ごろ鎮火。近くにとめてあった車が燃えるなどの被害が出たが、怪我人はなかった。6日午後10時15分ごろ、構内で停電が発生。高炉に冷却水を送れなくなったため、炉内に熱風を送り込む「羽口」と呼ばれる銅製の送風口が溶けて穴が開いた。ここから鉄鉱石を溶かすために燃やしているコークス1〜2トンが飛び出し、火が上がったという。《データ》車両1台炎上

3.2 ワゴン車がガードレールに衝突（和歌山県すさみ町）3月2日午後1時ごろ、和歌山県すさみ町口和深の国道42号で男女6人が乗ったワゴン車が左側ガードレールに衝突。後部座席に乗っていた男性1人が頭を強く打って死亡し、男性1人が意識不明の重体、運転していた男性ら4人が軽傷を負った。運転者は平成20年12月に運転免許を取ったばかりで、ハンドル操作を誤ってガードレールに衝突したとみられる。《データ》死者1名、負傷者5名

3.29 住宅火災（和歌山県和歌山市）3月29日午前3時10分ごろ、和歌山市北新桶屋町の住宅から出火し、鉄骨2階建て延べ約310m^{2}を全焼。住んでいた3世代家族5人のうち男女2人が死亡、男女2人が熱風を吸い軽傷を負った。出火当時、一家は就寝中だった。死亡した男性は一度避難したものの、家族を助けるため家に戻ったとみられる。《データ》死者2名、負傷者2名、全焼1棟、焼失面積約310m^2

7.7 豪雨（和歌山県）7月7日未明から、和歌山県内各地が梅雨前線の影響で局地的な豪雨に見舞われた。田辺市内で水田の様子を見に行った男性1人が増水した川に流

され死亡。同市湊では民家1棟が倒壊し、火災が発生。同市芳養地区では土砂崩れが起き、1人が巻き込まれたが、救助された。田辺市の沿岸部を中心に床上約60戸、床下約150戸が浸水し、みなべ町内でも南部川ではんらん危険水位を一時超えた。阪和自動車道ではのり面の崩落が発生して印南IC―南紀田辺IC間が上下線とも通行止めとなり、JR紀勢線では運休や最大55分の遅れが生じた。降り始めの5日午後2時から7日正午までの雨量は、同県白浜町白浜で245.5mm、田辺市栗栖川で225.5mmを記録した。《データ》死者1名、倒壊家屋1棟、床上浸水約60戸、床下浸水約150戸、高速道路1路線通行止め

- **10.16 盲学校寄宿舎で入浴中事故**（和歌山県和歌山市）10月16日午後6時55分ごろ、和歌山県和歌山市府中の和歌山県立和歌山盲学校で、寄宿舎で入浴していた中学部2年の男子生徒が溺れて意識がなくなり、病院に搬送したが間もなく死亡が確認された。死因は水死。男子生徒は午後6時半ごろに指導者と2人で入浴したが、途中で指導員が4分間風呂場から離れており、その間に溺れたとみられる。同寄宿舎では中学生以上は複数の生徒で入浴するのが原則だった。《データ》死者1名

- **11.11 豪雨**（和歌山県和歌山市）11月11日午前11時ごろ、和歌山県和歌山市園部の用水路(幅約5m、深さ約1.2m)で男性の遺体が見つかった。死因は水死。同県北部では11日未明に猛烈な雨が降り、男性は午前4時ごろ、自宅前の用水路の様子を見に行ったという。この豪雨で、同県内で床上浸水79棟、床下浸水526棟の被害があり、14世帯24人が一時自主避難した。《データ》死者1名、床上浸水79棟、床下浸水526棟

- **11.19 乱気流**（徳島県・和歌山県）11月19日午後7時半ごろ、紀伊水道上空を飛行中の那覇発大阪(伊丹)行き日本航空便が乱気流に巻き込まれ、約300m急降下した。事故当時、シートベルト着用のサインは出ておらず、修学旅行中の兵庫県の高校の生徒ら4人が頭を天井に打つなどして痛みを訴え、うち1人が病院に搬送されたが軽傷。ほかに客室乗務員5人も腰を打つなどして痛みを訴えたという。《データ》負傷者1名

2010年(平成22年)

- **3.29 地震**（和歌山県他）3月29日午後8時18分ごろ地震があり、和歌山市で震度3を観測した。震源は和歌山県北部、震源の深さは約10キロ、地震の規模を示すマグニチュードは3.7と推定される。

- **7.27 断熱材用粉末にアスベスト**（和歌山県和歌山市）7月27日、住友金属工業和歌山製鉄所のコークス炉の外壁に使用された断熱材用粉末に、多量のアスベストが含まれていたことが判明した。断熱材用粉末は中国からの輸入品で、国の基準値の0.1%の12倍の1.2%のアスベストが含まれていた。平成21年4月に下請け業者の29人がこれを粘土状にして炉の外壁に塗布したが、ひび割れが出たため、今年3月末までに別の作業員17人がはがしたという。

- **8.16 ひき逃げ**（和歌山県白浜町）8月16日午後11時5分ごろ、和歌山県白浜町堅田の県道で、中学年の男子生徒2人が乗った自転車が対向してきた車にはねられ、生徒1人が頭などを打って間もなく死亡した。同乗していた別の男子生徒は軽傷。現場は片側1車線のほぼ直線で、自転車は右側を走っており、運転していた生徒が亡くなったとみられる。運転していた生徒は、自転車を盗まれた生徒を後ろに乗せていたという。乗用車はそのまま逃走した。《データ》死者1名、負傷者1名

- **11.16 山林火災**（和歌山県御坊市）11月16日午前11時ごろ、和歌山県御坊市熊野の山

和歌山県(2011年)

林で火災があり、約4万m²が燃えた。近隣の17世帯30人が避難し、県道が約6時間にわたり通行止めになった。けが人や住宅の被害はなかった。現場近くの建設業者が、伐採した樹木を焼いていたところ、風にあおられて山林に燃え移ったという。《データ》焼失面積約4万m²、避難17世帯30名

2011年(平成23年)

2.21 地震（和歌山県）2月21日午後3時46分ごろ、和歌山県南部を震源とする地震があり、震度4を観測した。震源の深さは約50キロ、マグニチュードは4.9と推定される。

2.22 海難事故（和歌山県串本町）2月22日午前6時40分ごろ、和歌山県串本町沖の安指漁港沖合の小島「スズ島」の岸壁付近で、同町の「瀬戸渡船」所属の「せと丸」が高波で岸壁に打ち付けられて沈没し、7人が海に投げ出された。船長が死亡。6人は軽傷。《データ》死者1名、負傷者6名

4.5 遊漁船から転落（和歌山県）4月5日午前6時15分ごろ、和歌山県美浜町の日ノ御埼の南西約8キロの海上で、紀州日高漁協大引支所所属の遊漁船「海臨丸」から、船長と釣り客1人が海に転落した。釣り客は救助されたが、間もなく死亡が確認された。6日、船長の遺体が付近の海底から発見された。2人は救命胴衣を着けていなかったという。《データ》死者2名

5.10 地震（和歌山県・大阪府）5月10日午後11時1分ごろ、和歌山県北部を震源とする地震が発生。和歌山市で震度4を、大阪府泉南市や奈良県三郷町などで震度2を観測した。震源はごく浅く、地震の規模を示すマグニチュードは4.1と推定される。この地震でJR阪和線は和歌山―日根野間が運転再開まで不通となり、500人以上をタクシーで代行輸送した。泉佐野市の長滝駅では、乗客など約50人が車中泊となった。

5.12 地震（和歌山県）5月12日午前2時46分ごろ、和歌山県北部を震源とする地震があった。震源はごく浅く、マグニチュードは3.5。

6.1 ウメ、台風で被害（和歌山県）台風2号による風雨で、南高梅の産地・和歌山県みなべ町などで、収穫期に入った青梅の実が大量に落下する被害が出た。平成23年に見込んでいる総生産量の約2割が出荷できなくなり、被害額は12億6000万円に上るという。青梅の出荷は5月30日に始まったばかりだが、強風で枝が折れ、3割の実が落ちた梅農家や、表面に傷が付いたものが相当数で、落ちなくても出荷できないものは多いとしている。《データ》被害額12億6000万円

6.18 住宅火災（和歌山県岩出市）6月18日午後9時45分ごろ、和歌山県岩出市の木造2階建て住宅から出火、約200m²を全焼した。焼け跡の1階と2階から子供とみられる遺体が1体ずつ見つかり、6歳の男児と2歳の女児と特定された。火元は1階和室の2人が寝ていたこたつ付近で、近くにライターが落ちていたという。《データ》死者2名、全焼1棟、焼失面積約200m²

6.20 大雨（愛媛県・高知県・和歌山県・奈良県）6月20日、愛媛県宇和島市では、1時間に観測史上最大の74.5mmの雨量を計測。計11カ所で土砂崩れが起き、床上・床下浸水が計10件発生。5世帯9人と2保育園約50人が自主避難し、小中学校など163校が臨時休校。高知県四万十市内では、1時間に6月の観測史上最大となる54.5mmの雨量を記録。同県香美市と南国市で計252世帯が停電。香美市では信号機2基が停止。和歌山県では、JR和歌山線で2本が運休、紀勢線で8本が部分運休し、両線で計43本が最長90分遅れた。奈良県下北山村上池原の国道169号で午後7時ごろ、

和歌山県(2012年)

のり面が幅約40m、高さ約10mにわたって崩れ、付近約7キロが通行止めになった。

6.26 猿と間違え発砲（和歌山県）6月26日、和歌山県警串本署は、散弾銃を誤射し、山桃を採っていた男性を死亡させたとして、猟友会メンバーの男性を業務上過失致死容疑で緊急逮捕した。《データ》死者1名

7.5 地震（和歌山県）7月5日午後7時18分頃、和歌山県北部を震源とした地震が発生した。震源の深さは約7km、マグニチュードは5.5。この地震で、和歌山県広川町、日高川町で震度5強、有田市、湯浅町で震度5弱を記録した。また、数校の小中学校で壁や天井の破損があり、住宅の一部破損などもみられた。《データ》一部破損21棟

7.8 踏切で工事車両が故障（和歌山県和歌山市）7月8日午前4時ごろ、和歌山市西布経丁の南海本線和歌山市―紀ノ川間の踏切で、道路の耐震工事をしていた高所作業用クレーン車が故障し、立ち往生した。和歌山市―みさき公園などで午前5時～7時半まで、上下線全58本が運休、約2万1000人に影響が出た。

7.16 漂白剤で中毒（和歌山県和歌山市）7月16日午前6時40分ごろ、和歌山市松江北のクリーニング店から煙が充満していると通報があった。経営者の妻が1階寝室で倒れており、搬送先の病院で死亡。夫も煙を吸い軽症。死因は急性有毒ガス中毒で、室内にあった漂白剤の一斗缶から煙が出ていたという。《データ》死者1名、負傷者1名

8.10 地震（和歌山県日高川町）8月10日午前8時13分ごろ、和歌山県日高川町で震度4、和歌山市などで震度3を観測する地震があった。震源は和歌山県北部で深さ約60キロ、マグニチュードは4.6。この地震で、JR紀勢線は、箕島―紀伊田辺間で上下とも一時運行を見合わせ、計28本が運休・部分運休、約4700人に影響した。

9.16 地震（奈良県・和歌山県）9月16日午前7時15分ごろ、奈良県十津川村付近を震源とする地震があり、同村や和歌山県田辺市で震度3を観測した。震源の深さは約70キロ。マグニチュードは4.3。

10.8 地震（和歌山県）10月8日午前6時11分ごろ、和歌山県御坊市などで震度3を記録する地震があった。震源は紀伊水道、震源の深さはごく浅く、マグニチュードは4.4。

12.17 タンカー火災（和歌山県白浜町）12月17日午前2時55分ごろ、和歌山県白浜町沖約16キロの太平洋を航行中のタンカー「第2英明丸」から、出火。機関室が焼け、約6時間後に鎮火。男性機関士1人の死亡が確認された。《データ》死者1名

12.17 ひき逃げ（和歌山県和歌山市）12月17日午前0時10分ごろ、和歌山市北相生丁の市道で、対向車線にはみ出した乗用車が女性運転の原付バイクと正面衝突し、そのまま逃走した。女性は搬送先の病院で死亡した。《データ》死者1名

12.31 飲酒運転（和歌山県串本町）12月31日午前2時35分ごろ、和歌山県串本町中湊の県道で、軽トラックが、前方を歩いていた男子大学生と会社員をはね、大学生は重傷、会社員は軽傷を負った。軽トラックの運転手から基準値を超えるアルコールを検出。重軽傷の2人は友人同士で、愛知県から帰省中だった。《データ》負傷者2名

2012年(平成24年)

5.30 列車にはねられ男児死亡（和歌山県和歌山市）5月30日午前10時10分ごろ、和歌山市上野のJR阪和線紀伊―山中渓間の上野踏切付近で、4歳男児が日根野発和歌山行きの下り快速列車にはねられ死亡した。男児は近くの知的障害者施設に通っていた。同列車は約1時間後に運転を再開した。《データ》死者1名

7.20 増水の川で流される（愛媛県西条市・和歌山県古座川町）7月20日午後3時半ご

和歌山県(2013年)

ろ、愛媛県西条市中奥のキャンプ場近くの加茂川で、幼稚園児3人が流された。2人はキャンプ場の職員らに救助されたが、5歳の男児が約30分後、約150m下流の川底で発見され、病院で死亡が確認された。園児らはこの日午後、幼稚園の宿泊保育のためキャンプ場に到着した。川で水遊びをしていたところ、突然、増水したという。上流付近の雨の影響とみられている。また、和歌山県古座川町立合の古座川では同日午後0時40分ごろ、友人とアユ釣りをしていた和歌山市の59歳の男性が流されて行方不明となった。20日午前2時の降り始めから午後10時までの降水量は古座川町で133mmに達していた。《データ》死者1名、行方不明者1名

2013年(平成25年)

1.3 トンネルの側壁が落下（大阪府河内長野市・和歌山県橋本市）1月3日正午ごろ、大阪府河内長野市と和歌山県橋本市を結ぶ国道371号の紀見トンネルで、東側のコンクリート製側壁(幅約90cm、長さ約40cm、厚さ約10cm)が剥がれ落ち、車道にコンクリート片が散乱した。直後に車が通過したが、衝突やけが人はなかった。

1.5 地震（和歌山県・大阪府）1月5日午前9時50分ごろ、和歌山県北部を震源とする地震があった。和歌山県湯浅町で震度3、海南市などで震度2、大阪府岬町などで震度1を観測した。

3.9 マイクロバスが柱に衝突（和歌山県海南市）3月9日午後3時半ごろ、和歌山県海南市の市道で、京都府城陽市のサッカークラブの小学生ら19人が乗った貸切マイクロバスが、道路左脇の信号機の柱に衝突。小学生の男児12人と男性監督の計13人が顔や膝、肩を打つなどして軽傷を負った。運転手は「交差点で曲がる方向を見ていて、交差点に近づき、急に赤信号に変わったのでブレーキを踏んだ」と話しており、運転操作を誤ったとみられる。《データ》負傷者13名

3.16 軽乗用車が葬儀場に突入（和歌山県有田川町）3月16日午後6時40分ごろ、和歌山県有田川町の葬儀場に、軽乗用車が葬儀場のドアを突き破って突っ込み、同町の参列者の男性6人をはねた。うち男性1名が足を骨折、別の男性が腹部を強打して重傷。30～70代の4人も軽いけが。バックで駐車しようとした際、操作を誤ったとみられる。《データ》負傷者6名

6.8 地震（和歌山県）6月8日午後、和歌山県北部を震源とする地震が相次ぎ、午後4時17分ごろと同8時39分ごろに和歌山市で震度4、和歌山県海南市などでも震度3を観測。さらに和歌山市では同4時10分以降、震度3と震度2の揺れをそれぞれ2回観測した。震源はいずれも同県北部で深さはごく浅い。同8時39分ごろの地震の規模を示すマグニチュードは4.0と推定される。

6.26 駅で停電（和歌山県和歌山市）6月26日午後9時20分ごろ、南海電鉄の和歌山市駅(和歌山市)構内で停電が発生した。すぐに非常電源に切り替わり、照明や掲示板は復旧したため、乗降客に大きな混乱はなく、けが人もなかった。

8.11 熱中症（福島県・京都府・和歌山県・大分県・東京都）8月11日、福島、京都、和歌山、大分で熱中症とみられる症状で4人が死亡。東京都では215人が病院に搬送された。《データ》死者4名、患者数215名

8.30 地震（和歌山県）8月30日午後5時36分ごろ、和歌山県新宮市沿岸を震源とする地震があり、同県太地町で震度4を観測した。震源の深さは約10キロ、地震の規模を示すマグニチュードは4.4と推定される。

9.15 突風（和歌山県串本町）9月15日午後2時半ごろ、和歌山県串本町田並で竜巻の

ような突風が発生、住宅2軒の屋根が全壊、15軒の屋根の一部が破損した。突風などの飛散物に当たり3人が軽傷を負った。電柱2本が倒れ、車両8台も破損した。《データ》負傷者3名、全壊2棟、一部損壊15棟、車両8台破損

2014年(平成26年)

- **1.15 集団感染でノロウィルス**（和歌山県田辺市）1月15日、和歌山県田辺市にある介護老人保健施設で、入所者の70代の女性が死亡した。入所者48人から下痢や嘔吐などの症状が見られ、9人からノロウィルスを検出。集団感染と見られている。《データ》死者1人、感染者48人

- **1.17 漁船転覆事故**（和歌山県由良町）1月17日、和歌山県由良町の白崎海岸沖で、貨物船がシラス漁をしていた漁船と接触し漁船が転覆。漁船の乗組員3人が海に投げ出され、救助されたが2人が死亡した。貨物船のスクリューに網が絡まっていたという。18日、漁船に接触し転覆させたとして貨物船の船員が業務上過失致死などの疑いで逮捕された。《データ》2人死亡

- **1.24 集団感染で入所者死亡**（和歌山県上富田町）1月24日、和歌山県上富田町にある、医療型の障害児入所施設で、入所者ら31人から下痢や嘔吐などの症状が見られ、入所者の男性1人が死亡したと発表。入所者ら3人の便からノロウィルスが検出された。集団感染と見られている。《データ》死者1人

- **4.19 運搬船火災**（和歌山県）4月19日夕方、和歌山県の潮岬沖を航行中の大型自動車運搬船から出火。乗組員24人は全員、救命ボートで脱出した。

- **6.11 中学で異臭騒ぎ**（和歌山県和歌山市）6月11日昼頃、和歌山市立河西中学校から「異臭がして生徒が気分が悪いと訴えている」と通報があった。同中学の生徒41人が病院へ搬送されたが症状は全員軽く、夕方までに帰宅。学校東側にある集合住宅で、殺虫剤を散布していたという。《データ》患者41人搬送

- **7.10 台風**（和歌山県・全国）7月10日、九州地方に上陸した後四国南を進んでいた台風8号が、和歌山県南部に再上陸。湿った南風と梅雨前線も影響し、大気が不安定な状態が続いた。西日本から北日本にかけ広範囲で大雨となった。《データ》死者3名、けが65名(全国)

- **8.15 ボート転落で死亡**（和歌山県）8月15日昼過ぎ、和歌山県の西広海岸でゴムボートに乗っていた3歳の男児が行方不明となり、約1時間後に近くの海岸で心肺停止状態で発見された。その後、男児は病院で死亡した。《データ》死者1名

- **8.23 路上の油でスリップ事故**（大阪府・和歌山県）8月23日早朝、大阪府と和歌山県で、道路に油状の物が巻かれているのが発見され、車などのスリップ事故が相次いで発生。同日、和歌山県かつらぎ町内の食品加工会社で食用油が漏れている大型トレーラーが発見された。コンテナには約21トンの食用油が積まれており、5トンほどが流れた可能性があるという。平成27年1月、食用油の流出に気づいたにも拘わらず運転を続け、車やバイクなどをスリップさせたことで、トレーラーの運転手に罰金の略式命令が出された。《データ》スリップ事故37件、けが19名

- **11.30 追跡中に衝突事故**（和歌山県岩出市）11月30日未明、和歌山県岩出市の県道交差点で、パトカーに追跡されていた軽乗用車がタクシーと衝突。タクシーの乗客が死亡、軽乗用車の運転手とタクシー運転手が重体となった。パトカーがふらついて走行中の軽自動車を追跡したところ、軽乗用車が赤信号を無視して交差点に進入したとみられる。12月6日、重体だったタクシー運転手も亡くなった。《デー

和歌山県(2015年)

タ》死者2名、けが1名

2015年(平成27年)

2.11 乗用車がスーパーに突入（和歌山県白浜町）2月11日午前10時40分ごろ、和歌山県白浜町のスーパーの正面入り口横に乗用車が突っ込み、炎上。運転していた男性が死亡、店の壁など一部が焼けたが、店内にいた客と従業員計8人は無事だった。ブレーキ痕は確認されていない。《データ》死者1名、乗用車1台炎上

3.5 土砂崩れ（和歌山県田辺市）3月5日午前11時20分ごろ、和歌山県田辺市本宮町請川の世界遺産・熊野古道の小雲取越付近で、土砂崩れが起きて古道が通れなくなっているのが発見された。土砂の崩落は高さ約40m、幅約20mで、古道が完全に埋没していた。原因は不明という。

7.18 水難事故相次ぐ（和歌山県湯浅町・和歌山県白浜町）7月18日午後3時ごろ、和歌山県湯浅町の小浜海岸でダイビング中の女性が行方不明になり、約1時間後に海岸から約10m先の海中で発見された。同日午後3時10分ごろ、同県白浜町の白良浜海水浴場で、波打ち際に男性がうつぶせで浮いているのが発見された。いずれも心肺停止状態で、病院に搬送されたが、女性は死亡、男性は意識不明の重体。《データ》死者1名、負傷者1名

7.26 川遊びで行方不明（和歌山県紀の川市・和歌山県田辺市）7月26日午後4時ごろ、和歌山県紀の川市竹房の紀の川で、同県新宮市の高校1年の男子生徒が溺れて行方不明になった。同級生と5人で川遊びに来ていたという。また、同日午後4時15分ごろ、同県田辺市秋津川の右会津川で、会社員の18歳の男性が行方不明になった。友人と遊びに来て、川に流されたとみられる。《データ》行方不明者2名

8.4 熱中症で電車遅延（和歌山県和歌山市・奈良県奈良市）8月4日午後1時55分ごろ、和歌山県和歌山市北野のJR紀伊駅で、停車した新大阪発新宮行き特急「くろしお」の男性運転士が体調不良を訴えた。運転士は意識が朦朧としており、熱中症の疑いで病院に搬送されたが、命に別条はなかった。運転席がある乗務員室にはエアコンが設置されており、稼動していたとみられる。くろしおは通常は紀伊駅を通過するが、運転士が停車させたという。別の運転士が乗車して約30分後に運転を再開したが、同列車と普通電車2本の計3本が遅れ、約350人に影響が出た。また、5日にも奈良県大和高田市高砂町のJR和歌山線高田駅で、停車中の奈良発和歌山行普通電車の男性運転士が体調不良を訴え、熱中症の可能性があるとして病院に搬送された。別の運転士が乗車して約45分後に運転を再開したが、約40人に影響が出た。同日、同県五條市では同年最高となる気温36.3度を記録した。《データ》患者2名

地 名 索 引

地名索引　　　　　　あかし

【あ】

相生駅(山陽新幹線)
　新幹線停電　　1978.1.4　　　　　　257
相生市　〔兵庫県〕
　冷凍運搬船栄幸丸爆発　1957.4.24　244
　鉄工所火災　　1968.2.17　　　　　250
　山陽道衝突炎上事故　1995.6.29　　269
　山陽道玉突き事故　1997.11.30　　 274
愛荘町　〔滋賀県〕
　清涼飲料に鉄粉混入　2006.5.1　　　56
　踏切事故　2007.9.21　　　　　　　 57
　柔道部で事故　2009.7.29　　　　　 58
愛隣地区　〔大阪市西成区〕
　日雇労働者ほか騒擾
　　1970.12.30〜31　　　　　　　　125
　労働者騒擾　1971.9.11〜13　　　　126
　日雇い労働者騒擾　1972.5.28〜30　127
　日雇い労働者騒擾　1974.1.7　　　 129
　千成ホテル火災　1975.3.10　　　　130
阿閇村　〔兵庫県〕
　別府化学工業工場ガス爆発
　　1958.2.22　　　　　　　　　　 244
青垣町　〔兵庫県〕
　パラグライダー墜落　2004.3.27　　282
赤木川　〔大阪府〕
　強風・豪雨　2010.5.23〜24　　　　 29
赤坂山　〔滋賀県高島市〕
　自然学習で登山中に行方不明
　　2013.5.17　　　　　　　　　　　62
明石駅(山陽本線)
　山陽本線特急列車脱線　1965.9.14　248
明石海峡
　フェリーと漁船衝突　2008.6.20　　294
明石海峡大橋　〔兵庫県明石市〕
　プレジャーボートから転落
　　2000.7.9　　　　　　　　　　 278

明石港
　カーフェリー火災　2000.2.28　　　278
明石市　〔兵庫県〕
　地震　1916.11.26　　　　　　　　236
　和歌丸座礁　1928.1.10　　　　　　237
　郵便輸送機墜落　1928.5.30　　　　237
　明石中学校火災　1938.1.10　　　　239
　明石市大火　1949.2.20　　　　　　241
　市役所火災　1949.5.19　　　　　　241
　あいぼり丸・漁船接触　1975.6.10　256
　ヘリコプター衝突　1984.7.31　　　259
　化学工場爆発　1990.2.15　　　　　262
　水上バイク衝突　1990.8.19　　　　263
　山陽電鉄電車・トラック衝突
　　1992.2.5　　　　　　　　　　　266
　商店街火災　1995.5.28　　　　　　269
　乗用車・山陽電鉄普通電車衝突
　　1996.3.26　　　　　　　　　　 271
　強風でけが人相次ぐ　1999.4.6　　 276
　地震　1999.7.15　　　　　　　　　25
　カーフェリー火災　2000.2.28　　　278
　プレジャーボートから転落
　　2000.7.9　　　　　　　　　　 278
　明石歩道橋圧死事故　2001.7.21　　279
　人工砂浜陥没　2001.12.30　　　　 280
　ワゴン車にはねられ死亡
　　2003.6.29　　　　　　　　　　 281
　乗用車が電車に衝突　2004.6.3　　 282
　住宅火災　2005.1.3　　　　　　　 284
　プレジャーボート衝突　2006.5.3　 288
　店舗火災　2007.8.4　　　　　　　 292
　地震　2008.4.17　　　　　　　　　 29
　住宅火災　2008.8.30　　　　　　　295
　鉄道事故に巻き添え　2008.9.26　　295
　踏切事故　2012.2.17　　　　　　　307
　震災がれき処理で中皮腫か
　　2012.7.6　　　　　　　　　　 309
　老人施設送迎車が衝突　2013.1.15　310
　ホームセンターで火災　2013.11.13　314
　有機溶剤による疾患、労災認定

377

あかし　　　　　　　　　　地名索引

   2014.11.20　　　　　　　316
明石市役所
 市役所火災　　1949.5.19　　　241
明石中学校　〔兵庫県明石市〕
 明石中学校火災　1938.1.10　　239
英賀保駅(山陽本線)
 ダンプカー・山陽本線電車衝突
   1968.11.16　　　　　　　251
安雲川大橋　〔滋賀県安雲川町〕
 トレーラー衝突炎上　1993.3.17　　47
赤穂火力発電所
 火力発電所でクラゲ原因のトラブ
 ル　　2012.8.29　　　　　　309
赤穂郡　〔兵庫県〕
 豪雨　1933.8.13　　　　　　238
 水害　1933.8.13　　　　　　238
赤穂市　〔兵庫県〕
 旅館全焼　1996.4.4　　　　　271
 山陽自動車道玉突き事故
   1996.6.21　　　　　　　272
 トラックと乗用車玉突き　2004.8.7　283
 トラック追突　2006.2.23　　　288
 団地火災　2006.4.7　　　　　288
 横転トラックに衝突　2006.4.11　288
 山林放火　2007.4.3　　　　　291
 国道で交通事故　2008.8.22　　295
 玉突き事故でけが　2014.4.18　315
 捨てた炭から山林火災　2014.5.11　315
赤穂御崎温泉　〔兵庫県赤穂市〕
 旅館全焼　1996.4.4　　　　　271
浅香山駅(南海高野線)
 ヘリコプター墜落　2007.10.27　196
朝霧駅(JR)
 明石歩道橋圧死事故　2001.7.21　279
朝来市　〔兵庫県〕
 住宅火災　2007.3.10　　　　　291
 強風・豪雨　2010.5.23～24　　29
 クマ被害　2010.10.24　　　　304
 工場火災　2015.3.26　　　　　317

朝来町　〔兵庫県朝来郡〕
 文房具店火災　1966.2.6　　　248
 玉突き事故　1990.7.22　　　263
安指漁港　〔和歌山県串本町〕
 海難事故　2011.2.22　　　　370
旭硝子高砂工場　〔兵庫県高砂市〕
 工場火災　1994.6.18　　　　269
あさひ銀行御堂筋出張所　〔大阪市中央区〕
 ATMコーナー炎上　2002.6.18　171
朝日新聞ビル　〔大阪市北区〕
 朝日新聞大阪本社火災　1997.3.17　159
旭町派出所　〔大阪府〕
 大阪戦争事件　1969.9.22　　　124
芦屋市　〔兵庫県〕
 水害　1938.7.3～5　　　　　239
 バス・阪神電鉄本線電車衝突
   1968.7.18　　　　　　　251
 騒音・排気ガス被害　1976.この頃～　256
 ガス爆発　1995.3.16　　　　269
 仮設住宅全焼　1995.12.22　　270
 タクシー・軽トラック衝突
   1998.2.13　　　　　　　275
 地震　1999.7.15　　　　　　　25
 落雷　2003.8.5　　　　　　　281
 JR芦屋駅ビル火災　2006.4.5　288
 パトカーがバイクに衝突　2006.6.2　289
 頭にバーベルが落下　2008.6.3　294
 パトカー追跡中にバイク転倒
   2011.12.4　　　　　　　306
 各地で雷雨被害　2012.5.29　　308
 マンション敷地で土砂崩れ
   2013.6.22　　　　　　　312
 ボートが防波堤に衝突　2015.7.25　318
安治川　〔大阪府〕
 第3桜島丸転覆　1937.12.1　　112
 乗用車転落　1989.10.22　　　137
安治川内港　〔大阪市〕
 芦屋丸追突　1965.8.1　　　　119

あまか

芦原3号踏切(南海高野線)
　軽乗用車・南海高野線電車衝突
　　　1993.12.4　　　　　　　　　152
芦屋駅(東海道線)
　JR芦屋駅ビル火災　2006.4.5　　288
明日香村〔奈良県〕
　連続寺院放火　1999.1.16~31　　332
　古墳で崩落　2009.8.11　　　　　337
　欄干衝突で死亡事故　2015.8.27　342
安土町〔滋賀県蒲生郡〕
　乗用車転落　1971.3.14　　　　　42
　観音正寺火災　1993.5.22　　　　47
　玉突き衝突　1996.3.18　　　　　50
安積診療所〔大阪市東淀川区〕
　診療所火災　1993.1.30　　　　　150
阿草踏切(福知山線)
　踏切事故　2011.12.19　　　　　306
安曇川町〔滋賀県高島郡〕
　トレーラー衝突炎上　1993.3.17　47
　多重衝突事故　1993.8.22　　　　48
姉川〔滋賀県〕
　姉川地震　1909.8.14　　　　　　35
　大雨　2013.7.28~29　　　　　　32
阿倍野橋駅(近鉄大阪線)
　近鉄南大阪線急行・普通電車衝突
　　　1963.5.15　　　　　　　　　119
網干駅(山陽線)
　ダンプカー・山陽本線電車衝突
　　　1968.11.16　　　　　　　　251
　線路内へトラック突入　1991.10.18　265
尼崎駅(東海道線)
　JR東海道線人身事故　2002.11.6　172
尼崎競艇場〔尼崎市〕
　競艇で衝突　2004.3.28　　　　　282
尼崎市〔兵庫県〕
　市立実修学校屋根落下　1936.7.8　239
　ジェーン台風　1950.9.3　　　　　5
　関西電力火力発電所爆発　1951.9.9　242
　店舗火災　1954.12.27　　　　　243

　日教組組合員・警官隊衝突
　　　1959.9.4　　　　　　　　　245
　昭永化学工業工場爆発　1963.6.24　246
　工場火災　1964.2.12　　　　　　247
　パチンコ店火災　1964.11.18　　247
　キャバレー火災　1964.12.18　　247
　火災　1968.6.8　　　　　　　　251
　大気汚染　1973.この頃~　　　　255
　公害病認定患者増加　1974.この年　255
　連続企業爆破事件　1975.4.19　　255
　騒音・排気ガス被害　1976.この頃~　256
　倉庫火災　1986.6.29　　　　　　260
　尼崎の長崎屋火災　1990.3.18　　262
　住宅火災　1990.6.21　　　　　　263
　鋼管破裂　1990.11.8　　　　　　263
　電話ケーブル損傷　1991.3.18　　264
　乗用車・ワゴン車衝突　1991.4.26　264
　消毒薬から出火　1991.6.15　　　265
　トレーラー横転炎上　1993.1.26　267
　東海道線踏切事故　1994.5.13　　268
　化学工場火災　1997.4.8　　　　　273
　仮設住宅火災　1998.1.23　　　　275
　文化住宅火災　1998.2.20　　　　275
　住宅火災　1998.3.3　　　　　　275
　住宅火災　1998.3.10　　　　　　275
　アパート火災　1998.6.1　　　　276
　店舗火災　2000.3.10　　　　　　278
　住宅火災　2002.6.7　　　　　　280
　重油タンク内に転落　2004.3.19　282
　軽乗用車と普通電車衝突
　　　2004.4.26　　　　　　　　282
　熱中症　2004.7.24　　　　　　　283
　阪急電車と乗用車衝突　2005.1.10　284
　JR福知山線脱線事故　2005.4.25　285
　住宅火災　2005.11.2　　　　　　287
　バス追突　2006.6.1　　　　　　289
　飲酒運転で衝突　2007.6.23　　　292
　ダイエット食品に劇薬　2009.1.30　296
　ショッピングセンター火災

379

あまか　　　　　　　　地名索引

　　　2009.3.8　　　　　　　　　　　　297
　ショッピングセンター火災
　　　2009.3.20　　　　　　　　　　 297
　無免許ひき逃げ　2010.8.18　　　　303
　市場で火災　2011.2.18　　　　　　304
　集合住宅で火災　2011.4.8　　　　　304
　アスベスト被害　2011.11.2　　　　 306
　商店街で火災　2012.1.17　　　　　 307
　スクラップから出火　2012.1.19　　 307
　工場でCO中毒　2012.4.15　　　　　308
　熱中症　2013.6.13　　　　　　　　 32
　住宅火災　2014.11.21　　　　　　　316
　住宅火災　2015.2.5　　　　　　　　317
　小学校敷地でヒ素検出　2015.8.10　 318
尼崎市立実修学校
　市立実修学校屋根落下　1936.7.8　　239
尼崎製釘所　〔兵庫県〕
　工場火災　1964.2.12　　　　　　　 247
尼崎松本ビル7階
　連続企業爆破事件　1975.4.19　　　 255
安満山　〔大阪府高槻市〕
　軽飛行機墜落　1998.9.22　　　　　 164
余部鉄橋(山陰線)
　山陰線回送列車転落　1986.12.28　　260
網野町　〔京都府〕
　地震　2000.6.7　　　　　　　　　　26
　地震　2000.9.9　　　　　　　　　　88
　軽飛行機墜落　2003.5.4　　　　　　89
綾羽工業草津工場　〔滋賀県草津市〕
　実験車見物客はねる　1992.9.20　　 47
綾部市　〔京都府〕
　グンゼ綾部工場火災　1997.11.27　　86
　バス・乗用車衝突　1998.7.19　　　 86
　集団登校児童にライトバン接触
　　　2012.5.29　　　　　　　　　　 102
　京都で豪雨　2014.9.5　　　　　　　107
菖蒲池駅(近畿日本鉄道奈良線)
　近鉄奈良線急行電車爆破　1972.8.2　325

荒井駅(山陽電鉄)
　トラック・山陽電鉄線普通電車衝
　　突　1965.11.24　　　　　　　　　248
荒井町神戸製鋼前踏切　〔兵庫県高砂市〕
　トラック・山陽電鉄線普通電車衝
　　突　1965.11.24　　　　　　　　　248
荒川鉄工所　〔京都府舞鶴市〕
　鉄工所ガス爆発　1971.6.12　　　　 75
荒崎沖　〔和歌山県〕
　陸軍偵察機墜落　1932.10.27　　　　344
嵐山　〔京都府〕
　豪雨　1951.7.11〜12　　　　　　　 67
　桂川が危険水域、嵐山に避難勧告
　　　2013.9.16　　　　　　　　　　 105
有田川　〔和歌山県〕
　地震　1927.12.2　　　　　　　　　 344
　豪雨　1953.7.18〜19　　　　　　　 347
有田川町　〔和歌山県〕
　乗用車同士が正面衝突　2007.1.4　　366
　軽乗用車が葬儀場に突入
　　　2013.3.16　　　　　　　　　　 372
有田郡　〔和歌山県〕
　有田鉄道列車衝突　1935.8.18　　　 345
有田市　〔和歌山県〕
　コレラ発生　1977.6.15〜7.2　　　　355
　東燃工場火災　1990.8.17　　　　　 358
　一酸化炭素中毒　2000.3.25　　　　 362
　貨物船・タンカー衝突　2001.7.14　 363
　ノロウイルス院内感染　2008.1.7〜　367
　地震　2011.7.5　　　　　　　　　　371
有田市沖　〔和歌山県〕
　タンカーと外国籍貨物船衝突
　　　1966.3.11　　　　　　　　　　 352
　パナマ貨物船・第12徳油丸衝突
　　　1981.3.27　　　　　　　　　　 356
　ボート沈没　1998.8.1　　　　　　　361
有田鉄道線　〔和歌山県〕
　有田鉄道列車衝突　1935.8.18　　　 345
有野川　〔神戸市北区〕
　ひき逃げ　2001.6.7　　　　　　　　279

380

有野第1トンネル 〔六甲北有料道路〕
　乗用車同士が正面衝突　2007.4.30　291
有馬温泉　〔兵庫県神戸市〕
　地震　1916.11.26　236
　旅館で食中毒　2006.7.22　289
有馬口第1踏切(神戸電鉄有馬線)
　回送電車脱線　2006.1.22　287
有馬町　〔兵庫県〕
　旅館火災　1943.1.10　241
淡路交通
　淡路交通バス転落　1963.3.25　246
淡路市　〔兵庫県〕
　漁船が貨物船と衝突　2005.7.23　286
　地震　2008.4.17　29
　フェリーと漁船衝突　2008.6.20　294
　交通事故　2011.8.11　305
　淡路島地震　2013.4.13　311
　漁船・プレジャーボート衝突
　　2015.7.26　318
淡路島　〔兵庫県〕
　タンカー爆発　1965.10.30　248
　YS11型機・ジャンボ機ニアミス
　　1982.9.12　258
　高速艇激突事故　1989.2.2　261
　阪神・淡路大震災　1995.1.17　23
　余震　1995.1.21　269
　余震　1995.1.23　269
　余震　1995.10.14　24
　地震　1995.12.22　270
　阪神・淡路大震災余震　1995.この年　24
　淡路花博で滑り台横転　2000.8.27　278
　タマネギ産地偽装　2012.6.18　308
　淡路島地震　2013.4.13　311
　地震　2014.8.26　316
淡路町　〔兵庫県津名郡〕
　全日空機・読売新聞社機接触
　　1969.12.14　252
　新和燐寸工業火災　1970.1.28　252
　ダンプカー暴走　1973.5.13　254

カーフェリーせとうち沈没
　1973.5.19　254
淡路由良町　〔兵庫県〕
　山林火災　1940.3.23　240
粟生線緑ヶ丘駅(神戸電鉄)
　神戸電鉄粟生線準急電車急停止
　　1971.5.24　253
安堵町　〔奈良県〕
　O157で死亡　2007.7.21　336
安楽律院正殿　〔滋賀県坂本村〕
　延暦寺安楽律院火災　1949.12.22　37

【い】

家島　〔兵庫県〕
　ハマチ大量死　1975.5.21　256
家島港　〔兵庫県姫路市〕
　砂利運搬船が沈没　2009.11.28　300
家島諸島
　赤潮発生　1975.5月　255
家島町　〔兵庫県飾磨郡〕
　赤潮発生　1975.5月　255
　台風17号　1976.9.8～14　21
斑鳩町　〔奈良県生駒郡〕
　法隆寺金堂火災　1949.1.26　321
　工場火災　1966.5.18　323
　ゴム工場が全焼　1996.8.26　330
　大雨　2012.6.21～　31
　飲酒運転　2012.7.19　339
生田川　〔兵庫県〕
　豪雨(42年7月豪雨)　1967.7.8～10　14
生野町　〔兵庫県朝来郡〕
　三菱金属鉱業カドミウム排出
　　1971.この頃　253
育波漁港　〔淡路市育波〕
　漁船が貨物船と衝突　2005.7.23　286
池田街道踏切(東海道線)
　東海道線踏切事故　1994.5.13　268

381

いけた　　　　　　　　　　　　　　地名索引

池田市　〔大阪府〕
　　阪急電鉄バス転落　1954.7.13　　115
　　帝国化成工場火災　1966.4.18　　120
　　社員寮建設現場爆発　1969.11.7　124
　　乗用車衝突　1986.1.7　　　　　136
　　商店街火災　1990.8.31　　　　　142
　　食中毒　1990.5.11～12　　　　　141
　　呉服小学校倉庫でボヤ　1991.9.25　147
　　石橋駅前6店全焼　1992.5.24　　149
　　池田小児童殺傷事件　2001.6.8　169
　　MRSA感染　2002.5.1～7月　　　171
　　救難飛行艇に落雷　2007.4.26　　192
　　無免許治療で死亡　2009.12.15　206
　　土砂崩れ　2012.5.7　　　　　　219
　　豪雨　2014.8.24　　　　　　　　232
　　大阪、兵庫で局地的豪雨
　　　2014.9.10　　　　　　　　　　232
池田市立池田病院
　　MRSA感染　2002.5.1～7月　　　171
呉服小学校　〔大阪府池田市〕
　　呉服小学校倉庫でボヤ　1991.9.25　147
池田中学校　〔大阪府池田市〕
　　食中毒　1990.5.11～12　　　　　141
池谷踏切(福知山線)
　　トレーラー・特急列車衝突
　　　1973.10.14　　　　　　　　　254
池之坊満月城別館吟松閣　〔神戸市兵庫区〕
　　池之坊満月城火災　1968.11.2　　251
生駒郡　〔奈良県〕
　　陸軍飛行隊機墜落　1936.2.4　　320
　　病院火災　1937.5.15　　　　　　320
　　信貴山寺本堂火災　1951.4.12　321
生駒市　〔奈良県〕
　　パトカー・乗用車衝突　1992.1.8　329
　　阪奈道スリップ事故　1993.6.23　329
　　乗用車接触され川に転落　1995.7.1　330
　　保育園でO-157集団感染
　　　2001.7.31　　　　　　　　　　333
　　カラスが感電しケーブルカー停止

　　　2004.7.11　　　　　　　　　　334
　　住宅火災　2015.3.26　　　　　　341
生駒市　〔奈良県〕
　　保育園でO-157集団感染
　　　2001.7.31　　　　　　　　　　333
生駒トンネル(近鉄東大阪線)
　　トンネル火災　1987.9.21　　　　136
生駒山トンネル　〔奈良県〕
　　生駒山トンネル崩壊　1913.1.26　319
　　近鉄奈良線トンネル内火災
　　　1947.4.19　　　　　　　　　　320
石川　〔大阪府〕
　　砒素汚染　1972.この年　　　　128
石川鉄橋東詰　〔大阪府羽曳野市〕
　　ダンプカー・急行電車衝突
　　　1966.12.19　　　　　　　　　121
石切小学校　〔大阪府東大阪市〕
　　運動会練習中に熱中症　2012.9.14　222
石切ヘルスセンター　〔大阪府東大阪市〕
　　ヘルスセンター火災　1967.2.28　121
石橋駅(阪急電鉄)
　　石橋駅前6店全焼　1992.5.24　　149
石部駅(草津線)
　　オート三輪・草津線列車衝突
　　　1967.3.25　　　　　　　　　　41
　　草津線列車落石脱線　1969.11.29　42
石部町　〔滋賀県甲賀郡〕
　　多重追突事故　1983.10.23　　　44
異人館「うろこの家」　〔神戸市中央区〕
　　異人館街火災　1992.1.30　　　266
泉大津8号踏切(南海本線)
　　ワゴン車・南海電車衝突
　　　1996.3.15　　　　　　　　　　156
泉大津市　〔大阪府〕
　　ダンプカー・電車衝突　1960.8.25　118
　　アパートガス爆発　1991.3.27　145
　　酸欠死　1992.1.7　　　　　　　148
　　転落事故　1994.2.27　　　　　　153
　　大型トレーラー衝突　1994.6.9　153
　　大型トラックレストランに突入

382

地名索引　　　　　　　　　　　いたみ

1995.9.4	155	資材倉庫全焼　1997.5.22	159
一酸化炭素中毒死　1997.6.1	160	地震　1999.8.2	166
トラック・急行列車衝突		阪和自動車道で人身事故	
1997.8.21	160	2004.1.21	175
乗用車転落　1997.8.23	161	ノロウイルス院内感染　2004.5.17	177
食中毒　1998.7.11	164	台風で増水の用水路に転落	
新聞配達員がひき逃げされ死亡		2004.10.22	179
2004.3.26	175	住宅火災　2006.5.26	189
商店街で火災　2010.1.15	207	滑落　2011.5.25	213
だんじりと接触　2010.10.10	210	住宅火災　2012.2.14	217
		危険ハーブ吸引で事故　2014.8.8	232

和泉川丸　〔大型タンカー〕
　和泉川丸火災　1968.12.2　　　　　123

泉佐野市　〔大阪府〕
　集団食中毒　1950.10.22　　　　　113
　泉陽紡績社員寮ガス爆発
　　　1969.6.25　　　　　　　　　124
　プロパンガス爆発　1974.11.7　　130
　朝日新聞社ヘリコプター墜落
　　　1994.10.18　　　　　　　　154
　乗用車・作業車追突　1997.7.25　160
　地震　1999.8.2　　　　　　　　166
　小型タンカー転覆　2000.2.8　　　167
　輸血取り違え　2004.6.10　　　　177
　陸橋にクレーン車が激突
　　　2007.7.12　　　　　　　　　193
　祭りで重軽傷　2007.10.7　　　　195
　集団下校の列に車　2007.12.6　　196
　だんじり祭りでけが　2008.10.12　201
　旅客機が尻もち　2009.10.28　　　206
　助産師が結核に感染　2011.9.13　215
　ひき逃げ　2012.11.13　　　　　　222
　コンテナ船と衝突し漁船転覆
　　　2013.2.25　　　　　　　　　224
　台風19号　2014.10.13　　　　　233
　車が転落、親子が死亡　2014.10.14　233

泉佐野市立泉佐野病院
　輸血取り違え　2004.6.10　　　　177

和泉市　〔大阪府〕
　工場火災　1972.9.16　　　　　　127
　毛布工場半焼　1991.6.13　　　　145

医誠会病院新館　〔大阪市東淀川区〕
　病院廊下でボヤ　1991.1.10　　　143

伊勢湾
　台風　1896.8.30～31　　　　　　　1
　ヘスター台風　1949.7.27～30　37, 67, 241
　台風29号　1971.9.26　　　　　　18

石生駅(福知山線)
　トラック・福知山線列車衝突
　　　1971.10.12　　　　　　　　253

石上神宮　〔奈良県天理市〕
　国宝の拝殿に放火　2009.3.12　　336

五十村橋　〔大阪府柏原市〕
　スクールバス転落　1963.2.22　　118

伊丹空港　〔大阪府〕
　日本航空DC4型旅客機不時着
　　　1957.9.30　　　　　　　　　116
　YS11機誘導路脱線　1979.6.1　　132
　旅客機の主翼が接触　2009.4.22　204
　バードストライク　2009.8.22　　205
　車輪格納不可で引き返し
　　　2013.8.23　　　　　　　　　313

伊丹市　〔兵庫県〕
　店舗火災　1955.9.8　　　　　　　244
　日東航空旅客機墜落　1964.2.18　247
　常岡病院火災　1964.3.30　　　　247
　日本航空旅客機着陸失敗　1969.4.4　252
　防衛庁関係の寮放火　1990.1.16　262
　工場全焼　1992.10.29　　　　　　267

383

住宅火災　1996.7.10	272	出光興産兵庫製油所　〔兵庫県姫路市〕	
中国自動車道路玉突き事故		出光興産製油所原油流出	
2003.1.23	281	1977.4.27	257
落雷　2003.8.5	281	猪名川　〔大阪府,兵庫県〕	
店舗火災　2005.3.26	285	カドミウム汚染　1971.この頃	126,253
地下溝で爆発　2005.12.19	287	猪名川町　〔兵庫県川辺郡〕	
乗用車が横転　2007.4.1	291	集団登校児童はねられ負傷	
共同住宅火災　2007.4.28	291	1991.2.18	264
ひき逃げ　2011.11.16	306	地震　1996.1.3	270
玉突き事故　2012.1.27	307	群発地震　1996.1.8	24
被災地産牛肉を偽装の疑い		突風でパラグライダー転倒	
2012.4.13	308	2004.5.8	282
市営バスが追突事故　2014.1.10	314	住宅火災　2007.10.2	292
大阪、兵庫で局地的豪雨		印南町　〔和歌山県日高郡〕	
2014.9.10	316	乗用車正面衝突　1996.1.13	360
伊丹市役所別館		印南町西ノ地　〔和歌山県〕	
伊丹市役所火災　1954.1.12	243	トラックと乗用車衝突　2005.4.1	365
伊丹中学校　〔兵庫県伊丹町〕		稲村ケ岳　〔奈良県〕	
伊丹中学校火災　1936.7.30	239	登山客が滑落　2015.8.8	342
伊丹町　〔兵庫県〕		伊根町　〔京都府〕	
伊丹中学校火災　1936.7.30	239	地震　2000.9.9	88
市島町　〔兵庫県〕		風力発電所でプロペラ落下	
地震　1999.6.14	277	2013.3.13	104
一瀬食品工業所		茨木駅(東海道線)	
一瀬食品工業所ガス爆発　1969.9.4	74	東海道線貨物列車脱線　1993.2.24	151
一宮町　〔兵庫県〕		茨木市　〔大阪府〕	
台風17号　1976.9.8～14	21	公設市場火災　1952.6.6	114
井手町　〔京都府綴喜郡〕		奥村実業工場爆発　1964.9.14	119
豪雨　1953.8.14～15	68	東海道線貨物列車脱線　1993.2.24	151
砂利採取場周辺水質汚濁		トラック衝突　1996.5.14	156
1964.この年	72	ガス引き込み工場に放火？	
瀬戸内海航空ヘリコプター墜落		1997.10.7	161
1967.8.18	73	文化住宅全焼　1998.4.8	163
ミキサー車・観光バス接触		トラック衝突事故に後続追突	
1974.10.28	76	2004.3.25	175
乗用車・コンクリートミキサー衝		事故軽トラにトラック追突	
突　1997.6.24	86	2004.4.20	176
出光興産大阪油槽所大阪配送センター　〔大		車で5人はね1人死亡　2004.11.18	179
阪市大正区〕		住宅全焼　2006.1.13	186
重油漏れ事故　1990.6.27	141	住宅火災　2006.2.28	187

路上で通り魔　2008.3.11	198	今津阪神市場　〔兵庫県西宮市〕	
アパート火災相次ぐ　2008.4.3～4	198	今津阪神市場全焼　1993.5.30	268
新型インフル、国内初感染		今出川烏丸交差点	
2009.5.16	204	大阪戦争事件　1969.9.22	74
体育授業中に死亡　2009.7.15	205	今宮中学校　〔大阪市西成区〕	
歯科医院で爆発事故　2010.3.29	208	今宮中学校火災　1958.5.20	117
タンクローリーと車が衝突		色川　〔和歌山県〕	
2011.6.13	214	台風10号　1968.8.25～30	16
交通事故　2011.6.13	214	石清水八幡宮　〔京都府八幡市〕	
立体駐車場に挟まれ死亡　2012.4.2	219	近畿地方豪雨　2012.8.13～	31
ダンプカーがバスに追突		岩滝町　〔京都府〕	
2013.6.27	226	地震　2000.9.9	88
ひょうたんで食中毒　2013.7.4	226	岩出市　〔和歌山県〕	
玉突き事故　2013.9.19	227	ガソリンスタンドに乗用車衝突	
火災相次ぐ　2014.2.18	229	2006.9.3	366
茨木市耳原　〔大阪府〕		4トンの鉄製容器がトラック直撃	
高速道路側壁落下　1993.5.18	151	2007.11.19	367
伊吹町　〔滋賀県坂田郡〕		豪雨　2008.7.8	29
雪崩　1968.2.4	41	住宅火災　2011.6.18	370
乗用車転落　1984.4.7	45	追跡中に衝突事故　2014.11.30	373
伊吹山		岩出町　〔和歌山県那賀郡〕	
雪崩　1968.2.4	41	根来寺火災　1962.5.2	351
伊吹山測候所　〔和歌山県〕		山林火災　1973.7.27	355
台風17号　1958.8.25～26	8	団地火災　1998.4.6	361
伊保駅(山陽電鉄)		住宅火災　2005.12.16	365
トラック・山陽電鉄線普通電車衝		磐船神社　〔大阪府交野市〕	
突　1965.11.24	248	岩窟めぐりで死亡　2014.9.20	232
揖保川町　〔兵庫県揖保郡〕		岩村化学工業所　〔大阪市生野区〕	
ガス発生剤製造工程で爆発		工場倉庫火災　1990.3.7	139
1991.6.27	265	岩屋山　〔兵庫県青垣町〕	
天理教分教会全焼　1997.3.11	273	パラグライダー墜落　2004.3.27	282
揖保郡　〔兵庫県〕		岩屋陸橋(国道43号)　〔神戸市灘区〕	
水害　1933.8.13	238	路面凍結で37台衝突　2005.2.1	284
今津警察署　〔滋賀県〕		印南IC　〔阪和自動車道〕	
警察署火災　1940.9.6	36	豪雨　2009.7.7	368
今津町　〔滋賀県高島郡〕			
警察署火災　1940.9.6	36		
セスナ機墜落　1976.5.24	43		
落雷　1984.6.8	45		

【う】

上野踏切(阪和線)
 列車にはねられ男児死亡
  2012.5.30   371
上本町駅(近畿日本鉄道)
 近鉄上本町駅爆破 1974.2.18   129
植山古墳 〔奈良県橿原市〕
 古墳内で崩落 2013.1.15   340
宇治駅(奈良線) 〔京都府〕
 JR線、レールがずれる 2014.7.30   106
宇治川 〔京都市伏見区〕
 野焼きが広がり火災 2010.3.15   99
宇治市 〔京都府〕
 一瀬食品工業所ガス爆発 1969.9.4   74
 赤痢大流行 1983.5月〜6月   78
 工場爆発 1990.1.11   79
 ガス爆発 1993.8.23   82
 奈良線列車・乗用車衝突
  1993.10.15   82
 舗装作業員ひかれる 1997.3.26   85
 地震 2001.1.26   88
 乗用車正面衝突 2001.2.10   88
 薬物誤投与で患者死亡 2002.1.31   89
 地震 2003.2.6   89
 弁当で食中毒 2005.6.21   92
 住宅全焼 2006.1.10   92
 京滋バイパス玉突き事故 2006.2.13   92
 新聞社支局で火災 2006.5.29   93
 団地火災 2006.8.14   93
 ガス漏れ 2007.2.5   94
 突風・豪雨 2009.8.1   97
 近畿地方豪雨 2012.8.13〜   31
 救援物資で食中毒 2012.0.15   103
 練習試合で熱中症 2013.8.8   104
宇治徳洲会病院
 薬物誤投与で患者死亡 2002.1.31   89

宇陀川 〔奈良県室生村〕
 奈良交通バス転落 1967.10.30   324
宇陀郡 〔奈良県〕
 台風15号〔伊勢湾台風〕
  1959.9.26〜27   9
 雪害 1986.3.23   328
宇陀市 〔奈良県〕
 地震 2010.7.21   30
 地震 2011.7.24   339
 住宅火災 2013.2.9   340
菟田野町 〔奈良県〕
 芳野川水銀汚染 1968.この年   324
 住宅火災 2002.3.12   333
内川 〔和歌山市〕
 河川汚濁 1981.この年   356
内川踏切(桜井線)
 桜井線電車・軽乗用車衝突
  1996.2.24   330
打出駅(阪神電鉄本線)
 バス・阪神電鉄本線電車衝突
  1968.7.18   251
打出中学校 〔滋賀県大津市〕
 打出中学校火災 1954.5.26   38
打出踏切 〔兵庫県芦屋町〕
 軍用トラック・阪神線電車衝突
  1938.7.21   239
宇津村 〔京都府〕
 山林火災 1941.4.17   66
宇野線
 南海地震 1946.12.21   4
馬堀駅(山陰線) 〔京都府〕
 地震計の誤作動で停止 2012.2.18   102
梅新北交差点 〔梅新北交差点〕
 パトカーに追われひき逃げ
  2005.11.26   185
梅田OS映画劇場 〔大阪市北区〕
 梅田OS映画劇場火災 1954.9.15   115
梅田駅(阪急電鉄)
 鉄筋倒れ作業員負傷 1991.10.26   147

地名索引　　　　　　　おうみ

梅田駅(大阪市営地下鉄御堂筋線)
　地下鉄梅田駅でぼや　2012.2.22　218
梅田貨物駅(国鉄)
　火災　1939.11.27　112
浦風小学校　〔兵庫県尼崎市〕
　消毒薬から出火　1991.6.15　265
雲南市　〔和歌山県〕
　地震　1999.11.3　361

円照寺　〔奈良市〕
　円照寺火災　1935.1.10　320
延暦寺
　延暦寺火災　1942.7.30　36
　比叡山延暦寺火災　1949.3.26　37
　延暦寺安楽律院火災　1949.12.22　37
　比叡山延暦寺火災　1956.10.11　39
　延暦寺恵心堂火災　1966.5.24　40

【え】

永源寺町蓼畑　〔滋賀県〕
　住宅火災　1965.6.12　40
栄進化成工業所
　栄進化成工場爆発　1971.3.8　253
エキスポランド　〔大阪府吹田市〕
　コースター脱線　2007.5.5　192
江須崎　〔和歌山県すさみ町〕
　貨物船同士が衝突　2007.4.7　366
愛知川4号踏切(近江鉄道本線)
　踏切事故　2007.9.21　57
愛知川町　〔滋賀県愛知郡〕
　学校給食で感染性胃腸炎集団感染
　　2000.3.16～17　52
　軽トラックと電車衝突　2005.3.18　54
愛知川東小学校　〔滋賀県愛知町〕
　学校給食で感染性胃腸炎集団感染
　　2000.3.16～17　52
江戸ヶ坂　〔京都府福知山市〕
　国鉄バス転落　1955.10.1　69
恵美須駅(南海電鉄阪堺線)
　乗用車・南海阪堺線電車衝突
　　1968.8.5　123
円教院　〔滋賀県大津市〕
　円教院全焼　1993.1.26　47
偃月橋　〔京都・東福寺〕
　台風20号　1972.9.16～18　18

【お】

老上村　〔滋賀県〕
　見物船客溺死　1934.10.11　35
生石鼻灯台　〔兵庫県洲本市〕
　押し船転覆　2013.5.27　311
王寺駅(関西線)
　停電で鉄道運休　2014.1.22　341
王寺町　〔奈良県北葛城郡〕
　地すべり　1932.1月～　319
　井戸水から発がん性物質検出
　　2002.8.26　333
　鉄道事故　2013.3.22　340
黄檗駅(奈良線)　〔京都府〕
　JR線、レールがずれる　2014.7.30　106
近江絹糸　〔滋賀県彦根市〕
　近江絹糸新入工員圧死　1951.6.3　37
近江絹糸彦根工場　〔滋賀県彦根市〕
　近江絹糸彦根工場争議
　　1954.7.10～11　38
近江神宮
　近江神宮火災　1953.5.27　38
近江町　〔滋賀県坂田郡〕
　近江バス転落　1956.4.1　38
　乗用車・トラック衝突　1974.5.12　43
近江鉄道
　近江鉄道バス転落　1965.3.18　72
近江鉄道線
　バス・近江鉄道線電車衝突

387

　　　　　1937.2.6　　　　　　　　36
　　貨車・電車衝突　1960.8.22　　　39
　　軽トラックと電車衝突　2005.3.18　54
近江長岡駅(東海道本線)
　　セメント専用列車脱線転落
　　　1952.11.9　　　　　　　　38
近江八幡市　〔滋賀県〕
　　乗用車・大型トラック衝突
　　　1993.12.5　　　　　　　　48
　　地震　1999.3.16　　　　　　25
　　特養老人ホームでインフル集団感
　　　染　1999.12.14～　　　　　52
　　飲料に異物混入　2005.1.2　　54
　　テントが飛ばされ生徒負傷
　　　2010.5.15　　　　　　　　59
　　老舗旅館が全焼　2010.12.10　　59
　　正面衝突事故　2013.2.20　　　61
　　倉庫火災　2015.5.8　　　　　64
近江富士カントリークラブ
　　送迎バス・乗用車衝突　1992.6.24　46
近江舞子駅(湖西線)
　　強風でJR湖西線運休　2005.9.25　55
大岩石油青岸油槽所　〔和歌山市〕
　　油槽所タンク爆発　1989.7.10　357
大宇陀町　〔奈良県宇陀郡〕
　　住宅ガス爆発　1969.4.24　　324
　　天益寺火災　1999.1.31　　　332
大江町　〔京都府〕
　　橋げた落下　1976.1.16　　　77
大江山いこいの広場　〔京都府加悦町〕
　　パラグライダー墜落　1996.5.12　85
大亀谷山
　　大洋航空測量機墜落　1963.3.29　71
大久保駅(山陽線)
　　鉄道事故に巻き添え　2008.9.26　295
大雲橋　〔京都府大江町〕
　　橋げた落下　1976.1.16　　　77
大蔵海岸　〔兵庫県明石市〕
　　明石歩道橋圧死事故　2001.7.21　279

　　人工砂浜陥没　2001.12.30　　280
大阪(伊丹)空港
　　日東航空旅客機墜落　1964.2.18　247
　　着陸時に旅客機尻もち事故
　　　2010.5.9　　　　　　　　209
　　航空機エンジン火災　2013.5.6　225
　　大雪で怪我人続出　2014.2.8　229
大阪運転所(東海道新幹線)
　　新幹線回送列車脱線　1973.2.21　128
大阪駅(JR)
　　地下街火災　1989.12.27　　138
　　JR大阪駅ボヤ　1996.4.1　　156
　　大阪駅で通り魔　2008.6.22　199
　　強風　2010.11.9　　　　　　30
大阪駅(国鉄)
　　駅ホーム転落死亡　1958.4.11　117
　　国鉄大阪駅ホーム仮天井落下
　　　1968.10.8　　　　　　　123
大阪駅
　　地下鉄建設現場崩壊　1936.2.10　111
大阪駅前第一ビル　〔大阪市北区〕
　　大阪駅前第一ビル火災　1984.2.8　135
大阪駅前市街地改造第2棟ビル
　　国道2号線陥没　1975.9.13　130
大阪駅前ビル　〔大阪市北〕
　　大阪駅前ビルエレベーター停止
　　　1984.4.5　　　　　　　　135
大阪ガス堺製造所　〔大阪府堺市〕
　　大阪ガス堺製造所廃液タンク火災
　　　1990.2.2　　　　　　　　139
大阪管区警察学校
　　警察学校生擬似猩紅熱集団感染
　　　1950.5月　　　　　　　113
大阪北　〔大阪府〕
　　倉庫火災　1917.5.5　　　　110
大阪北区茶屋町　〔大阪府〕
　　逃走車が逆走しパトカーに衝突
　　　2012.5.22　　　　　　　220
大阪教育大学教育学部附属池田小学校〔大

阪府池田市〕
　池田小児童殺傷事件　2001.6.8　　169
大阪教育大前駅(近鉄大阪線)
　強風・豪雨　2010.5.23～24　　29
大阪空港
　全日本空輸旅客機故障　1967.1.20　249
　大韓航空機発煙　1967.9.1　　250
　日本航空機しりもち着陸　1978.6.2　131
　日本航空機破損　1978.11.11　　132
　YS11機誘導路脱線　1979.6.1　　132
　離陸ミス　1982.7.18　　134
　YS11型機・ジャンボ機ニアミス
　　1982.9.12　　258
　輸入スッポンコレラ汚染
　　1983.11.1　　134
　輸入スッポンコレラ汚染
　　1984.1.10　　135
　東亜国内航空機・全日空機接触
　　1985.10.24　　135
　YS機横滑り　1991.2.15　　144
　貨物運搬車暴走　1991.8.29　　146
　大雨　2000.11.1～2　　26
　バードストライク　2009.8.22　　205
大阪劇場　〔大阪市南区〕
　千日前大阪劇場観客圧死
　　1956.1.15　　116
　劇場舞台落下　1963.3.3　　118
大阪港
　第3桜島丸転覆　1937.12.1　　112
　韓国訪問機飛行家転落死
　　1938.11.26　　112
　ぐれいす号衝突　1963.12.2　　119
　芦屋丸追突　1965.8.1　　119
　杭打作業船転覆　1969.12.3　　125
　第10ジャパン丸火災　1982.1.6　133
　ソ連客船火災　1988.5.18　　136
　中古車から放射線検出　2011.8.11　215
大阪港桜島ふ頭　〔大阪市此花区〕
　中国人密航者ガス中毒死
　　1997.11.29　　161

大阪港第3突堤
　船舶火災　1955.1.7　　115
大阪工大工学部
　実験中に爆発　1992.2.29　　148
大阪高槻線　〔大阪府摂津市〕
　鉄骨突出　1991.2.6　　144
大阪港天保山岸壁
　乗用車転落　1989.10.22　　137
大阪国際空港
　日本航空旅客機着陸失敗　1969.4.4　252
　大阪国際空港騒音被害
　　1970.この頃　　253
大阪狭山市　〔大阪府〕
　タクシーと飲酒乗用車正面衝突
　　2008.6.18　　199
　インフル院内感染　2012.2.9　　217
大阪市　〔大阪府〕
　台風　1885.7.1～3　　109
　天王寺中学校火災　1927.1.22　　110
　養老院火災　1927.2.12　　110
　航空機墜落　1927.4.1　　110
　天然痘発生　1928.4.9　　111
　地震　1928.7.7　　111
　航空機追突　1932.5.14　　111
　天然痘発生　1933.2.10　　111
　毎日新聞機墜落　1936.8.27　　112
　大阪大空襲　1945.3.13～14　　112
　空襲　1945.6.1　　113
　ジェーン台風　1950.9.3　　5
　大阪配電局火災　1951.11.11　　114
　ヒロポン中毒者通行人暴行
　　1954.6.25　　114
　放射能雨　1956.4.16～17　　116
　安保改定不承認大会で衝突
　　1960.6.25　　118
　雷雨　1961.7.11　　118
　ぐれいす号衝突　1963.12.2　　119
　干害　1965.8月　　13
　日本脳炎流行　1966.6月～12月　120

389

おおさ　　　　　　　地名索引

日本脳炎流行　1967.7.26〜9月　122
ガス工場爆発　1967.9.21　122
国鉄線電車爆破　1970.2.15　125
酸性雨発生　1970.6月　125
酸性雨発生　1970.10月　125
地震　1971.1.5　18
倉庫火災　1971.1.10　126
京都外国語大学生乱闘　1972.4.28　127
派出所爆破　1972.9.4　127
風船爆発　1972.10.1　127
新幹線回送列車脱線　1973.2.21　128
東和アルミ工業工場爆発　1973.4.5　128
アルコール中毒症患者猟銃乱射
　1973.9.19　129
地震　1973.11.25　19
日本工業検査高校生被曝
　1974.この頃　130
過激派関係者乱闘　1975.6.4　130
公害病認定患者増加　1976.10月　130
自由民主党本部火炎瓶投入
　1976.11.4　131
店舗火災　1977.1.26　131
騒音・大気汚染　1980.この年　133
関西線タルミ事故　1981.3.1　133
ソ連客船火災　1988.5.18　136
赤痢集団感染　2001.12.5　170
仕出し弁当で食中毒
　2002.3.31〜4.2　171
熱中症　2002.7.24　26
ペースメーカー体内で停止
　2003.3月　172
マンション火災　2003.11.28　174
強風で停電　2004.2.7　175
人工呼吸器にシンナー混入事故
　2004.2.28　175
トラックが乗用車に追突　2004.8.1　178
工場火災　2004.11.28　179
連続通り魔　2005.7.14　183
餅つき大会でノロウイルス感染
　2005.12.9　186

保育園でO157感染　2007.8.6　194
高級料理店で食中毒　2007.12.12　196
豪雨　2008.8.5〜　200
大雨　2008.9.6　200
ハチミツのふたから鉛検出
　2010.2.25　208
AED故障で患者死亡　2010.4.7　208
強風・豪雨　2010.5.23〜24　29
遺伝子組み換え違反　2010.7.29　209
胆管がんの原因物質特定
　2013.3.14　224
薬の副作用で血栓症に　2014.1.17　229
トースターを回収　2014.1.22　229
大雪　2014.2.14　33
大気汚染　2014.2.25　229
ヒョウタンで食中毒　2014.7.13　33
大阪市旭区　〔大阪府〕
幼児溺死　1960.6.24　118
延山商会火災　1968.5.25　123
製薬工場爆発　1990.3.20　140
工場全焼　1991.6.22　146
実験中に爆発　1992.2.29　148
乗用車・軽乗用車衝突　1998.9.12　164
遊具に指挟み切断　2005.9.20　184
路上で通り魔　2008.10.21　201
大阪市阿倍野区　〔大阪府〕
近鉄南大阪線急行・普通電車衝突
　1963.5.15　119
アパート火災　1967.9.23　122
大阪戦争事件　1969.9.22　124
近鉄百貨店爆破　1974.3.17　129
作業場火災　1979.5.21　132
ビル火災　1979.5.21　132
バイク転倒し乗用車に衝突
　2004.5.26　177
パンに縫い針混入　2006.5.19　188
プールで塩素ガス発生　2008.10.21　201
電気メスで引火　2009.10.27　206
医療事故　2012.4.20　219

390

医療ミスで心停止　2014.7.21	231	アパート火災　1968.1.10	123
大阪市生野区　〔大阪府〕		乗用車・大阪市営電車接触	
巽小学校火災　1958.5.18	117	1968.3.24	123
工場火災　1965.2.3	119	国鉄大阪駅ホーム仮天井落下	
幼児冷蔵庫窒息死　1967.6.11	121	1968.10.8	123
スーパーニチイ火災　1974.1.29	129	地下鉄谷町線建設現場ガス爆発	
住宅火災　1985.1.8	135	1970.4.8	125
連続放火　1985.11.20	136	国道2号線陥没　1975.9.13	130
従業員寮火災　1985.11.20	135	三井物産ビル爆破　1975.11.21	130
連続放火　1985.12.1	136	東急観光営業所爆破　1977.2.21	131
店舗火災　1986.2.28	136	自動車修理工場爆発　1980.12.6	133
工場倉庫火災　1990.3.7	139	食中毒　1981.9.8	133
住宅火災　1990.9.13	142	大阪駅前第一ビル火災　1984.2.8	135
作業場火災　1994.7.24	154	大阪駅前ビルエレベーター停止	
旅館火災　1996.1.2	155	1984.4.5	135
住宅火災　1998.3.10	162	地下街火災　1989.12.27	138
スーパー火災　1999.11.29	167	ロック観客将棋倒し　1990.1.6	138
歩道に車が乗り上げ歩行者死亡		ホテルで食中毒　1990.6.27	141
2004.4.5	176	ホテルでボヤ　1990.8.19	142
住宅火災　2004.5.3	176	ガス中毒　1990.10.30	143
市道でひき逃げ　2005.1.12	180	乗用車転落　1991.1.1	144
保育所で食中毒　2005.9.7〜10	184	ホテル火災　1991.8.13	146
店舗・住宅火災　2006.2.9〜10	187	ビル火事　1991.10.19	147
通り魔　2011.5.29	213	鉄筋倒れ作業員負傷　1991.10.26	147
マンション火災　2014.1.31	229	一酸化炭素中毒　1992.2.15	148
バス事故相次ぐ　2014.10.15	233	雑居ビル全焼　1992.10.26	149
大阪市大淀区　〔大阪府〕		火災　1993.4.21	151
阪急バス転落　1955.2.25	115	梅田地下街ボヤ　1993.8.26	152
クリーニング店火災　1965.11.8	120	阪神高速乗用車追突炎上	
大阪市釜ヶ崎地区　〔大阪府〕		1994.2.17	153
住民騒擾(釜ヶ崎事件)		作業用ゴンドラ落下　1994.6.23	154
1961.8.1〜4	118	JR大阪駅ボヤ　1996.4.1	156
大阪市北区　〔大阪府〕		工事現場火災　1996.5.12	156
北の大火　1909.7.31	109	ロイヤルホテルでボヤ　1997.2.17	158
火災　1939.11.27	112	朝日新聞大阪本社火災　1997.3.17	159
火災　1941.8.10	112	タクシー・乗用車衝突　1998.8.3	164
梅田OS映画劇場火災　1954.9.15	115	住宅火災　1999.12.26	167
堀川小学校火災　1958.5.14〜15	117	二酸化炭素中毒　2002.7.4	171
大阪造幣局花見客死傷　1967.4.22	121	ビル解体現場で重機転落	
		2003.12.3	174

391

おおさ　　　　　　　　地名索引

エスカレーター転倒事故
　　2004.10.13　　　　　　　　179
ホテルでノロウイルス感染
　　2004.12.17　　　　　　　　180
文化住宅火災　2005.5.27　　　182
健康器具に挟まれ薬指切断
　　2005.8.27　　　　　　　　184
立体駐車場の鉄台に挟まれ死亡
　　2005.9.9　　　　　　　　　184
カセットコンロのボンベが爆発
　　2005.11.3　　　　　　　　185
パトカーに追われひき逃げ
　　2005.11.26　　　　　　　185
宝塚歌劇団公演中に転落事故
　　2005.12.21　　　　　　　186
住宅火災　2006.1.1　　　　　186
居酒屋で異臭騒ぎ　2006.2.17　187
商店街火災　2006.3.13　　　　187
ガス漏れ　2006.10.27　　　　　190
日本料理店で食中毒　2007.7.21　193
ガス漏れ　2007.9.21　　　　　195
大阪駅で通り魔　2008.6.22　　199
不発弾撤去　2008.7.13　　　　200
大阪で3キロひきずりひき逃げ
　　2008.10.21　　　　　　　201
ビルから角材落下　2008.10.30　202
料亭でノロウイルス感染
　　2008.11.4　　　　　　　　202
地下鉄梅田駅でぼや　2012.2.22　218
集団食中毒　2012.3.21　　　　218
大阪で局地的雷雨　2012.9.15　222
土砂運搬船で爆発　2012.12.11　223
地震　2013.12.15　　　　　　228
百貨店物産展で食中毒　2014.10.1　232
市バスとトラックが衝突
　　2014.10.6　　　　　　　　232
地下鉄駅で漏水　2015.7.23　　235
大阪市交通局森之宮検車場
不発弾発見、撤去　2010.8.21　210
大阪市此花区　〔大阪府〕
東亜ペイント工場爆発　1973.1.20　128

第10ジャパン丸火災　1982.1.6　133
圧延機出火　1990.5.22　　　　141
水道管が破裂　1991.1.4　　　　143
異臭騒ぎ　1993.2.12　　　　　151
清掃作業現場乗用車突入　1994.2.5　153
中国人密航者ガス中毒死
　　1997.11.29　　　　　　　161
アトラクションパイプから油漏出
　　2001.8.14　　　　　　　　170
USJスピーカー出火　2003.3.2～6　172
大阪パチンコ店火災　2009.7.5　205
自動車イベント会場で事故
　　2011.8.21　　　　　　　　215
地震　2013.12.15　　　　　　228
高速で車が炎上　2014.10.25　　233
大阪市城東区　〔大阪府〕
住宅火災　1947.2.3　　　　　113
養豚場火災　1958.9.9　　　　　117
ガス爆発　1967.5.12　　　　　121
工場爆発　1992.7.15　　　　　149
玉突き事故　1993.2.5　　　　　150
ミニバイク・乗用車衝突
　　1998.7.28　　　　　　　　164
コイヘルペスウイルス感染
　　2004.4.28　　　　　　　　176
通り魔　2006.8.24　　　　　　190
酒気帯び運転でバスに接触
　　2008.10.18　　　　　　　201
CO中毒　2009.12.10　　　　　206
不発弾発見、撤去　2010.8.21　210
餅つき大会でノロ感染　2010.12.12　211
大阪市住之江区　〔大阪府〕
貨物船・小型タンカー衝突
　　1990.4.11　　　　　　　　140
トラック・市バス衝突　1990.5.12　141
マンション火災　1990.12.24　　143
ニュートラム暴走　1993.10.5　152
路線バス・南海観光バス衝突
　　1997.6.22　　　　　　　　160
高層住宅火災　1997.8.22　　　160

地名索引　　おおさ

アパート火災　1998.3.10	162	大阪市大正区〔大阪府〕	
ごみ吸引機に吸い込まれ重傷		大阪市営バス防潮堤激突	
2000.5.28	168	1961.10.12	118
産廃処理作業場で爆発　2005.2.26	181	尻無川水門建設現場潜函水没	
バイクと乗用車正面衝突		1969.11.25	124
2005.6.19	182	建設作業員宿舎火災　1977.6.24	131
浴室乾燥機から出火　2006.8.24	190	オートバイ・軽トラと衝突	
卸売市場で牛に押され死亡		1990.5.19	141
2006.11.15	190	重油漏れ事故　1990.6.27	141
競艇レース中に接触事故		タンク車炎上　1992.12.5	150
2007.2.26	192	乗用車・ワゴン車衝突　1993.8.2	151
遊具で指切断　2008.3.11	197	市バス追突　1995.5.26	154
強風でフェリーあおられる		消火用炭酸ガス噴出　1997.5.8	159
2009.1.12	203	マンション火災　1998.11.24	165
フェリー火災　2009.7.26	205	共同住宅火災　1999.3.8	166
交通事故で多重衝突　2010.7.14	209	工場で異臭騒ぎ　2005.7.12	183
乗用車衝突事故　2011.1.9	211	クレーン倒れ下敷き　2007.9.18	195
転落事故　2011.9.18	215	住宅火災　2011.1.4	211
理科室で爆発　2012.1.24	217	こたつで熱中症　2012.4.6	219
資材置き場で火災　2012.4.5	219	店舗火災　2014.12.12	234
工場で鉄板が落下　2013.11.15	228	大阪市中央卸売市場南港市場	
市営住宅火災　2015.7.12	235	卸売市場で牛に押され死亡	
大阪市住吉区〔大阪府〕		2006.11.15	190
アルコールランプ爆発　1954.10.15	115	大阪市中央区〔大阪府〕	
工場火災　1966.10.21	120	問屋街火災　1965.2.12	119
アパート火災　1990.1.29	138	反日本共産党系学生・警官隊衝突	
ホテル火災　1992.12.5	150	1968.6.15	123
乗用車・阪和線電車衝突		ビル火災　1989.2.16	137
1998.5.29	163	フロンガス噴出　1990.2.27	139
ラジオ波で腸に穴　2004.8月～	178	タクシー・乗用車衝突　1990.3.16	140
住宅火災　2004.12.3	179	問屋街火災　1990.6.18	141
薬品容器が破裂　2004.12.22	180	雑居ビル火災　1991.4.1	145
衣料品店に車突入　2007.11.3	196	パトカー・オートバイ衝突	
路上で通り魔　2008.7.6	200	1991.4.13	145
住宅火災　2009.4.6	204	パワーショベル落下　1991.7.11	146
救急車が事故、搬送患者死亡		おもり落下　1991.8.29	146
2012.10.4	222	そごう大阪店トイレで爆発	
大阪市曽根崎新地〔大阪府〕		1992.1.17	148
工事用エレベーター落下		シンナー中毒　1992.4.14	148
1988.8.31	137	ボンベ爆発　1992.7.10	149

393

おおさ　　　　　　　　　地名索引

ビル火災　1992.7.12	149
千日前火災　1995.11.16	155
松竹座建設現場転落事故　1996.4.19	156
建築中ビルでボヤ　1996.8.24	157
児童が将棋倒し　1997.10.2	161
御堂筋線本町駅階段でボヤ　1998.3.27	163
千日前で火災　1998.11.26	165
ガス漏れ　2000.1.24	167
店舗火災　2001.8.25	170
ATMコーナー炎上　2002.6.18	171
「中座」火災　2002.9.9	171
法善寺横丁火災　2003.4.2	173
料理店火災　2003.12.27	174
ビル火災　2004.2.11	175
乗用車がバイクをひき逃げ　2005.1.25	180
不発弾撤去　2005.5.3	182
追跡中のパトカーがバイクと衝突　2005.7.22	183
日本料理店で食中毒　2005.10.6	185
ビルの排気ダクト爆発　2006.1.15	186
飲食店でガス爆発　2008.10.27	202
乗用車が歩道に突っ込む　2009.4.1	203
乗用車が逆走　2009.10.1	206
ベッドと転落防止柵に挟まれる　2009.10.16	206
タクシーが暴走　2010.7.8	209
くいだおれビルでぼや　2012.2.2	217
児童の列に車突っこむ　2012.5.14	220
飲食店で爆発　2012.5.19	220
通り魔　2012.6.10	220
胆管ガン、労災認定へ　2013.2.20	223
大雨　2013.8.25	33
地震　2013.12.15	228
耐性菌で院内感染　2014.3.20	230
心斎橋で車が暴走　2014.6.30	230
御堂筋で玉突き事故　2014.7.25	231
エスカレーター火災　2014.10.20	233

大阪市中央公会堂
レストランでノロウイルス感染　2004.1.13	174

大阪市鶴見区〔大阪府〕
ワゴン車・ごみ収集車追突　1990.4.14	140
幼稚園マイクロバス・ワゴン車衝突　1991.6.14	146
自転車トラックにはねられる　1998.4.1	163
公衆トイレでメタンガス爆発　2000.5.23	168
工場で一酸化炭素中毒　2004.12.27	180

大阪市天王寺区〔大阪府〕
問屋火災　1955.7.3	115
近鉄上本町駅爆破　1974.2.18	129
国鉄阪和線快速電車衝突　1982.1.29	134
連続放火　1985.11.20	136
連続放火　1985.12.1	136
天王寺駅電車暴走　1989.8.27	137
ホテル全焼　1991.1.25	144
アパート火災　1997.2.24	158
クレーンが横転　2002.1.23	171
店舗兼住宅火災　2003.5.2	173
保育所で男児死亡　2008.5.18	199
エスカレーター事故　2008.9.13	200
動物園子牛ふん便からO157検出　2008.12.11	202
地下鉄駅で異臭　2009.8.24	205
男性がホームから転落　2010.1.31	207
停電でエレベーター閉じ込め　2010.6.13	209
強風で門扉倒れる　2011.5.30	213
エレベーター閉じ込め　2011.6.8	213
焼き肉店で火災　2012.3.21	218
エレベーターで閉じ込め　2012.12.20	223

大阪市中之島〔大阪府〕
レストランでノロウイルス感染

地名索引　　　　　　　　　　　　　　おおさ

2004.1.13	174
大阪市中浜下水処理場	
コイヘルペスウイルス感染	
2004.4.28	176
大阪市浪速区　〔大阪府〕	
劇場火災　1927.11.14	110
住宅火災　1958.12.4	117
道路改修現場ガス埋設管破損	
1969.2.16	124
マンション火災　1983.12.21	134
関西線電車・回送電車接触	
1989.5.22	137
ガスボンベ発火　1992.11.18	150
軽乗用車・南海高野線電車衝突	
1993.12.4	152
市営バスとバイク衝突　2004.8.14	178
ワゴン車のドア開き転落　2007.7.1	193
個室ビデオ店で火災　2008.10.1	201
タンクローリーが突っ込む	
2011.5.12	213
産地偽装　2011.5.26	213
ワゴン車暴走　2012.6.26	220
ガス系消火設備で事故　2012.9.28	222
ビル外壁崩落　2013.6.15	226
玉突き事故　2014.11.22	233
大阪市難波新地　〔大阪府〕	
南の大火　1912.1.16	110
大阪市西区　〔大阪府〕	
交通指導員死亡　1962.8.18	118
大阪市営地下鉄電車衝突	
1967.10.1	122
一酸化炭素中毒死　1990.1.29	138
鉄板強風で飛ばされる　1990.3.12	139
ゴンドラ転落　1990.7.24	142
マンション火災　1998.5.11	163
ワゴン車がバイク2台をひき逃げ	
2004.7.16	178
阪神高速で玉突き事故　2007.7.31	194
ホテル火災　2008.5.21	199
火災で住宅や工場が燃える	

2010.8.19	210
大阪市西成区　〔大阪府〕	
今宮中学校火災　1958.5.20	117
住民騒擾(釜ヶ崎事件)	
1961.8.1～4	118
タンクローリー・大阪市電衝突	
1964.12.17	119
釜ヶ崎労務者・警官隊衝突	
1966.5.28～30	120
簡易宿泊所火災　1970.1.31	125
日雇労働者ほか騒擾	
1970.12.30～31	125
労働者騒擾　1971.9.11～13	126
日雇い労働者騒擾　1972.5.28～30	127
日雇い労働者騒擾　1974.1.7	129
千成ホテル火災　1975.3.10	130
アパート火災　1986.2.12	136,136
工場爆発　1990.12.13	143
パワーショベル転落　1992.1.25	148
ガスカートリッジ爆発　1992.3.7	148
軽ワゴン車・ゴミ収集車衝突	
1995.10.26	155
アパート火災　1997.9.4	161
アパート火災　1998.3.17	162
アパート火災　2000.12.27	169
アパート火災　2001.2.25	169
住宅火災　2001.8.18	170
マンション火災　2003.4.1	173
住宅火災　2004.1.16	175
住宅火災　2004.7.1	178
共同住宅火災　2007.5.5	192
トラック衝突事故　2008.6.13	199
共同住宅火災　2009.1.18	203
3歳児の操作で車暴走　2011.6.17	214
ワゴン車暴走　2012.6.26	220
熱中症　2013.8.24	227
大阪市西淀川区　〔大阪府〕	
製紙工場煙突建設現場転落死	
1972.5.15	127
大気汚染　1972.この頃～	128

395

おおさ　　　　　　　　　地名索引

砂利船が高圧線切断　1991.1.31　　144
トラック炎上　1991.7.12　　146
余震　1995.1.25　　23
住宅火災　1996.4.2　　156
こたつで焼死　1998.1.17　　162
市営住宅火災　2005.1.28　　180
アパート火災　2005.2.9　　181
工場火災　2006.9.12　　190
落雷・大雨　2008.12.5　　29
鉄工所で機械に挟まれ死亡
　　2010.4.6　　208
熱中症で高齢夫婦死亡　2010.7.26　　209
2トン車突っ込む　2011.7.7　　214
バス事故相次ぐ　2014.10.15　　233
大阪市東区　〔大阪府〕
　北御堂火災　1954.6.9　　114
　ビル建築現場鋼材落下　1969.6.27　　124
　店舗火災　1983.5.9　　134
大阪市東住吉区　〔大阪府〕
　住宅爆破　1973.2.4　　128
　アパート火災　1990.1.10　　138
　リフトにはさまれ従業員圧死
　　1990.1.10　　138
　倉庫火災　1990.1.20　　138
　観客将棋倒し　1990.3.25　　140
　工場全焼　1992.2.28　　148
　ガスボンベ爆発　1997.2.10　　158
　阪和線人身事故　1998.4.3　　163
　住宅火災　1998.4.28　　163
　連続放火　2003.5.29　　173
　住宅火災　2004.11.18　　179
　穴に埋まって男児変死　2008.3.27　　198
　パン店で一酸化炭素中毒
　　2008.7.30　　200
　熱中症　2011.8.18　　215
　落雷　2012.8.18　　31,221
　大阪で局地的雷雨　2012.9.15　　222
大阪市東成区　〔大阪府〕
　工場火災　1968.12.16　　124

工場で作業員下敷き　1990.1.28　　138
パトカーがショールームに突っこ
む　1991.5.13　　145
工場火災　1996.3.26　　156
住宅火災　1997.2.10　　158
カラオケ店火災　1998.5.8　　163
工場火災　1999.11.5　　166
住宅火災　2004.12.7　　180
カテーテル挿入ミス　2005.6.27　　182
壁の下敷きになり死亡　2006.7.27　　189
マンションから転落死　2013.8.8　　226
大阪市東淀川区　〔大阪府〕
　ビジネスホテル火災　1984.1.6　　135
　病院廊下でボヤ　1991.1.10　　143
　診療所火災　1993.1.30　　150
　工場全焼　1993.10.16　　152
　四輪駆動車・急行電車衝突
　　1997.3.11　　159
　店舗火災　1997.6.12　　160
　住宅火災　1997.10.22　　161
　マンション火災　1999.2.26　　165
　排気ガス中毒　2001.7.28　　170
　トラックがパトカーと衝突
　　2004.3.6　　175
　住宅火災　2008.7.9　　200
　砂場の柵の扉に指を挟まれる
　　2009.4.19　　204
　住宅火災　2011.9.13　　215
　住宅火災　2011.12.20　　216
　パネル落下で重傷　2014.4.13　　230
　吸引器に引火　2014.8.22　　232
大阪市平野区　〔大阪府〕
　アパート全焼　1990.11.10　　143
　住宅火災　1992.8.17　　149
　遠足バス追突　1995.3.2　　154
　古タイヤ炎上　1996.8.9　　157
　住宅火災　1998.12.6　　165
　プラスチック加工工場火災
　　2000.6.26　　168

地名索引　　　　　　　　　　おおさ

強風で停電　2004.2.7	175	天井から金網落下　2008.4.16	198
自転車に路線バスが衝突		車が居酒屋に突っ込む　2009.1.26	203
2004.5.13	177	介護施設で、入浴時死亡　2013.5.7	225
感電事故　2004.7.1	178	**大阪市南区**　〔大阪府〕	
残り火で工場火災　2004.11.29	179	水上機墜落　1930.3.30	111
市バスとトレーラーなど衝突		歌舞伎座火災　1947.8.7	113
2005.6.29	183	キャバレー火災　1954.12.26	115
ボンベ落下しガス噴出　2007.9.8	195	千日前大阪劇場観客圧死	
はねた女性を病院に運び放置		1956.1.15	116
2007.11.22	196	道頓堀松竹座漆喰剥落　1956.6.4	116
配電盤出火でエレベーター閉じ込		料亭火災　1961.2.4	118
め　2010.6.26	209	劇場舞台落下　1963.3.3	118
介護施設で火災　2011.11.8	216	総合娯楽センター火災　1968.1.30	123
調理実習で体調不良　2012.6.20	220	千日前デパートビル火災	
鉄道事故　2013.2.28	224	1972.5.13	127
タクシーが逆走して衝突		マンション火災　1982.1.30	134
2013.10.26	227	**大阪市都島区**　〔大阪府〕	
地震　2013.12.15	228	大雨、洪水　1885.6.15	109
大阪市福島区　〔大阪府〕		高圧ケーブル破壊　1991.10.6	147
阪神電鉄本線電車追突　1954.12.20	115	マンションガス爆発　1994.1.9	152
児童・生徒階段転落　1971.12.24	126	アパート火災　2010.2.14	207
一酸化炭素中毒　1992.1.4	147	病院で火災　2012.11.24	222
アパート全焼　1992.12.30	150	**大阪商業大学附属中学校**　〔大阪府布施市〕	
阪神電鉄地下化工事現場火災		大阪商業大学附属中学校火災	
1993.6.16	151	1954.2.20	114
鉄道事故　2013.2.28	224	**大阪市淀川区**　〔大阪府〕	
火災相次ぐ　2014.2.18	229	火災　1939.12.7	112
大阪市港区　〔大阪府〕		日興石油化学工場火災　1983.7.29	134
火災　1971.4.30	126	東海道線機関車・電車衝突	
集団食中毒　1977.7.10	131	1990.5.13	141
乗用車転落　1989.10.22	137	シンナー中毒　1994.3.26	153
異臭騒ぎ　1993.2.12	151	回送電車・乗用車衝突　1997.3.7	159
ガス爆発　1995.7.16	155	JR東海道線人身事故　2002.11.6	172
住宅火災　1997.3.20	159	スーパーで異臭騒動　2004.5.16	177
阪神高速玉突き事故　1997.5.7	159	逆走ワゴン車がタクシーに衝突	
乗用車クッションドラムに衝突		2005.2.1	181
1998.3.2	162	カセットコンロ爆発　2006.12.23	191
高圧電線に接触　2007.6.27	193	呼吸器が外れ死亡　2007.4.17	192
硫化水素自殺に巻き添え		14歳が無免許ひき逃げ　2008.10.18	201
2008.2.29	197	化学工場で爆発　2009.12.24	207

397

住宅火災　*2010.8.17*		210	止　*2003.3.25*	172
逃走車が逆走しパトカーに衝突			多剤耐性緑膿菌院内感染	
2012.5.22		220	*2004.6.29*	178
クレーン車によるひき逃げ			大阪大学豊中キャンパス　〔大阪府豊中市〕	
2013.8.7		226	阪大で実験中爆発　*1991.10.2*	147
飲食店街で火災　*2014.3.7*		230	大阪中央環状線　〔大阪府〕	
大阪市立総合医療センター　〔大阪市都島区〕			トラック・乗用車衝突　*1996.10.7*	157
病院で火災　*2012.11.24*		222	乗用車が街灯に衝突　*2011.1.4*	211
大阪市立大学			大型トラックひき逃げ　*2012.2.6*	217
放射能障害　*1958.3月*		117	大阪電気軌道線　〔奈良市油坂町〕	
放射能雨　*1958.3.25〜26*		117	奈良バス・大阪電軌線電車衝突	
過激派関係者乱闘　*1975.6.4*		130	*1940.6.17*	320
大阪市立大学医学部			大阪電軌線	
大阪戦争事件　*1969.9.22*		124	大阪電軌線電車衝突　*1931.11月*	319
大阪市立大学工学部			大阪堂ビルホテル　〔大阪市〕	
薬品容器が破裂　*2004.12.22*		180	天然痘発生　*1933.2.10*	111
大阪市立大学付属病院			大阪トヨペット空港営業所　〔大阪府豊中市〕	
医療事故　*2012.4.20*		219	エレベーター故障ワゴン車転落	
医療ミスで心停止　*2014.7.21*		231	*1996.2.24*	156
大阪市立天王寺動物園			大阪南港岸壁　〔大阪府住之江区〕	
動物園子牛ふん便からO157検出			貨物船・小型タンカー衝突	
2008.12.11		202	*1990.4.11*	140
大阪製紙工場　〔大阪市西淀川区〕			大阪南港コスモフェリーターミナル	
製紙工場煙突建設現場転落死			フェリー火災　*2009.7.26*	205
1972.5.15		127	大阪配電局	
大阪石油化学泉北工業所　〔大阪府高石市〕			大阪配電局火災　*1951.11.11*	114
大阪石油化学工場配管破損			大阪府営久宝寺緑地　〔大阪府八尾市〕	
1973.9.16		128	遊び場入口の扉が倒れ負傷	
大阪造幣局　〔大阪市北区〕			*2004.5.23*	177
大阪造幣局花見客死傷　*1967.4.22*		121	大阪府警堺北署新庁舎　〔大阪府堺市〕	
大阪第3飛行場　〔大阪市〕			工事現場火災　*1997.1.9*	157
グライダー墜落　*1940.7.19*		112	大阪府警豊中南署　〔大阪府〕	
大阪第一車両所(東海道新幹線)			警察署で結核集団感染　*2008.2.26*	197
東海新幹線基地でゴミ袋爆発			大阪府立急性期・総合医療センター　〔大阪市住吉区〕	
1999.12.24〜		167	人工呼吸器にシンナー混入事故	
大阪大学医学部　〔大阪府吹田市〕			*2004.2.28*	175
実習でO157感染　*2005.6.23*		182	ラジオ波で腸に穴　*2004.8月〜*	178
大阪大学医学部付属病院　〔大阪府吹田市〕			大阪府立成人病センター　〔大阪市東成区〕	
体内にガーゼ放置　*1990.10.8*		142	カテーテル挿入ミス　*2005.6.27*	182
輸血ポンプの操作ミスで一時心停				

地名索引　　　　　　　　　　　　おおつ

大阪府立大学
　大学倉庫で火災　2004.4.26　　　176
大阪府立中宮病院安静館
　府立中宮病院火災　1954.10.22　　115
大阪府立中河内救命救急センター　〔大阪府東大阪市〕
　血液型を間違えて輸血　2008.12.20　202
大阪府立母子保健総合医療センター　〔大阪府和泉市〕
　ノロウイルス院内感染　2004.5.17　　177
大阪府立青少年会館跡地　〔大阪市中央区〕
　不発弾撤去　2011.2.12　　　212
大阪紡績会社　〔大阪市〕
　大阪紡績工場火災　1892.12.20　　109
大阪砲兵工廠
　火薬庫爆発　1902.8.15　　　109
大阪マーチャンダイズマートビル
　ビル建築現場鋼材落下　1969.6.27　124
大阪窯業セメント
　セメント専用列車脱線転落
　　1952.11.9　　　　　　　38
大阪湾
　暴風雨、高潮　1871.7.4　　　1
　台風　1921.9.25〜26　　　2
　台風　1924.9.11　　　　　3
　台風(第2室戸台風)　1961.9.15〜16　11
　水質汚染　1977.この年　　　131
　赤潮発生　1978.この年　　132,257
　余震　1995.10.14　　　　24
　阪神・淡路大震災余震　1995.この年　24
　異臭　2003.2.7　　　　　172
　地震　2008.4.17　　　　　29
大崎村　〔和歌山県〕
　陸軍偵察機墜落　1932.10.27　　344
大島小学校　〔兵庫県尼崎市〕
　小学校敷地でヒ素検出　2015.8.10　318
大小路駅(私鉄南海電鉄阪堺線)
　大型ダンプカー・電車衝突
　　1979.7.25　　　　　　132

大庄村　〔兵庫県武庫郡〕
　消防車転覆　1939.8.25　　　240
大杉付近　〔奈良市〕
　地割れ　1933.この頃　　　　319
大滝ダム　〔奈良県川上村〕
　ダムの試験貯水で道路・民家に亀裂　2003.8.1　　　　　334
大津インター　〔滋賀県大津市〕
　タンクローリー横転　1996.8.2　　50
大津駅(東海道線)
　東海道線貨物列車脱線
　　1928.7.19　　　　　　35,65
大津市　〔滋賀県〕
　東海道線急行列車転覆　1934.9.21　35
　延暦寺火災　1942.7.30　　　36
　三井寺火災　1947.1.24　　　37
　比叡山延暦寺火災　1949.3.26　　37
　近江神宮火災　1953.5.27　　38
　打出中学校火災　1954.5.26　　38
　瀬田工業高等学校火災　1954.8.26　38
　発電所トンネル拡張現場落盤
　　1955.7.10　　　　　　38
　西高等学校火災　1955.10月　　38
　比叡山延暦寺火災　1956.10.11　　39
　滋賀県立教育会館火災　1958.12.25　39
　水陸両用遊覧機墜落　1961.6.19　39
　小学校火災　1962.1月　　　39
　江若鉄道バス・ダンプカー衝突
　　1964.1.28　　　　　　40
　県庁別館火災　1965.10.1　　40
　延暦寺恵心堂火災　1966.5.24　　40
　老人ホーム火災　1967.2.9　　41
　小学校火災　1969.3.5　　　41
　観光バス・トラック追突　1969.4.15　41
　観光遊覧船岸壁衝突　1969.6.8　　42
　東レ工場火災　1973.4.1　　　42
　住宅ガス爆発　1978.5.6　　　43
　円教院全焼　1993.1.26　　　47
　名神高速多重衝突　1995.10.11　　49

399

おおつ　　　　　　　　　　　　地名索引

玉突き衝突　1995.11.22	49
パトカー・乗用車衝突　1995.12.14	49
タンクローリー横転　1996.8.2	50
妙福寺全焼　1997.9.28	50
住宅火災　1998.3.30	51
名神高速多重衝突　1999.10.25	52
地震　2001.8.25	88
地震　2002.1.4	89
豪雨　2004.7.10	27
進学塾合宿で食中毒　2004.7.29	54
名神高速で玉突き事故　2005.4.15	54
百貨店で有毒ガス　2005.6.10	54
ワゴン車がトラックに衝突　2006.7.2	56
落雷で工場火災　2006.8.12	56
強風で列車遅延　2006.11.24	56
ヨット転覆　2007.5.10	56
国道で5台絡む事故　2008.12.27	58
橋ケーブル切断　2009.7.6	58
特急が車掌置き去りで発車　2011.4.16	60
トラックの玉突き事故　2011.8.2	60
乗用車にトラック突っ込む　2012.5.3	60
乗用車が建物に突入　2012.7.1	61
落雷　2012.8.18	61
名神高速で玉突き事故　2012.9.10	61
強風　2013.3.10	31
乗用車が玉突き事故　2013.5.3	62
看護師が結核発症　2013.10.22	63
地震　2014.12.26	64
大津トンネル　〔名神高速道路〕	
観光バス・トラック追突　1969.4.15	41
乗用車が玉突き事故　2013.5.3	62
大塔村　〔奈良県吉野郡〕	
地すべり　1937.3月	320
猿谷ダム異常放水　1969.6.9	324
大鳥大社　〔大阪府堺市〕	
だんじり祭りの地車が横転　2004.10.9	178
大鳴門橋　〔兵庫県〕	
貨物船衝突で沈没　2010.3.28	301
大庭村　〔兵庫県〕	
久斗山小学校倒壊　1934.2.8	238
大野小学校　〔和歌山県海南市〕	
竜巻　1957.11.11	349
大野山　〔兵庫県猪名川町〕	
突風でパラグライダー転倒　2004.5.8	282
大野幼稚園　〔和歌山県海南市〕	
竜巻　1957.11.11	349
大原楽園　〔京都市左京区〕	
文化財全焼　1999.3.15	87
大峰山　〔奈良県、兵庫県〕	
桜本坊火災　1936.9月	320
阪急航空ヘリコプター墜落　1991.8.5	265
大峰山系　〔吉野郡天川村〕	
ヘリコプター墜落　1986.5.7	328
大宮川　〔滋賀県大津市〕	
橋ケーブル切断　2009.7.6	58
大宮町　〔京都府〕	
地震　2000.9.9	88
大本教愛善苑	
大本教愛善苑本部火災　1950.12.21	67
大山崎町　〔京都府乙訓郡〕	
列車事故　1977.5.7	77
トンネル内玉突き事故　1990.2.15	79
天王山トンネル玉突き事故　1991.6.29	80
名神高速玉突き事故　1991.10.15	81
トンネル照明破壊　1992.6.3	82
観光バス・大型トラック追突　1993.4.9	82
天王山トンネル玉突き事故　1993.12.29	82
名神高速玉突き事故　1994.2.22	83
観光バス追突　1994.11.30	83
名神高速玉突き事故　1995.8.22	84

地名索引　　　　　　　　　　かいな

名神高速玉突き事故　1995.10.17　　84
地震　2000.5.20　　25
玉突き事故　2012.3.15　　102
自転車衝突で死亡　2014.9.17　　107
小川丹波堂　〔大阪府豊中市〕
　紙袋工場全焼　1993.2.5　　150
沖ノ島　〔和歌山県有田市〕
　ボート沈没　1998.8.1　　361
　貨物船・タンカー衝突　2001.7.14　　363
　タンカーと漁船衝突　2004.2.25　　364
奥丹後半島
　漁船日吉丸遭難　1959.9.16　　70
OK模型　〔大阪府東大阪市〕
　模型飛行機工場全焼　1997.10.29　　161
尾崎駅(南海電鉄本線)
　ダンプカー・電車衝突　1967.4.1　　121
長田更生市場　〔神戸市長田区〕
　更生市場火災　1951.10.7　　242
押部谷駅(神戸電鉄)
　ダンプカー・神戸電鉄電車衝突
　　1977.3.12　　256
乙訓郡　〔京都府〕
　釣り鐘鋳型破損　1981.11.4　　78
音羽病院　〔京都市山科区〕
　透析患者がB型肝炎に感染
　　2006.8月～　　93
尾上村　〔兵庫県加古郡〕
　バス・山陽電鉄線電車衝突
　　1940.1.29　　240
小野市　〔兵庫県〕
　乗用車踏切遮断機に衝突
　　1995.11.14　　270
　乗用車池に転落　1996.5.27　　272
　強風・豪雨　2010.5.23～24　　29
小浜海岸　〔和歌山県湯浅町〕
　水難事故相次ぐ　2015.7.18　　374
小原田車庫　〔和歌山県橋本市〕
　落雷で鉄道トラブル　2007.7.30　　367

オリエンタルホテル　〔神戸市〕
　オリエンタルホテル火災
　　1950.4.22　　242
大蛇谷池　〔大阪府岬町〕
　山火事　1990.3.19　　140
恩智川　〔大阪府〕
　青酸化合物汚染　1972.この年　　127
園城寺　〔三井寺〕
　三井寺火災　1947.1.24　　37
温泉町　〔兵庫県美方郡〕
　中鉄観光バス・ダンプカー追突
　　1997.5.8　　273
　地震　2001.1.14　　279
　地震　2001.2.16　　279

【 か 】

海軍海兵団
　海軍海兵団本部火災　1928.10.30　　65
貝塚市　〔大阪府〕
　集団食中毒　1950.10.22　　113
　工場火災　1999.3.30　　166
　水上バイクが遊泳場に突入
　　2005.7.23　　183
　ノロウイルスで学級閉鎖
　　2006.4.14　　188
　住宅火災　2007.12.8　　196
　入院患者拘束ベッドから転落
　　2008.1.21　　197
　貨物船で火災　2012.9.27　　222
海南高等学校　〔和歌山県海南市〕
　竜巻　1957.11.11　　349
海南市　〔和歌山県〕
　竜巻　1957.11.11　　349
　チリ地震津波　1960.5.24　　350
　住友海南鋼管工場重油流出
　　1975.7.28　　355
　乱気流スチュワーデスけが
　　1990.10.26　　358

401

高速道乗用車逆走	1991.9.15	358	
軽乗用車母子をはねる	1998.5.4	361	
地震	2000.4.15	362	
地震	2001.2.5	362	
住宅火災	2001.2.21	362	
線路上の丸太で脱線	2004.6.2	364	
乗用車逆走しトラックと衝突 2004.10.9		364	
雷雨	2006.9.6	366	
地震	2013.1.5	372	
マイクロバスが柱に衝突	2013.3.9	372	
地震	2013.6.8	372	

海遊館 〔大阪市港区〕
大雨 2008.9.6　　200

香美町鎧沖 〔兵庫県〕
漁船転覆 2005.4.9　　285

加賀屋中学校 〔大阪市住吉区〕
アルコールランプ爆発 1954.10.15　　115

学園都市駅(神戸市営地下鉄西神・山手線)
地下鉄駅でエレベーター事故
2006.6.20　　289

学園前駅(近畿日本鉄道奈良線)
近鉄奈良線急行電車爆発 1972.8.2　　325

加古川 〔兵庫県丹波市〕
突風・豪雨 2009.8.1　　298

加古川駅(山陽本線)
トラック・準急列車衝突
1964.2.10　　246

加古川市 〔兵庫県〕
トラック・ガソリンカー衝突
1959.6.9　　245
トラック・準急列車衝突
1964.2.10　　246
工場火災 1966.8.19　　249
倉庫火災 1972.3.27　　253
トラック・乗用車追突 1984.7.24　　259
台風19号 1987.10.17　　22
脱水症状で死亡 1995.8.19　　269
乗用車電柱に衝突 1996.11.29　　273

B型肝炎院内感染 1999.2.28〜	276	
地震 2003.2.6	89	
住宅火災 2006.11.11	290	
道路に張られた糸で軽傷 2008.9.30	295	
住宅火災 2009.9.3	299	
マヨネーズ散乱で多重事故 2010.9.25	303	
山火事 2011.1.24	304	
工事作業車にトラックが追突 2012.7.10	309	
住宅火災 2013.3.20	311	
住宅火災相次ぐ 2014.1.20	314	
大気汚染 2014.2.25	314	

加古川バイパス 〔兵庫県〕
トラック・乗用車追突 1984.7.24　　259
玉突事故 1984.9.22　　260
マヨネーズ散乱で多重事故
2010.9.25　　303
工事作業車にトラックが追突
2012.7.10　　309

加西市 〔兵庫県〕
中国自動車玉突き事故 1997.6.3　　274
地震 1999.4.7　　25
石油ストーブの蓋が外れ火災
2010.3.30　　301
住宅火災 2010.4.26　　301
交通事故 2011.12.10　　306
バス事故で塾生徒ら負傷 2012.4.5　　307

笠置町 〔京都府相楽郡〕
排気ガス中毒 1996.7.4　　85

梶取崎 〔和歌山県太地町〕
ドラゴン号沈没 1969.10.7　　353

梶取崎燈台 〔和歌山県太地町〕
トンヤン号・プロトクリトス号衝突 1977.3.30　　355

香芝市 〔奈良県〕
軽乗用車・近鉄大阪線特急衝突
1996.4.15　　330
エレベーター事故 2011.9.18　　339

地名索引　　　　　　　　　　　　　かつし

軽自動車が踏切で柱に衝突
　　　　2013.4.15　　　　　　　　340
香芝町　〔奈良県北葛城郡〕
　老人病院火災　1972.2.2　　　　325
　西名阪道路低周波騒音被害
　　　　1980.この頃　　　　　　　326
橿原市　〔奈良県〕
　橿原神宮神楽殿焼失　1993.2.4　329
　倉庫火災　1996.8.23　　　　　 330
　近鉄大阪線人身事故　1998.3.11　331
　住宅火災　1998.12.22　　　　　332
　酒気帯び運転で衝突　2007.2.4　336
　小学生がはねられ死亡　2010.8.20　338
　古墳内で崩落　2013.1.15　　　 340
　住宅火災　2014.9.2　　　　　　341
　プールで溺死　2015.8.1　　　　341
橿原市総合プール　〔奈良県橿原市〕
　プールで溺死　2015.8.1　　　　341
橿原神宮　〔奈良県橿原市〕
　橿原神宮神楽殿焼失　1993.2.4　329
柏原高等学校　〔大阪府柏原市〕
　熱中症で高3男子死亡　1998.7.8　164
柏原市　〔大阪府〕
　スクールバス転落　1963.2.22　 118
　日本産業航空セスナ機墜落
　　　　1969.11.17　　　　　　　124
　関西線電車・ダンプカー衝突
　　　　1991.2.18　　　　　　　 144
　乗用車・ゴミ収集車追突　1994.1.7　152
　プロパンガス爆発事故　1994.5.9　153
　熱中症で高3男子死亡　1998.7.8　164
　菓子パンに針混入　2004.1.2　　174
　乗用車が保冷車に追突　2006.3.23　188
　熱処理加工工場爆発　2008.2.1　197
　イノシシ大暴れ　2008.4.8　　　198
梶原第一トンネル　〔名神高速道路〕
　名神高速道路玉突き事故
　　　　1979.1.14　　　　　　　 132
　バス追突　1979.10.8　　　　　 132

観光バス追突　1981.6.2　　　　　133
春日奥山　〔奈良県〕
　地割れ　1933.この頃　　　　　　319
　火災　1978.6.3　　　　　　　　326
春日原始林　〔奈良市〕
　春日原始林火災　1960.4.23　　323
春日公園グラウンド　〔兵庫県尼崎市〕
　熱中症　2004.7.24　　　　　　283
春日部村野上野地区
　山崩れ　1928.7.18　　　　　　237
春日山原始林　〔奈良市春日野町〕
　春日山原始林火災　2003.5.23　333
香住駅(山陰線)
　山陰線列車脱線　1931.1.14　　237
香住町　〔兵庫県城崎郡〕
　火災　1938.5.2　　　　　　　 239
　宝山丸・第2英祥丸悪天候沈没
　　　　1968.2.24　　　　　　　 250
　山陰線回送列車転落　1986.12.28　260
片岡村　〔滋賀県〕
　火災　1940.5.20　　　　　　　 36
堅田駅(湖西線)
　特急が車掌置き去りで発車
　　　　2011.4.16　　　　　　　 60
堅田村　〔滋賀県〕
　赤痢発生　1936.8.26　　　　　 36
交野市　〔大阪府〕
　一酸化炭素中毒　1989.2.26　　137
　住宅火災　2007.1.20　　　　　191
　地下水からダイオキシン
　　　　2010.10.21　　　　　　　211
　岩窟めぐりで死亡　2014.9.20　232
片町線　〔大阪府〕
　片町線快速・乗用車衝突
　　　　1991.8.10　　　　　　　 146
鰹島　〔和歌山県すさみ町〕
　梅屋丸転覆　1966.7.17　　　　352
葛下橋梁　〔奈良県王寺町〕
　鉄道事故　2013.3.22　　　　　340

403

かつら　　　　　　　　　　　　　　地名索引

桂川　〔京都府〕
　桂川が危険水域、嵐山に避難勧告
　　　2013.9.16　　　　　　　　　　105
葛城市　〔奈良県〕
　無洗米にステンレス片混入
　　　2006.10.27〜12.7　　　　　　335
　タクシー客が転落　2013.12.13　　340
かつらぎ町　〔和歌山県伊都郡〕
　トレーラー・和歌山線電車衝突
　　　1991.2.16　　　　　　　　　358
　ワゴン車・大型トラック衝突
　　　1994.6.4　　　　　　　　　　359
　乗用車電柱に激突　1997.10.4　　361
　路上の油でスリップ事故
　　　2014.8.23　　　　　　　　　373
加東郡　〔兵庫県〕
　播丹鉄道線気動車・貨物列車衝突
　　　1939.5.6　　　　　　　　　　240
加東市　〔兵庫県〕
　乗用車が歩行者をはねる
　　　2009.10.30　　　　　　　　　300
　ワゴン車が衝突　2013.7.7　　　312
門真市　〔大阪府〕
　松下電器産業工場火災　1973.12.8　129
　店舗住宅火災　1976.8.16　　　　130
　ゴミ回収車事故　1983.12.5　　　134
　ガス爆発　1990.3.5　　　　　　139
　アパート火災　1990.3.25　　　　140
　倉庫火災　1991.9.8　　　　　　146
　アパート火災　1992.12.2　　　　150
　ガス爆発　1995.4.21　　　　　　154
　倉庫火災　1997.2.13　　　　　　158
　文化住宅全焼　1998.2.3　　　　162
　小学校でノロウイルス感染
　　　2005.5.19　　　　　　　　　182
　小学校の給食で食中毒
　　　2005.11.13〜　　　　　　　185
　住宅全焼　2006.2.11　　　　　　187
　住宅火災　2010.5.3　　　　　　208
　福祉施設でノロ感染　2013.3.19　224

　倉庫火災　2014.8.11　　　　　　232
門真第一清掃工場　〔大阪府門真市〕
　ゴミ回収車事故　1983.12.5　　　134
門真町　〔大阪府北河内郡〕
　松下電器産業門真工場火災
　　　1955.9.1　　　　　　　　　115
金塚派出所　〔大阪府〕
　大阪戦争事件　1969.9.22　　　　124
金屋町　〔和歌山県〕
　新聞店火災　1966.1.28　　　　　352
　地震　2003.8.6　　　　　　　　363
河南町　〔大阪府南河内郡〕
　工場火災　1997.2.7　　　　　　158
　落馬　2006.9.24　　　　　　　　190
　無人カートで事故　2011.4.30　　212
金田変電所
　大阪で局地的雷雨　2012.9.15　　222
川原町ビブレ21　〔京都市中京区〕
　ヘアスプレー缶爆発　1990.5.9　　80
歌舞伎座　〔大阪市南区〕
　歌舞伎座火災　1947.8.7　　　　113
釜ヶ崎　〔大阪市西成区〕
　釜ヶ崎労務者・警官隊衝突
　　　1966.5.28〜30　　　　　　　120
　労働者騒擾　1971.9.11〜13　　　126
　日雇い労働者騒擾　1972.5.28〜30　127
　日雇い労働者騒擾　1974.1.7　　129
　千成ホテル火災　1975.3.10　　　130
神河町　〔兵庫県〕
　給食からカドミウム検出
　　　2010.2.13　　　　　　　　　301
　ススキ群生地火災　2015.3.28　　317
上北山村西原　〔奈良県〕
　土砂崩れ　2007.1.30　　　　　　335
上郡駅(山陽線)
　山陽線列車追突　1944.11.19　　241
上郡町　〔兵庫県赤穂郡〕
　山陽線列車追突　1944.11.19　　241
　マイクロバス転落　1968.10.17　　251

サッカー合宿で食中毒	2008.7.30	294
地震	2013.11.20	314

上新庄駅（阪急電鉄京都線）
バス・電車が二重衝突	1959.1.3	117

上富田町〔和歌山県〕
南紀療育園赤痢集団発生 1968.7月		353
土砂崩れ	2006.7.6	366
建設中の橋の下敷きで死亡 2006.12.13		366
集団感染で入所者死亡	2014.1.24	373

上之郷村〔奈良県磯城郡〕
地割れ	1933.この頃	319

神谷18号トンネル〔和歌山県高野町〕
南海電鉄急行電車火災	1956.5.7	348

亀岡市〔京都府〕
台風7号	1959.8.14	8
台風16号	1960.8.29～30	11
地震	1999.2.12	24
地震	2000.5.16	25
地震	2000.5.20	25
地震	2001.1.26	88
地震	2001.2.9	88
地震	2003.2.6	89
熱中症	2003.9.9	89
民家にパラグライダー衝突 2006.9.30		93
野球部員が熱中症	2009.8.7	97
地震	2010.2.16	207
地震計の誤作動で停止	2012.2.18	102
京都・亀岡登校児童ら死傷事故 2012.4.23		102
介護送迎車とダンプが衝突 2012.5.9		102

亀岡町〔京都府〕
大本教愛善苑本部火災	1950.12.21	67

亀の瀬トンネル(関西線)
地すべり	1932.1月～	111

亀山総合市場
亀山総合市場火災	1982.12.16	258

蒲生郡〔滋賀県〕
桐原小学校火災	1936.7.3	36

蒲生町〔滋賀県蒲生郡〕
トラック追突	1992.8.21	47
名神高速道路多重衝突	1994.8.21	48
名神高速玉突き事故	1995.3.4	49
病院ベッドの柵に首挟まれ死亡 2004.11.2		54

蒲生町立国民健康保険蒲生町病院〔滋賀県蒲生町〕
病院ベッドの柵に首挟まれ死亡 2004.11.2		54

鴨川
豪雨	1941.6.25～28	36,66
豪雨	1951.7.11～12	67
デモ参加者鴨川転落	1953.11.11	68
工事金網倒れ通行人けが	1990.3.12	79
木材チップからセシウム検出 2013.9.17		62

加茂町〔京都府相楽郡〕
乗用車・大型トラック衝突 1990.12.16		80

加悦町〔京都府与謝郡〕
パラグライダー墜落	1996.5.12	85
地震	2000.9.9	88
地震	2001.1.12	26

烏丸五条交差点〔京都市下京区〕
乗用車歩道を暴走	2010.8.7	100

川池小学校〔神戸市〕
神戸市立第1高等女学校・川池小学校火災	1934.1.26	238

河合町〔奈良県北葛城郡〕
濃霧	1974.3.9	326

川上村〔奈良県吉野郡〕
豪雨	1959.8.12～13	8
ヘリコプター墜落	1993.6.5	329
ダムの試験貯水で道路・民家に亀裂	2003.8.1	334

かわし　　　　　　　　　　地名索引

　　大雨　2012.5.2　　　　　　　　　　31
川下川ダム　〔兵庫県宝塚市〕
　　マイクロバス転落　1984.6.1　　259
河瀬踏切(東海道線)
　　東海道線新快速電車・トラック衝
　　　突　1994.2.23　　　　　　　　48
河内国分駅(近畿日本鉄道大阪線)
　　近鉄大阪線特急電車追突
　　　1966.11.2　　　　　　　　　　121
河内長野市　〔大阪府〕
　　南海電車運行中にドア開く
　　　1991.2.8　　　　　　　　　　144
　　作業車脱線　1992.12.10　　　　150
　　バス・乗用車衝突　1994.9.19　154
　　氷塊民家直撃　2001.4.6　　　　169
　　農薬会社研究所で配管破裂
　　　2002.4.4　　　　　　　　　　171
　　集中豪雨　2004.7.25　　　　　178
　　光瀧寺「餅まき」で転落死
　　　2006.1.22　　　　　　　　　187
　　大雨　2008.5.25　　　　　　　　29
　　観覧車の扉が外れて落下
　　　2010.4.17　　　　　　　　　208
　　鉄道車庫停電　2011.6.9　　　　213
　　トンネルの側壁が落下　2013.1.3　223
川月村　〔滋賀県〕
　　海軍偵察機墜落　1935.12.10　　36
川西市　〔兵庫県〕
　　毎日新聞社双発機墜落　1960.4.1　245
　　大阪国際空港騒音被害
　　　1970.この頃　　　　　　　　253
　　ケーブルカー急停止　1973.11.3　255
　　建設現場で塗料缶落下　1990.9.27　263
　　鉄板落下　1991.4.25　　　　　264
　　中国自動車道玉突き事故
　　　1992.10.8　　　　　　　　　267
　　工場火災　1993.6.12　　　　　268
　　トラック・乗用車追突　1995.8.11　269
　　タイヤが外れ作業員直撃
　　　1995.11.9　　　　　　　　　270

　　軽乗用車・トラック追突
　　　1998.6.13　　　　　　　　　276
　　軽乗用車とバイク衝突　2005.3.15　285
　　トラックが乗用車に追突
　　　2005.12.2　　　　　　　　　287
　　踏切事故　2012.4.16　　　　　308
　　軽自動車横転　2013.5.4　　　311
　　豪雨　2014.8.16　　　　　34,315
河西中学校　〔和歌山県和歌山市〕
　　中学で異臭騒ぎ　2014.6.11　　373
川辺町　〔和歌山県〕
　　地震　2000.4.15　　　　　　　362
　　地震　2000.4.28　　　　　　　　25
　　地震　2001.3.23　　　　　　　362
　　地震　2002.2.4　　　　　　　363
神吉村　〔京都府〕
　　山林火災　1941.4.17　　　　　　66
関西空缶工業所　〔大阪市大正区〕
　　消火用炭酸ガス噴出　1997.5.8　159
関西医科大学付属病院　〔大阪府守口市〕
　　関西医大病院患者誤輸血死
　　　1972.3.18　　　　　　　　　126
　　輸血ミスで患者死亡　1997.1.30　158
関西医大
　　ぜん息薬中毒　1978.7月　　　132
関西空港
　　雷雨　2003.8.26　　　　　　　173
関西空港線
　　大雨　2000.11.1～2　　　　　　26
関西国際空港　〔大阪府泉佐野市〕
　　小型タンカー転覆　2000.2.8　　167
　　大雨　2000.11.1～2　　　　　　26
　　異臭　2003.2.7　　　　　　　172
　　機内食に手袋混入　2007.7.25　193
　　日航機が尻餅着陸　2007.10.4　195
　　旅客機が尻もち　2009.10.28　　206
　　コンテナ船と衝突し漁船転覆
　　　2013.2.25　　　　　　　　　224
　　大雪で怪我人続出　2014.2.8　　229

地名索引　　　　　　　　　　き し

エボラ疑い、関空に	2014.11.7	233
関西線		
南海地震	1946.12.21	4
自転車・関西線快速電車衝突		
1998.11.7		332
停電で鉄道運休	2014.1.22	341
濃霧で列車運休	2014.2.3	341
関西大学　〔大阪府吹田市〕		
中核派・革マル派学生衝突		
1971.12.4		126
関西電力		
強風で停電	2004.2.7	175
関西電力宇治発電所		
発電所トンネル拡張現場落盤		
1955.7.10		38
関西電力火力発電所　〔兵庫県尼崎市〕		
関西電力火力発電所爆発	1951.9.9	242
関西電力高砂発電所		
発電所内で作業員死亡	1991.9.19	265
神崎川第三踏切(阪急電鉄神戸線)		
回送電車・乗用車衝突	1997.3.7	159
神崎郡　〔兵庫県〕		
播但線人身事故	1980.4.2	257
環状線(JR)		
高圧電線に接触	2007.6.27	193
関西学院千刈キャンプ　〔兵庫県三田市〕		
大学の宿泊施設で食中毒		
2006.5.27～28		289
関西学院大上ケ原キャンパス　〔兵庫県西宮市〕		
大学で異臭騒動	2004.6.15	283
観音寺　〔和歌山県橋本市〕		
観音寺本堂全焼	1993.6.26	359
観音正寺　〔滋賀県安土町〕		
観音正寺火災	1993.5.22	47
上牧町　〔奈良県北葛城郡〕		
シンナー中毒	1983.1.31	327
地震	1998.6.23	24
バイクと乗用車衝突	2005.8.18	334

| 冠島　〔京都府舞鶴市〕 | | |
| ボート同士が衝突 | 2009.4.7 | 96 |

【き】

紀伊水道　〔和歌山県〕		
海上自衛隊対潜哨戒機墜落		
1962.11.8		351
貨物船・デンマーク船衝突		
1970.7.25		353
パナマ貨物船・第12徳油丸衝突		
1981.3.27		356
地震	1995.12.22	360
地震	1999.3.25	361
地震	2001.3.23	362
貨物船・タンカー衝突	2001.7.14	363
地震	2001.8.10	363
地震	2002.2.4	363
地震	2004.10.27	28
地震	2005.11.1	28
乱気流	2009.11.19	369
地震	2011.10.8	371
紀伊半島		
台風	1896.8.30～31	1
洪水	1896.9.6～16	1
台風	1921.9.25～26	2
ダイナ台風	1952.6.23～24	6
台風15号	1956.9.27	7
台風21号	1990.10.8	22
台風28号	1990.11.30	22
台風26号	1994.9.26	23
地震	2004.9.5	27
岸和田市　〔大阪府〕		
天理教会バス転覆	1956.2.13	116
工場火災	1966.7.3	120
住宅火災	1968.7.22	123
玉突き衝突	1991.8.31	146
住宅火災	1995.6.28	155

407

きしか　　　　　　　　　　　地名索引

乗用車追突　1995.9.3	155
乗用車高速道逆走　1997.1.29	158
紡績工場全焼　1997.7.8	160
地震　1999.7.15	25
地震　1999.8.2	166
だんじりが横転　2002.9.13	171
住宅火災　2003.2.1	172
体育祭の高校生が熱中症	
2005.9.12	184
サルにかまれ重軽傷　2007.6.6～7	193
落雷で鉄道トラブル　2007.7.30	194
ノロウイルスで学級閉鎖	
2008.4.16	198
作業車と乗用車が衝突　2012.2.20	218
救急車と乗用車が接触　2012.8.16	221
コンビニに車が衝突　2013.9.7	227
台風19号　2014.10.13	233

貴志川　〔和歌山県〕
豪雨　1953.7.18～19	347

貴志川町　〔和歌山県〕
地震　1999.11.3	361
地震　2000.12.20	362
地震　2001.2.5	362

吉志部神社　〔大阪府吹田市〕
重文の神社火災　2008.5.23	199

紀州沖　〔和歌山県〕
暴風雨　1886.10.25	343

木津川　〔京都府〕
水難事故相次ぐ　2014.7.30	106

木津川市　〔京都府〕
落雷　2007.3.31	28

木津川飛行場　〔大阪市〕
航空機墜落　1927.4.1	110
航空機追突　1932.5.14	111
日本航空輸送機墜落　1934.1.6	111
韓国訪問機飛行家転落死	
1938.11.26	112

紀勢西線　〔和歌山県日置川町〕
豪雨　1953.7.18～19	347

山林火災　1957.3.21～23	349
紀勢西線ディーゼル機関車転覆	
1969.1.24	353

紀勢線(JR)　〔和歌山県〕
豪雨　1963.5.15～18	13
トラック紀勢線架線接触	
1991.1.19	358
地震　1999.11.3	361
線路上の丸太で脱線　2004.6.2	364
地震　2005.11.1	28
豪雨　2009.7.7	368
降雪　2011.2.15	30
大雨　2011.6.20	370
地震　2011.8.10	371

紀勢東西線
南海地震　1946.12.21	4

木曽川　〔大阪府〕
落雷　1978.7月	132

北伊丹駅(福知山線)　〔兵庫県〕
落雷　2003.8.5	281

北大津高等学校　〔滋賀県大津市〕
スキーバス追突　1993.1.28	47

北神商業学校　〔神戸市〕
北神商業学校火災　1938.2.7	239

北河内郡　〔大阪府〕
京阪電鉄本線準急電車火災	
1949.9.27	113

北近畿豊岡自動車道　〔兵庫県養父市〕
ワゴン車壁衝突　2013.9.2	313

北桑田郡　〔京都府〕
台風7号　1959.8.14	8

北助松駅(南海電鉄本線)
ダンプカー・電車衝突　1960.8.25	118

北田井踏切(京阪本線)
特急電車脱線　2003.8.19	173

北丹後地方
北丹後地震　1927.3.7	65

北日本観光
北日本観光バス転落　1965.10.3	72

地名索引　　　　　　　　きよう

北野異人館　〔神戸市中央区〕
　ゴンドラ宙づり　1991.12.7　　　265
北ノ口踏切(阪急宝塚線)
　踏切事故　2012.10.22　　　222
北野天満宮　〔京都府京都市〕
　北野天満宮火災　1962.6月　　　70
吉祥院下水処理場　〔京都市南区〕
　シンナー中毒　1992.5.2　　　81
キトラ古墳　〔奈良県明日香村〕
　古墳で崩落　2009.8.11　　　337
繖山　〔滋賀県〕
　山林火災　2001.5.19　　　53
紀の川　〔和歌山県〕
　台風　1870.10.12　　　343
　台風　1921.9.25～26　　　2
　乗用車川に転落　1990.3.5　　　358
　川遊びで行方不明　2015.7.26　　　374
紀の川市　〔和歌山県〕
　地震　2007.4.26　　　28
　大雨　2008.5.25　　　29
　川遊びで行方不明　2015.7.26　　　374
城崎温泉
　温泉街で火災　2015.1.3　　　316
城崎郡　〔兵庫県〕
　雪崩　1934.1.26　　　238
城崎町　〔兵庫県城崎郡〕
　飲食店火災　1965.1.7　　　247
　海自対潜哨戒ヘリ墜落　1977.8.10　　　257
木之本町　〔滋賀県伊香郡〕
　北陸道玉突き衝突　1994.2.14　　　48
　住宅火災　1996.4.10　　　50
　ワゴン車・トラック衝突　1998.8.26　　　51
　地震　2003.12.23　　　53
貴船口駅(京福電鉄鞍馬線)
　京福電鉄鞍馬線電車衝突　1964.1.5　　　71
岐阜羽島駅(東海道新幹線)　〔滋賀県〕
　東海道新幹線で停電　2011.12.26　　　60

紀見トンネル　〔和歌山県橋本市〕
　トンネルの側壁が落下　2013.1.3　　　372
キャバレー美人座　〔大阪市南区〕
　キャバレー火災　1954.12.26　　　115
キャバレー百万弗　〔兵庫県尼崎市〕
　店舗火災　1954.12.27　　　243
旧大阪東映会館　〔大阪市北区〕
　ビル解体現場で重機転落
　　2003.12.3　　　174
旧京都市立梅逕小学校講堂　〔京都市左京区〕
　文化財全焼　1999.3.15　　　87
旧庄本踏切　〔大阪府豊中市〕
　軽自動車・阪急電鉄神戸線電車衝
　　突　1995.5.10　　　154
旧政府苑　〔大阪市鶴見区〕
　公衆トイレでメタンガス爆発
　　2000.5.23　　　168
旧天保山桟橋　〔大阪市〕
　芦屋丸追突　1965.8.1　　　119
経ヶ岬(京都府丹後町)　〔京都府〕
　第6太洋丸転覆　1973.3.28　　　76
京田辺市　〔京都府〕
　熱中症で死亡　2005.7.18　　　92
　熱中症　2005.10.1　　　92
　熱中症　2013.6.13　　　32
　降雨と落雷　2013.8.23　　　32
　運送会社で車炎上　2014.10.28　　　107
京丹後市　〔京都府〕
　通学路にトラック突入　2007.10.12　　　94
　軽乗用車が歩行者をはねる
　　2009.12.6　　　98
　トンネル工事で崩落　2013.4.23　　　104
　院内感染で死亡　2014.2.5　　　106
京丹波町　〔京都府〕
　軽乗用車が大型トラックに衝突
　　2008.8.14　　　95
共同屎尿処理場　〔奈良県大和高田市〕
　屎尿処理場建設反対派住民騒擾
　　1966.3.29　　　323

409

きよう　　　　　　　　　地名索引

京都駅
　　東海道線貨客列車衝突　1932.12.19　66
　　見送り客圧死　1934.1.8　66
　　京都駅火災　1950.11.18　67
　　新幹線架線故障　1981.8.15　44
　　修学旅行列車・電気機関車衝突
　　　　1989.10.18　79
　　地震　2000.5.21　88
　　シャッターに挟まれ死亡　2006.3.1　93
　　落雷で新幹線一時停止　2007.8.30　94
　　電車にはねられ死亡　2009.8.27　98
　　バスが追突　2013.3.31　104
京都教育大学付属桃山中　〔京都市伏見区〕
　　運動部員が熱中症　2014.7.18　106
京都区検察庁
　　京都区検察庁火災　1953.4.22　68
京都競馬場　〔京都市伏見区〕
　　京都競馬場落馬事故　1977.11.5　77
京都工芸繊維大学　〔京都府〕
　　京都工芸繊維大学火災　1955.2.11　69
京都国際ホテル　〔京都市中京区〕
　　京都国際ホテル火災　1967.4.5　73
京都御所
　　京都御所火災　1954.8.16　69
京都市　〔京都府〕
　　同志社女学校火災　1927.3.6　65
　　誓願寺火災　1932.9.26　66
　　山林火災　1941.4.17　66
　　ジフテリア予防接種禍　1948.11.4〜　67
　　松竹京都撮影所火災　1950.7.25　67
　　ケイト台風　1951.6.30〜7.2　5
　　デモ参加者鴨川転落　1953.11.11　68
　　京都商業高等学校火災　1953.12.18　68
　　台風7号　1959.8.14　8
　　インフルエンザ死亡　1960.3月〜　70
　　学生デモ隊・警官隊衝突
　　　　1961.5.30〜6.3　70
　　全日本学生自治会総連合学生・警
　　　官隊衝突　1963.5.31　71

新暴力法反対派学生・警官隊衝突
　　　　1964.6.19　72
　　金波ホテル集団赤痢　1966.3月　72
　　観光バス・トラック衝突　1966.7.31　72
　　地震　1966.11.4　73
　　豪雪　1966.12.14　73
　　観光バス・トラック衝突　1967.7.14　73
　　ベ平連・警官隊衝突　1968.8.13　74
　　地震　1970.5.21　17
　　地震　1971.1.7　18
　　地震　1972.8.31　18
　　電話回線埋設現場ガス爆発
　　　　1973.2.8　76
　　歌舞伎俳優フグ中毒死　1975.1.16　76
　　電車衝突　1976.8.10　77
　　住宅火災　1979.5.12　78
　　清掃工場灰崩壊　1979.6.19　78
　　カラオケ騒音　1979.この年　78
　　コレラ患者　1985.6.3　79
　　地震　1990.1.11　22
　　地震　1994.5.28　23
　　地震　1994.6.28　23
　　阪神・淡路大震災　1995.1.17　23
　　地震　1999.2.12　24
　　地震　2001.1.26　88
　　地震　2001.8.25　88
　　地震　2002.1.4　89
　　熱中症　2002.7.24　26
　　地震　2003.2.6　89
　　解熱剤投与で副作用死　2003.3.17　89
　　熱中症　2003.9.9　89
　　肺がん手術で大動脈損傷
　　　　2003.11.20　90
　　タクシーにバイクが接触
　　　　2004.12.26　91
　　仁和寺宿舎から出火　2005.6.19　91
　　パラグライダー墜落　2008.10.25　95
　　練習試合で熱中症　2013.8.8　104
　　ローストビーフに結着剤

2013.11.26	105	工事金網倒れ通行人けが　1990.3.12	79
大雪　2014.2.14	33	食中毒　1990.7.23	80
猛暑続く、熱中症続出　2014.7.26	106	ガス爆発　1992.1.30	81
豪雨　2014.8.16	106	妙蓮寺火災　1993.12.29	82
京都市右京区　〔京都府〕		地震　2000.5.21	88
広隆寺弥勒菩薩像損傷　1960.8.18	70	腹部に手術器具の置き忘れ	
妙心寺火災　1962.9.1	71	2010.2.22	99
双ヶ岡中学校火災　1963.2月	71	住宅・店舗火災　2013.6.17	104
峰山小学校火災　1963.2月	71	水難事故相次ぐ　2014.7.30	106
妙寺火災　1966.5.27	72	喫茶店火災　2015.1.16	107
映画会社オープンセット火災		**京都市北区**　〔京都府〕	
1983.10.22	78	大徳寺火災　1966.7.20	72
住宅火災　1990.12.28	80	ツキノワグマが感電死　2002.9.6	89
工場火災　1995.12.18	84	京料理店で集団食中毒　2004.6.20	90
民宿全焼　1995.12.26	84	父親運転の車に当たり1歳児死亡	
住宅火災　1996.4.2	85	2010.8.16	100
歩道にトラック突入　1996.7.20	85	**京都市京都区**　〔京都府〕	
乗用車衝突　1996.10.12	85	京都区検察庁火災　1953.4.22	68
住宅火災　2005.4.30	91	**京都市交通局**	
逃走中の車が原付に衝突　2005.9.20	92	京都市営電車追突　1968.4.14	73
回転ずし店で食中毒　2010.5.7	99	京都市営電車追突　1968.5.11	74
東映撮影所で火災　2012.5.20	102	京都市営線電車衝突　1972.10.29	75
線路進入の車が電車と衝突		**京都市交通局今出川線**	
2013.1.21	103	京都市電今出川線電車接触	
豪雨　2014.8.16	34,106	1969.10.28	75
ショッピングモールで火災		**京都市左京区**　〔京都府〕	
2014.11.10	107	京都工芸繊維大学火災　1955.2.11	69
京都市営地下鉄烏丸線		観光バス転落　1959.5.14	70
建設工事現場でシンナー中毒		京都大学火災　1962.12.29	71
1995.6.21	84	京都大学工学部火災　1963.8月	71
京都市上京区　〔京都府〕		京都大学紛争　1969.1.21〜9.22	74
国宝金閣寺火災　1950.7.2	67	火災　1970.10.7	75
京都御所火災　1954.8.16	69	平安神宮火災　1976.1.6	77
北野天満宮火災　1962.6月	70	乗用車電柱激突　1978.9.10	77
同志社女子大学火災　1963.1月	71	京都大学火災　1989.5.3	79
立命館大学学生衝突　1969.2.17	74	京大教養部火災　1989.7.3	79
大阪戦争事件　1969.9.22	74	トラック・バス追突　1991.9.2	81
京都市電今出川線電車接触		歩行者はねられ負傷　1991.9.21	81
1969.10.28	75	建設工事現場でシンナー中毒	
梨木神社爆破　1977.1.1	77		

きよう　　　　　　　　　　　地名索引

1995.6.21	84
京大カドミウム混入事件　1998.9.18	86
文化財全焼　1999.3.15	87
エタノール誤注入で患者死亡 2000.2.28	87
寂光院本堂全焼　2000.5.9	87
土産物店のプロパンガス爆発 2002.7.14	89
大学で火災　2004.5.10	90
多剤耐性緑膿菌院内感染　2004.9.2	90
住宅火災　2008.4.6	95
トラに襲われ飼育員死亡　2008.6.7	95
住宅解体作業中に壁が倒壊 2008.7.17	95
エレベーターに挟まれ重傷 2008.12.8	95
旧橋本関雪邸で火災　2009.3.31	96
放射線を当てすぎで歩行障害 2009.5.14	96
心臓手術ミス　2009.7.24	97
アパート火災　2009.9.5	98
高濃度インスリン混入　2009.11月〜	98
コーヒーショップに車突入 2010.2.3	99
医師が結核発症　2010.9.6	100
麻酔薬を誤吸入　2011.1.25	100
医療ミス　2011.11.14	101
課外指導中にプールで溺れる 2012.7.30	103
ノロウイルス集団感染　2012.12.20	103
京都で地震　2014.6.11	106

京都市下京区　〔京都府〕

京阪バス横転　1953.12.21	68
東本願寺集団食中毒　1961.4.23	70
西本願寺事件　1969.9.12	74
東本願寺爆破　1977.11.2	77
修学旅行列車・電気機関車衝突 1989.10.18	79
旅館火災　1990.1.30	79
マイクロバス・トラック衝突 1991.5.25	80

アパート全焼　1996.11.14	85
住宅火災　1998.10.18	87
修学旅行で集団食中毒　2001.6.14	88
酒に異物混入　2004.9.17〜	91
シャッターに挟まれ死亡　2006.3.1	93
拳銃暴発　2006.11.11	93
住宅火災　2007.5.11	94
乗用車が歩道を走行　2009.6.21	97
電車にはねられ死亡　2009.8.27	98
乗用車歩道を暴走　2010.8.7	100
バスが追突　2013.3.31	104

京都市地下鉄東西線

地下鉄工事現場で煙　1995.6.14	83

京都市動物園

トラに襲われ飼育員死亡　2008.6.7	95

京都市中京区　〔京都府〕

旅館火災　1958.4.25	69
壬生寺火災　1962.7.25	70
丹丸市場火災　1963.1.9	71
従業員寮ガス中毒死　1965.4.23	72
京都国際ホテル火災　1967.4.5	73
火災　1981.2.19	78
火災　1990.1.20	79
ヘアスプレー缶爆発　1990.5.9	80
パネル落下　1991.8.20	81
地下鉄工事現場で煙　1995.6.14	83
嵐山本線電車・乗用車衝突 1996.7.3	85
立体駐車場リフトで圧死 1996.12.22	85
旅館火災　1997.12.6	86
地震　1999.6.14	87
地震　2001.2.9	88
店舗兼住宅火災　2001.5.13	88
土産物店にワゴン車突入　2005.5.16	91
工事用のリフト落下　2008.7.26	95
バスが交通事故　2010.1.25	99
居酒屋でガスボンベ爆発　2010.3.25	99
軽トラが自転車に追突　2013.10.2	105

京都市西京区　〔京都府〕

住宅全焼	1995.12.29	84
住宅火災	2002.7.1	89
住宅火災	2007.4.22	94
玉突き衝突	2007.8.5	94
住宅火災	2009.3.31	96
軽トラが幼児をはねる	2009.4.16	96
水道管破裂でガス管損傷 2011.6.20		101

京都市東山区　〔京都府〕

智積院火災	1947.5.17	66
メーデー参加者・警官隊衝突 1952.5.1		68
知恩院権現堂火災	1956.8.7	69
住宅火災	1957.12.7	69
霊雲院火災	1966.5.27	72
日本高速自動車急行バス転覆 1966.7.18		72
トラック分離帯突入	1966.8.3	72
火災	1968.4.11	73
沖縄返還協定調印反対派衝突 1971.6.17		75
台風20号	1972.9.16〜18	18
方広寺火災	1973.3.27	76
建仁寺火災	1973.12.5	76
清水寺火災	1975.10.7	76
ゴミ箱爆破	1975.12.26	77
乗用車横転	1991.1.4	80
長楽寺火災	2008.5.7	95
料理店でノロ食中毒	2010.3.4	99
国重文に車が衝突	2010.9.25	100
「清水の舞台」の支柱破損 2011.6月		100
住宅火災	2011.11.11	101
京都・四条で車が暴走	2012.4.12	102
高台寺で火災	2015.2.17	107

京都市伏見区　〔京都府〕

近畿財務局木幡分工場爆発 1951.10.29		68
消防自動車衝突	1954.10.30	69

神社火災	1977.9.7	77
京都競馬場落馬事故	1977.11.5	77
名神高速多重衝突事故	1991.1.18	80
乗用車暴走	1991.9.20	81
JRバス・大型トラック追突 1991.12.26		81
名神高速33台玉突き事故	1992.9.17	82
名神高速道玉突き事故	1993.3.11	82
名神高速追突事故	1996.3.14	85
麻酔薬大量注射で患者死亡 2003.11.15		90
団地火災	2006.2.18	92
醍醐寺火災	2008.8.24	95
連続不審火	2009.3.2〜4.3	96
突風・豪雨	2009.8.1	97
野焼きが広がり火災	2010.3.15	99
ラグビー部員が熱中症か 2011.9.10		101
ひき逃げ	2011.12.8	102
地震	2013.12.15	105
院内感染で死亡	2014.1.21	106
運動部員が熱中症	2014.7.18	106

京都市南区　〔京都府〕

バス・トラックほか二重追突 1970.8.4		75
乗用車線路暴走	1992.2.5	81
シンナー中毒	1992.5.2	81
火災	1994.3.17	83
住宅火災	1994.3.18	83
乗用車住宅塀に激突	1996.4.1	85
住宅火災	1997.1.13	85
住宅火災	2004.9.2	90
タンクが爆発	2005.4.18	91
製薬工場で爆発	2009.11.16	98
タクシーが歩道を暴走	2013.3.29	104

京都市山科区　〔京都府〕

乗用車ホームに激突	1995.3.23	83
名神高速玉突き衝突	1995.3.29	83
名神高速多重追突	1995.6.7	83

413

きょう　　　　　　　　　地名索引

　　手りゅう弾爆発　1997.5.26　　　86
　　解体車両爆発　1997.8.4　　　　86
　　病院で爆発事故　2004.1.13　　　90
　　透析患者がB型肝炎に感染
　　　2006.8月〜　　　　　　　　　93
　　大型トラックが軽ワゴンに追突
　　　2007.5.23　　　　　　　　　94
　　トラック追突し多重事故
　　　2013.2.26　　　　　　　　　103
　　住宅火災相次ぐ　2014.1.20　　　105
京都縦貫自動車
　　玉突き衝突　2007.8.5　　　　　94
京都商業高等学校
　　京都商業高等学校火災　1953.12.18　68
京都大学
　　京大原爆調査隊員被曝　1945.9.20　66
　　デモ参加者鴨川転落　1953.11.11　68
　　京都大学紛争　1969.1.21〜9.22　74
　　京都大学火災　1989.5.3　　　　79
京都大学医学研究科
　　麻酔薬を誤吸入　2011.1.25　　　100
京都大学医学部
　　大学で火災　2004.5.10　　　　　90
京都大学教養部
　　京大教養部火災　1989.7.3　　　79
京都大学工学部
　　京都大学工学部火災　1963.8月　　71
京都大学農学部
　　京大カドミウム混入事件　1998.9.18　86
京都大学病院
　　エタノール誤注入で患者死亡
　　　2000.2.28　　　　　　　　　87
　　肺がん手術で大動脈損傷
　　　2003.11.20　　　　　　　　　90
　　多剤耐性緑膿菌院内感染　2004.9.2　90
　　放射線を当てすぎで歩行障害
　　　2009.5.14　　　　　　　　　96
　　心臓手術ミス　2009.7.24　　　　97
　　高濃度インスリン混入　2009.11月〜　98
　　医師が結核発症　2010.9.6　　　100

　　医療ミス　2011.11.14　　　　　101
京都大学薬学部
　　京都大学火災　1962.12.29　　　71
京都第二赤十字病院
　　腹部に手術器具の置き忘れ
　　　2010.2.22　　　　　　　　　99
京都帝国大学
　　京都帝国大学火災　1933.12.13　　66
清水寺　〔京都市東山区〕
　　清水寺火災　1975.10.7　　　　76
　　「清水の舞台」の支柱破損
　　　2011.6月　　　　　　　　　100
桐原小学校　〔滋賀県蒲生郡〕
　　桐原小学校火災　1936.7.3　　　36
近畿財務局木幡分工場
　　近畿財務局木幡分工場爆発
　　　1951.10.29　　　　　　　　68
近畿自動車道　〔大阪府,和歌山県〕
　　高速道乗用車逆走　1991.9.15　　358
　　コンテナ落下　1994.1.10　　　152
　　トラック衝突　1996.5.14　　　156
　　近畿自動車道スリップ事故
　　　1998.10.17　　　　　　　　165
近畿大学
　　大雪　2014.2.14　　　　　　　33
近畿日本鉄道大阪線　〔奈良県室生村〕
　　トラック・近鉄電車連続衝突
　　　1966.11.11　　　　　　　　324
近畿日本鉄道奈良線　〔京都府,奈良県〕
　　近鉄奈良線トンネル内火災
　　　1947.4.19　　　　　　　　320
　　近鉄奈良線電車追突　1948.3.31　67
　　近鉄奈良線急行電車爆破　1972.8.2　325
近鉄生駒ケーブル山上線　〔奈良県生駒市〕
　　近鉄線急停車乗客負傷　1980.5.1　326
　　カラスが感電しケーブルカー停止
　　　2004.7.11　　　　　　　　334
近鉄生駒線　〔奈良県平群町〕
　　近鉄電車脱線　1991.12.29　　　328

414

地名索引　　　　　　　　くしも

近鉄大阪線
　軽乗用車・近鉄大阪線特急衝突
　　　1996.4.15　　　　　　　　　330
　近鉄大阪線人身事故　1998.3.11　331
　軽自動車が踏切で柱に衝突
　　　2013.4.15　　　　　　　　　340
近鉄道明寺線
　大雨　1999.6.27　　　　　　　　25
近鉄長野線
　作業車脱線　1992.12.10　　　　150
近鉄奈良線　〔大阪府東大阪市〕
　クレーン車台車暴走　1984.7.26　135
近鉄百貨店　〔大阪市阿倍野区〕
　近鉄百貨店爆破　1974.3.17　　　129
近鉄南大阪線
　近鉄南大阪線人身事故　1998.7.3　164
　地震　2000.8.27　　　　　　　　26
　大阪で局地的雷雨　2012.9.15　　222
近鉄八尾駅　〔大阪府八尾市〕
　歩道橋から投げられ負傷
　　　2007.1.17　　　　　　　　　191
金波ホテル　〔京都府京都市〕
　金波ホテル集団赤痢　1966.3月　　72
金峯山寺二王門参道　〔奈良県吉野町〕
　土産物店火災　2001.7.2　　　　333

【く】

くえ山　〔奈良県西吉野村〕
　山崩れ　1982.8.4　　　　　　　327
草津市　〔滋賀県〕
　小型軽量飛行機墜落　1990.6.10　46
　漁船衝突　1990.10.19　　　　　46
　シンナー爆発　1992.5.7　　　　46
　実験車見物客はねる　1992.9.20　47
　オートバイ橋に衝突　1993.5.1　 47
　プレジャーボート転覆　2000.2.27　52
　保冷車衝突　2005.1.12　　　　　54
　弁当で食中毒　2005.6.21　　　　55
　住宅火災　2013.5.1　　　　　　62
　住宅火災　2014.4.21　　　　　　63
草津パーキングエリア　〔名神高速道路〕
　保冷車衝突　2005.1.12　　　　　54
串本町　〔和歌山県西牟婁郡〕
　第2泊栄丸難破　1934.2.23　　　344
　地震　1946.3.13　　　　　　　346
　南海地震　1946.12.21　　　　　 4
　地震　1946.12.22　　　　　　　346
　地震　1947.1.25　　　　　　　346
　地震　1947.2.18　　　　　　　346
　地震　1947.4.11　　　　　　　346
　地震　1947.7.17　　　　　　　346
　熊野灘地震　1948.6.15　　　　346
　遠洋マグロ漁船3隻遭難
　　　1955.12.16～17　　　　　　348
　貨物船第3正福丸転覆　1958.1.26　349
　漁船運裕丸沈没　1959.1.18　　　350
　漁船沈没　1961.1.27　　　　　351
　洞南丸沈没　1963.6.6　　　　　351
　山林火災　1965.3.12　　　　　352
　第1太功丸転覆　1968.5.13　　　353
　台風7号　1969.8.4～5　　　　　16
　台風29号　1971.9.26　　　　　 18
　低気圧豪雨　1972.1.11～12　　　18
　八丈島東方沖地震　1972.2.29　　18
　台風20号　1972.9.16～18　　　　18
　豪雨　1972.11.14　　　　　　　19
　台風6号　1973.7.21～29　　　　19
　地震　1973.11.25　　　　　　　19
　真畔漁船とリベリア船籍貨物船衝
　　突　1974.4.12　　　　　　　　355
　日本航空旅客機破損　1975.8.10　355
　全日空YS11型機乱気流遭遇
　　　1979.11.4　　　　　　　　　356
　竜巻　1988.9.25　　　　　　　357
　フェリー・貨物船衝突　1989.2.14　357
　ボンベ爆発　1992.8.13　　　　　359

415

くたに　　　　　　地名索引

漁業調査船沈没　2003.3.14	363	
寄生虫で養殖マダイ大量死		
2003.12.13	363	
タンカー同士衝突　2005.7.14	365	
漁船から転落　2005.12.16	365	
竜巻　2006.3.28	366	
地震で津波到達　2009.1.4	368	
海難事故　2011.2.22	370	
猿と間違え発砲　2011.6.26	371	
飲酒運転　2011.12.31	371	
突風　2013.9.15	372	
久谷駅(山陰線)		
雪崩　1934.1.26	238	
朽木村　〔滋賀県〕		
地震　2003.12.23	53	
久斗山小学校　〔兵庫県大庭村〕		
久斗山小学校倒壊　1934.2.8	238	
クボタ堺製造所　〔大阪府堺市〕		
従業員食堂で食中毒　1998.4.6～16	163	
熊取町　〔大阪府泉南郡〕		
工場全焼　1991.3.17	145	
トラック・四駆車追突　1995.12.12	155	
地震　1999.8.2	166	
雷雨　2003.8.26	173	
住宅火災　2009.5.9	204	
熊野大橋　〔和歌山県新宮市〕		
熊野川渡船転覆　1959.6.1	350	
瀞峡観光定期船沈没　1959.6.11	350	
熊野川　〔奈良県,和歌山県〕		
豪雨　1953.7.18～19	321	
熊野川渡船転覆　1959.6.1	350	
瀞峡観光定期船沈没　1959.6.11	350	
熊野交通バス転落　1965.3.2	352	
熊野川町　〔和歌山県〕		
発電所建設現場ダイナマイト爆発		
1960.3.22	350	
地震　2002.1.4	363	
熊野交通　〔和歌山県新宮市〕		
熊野交通バス転落　1965.3.2	352	

熊野古道　〔和歌山県田辺市〕		
土砂崩れ　2015.3.5	374	
熊野灘　〔和歌山県〕		
貨物船遭難　1971.7.4	354	
タンカー同士衝突　2005.7.14	365	
久美浜町　〔京都府〕		
地震　2000.9.9	88	
久御山町　〔京都府〕		
地震　2000.5.21	88	
地震　2003.2.6	89	
軽乗用車とトラック衝突		
2004.12.17	91	
黒田庄町　〔兵庫県〕		
住宅火災　2004.1.26	282	
黒門市場　〔大阪市中央区〕		
店舗火災　2001.8.25	170	
グンゼ綾部本社工場		
グンゼ綾部工場火災　1997.11.27	86	
グンゼ梁瀬工場　〔兵庫県朝来市〕		
工場火災　2015.3.26	317	
栗田駅(宮津線)　〔京都府〕		
宮津線列車脱線　1970.6.15	75	

【け】

蹴上駅(京阪電鉄京津線)		
京阪京津線急行電車脱線		
1968.11.22	74	
京滋バイパス　〔京都府宇治市〕		
乗用車正面衝突　2001.2.10	88	
京滋バイパス玉突き事故　2006.2.13	92	
恵仁会なぎ辻病院　〔京都市山科区〕		
病院で爆発事故　2004.1.13	90	
京阪神地区		
豪雨　1935.7.5～6	3	
台風16号　1960.8.29～30	11	
雷雨　1970.7.24	18	

京阪電鉄石坂線		
東海道本線貨物列車脱線・衝突		
1968.6.27		41
京阪電鉄線		
豪雨　1941.6.25〜28		36,66
京北町　〔京都府〕		
台風16号　1960.8.29〜30		11
地震　2001.1.26		88
地震　2002.1.4		89
劇場「松竹座」　〔大阪市中央区〕		
松竹座建設現場転落事故		
1996.4.19		156
劇場「中座」　〔大阪市中央区〕		
「中座」火災　2002.9.9		171
華厳宗総本山金光明四天王護国寺　〔奈良市〕		
東大寺火災　1947.7.4		321
堅上村峠地区　〔大阪府中河内郡〕		
地すべり　1932.1月〜		111
県営南和住宅　〔奈良県五條市〕		
箱型ブランコでけが　2004.9.20		334
建仁寺禅居庵　〔京都市東山区〕		
建仁寺火災　1973.12.5		76

【こ】

興亜石油大阪油槽所　〔大阪府高石市〕		
興亜石油油槽所爆発　1973.8.23		128
公苑大劇場　〔大阪府枚方市〕		
公苑大劇場火災　1967.8.27		122
甲賀郡　〔滋賀県〕		
井戸水にコレラ菌　1989.9月		45
ゴルフ場汚濁物質　1989.この年		45
甲賀市　〔滋賀県〕		
多重衝突事故　2009.5.8		58
毒キノコで食中毒　2010.10.3		59
停車中にトラック追突　2011.12.17		60
事故処理中に被害者ひく		
2012.12.12		61
玉突き事故　2013.7.17		62
前線停滞で大雨被害　2014.9.6		63
線路に置き石　2015.8.4		64
甲賀町　〔滋賀県甲賀郡〕		
集団登校の列に軽ワゴン車突入		
1996.5.22		50
甲西町　〔滋賀県甲賀郡〕		
工場火災　1980.1.12		43
名神高速多重衝突　1992.12.28		47
軽乗用車・乗用車衝突　1993.6.9		47
名神高速玉突き事故　1995.4.7		49
事故処理中車が追突　1998.12.7		51
江埼灯台　〔兵庫県淡路市〕		
フェリーと漁船衝突　2008.6.20		294
甲子園球場　〔兵庫県西宮市〕		
全国花火大会仕掛花火爆発		
1955.8.28		243
甲子園口駅(東海道線)		
落雷で信号機故障　2003.1.20		281
豪雨・落雷　2008.8.7		294
甲子園市場　〔兵庫県西宮市〕		
甲子園市場全焼　1992.11.20		267
荒神橋　〔京都府京都市〕		
デモ参加者鴨川転落　1953.11.11		68
上月町　〔兵庫県佐用郡〕		
ワゴン車中央分離帯に衝突		
1990.4.29		262
トラック追突　1991.8.15		265
向聖台会当麻病院　〔奈良県当麻町〕		
結核集団感染　2002.2月〜3月		333
公設市場　〔大阪府茨木市〕		
公設市場火災　1952.6.6		114
高台寺　〔京都市東山区〕		
高台寺で火災　2015.2.17		107
光瀧寺　〔大阪府河内長野市〕		
光瀧寺「餅まき」で転落死		
2006.1.22		187
交通科学博物館　〔大阪市港区〕		
天井から金網落下　2008.4.16		198

こうな　　　　　　　　　　地名索引

甲南大学広野総合グラウンド　〔神戸市西区〕
　　大学馬術部が火災　　2014.3.24　　314
鴻池新田駅(片町線)
　　片町線電車発火　　1970.10.7　　125
興福寺　〔奈良市〕
　　興福寺阿修羅像汚損　　1962.12.20　　323
神戸淡路鳴門自動車道　〔兵庫県淡路市〕
　　神戸淡路鳴門自動車道で多重衝突
　　　　事故　　2002.7.11　　280
　　交通事故　　2011.8.11　　305
神戸駅(山陽線)
　　山陽線特急列車・貨物列車衝突
　　　　1927.1.9　　237
　　山陽本線電車火災　　1951.8.2　　242
神戸空港　〔神戸市中央区〕
　　小型機が胴体着陸　　2010.8.23　　303
　　小型機立ち往生　　2011.8.30　　305
神戸クリスタルタワー　〔神戸市中央区〕
　　高層ビル火災　　1993.3.8　　267
神戸刑務所　〔神戸市〕
　　神戸刑務所火災　　1936.1.17　　238
神戸港
　　コレラ発生　　1927.9.1　　237
　　コレラ発生　　1928.9.27　　237
　　白山丸・英国船衝突　　1930.11.6　　237
　　菊水丸・フランス船衝突　　1931.2.9　　237
　　コレラ発生　　1931.8.22　　237
　　コレラ発生　　1932.6.3　　237
　　天然痘発生　　1936.5.11　　239
　　コレラ発生　　1939.9.11　　240
　　輸入黄変米陸揚げ　　1952.12.12　　243
　　機帆貨物船火薬爆発　　1959.3.31　　245
　　タンカー二重衝突　　1967.4.24　　250
　　タンカー・客船衝突　　1967.5.26　　250
　　フェリー衝突　　1972.1.24　　253
　　バナナセンター青酸化合物汚染
　　　　1972.この年　　254
神戸市　〔兵庫県〕
　　地震　　1916.11.26　　236

　　山林火災　　1928.4.19　　237
　　地震　　1928.7.7　　237
　　火災　　1928.9.11　　237
　　神戸市立第1高等女学校・川池小学
　　　　校火災　　1934.1.26　　238
　　山津波　　1935.8.29　　238
　　神戸刑務所火災　　1936.1.17　　238
　　北神商業学校火災　　1938.2.7　　239
　　水害　　1938.7.3～5　　239
　　神有線電車衝突　　1938.8.29　　239
　　市電三重衝突　　1938.12.16　　240
　　干ばつ　　1939.6月～10月　　3
　　神有電鉄線電車脱線　　1944.2.12　　241
　　空襲　　1945.6.5　　241
　　オリエンタルホテル火災
　　　　1950.4.22　　242
　　ジェーン台風　　1950.9.3　　5
　　造船所集団赤痢発生　　1951.12.27　　242
　　神戸市営競輪場火災　　1952.5.30　　243
　　機帆貨物船火薬爆発　　1959.3.31　　245
　　梅雨前線豪雨(36年6月豪雨)
　　　　1961.6.23～7.5　　11
　　渇水　　1962.8月～12月頃　　246
　　住宅火災　　1964.8.17　　247
　　大丸百貨店展望機落下　　1968.3.24　　250
　　栄進化成工場爆発　　1971.3.8　　253
　　光化学スモッグ被害　　1972.7月　　254
　　バナナセンター青酸化合物汚染
　　　　1972.この年　　254
　　六価クロム汚染　　1972.この年　　254
　　火災　　1973.10.11　　254
　　騒音・排気ガス被害　　1976.この頃～　　256
　　下谷上農村舞台火災　　1977.1.23　　256
　　飛行船不時着　　1980.4.23　　257
　　輸入冷凍海老コレラ菌汚染
　　　　1980.6.13　　257
　　電話局コンピューター故障
　　　　1980.10.3　　257
　　乗用車衝突事故　　1982.4.26　　258
　　乗用車電柱激突　　1982.7.26　　258

418

地名索引　　　　　　　　　　　　こうへ

トレーラー横転衝突事故	
1983.11.16	259
女性エイズ患者　1987.1.17	261
阪神・淡路大震災　1995.1.17	23
余震　1995.1.21	269
余震　1995.1.25	23
余震　1995.10.14	24
地震　1999.7.15	25
落雷で電圧低下　2000.5.17	25
結核感染　2001.12月〜	280
熱中症　2002.7.24	26
ゴミ収集車が坂道暴走　2004.9.22	283
地震　2005.2.14	28
工場で爆発　2005.8.14	286
落雷で停電　2007.8.22	28
地震　2008.4.17	29
アーチェリーの矢刺さり重傷	
2008.4.28	293
ホテル食堂で食中毒　2008.9.3〜	295
強風でフェリーあおられる	
2009.1.12	296
新型インフル、国内初感染	
2009.5.16	298
大雨で線路に土砂流入　2010.5.24	302
強風　2013.3.10	31
高層マンション火災　2014.12.6	316

神戸市生田区　〔兵庫県〕

湊川神社大鳥居崩壊　1938.8.30	239
湊川高等実業女学校火災	
1940.5.31	240
住宅火災　1954.11.2	243
神戸ピカデリー劇場火災　1955.9.4	243
店舗火災　1958.6.2	245
中華料理店火災　1964.8.4	247
喫茶店火災　1964.9.11	247
飲食店火災　1965.2.8	247

神戸市営競輪場　〔神戸市〕

神戸市営競輪場火災　1952.5.30	243

神戸市営地下鉄海岸線

地下鉄工事現場土砂崩れ

1999.4.10	277

神戸市北区　〔兵庫県〕

ダンプカー・神戸電鉄三田線普通	
電車衝突　1982.12.10	258
寮火災　1986.7.31	260
マンション火災　1992.7.3	266
ワゴン車暴走　1992.9.10	267
多重衝突　1995.10.18	270
新神戸トンネル追突事故　1996.2.5	271
新神戸トンネル追突事故	
1996.4.24	271
工事現場土砂崩れ　1996.10.4	272
震災仮設住宅全焼　1996.10.22	273
隕石民家直撃　1999.9.26	277
ひき逃げ　2001.6.7	279
卓球台に挟まれ死亡　2004.5.14	282
回送電車脱線　2006.1.22	287
神戸電鉄脱線　2006.2.4	287
乗用車が竹やぶに転落　2006.6.28	289
旅館で食中毒　2006.7.22	289
乗用車同士が正面衝突　2007.4.30	291
玉突き事故　2010.9.5	303
川に車転落　2011.5.31	305
各地で雷雨被害　2012.5.29	308
トラック・乗用車玉突き事故	
2013.6.18	312

神戸市須磨区　〔兵庫県〕

コレラ感染　1963.9.25	246
光ゴム火災　1966.10.24	249
麻酔ミス　1984.6.28	259
玉突き事故　1991.6.28	265
須磨裕厚病院火災　1993.8.14	268
作業場火災　1993.11.10	268
乗用車電柱に激突　1996.2.4	271
山陽新幹線窓ガラス破損	
1997.1.13	273
団地の裏山崩れる　1997.9.17	274
山陽線人身事故　1997.12.22	274
MRSA集団感染　1999.7月	277

419

こうへ　　　　　　　　　　　地名索引

飲酒運転バス運転手が女性をはね
　　る　　2002.8.28　　　　　　　　280
地下汚水槽点検中に死亡
　　2007.4.20　　　　　　　　　　291
住宅火災　2007.11.5　　　　　　　292
エスカレーター事故　2012.4.14　　308
誤投与で乳児の足指壊死
　　2013.6.28　　　　　　　　　　312
大雨　2013.9.4　　　　　　　　　　33
遊具事故で死亡　2014.8.6　　　　　315

神戸市垂水区　〔兵庫県〕
　トラック暴走　1967.8.19　　　　　250
　坑内落盤　1968.9.30　　　　　　　251
　ダイバー死亡　1990.10.27　　　　263
　土木作業車線路に落下　1991.6.1　264
　パトカーに追われ交差点で衝突
　　2005.7.21　　　　　　　　　　286
　4台玉突き衝突　2006.4.5　　　　　288
　3隻玉突き衝突　2008.3.5　　　　　293
　住宅火災　2010.1.28　　　　　　　301
　鉄道事故　2010.12.17　　　　　　304
　コンテナ船、居眠り操舵で事故
　　2011.8.19　　　　　　　　　　305
　乗用車とトレーラーが衝突
　　2012.10.26　　　　　　　　　　309
　熱中症　2013.8.13　　　　　　　　313

神戸質屋協同組合会館　〔神戸市中央区〕
　エレベーター落下　1994.12.7　　269

神戸市中央区　〔兵庫県〕
　暴走族乱闘　1975.5.17〜18　　　 256
　店舗火災　1981.11.12　　　　　　258
　車両火災　1990.3.3　　　　　　　262
　工事用囲い倒れ歩行者がけが
　　1990.3.12　　　　　　　　　　262
　異人館街火災　1992.1.30　　　　　266
　高層ビル火災　1993.3.8　　　　　267
　エレベーター落下　1994.12.7　　269
　東海道線寝台特急・工事用台車衝
　　突　1995.4.2　　　　　　　　　269
　高速の切れ目から乗用車転落

　　1995.6.8　　　　　　　　　　269
　団地火災　1999.3.12　　　　　　　276
　テレホンクラブ放火　2000.3.2　　278
　流行性結膜炎院内感染
　　2000.6.5〜29　　　　　　　　　278
　調整弁ミスで患者が酸欠死
　　2000.10.21　　　　　　　　　　279
　管挿入ミスで乳幼児死亡
　　2003.11.19　　　　　　　　　　281
　有害物質漏洩　2004.11.27　　　　284
　カテーテルで血管損傷　2004.11.30　284
　ホテルで食中毒　2004.12.18　　　284
　観覧車点検中に挟まれ死亡
　　2005.6.9　　　　　　　　　　　286
　食品異物混入　2005.10.4　　　　　287
　栄養剤注入ミスで患者死亡
　　2005.11月　　　　　　　　　　287
　心臓を傷つけ患者死亡　2006.8.2　289
　クレーン倒壊　2007.8.25　　　　　292
　突風で祭りの看板落下　2008.5.18　293
　コンテナ船の係留ロープ切断
　　2009.3.20　　　　　　　　　　297
　コンテナから転落　2009.10.7　　　299
　小型機が胴体着陸　2010.8.23　　　303
　マンション屋上から転落
　　2010.10.10　　　　　　　　　　303
　ノロウイルスで集団食中毒
　　2010.12.25　　　　　　　　　　304
　居酒屋でガス爆発　2012.1.24　　　307
　乗用車が海に転落　2012.9.24　　　309
　鎮痛薬盗難　2014.1.6　　　　　　314
　ビルの足場が崩落　2014.4.3　　　315

神戸市長田区　〔兵庫県〕
　住宅火災　1947.4.21　　　　　　　241
　更生市場火災　1951.10.7　　　　　242
　ゴム工場火災　1954.2.28　　　　　243
　貨客船と貨物船が衝突　1963.2.26　246
　ゴム工場火災　1963.9.25　　　　　246
　燃料・材木販売店火災　1967.1.15　249
　神戸デパート火災　1974.2.18　　　255

地名索引　　　　　　こうへ

重油タンク火災　1990.1.27	262	乗用車横転　1998.10.29	276
住宅火災　1990.9.3	263	山陽新幹線保守用車両追突	
重油タンク爆発　1992.9.13	267	1999.9.27	277
一酸化炭素中毒死　1996.3.4	271	住宅火災　2003.6.2	281
倉庫全焼　1996.9.18	272	凍結路面でスリップ　2005.12.17	287
強風でけが人相次ぐ　1999.4.6	276	地下鉄駅でエレベーター事故	
土砂崩れ　2003.8.15	281	2006.6.20	289
住宅火災　2009.10.13	300	飲料に殺虫成分混入　2008.6.21	294
集合住宅火災　2015.1.20	317	作業用足場が倒壊　2008.8.12	294

神戸市灘区　〔兵庫県〕

灘中学校火災　1938.1.7	239	塩酸移し替え作業でやけど	
乗用車ひき逃げ　1967.8.24	250	2010.8.17	302
一酸化炭素中毒　1981.7.12	258	大学馬術部が火災　2014.3.24	314

神戸市林田区　〔兵庫県〕

阪急電鉄神戸線特急・回送電車衝突　1984.5.5	259	コレラ発生　1937.9.30	239

神戸市東灘区　〔兵庫県〕

ガソリンスタンドガス爆発		乗用車衝突　1972.3.13	253
1990.10.14	263	下水道改良工事現場爆発　1977.2.8	256
トラック・タクシー衝突		積荷のワイヤ落下　1990.7.18	263
1992.8.21	267	ワゴン車ガードレールに衝突	
トラック暴走　1992.8.31	267	1990.7.29	263
乗用車川に転落　1993.6.6	268	乗用車支柱に衝突　1991.7.12	265
トレーラー暴走　1998.3.3	275	阪神高速玉突き事故　1996.1.23	270
神戸大学で結核集団感染		仮設住宅火災　1997.12.6	274
2000.10.6	278	ボート選手集団食中毒　2006.5.20	289
路面凍結で37台衝突　2005.2.1	284	金網ストーブで一酸化炭素中毒	
住宅火災　2005.8.29	286	2007.2.10	291
ダンプカーが大型トラックに追突		不発弾処理　2007.3.4	291
2006.8.24	290	かまぼこに誤って卵混入	
雷雨　2008.7.28	29	2007.10.1	195
ジェットコースター事故		玉突き事故　2009.5.2	297
2013.5.17	311	熱中症で死亡か　2010.8.19	303
観光バスが出火しトンネル火災		大雨　2013.8.25	33
2013.5.31	312	無資格でレントゲン撮影	
酒造会社が不適切表示　2013.11.11	314	2013.11.7	313
		集合住宅火災　2015.2.15	317

神戸市西区　〔兵庫県〕

神戸市兵庫区　〔兵庫県〕

食中毒　1990.10.4	263	住宅火災　1967.2.17	249
玉突き事故　1991.4.30	264	池之坊満月城火災　1968.11.2	251
第2神明道路玉突き事故		福山通運家族寮ガス爆発	
1991.10.24	265	1969.6.15	252
乗用車衝突　1992.7.10	266		

421

こうへ　　　　　　　地名索引

　タンカー・冷凍貨物船衝突
　　　1982.8.10　　　　　　　　　258
　モーターボート・パイロットボート衝突　1987.8.16　　　　261
　爆発事故　1989.4.18　　　　　261
　タンクローリー暴走　1991.7.28　　265
　工場宿舎火災　1992.2.22　　　266
　旅館全焼　1992.3.16　　　　　266
　乗用車側壁に衝突　1997.7.8　274
　地下鉄工事現場土砂崩れ
　　　1999.4.10　　　　　　　　　277
　民家裏山崩れる　1999.5.19　277
　アパート火災　2004.2.18　　　282
　水上バイク爆発　2004.4.11　282
　タグボート沈没　2004.7.22　283
　軽乗用車全焼　2008.6.5　　　294
　海自潜水艦建造中に事故　2008.7.9　294
　踏切事故　2009.1.30　　　　　296
　橋から転落　2009.8.2　　　　299
　玉突き事故　2011.11.30　　　306
　高層住宅火災　2014.9.18　　316
神戸市葺合区〔兵庫県〕
　工場火災　1953.8.5　　　　　243
　神戸製鋼工場従業員集団食中毒
　　　1955.7.27　　　　　　　　　243
　豪雨(42年7月豪雨)　1967.7.8〜10　14
　神戸まつり見物客暴動
　　　1976.5.15〜16　　　　　　256
神戸市立医療センター中央市民病院〔兵庫県〕
　耐性緑膿菌院内感染　2007.9月〜　292
　術後の吸入で医療ミス　2011.7.20　305
神戸市立王子動物園
　ジェットコースター事故
　　　2013.5.17　　　　　　　　　311
神戸市立中央市民病院
　カテーテルで血管損傷　2004.11.30　284
　栄養剤注入ミスで患者死亡
　　　2005.11月　　　　　　　　287
　心臓を傷つけ患者死亡　2006.8.2　289

神戸新交通ポートライナー
　落雷で停電　2007.8.22　　　　28
神戸製鋼
　神戸製鋼工場従業員集団食中毒
　　　1955.7.27　　　　　　　　　243
神戸製鋼所加古川製鉄所〔兵庫県加古川市〕
　脱水症状で死亡　1995.8.19　269
神戸赤十字病院
　鎮痛薬盗難　2014.1.6　　　　314
神戸大学医学部付属病院〔神戸市中央区〕
　流行性結膜炎院内感染
　　　2000.6.5〜29　　　　　　278
　調整弁ミスで患者が酸欠死
　　　2000.10.21　　　　　　　　279
　点滴薬を誤投与　2003.10.9　281
　管挿入ミスで乳幼児死亡
　　　2003.11.19　　　　　　　　281
神戸大学深江キャンパス〔神戸市東灘区〕
　ボート選手集団食中毒　2006.5.20　289
神戸デパート〔神戸市長田区〕
　神戸デパート火災　1974.2.18　255
神戸電鉄
　大雨で線路に土砂流入　2010.5.24　302
神戸電鉄有馬線
　回送電車脱線　2006.1.22　　287
　神戸電鉄脱線　2006.2.4　　　287
神戸電鉄粟生線〔兵庫県小野市〕
　乗用車踏切遮断機に衝突
　　　1995.11.14　　　　　　　　270
神戸トンネル(山陽新幹線)
　ATC誤作動　1977.3.23　　　256
神戸バナナセンター
　バナナセンター青酸化合物汚染
　　　1972.この年　　　　　　　254
神戸ピカデリー劇場〔神戸市生田区〕
　神戸ピカデリー劇場火災　1955.9.4　243
神戸ポートピアランド
　観覧車点検中に挟まれ死亡
　　　2005.6.9　　　　　　　　　286

422

高野口町　〔和歌山県伊都郡〕		突　1967.6.29	41
大型トラック・軽乗用車衝突		香里園駅(京阪電鉄本線)	
1997.2.12	360	京阪電鉄本線準急電車火災	
高野山　〔和歌山県高野町〕		1949.9.27	113
高野山火災　1933.6.29	344	広隆寺　〔京都府京都市〕	
高野山光台院　〔和歌山県高野町〕		広隆寺弥勒菩薩像損傷　1960.8.18	70
高野山光台院火災　1963.4.11	351	江若鉄道	
高野山金剛峯寺　〔和歌山県高野町〕		江若鉄道バス・ダンプカー衝突	
高野山奥の院火災　1962.1.26	351	1964.1.28	40
高野山正智院　〔和歌山県高野町〕		粉河町　〔和歌山県〕	
正智院火災　1938.6.23	345	乗用車・大型タンクローリー衝突	
高野山別格本山一乗院　〔和歌山県高野町〕		1986.9.13	357
高野山一乗院火災　1932.5.頃	344	地震　2003.3.23	363
高野山明王院　〔和歌山県高野町〕		小川村　〔和歌山県東牟婁郡〕	
高野山明王院火災　1952.5.2	347	山林火災　1943.3.16～18	345
高野町　〔和歌山県伊都郡〕		国道1号　〔京都府,大阪府,滋賀県〕	
高野山一乗院火災　1932.5.頃	344	京阪京津線急行電車脱線	
高野山火災　1933.6.29	344	1968.11.22	74
正智院火災　1938.6.23	345	玉突き事故　1990.4.14	140
高野山明王院火災　1952.5.2	347	マイクロバス・トラック衝突	
南海電鉄急行電車火災　1956.5.7	348	1991.5.25	80
バス転落　1959.1.1	349	玉突き事故　1993.2.5	150
高野山奥の院火災　1962.1.26	351	軽乗用車・乗用車衝突　1993.6.9	47
高野山光台院火災　1963.4.11	351	道路陥没　2010.12.3	59
金剛峯寺火災　1988.4.18	357	トラック追突し多重事故	
金剛峯寺火災　1988.7.15	357	2013.2.26	103
宿坊寺院火災　1992.2.12	359	国道2号　〔兵庫県〕	
ガス爆発　1993.5.23	359	トラック暴走　1967.8.19	250
土砂崩れ　2003.2.24	363	ワゴン車ガードレールに衝突	
上池院宿坊火災　2003.4.4	363	1990.7.29	263
向陽高等学校　〔和歌山県和歌山市〕		パトカーがバイクに衝突　2006.6.2	289
向陽高等学校火災　1958.5.21	349	国道で交通事故　2008.8.22	295
光洋紡績　〔奈良県天理市〕		乗用車同士が衝突炎上　2008.10.22	295
光洋紡績火災　1966.5.22	324	乗用車とトレーラーが衝突	
甲良駅(近江鉄道本線)		2012.10.26	309
ダンプカー・近江鉄道本線電車衝		国道8号　〔滋賀県〕	
突　1967.6.29	41	乗用車・大型トラック衝突	
甲良町　〔滋賀県犬上郡〕		1986.2.28	45
ダンプカー・近江鉄道本線電車衝		乗用車・大型トラック衝突	
		1993.12.5	48
		玉突き衝突　1996.3.18	50

こくと　　　　　　　　　地名索引

ワゴン車・トラック衝突　1998.8.26　51
国道9号　〔京都府, 兵庫県〕
　乗用車標識に激突　1995.7.4　84
　ワゴン車・トラック衝突
　　　1996.9.29　272
　観光バス・乗用車衝突　1997.12.4　86
国道21号
　乗用車がトラックと正面衝突
　　　2005.8.17　55
国道24号　〔京都府, 和歌山県〕
　修学旅行バス・ダンプカー衝突
　　　1966.9.22　73
　ミキサー車・観光バス接触
　　　1974.10.28　76
　乗用車・大型タンクローリー衝突
　　　1986.9.13　357
　多重衝突　1993.12.18　359
　ワゴン車・大型トラック衝突
　　　1994.6.4　359
　大型トラック・軽乗用車衝突
　　　1997.2.12　360
　乗用車・コンクリートミキサー衝突
　　　1997.6.24　86
　乗用車電柱に激突　1997.10.4　361
　軽乗用車とトラック衝突
　　　2004.12.17　91
　ガソリンスタンドに乗用車衝突
　　　2006.9.3　366
　自殺志願の男に車奪われ衝突死
　　　2006.11.18　93
国道25号　〔大阪府, 奈良県〕
　乗用車・ゴミ収集車追突　1994.1.7　152
　多重衝突事故　1994.4.16　329
　乗用車・トラック衝突　1996.2.6　330
　自転車に路線バスが衝突
　　　2004.5.13　177
　市バスとトレーラーなど衝突
　　　2005.6.29　183
　トラックの鉄扉が直撃　2007.7.2　336
　乗用車が歩道に突っ込む　2009.4.1　203
　タンクローリーが突っ込む

　　　2011.5.12　213
　飲酒運転　2012.7.19　339
　タクシーが逆走して衝突
　　　2013.10.6　227
国道26号　〔大阪府〕
　乗用車・トラック衝突　1967.6.6　121
　玉突き衝突　1991.8.31　146
　大型トラックレストランに突入
　　　1995.9.4　155
　オートバイ・タクシー衝突
　　　1998.9.6　164
　乗用車同士衝突　2004.9.20　178
　救急車と乗用車が接触　2012.8.16　221
国道28号　〔兵庫県〕
　淡路交通バス・トラック衝突
　　　1966.8.19　249
国道42号　〔和歌山県〕
　観光バス転落　1961.1.10　351
　交通事故　1980.5.19　356
　乗用車転落　1988.5.5　357
　乗用車正面衝突　1996.1.13　360
　ワゴン車がガードレールに衝突
　　　2009.3.2　368
国道43号　〔兵庫県〕
　騒音公害　1974.この年　255
　騒音・排気ガス被害　1976.この頃～　256
　乗用車支柱に衝突　1991.7.12　265
　マイクロバス・乗用車衝突
　　　1991.8.9　265
　トラック暴走　1992.8.31　267
　路面凍結で37台衝突　2005.2.1　284
国道161号　〔滋賀県〕
　トラック衝突　1990.11.2　46
　乗用車衝突　1991.8.17　46
　スキーバス追突　1993.1.28　47
　ワゴン車がトラックに衝突
　　　2006.7.2　56
　トレーラーとトラック衝突
　　　2007.11.7　57
　国道で5台絡む事故　2008.12.27　58

424

地名索引　　　　　　　　こくと

国道161号志賀バイパス〔滋賀県〕
　トラックに挟まれ乗用車が大破
　　　2012.9.26　　　　　　　61
　軽トラックと乗用車衝突　2005.8.6　55
国道161号高島バイパス〔滋賀県〕
　トレーラー衝突炎上　1993.3.17　47
国道163号〔京都府,大阪府,奈良県〕
　ワゴン車・ごみ収集車追突
　　　1990.4.14　　　　　　　140
　乗用車・大型トラック衝突
　　　1990.12.16　　　　　　　80
国道163号交差点〔京都府,大阪府,奈良県〕
　パトカー・乗用車衝突　1992.1.8　329
国道165号〔大阪府〕
　プロパンガス爆発事故　1994.5.9　153
国道166号〔奈良県〕
　土砂崩れ　2012.3.2　　　　　339
国道168号〔奈良県,和歌山県〕
　熊野交通バス転落　1965.3.2　352
　乗用車転落　1967.2.11　　　324
　タクシー落石損壊　1976.5.8　326
国道169号〔奈良県〕
　土砂崩れ　2007.1.30　　　　335
　大雨　2011.6.20　　　　　　339
国道169号交差点〔奈良県〕
　酒気帯び運転で衝突　2007.2.4　336
国道170号〔大阪府〕
　多重衝突事故　1991.1.13　　144
　乗用車衝突　1996.8.26　　　157
　乗用車が軽乗用車と正面衝突
　　　2004.12.4　　　　　　　179
　国道で玉突き事故　2006.3.14　188
　国道に小型機墜落　2008.8.19　200
　6キロ引きずりひき逃げ
　　　2008.11.16　　　　　　　202
国道171号〔大阪府,兵庫県〕
　大型トラック・ワゴン車衝突
　　　1991.3.7　　　　　　　264
　大型トラック・ワゴン車衝突
　　　1992.4.16　　　　　　　149

　バキュームカー・バス衝突
　　　1993.6.9　　　　　　　151
　妊婦搬送遅れ救急車が事故
　　　2007.8.29　　　　　　　194
　タンクローリーと車が衝突
　　　2011.6.13　　　　　　　214
　玉突き事故　2012.1.27　　　307
国道175号〔兵庫県〕
　乗用車衝突　1974.4.2　　　　255
　逃走中に衝突・炎上　2005.7.19　286
　ワゴン車が衝突　2013.7.7　　312
国道176号〔京都府,大阪府,兵庫県〕
　ワゴン車・乗用車衝突　1990.1.17　138
　トラックが追突　2005.9.8　　286
　パトカーに追われひき逃げ
　　　2005.11.26　　　　　　　185
　乗用車横転　2013.3.7　　　　103
国道178号〔京都府〕
　乗用車衝突炎上　1992.5.31　　81
国道250号
　乗用車衝突　1991.7.16　　　265
国道307号〔京都府,滋賀県〕
　多重衝突事故　1994.1.17　　48
　タイヤ脱落しトラックに衝突
　　　2004.5.21　　　　　　　90
　事故処理中に被害者ひく
　　　2012.12.12　　　　　　　61
国道308号〔奈良県〕
　路線バスとワゴン車衝突
　　　2006.11.24　　　　　　　335
国道309号〔大阪府〕
　軽乗用車標識柱に激突　1990.2.9　139
　トラック衝突・炎上でガス発生
　　　2000.3.9　　　　　　　332
国道310号〔大阪府〕
　バスと駐留軍トラック正面衝突
　　　1954.10.26　　　　　　　115
　タクシーと飲酒乗用車正面衝突
　　　2008.6.18　　　　　　　199
国道311号〔和歌山県〕
　乗用車転落　1990.11.4　　　358

425

こくと　　　　　　　　　　地名索引

国道312号　〔京都府, 兵庫県〕
　玉突き事故　1990.7.22　　　　　　263
　通学路にトラック突入　2007.10.12　94
　軽乗用車が歩行者をはねる
　　2009.12.6　　　　　　　　　　　98
国道365号
　雪崩　2005.12.14　　　　　　　　 55
国道367号　〔京都府〕
　タクシーにバイクが接触
　　2004.12.26　　　　　　　　　　 91
国道369号　〔奈良県〕
　トンネル内で正面衝突　2008.1.19　336
国道371号　〔和歌山県〕
　トンネルの側壁が落下　2013.1.3　 372
国道423号　〔大阪府〕
　乗用車街路樹に激突　1991.1.29　　144
　作業員圧死　1992.7.18　　　　　　149
　乗用車・トラック追突　1998.11.11　165
　走行中のトラックから脱輪
　　2006.12.22　　　　　　　　　　191
国道427号　〔兵庫県〕
　突風・豪雨　2009.8.1　　　　　　298
国道428号　〔兵庫県〕
　工事現場土砂崩れ　1996.10.4　　　272
　軽乗用車全焼　2008.6.5　　　　　294
国道479号　〔大阪府〕
　ミニバイク・乗用車衝突
　　1998.7.28　　　　　　　　　　 164
　歩道に車が乗り上げ歩行者死亡
　　2004.4.5　　　　　　　　　　　176
国保橋本市民病院　〔和歌山県橋本市〕
　カテーテルで心臓血管を傷つける
　　1999.4月　　　　　　　　　　　361
小雲取越　〔和歌山県 熊野古道〕
　土砂崩れ　2015.3.5　　　　　　　374
国立神戸病院　〔神戸市須磨区〕
　MRSA集団感染　1999.7月　　　　 277
国立循環器病センター　〔大阪府吹田市〕
　循環器病センター発煙騒ぎ
　　1990.7.27　　　　　　　　　　 142

心臓手術ミスで6歳死亡
　　1999.11月　　　　　　　　　　 166
国立病院機構大阪医療センター　〔大阪市中央区〕
　耐性菌で院内感染　2014.3.20　　　230
国立八日市病院
　国立病院患者麻酔注射死亡
　　1971.この頃　　　　　　　　　　 42
国立療養所紫香楽病院　〔滋賀県〕
　感染性胃腸炎院内感染　2004.1.19　 53
古座川　〔和歌山県古座川町〕
　増水の川で流される　2012.7.20　　371
古座川町　〔和歌山県東牟婁郡〕
　オート三輪転落　1958.11.17　　　 349
　山林火災　1965.3.12　　　　　　　352
　工事現場土砂崩れ　1996.10.5　　　360
　増水の川で流される　2012.7.20　　371
古座高等学校　〔和歌山県東牟婁郡〕
　古座高等学校火災　1958.4.20　　　349
古座町　〔和歌山県東牟婁郡〕
　観光バス転落　1961.1.10　　　　　351
湖州道路　〔滋賀県安曇川町〕
　多重衝突事故　1993.8.22　　　　　 48
五條駅(和歌山線)
　貨物列車待合室突入　1949.1.14　　321
五條市　〔奈良県〕
　五條中学校火災　1964.11.29　　　 323
　箱型ブランコでけが　2004.9.20　　334
　鳥インフルエンザ　2011.2.28　　　338
　大雨で住宅浸水相次ぐ　2013.6.26　 32
　水難事故相次ぐ　2014.7.6　　　　341
五條中学校　〔奈良県五條市〕
　五條中学校火災　1964.11.29　　　 323
五條町　〔奈良県〕
　貨物列車待合室突入　1949.1.14　　321
御所高等学校　〔奈良県御所市〕
　御所高等学校火災　1958.4.17　　　322
御所通踏切(和田岬線)
　踏切事故　2009.1.30　　　　　　　296

地名索引　　　　　　　　さいた

湖西線　〔滋賀県志賀町〕
　JR湖西線人身事故　1998.3.1　　51
　強風で列車遅延　2006.11.24　　56
湖西地方　〔滋賀県〕
　豪雨　1936.7.2～3　　36
湖西道路　〔滋賀県大津市〕
　ワゴン車がトラックに衝突
　　2006.7.2　　56
　国道で5台絡む事故　2008.12.27　　58
御所市　〔奈良県〕
　御所高等学校火災　1958.4.17　　322
　住宅火災　1998.4.6　　331
　トラック衝突・炎上でガス発生
　　2000.3.9　　332
　無許可工事で古墳破壊
　　2009.11.1～　　337
　住宅火災　2014.7.30　　341
巨勢山古墳群　〔奈良県御所市〕
　無許可工事で古墳破壊
　　2009.11.1～　　337
小曽根道踏切(阪神本線)
　踏切で車椅子脱輪　2007.3.24　　291
東向日町駅(阪急電鉄京都線)
　乗用車・阪急京都線電車衝突
　　1970.2.23　　75
湖東町　〔滋賀県〕
　名神高速道路玉突き事故　1989.1.28　　45
寿町南郷山踏切(阪急電鉄神戸線)
　バス・阪急神戸線電車衝突
　　1965.7.26　　248
湖南市　〔滋賀県〕
　硫化水素自殺に巻き添え　2008.4.24　　57
　名神で玉突き　2008.11.30　　57
　道路陥没　2010.12.3　　59
　住宅火災で3人死亡　2012.5.28　　60
　豪雨で増水　2015.8.6　　64
御坊市　〔和歌山県〕
　台風17号　1958.8.25～26　　8
　二酸化炭素中毒死　1961.5.6　　351
　火災　1964.12.12　　351

　交通事故　1980.5.19　　356
　乗用車転落　1988.5.5　　357
　パチンコ店で客将棋倒し
　　1996.12.23　　360
　地震　2002.2.4　　363
　雷雨　2006.9.6　　366
　山林火災　2010.11.16　　369
　地震　2011.10.8　　371
　大雨　2012.6.21～　　31
胡麻駅(山陰線)
　山陰線列車に倒木　1990.10.8　　80
駒ヶ崎　〔和歌山県那智勝浦町〕
　楽穂丸・山福丸衝突　1971.7.4　　354
駒ヶ谷駅(近畿日本鉄道大阪線)
　ダンプカー・急行電車衝突
　　1966.12.19　　121
狛田駅(近畿日本鉄道京都線)
　トラック・近鉄京都線列車衝突
　　1973.5.21　　76
小松商店街　〔大阪市東淀川区〕
　店舗火災　1997.6.12　　160
金剛峯寺　〔和歌山県高野町〕
　金剛峯寺火災　1988.4.18　　357
　金剛峯寺火災　1988.7.15　　357
　宿坊寺院火災　1992.2.12　　359
誉田八幡宮　〔大阪府羽曳野市〕
　誉田八幡宮火災　1997.8.17　　160

【さ】

西院間駅(阪急京都線)
　線路進入の車が電車と衝突
　　2013.1.21　　103
済生会吹田病院　〔吹田市〕
　汚染血液輸血で患者死亡
　　2003.9月　　174
西大寺　〔奈良市西大寺芝町〕
　西大寺火災　1984.1.21　　327

427

西大寺駅(近鉄線)
 バス・近鉄線電車衝突　1932.1月　319
堺市　〔大阪府〕
 水族館火災　1935.3.27　111
 住宅火災　1955.2.21　115
 BCG誤接種　1958.5.29　117
 住宅火災　1965.1.12　119
 和泉川丸火災　1968.12.2　123
 住宅花火爆発　1969.6.16　124
 珪酸粉汚染　1970.9.30～10.1　125
 日立造船タンカー発火　1972.10.21　127
 ゼネラル石油製油所爆発
  1973.3.30　128
 トラック・回送電車衝突
  1979.12.8　133
 ダイセル化学工業爆発　1982.8.22　134
 乗用車・ダンプカー衝突　1988.3.6　136
 ガスタンク爆発　1989.1.15　137
 大阪ガス堺製造所廃液タンク火災
  1990.2.2　139
 自転車部品工場火災　1990.7.21　141
 乗用車暴走　1990.7.30　142
 プラスチック工場全焼　1990.8.31　142
 結婚式場で食中毒　1990.9.2　142
 製薬所工場爆発　1990.10.15　143
 水道管破裂　1991.1.23　144
 有毒ガス中毒　1991.2.19　145
 水道工事現場土砂崩れ　1991.3.18　145
 宇部興産堺工場火災　1991.9.25　147
 壁倒壊　1992.4.25　149
 ガス爆発　1994.4.19　153
 南海バス・ダンプカー衝突
  1995.4.15　154
 ガス爆発　1995.12.13　155
 O157大量感染　1996.7.13　157
 工事現場火災　1997.1.9　157
 陵南中学校火災　1997.1.28　158
 マンションガス爆発　1997.4.24　159
 マーケット全焼　1997.7.18　160

 住宅火災　1998.1.19　162
 自転車・阪和線快速衝突　1998.3.2　162
 従業員食堂で食中毒　1998.4.6～16　163
 トラック追突　1998.7.23　164
 オートバイ・タクシー衝突
  1998.9.6　164
 セラチア菌院内感染
  2000.5月～7月　168
 異臭　2003.2.7　172
 汚染血液輸血で患者死亡
  2003.9.23　174
 マンション火災　2003.11.28　174
 強風で停電　2004.2.7　175
 大学倉庫で火災　2004.4.26　176
 遊興施設で異臭騒動　2004.5.3　176
 マンション火災　2004.5.18　177
 乗用車同士衝突　2004.9.20　178
 だんじり祭りの地車が横転
  2004.10.9　178
 逆走乗用車がタクシーと衝突
  2005.3.30　181
 調理実習で食中毒　2005.12.9　186
 鉄板の下敷きで作業員死亡
  2006.2.17　187
 大雨　2008.9.6　200
 漁船と貨物船が衝突　2011.7.31　214
 大阪で局地的雷雨　2012.9.15　222
 マンションから転落　2013.11.25　228
 スリップ事故　2014.12.29　234
堺市北区　〔大阪府〕
 車が衝突しガス漏れ　2011.6.16　214
 パトカー追跡の乗用車が衝突
  2011.12.17　216
 校舎工事でアスベスト飛散
  2012.12.6　223
堺市堺区　〔大阪府〕
 検問突破の車と衝突　2007.7.28　194
 ヘリコプター墜落　2007.10.27　196
 硫化水素自殺に巻き添え
  2008.6.16　199

地名索引　　　　　　　　　ささや

アパート火災　2009.8.3　　　　205
工場内溶解炉爆発　2013.4.9　　224
堺市中区　〔大阪府〕
　阪和道で乗用車3台が衝突
　　　2007.1.26　　　　　　　191
　トレーラーがバイクと衝突
　　　2007.11.7　　　　　　　196
　タンクローリーが追突　2010.8.23　210
　団地火災　2010.10.22　　　　211
　転落事故　2011.10.12　　　　216
　相次ぐ火災　2012.1.6～　　216,306
堺市西区　〔大阪府〕
　石油製油工場火災　2006.4.10　188
　タイヤ破裂の風圧で男児重傷
　　　2006.11.30　　　　　　　190
　工場でガス漏れ　2011.1.11　　211
　多重衝突事故　2011.9.19　　　215
堺市南区　〔大阪府〕
　トラックのタイヤ脱落で乗用車追
　　突　2006.6.6　　　　　　　189
　軽飛行機が壁に衝突　2006.6.16　189
　作業中に土砂崩落　2007.6.23　　193
　校内で児童をひき逃げ　2011.3.8　212
　複数台にはねられ、男性死亡
　　　2012.3.14　　　　　　　218
堺市立水族館
　水族館火災　1935.3.27　　　　111
堺市立日高少年自然の家　〔和歌山県日高町〕
　小学生らノロウイルス感染
　　　2004.5.20～21　　　　　364
堺泉北港助松ふ頭　〔大阪府高石市〕
　中古車から放射線検出　2011.7.13　214
堺泉北臨海工業地帯
　製薬所工場爆発　1990.10.15　　143
堺・泉北臨海コンビナート
　廃液タンク炎上　1993.9.5　　　152
堺市耳原町　〔大阪府〕
　バスと駐留軍トラック正面衝突
　　　1954.10.26　　　　　　　115

栄駅(神戸電鉄)
　ダンプカー・神戸電鉄電車衝突
　　　1977.3.12　　　　　　　256
嵯峨谷第2踏切(和歌山線)
　トレーラー・和歌山線電車衝突
　　　1991.2.16　　　　　　　358
坂田郡　〔滋賀県〕
　名古屋飛行学校機墜落　1938.1.9　36
坂本町　〔滋賀県〕
　全但交通バス・京阪バス衝突
　　　1960.7.24　　　　　　　39
坂本村　〔滋賀県〕
　延暦寺安楽律院火災　1949.12.22　37
桜井市　〔奈良県〕
　工場火災　1972.7.20　　　　　325
　長谷寺火災　1972.9.17　　　　325
　製材所火災　1996.8.21　　　　330
　ノロウイルス感染　2013.1.3～30　340
　ダイオキシンの基準値超える
　　　2014.8.28　　　　　　　341
桜井線(JR)　〔奈良県〕
　ダンプカー・桜井線電車衝突
　　　1989.11.7　　　　　　　328
　桜井線電車・トラック衝突
　　　1990.10.30　　　　　　328
　桜井線電車・マイクロバス衝突
　　　1992.2.10　　　　　　　329
　桜井線電車・軽乗用車衝突
　　　1996.2.24　　　　　　　330
桜井谷小学校　〔大阪府豊中市〕
　桜井谷小学校火災　1953.5.19　　114
　乗用車が児童の列に突っ込む
　　　2015.5.20　　　　　　　234
桜井町谷新町　〔奈良県〕
　桜井町大火　1955.7.16　　　　322
篠山市　〔兵庫県〕
　熱中症　2004.7.30　　　　　　283
　校舎から転落して女児死亡
　　　2010.6.2　　　　　　　 302
　強風で車が飛ばされ重軽傷
　　　2013.8.23　　　　　　　313

429

さつき　　地名索引

五月橋サービスエリア〔名阪国道〕
　乗用車分岐壁に激突　1991.5.9　　328
佐野漁港〔大阪府泉佐野市〕
　車が転落、親子が死亡　2014.10.14　233
狭山町〔大阪府南河内郡〕
　異常渇水　1964.7月　　119
佐用共立病院〔兵庫県佐用町〕
　寝たきりの患者が骨折　2009.3.21　297
佐用町〔兵庫県佐用郡〕
　2階建てバス横転　1986.7.12　260
　軌道車衝突　1992.4.2　　266
　寝たきりの患者が骨折　2009.3.21　297
　台風9号　2009.8.10　　299
　トラック追突事故　2011.7.20　305
　相次ぐ火災　2012.1.6～　306
猿谷ダム〔奈良県大塔村〕
　猿谷ダム異常放水　1969.6.9　324
山陰本線
　地震　1943.3.5　　4
　大雨　2000.11.1～2　26
　近畿地方で大雨　2010.7.3　30
　大雪　2012.1.23～　30
三箇牧小学校〔大阪府高槻市〕
　三箇牧小学校全焼　1990.2.22　139
産業道路踏切(阪急電鉄京都線)
　阪急京都線電車・乗用車衝突
　　1991.4.29　　145
　乗用車・急行電車衝突　1991.10.11　147
参宮線
　南海地震　1946.12.21　　4
山上ヶ岳〔奈良県天川村〕
　台風7号　1962.7.27　　12
　ヘリコプター墜落　1986.5.7　328
三田駅(福知山線)
　イノシシ親子が特急に衝突
　　2006.9.17　　290
三田市〔兵庫県〕
　教諭落雷死　1970.9.22　　252
　地震　1999.6.14　　277

　地震　2000.5.16　　25
　落雷　2003.8.5　　281
　大学の宿泊施設で食中毒
　　2006.5.27～28　　289
　電車にイノシシが衝突　2009.9.27　299
　地震　2010.2.16　　207
　強風・豪雨　2010.5.23～24　29
　だんじりで女性死亡　2014.10.5　316
山東町〔滋賀県坂田郡〕
　衝突事故　1984.1.13　　44
　名神高速道路玉突き事故　1997.11.3　51
三ノ宮駅(JR)
　工事用囲い倒れ歩行者けが
　　1990.3.12　　262
三宮駅(国鉄)
　暴走族乱闘　1975.5.17～18　256
三本松駅(近畿日本鉄道大阪線)
　トラック・近鉄電車連続衝突
　　1966.11.11　　324
三昧田踏切(桜井線)
　桜井線電車・マイクロバス衝突
　　1992.2.10　　329
山陽自動車道〔兵庫県〕
　山陽道衝突炎上事故　1995.6.26　269
　山陽自動車道玉突き事故
　　1996.6.11　　272
　タンクローリー横転　1997.8.25　274
　山陽道玉突き事故　1997.11.30　274
　トラックと乗用車玉突き　2004.8.7　283
　トラック追突　2006.2.23　　288
　横転トラックに衝突　2006.4.11　288
　御立トンネル追突事故　2010.5.4　302
　玉突き事故　2010.9.5　　303
　高速で横転　2013.2.2　　310
　トラック・乗用車玉突き事故
　　2013.6.18　　312
　玉突き事故でけが　2014.4.18　315
　捨てた炭から山林火災　2014.5.11　315
山陽新幹線
　地震　1999.4.17　　25

430

山陽電鉄 〔兵庫県〕
　　トラック・山陽電鉄線普通電車衝
　　　突　1965.11.24　　　　　　　248
　　踏切でトラック立ち往生
　　　2013.2.12　　　　　　　　　310
山陽本線
　　南海地震　1946.12.21　　　　　　4
三里トンネル　〔奈良県吉野郡〕
　　タクシー落石損壊　1976.5.8　　 326
三和町　〔京都府〕
　　地震　1999.6.14　　　　　　　　87

【し】

シェラトン都ホテル大阪　〔大阪市天王寺区〕
　　停電でエレベーター閉じ込め
　　　2010.6.13　　　　　　　　　209
潮岬　〔和歌山県串本町〕
　　台風　1896.8.30～31　　　　　　1
　　台風　1899.10.5～7　　　　　　 1
　　第2泊栄丸難破　1934.2.23　　　344
　　地震　1946.3.13　　　　　　　346
　　地震　1947.1.25　　　　　　　346
　　地震　1947.2.18　　　　　　　346
　　地震　1947.4.11　　　　　　　346
　　地震　1947.7.17　　　　　　　346
　　熊野灘地震　1948.6.15　　　　　346
　　遠洋マグロ漁船3隻遭難
　　　1955.12.16～17　　　　　　 348
　　台風15号　1956.9.27　　　　　 7
　　貨物船第3正福丸転覆　1958.1.26　349
　　漁船運裕丸沈没　1959.1.18　　　350
　　漁船沈没　1961.1.27　　　　　 351
　　洞南丸沈没　1963.6.6　　　　　351
　　第1太功丸転覆　1968.5.13　　　353
　　台風7号　1969.8.4～5　　　　　 16
　　台風29号　1971.9.26　　　　　 18
　　低気圧豪雨　1972.1.11～12　　 18

八丈島東方沖地震　1972.2.29　　 18
台風20号　1972.9.16～18　　　　 18
豪雨　1972.11.14　　　　　　　 19
台風6号　1973.7.21～29　　　　 19
地震　1973.11.25　　　　　　　 19
真昼漁船とリベリア船籍貨物船衝
　突　1974.4.12　　　　　　　355
竜巻　1988.9.25　　　　　　　 357
フェリー・貨物船衝突　1989.2.14　357
漁業調査船沈没　2003.3.14　　 363
漁船から転落　2005.12.16　　　365
竜巻　2006.3.28　　　　　　　 366
運搬船火災　2014.4.19　　　　 373
塩屋駅(山陽電鉄線)
　　山陽電鉄線電車爆破　1967.6.18　 250
滋賀医科大学付属病院
　　看護師が結核発症　2013.10.22　 63
滋賀県庁別館
　　県庁別館火災　1965.10.1　　　 40
滋賀県立教育会館
　　滋賀県立教育会館火災　1958.12.25　39
滋賀県立成人病センター
　　成人病センターで結核集団感染
　　　1999.7.4　　　　　　　　　 52
滋賀県立大学
　　滋賀大学で結核集団感染　1999.8.5　52
滋賀県立短大
　　ゴルフ場汚濁物質　1989.この年　 45
滋賀大学
　　滋賀大学で結核集団感染　1999.8.5　52
志賀町　〔滋賀県滋賀郡〕
　　東映野外撮影班火傷　1960.9.10　 39
　　スキーバス追突　1993.1.28　　 47
　　JR湖西線人身事故　1998.3.1　　51
　　住宅火災　2002.7.31　　　　　 53
　　琵琶湖でヨット転覆　2003.9.15　53
　　軽トラックと乗用車衝突　2005.8.6　55
　　強風でJR湖西線運休　2005.9.25　 55

431

滋賀同仁会大津老人ホーム
　老人ホーム火災　1967.2.9　41
紫香楽宮跡駅(信楽高原鉄道)
　信楽高原鉄道衝突事故　1991.5.14　46
信楽町　〔滋賀県甲賀郡〕
　西日本空輸ヘリコプター墜落
　　1967.8.17　41
　信楽高原鉄道衝突事故　1991.5.14　46
　多重衝突事故　1994.1.17　48
　地震　2003.2.6　89
　感染性胃腸炎院内感染　2004.1.19　53
信貴生駒スカイライン　〔大阪府八尾市〕
　乗用車2台が炎上　2005.8.21　183
信貴山寺　〔奈良県生駒郡〕
　信貴山寺本堂火災　1951.4.12　321
信貴山脳病院　〔奈良県生駒郡〕
　病院火災　1937.5.15　320
地獄谷　〔奈良市〕
　地割れ　1933.この頃　319
四条大橋　〔京都府京都市〕
　京都・四条で車が暴走　2012.4.12　102
四条大宮6号踏切(京福電鉄嵐山本線)
　嵐山本線電車・乗用車衝突
　　1996.7.3　85
四条峠　〔奈良県生駒郡〕
　陸軍飛行隊機墜落　1936.2.4　320
四條畷市　〔大阪府〕
　集団食中毒　1990.3.14　139
　乗用車スリップ事故　1997.1.22　157
　地震　2001.1.26　88
　小学校で塩化水素ガス漏出
　　2001.11.22　170
　乗用車とバイク衝突　2005.4.24　181
　ダンプカーが逆走し対向車に衝突
　　2006.10.21　190
　地下水からダイオキシン
　　2010.10.21　211
四條畷町　〔大阪府北河内郡〕
　住宅ガス爆発　1969.6.23　124

四條畷南中学校　〔大阪府四條畷市〕
　集団食中毒　1990.3.14　139
志津川　〔京都府宇治市〕
　近畿地方豪雨　2012.8.13〜　31
志都美駅(国鉄和歌山線)
　ダンプカー・和歌山線客車衝突
　　1979.4.17　326
志津屋　〔京都府京都市〕
　従業員寮ガス中毒死　1965.4.23　72
宍粟環境美化センター　〔兵庫県千種町〕
　高濃度ダイオキシン検出
　　1998.4月　275
宍粟市　〔兵庫県〕
　中国道で4台事故　2007.8.4　292
　洗浄機の排ガスで一酸化炭素中毒
　　2008.10.29　295
　台風9号　2009.8.10　299
　地震　2013.11.20　314
　乗用車同士が衝突　2015.1.21　317
　オートバイ・乗用車衝突
　　2015.7.19　317
七川村　〔和歌山県東牟婁郡〕
　山林火災　1943.3.16〜18　345
四天王寺五重塔　〔大阪市〕
　大阪大空襲　1945.3.13〜14　112
四天王寺大学
　大雪　2014.2.14　33
市道港湾幹線
　積荷のワイヤ落下　1990.7.18　263
市道西神中央線
　玉突き事故　1991.4.30　264
渋川踏切　〔大阪府八尾市〕
　軽乗用車・快速電車衝突
　　1992.1.21　148
島本町　〔大阪府三島郡〕
　名神高速玉突き事故　1991.2.8　144
　名神高速玉突き事故　1992.1.8　148
　ワゴン車炎上　1996.5.15　156
　地震　2000.5.16　25

地震 2002.1.4		89
地震 2010.2.16		207
遺伝子組み換え違反 2010.7.29		209
清水地区 〔奈良県吉野郡大塔村〕		
地すべり 1937.3月		320
清水町 〔和歌山県〕		
つり橋落下 1986.3.18		357
下市町 〔奈良県吉野郡〕		
観光バス転落 1971.6.13		325
下北山村 〔奈良県〕		
ダム建設現場落盤 1962.5.1		323
地震 2000.4.28		25
地震 2004.9.5		27
地震 2004.9.8		27
登山者滑落 2006.5.13		335
山中で滑落死 2010.1.5		338
大雨 2011.6.20		339
下新庄北公園 〔大阪市東淀川区〕		
砂場の柵の扉に指を挟まれる 2009.4.19		204
下谷上農村舞台 〔兵庫県神戸市〕		
下谷上農村舞台火災 1977.1.23		256
下田部団地児童遊園 〔大阪府高槻市〕		
遊具で指切断 2004.4.2		176
下津町 〔和歌山県〕		
海洋汚染 1973.この頃		355
地震 1999.11.3		361
地震 2001.2.5		362
地震 2001.8.10		363
下津町沖 〔和歌山県海草郡〕		
タンカー岸壁衝突 1972.11.27		355
下松駅(阪和線)		
強風 2010.11.9		30
下山駅(山陰線)		
山陰線列車に倒木 1990.10.8		80
釈迦ケ岳 〔奈良県下北山村〕		
登山者滑落 2006.5.13		335
寂光院 〔京都市左京区〕		
寂光院本堂全焼 2000.5.9		87

十三大橋 〔大阪市大淀区〕		
阪急バス転落 1955.2.25		115
十三停留所 〔大阪市交通局〕		
乗用車・大阪市営電車接触 1968.3.24		123
十条駅(近鉄京都線)		
乗用車線路暴走 1992.2.5		81
十三駅(京阪神急行電鉄)		
阪急宝塚線電車発火 1967.9.5		122
夙川駅(京阪神急行電鉄甲陽線)		
阪急甲陽線電車暴走 1968.6.5		251
昭永化学工業 〔兵庫県尼崎市〕		
昭永化学工場爆発 1963.6.24		246
城陽高等学校 〔京都府京都市〕		
宮ノ平古墳破壊 1971.8.8		75
上太子駅(近畿日本鉄道南大阪線)		
ダンプカー・電車衝突 1972.3.5		126
上池院 〔和歌山県高野町〕		
上池院宿坊火災 2003.4.4		363
松竹京都撮影所		
松竹京都撮影所火災 1950.7.25		67
城内高等学校 〔奈良県大和郡山市〕		
県立城内高校火災 1997.1.12		331
庄内町 〔大阪府豊能郡〕		
トラック・電車衝突 1954.2.2		114
庄内本通商店街 〔大阪府豊中市〕		
商店街で火災 2014.4.28		230
城南宮 〔京都市伏見区〕		
神社火災 1977.9.7		77
城陽市 〔京都府〕		
住宅火災 1995.6.17		83
ダンプカーアパートに突入 1995.8.24		84
地震 1999.2.18		24
地震 2000.5.21		88
車両火災 2001.4.15		88
タイヤ脱落しトラックに衝突 2004.5.21		90
住宅火災 2005.12.30		92

433

しよう　　　　　地名索引

豪雨・落雷　2006.8.22	28
自殺志願の男に車奪われ衝突死	
2006.11.18	93
地震　2013.12.15	105
城陽町　〔京都府久世郡〕	
大洋航空測量機墜落　1963.3.29	71
砂利採取場周辺水質汚濁	
1964.この年	72
三保産業ガス爆発　1971.5.6	75
宮ノ平古墳破壊　1971.8.8	75
少林寺小学校　〔大阪府堺市〕	
壁倒壊　1992.4.25	149
昭和市場　〔兵庫県尼崎市〕	
住宅火災　1990.6.21	263
昭和通　〔兵庫県尼崎市〕	
店舗火災　1954.12.27	243
白崎海岸　〔和歌山県由良町〕	
漁船転覆事故　2014.1.17	373
白谷川　〔奈良県十津川村〕	
釣り人滝つぼに転落　1998.5.31	331
白浜温泉　〔和歌山県白浜町〕	
ホテル火災　1984.7.16	357
白良浜海水浴場　〔和歌山県白浜町〕	
水難事故相次ぐ　2015.7.18	374
白浜町　〔和歌山県西牟婁郡〕	
航空機転覆　1935.5.19	345
チリ地震津波　1960.5.24	350
温泉旅館火災　1966.3.19	352
旅館火災　1969.3.31	353
火災　1969.7.10	353
台風2号　1970.7.5	17
椿グランドホテル火災　1972.2.25	354
ホテル火災　1984.7.16	357
小型機が山中で墜落　2005.3.2	365
引き船が行方不明に　2009.1.12	368
豪雨　2009.7.7	368
ひき逃げ　2010.8.16	369
乗用車がスーパーに突入	
2015.2.11	374

水難事故相次ぐ　2015.7.18	374
白浜町沖　〔和歌山県〕	
タンカー火災　2011.12.17	371
尻無川　〔大阪市大正区〕	
大阪市営バス防潮堤激突	
1961.10.12	118
尻無川左岸水門　〔大阪市大正区〕	
尻無川水門建設現場潜函水没	
1969.11.25	124
城山台学校給食センター　〔和歌山県田辺市〕	
給食で産地偽装　2009.2.5	368
新旭町　〔滋賀県高島郡〕	
トラック衝突　1990.11.2	46
新朝日ビル　〔大阪市福島区〕	
児童・生徒階段転落　1971.12.24	126
新今宮駅(大阪環状線)	
ガスボンベ発火　1992.11.18	150
新大阪駅	
国鉄自動列車制御装置故障	
1974.11.12	130
落雷で鉄道トラブル　2004.9.14	27
列車事故　2005.1.14	180
新幹線高架下火災　2015.1.22	107
新歌舞伎座前　〔大阪市中央区〕	
乗用車が歩道に突っ込む　2009.4.1	203
新宮駅	
新宮駅火災　1951.1.21	347
駅前商店街火災　1994.8.8	359
新宮市　〔和歌山県〕	
新宮市大火　1946.12.21	346
新宮駅火災　1951.1.21	347
バス転落　1954.2.18	347
熊野川渡船転覆　1959.6.1	350
瀞峡観光定期船沈没　1959.6.11	350
熊野交通バス転落　1965.3.2	352
駅前商店街火災　1994.8.8	359
地震　2000.4.28	25
地震　2002.2.4	363
地震　2004.9.5	27

434

地震	2004.9.8		27
強風・豪雨	2010.5.23～24		29
大雨	2012.5.2		31
地震	2013.8.30		372

神宮道駅(京阪電鉄京津線)
 京阪京津線急行電車脱線
   1968.11.22   74

新神戸駅(山陽新幹線)
 落雷で鉄道トラブル 2004.9.14 27
 新幹線内煙トラブル 2010.3.3 301

新神戸トンネル〔神戸市北区〕
 新神戸トンネル追突事故
   1996.4.24   271

新神戸トンネル有料道路〔神戸市北区〕
 新神戸トンネル追突事故 1996.2.5 271

新神戸ロープウエー〔神戸市中央区〕
 ゴンドラ宙づり 1991.12.7 265

新在家駅(阪神電鉄本線)
 阪神電車正面衝突 1956.9.4 244

心斎橋〔大阪市中央区〕
 心斎橋で車が暴走 2014.6.30 230

新庄町〔奈良県〕
 猪暴走 1965.1.10 323

新生病院〔大阪府高槻市〕
 院内感染で11人死亡 2014.1.6 228

新世界パーク劇場〔大阪市浪速区〕
 劇場火災 1927.11.14 110

新三和商店街〔兵庫県尼崎市〕
 店舗火災 2000.3.10 278

新田川〔兵庫県〕
 強風・豪雨 2010.5.23～24 29

新東宝あやめが池撮影所〔奈良県〕
 新東宝あやめが池撮影所火災
   1950.3.13   321

新西宮ヨットハーバー沖〔兵庫県西宮市〕
 ヨット転覆 2009.11.2 300

新日本製鉄堺製鉄所〔大阪府堺市〕
 ガスタンク爆発 1989.1.15 137

新野田マーケット〔大阪府堺市〕
 マーケット全焼 1997.7.18 160

新祝園駅(近畿日本鉄道)
 トラック・近鉄京都線列車衝突
   1973.5.21   76
 乗用車・急行列車衝突 1975.4.17 76

新町商店街〔大阪府大東市〕
 商店街火災 2001.11.28 170

新御堂筋〔大阪府〕
 タクシー・乗用車衝突 1998.8.3 164
 走行中のトラックから脱輪
   2006.12.22   191

新港第2突堤〔神戸市中央区〕
 乗用車が海に転落 2012.9.24 309

新名神高速道路〔滋賀県〕
 多重衝突事故 2009.5.8 58
 停車中にトラック追突 2011.12.17 60
 玉突き事故 2013.7.17 62

新家陸橋(阪和線)
 陸橋にクレーン車が激突
   2007.7.12   193

新淀川〔大阪市〕
 阪急バス転落 1955.2.25 115

新和燐寸工業岩屋工場〔兵庫県〕
 新和燐寸工業火災 1970.1.28 252

【す】

春照村〔滋賀県〕
 セメント専用列車脱線転落
   1952.11.9   38

吹田市〔大阪府〕
 万博会場動く歩道急停止
   1970.3.26   125
 落雷 1970.8.12 18
 万博入場者死亡 1970.8.27 125
 中核派・革マル派学生衝突
   1971.12.4   126
 作業場火災 1972.3.28 127

すいた　　　　　　　　　地名索引

バス・トラック衝突　1972.7.17　127
修学旅行バス・小型乗用車多重追
　突　1973.11.5　129
循環器病センター発煙騒ぎ
　1990.7.27　142
作業員圧死　1990.8.1　142
名神高速玉突き事故　1991.2.26　145
名神高速玉突き事故　1991.11.6　147
名神高速玉突き事故　1992.3.17　148
心臓手術ミスで6歳死亡
　1999.11月　166
落雷で電圧低下　2000.5.17　25
住宅火災　2002.9.27　172
輸血ポンプの操作ミスで一時心停
　止　2003.3.25　172
汚染血液輸血で患者死亡
　2003.9月　174
工場跡地からダイオキシン
　2004.4.27　176
多剤耐性緑膿菌院内感染
　2004.6.29　178
実習でO157感染　2005.6.23　182
アトラクション止まり宙づり
　2005.8.20　183
連続放火　2006.2.19　187
幻覚キノコで転落死　2006.7.10　189
スキーバス衝突　2007.2.18　192
コースター脱線　2007.5.5　192
かまぼこに誤って卵混入
　2007.10.1　195
名神高速で4台衝突　2007.10.26　196
トラック玉突き事故　2008.5.22　199
重文の神社火災　2008.5.23　199
コンクリート塊崩落で生き埋め
　2008.11.14　202
落雷・大雨　2008.12.5　29
立体駐車場で事故　2012.5.18　220
偽装米混入　2013.10.8　228
地震　2013.12.15　228
玉突き事故　2013.12.25　228

高速逆送で交通事故　2014.3.8　230
焼き肉店火災で夫婦死亡　2014.5.2　230
吹田市役所　〔大阪府吹田市〕
　市役所火災　1955.4.28　115
吹田操車場(東海道本線)
　貨物列車・ディーゼル機関車衝突
　　1978.6.2　132
吹田料金所　〔名神高速道路〕
　名神高速で4台衝突　2007.10.26　196
助松2号岸壁　〔大阪府和泉大津市〕
　乗用車転落　1997.8.23　161
周参見町　〔和歌山県〕
　台風7号　1962.7.27　12
すさみ町　〔和歌山県西牟婁郡〕
　梅屋丸転覆　1966.7.17　352
　貨物船同士が衝突　2007.4.7　366
　ワゴン車がガードレールに衝突
　　2009.3.2　368
スズ島　〔和歌山県串本町〕
　海難事故　2011.2.22　370
硯町踏切(山陽電鉄本線)
　乗用車・山陽電鉄普通電車衝突
　　1996.3.26　271
砂川小学校　〔大阪府泉南市〕
　プールで溺れる　2011.7.31　214
スーパーニチイ　〔大阪市生野区〕
　スーパーニチイ火災　1974.1.29　129
須磨駅(山陽線)
　山陽線人身事故　1997.12.22　274
須磨裕厚病院　〔兵庫県神戸市須磨区〕
　須磨裕厚病院火災　1993.8.14　268
住友海南鋼管工場　〔和歌山県海南市〕
　住友海南鋼管工場重油流出
　　1975.7.28　355
住友金属工業和歌山製鉄所　〔和歌山市〕
　住友金属工業製鉄所微鉄粉排出
　　1967.この頃〜　352
　住友金属工業製鉄所爆発
　　1970.11.13　353
　住友金属工業製鉄所爆発

地名索引　　　　　　　　　　せつつ

1970.11.17	353
住友金属製鉄所爆発　1971.10.9	354
住金工場火災　1990.5.26	358
溶けたはがね流出　1990.8.16	358
断熱材用粉末にアスベスト	
2010.7.27	369

住友金属鉱山ISP播磨工場　〔兵庫県播磨町〕
住友金属鉱山工場カドミウム汚染	
1970.この年	252

住之江競艇場　〔大阪府住之江区〕
競艇レース中に接触事故	
2007.2.26	192

住之江公園駅(ニュートラム・南港ポートタウン線)
ニュートラム暴走　1993.10.5	152

住吉駅(阪神間鉄道)
住吉駅東方で正面衝突　1877.10.1	236

洲本港
高速艇激突事故　1989.2.2	261

洲本市　〔兵庫県〕
山林火災　1940.3.23	240
台風15号　1956.9.27	7
淡路交通バス転落　1963.3.25	246
淡路交通バス・トラック衝突	
1966.8.19	249
地震　1973.11.25	19
地震　1994.6.17	268
阪神・淡路大震災　1995.1.17	23
乗用車横転炎上　1997.1.3	273
住宅火災　1998.4.26	275
漁船が転覆　2012.8.29	309
押し船転覆　2013.5.27	311
患者急変に気づかず死亡	
2013.11月	314

【せ】

精華町　〔京都府相楽郡〕
乗用車・急行列車衝突　1975.4.17	76

降雨と落雷　2013.8.23	32

誓願時
誓願寺火災　1932.9.26	66

西淡町　〔兵庫県三原郡〕
うずしお丸搭載乗用車転落	
1969.5.6	252
ヘリコプター墜落　2001.6.5	279

西武百貨店　〔大阪府高槻市〕
西武百貨店火災　1973.9.25	129

成法中学校　〔大阪府八尾市〕
中学校理科室で爆発　1990.7.30	142

精養軒　〔兵庫県尼崎市〕
店舗火災　1954.12.27	243

星林高等学校　〔和歌山県和歌山市〕
星林高等学校火災　1958.5.26	349

関宮地域　〔兵庫県養父市〕
大雨　2013.7.15	32

関宮町　〔兵庫県養父郡〕
山林火災　1968.4.25	251
ワゴン車・大型観光バス衝突	
1984.6.6	259

膳所駅(東海道本線)
東海道本線貨物列車脱線・衝突	
1968.6.27	41

膳所小学校　〔滋賀県大津市〕
小学校火災　1969.3.5	41

瀬田川鉄橋　〔滋賀県大津市〕
東海道線急行列車転覆　1934.9.21	35

瀬田川南郷　〔滋賀県〕
発電所トンネル拡張現場落盤	
1955.7.10	38

瀬田工業高等学校　〔滋賀県大津市〕
瀬田工業高等学校火災　1954.8.26	38

摂津峡　〔大阪府高槻市〕
毒キノコで中毒　2007.9.2	194

摂津市　〔大阪府〕
鉄骨突出　1991.2.6	144
阪急京都線電車・乗用車衝突	
1991.4.29	145
ガス爆発　1991.9.17	147

437

せつつ

乗用車・急行電車衝突 1991.10.11　147
乗用車・阪急京都線電車衝突
　1993.7.16　151
中央環状玉突き事故 1998.1.11　161
連続放火 1999.10.4　166
東海新幹線基地でゴミ袋爆発
　1999.12.24〜　167
幼稚園でサルモネラ菌食中毒
　2006.7月〜　189
プラスチック工場で火災
　2009.12.25　207
水難事故相次ぐ 2014.7.6　231
整備中に下敷き 2014.7.10　231
摂津本山駅(東海道線)
　大雨 2013.8.25　33
ゼネラル石油精製堺製油所 〔大阪府堺市〕
　ゼネラル石油製油所爆発
　1973.3.30　128
蟬丸トンネル 〔名神高速道路〕
　名神高速で玉突き事故 2012.9.10　61
全国高校野球選手権大会
　野球部で食中毒 2002.8.6　171
船倉村 〔奈良県〕
　落雷 1937.6月　320
泉南郡 〔大阪府〕
　旅客機乗客放火未遂 1959.3.24　117
　乗用車・トラック衝突 1967.6.6　121
泉南市 〔大阪府〕
　雷雨 2003.8.26　173
　工場火災 2005.2.4　181
　トンネルで玉突き 2007.12.4　196
　プールで溺れる 2011.7.31　214
　多重事故 2014.5.4　230
　ボートが護岸に衝突 2015.8.2　235
千日前デパート 〔大阪市南区〕
　千日前デパートビル火災
　1972.5.13　127
船場本徳寺 〔兵庫県姫路市〕
　船場本徳寺火災 1932.11.2　238

泉北港 〔大阪府泉大津市〕
　転落事故 1994.2.27　153
泉北水素 〔大阪府高石市〕
　水素ボンベ爆発 1991.5.16　145
泉陽紡績
　泉陽紡績社員寮ガス爆発
　1969.6.25　124
千里万博公園 〔大阪府吹田市〕
　玉突き事故 2013.12.25　228
千里山トンネル 〔名神高速道路〕
　修学旅行バス・小型乗用車多重追
　突 1973.11.5　129
　名神高速玉突き事故 1991.11.6　147

【そ】

添野川 〔和歌山県古座川町〕
　工事現場土砂崩れ 1996.10.5　360
そごう大阪店 〔大阪市中央区〕
　そごう大阪店トイレで爆発
　1992.1.17　148
蘇生会総合病院 〔京都市伏見区〕
　院内感染で死亡 2014.1.21　106
曽爾村 〔奈良県〕
　トンネル内で正面衝突 2008.1.19　336
曽根駅(阪急電鉄宝塚線)
　トラック・急行電車衝突
　1957.10.22　116
曽根駅(山陽線)
　山陽線新快速・乗用車衝突
　1992.5.1　266
園田駅(阪急神戸線)
　軽乗用車と普通電車衝突
　2004.4.26　282
園田村 〔兵庫県〕
　阪急電鉄神戸線人身事故 1928.8.6　237
園部川 〔京都府園部町〕
　観光バス・トラック衝突 1962.8.26　71

地名索引　　　　　　たいよ

園部町　〔京都府船井郡〕
　　台風16号　1960.8.29〜30　　　　11
　　観光バス・トラック衝突　1962.8.26　71
　　住宅火災　1996.1.13　　　　　　84

【た】

第1湯谷トンネル　〔和歌山市〕
　　阪和線急行列車破損　1971.11.29　354
第2新神戸トンネル　〔神戸市北区〕
　　多重衝突　1995.10.18　　　　　270
第2神明道路　〔神戸市西区〕
　　第2神明道路玉突き事故
　　　　1991.10.24　　　　　　　　265
　　4台玉突き衝突　2006.4.5　　　288
第2神明道路玉津インター　〔神戸市西区〕
　　乗用車横転　1998.10.29　　　　276
第一高等女学校　〔兵庫県神戸市〕
　　神戸市立第1高等女学校・川池小学
　　　　校火災　1934.1.26　　　　238
醍醐寺　〔京都市伏見区〕
　　醍醐寺火災　1932.4.3　　　　　65
　　醍醐寺火災　2008.8.24　　　　　95
太鼓山　〔京都府〕
　　風力発電所でプロペラ落下
　　　　2013.3.13　　　　　　　　104
太子町　〔大阪府〕
　　トラックに挟まれ死亡　2006.5.9　188
　　採石場で生き埋め　2009.8.21　205
太子町　〔兵庫県揖保郡〕
　　住宅火災　1980.2.24　　　　　257
　　線路内へトラック突入　1991.10.18　265
　　住宅火災　1998.4.11　　　　　275
太地町　〔和歌山県〕
　　地震　2013.8.30　　　　　　　372
太地町沖　〔和歌山県東牟婁郡〕
　　ドラゴン号沈没　1969.10.7　　353
　　トンヤン号・プロトクリトス号衝
　　　　突　1977.3.30　　　　　　355
大正池　〔京都府井出町〕
　　豪雨　1953.8.14〜15　　　　　68
田井小学校　〔大阪府寝屋川市〕
　　落雷　1988.8.24　　　　　　　137
大東ゴム工業工場　〔神戸市長田区〕
　　ゴム工場火災　1963.9.25　　　246
大東市　〔大阪府〕
　　乗用車転落　1990.5.19　　　　141
　　阪奈道路追突事故　1990.5.29　141
　　オートバイ・ワゴン車衝突
　　　　1994.10.31　　　　　　　154
　　乗用車衝突　1996.8.26　　　　157
　　トラック・乗用車追突　1996.10.18　157
　　集合住宅火災　1998.1.28　　　162
　　商店街火災　2001.11.28　　　170
　　住宅火災　2003.11.11　　　　174
　　射撃訓練中に銃暴発　2006.8.22　190
　　ブレーキ間違え軽自動車暴走
　　　　2012.6.26　　　　　　　　220
　　医療機関でノロ集団感染か
　　　　2012.12.4　　　　　　　　223
　　ビル火災　2013.11.7　　　　　228
　　倉庫火災　2015.6.21　　　　　234
大道踏切(桜井線)
　　桜井線電車・トラック衝突
　　　　1990.10.30　　　　　　　328
大徳寺　〔京都市北区〕
　　大徳寺火災　1966.7.20　　　　72
大日本印刷大阪工場　〔大阪市東成区〕
　　工場で作業員下敷き　1990.1.28　138
大福トンネル(国鉄播但線)
　　播但線人身事故　1980.4.2　　257
当麻町染野　〔奈良県〕
　　結核集団感染　2002.2月〜3月　333
大丸百貨店神戸店　〔神戸市〕
　　大丸百貨店展望機落下　1968.3.24　250
大洋紙工業所　〔大阪市東成区〕
　　工場火災　1996.3.26　　　　　156

439

たかい　　　　　　　　　地名索引

高石市　〔大阪府〕
　南海百貨店火災　1967.6.14　　　122
　光化学スモッグ発生　1971.8.27　126
　興亜石油油槽所爆発　1973.8.23　128
　大阪石油化学工場配管破損
　　1973.9.16　　　　　　　　　128
　三井東圧化学工場爆発　1975.3.31　130
　水素ボンベ爆発　1991.5.16　　　145
　廃液タンク炎上　1993.9.5　　　152
　軽自動車と特急電車衝突　2006.1.9　186
　住宅火災　2009.1.7　　　　　　203
　電車と乗用車が衝突　2011.2.6　　212
　中古車から放射線検出　2011.7.13　214
　民家に車が突っ込む　2012.4.16　　219
　送泥ポンプ場で爆発　2012.7.23　　221
　踏切で車椅子男性はねられ死亡
　　2013.4.15　　　　　　　　　225
　住宅火災　2015.3.1　　　　　　234
高石中学校　〔大阪府高石市〕
　光化学スモッグ発生　1971.8.27　126
高井田駅(関西線)
　関西線電車・ダンプカー衝突
　　1991.2.18　　　　　　　　　144
高尾山　〔大阪府柏原市〕
　日本産業航空セスナ機墜落
　　1969.11.17　　　　　　　　124
高倉中学校　〔兵庫県神戸市〕
　光化学スモッグ被害　1972.7月　　254
高倉山トンネル　〔阪和自動車道〕
　トンネルで玉突き　2007.12.4　　196
多可郡　〔兵庫県〕
　住宅火災　1952.5.15　　　　　243
高砂市　〔兵庫県〕
　乗用車・トラック衝突　1972.4.27　254
　玉突事故　1984.9.22　　　　　260
　発電所内で作業員死亡　1991.9.19　265
　山陽線新快速・乗用車衝突
　　1992.5.1　　　　　　　　　266
　アパート火災　1994.5.16　　　　268
　工場火災　1994.6.18　　　　　269

　山火事　2011.1.24　　　　　　304
　踏切でトラック立ち往生
　　2013.2.12　　　　　　　　　310
高島市　〔滋賀県〕
　戦車がトラックと衝突　2005.3.12　54
　住宅火災　2005.11.5　　　　　55
　トレーラーとトラック衝突
　　2007.11.7　　　　　　　　　57
　地震　2008.8.8　　　　　　　57
　地震　2008.8.30　　　　　　　57
　トラックに挟まれ乗用車が大破
　　2012.9.26　　　　　　　　　61
　自然学習で登山中に行方不明
　　2013.5.27　　　　　　　　　62
　木材チップからセシウム検出
　　2013.9.17　　　　　　　　　62
　毒キノコを販売？　2014.9.21　　63
高島郡　〔滋賀県〕
　砲弾爆発　1998.7.30　　　　　51
高島高等学校　〔滋賀県高島市〕
　高島高等学校火災　1962.4.23　　40
高島町　〔滋賀県〕
　高島高等学校火災　1962.4.23　　40
　地震　2003.12.23　　　　　　　53
高塚山トンネル(山陽新幹線)
　山陽新幹線窓ガラス破損
　　1997.1.13　　　　　　　　　273
高鷲中学校　〔大阪府羽曳野市〕
　運動部員が熱中症　2014.7.18　　231
高瀬川　〔京都市南区〕
　火災　1994.3.17　　　　　　　83
高谷川　〔兵庫県丹波市〕
　突風・豪雨　2009.8.1　　　　　298
多賀町　〔滋賀県犬上郡〕
　玉突事故　1984.2.27　　　　　45
　トラック追突　1995.12.12　　　49
　パトカー・トラック追突　1996.1.31　50
高槻駅(東海道線)
　東海道線列車脱線　1900.8.4　　109

地名索引　　　　　　　　たから

高槻市　〔大阪府〕
　西武百貨店火災　1973.9.25　　129
　名神高速道路玉突き事故
　　1979.1.14　　132
　バス追突　1979.10.8　　132
　三箇牧小学校全焼　1990.2.22　　139
　玉突き事故　1990.8.11　　142
　ドラム缶爆発　1990.12.21　　143
　大型トラック・ワゴン車衝突
　　1992.4.16　　149
　名神高速玉突き事故　1992.9.22　　149
　バキュームカー・バス衝突
　　1993.6.9　　151
　市バス衝突　1993.9.3　　152
　名神高速玉突き事故　1994.6.3　　153
　軽飛行機墜落　1998.9.22　　164
　地震　2001.1.26　　88
　地震　2003.2.6　　89
　強風で飛ばされパラソル直撃
　　2004.3.31　　175
　遊具で指切断　2004.4.2　　176
　工場爆発　2005.2.2　　181
　大型トラックなど11台衝突
　　2005.6.15　　182
　トラックがワゴン車に追突
　　2005.9.11　　184
　児童福祉施設でO157感染
　　2005.11.9～　　185
　ペットショップ火災　2007.2.11　　192
　妊婦搬送遅れ救急車が事故
　　2007.8.29　　194
　毒キノコで中毒　2007.9.2　　194
　助産師が肺結核　2009.4.3　　204
　地震　2010.2.16　　207
　児童送迎バスが衝突炎上
　　2010.3.29　　208
　住宅火災　2010.11.27　　211
　理科実験中にペットボトル破裂
　　2011.10.24　　216
　踏切事故　2012.2.22　　218
　アパートで火災　2012.4.29　　219

　トラックと乗用車が玉突き衝突
　　2012.7.6　　221
　降雨と落雷　2013.8.23　　32
　ノロウイルス集団感染
　　2013.11.18～27　　228
　地震　2013.12.15　　228
　院内感染で11人死亡　2014.1.6　　228
　トラック衝突事故　2014.10.16　　233
　多重事故　2014.12.11　　234
高槻病院　〔大阪府高槻市〕
　助産師が肺結核　2009.4.3　　204
高取町　〔奈良県高市郡〕
　住宅火災　1995.11.3　　330
　住宅全焼　2006.11.15　　335
鷹巣山　〔兵庫県高砂市〕
　山火事　2011.1.24　　304
多賀宮駅(近江鉄道本線)
　ダンプカー・近江鉄道本線電車衝
　　突　1967.6.29　　41
高橋川　〔神戸市〕
　六価クロム汚染　1972.この年　　254
高見山　〔奈良県東吉野村〕
　陸上自衛隊捜索機不時着　1968.8.7　　324
高安山　〔大阪府八尾市〕
　グライダー電線接触　1966.1.6　　120
宝塚市　〔兵庫県〕
　アパート火災　1967.5.6　　250
　阪神競馬場火災　1969.4.18　　252
　ゼラチン製造工場ガス発生
　　1973.8.11　　254
　マイクロバス転落　1984.6.1　　259
　大型トラック炎上　1990.3.3　　262
　山火事　1990.5.27　　262
　住宅火災　1999.8.9　　277
　住宅火災　2002.2.19　　280
　住宅火災　2002.3.15　　280
　山林火災　2002.3.19　　280
　中国自動車道で6台玉突き
　　2004.11.13　　284

441

たから　　　　　　　　　　地名索引

　トンネル内でトラックと乗用車接
　　触　2005.6.22　　　　　　　286
　トラックが追突　2005.9.8　　　286
　カラオケ店で火災　2007.1.20　　290
　突風で鉄製ふた落下　2007.5.10　292
　バラフエダイで食中毒　2009.12.12　300
　女子校でボヤ　2011.11.25　　　306
　多重衝突事故　2012.5.1　　　　308
　市役所に放火　2013.7.12　　　312
　賞味期限を誤表示　2014.10.10　316
　トンネル内で交通事故　2015.5.26　317
宝塚市役所　〔兵庫県宝塚市〕
　落雷で停電　2007.8.22　　　　 28
　市役所に放火　2013.7.12　　　312
宝塚大劇場　〔兵庫県宝塚市〕
　宝塚劇場火災　1935.1.25　　　238
　宝塚大劇場出演者圧死　1958.4.1　244
　賞味期限を誤表示　2014.10.10　316
宝塚東トンネル　〔中国自動車道〕
　トンネル内でトラックと乗用車接
　　触　2005.6.22　　　　　　　286
宝塚町　〔兵庫県〕
　宝塚映画スタジオ火災　1953.3.24　243
竹野郡　〔京都府〕
　漁船日吉丸遭難　1959.9.16　　 70
竹野町　〔兵庫県〕
　地震　2000.6.7　　　　　　　 26
　地震　2001.1.14　　　　　　　279
但馬空港　〔兵庫県豊岡市〕
　小型機墜落　2005.4.21　　　　285
但馬地方　〔兵庫県〕
　北但馬地震　1925.5.23　　　　236
但馬飛行場　〔兵庫県豊岡市〕
　グライダー墜落　2006.5.3　　　288
田尻町　〔大阪府泉南郡〕
　回送電車暴走　1993.12.25　　　152
　地震　1999.8.2　　　　　　　166
　祭りで重軽傷　2007.10.7　　　195

忠岡町　〔大阪府泉北郡〕
　ワゴン車・南海電車衝突
　　1996.3.15　　　　　　　　156
　共同住宅火災　2000.3.15　　　168
　だんじり祭りの地車が塀に衝突
　　2006.10.7　　　　　　　　190
多田村　〔兵庫県川辺郡〕
　バス転落　1943.4.4　　　　　241
竜田川7号踏切（近鉄生駒線）
　近鉄電車脱線　1991.12.29　　　328
たつの市　〔兵庫県〕
　住宅火災　2011.6.9　　　　　305
龍野市　〔兵庫県〕
　山田皮革工場火災　1973.4.4　　254
　ライトバンブロック塀に衝突
　　1996.6.9　　　　　　　　272
巽小学校　〔大阪市生野区〕
　巽小学校火災　1958.5.18　　　117
巽尋常小学校　〔兵庫県姫路市〕
　巽尋常小学校火災　1940.4.13　240
楯津飛行場　〔大阪市〕
　毎日新聞機墜落　1936.8.27　　112
田中山　〔滋賀県野洲町〕
　山火事　1997.10.26～27　　　 51
多奈川　〔大阪府泉南郡〕
　旅客機乗客放火未遂　1959.3.24　117
田辺木津川運動公園　〔京都府田辺市〕
　熱中症で死亡　2005.7.18　　　 92
田辺市　〔和歌山県〕
　地震　1946.2.21　　　　　　345
　地震　1946.12.21　　　　　　346
　チリ地震津波　1960.5.24　　　350
　トラック紀勢線架線接触
　　1991.1.19　　　　　　　　358
　地震　2001.10.15　　　　　　363
　地震　2002.2.4　　　　　　　363
　落雷で住宅全焼　2006.11.11　　366
　給食で産地偽装　2009.2.5　　　368
　豪雨　2009.7.7　　　　　　　368

442

地名索引　　　　　　　　　　　　　　　　　ちおん

地震　2011.9.16	371	パッカー車とバイク衝突		
集団感染でノロウィルス		2013.5.17	340	
2014.1.15	373	俵屋旅館　〔京都市中京区〕		
土砂崩れ　2015.3.5	374	旅館火災　1997.12.6	86	
川遊びで行方不明　2015.7.26	374	丹丸市場		
田辺市沖　〔和歌山県〕		丹丸市場火災　1963.1.9	71	
産業経済新聞社新聞輸送機墜落		丹後地方　〔京都府〕		
1959.9.27	350	暴風雪　1927.3.11頃	65	
田辺町　〔京都府綴喜郡〕		丹後町　〔京都府竹野郡〕		
赤痢大流行　1983.5月～6月	78	第6太洋丸転覆　1973.3.28	76	
乗用車・近鉄京都線特急衝突		ワゴン車転落　1990.8.12	80	
1993.11.27	82	丹後ふるさと病院　〔京都府京丹後市〕		
田波村　〔和歌山県〕		院内感染で死亡　2014.2.5	106	
火災　1934.2.21	344	丹後由良駅(宮津線)　〔京都府〕		
谷川踏切(能勢電鉄)　〔川西市平野〕		宮津線列車脱線　1970.6.15	75	
踏切事故　2012.4.16	308	丹南第二トンネル　〔舞鶴自動車道〕		
谷川踏切(関西線)　〔大阪府柏原市〕		舞鶴自動車道玉突き事故		
関西線電車・ダンプカー衝突		1996.2.10	271	
1991.2.18	144	丹南町　〔兵庫県多紀郡〕		
谷町九丁目駅(大阪市営地下鉄谷町線)		舞鶴自動車道玉突き事故		
地下鉄駅で異臭　2009.8.24	205	1996.2.10	271	
男性がホームから転落　2010.1.31	207	土砂崩れ多発　1996.8.28	272	
玉園中学校　〔滋賀県〕		丹南トンネル　〔舞鶴自動車道〕		
玉園中学校火災　1951.12.18	37	土砂崩れ多発　1996.8.28	272	
玉津島神社　〔和歌山市〕		丹波市　〔兵庫県〕		
岩が崩落し民家直撃　2005.3.4	365	突風・豪雨　2009.8.1	298	
多羅尾村　〔滋賀県〕		踏切事故　2011.12.19	306	
豪雨　1953.8.14～15	38	パトカー衝突で死傷　2014.4.13	315	
樽井駅(南海電鉄本線)		丹波町　〔京都府船井郡〕		
ダンプカー・電車衝突　1967.4.1	121	山陰線列車に倒木　1990.10.8	80	
垂水漁港　〔神戸市垂水区〕		鳥インフルエンザ発生　2004.1.12～	90	
3隻玉突き衝突　2008.3.5	293			
垂水町　〔兵庫県〕				
チフス菌混入饅頭　1939.4.26～5.15	240	【ち】		
山林火災　1941.4.30	240			
田原本町　〔奈良県磯城郡〕		知恩院　〔京都市東山区〕		
鉛再生工場汚染　1970.この年	325	知恩院権現堂火災　1956.8.7	69	
ガス爆発　1996.9.15	331	国重文に車が衝突　2010.9.25	100	
僧堂で一酸化炭素中毒　2005.1.22	334			

443

千種町 〔兵庫県〕
　高濃度ダイオキシン検出
　　1998.4月　　　　　　　　　　275
竹田久保町駅(京都電鉄伏見線)
　ダンプカー・電車衝突　1963.1.19　71
竹田出橋駅(京都電鉄伏見線)
　ダンプカー・電車衝突　1963.1.19　71
智積院
　智積院火災　1947.5.17　　　　　66
智頭鉄道軌道
　軌道車衝突　1992.4.2　　　　　266
千早赤阪村 〔大阪府〕
　トラック衝突・炎上でガス発生
　　2000.3.9　　　　　　　　　　332
茶屋駅(南海電鉄線)
　南海電鉄線電車追突　1948.10.30　113
中央卸売市場東部市場 〔大阪市東住吉区〕
　リフトにはさまれ従業員圧死
　　1990.1.10　　　　　　　　　138
中央小学校 〔滋賀県大津市〕
　小学校火災　1962.1月　　　　　39
中国自動車道 〔大阪府,兵庫県〕
　乗用車ガードレール衝突　1983.1.4　258
　乗用車衝突　1986.1.7　　　　　136
　大型トラック炎上　1990.3.3　　262
　ワゴン車中央分離帯に衝突
　　1990.4.29　　　　　　　　　262
　中国自動車道多重衝突　1990.6.9　262
　中国自動車道玉突き事故
　　1990.6.15　　　　　　　　　262
　トラック横転　1991.2.7　　　　264
　特急バス・大型トラック追突
　　1992.4.5　　　　　　　　　　266
　中国自動車玉突き事故　1992.6.30　149
　中国自動車道玉突き事故
　　1992.10.8　　　　　　　　　267
　バス・トラック衝突　1993.4.2　267
　中国道玉突き事故　1993.4.24　　268
　トラック・乗用車追突　1995.8.11　269
　ダンプ・トラック追突　1995.9.21　270

　タイヤが外れ作業員直撃
　　1995.11.9　　　　　　　　　270
　タンクローリー・バス衝突
　　1996.2.2　　　　　　　　　　271
　トラック・乗用車追突　1996.5.11　272
　工事現場トラック突入　1996.10.22　273
　中国自動車玉突き事故　1997.6.3　274
　中国自動車道多重衝突　1997.10.19　274
　軽乗用車・トラック追突
　　1998.6.13　　　　　　　　　276
　中国自動車道路玉突き事故
　　2003.1.23　　　　　　　　　281
　中国自動車道で6台玉突き
　　2004.11.13　　　　　　　　　284
　トンネル内でトラックと乗用車接
　　触　2005.6.22　　　　　　　286
　トラックが乗用車に追突
　　2005.12.2　　　　　　　　　287
　大型トラックが陸自車両に衝突
　　2006.2.22　　　　　　　　　288
　クリ焼き機爆発　2006.8.5　　　290
　中国道で4台事故　2007.8.4　　292
　トラック玉突き事故　2008.5.22　199
　トラック追突事故　2011.7.20　　305
　バス事故で塾生徒ら負傷　2012.4.5　307
　玉突き事故　2013.12.25　　　　228
　オートバイ・乗用車衝突
　　2015.7.19　　　　　　　　　317
中国自動車道
　2階建てバス横転　1986.7.12　　260
中本商店工場 〔神戸市葺合区〕
　工場火災　1953.8.5　　　　　　243
長楽寺 〔京都市東山区〕
　長楽寺火災　2008.5.7　　　　　95
千代川駅(山陰本線) 〔京都府〕
　京都交通バス・列車衝突　1958.6.10　70
勅旨川 〔滋賀県甲賀市〕
　線路に置き石　2015.8.4　　　　64
千代田車庫(南海高野線)
　鉄道車庫停電　2011.6.9　　　　213

【つ】

ツイン21ナショナルタワー 〔大阪市中央区〕
　児童が将棋倒し　1997.10.2　　　　161
通天閣　〔大阪市〕
　大阪大空襲　1945.3.13〜14　　　　112
塚口駅(阪急電鉄神戸線)
　阪急電鉄神戸線人身事故　1928.8.6　237
　軽乗用車と普通電車衝突
　　2004.4.26　　　　　　　　　　　282
栂坂トンネル　〔奈良県曽爾村〕
　トンネル内で正面衝突　2008.1.19　336
塚本駅(東海道線)
　東海道本線列車・電車三重衝突
　　1941.3.26　　　　　　　　　　　112
　JR東海道線人身事故　2002.11.6　　172
　強風　2010.11.9　　　　　　　　　 30
築山　〔奈良県大和高田市〕
　奈良交通バス転落　1964.3.22　　　323
都祁村　〔奈良県〕
　大型トレーラー・トラック追突
　　1998.11.2　　　　　　　　　　　332
土山駅(山陽線)
　乗用車が電車に衝突　2004.6.3　　　282
土山町　〔滋賀県甲賀郡〕
　軽乗用車用水池転落　1997.10.4　　 51
津名港
　高速艇激突事故　1989.2.2　　　　　261
津名町　〔兵庫県津名郡〕
　高速艇激突事故　1989.2.2　　　　　261
　団地火災　1999.2.14　　　　　　　276
常岡病院　〔兵庫県伊丹市〕
　常岡病院火災　1964.3.30　　　　　247
椿温泉　〔和歌山県白浜町〕
　椿グランドホテル火災　1972.2.25　354
椿グランドホテル　〔和歌山県白浜町〕
　椿グランドホテル火災　1972.2.25　354

坪井踏切(阪急京都線)
　乗用車・阪急京都線電車衝突
　　1993.7.16　　　　　　　　　　　151
津山市　〔兵庫県〕
　ニューカッスル病発生　1967.3.3〜　249
釣鐘山　〔兵庫県宝塚市〕
　山火事　1990.5.27　　　　　　　　262
鶴ケ丘踏切(阪和線)
　阪和線人身事故　1998.4.3　　　　　163
鶴甲橋　〔兵庫県神戸市灘区〕
　乗用車川に転落　1993.6.6　　　　　268

【て】

帝国化成池田工場　〔大阪府池田市〕
　帝国化成工場火災　1966.4.18　　　120
手柄駅(山陽電鉄線)
　トラック・山陽電鉄線特急電車衝
　　突　1968.10.3　　　　　　　　　251
手原駅(草津線)
　草津線列車落石脱線　1969.11.29　 42
天益寺　〔奈良県大宇陀町〕
　天益寺火災　1999.1.31　　　　　　332
天下茶屋駅(南海電鉄本線)
　急行電車・回送電車衝突
　　1968.1.18　　　　　　　　　　　123
天川村　〔奈良県吉野郡〕
　台風7号　1962.7.27　　　　　　　 12
　ヘリコプター墜落　1986.5.7　　　 328
　登山中川に転落　2008.4.12　　　　336
　登山客が滑落　2015.8.8　　　　　 342
天神川
　豪雨　1941.6.25〜28　　　　　 36,66
天神橋阪神高速守口線　〔大阪府〕
　阪神高速乗用車追突炎上
　　1994.2.17　　　　　　　　　　　153
天神橋　〔大阪市〕
　大雨、洪水　1885.6.15　　　　　　109

てんし　　　　　　　　　地名索引

天神橋筋六丁目駅(大阪市営地下鉄谷町線)
　　地下鉄谷町線建設現場ガス爆発
　　　　1970.4.8　　　　　　　　　　125
天滝渓谷　〔兵庫県養父市〕
　　登山者が転落　2009.8.23　　　　299
天辻トンネル　〔奈良県〕
　　トンネル崩壊　1936.5月　　　　 320
天童山　〔京都市〕
　　パラグライダー墜落　2008.10.25　95
天王山トンネル　〔名神高速道路〕
　　トンネル内玉突き事故　1990.2.15　79
　　名神高速玉突き事故　1991.2.8　　144
　　天王山トンネル玉突き事故
　　　　1991.6.29　　　　　　　　　 80
　　名神高速玉突き事故　1992.1.8　　148
　　観光バス・大型トラック追突
　　　　1993.4.9　　　　　　　　　　82
　　天王山トンネル玉突き事故
　　　　1993.12.29　　　　　　　　　82
　　名神高速玉突き事故　1994.2.22　　83
　　観光バス追突　1994.11.30　　　　83
　　名神高速玉突き事故　1995.8.22　　84
　　名神高速玉突き事故　1995.10.17　 84
天王寺駅(JR)
　　関西線タルミ事故　1981.3.1　　 133
　　エスカレーター事故　2008.9.13　200
天王寺駅(阪和線)
　　国鉄阪和線快速電車衝突
　　　　1982.1.29　　　　　　　　　134
　　天王寺駅電車暴走　1989.8.27　　137
天王寺中学校　〔大阪市〕
　　天王寺中学校火災　1927.1.21　　110
天満橋　〔大阪市〕
　　大雨、洪水　1885.6.15　　　　　109
天理教揖保分教会　〔兵庫県揖保川町〕
　　天理教分教会全焼　1997.3.11　　273
天理教修心分教会　〔奈良県大和高田市〕
　　天理教分教会全焼　2006.7.14　　335

天理教和田町分教会　〔兵庫県西脇市〕
　　天理教分教会火災　2002.2.12　　280
天理市　〔奈良県〕
　　光洋紡績火災　1966.5.22　　　　324
　　バス・トラック追突　1972.11.20　325
　　多重衝突事故　1982.7.8　　　　 327
　　ダンプカー・桜井線電車衝突
　　　　1989.11.7　　　　　　　　　328
　　桜井線電車・マイクロバス衝突
　　　　1992.2.10　　　　　　　　　329
　　多重衝突事故　1994.4.16　　　　329
　　桜井線電車・軽乗用車衝突
　　　　1996.2.24　　　　　　　　　330
　　西名阪自動車道玉突き事故
　　　　1996.11.9　　　　　　　　　331
　　地震　1998.6.23　　　　　　　　 24
　　名阪国道玉突き衝突　1998.8.8　 332
　　玉突き衝突　2000.12.8　　　　　333
　　トラック横転衝突事故　2004.3.22　334
　　住宅火災　2007.4.10　　　　　　336
　　国宝の拝殿に放火　2009.3.12　　336
　　ペダル踏み間違えて事故　2010.5.3　338
天理トンネル　〔奈良県天理市〕
　　多重衝突事故　1994.4.16　　　　329
天理料金所　〔西名阪自動車道〕
　　トラック・乗用車追突　1982.7.8　327

【と】

東亜ペイント大阪工場　〔大阪市此花区〕
　　東亜ペイント工場爆発　1973.1.20　128
東映京都撮影所　〔京都市右京区〕
　　東映撮影所で火災　2012.5.20　　102
東海道新幹線
　　大雨　1999.6.27　　　　　　　　 25
　　降雪　2011.2.15　　　　　　　　 30
東海道新幹線栗東信号場　〔滋賀県栗東市〕
　　落雷で新幹線停止　2007.8.19　　 57

地名索引　　　　　　　　　　とつか

東海道線
　　豪雨　　1941.6.25〜28　　　　　36,66
　　セメント専用列車脱線転落
　　　　1952.11.9　　　　　　　　　　38
　　豪雨　　1963.5.15〜18　　　　　　13
　　東海道線寝台特急・工事用台車衝
　　　　突　1995.4.2　　　　　　　　269
東岸和田北7踏切(阪和線)
　　落雷で鉄道トラブル　2007.7.30　194
同志社女学校
　　同志社女学校火災　1927.3.6　　　65
同志社女子大学
　　同志社女子大学火災　1963.1月　　71
同志社大学
　　大阪戦争事件　1969.9.22　　　　　74
堂島川　〔大阪府〕
　　暴風雨　1911.12.19　　　　　　110
道場駅(福知山線)
　　イノシシ親子が特急に衝突
　　　　2006.9.17　　　　　　　　　290
道場河原駅(神戸電鉄三田線)
　　神戸電鉄三田線普通・準急衝突
　　　　1972.8.25　　　　　　　　　254
東条町　〔兵庫県加東郡〕
　　乗用車ガードレール衝突　1983.1.4　258
　　中国自動車道多重衝突　1997.10.19　274
東新倉庫　〔神戸市〕
　　火災　1928.9.11　　　　　　　237
銅線加工業　〔大阪府〕
　　住宅火災　1998.12.6　　　　　165
東大寺　〔奈良市〕
　　東大寺火災　1947.7.4　　　　　321
東大寺正倉院　〔奈良市〕
　　正倉院御物青酸汚染　1970.11.13　325
東鳥取町　〔大阪府泉南郡〕
　　明治紡績火災　1967.9.20　　　122
道頓堀川　〔大阪市南区〕
　　水上機墜落　1930.3.30　　　　111

道頓堀歓楽街　〔大阪市〕
　　大阪大空襲　1945.3.13〜14　　112
道頓堀松竹座(大阪市南区)　〔大阪府〕
　　道頓堀松竹座漆喰剥落　1956.6.4　116
東燃和歌山工場　〔和歌山県有田市〕
　　東燃工場火災　1990.8.17　　　358
東福寺　〔京都市東山区〕
　　台風20号　1972.9.16〜18　　　18
堂満岳　〔滋賀県〕
　　堂満岳雪崩遭難　1968.2.25　　　41
東洋ガラス滋賀工場
　　工場火災　1980.1.12　　　　　　43
東洋紡績工場　〔滋賀県堅田村〕
　　赤痢発生　1936.8.26　　　　　　36
東レ滋賀工場　〔滋賀県大津市〕
　　東レ工場火災　1973.4.1　　　　　42
東和アルミ工業所　〔大阪市〕
　　東和アルミ工業工場爆発　1973.4.5　128
遠山化成工業所
　　従業員寮火災　1985.11.20　　　135
都賀川　〔神戸市灘区〕
　　雷雨　2008.7.28　　　　　　　　29
特別養護老人ホーム水茎の里　〔滋賀県近江
　　八幡市〕
　　特養老人ホームでインフル集団感
　　　　染　1999.12.14〜　　　　　　52
渡月橋　〔京都府〕
　　豪雨　1901.6.30　　　　　　　　65
　　豪雨　1932.7.2　　　　　　　　　65
十津川　〔奈良県〕
　　十津川大水害　1889.8.19　　319,343
　　山崩れ　1933.3.18　　　　　　319
十津川村　〔奈良県吉野郡〕
　　乗用車転落　1967.2.11　　　　324
　　旅館全焼　1993.8.13　　　　　329
　　釣り人滝つぼに転落　1998.5.31　331
　　地震　2011.9.16　　　　　　　339
　　大雨　2012.5.2　　　　　　　　31

447

とのき　　　　　　　　　　　地名索引

富木駅(阪和線)
　軽自動車と特急電車衝突　2006.1.9　186
富木北踏切(阪和線)
　軽自動車と特急電車衝突　2006.1.9　186
砥峰高原　〔兵庫県神河町〕
　ススキ群生地火災　2015.3.28　317
井池繊維問屋街　〔大阪市中央区〕
　問屋街火災　1965.2.12　119
土仏峠　〔和歌山県〕
　山林火災　1970.3.31　353
トーホー工業クズハ工場　〔大阪府枚方市〕
　化学工場全焼　1990.3.22　140
富雄川　〔奈良市富雄元町〕
　増水で道路崩れる　1991.3.23　328
富雄村　〔奈良県〕
　大阪電軌線電車衝突　1931.11月　319
富里村下川　〔和歌山県〕
　小学校類焼　1954.3.25　347
富田村踏切(東海道線)
　踏切事故　2012.2.22　218
友ケ島　〔和歌山市〕
　水先案内人が転落死　2006.1.23　365
豊岡市　〔兵庫県〕
　阪神・淡路大震災　1995.1.17　23
　住宅火災　1996.12.16　273
　地震　2001.1.12　26
　地震　2001.2.16　279
　小型機墜落　2005.4.21　285
　グライダー墜落　2006.5.3　288
　住宅火災　2007.6.9　292
　ヘリ墜落　2009.7.20　298
　住宅火災　2009.11.17　300
　ビニールハウス倒壊　2010.1.7　301
　大雪　2012.1.23～　30
　大雪　2012.2.18　30
　温泉街で火災　2015.1.3　316
豊郷町　〔滋賀県犬上郡〕
　給食で食中毒　2001.2.19　53

豊中市　〔大阪府〕
　桜井谷小学校火災　1953.5.19　114
　日本航空DC4型旅客機不時着
　　1957.9.30　116
　トラック・急行電車衝突
　　1957.10.22　116
　靴店火災　1965.7.23　119
　柴原浄水場塩素ガス漏出
　　1971.12.4　126
　大阪高裁長官官舎爆破未遂
　　1977.10.28　131
　玉突き事故　1990.1.3　138
　ワゴン車・乗用車衝突　1990.1.17　138
　化学工場火災　1990.2.3　139
　工場爆発　1990.10.11　143
　乗用車街路樹に激突　1991.1.29　144
　阪大で実験中爆発　1991.10.2　147
　中国自動車玉突き衝突　1992.6.30　149
　作業員圧死　1992.7.18　149
　カセットボンベ破裂　1992.12.22　150
　紙袋工場全焼　1993.2.5　150
　倉庫火災　1993.7.20　151
　パチンコ店全焼　1994.2.28　153
　軽自動車・阪急電鉄神戸線電車衝
　　突　1995.5.10　154
　エレベーター故障ワゴン車転落
　　1996.2.24　156
　従業員寮火災　1996.11.25　157
　住宅火災　1997.3.3　158
　阪神高速多重衝突事故　1997.5.16　159
　住宅火災　1998.2.3　162
　アパート火災　1999.7.30　166
　学校連続放火　2000.3.19～24　168
　野球部で食中毒　2002.8.6　171
　住宅火災　2002.10.5　172
　雷雨　2003.5.8　173
　雷雨　2003.5.20　173
　弁当で集団食中毒　2003.9.8～　27
　スプレー缶引火　2004.5.2　176
　路上で通り魔　2004.5.11　177

448

住宅火災　2004.6.27	177	虎姫駅(北陸線)		
住宅火災　2005.1.5	180	北陸線機関車転落　1928.1.31	35	
マンション火災　2005.3.15	181	虎姫町〔滋賀県〕		
無人のポンプ車暴走　2005.4.21	181	住宅火災　1951.9.5	37	
連続通り魔　2005.5.29	182	鳥飼基地(東海道新幹線)		
ゴールポスト倒れ下敷き		東海新幹線基地でゴミ袋爆発		
2005.8.26	184	1999.12.24〜	167	
市場で火災　2005.12.20	186	鳥本町〔大阪府〕		
マンション火災　2006.3.18	188	地震　2001.2.9	88	
豪雨・落雷　2006.8.22	28	富田林市〔大阪府〕		
走行中のトラックから脱輪		パチンコ店火災　1990.2.8	139	
2006.12.22	191	府営住宅火災　1998.3.22	162	
酒気帯び運転で衝突　2007.4.12	192	住宅火災　1999.11.8	167	
住宅火災が相次ぐ　2009.1.25	203	軽トラックとバイク衝突		
旅客機の主翼が接触　2009.4.22	204	2005.8.23	184	
ブロック塀が崩れる　2009.4.23	204	昇降機に挟まれ女児死亡　2006.8.7	189	
住宅火災　2010.8.31	210	救急搬送遅れ死亡　2007.2月〜	191	
住宅火災　2011.1.27	212	胸に硬球が当たり死亡　2007.9.1	194	
クレーン倒れる事故　2012.1.20	217	住宅火災　2007.11.28	196	
玉突き事故　2012.1.28	217	救急搬送遅れ死亡　2007.12.25	197	
踏切事故　2012.10.22	222	6キロ引きずりひき逃げ		
塩素混入　2013.3.22	224	2008.11.16	202	
熱中症　2013.6.13	32	だんじりが横転　2009.10.18	206	
マンションで転落事故　2013.8.4	226	富田林駅(近鉄線)		
商店街で火災　2014.4.28	230	だんじりが横転　2009.10.18	206	
スプレー引火でやけど　2014.7.20	231			
乗用車が児童の列に突っ込む				
2015.5.20	234	【な】		

豊中市営柴原浄水場
　柴原浄水場塩素ガス漏出
　　1971.12.4　　　　　　　　　　126

豊能郡美化センター〔大阪府能勢町〕
　高濃度ダイオキシン検出
　　1998.4月　　　　　　　　　　163
　高濃度ダイオキシン汚染
　　2000.7.12　　　　　　　　　　169

豊能町〔大阪府〕
　地震　2000.5.20　　　　　　　　25
　土砂崩れで道路寸断される
　　2014.2.25　　　　　　　　　　229

長居北2号踏切(阪和線)
　乗用車・阪和線電車衝突
　　1998.5.29　　　　　　　　　　163

長居公園〔大阪市東住吉区〕
　落雷　2012.8.18　　　　　　　　31

長居陸上競技場〔大阪市東住吉区〕
　世界陸上放送スタッフが食中毒
　　2007.8.27　　　　　　　　　　194
　熱中症　2011.8.18　　　　　　　215

449

長岡京駅(JR)
　新快速電車にはねられ死亡
　　2005.4.2　　　　　　　　　　91
長岡京市　〔京都府〕
　クレーン車暴走　1979.10.1　　78
　赤痢大流行　1983.5月〜6月　　78
　三菱電機京都製作所工場火災
　　1994.8.8　　　　　　　　　　83
　名神高速玉突き事故　1997.5.17　86
　新快速電車にはねられ死亡
　　2005.4.2　　　　　　　　　　91
　名神で乗用車が横転　2012.9.15　103
　新幹線高架下火災　2015.1.22　107
長岡町　〔京都府乙訓郡〕
　近江鉄道バス転落　1965.3.18　　72
　精神病院火災　1969.9.27　　　　75
長尾山トンネル　〔兵庫県宝塚市〕
　トンネル内で交通事故　2015.5.26　317
長崎屋尼崎店
　尼崎の長崎屋火災　1990.3.18　262
中島川　〔大阪市西淀川区〕
　砂利船が高圧線切断　1991.1.31　144
中洲大橋　〔滋賀県守山市〕
　タンクローリーが橋から転落
　　2015.7.18　　　　　　　　　64
中山道　〔滋賀県近江町〕
　近江バス転落　1956.4.1　　　　38
中津沢通停留所　〔大阪市交通局〕
　乗用車・大阪市営電車接触
　　1968.3.24　　　　　　　　　123
長殿地区　〔奈良県吉野郡〕
　山崩れ　1933.3.18　　　　　　319
中日本重工業造船所　〔神戸市〕
　造船所集団赤痢発生　1951.12.27　242
中之島踏切(奈良駅)　〔京都府〕
　踏切ではねられ女児が死亡
　　2010.4.10　　　　　　　　　99
長浜海岸　〔京都市丹後町〕
　ワゴン車転落　1990.8.12　　　80

長浜港　〔滋賀県〕
　花火爆発　1992.8.5　　　　　　46
長浜市　〔滋賀県〕
　花火爆発　1992.8.5　　　　　　46
　北陸道多重衝突　1995.12.27　　49
　バス全焼　2010.11.7　　　　　59
　除雪作業車が横転　2012.2.2　　60
　大雪　2012.2.18　　　　　　　30
　大雨　2013.7.28〜29　　　　　32
　温泉旅館火災　2015.3.2　　　　64
中辺路町　〔和歌山県西牟婁郡〕
　乗用車転落　1990.11.4　　　　358
中八木駅(山陽電鉄線)
　山陽電鉄線電車衝突　1968.11.23　251
中山製鋼所
　日本航空輸送機墜落　1934.1.6　111
長等トンネル　〔滋賀県大津市〕
　玉突き衝突　1995.11.22　　　　49
長柄橋　〔大阪市北区〕
　乗用車転落　1991.1.11　　　　144
　作業用ゴンドラ落下　1994.6.23　154
梨木神社　〔京都市上京区〕
　梨木神社爆破　1977.1.1　　　　77
灘中学　〔神戸市灘区〕
　灘中学校火災　1938.1.7　　　239
那智勝浦町　〔和歌山県〕
　チリ地震津波　1960.5.24　　　350
　大雨　2012.5.2　　　　　　　　31
那智勝浦町沖　〔和歌山県東牟婁郡〕
　楽穂丸・山福丸衝突　1971.7.4　354
難波橋　〔大阪市〕
　大雨、洪水　1885.6.15　　　　109
奈良市　〔奈良県〕
　地割れ　1933.この頃　　　　　319
　円照寺火災　1935.1.10　　　　320
　奈良バス・大阪電軌線電車衝突
　　1940.6.17　　　　　　　　　320
　東大寺火災　1947.7.4　　　　321
　市役所火災　1948.11.1　　　　321

地名索引　　　　　　　　　　なるお

住宅火災　1956.1.27	322	路線バスとワゴン車衝突	
奈良女子大学学生寮集団赤痢		2006.11.24	335
1957.4.29	322	落雷　2007.3.31	28
日教組組合員・警官隊衝突		住宅火災　2009.1.7	336
1958.8.24～27	323	栽培したイモを食べ腹痛	
皇太子夫妻歓迎提灯行列参列者重		2009.7.16	337
軽傷　1959.4.18	323	スーパーに乗用車が衝突	
春日原始林火災　1960.4.23	323	2010.5.28	338
興福寺阿修羅像汚損　1962.12.20	323	住宅火災　2011.5.24	338
公演会場観客負傷　1967.11.5	324	食品に針混入　2011.12.14	339
正倉院御物青酸汚染　1970.11.13	325	偽装肉にアレルギー物質	
地震　1971.1.5	18	2013.11.2	340
近鉄奈良線急行電車爆破　1972.8.2	325	地震　2013.12.15	340
地震　1972.8.31	18	大雪　2014.2.14	33
地震　1973.11.25	19	強風　2015.8.7	342
住宅火災　1983.1.30	327	**奈良市役所**〔奈良市〕	
ホテル火災　1983.12.1	327	市役所火災　1948.11.1	321
西大寺火災　1984.1.21	327	**奈良少年鑑別所**	
地震　1990.1.11	22	少年刑務所で食中毒　2004.7.31	334
阪奈道路玉突き事故　1990.10.31	328	**奈良少年刑務所**	
増水で道路崩れる　1991.3.23	328	少年刑務所で食中毒　2004.7.31	334
旅館全焼　1992.12.28	329	**奈良女子大学学生寮**〔奈良市〕	
地震　1994.6.28	23	奈良女子大学学生寮集団赤痢	
住宅火災　1995.6.14	330	1957.4.29	322
マンション駐輪場火災　1997.6.7	331	**奈良線(JR)**	
住宅火災　1998.2.19	331	奈良線列車・乗用車衝突	
自転車・関西線快速電車衝突		1993.10.15	82
1998.11.7	332	大雨　2008.6.20	29
住宅火災　1998.12.10	332	**双ヶ丘中学校**〔京都市右京区〕	
連続寺院放火　1999.1.16～31	332	双ヶ岡中学校火災　1963.2月	71
地震　2001.1.26	88	**奈良ホテル**〔奈良市〕	
地震　2003.2.6	89	皇太子夫妻歓迎提灯行列参列者重	
春日山原始林火災　2003.5.23	333	軽傷　1959.4.18	323
少年刑務所で食中毒　2004.7.31	334	**成相寺**	
マンション火災　2005.3.29	334	成相寺火災　1927.7.27	65
住宅火災　2005.12.18	334	**成田山不動尊**〔大阪府寝屋川市〕	
住宅火災　2005.12.23	335	露店全焼　1997.1.2	157
落雷　2006.4.2	335	**鳴尾駅(阪神本線)**	
名阪国道で玉突き事故　2006.7.14	335	踏切で車椅子脱輪　2007.3.24	291

451

なんか　　　　　　　　　　地名索引

南海煙火
　住宅花火爆発　1969.6.16　　　124
南海電鉄　〔和歌山市〕
　駅で停電　2013.6.26　　　372
南海電鉄高野線　〔和歌山県〕
　南海電鉄急行電車火災　1956.5.7　348
　南海電車運行中にドア開く
　　1991.2.8　　　144
　土砂崩れ　2003.2.24　　　363
　落雷で鉄道トラブル　2007.7.30　367
南海電鉄バス　〔和歌山県〕
　バス転落　1959.1.1　　　349
南海百貨店　〔大阪府高石市〕
　南海百貨店火災　1967.6.14　　　122
南海本線
　住宅火災　1958.12.4　　　117
　踏切で工事車両が故障　2011.7.8　371
南紀白浜空港　〔和歌山県白浜町〕
　小型機が山中で墜落　2005.3.2　365
南紀田辺IC間　〔阪和自動車道〕
　豪雨　2009.7.7　　　368
南光町下徳久　〔兵庫県〕
　幼女熱中症で死亡　1998.8.5　　　276
南港発電所
　火力発電所でクラゲ原因のトラブル　2012.8.29　　　309
南丹市　〔京都府〕
　野球部員が熱中症　2009.8.7　　　97
　クレーン転倒　2010.1.6　　　98
南淡町　〔兵庫県三原郡〕
　沼島大火　1955.11.9　　　244
　連絡船南海丸沈没　1958.1.26　244
　小型機墜落　2004.9.20　　　283
南淡町灘　〔兵庫県〕
　日東航空旅客機墜落　1963.5.1　246
難波駅(南海電鉄)
　エスカレーター火災　2014.10.20　233

【に】

鴫地区　〔兵庫県福良町〕
　山林火災　1937.4.13　　　239
西明石駅(国鉄)
　ヘリコプター衝突　1984.7.31　259
西明石駅(山陽線)
　山陽線寝台特急暴走　1984.10.19　260
　踏切事故　2012.2.17　　　307
西浅井町　〔滋賀県〕
　地震　2003.12.23　　　53
　地震　2008.8.8　　　57
　地震　2008.8.30　　　57
西大路通　〔京都市南区〕
　タクシーが歩道を暴走　2013.3.29　104
西大津バイパス
　玉突き衝突　1995.11.22　　　49
西上岡踏切(山陽線)
　乗用車が電車に衝突　2004.6.3　282
西河原交差点　〔大阪府茨木市〕
　タンクローリーと車が衝突
　　2011.6.13　　　214
二色の浜海水浴場　〔大阪府貝塚市〕
　水上バイクが遊泳場に突入
　　2005.7.23　　　183
西京極駅(阪急京都線)
　線路進入の車が電車と衝突
　　2013.1.21　　　103
西京都変電所　〔京都府〕
　大規模停電　1999.10.27　　　87
西高等学校　〔滋賀県大津市〕
　西高等学校火災　1955.10月　38
西神戸有料道路山麓バイパス
　乗用車側壁に衝突　1997.7.8　274
西垂水舞子病院　〔垂水町〕
　チフス菌混入饅頭　1939.4.26～5.15　240

452

地名索引　　　　　　　　にしの

西床尾山　〔兵庫県豊岡市〕
　　ヘリ墜落　2009.7.20　　　　　298
西ノ谷踏切(紀勢線)
　　トラック紀勢線架線接触
　　　1991.1.19　　　　　　　　358
西宮駅(阪急電鉄神戸線)
　　阪急電鉄神戸線電車衝突
　　　1959.6.17　　　　　　　　245
西宮駅(阪神電鉄本線)
　　不発弾処理　2007.3.4　　　　291
西宮市　〔兵庫県〕
　　干ばつ　1939.6月～10月　　　　3
　　工場火災　1954.7.27　　　　243
　　全国花火大会仕掛花火爆発
　　　1955.8.28　　　　　　　　243
　　芦有開発道路建設現場山崩れ
　　　1960.8.29　　　　　　　　245
　　毎日新聞社ヘリコプター墜落
　　　1965.3.26　　　　　　　　248
　　タンクローリー爆発　1965.10.26　248
　　阪神市場火災　1972.1.10　　　253
　　騒音・排気ガス被害　1976.この頃～　256
　　住宅火災　1977.12.30　　　　257
　　観客圧死　1983.6.4　　　　　259
　　ドライアイス入りビン破裂
　　　1984.8.20　　　　　　　　260
　　マンション火災　1988.9.4　　261
　　住宅火災　1989.2.13　　　　261
　　料亭火災　1989.4.7　　　　　261
　　コレラ感染　1990.4.29　　　262
　　中国自動車道玉突き事故
　　　1990.6.15　　　　　　　　262
　　マイクロバス・大型トラック追突
　　　1991.1.13　　　　　　　　264
　　トラック横転　1991.2.7　　　264
　　大型トラック・ワゴン車衝突
　　　1991.3.7　　　　　　　　264
　　マイクロバス・乗用車衝突
　　　1991.8.9　　　　　　　　265
　　甲子園市場全焼　1992.11.20　　267
　　中国道玉突き事故　1993.4.24　268

　　今津阪神市場全焼　1993.5.30　　268
　　名神高速乗用車逆走　1993.11.12　268
　　余震　1995.1.25　　　　　　　23
　　トラック荷物落下　1996.1.9　　270
　　トラック鋼材荷崩れ　1996.1.25　270
　　軽乗用車横転　1996.1.28　　　271
　　建設会社寮全焼　1997.5.26　　274
　　軽トラック中央分離帯に衝突
　　　1998.1.19　　　　　　　　275
　　住宅火災　1998.1.31　　　　275
　　住宅火災　1998.2.14　　　　275
　　森永乳業食中毒事件　2000.7.12　26
　　震災復興住宅火災　2000.8.18　　278
　　落雷で信号機故障　2003.1.20　　281
　　住宅火災　2003.12.19　　　　282
　　大学で異臭騒動　2004.6.15　　283
　　医療器具誤用　2004.11.13　　284
　　クリ焼き機爆発　2006.8.5　　290
　　トラックから落ちた鉄箱に追突
　　　2006.12.5　　　　　　　　290
　　石灯ろう倒壊　2007.1.10　　　290
　　踏切で車椅子脱輪　2007.3.24　291
　　住宅火災　2008.4.21　　　　293
　　豪雨・落雷　2008.8.7　　　　294
　　タクシーが家に突入　2008.12.6　296
　　ベランダから転落　2009.2.8　　296
　　学生寮で集団食中毒　2009.7.10　298
　　ヨット転覆　2009.11.2　　　300
　　飲酒運転でひき逃げ　2010.5.29　302
　　甲子園観戦の野球部員が食中毒
　　　2010.8.10　　　　　　　　302
　　強風　2013.3.10　　　　　　　31
　　乗用車が暴走　2013.8.6　　　312
　　兵庫でデング熱感染　2014.10.7　316
　　ボートが防波堤に衝突　2015.7.25　318
　　乗用車同士が正面衝突　2015.7.31　318
西宮神社
　　石灯ろう倒壊　2007.1.10　　　290

453

にしの　　　　　　　　地名索引

西宮名塩サービスエリア　〔中国自動車道〕
　　中国道玉突き事故　1993.4.24　　268
　　クリ焼き機爆発　2006.8.5　　290
西広海岸　〔和歌山県広川町〕
　　ボート転落で死亡　2014.8.15　　373
西本願寺　〔京都府京都市下京区〕
　　西本願寺事件　1969.9.12　　74
西本願寺津村別院　〔大阪市東区〕
　　北御堂火災　1954.6.9　　114
西向日町駅(阪急電鉄京都線)
　　乗用車・阪急京都線電車衝突
　　　　1970.2.23　　75
西名阪自動車道　〔大阪府, 奈良県〕
　　濃霧　1974.3.9　　326
　　西名阪道路低周波騒音被害
　　　　1980.この頃　　326
　　公害　1981.この年　　326
　　トラック・乗用車追突　1982.7.8　　327
　　マイクロバス・大型ダンプカー追
　　　突　1992.11.28　　150
　　西名阪自動車道玉突き事故
　　　　1996.11.9　　331
　　西名阪道追突事故　1997.3.24　　331
　　鉄パイプが車を貫通　2005.7.19　　183
　　乗用車が保冷車に追突　2006.3.23　　188
二上山駅(近畿日本鉄道南大阪線)
　　ダンプカー・電車衝突　1972.3.5　　126
西吉野村　〔奈良県吉野郡〕
　　山崩れ　1982.8.4　　327
西脇市　〔兵庫県〕
　　乗用車衝突　1974.4.2　　255
　　天理教分教会火災　2002.2.12　　280
　　ガスタンク爆発　2005.4.4　　285
　　逃走中に衝突・炎上　2005.7.19　　286
日興石油化学　〔大阪市淀川区〕
　　日興石油化学工場火災　1983.7.29　　134
日新製鋼大阪製造所圧延工場　〔大阪市此花区〕
　　圧延機出火　1990.5.22　　141

日本触媒化学工業姫路製造所　〔兵庫県姫路市〕
　　日本触媒化学工場火災　1976.3.9　　256
二ノ瀬駅(京福電鉄鞍馬線)
　　京福電鉄鞍馬線電車衝突　1964.1.5　　71
日本工業検査大阪営業所　〔大阪市〕
　　日本工業検査高校生被曝
　　　　1974.この頃　　130
日本万国博覧会場　〔大阪府吹田市〕
　　落雷　1970.8.12　　18
丹生川　〔奈良県西吉野村〕
　　山崩れ　1982.8.4　　327
二郎駅(神戸電鉄三田線)
　　ダンプカー・神戸電鉄三田線普通
　　　電車衝突　1982.12.10　　258
仁和寺　〔京都市〕
　　仁和寺宿舎から出火　2005.6.19　　91

【ぬ】

沼島　〔兵庫県〕
　　沼島大火　1955.11.9　　244
　　連絡船南海丸沈没　1958.1.26　　244
布引トンネル　〔西神戸有料道路山麓バイパス〕
　　乗用車側壁に衝突　1997.7.8　　274
布引ハーブ園　〔神戸市中央区〕
　　ゴンドラ宙づり　1991.12.7　　265

【ね】

根来寺　〔和歌山県岩出町〕
　　根来寺火災　1962.5.2　　351
寝屋川　〔大阪府〕
　　カドミウム汚染　1971.この頃　　126
寝屋川市　〔大阪府〕
　　交通指導員負傷　1963.5.31　　119
　　アパート火災　1967.9.13　　122

454

地名索引　　　　　　　　　　　　はたし

落雷　1988.8.24	137
社員食堂でガス爆発　1993.2.26	151
工場全焼　1995.6.5	155
露店全焼　1997.1.2	157
カセットボンベ爆発　1997.3.29	159
特急電車脱線　2003.8.19	173
住宅火災　2005.10.23	185
住宅全焼　2006.12.4	191
営業停止処分中にまた食中毒 　　　2010.4.2	208
住宅火災　2014.2.25	229

【の】

野江駅(京阪電鉄本線)
　京阪電鉄本線急行電車衝突
　　　1966.8.3　　　　　　　　　　120
野上町　〔和歌山県〕
　地震　1999.11.3　　　　　　　　361
能勢町　〔大阪府豊能郡〕
　高濃度ダイオキシン検出
　　　1998.4月　　　　　　　　　　163
　高濃度ダイオキシン汚染
　　　2000.7.12　　　　　　　　　169
　ダイオキシン検出　2005.12月～　186
　住宅火災　2011.1.28　　　　　　212
野田村　〔大阪府東成郡〕
　大雨、洪水　1885.6.15　　　　　109
能登川中学校　〔滋賀県東近江市〕
　廃品回収中に事故　2008.11.8　　57
野畑小学校　〔大阪府豊中市〕
　ゴールポスト倒れ下敷き
　　　2005.8.26　　　　　　　　　184

【は】

榛原町　〔奈良県〕
　芳野川水銀汚染　1968.この年　324
博奕岬　〔京都府舞鶴市〕
　釣り船が浸水　2011.6.11　　　101
羽倉崎検車区　車庫　〔南海電鉄〕
　回送電車暴走　1993.12.25　　152
箱作駅(南海電鉄本線)
　急行電車・貨物列車衝突
　　　1967.7.24　　　　　　　　122
羽衣学園　〔大阪府高石市〕
　光化学スモッグ発生　1971.8.27　126
橋本市　〔和歌山県〕
　観音寺本堂全焼　1993.6.26　　359
　カテーテルで心臓血管を傷つける
　　　1999.4月　　　　　　　　　361
　高濃度ダイオキシン検出
　　　2000.5.31　　　　　　　　　362
　ダイオキシン無害化　2001.5.10　362
　地震　2003.3.23　　　　　　　　363
　落雷で鉄道トラブル　2007.7.30　367
　トンネルの側壁が落下　2013.1.3　372
橋本関雪旧宅　〔京都市左京区〕
　旧橋本関雪邸で火災　2009.3.31　96
長谷川工務店京都工場
　クレーン車暴走　1979.10.1　　　78
長谷寺　〔奈良県桜井市〕
　長谷寺火災　1972.9.17　　　　325
畠田駅(国鉄和歌山線)
　ダンプカー・和歌山線客車衝突
　　　1979.4.17　　　　　　　　　326
畑トンネル　〔和田山八鹿道路〕
　トンネルの掘削工事現場で爆発
　　　2008.10.11　　　　　　　　295
秦荘町　〔滋賀県愛知郡〕
　名神高速多重衝突　1993.7.18　　48

455

八戸の里幼稚園　〔大阪府東大阪市〕	
園児の列に送迎バス　1994.6.29	154
鉢伏山　〔兵庫県〕	
村野工業高等学校生徒遭難	
1966.1.5	248
八紘寮　〔奈良県〕	
寮火災　1941.1.26	320
花園駅(近畿日本鉄道奈良線)	
近鉄奈良線電車追突　1948.3.31	67
花田口駅(私鉄南海電鉄阪堺線)	
大型ダンプカー・電車衝突	
1979.7.25	132
花博記念公園鶴見緑地　〔大阪市鶴見区〕	
公衆トイレでメタンガス爆発	
2000.5.23	168
羽曳野市　〔大阪府〕	
浄水場酸欠　1977.3.15	131
誉田八幡宮火災　1997.8.17	160
有機溶剤中毒死　1998.10.14	164
乗用車が軽乗用車と正面衝突	
2004.12.4	179
集合住宅火災　2011.8.21	215
交通事故　2011.9.24	216
乗用車など玉突き事故　2013.5.4	225
砲丸当たり重傷　2013.5.9	225
運動部員が熱中症　2014.7.18	231
浜寺町　〔大阪府泉北郡〕	
極東航空機不時着　1957.8.1	116
林田川　〔兵庫県安富町〕	
マイクロバス転落　1969.7.22	252
播磨自動車道	
捨てた炭から山林火災　2014.5.11	315
播磨造船所　〔兵庫県〕	
亜鉛鍍工場事故　1938.4.3	239
冷凍運搬船栄幸丸爆発　1957.4.24	244
播磨地方　〔兵庫県〕	
降雹　1933.6.14	238
播磨町　〔兵庫県加古郡〕	
住友金属鉱山工場カドミウム汚染	

1970.この年	252
化学工場爆発　1992.1.22	266
播磨灘	
ハマチ大量死　1975.5.21	256
あいぼり丸・漁船接触　1975.6.10	256
台風19号　1987.10.17	22
カーフェリー火災　2000.2.28	278
漁船が貨物船と衝突　2005.7.23	286
漁船転覆　2007.2.21	291
タンカー沈没事故　2014.3.26	315
タンカー爆発事故　2014.5.29	315
阪急梅田駅(阪急線)	
大雨　2013.8.25	33
阪急十三駅(阪急線)	
飲食店街で火災　2014.3.7	230
阪急電鉄京都線	
乗用車・急行電車衝突　1991.10.31	147
四輪駆動車・急行電車衝突	
1997.3.11	159
阪急電鉄神戸線　〔兵庫県〕	
バス・阪急神戸線電車衝突	
1965.7.26	248
阪急電鉄宝塚線	
トラック・電車衝突　1954.2.2	114
阪神競馬場　〔兵庫県宝塚市〕	
阪神競馬場火災　1969.4.18	252
阪神甲子園球場　〔兵庫県西宮市〕	
観客圧死　1983.6.4	259
ドライアイス入りビン破裂	
1984.8.20	260
トラックから落ちた鉄箱に追突	
2006.12.5	290
甲子園で熱中症　2011.8.18	305
高校野球関連の熱中症	
2013.8.8〜13	312
阪神高速道路　〔神戸市〕	
乗用車衝突　1972.3.13	253
騒音・排気ガス被害　1976.この頃〜	256
乗用車衝突事故　1982.4.26	258
トレーラー横転衝突事故	

1983.11.16	259
高速の切れ目から乗用車転落	
1995.6.8	269
阪神高速道路池田線　〔大阪府〕	
阪神高速多重衝突事故　1997.5.16	159
阪神高速道路大阪港線　〔大阪市港区〕	
阪神高速玉突き事故　1997.5.7	159
乗用車クッションドラムに衝突	
1998.3.2	162
阪神高速で玉突き事故　2007.7.31	194
阪神高速道路大阪神戸線　〔大阪市西淀川区〕	
トラック炎上　1991.7.12	146
阪神高速道路大阪松原線　〔大阪市平野区〕	
遠足バス追突　1995.3.2	154
トラックが乗用車に追突　2004.8.1	178
阪神高速道路大阪湾岸線　〔大阪市住之江区〕	
バイクと乗用車正面衝突	
2005.6.19	182
阪神高速道路環状線　〔大阪府〕	
パワーショベル落下　1991.7.11	146
玉突き事故　2014.11.22	233
阪神高速道路北神戸線　〔兵庫県神戸市〕	
ワゴン車暴走　1992.9.10	267
乗用車が竹やぶに転落　2006.6.28	289
阪神高速道路神戸線　〔大阪府,兵庫県〕	
マイクロバス・大型トラック追突	
1991.1.13	264
タンクローリー暴走　1991.7.28	265
軽トラック中央分離帯に衝突	
1998.1.19	275
ダンプカーが大型トラックに追突	
2006.8.24	290
トラックから落ちた鉄箱に追突	
2006.12.5	290
不発弾処理　2007.3.4	291
2トン車突っ込む　2011.7.7	214
阪神高速道路堺線　〔大阪府〕	
パワーショベル落下　1991.7.11	146
多重衝突事故　2011.9.19	215

阪神高速道路東環状線　〔大阪市中央区〕	
おもり落下　1991.8.29	146
阪神高速道路東大阪線　〔大阪府〕	
乗用車炎上　1991.8.9	146
おもり落下　1991.8.29	146
トラックがワゴン車に追突	
2004.7.17	178
阪神高速道路上り線尼崎料金所　〔兵庫県尼崎市〕	
バス追突　2006.6.1	289
阪神高速道路守口線　〔大阪市旭区〕	
乗用車・軽乗用車衝突　1998.9.12	164
阪神高速道路淀川左岸線　〔大阪市此花区〕	
高速で車が炎上　2014.10.25	233
阪神高速道路湾岸線　〔大阪府,兵庫県〕	
清掃作業現場乗用車突入　1994.2.5	153
乗用車追突　1995.9.3	155
阪神高速玉突き事故　1996.1.23	270
乗用車高速道逆走　1997.1.29	158
トラック追突　1998.7.23	164
大雨　2000.11.1〜2	26
玉突き事故　2009.5.2	297
交通事故で多重衝突　2010.7.14	209
阪神市場　〔兵庫県西宮市〕	
阪神市場火災　1972.1.10	253
阪神地方	
雷雨　1970.9.15	18
大阪、兵庫で局地的豪雨	
2014.9.10	316
阪神電鉄	
阪神電鉄本線電車追突　1954.12.20	115
阪神電鉄地下化工事現場火災	
1993.6.16	151
阪神百貨店梅田本店　〔大阪市北区〕	
百貨店物産展で食中毒　2014.10.1	232
播但線	
大雨　2000.11.1〜2	26
播但連絡道路　〔姫路市〕	
乗用車同士が衝突炎上　2008.10.22	295

はんな　　　　　　　　　地名索引

阪奈道路　〔大阪府, 奈良県〕
　乗用車転落　1990.5.19　　　　　141
　阪奈道路追突事故　1990.5.29　　141
　阪奈道路玉突き事故　1990.10.31　328
　阪奈道スリップ事故　1993.6.23　329
　ガードレールに車が衝突
　　2013.8.28　　　　　　　　　　227
阪南北派出所　〔大阪府〕
　大阪戦争事件　1969.9.22　　　　124
阪南市　〔大阪府〕
　インフルエンザ脳症　2004.1.25　175
　乗用車逆走しトラックと衝突
　　2004.10.9　　　　　　　　　　364
　フェルト工場火災　2008.2.20　　197
　路面陥没　2008.5.5　　　　　　199
　祭りのやぐらにひかれ死亡
　　2011.10.10　　　　　　　　　216
万博記念公園　〔大阪府吹田市〕
　コースター脱線　2007.5.5　　　192
阪和自動車道　〔大阪府, 和歌山県〕
　トラック・四駆車衝突　1995.12.12　155
　乗用車・作業車追突　1997.7.25　160
　阪和自動車道で人身事故
　　2004.1.21　　　　　　　　　　175
　逆走乗用車がタクシーと衝突
　　2005.3.30　　　　　　　　　　181
　トラックと乗用車衝突　2005.4.1　365
　走行中の車に発砲　2005.9.26　　365
　阪和道で乗用車3台が衝突
　　2007.1.26　　　　　　　　　　191
　トンネルで玉突き　2007.12.4　　196
　タンクローリーが追突　2010.8.23　210
　運転手がはねられ死亡　2012.3.28　218
　多重事故　2014.5.4　　　　　　230
阪和自動車道海南東IC　〔和歌山県海南市〕
　乗用車逆走しトラックと衝突
　　2004.10.9　　　　　　　　　　364
阪和線（JR）　〔和歌山県〕
　南海地震　1946.12.21　　　　　4
　自転車・阪和線快速衝突　1998.3.2　162

　地震　1999.11.3　　　　　　　361
　地震　2011.5.10　　　　　　　370
阪和線山中渓・紀伊駅間　〔和歌山市〕
　阪和線急行列車破損　1971.11.29　354

【ひ】

比叡山延暦寺
　円教院全焼　1993.1.26　　　　47
比叡山ドライブウェイ
　全但交通バス・京阪バス衝突
　　1960.7.24　　　　　　　　　39
比叡病院　〔京都市左京区〕
　ノロウイルス集団感染　2012.12.20　103
日置駅（紀勢西線）
　紀勢西線ディーゼル機関車転覆
　　1969.1.24　　　　　　　　　353
東近江市　〔滋賀県〕
　名神高速で9台衝突　2005.7.20　55
　廃品回収中に事故　2008.11.8　57
　高速で追突事故　2013.1.16　　61
　消火訓練中に火災　2013.8.4　　62
　軽乗用車が転落　2013.11.11　　63
　突風でテントが飛ばされる
　　2013.11.25　　　　　　　　　63
　猛暑続く、熱中症続出　2014.7.26　63
東大阪市　〔大阪府〕
　ヘルスセンター火災　1967.2.28　121
　クリーニング店火災　1967.12.18　122
　片町線電車発火　1970.10.7　　125
　鉄線製造工場塩素ガス漏出
　　1976.3.26　　　　　　　　　130
　クレーン車台車暴走　1984.7.26　135
　トンネル火災　1987.9.21　　　136
　プロパンガス爆発　1990.4.2　　140
　アパート全焼　1990.4.20　　　140
　プロパン爆発　1991.7.29　　　146
　乗用車炎上　1991.8.9　　　　　146

458

地名索引		ひかし

近鉄バス・乗用車衝突 1992.3.1	148
火災 1993.7.19	151
コンテナ落下 1994.1.10	152
蓮浄寺火災 1994.4.6	153
園児の列に送迎バス 1994.6.29	154
工場火災 1996.6.30	156
模型飛行機工場全焼 1997.10.29	161
長屋全焼 1998.2.19	162
近畿自動車道スリップ事故 1998.10.17	165
住宅火災 1998.11.22	165
強風でけが人相次ぐ 1999.4.6	166
住宅全焼 2000.1.22	167
睡眠薬誤投与 2000.7.16	169
住宅火災 2001.8.27	170
軽乗用車同士衝突 2004.6.11	177
トラックがワゴン車に追突 2004.7.17	178
男児殴打事件 2005.4.21	181
電気店全焼 2005.9.24	184
住宅火災 2006.9.23	190
化学工場で爆発 2006.12.19	191
アパート火災 2007.4.1	192
ペットボトル爆発 2007.8.5	194
住宅火災 2008.7.22	200
血液型を間違えて輸血 2008.12.20	202
高校生がノロウイルス感染 2008.12.30	203
医療ミス 2010.10.14	210
火災 2011.1.3	211
乗用車が街灯に衝突 2011.1.4	211
機械にはさまれ死亡 2011.4.19	212
大型トラックひき逃げ 2012.2.6	217
住宅火災 2012.8.4	221
運動会練習中に熱中症 2012.9.14	222
だんじり屋根から落下 2012.10.21	222
ノロウイルス集団感染 2012.12.28	223
エスカレーターから転落 2013.4.9	224
局地的大雨 2013.8.6	226

熱中症 2013.8.13	227
ガードレールに車が衝突 2013.8.28	227
胆管ガンで、60歳以上が労災認定 2014.3.4	229
乗用車同士が衝突 2015.3.5	234
アパート火災 2015.3.20	234

東浅井郡 〔滋賀県〕
| 姉川地震 1909.8.14 | 35 |

東大阪市立総合病院 〔大阪府東大阪市〕
| 睡眠薬誤投与 2000.7.16 | 169 |
| 医療ミス 2010.10.14 | 210 |

東岸和田駅(阪和線)
| 強風 2010.11.9 | 30 |

東神戸大橋(阪神高速道路湾岸線)
| 玉突き事故 2009.5.2 | 297 |

東高野街道 〔大阪府富田林市〕
| 6キロ引きずりひき逃げ 2008.11.16 | 202 |

東小学校 〔大阪府門真市〕
| 小学校でノロウイルス感染 2005.5.19 | 182 |

東鳥取村桑畑 〔大阪府〕
| 豪雨 1952.7.9～11 | 6 |

東成郡 〔大阪府〕
| 大雨、洪水 1885.6.15 | 109 |

東鉢伏高原
| パラグライダー墜落 2005.6.26 | 286 |

東本願寺 〔京都府京都市〕
| 東本願寺集団食中毒 1961.4.23 | 70 |

東本願寺大師堂 〔京都市下京区〕
| 東本願寺爆破 1977.11.2 | 77 |

東本願寺別格別院 〔兵庫県姫路市〕
| 船場本徳寺火災 1932.11.2 | 238 |

東向日駅(阪急京都線)
| 特急が幼児はねる 2011.7.16 | 101 |

東牟婁郡 〔和歌山県〕
| 台風 1926.9.3～4 | 343 |
| 古座高等学校火災 1958.4.20 | 349 |

459

東山村　〔奈良県〕
　急性アルコール中毒死　1956.5.27　322
東山本小学校　〔大阪府八尾市〕
　体力測定中に小学生が熱中症
　　2012.4.19　219
東吉野村　〔奈良県吉野郡〕
　陸上自衛隊捜索機不時着　1968.8.7　324
　山小屋火災　1982.3.29　326
　土砂崩れ　2012.3.2　339
　合宿の中学生ら遭難　2012.8.13　339
氷上町　〔兵庫県〕
　住宅火災　1964.8.17　247
光ゴム　〔兵庫県神戸市〕
　光ゴム火災　1966.10.24　249
日置川町　〔和歌山県西牟婁郡〕
　山林火災　1957.3.21～23　349
　紀勢西線ディーゼル機関車転覆
　　1969.1.24　353
　地震　2001.3.23　362
　地震　2002.2.4　363
彦根口駅(近江鉄道本線)
　貨車・電車衝突　1960.8.22　39
彦根市　〔滋賀県〕
　近江絹糸新入工員圧死　1951.6.3　37
　近江絹糸彦根工場争議
　　1954.7.10～11　38
　彦根城楽々園火災　1955.7.18　38
　東海道新幹線列車発火　1970.1.5　42
　航空自衛隊機墜落　1970.9.2　42
　地震　1973.11.25　19
　職員酸欠死　1980.9.4　44
　高速道路玉突事故　1981.10.7　44
　落石　1983.11.19　44
　名神高速追突事故　1991.6.11　46
　東海道線新快速電車・トラック衝
　　突　1994.2.23　48
　地震　1994.5.28　23
　阪神・淡路大震災　1995.1.17　23
　住宅火災　1996.1.11　49

　トラック・名古屋鉄道バス衝突
　　1996.2.1　50
　保線作業員快速にはねられる
　　1996.8.3　50
　地震　1999.2.18　24
　地震　1999.3.16　25
　漁船遭難　1999.6.8　52
　滋賀大学で結核集団感染　1999.8.5　52
　地震　2000.6.7　26
　ワゴン車・寝台特急衝突　2002.7.28　53
　名神高速で7台が事故　2005.11.13　55
　食品に針混入　2006.3.18　56
　突風　2008.7.27　57
　多重衝突事故　2012.11.1　61
　玉突き事故　2015.1.20　64
彦根市清掃センター
　職員酸欠死　1980.9.4　44
彦根城楽々園
　彦根城楽々園火災　1955.7.18　38
彦根町　〔滋賀県〕
　地震　1931.5.3　35
菱山製薬城北工場　〔大阪市旭区〕
　製薬工場爆発　1990.3.20　140
日高川　〔奈良県〕
　豪雨　1953.7.18～19　321
日高川町　〔和歌山県〕
　地震　2011.7.5　371
　地震　2011.8.10　371
日高町　〔和歌山県〕
　小学生らノロウイルス感染
　　2004.5.20～21　364
　大雨で住宅浸水相次ぐ　2013.6.26　32
日立造船築港工場堺分工場　〔大阪府堺市〕
　日立造船タンカー発火　1972.10.21　127
日夏街道踏切(東海道線)
　保線作業員快速にはねられる
　　1996.8.3　50
日野駅(近江鉄道本線)
　ミキサー車・近江鉄道本線列車衝

地名索引　　　　　　　　　　　　　　　　ひめし

　　突　1973.10.9　　　　　　　　　42
日ノ岡駅(京阪電鉄京津線)
　　乗用車ホームに激突　1995.3.23　　83
日野川大橋　〔滋賀県近江八幡市〕
　　正面衝突事故　2013.2.20　　　　61
日野町　〔滋賀県蒲生郡〕
　　送迎バス・乗用車衝突　1992.6.24　46
　　アルミ工場爆発　2005.10.21　　　55
日の出化学工業
　　日の出化学工業工場爆発　1953.3.15　68
日ノ御埼　〔和歌山県〕
　　来島丸漂流　1928.1.11　　　　344
　　銀光丸・テキサダ号衝突
　　　　1966.11.29　　　　　　　352
　　遊漁船から転落　2011.4.5　　　370
日ノ御埼灯台　〔和歌山県美浜町〕
　　押し船遭難　2003.12.27　　　364
姫路駅(山陽電鉄線)
　　山陽電鉄線電車脱線　1966.5.3　249
　　トラック・山陽電鉄線特急電車衝
　　　　突　1968.10.3　　　　　　251
姫路港
　　漁船転覆　2007.2.21　　　　　291
　　タンカー爆発事故　2014.5.29　315
姫路港公共岸壁　〔兵庫県姫路市〕
　　乗用車転落　1998.12.20　　　276
姫路市　〔兵庫県〕
　　火災　1928.2.19　　　　　　237
　　船場本徳寺火災　1932.11.2　　238
　　姫路城土塀爆発　1937.3.19　　239
　　巽尋常小学校火災　1940.4.13　240
　　姫路中学校火災　1940.9.14　　240
　　地震　1947.3.18　　　　　　241
　　台風12号　1960.8.12～13　　 10
　　灘の喧嘩祭で死傷　1961.10.15　246
　　大型店火災　1965.1.3　　　　247
　　住宅火災　1965.7.1　　　　　248
　　住宅火災　1965.9.30　　　　　248
　　マイクロバス・山陽電鉄網干線電

　　車衝突　1968.7.14　　　　　251
　　遊技場火災　1971.1.1　　　　253
　　製材工場火災　1971.6.29　　　253
　　トラック・乗用車追突　1974.9.16　255
　　日本触媒化学工場火災　1976.3.9　256
　　出光興産製油所原油流出
　　　　1977.4.27　　　　　　　257
　　亀山総合市場火災　1982.12.16　258
　　地震　1984.5.30　　　　259,259
　　玉突事故　1984.8.11　　　　　260
　　コンクリート片落下　1985.2.8　260
　　住宅火災　1988.1.15　　　　　261
　　乗用車衝突　1991.7.16　　　　265
　　タンクローリー横転　1997.8.25　274
　　乗用車転落　1998.12.20　　　276
　　病院でサルモネラ菌食中毒
　　　　1999.8.9～14　　　　　　277
　　工場爆発　2001.1.7　　　　　279
　　リサイクル工場爆発　2003.6.9　281
　　住宅火災　2004.8.5　　　　　283
　　連続不審火　2005.2.7　　　　285
　　住宅火災　2005.8.20　　　　　286
　　住宅全焼　2006.1.4　　　　　287
　　漁船転覆　2007.2.21　　　　291
　　タンカー爆発事故　2014.5.29　315
　　救急搬送遅れ死亡　2007.12.6　293
　　住宅火災　2007.12.11　　　　293
　　ハンバーガーに釣り針混入
　　　　2008.2.25　　　　　　　293
　　コースター事故　2008.4.29　　293
　　雷雨　2008.7.28　　　　　　 29
　　乗用車同士が衝突炎上　2008.10.22　295
　　姫路で県道陥没　2008.11.28　296
　　住宅火災　2008.12.15　　　　296
　　エレベーターから転落　2009.2.25　296
　　高所作業車が転倒　2009.3.5　　297
　　ドリフト走行中に人をはねる
　　　　2009.7.23　　　　　　　298
　　受け身練習で柔道部員死亡
　　　　2009.7.25　　　　　　　298

ひめし　　　　　　　　　　地名索引

```
　タンクローリー火災　2009.10.24　　300
　砂利運搬船が沈没　2009.11.28　　　300
　建設中のごみ処理施設が爆発
　　2010.3.25　　　　　　　　　　　301
　ベッドで跳びはね女児転落
　　2010.5.3　　　　　　　　　　　302
　強風・豪雨　2010.5.23～24　　　　 29
　山火事　2011.1.24　　　　　　　　304
　住宅火災　2012.1.2　　　　　　　 306
　重要文化財の神社が火事　2012.2.3　307
　スナックで放火　2012.3.3　　　　 307
　化学工場で爆発　2012.9.29　　　　309
　高速で横転　2013.2.2　　　　　　 310
　住宅火災　2013.7.1　　　　　　　 312
　バイパスで車衝突　2013.9.2　　　 313
　タンカー爆発事故　2014.5.29　　　315
姫路市沖　〔兵庫県〕
　タンカー沈没事故　2014.3.26　　　315
姫路ジャンクション　〔姫路市〕
　乗用車同士が衝突炎上　2008.10.22　295
姫路城　〔兵庫県姫路市〕
　姫路城土塀爆発　1937.3.19　　　　239
　各地で雷雨被害　2012.5.29　　　　308
姫路セントラルパーク　〔兵庫県姫路市〕
　コースター事故　2008.4.29　　　　293
姫路中央病院　〔姫路市須磨区〕
　病院でサルモネラ菌食中毒
　　1999.8.9～14　　　　　　　　　277
姫路中学校　〔姫路市〕
　姫路中学校火災　1940.9.14　　　　240
姫路バイパス　〔兵庫県姫路市〕
　玉突事故　1984.8.11　　　　　　 260
　乗用車同士が衝突炎上　2008.10.22　295
　バイパスで車衝突　2013.9.2　　　 313
姫路東IC　〔山陽自動車道〕
　高速で横転　2013.2.2　　　　　　 310
姫路東ランプウェイ　〔山陽自動車道〕
　タンクローリー横転　1997.8.25　　274
```

```
日山クリニック　〔神戸市東灘区〕
　無資格でレントゲン撮影
　　2013.11.7　　　　　　　　　　313
冷水越　〔滋賀県〕
　雪崩　1940.1.25　　　　　　　　　 36
兵庫医大病院
　医療器具誤用　2004.11.13　　　　284
兵庫県立明石公園　〔明石市〕
　強風でけが人相次ぐ　1999.4.6　　 276
兵庫県立尼崎病院　〔兵庫県〕
　温タオルで火傷しひざ下切断
　　2004.11.28　　　　　　　　　　284
兵庫県立淡路医療センター
　患者急変に気づかず死亡
　　2013.11月　　　　　　　　　　　314
兵庫県立こども病院
　麻酔ミス　1984.6.28　　　　　　 259
　誤投与で乳児の足指壊死
　　2013.6.28　　　　　　　　　　 312
兵庫県立総合体育館　〔兵庫県〕
　甲子園観戦の野球部員が食中毒
　　2010.8.10　　　　　　　　　　 302
兵庫県立舞子公園
　コンテナ船、居眠り操舵で事故
　　2011.8.19　　　　　　　　　　 305
兵庫埠頭　〔神戸市兵庫区〕
　水上バイク爆発　2004.4.11　　　 282
平等院　〔京都市〕
　近畿地方豪雨　2012.8.13～　　　　 31
氷ノ山　〔兵庫県養父市〕
　登山者滑落　2005.11.17　　　　　287
日吉町　〔京都府〕
　台風16号　1960.8.29～30　　　　　 11
比良駅(湖西線)
　強風でJR湖西線運休　2005.9.25　　 55
枚方市　〔大阪府〕
　火薬庫爆発　1909.この年　　　　　110
　府立中宮病院火災　1954.10.22　　 115
　公苑大劇場火災　1967.8.27　　　　122
　集団食中毒　1969.9.15　　　　　　124
```

462

地名索引　　　　　　　　　　ひわこ

化学工場ガス爆発　1978.9.15	132
京阪電車脱線　1980.2.20	133
野犬襲撃　1983.12.19	134
枚方消防署火災　1990.1.23	138
化学工場全焼　1990.3.22	140
下水道工事現場で酸欠　1990.12.6	143
片町線快速・乗用車衝突	
1991.8.10	146
文化住宅火災　1998.10.26	165
アパート火災　2001.6.17	170
雷雨　2003.5.8	173
ダンプカーが軽乗用車と衝突	
2004.11.1	179
乳児のほうこう切除　2005.2月	180
乗用車に軽トラック追突　2005.8.2	183
ブランコから転落し指切断	
2005.10.16	185
産廃処理工場爆発　2005.10.26	185
相撲授業で転倒　2005.11.9	185
高校野球部員が熱中症　2006.8.12	189
しょうゆ製造場で火災　2008.2.18	197
硫化水素自殺に巻き添え　2008.4.4	198
地震　2010.2.16	207
住宅火災　2011.5.21	213
バスと軽自動車が衝突　2013.4.17	225
自転車をひき逃げ　2013.4.21	225
降雨と落雷　2013.8.23	32
地震　2013.12.15	228
バスとトラックが衝突　2014.1.10	229
工場火災で負傷　2014.4.15	230
枚方消防署　〔大阪府枚方市〕	
枚方消防署火災　1990.1.23	138
枚方町　〔大阪府北河内郡〕	
大雨、洪水　1885.6.15	109
枚方陸軍倉庫	
陸軍倉庫火災　1939.3.1	112
比良山系蓬莱山　〔滋賀県大津市〕	
山岳遭難　2013.3.8	61

平野駅(関西本線)	
関西本線普通電車脱線　1973.12.26	129
広川町　〔和歌山県〕	
地震　2011.7.5	371
広野駅(福知山線)　〔兵庫県〕	
落雷　2003.8.5	281
広野ゴルフ場前駅(神戸電鉄)	
神戸電鉄粟生線準急電車急停止	
1971.5.24	253
広畑港	
貨物船・汽船衝突　1941.8.15	240
広峯神社　〔兵庫県姫路市〕	
重要文化財の神社が火事　2012.2.3	307
琵琶湖　〔滋賀県〕	
名古屋飛行学校機墜落　1938.1.9	36
東映野外撮影班火傷　1960.9.10	39
水陸両用遊覧機墜落　1961.6.19	39
関西航空水陸両用機墜落　1961.11.8	39
ペンタクロルフェノール琵琶湖流	
入　1962.6月	40
台風14号　1962.8.26	13
異常渇水　1962.11月〜	40
異常渇水　1963.12月	40
干害　1967.7月〜10月	14
観光遊覧船岸壁衝突　1969.6.8	42
琵琶湖赤潮　1979.この年	43
プランクトン異常発生　1981.5.18	44
淡水赤潮　1985.4.30	45
小型軽量飛行機墜落　1990.6.10	46
漁船衝突　1990.10.19	46
超軽量飛行機墜落　1994.1.16	48
漁船遭難　1999.6.8	52
モーターボートがロープに衝突	
1999.8.8	52
プレジャーボート転覆　2000.2.27	52
猛暑で琵琶湖水位低下　2000.8.28	53
渇水　2002.11.1	53
琵琶湖でヨット転覆　2003.9.15	53
花火見物ボートが衝突　2005.4.20	54

463

ひわこ　　　　　　　　　地名索引

　ヨット転覆　　2007.5.10　　　　　56
　雷雨　　2008.7.28　　　　　　　　29
　温泉旅館火災　　2015.3.2　　　　64
琵琶湖大橋
　パトカー・乗用車衝突　1995.12.14　49

【 ふ 】

深草停留所　〔名神高速道路〕
　名神高速33台玉突き事故　1992.9.17　82
深草練兵場　〔京都府〕
　日本初民間航空犠牲者事故
　　　1913.5.4　　　　　　　　　　65
深清水地区　〔滋賀県川月村〕
　海軍偵察機墜落　　1935.12.10　　36
福崎町　〔兵庫県神崎郡〕
　バス・トラック衝突　1993.4.2　267
　大型トラックが陸自車両に衝突
　　　2006.2.22　　　　　　　　　288
　住宅火災　　2012.9.16　　　　　309
　大雨　　2013.9.4　　　　　　　　33
福島駅(阪急電鉄)
　鉄筋倒れ作業員負傷　1991.10.26　147
福住インター　〔名阪国道〕
　玉突き衝突　　2000.12.8　　　　333
福知山市　〔京都府〕
　国鉄バス転落　　1955.10.1　　　69
　福知山線衝突事故　1991.6.25　　80
　乗用車標識に激突　1995.7.4　　　84
　住宅火災　　1996.3.6　　　　　　84
　住宅火災　　2002.9.30　　　　　89
　突風・豪雨　　2009.8.1　　　　　97
　害獣駆除中に誤射し自殺　2010.6.5　99
　乗用車がけ下に転落　2010.8.4　100
　乗用車横転　　2013.3.7　　　　103
　福知山花火大会屋台爆発事故
　　　2013.8.15　　　　　　　　　104
　長屋火災　　2014.1.26　　　　　106

　豪雨　　2014.8.16　　　　　34,106
　豪雨　　2014.8.24　　　　　　　107
福知山線
　福知山線衝突事故　1991.6.25　　80
　工場火災　　1993.6.12　　　　　268
　大雨　　2000.11.1～2　　　　　　26
　JR福知山線脱線事故　2005.4.25　285
　電車にイノシシが衝突　2009.9.27　299
　ATS作動で緊急停止　2010.10.14　303
　台風24号　　2013.10.9　　　62,313
福知山盆地
　台風　　1930.7.31～8.1　　　　　3
福原泌尿器科　〔兵庫県加古川市〕
　B型肝炎院内感染　1999.2.28～　276
福良町　〔兵庫県三原郡〕
　山林火災　　1937.4.13　　　　　239
伏見市　〔京都府〕
　醍醐寺火災　　1932.4.3　　　　　65
藤井地区　〔奈良県王寺町〕
　地すべり　　1932.1月～　　　　319
藤井寺市　〔大阪府〕
　住宅火災　　1991.11.26　　　　147
　マイクロバス・大型ダンプカー追
　　突　1992.11.28　　　　　　　150
　鉄パイプが車を貫通　2005.7.19　183
　国道で玉突き事故　2006.3.14　188
　住宅全焼　　2006.3.16　　　　　188
　住宅火災　　2009.5.23　　　　　204
　住宅火災　　2012.6.20　　　　　220
富士興産原油貯蔵基地　〔和歌山県下津町〕
　海洋汚染　　1973.この頃　　　　355
富士製鉄中門前踏切　〔山陽電鉄〕
　マイクロバス・山陽電鉄網干線電
　　車衝突　1968.7.14　　　　　　251
布施市　〔大阪府〕
　大阪商業大学付属中学校火災
　　　1954.2.20　　　　　　　　　114
布施町　〔大阪府〕
　食中毒　　1936.7.17　　　　　　112

464

二葉小学校　〔兵庫県神戸市〕		
強風でけが人相次ぐ　1999.4.6		276
二見大橋　〔兵庫県明石市〕		
プレジャーボート衝突　2006.5.3		288
府道大阪生駒線　〔大阪府大東市〕		
トラック・乗用車追突　1996.10.18		157
府道大阪環状線　〔大阪市東成区〕		
パトカーがショールームに突っこむ　1991.5.13		145
府道大阪中央環状線　〔大阪府〕		
玉突き事故　1990.1.3		138
軽乗用車同士衝突　2004.6.11		177
スキーバス衝突　2007.2.18		192
玉突き事故　2012.1.28		217
府道千里2号線　〔大阪府吹田市〕		
バス・トラック衝突　1972.7.17		127
不動滝　〔兵庫県養父市〕		
登山者滑落　2005.11.17		287
府道中央環状線　〔大阪府摂津市〕		
中央環状玉突き事故　1998.1.11		161
船井郡　〔京都府〕		
台風7号　1959.8.14		8
船井薬品工業　〔大阪府守口市〕		
船井薬品工場爆発　1971.9.11		126
船橋川児童公園　〔大阪府枚方市〕		
ブランコから転落し指切断　2005.10.16		185
フラワーロード　〔神戸市〕		
神戸まつり見物客暴動　1976.5.15〜16		256
古市駅(近畿日本鉄道大阪線)		
ダンプカー・急行電車衝突　1966.12.19		121
古河大阪ビル西館　〔大阪市北区〕		
立体駐車場の鉄台に挟まれ死亡　2005.9.9		184
古河電工大阪事業所　〔兵庫県尼崎市〕		
鋼管破裂　1990.11.8		263

文武館中学校　〔奈良県〕		
文武館中学校火災　1936.5月		320

【へ】

平安神宮　〔京都市左京区〕		
平安神宮火災　1976.1.6		77
日置町　〔和歌山県西牟婁郡〕		
降雹　1931.4.3		344
平群町　〔奈良県生駒郡〕		
近鉄電車脱線　1991.12.29		328
別所駅(京阪電鉄坂本線)		
軽乗用車・京阪坂本線電車衝突　1970.11.8		42
別府化学工業		
別府化学工業工場ガス爆発　1958.2.22		244
辺路町　〔和歌山県〕		
地震　2001.10.15		363

【ほ】

方広寺　〔京都市東山区〕		
方広寺火災　1973.3.27		76
法善寺横丁　〔大阪市中央区〕		
「中座」火災　2002.9.9		171
法善寺横丁火災　2003.4.2		173
宝殿駅(山陽本線)		
トラック・準急列車衝突　1964.2.10		246
芳野川　〔奈良県菟田野町、榛原町〕		
芳野川水銀汚染　1968.この年		324
豊旅館　〔神戸市兵庫区〕		
旅館全焼　1992.3.16		266
北淡町　〔兵庫県〕		
余震　1995.1.21		269
余震　1995.1.23		269

465

北陸自動車道　〔滋賀県〕
　　北陸道多重追突事故　1992.2.22　　46
　　乗用車ガードレールに衝突
　　　　1993.10.16　　　　　　　　48
　　北陸道玉突き衝突　1994.2.14　　48
　　乗用車ガードロープに激突
　　　　1994.8.21　　　　　　　　48
　　北陸道多重衝突　1995.12.27　　49
　　バス全焼　2010.11.7　　　　　59
星ケ丘厚生年金病院　〔大阪府枚方市〕
　　乳児のほうこう切除　2005.2月　180
保津川　〔京都府〕
　　遊覧船転覆　2001.9.7　　　　88
　　客船に落石　2006.8.15　　　　93
北湖　〔滋賀県〕
　　赤潮　1978.この年　　　　　　43
法相宗総本山法隆寺西院　〔奈良県斑鳩町〕
　　法隆寺金堂火災　1949.1.26　　321
ポートアイランド　〔神戸市〕
　　飛行船不時着　1980.4.23　　　257
ポートアイランドコンテナ　〔神戸市中央区〕
　　コンテナ船の係留ロープ切断
　　　　2009.3.20　　　　　　　297
堀内高等学校　〔兵庫県尼崎市〕
　　日教組組合員・警官隊衝突
　　　　1959.9.4　　　　　　　　245
堀江マルタカビル　〔大阪市西区〕
　　ゴンドラ転落　1990.7.24　　　142
堀川小学校　〔大阪市北区〕
　　堀川小学校火災　1958.5.14～15　117
ホワイティうめだ　〔大阪市北区〕
　　梅田地下街ボヤ　1993.8.26　　152
本町駅(市営地下鉄御堂筋線)
　　御堂筋線本町駅階段でボヤ
　　　　1998.3.27　　　　　　　163
本町駅(大阪市営地下鉄4号線)
　　大阪市営地下鉄電車衝突
　　　　1967.10.1　　　　　　　122
ほんやら洞　〔京都市上京区〕
　　喫茶店火災　2015.1.16　　　　107

【ま】

舞子駅
　　山陽本線特急列車脱線　1965.9.14　248
　　鉄道事故　2010.12.17　　　　304
舞鶴基地　〔京都府舞鶴市〕
　　自衛隊護衛艦ミサイル誤射
　　　　1999.2.18　　　　　　　　87
舞鶴市　〔京都府〕
　　住宅火災　1952.6.6　　　　　68
　　日の出化学工業工場爆発　1953.3.15　68
　　豪雨　1962.6.9～14　　　　　12
　　鉄工所ガス爆発　1971.6.12　　75
　　地震　1972.8.31　　　　　　18
　　乗用車衝突炎上　1992.5.31　　81
　　マンション火災　2001.12.15　　89
　　弁当で集団食中毒　2004.10.23　91
　　住宅火災　2005.7.30　　　　　92
　　遊漁船岩場に衝突　2007.7.29　94
　　ボート同士が衝突　2009.4.7　　96
　　組立中ダクトが倒壊　2009.6.4　97
　　住宅火災　2010.3.22　　　　　99
　　釣り船が浸水　2011.6.11　　　101
　　大雪　2012.1.23～　　　　　　30
　　火力発電所で火災　2015.8.5　　108
舞鶴自動車道　〔京都府,兵庫県〕
　　舞鶴自動車道玉突き事故
　　　　1996.2.10　　　　　　　271
　　土砂崩れ多発　1996.8.28　　　272
　　バス・乗用車衝突　1998.7.19　86
舞鶴発電所
　　組立中ダクトが倒壊　2009.6.4　97
　　火力発電所で火災　2015.8.5　　108
舞鶴町　〔京都府〕
　　海軍海兵団本部火災　1928.10.30　65
米原駅　〔滋賀県米原市〕
　　東海道本線電車・貨物列車衝突

地名索引　　　　　　　　　まるや

1968.2.15	41
東海道新幹線列車発火　1970.1.5	42
東海道線客車脱線　1979.8.17	43
新幹線架線故障　1981.8.15	44
地震　2000.5.21	88
落雷で新幹線一時停止　2007.8.30	94
列車風圧でフェンス飛ぶ	
2008.12.10	58
東海道新幹線で停電　2011.12.26	60
米原市　〔滋賀県〕	
乗用車がトラックと正面衝突	
2005.8.17	55
列車風圧でフェンス飛ぶ	
2008.12.10	58
大雪　2009.12.19	58
住宅火災　2011.4.13	59
正面衝突事故　2014.8.10	63
米原町　〔滋賀県坂田郡〕	
東海道本線電車・貨物列車衝突	
1968.2.15	41
乗用車・大型トラック衝突	
1986.2.28	45
名神高速玉突き事故　1991.2.10	46
乗用車ガードレールに衝突	
1993.10.16	48
ワゴン車ガードレールに衝突	
1997.2.18	50
曲谷ダム　〔滋賀県伊吹町〕	
乗用車転落　1984.4.7	45
槙尾山側小川渓谷　〔大阪府和泉市〕	
滑落　2011.5.25	213
マキノ町　〔滋賀県高島郡〕	
乗用車衝突　1991.8.17	46
牧野鉄鋼団地　〔神戸市長田区〕	
住宅火災　1990.9.3	263
松井記念病院　〔大阪市平野区〕	
はねた女性を病院に運び放置	
2007.11.22	196
松江海水浴場　〔兵庫県明石市〕	
水上バイク衝突　1990.8.19	263

松ヶ崎記念病院　〔京都市伏見区〕	
麻酔薬大量注射で患者死亡	
2003.11.15	90
松下電器産業門真工場　〔大阪府門真市〕	
松下電器産業門真工場火災	
1955.9.1	115
松下電器産業工場火災　1973.12.8	129
松ノ浜二号踏切(南海本線)	
トラック・急行列車衝突	
1997.8.21	160
松原市　〔大阪府〕	
セスナ機墜落　1983.7.4	134
軽乗用車標識柱に激突　1990.2.9	139
トラック・乗用車衝突　1996.10.7	157
近鉄南大阪線人身事故　1998.7.3	164
小型機墜落　2004.11.27	179
集合住宅火災　2007.1.15	191
闘犬に襲われ重傷　2008.10.27	202
住宅火災　2012.2.27	218
運転手がはねられ死亡　2012.3.28	218
熱中症　2013.7.3	226
松原八幡宮　〔兵庫県姫路市〕	
灘の喧嘩祭で死傷　1961.10.15	246
松屋町筋　〔大阪市中央区〕	
乗用車が逆走　2009.10.1	206
真名谷トンネル(播但線)	
回送列車転覆　1959.4.6	245
真野村　〔滋賀県〕	
豪雨　1936.7.2〜3	36
摩耶出口(阪神高速神戸線)	
ダンプカーが大型トラックに追突	
2006.8.24	290
丸商菓子　〔兵庫県尼崎市〕	
火災　1968.6.8	251
丸太町橋　〔京都市上京区〕	
工事金網倒れ通行人けが　1990.3.12	79
丸山駅(神戸電鉄有馬線)	
有馬線急行電車・普通電車追突	
1970.7.22	252

467

円山川　〔兵庫県〕		
台風　*1918.9.13〜14*	236	
強風・豪雨　*2010.5.23〜24*	29	
円山公園　〔京都市東山区〕		
メーデー参加者・警官隊衝突		
1952.5.1	68	
丸山踏切(阪急神戸線)		
阪急電車と乗用車衝突　*2005.1.10*	284	
万寿ケ丘団地　〔兵庫県神戸市須磨区〕		
団地の裏山崩れる　*1997.9.17*	274	
万福寺　〔京都府宇治市〕		
突風・豪雨　*2009.8.1*	97	

【み】

三井寺駅(京阪電鉄坂本線)	
軽乗用車・京阪坂本線電車衝突	
1970.11.8	42
御影駅(阪神電鉄本線)	
不発弾処理　*2007.3.4*	291
御影町　〔兵庫県〕	
火災　*1939.2.18*	240
三笠温泉郷　〔奈良市川上町〕	
ホテル火災　*1983.12.1*	327
美方郡　〔兵庫県〕	
雪崩　*1934.1.26*	238
美方町　〔兵庫県〕	
地震　*2001.1.14*	279
右会津川　〔和歌山県田辺市〕	
川遊びで行方不明　*2015.7.26*	374
三木市　〔兵庫県〕	
住宅火災　*1979.9.6*	257
自動車部品が直撃　*2004.10.10*	283
呼吸器チューブ外れ死亡	
2005.4.14	285
三木市立三木市民病院	
呼吸器チューブ外れ死亡	
2005.4.14	285

三国駅(阪急電鉄宝塚線)	
阪急電鉄宝塚線電車追突	
1947.1.30	113
三雲駅(草津線)	
オート三輪・草津線列車衝突	
1967.3.25	41
岬町　〔大阪府泉南郡〕	
大型乗用車転落　*1955.6.5*	115
山火事　*1990.3.19*	140
山火事　*1997.11.9*	161
タイヤ脱落し車に衝突　*2004.5.5〜*	177
地震　*2013.1.5*	223
御崎南公園　〔大阪市住之江区〕	
遊具で指切断　*2008.3.11*	197
水越トンネル　〔国道309号〕	
トラック衝突・炎上でガス発生	
2000.3.9	332
瑞穂町　〔京都府〕	
観光バス・乗用車衝突　*1997.12.4*	86
御立トンネル　〔山陽自動車道〕	
御立トンネル追突事故　*2010.5.4*	302
三田天満神社　〔兵庫県三田市〕	
だんじりで女性死亡　*2014.10.5*	316
三井東圧化学大阪工業所　〔大阪府高石市〕	
水素ボンベ爆発　*1991.5.16*	145
廃液タンク炎上　*1993.9.5*	152
三井東圧化学工場　〔大阪府高石市〕	
三井東圧化学工場爆発　*1975.3.31*	130
三井物産ビル　〔大阪市北区〕	
三井物産ビル爆破　*1975.11.21*	130
御杖村　〔奈良県〕	
地震　*1999.2.18*	24
御津市　〔兵庫県〕	
車両火災　*1981.2.1*	258
御津町　〔兵庫県〕	
住宅火災　*1997.11.1*	274
御津町岩見浜　〔兵庫県〕	
神姫バス転落　*1963.6.13*	246

地名索引　　　　　　　　みのお

三菱瓦斯化学浪速工場　〔大阪市大正区〕
　タンク車炎上　1992.12.5　　　150
三菱金属鉱業生野鉱業所　〔兵庫県生野町〕
　三菱金属鉱業カドミウム排出
　　1971.この頃　　　253
三菱電機京都製作所
　三菱電機京都製作所工場火災
　　1994.8.8　　　83
御堂筋　〔大阪市中央区〕
　反日本共産党系学生・警官隊衝突
　　1968.6.15　　　123
　乗用車が歩道に突っ込む　2009.4.1　　　203
御堂筋交差点　〔大阪市中央区〕
　御堂筋で玉突き事故　2014.7.25　　　231
御堂筋八幡町交差点　〔大阪市中央区〕
　心斎橋で車が暴走　2014.6.30　　　230
三尾川村　〔和歌山県東牟婁郡〕
　山林火災　1943.3.16～18　　　345
緑橋駅(市営地下鉄中央線)
　壁の下敷きになり死亡　2006.7.27　　　189
水口駅(近江鉄道本線)
　ミキサー車・近江鉄道本線列車衝突　1973.10.9　　　42
水口町　〔滋賀県甲賀郡〕
　バス・近江鉄道線電車衝突
　　1937.2.6　　　36
　観光バス・ダンプカー衝突
　　1963.1.4　　　40
　乗用車事故　1966.12.23　　　40
　住宅火災　1996.1.13　　　49
湊川高等実業女学校　〔神戸市生田区〕
　湊川高等実業女学校火災
　　1940.5.31　　　240
湊川神社　〔神戸市生田区〕
　湊川神社大鳥居崩壊　1938.8.30　　　239
湊町駅(関西線)
　関西線電車・回送電車接触
　　1989.5.22　　　137
南部川　〔和歌山県みなべ町〕
　豪雨　2009.7.7　　　368

南部川村　〔和歌山県〕
　地震　2000.4.15　　　362
みなべ町　〔和歌山県〕
　豪雨　2009.7.7　　　368
　ウメ、台風で被害　2011.6.1　　　370
南部町　〔和歌山県〕
　地震　2001.10.15　　　363
南あわじ市　〔兵庫県〕
　天窓破り転落　2010.12.12　　　304
　タマネギ産地偽装　2012.6.18　　　308
　地車の下敷きになり死亡　2013.4.7　　　311
　淡路島地震　2013.4.13　　　311
南霞町駅(南海電鉄阪堺線)
　乗用車・南海阪堺線電車衝突
　　1968.8.5　　　123
南富田小学校　〔和歌山県〕
　南富田小学校火災　1937.12.20　　　345
南ノ宮駅(阪神電鉄本線)
　バス・阪神電鉄本線電車衝突
　　1968.7.18　　　251
南阪奈道路　〔大阪府, 奈良県〕
　交通事故　2011.9.24　　　216
　乗用車など玉突き事故　2013.5.4　　　225
　タクシー客が転落　2013.12.13　　　340
峰山小学校　〔京都市〕
　峰山小学校火災　1963.2月　　　71
峰山町　〔京都府〕
　地震　2000.9.9　　　88
箕面市　〔大阪府〕
　山火事　1990.4.3　　　140
　山林火災　1990.11.18　　　143
　アパート全焼　1996.1.12　　　156
　乗用車・トラック追突　1998.11.11　　　165
　地震　2001.8.25　　　88
　団地火災　2002.3.9　　　171
　雷雨　2003.5.8　　　173
　住宅火災　2004.1.1　　　174
　期限切れワクチン投与　2005.5.30　　　182
　肺静脈に空気が入る医療事故

469

みのお		地名索引	
2012.6.26	220	1990.5.13	141
大雨で作業員が生き埋め		宮前市場　〔兵庫県伊丹市〕	
2012.7.21	221	店舗火災　1955.9.8	244
住宅火災　2014.6.29	230	三山木駅(近鉄京都線)	
箕面市立総合保健福祉センター		乗用車・近鉄京都線特急衝突	
期限切れワクチン投与　2005.5.30	182	1993.11.27	82
箕島町辰浜　〔和歌山県〕		美山町　〔京都府北桑田郡〕	
漁船多数沈没・流失　1950.9.3	346	資料館火災　2000.5.20	87
美浜町　〔和歌山県〕		美山民俗資料館　〔京都府美山町〕	
押し船遭難　2003.12.27	364	資料館火災　2000.5.20	87
雷雨　2006.9.5	366	妙心寺　〔京都府京都市〕	
遊漁船から転落　2011.4.5	370	妙心寺火災　1962.9.1	71
美浜町沖　〔和歌山県日高郡〕		妙心寺火災　1966.5.27	72
銀光丸・テキサダ号衝突		明神平　〔奈良県東吉野村〕	
1966.11.29	352	山小屋火災　1982.3.29	326
美原町平尾　〔大阪府〕		合宿の中学生ら遭難　2012.8.13	339
住宅火災　1998.12.20	165	明神山　〔兵庫県姫路市〕	
壬生寺　〔京都府京都市〕		滑落死　2013.1.5	310
壬生寺火災　1962.7.25	70	名谷公園　〔神戸市須磨区〕	
三保産業　〔京都府城陽町〕		遊具事故で死亡　2014.8.6	315
三保産業ガス爆発　1971.5.6	75	名谷ジャンクション　〔第二神明道路〕	
耳原総合病院　〔大阪市堺市〕		4台玉突き衝突　2006.4.5	288
セラチア菌院内感染		妙法寺川　〔兵庫県〕	
2000.5月～7月	168	水害　1938.7.3～5	239
宮井用水　〔和歌山県〕		大雨　2013.9.4	33
干ばつ　1883.6月～8月	343	妙蓮寺　〔京都市上京区〕	
宮川　〔兵庫県〕		妙蓮寺火災　1993.12.29	82
水害　1938.7.3～5	239		
都ホテル　〔京都府京都市〕		【む】	
京都駅火災　1950.11.18	67		
宮津市　〔京都府〕		牟岐線	
宮津線列車脱線　1970.6.15	75	南海地震　1946.12.21	4
防護作業現場がけ崩れ　1974.1.5	76	椋呂発電所　〔和歌山県熊野川町〕	
地震　2000.9.9	88	発電所建設現場ダイナマイト爆発	
エレベーター事故　2012.12.19	103	1960.3.22	350
宮ノ平古墳　〔京都府城陽町〕		向日市　〔京都府〕	
宮ノ平古墳破壊　1971.8.8	75	地震　2001.1.26	88
宮原操車場(東海道線)		雷雨　2008.7.28	29
東海道線機関車・電車衝突			

地名索引　　　　　　　　　　　めいし

特急が幼児はねる　2011.7.16　　　101
堆肥からセシウム検出　2011.8.2　　101
向日町　〔京都府乙訓郡〕
　航空自衛隊練習機墜落　1955.8.8　　69
　乗用車・阪急京都線電車衝突
　　　1970.2.23　　　　　　　　　75
村岡町　〔兵庫県美方郡〕
　阪急航空ヘリコプター墜落
　　　1991.8.5　　　　　　　　　265
　ワゴン車・トラック衝突
　　　1996.9.29　　　　　　　　272
　地震　2001.2.1　　　　　　　　279
　地震　2001.2.16　　　　　　　279
村野工業高等学校　〔神戸市〕
　村野工業高等学校生徒遭難
　　　1966.1.5　　　　　　　　　248
室生大橋　〔奈良県室生村〕
　奈良交通バス転落　1967.10.30　　324
室生寺　〔奈良県〕
　台風7号　1998.9.22　　　　　　24
室生ダム　〔奈良県室生村〕
　渇水でダム貯水率低下　2000.9.1　333
室生村　〔奈良県宇陀郡〕
　トラック・近鉄電車連続衝突
　　　1966.11.11　　　　　　　　324
　奈良交通バス転落　1967.10.30　　324
　渇水でダム貯水率低下　2000.9.1　333

【め】

明治の森箕面国定公園　〔大阪府箕面市〕
　山林火災　1990.11.18　　　　　143
明治紡績　〔大阪府東鳥取町〕
　明治紡績火災　1967.9.20　　　　122
名神高速道路　〔大阪府, 京都府, 滋賀県, 兵庫県〕
　日本高速自動車急行バス転覆
　　　1966.7.18　　　　　　　　　72
　観光バス・トラック衝突　1966.7.31　72

トラック分離帯突入　1966.8.3　　72
自動車事故　1967.12.7　　　　　　41
観光バス・トラック追突　1969.4.15　41
乗用車・トラック衝突　1970.8.1　　42
バス・トラックほか二重追突
　　1970.8.4　　　　　　　　　　75
修学旅行バス・小型乗用車多重追
　突　1973.11.5　　　　　　　　129
観光バス横転　1975.6.18　　　　　43
観光バス衝突　1977.6.2　　　　　131
名神高速道路玉突き事故
　　1979.1.14　　　　　　　　　132
バス追突　1979.10.8　　　　　　132
観光バス追突　1981.6.2　　　　　133
高速道路玉突事故　1981.10.17　　　44
多重追突事故　1983.10.23　　　　　44
落石　1983.11.19　　　　　　　　44
衝突事故　1984.1.13　　　　　　　44
名神高速道路玉突き事故　1989.1.28　45
トンネル内玉突き事故　1990.2.15　　79
玉突き事故　1990.8.11　　　　　142
ドラム缶爆発　1990.12.21　　　　143
名神高速多重衝突事故　1991.1.18　　80
名神高速玉突き事故　1991.2.8　　144
名神高速玉突き事故　1991.2.10　　46
名神高速玉突き事故　1991.2.26　　145
名神高速追突事故　1991.6.11　　　46
天王山トンネル玉突き事故
　　1991.6.29　　　　　　　　　 80
名神高速玉突き事故　1991.10.15　　81
名神高速玉突き事故　1991.11.6　　147
JRバス・大型トラック追突
　　1991.12.26　　　　　　　　　81
名神高速玉突き事故　1992.1.8　　148
名神高速玉突き事故　1992.3.17　　148
トンネル照明破壊　1992.6.3　　　　82
トラック追突　1992.8.21　　　　　47
名神高速33台玉突き事故　1992.9.17　82
名神高速玉突き事故　1992.9.22　　149

471

めいし　　　　　　　　　　地名索引

名神高速多重衝突　*1992.12.28*　47
トレーラー横転炎上　*1993.1.26*　267
名神高速道玉突き事故　*1993.3.11*　82
観光バス・大型トラック追突
　　1993.4.9　82
高速道路側壁落下　*1993.5.18*　151
名神高速多重衝突　*1993.7.18*　48
天王山トンネル玉突き事故
　　1993.12.29　82
名神高速玉突き事故　*1994.2.22*　83
名神高速玉突き事故　*1994.6.3*　153
名神高速道路多重衝突　*1994.8.21*　48
観光バス追突　*1994.11.30*　83
名神高速玉突き事故　*1995.3.4*　49
名神高速玉突き衝突　*1995.3.29*　83
名神高速玉突き事故　*1995.4.7*　49
名神高速多重追突　*1995.6.7*　83
名神高速玉突き事故　*1995.8.22*　84
名神高速多重衝突　*1995.10.11*　49
名神高速玉突き事故　*1995.10.17*　84
トラック追突　*1995.12.12*　49
パトカー・トラック追突　*1996.1.31*　50
トラック・名古屋鉄道バス衝突
　　1996.2.1　50
名神高速追突事故　*1996.3.14*　85
ワゴン車炎上　*1996.5.15*　156
タンクローリー横転　*1996.8.2*　50
ワゴン車ガードレールに衝突
　　1997.2.18　50
名神高速玉突き事故　*1997.5.17*　86
名神高速道路玉突き事故　*1997.11.3*　51
大型トラック追突　*1998.3.7*　51
ワゴン車追突　*1998.5.7*　51
事故処理中車が追突　*1998.12.7*　51
名神高速多重衝突　*1999.10.25*　52
トラック衝突事故に後続追突
　　2004.3.25　175
事故軽トラにトラック追突
　　2004.4.20　176
保冷車衝突　*2005.1.12*　54

名神高速で玉突き事故　*2005.4.15*　54
名神高速で9台衝突　*2005.7.20*　55
トラックがワゴン車に追突
　　2005.9.11　184
名神高速で7台が事故　*2005.11.13*　55
大型トラックが軽ワゴンに追突
　　2007.5.23　94
名神高速で4台衝突　*2007.10.26*　196
名神で玉突き　*2008.11.30*　57
馬輸送車にトラックが追突
　　2009.7.18　58
交通事故　*2011.6.13*　214
トラックの玉突き事故　*2011.8.2*　60
玉突き事故　*2012.3.15*　102
乗用車にトラック突っ込む
　　2012.5.3　60
名神高速で玉突き事故　*2012.9.10*　61
名神で乗用車が横転　*2012.9.15*　103
多重衝突事故　*2012.11.1*　61
高速で追突事故　*2013.1.16*　61
乗用車が玉突き事故　*2013.5.3*　62
玉突き事故　*2013.9.19*　227
高速逆送で交通事故　*2014.3.8*　230
トラック衝突事故　*2014.10.16*　233
多重事故　*2014.12.11*　234
玉突き事故　*2015.1.20*　64
名神高速道路西宮料金所〔兵庫県西宮市〕
　名神高速乗用車逆走　*1993.11.12*　268
名神自動車道路〔滋賀県多賀町〕
　玉突事故　*1984.2.27*　45
名阪国道〔奈良県〕
　多重衝突事故　*1982.7.8*　327
　乗用車分岐壁に激突　*1991.5.9*　328
　名阪国道玉突き衝突　*1998.8.8*　332
　大型トレーラー・トラック追突
　　1998.11.2　332
　玉突き衝突　*2000.12.8*　333
　トラック横転衝突事故　*2004.3.22*　334
　名阪国道で玉突き事故　*2006.7.14*　335

地名索引　　　　　　　やおし

藻苅島　〔兵庫県神戸市〕
　　貨客船と貨物船が衝突　1963.2.26　246
女瀬川鉄橋　〔大阪府高槻市〕
　　阪急京都線電車発火　1968.9.17　123
雌崗山　〔神戸市垂水区〕
　　坑内落盤　1968.9.30　251

【も】

百舌鳥駅(阪和線)
　　トラック・回送電車衝突
　　　　1979.12.8　133
元町電話局　〔神戸市〕
　　電話局コンピューター故障
　　　　1980.10.3　257
本山村　〔兵庫県〕
　　阪神線電車・消防車衝突
　　　　1936.2.10　239
桃山町　〔和歌山県那賀郡〕
　　超軽量機墜落　1992.6.27　359
　　地震　1999.11.3　361
　　地震　2003.3.23　363
守口市　〔大阪府〕
　　船井薬品工場爆発　1971.9.11　126
　　関西医大病院患者誤輸血死
　　　　1972.3.18　126
　　倉庫火災　1990.2.10　139
　　玉突き事故　1990.4.14　140
　　倉庫火災　1990.7.27　142
　　コンロ爆発　1991.7.28　146
　　輸血ミスで患者死亡　1997.1.30　158
　　電池工場爆発　1997.8.10　160
　　集合住宅火災　1998.12.12　165
　　電池検査で火災　2007.9.30　195
　　体育授業中砲丸が当たり重傷
　　　　2007.10.2　195
　　映画館で火災　2010.8.19　210
森永乳業
　　森永乳業食中毒事件　2000.7.12　26

守山市　〔滋賀県〕
　　超軽量飛行機墜落　1994.1.16　48
　　乗用車水路に転落　1996.4.15　50
　　成人病センターで結核集団感染
　　　　1999.7.4　52
　　モーターボートがロープに衝突
　　　　1999.8.8　52
　　地震　2002.1.4　89
　　花火見物ボートが衝突　2005.4.20　54
　　弁当で食中毒　2005.6.21　55
　　移動動物園で火災　2011.2.25　59
　　タンクローリーが橋から転落
　　　　2015.7.18　64
守山町　〔滋賀県〕
　　保育園送迎バス事故　1969.9.17　42

【や】

八尾駅(JR)
　　軽乗用車・快速電車衝突
　　　　1992.1.21　148
八尾市　〔大阪府〕
　　日本国内航空遊覧機墜落　1965.9.5　120
　　グライダー電線接触　1966.1.6　120
　　収穫米カドミウム汚染
　　　　1970.この年　125
　　溶解炉爆発　1975.1.20　130
　　関西線タルミ事故　1981.3.1　133
　　陸上自衛隊駐屯地火炎瓶投入
　　　　1984.10.8　135
　　プレハブ倒壊　1990.5.5　140
　　工場火災　1990.5.18　141
　　中学校理科室で爆発　1990.7.30　142
　　工場火災　1990.12.23　143
　　多重衝突事故　1991.1.13　144
　　給油所事務所で爆発　1991.2.26　145
　　軽乗用車・快速電車衝突
　　　　1992.1.21　148
　　鉄柱乗用車直撃　1997.8.26　161

473

やおち　　　　　　　　　　　　　地名索引

　住宅火災　　1998.1.24　　　　　　162
　深夜火事　　1998.11.16　　　　　165
　大雨　　1999.9.17　　　　　　　　25
　工場火災　　1999.12.25　　　　　167
　マンション火災　　2000.9.17　　　169
　塗装工場爆発　　2003.6.5　　　　173
　マンション火災　　2003.11.28　　174
　救急車に乗用車が衝突　　2004.4.24　　176
　遊び場入口の扉が倒れ負傷
　　　　2004.5.23　　　　　　　　177
　乗用車2台が炎上　　2005.8.21　　183
　乗用車とミニバイク衝突
　　　　2005.12.31　　　　　　　186
　エレベーターに挟まれ重傷
　　　　2006.3.8　　　　　　　　187
　小学校で食中毒　　2006.3.24　　188
　歩道橋から投げられ負傷
　　　　2007.1.17　　　　　　　　191
　打撃マシンの部品破損　　2007.5.9　　193
　住宅火災　　2007.8.27　　　　　194
　人工呼吸器外したまま放置
　　　　2007.12.17　　　　　　　197
　府営住宅火災　　2008.5.2　　　　198
　国道に小型機墜落　　2008.8.19　　200
　ひき逃げ　　2011.7.13　　　　　214
　相次ぐ火災　　2012.1.6〜　　　　216
　クレーン車が転倒　　2012.2.20　　217
　体力測定中に小学生が熱中症
　　　　2012.4.19　　　　　　　219
　住宅火災　　2014.2.25　　　　　229
八尾駐屯地
　陸上自衛隊駐屯地火炎瓶投入
　　　　1984.10.8　　　　　　　135
八尾徳洲会総合病院　〔大阪府八尾市〕
　人工呼吸器外したまま放置
　　　　2007.12.17　　　　　　　197
八尾飛行場　〔大阪府八尾市〕
　日本国内航空遊覧機墜落　　1965.9.5　　120
　航空自衛隊機墜落　　1970.9.2　　42

八木駅(山陰本線)　〔京都府〕
　京都交通バス・列車衝突　　1958.6.10　　70
八木町　〔京都府〕
　台風16号　　1960.8.29〜30　　　11
夜久野町　〔京都府天田郡〕
　醸造所火災　　1966.4.11　　　　72
弥栄町　〔京都府〕
　地震　　2000.9.9　　　　　　　88
やしま旅館　〔京都府京都市〕
　旅館火災　　1958.4.25　　　　　69
八下村　〔大阪府南河内郡〕
　住宅火災　　1951.1.9　　　　　113
社町　〔兵庫県加東郡〕
　中国自動車道多重衝突　　1990.6.9　　262
安井飛行場　〔京都府須知町〕
　曲芸飛行機墜落　　1927.11.3　　65
野洲川　〔滋賀県守山市〕
　タンクローリーが橋から転落
　　　　2015.7.18　　　　　　　　64
　豪雨で増水　　2015.8.6　　　　　64
野洲市　〔滋賀県〕
　工場で鋳造炉が爆発　　2010.9.20　　59
野洲町　〔滋賀県〕
　中学生乱闘　　1978.2.12　　　　43
　山火事　　1997.10.26〜27　　　51
安富町　〔兵庫県宍粟郡〕
　マイクロバス転落　　1969.7.22　　252
　地震　　1999.4.17　　　　　　　25
矢田村　〔大阪府中河内郡〕
　遊覧飛行機墜落　　1954.2.21　　114
矢田山金剛山寺　〔奈良県大和郡山市〕
　アジサイ寺火災　　1993.5.15　　329
矢田山団地　〔奈良県大和郡山市〕
　団地住民腎炎集団発生　　1973.3月　　325
矢橋　〔滋賀県老上村〕
　見物船客溺死　　1934.10.11　　35
養父市　〔兵庫県〕
　登山道で転落　　2005.4.30　　　285
　パラグライダー墜落　　2005.6.26　　286

474

登山者滑落 2005.11.17 287
ウオータージャンプで着水失敗
 2006.6.14 289
駐車場から軽乗用車転落 2008.3.9 293
リフトのワイヤ外れ転落
 2008.3.16 293
トンネルの掘削工事現場で爆発
 2008.10.11 295
登山者が転落 2009.8.23 299
大雨 2013.7.15 32
ワゴン車壁衝突 2013.9.2 313
山川薬品工業大阪工場 〔大阪市城東区〕
 工場爆発 1992.7.15 149
山越地方 〔京都府〕
 豪雨 1941.6.25～28 66
山崎駅 〔京都府〕
 東海道線貨物列車追突 1933.12.5 66
山崎町 〔兵庫県宍粟郡〕
 木工所火災 1966.12.1 249
 地震 1984.5.30 259
山科駅(東海道線)
 東海道線貨物列車脱線
 1928.7.19 35,65
山科川
 豪雨 1941.6.25～28 36,66
山城中学校 〔京都府山城町〕
 中学校理科教室で火災 1997.7.9 86
山城町 〔京都府相楽郡〕
 北日本観光バス転落 1965.10.3 72
 修学旅行バス・ダンプカー衝突
 1966.9.22 73
 中学校理科教室で火災 1997.7.9 86
山添村 〔奈良県山辺郡〕
 硫酸銅中毒 1983.5.31 327
 乗用車分岐壁に激突 1991.5.9 328
山田川駅(近畿日本鉄道京都線)
 乗用車・急行列車衝突 1975.4.17 76
山田漁港
 小型軽量飛行機墜落 1990.6.10 46

山田鉄工所 〔兵庫県〕
 鉄工所火災 1968.2.17 250
山田皮革工場 〔兵庫県竜野市〕
 山田皮革工場火災 1973.4.4 254
大和川 〔大阪府,奈良県〕
 地すべり 1932.1月～ 111,319
 遊覧飛行機墜落 1954.2.21 114
 河川汚濁 1970.3月 325
 公害苦情 1982.この年 327
 小型機墜落 2004.11.27 179
 穴に埋まって男児変死 2008.3.27 198
 近畿地方で大雨 2010.7.3 30
 漁船と貨物船が衝突 2011.7.31 214
大和郡山市 〔奈良県〕
 団地住民腎炎集団発生 1973.3月 325
 トラック・乗用車追突 1982.7.8 327
 アジサイ寺火災 1993.5.15 329
 住宅火災 1996.1.10 330
 乗用車・トラック衝突 1996.2.6 330
 県立城内高校火災 1997.1.12 331
 西名阪道追突事故 1997.3.24 331
 トラックの鉄扉が直撃 2007.7.2 336
 工場火災 2008.12.2 336
 不要手術で死亡 2009.9.9 337
 除細動器が作動せず死亡
 2009.12.8 337
 路線バス水路に転落 2011.11.17 339
大和高田市 〔奈良県〕
 奈良交通バス転落 1964.3.22 323
 猪暴走 1965.1.10 323
 屎尿処理場建設反対派住民騒擾
 1966.3.29 323
 桜井線電車・トラック衝突
 1990.10.30 328
 火災 1996.3.23 330
 天理教分教会全焼 2006.7.14 335
 ホテルで集団食中毒 2009.8.11 337
 大雨で住宅浸水相次ぐ 2013.6.26 32
 熱中症で電車遅延 2015.8.4 374

八幡市　〔京都府〕
　オートバイ・大型ダンプ衝突
　　　1982.7.8　　　　　　　　　　　78
　作業場全焼　1995.12.27　　　　　84
　地震　2000.5.20　　　　　　　　　25
　地震　2000.5.21　　　　　　　　　88
　住宅火災　2004.12.19　　　　　　91
　住宅火災　2006.11.9　　　　　　　93
　生レバーによる食中毒の疑い
　　　2013.8.30　　　　　　　　　 105
　京都・八幡車暴走事故　2013.9.24　105
ヤンマーマリーナ
　モーターボートがロープに衝突
　　　1999.8.8　　　　　　　　　　　52

【ゆ】

湯浅御坊道路　〔和歌山県有田川町〕
　乗用車同士が正面衝突　2007.1.4　366
湯浅町　〔和歌山県有田郡〕
　一酸化炭素中毒　1992.2.10　　　359
　地震　2001.10.15　　　　　　　　363
　地震　2002.2.4　　　　　　　　　363
　地震　2003.8.6　　　　　　　　　363
　雷雨　2006.9.6　　　　　　　　　366
　水道管からドジョウ　2007.11月〜　367
　地震　2011.7.5　　　　　　　　　371
　地震　2013.1.5　　　　　　　　　372
　水難事故相次ぐ　2015.7.18　　　374
弓削交差点　〔大阪府八尾市〕
　国道に小型機墜落　2008.8.19　　 200
諭鶴羽山　〔兵庫県南淡町〕
　日東航空旅客機墜落　1963.5.1　　246
　小型機墜落　2004.9.20　　　　　283
ユニバーサル・スタジオ・ジャパン　〔大阪市此花区〕
　アトラクションパイプから油漏出
　　　2001.8.14　　　　　　　　　 170

　USJスピーカー出火　2003.3.2〜6　172
夢前町　〔兵庫県飾磨郡〕
　タンクローリー・バス衝突
　　　1996.2.2　　　　　　　　　 271
由良川　〔京都府〕
　台風　1921.9.25〜26　　　　　　　2
　台風　1930.7.31〜8.1　　　　　　　3
　ダム水門決壊　1967.7.2　　　　　73
　福知山花火大会屋台爆発事故
　　　2013.8.15　　　　　　　　　 104
由良港　〔兵庫県洲本市〕
　漁船が転覆　2012.8.29　　　　　309
由良町　〔和歌山県〕
　集団赤痢　1967.5.24〜6.17　　　352
　コレラ発生　1977.8.6　　　　　355
　漁船転覆事故　2014.1.17　　　　373

【よ】

八日市市　〔滋賀県〕
　住宅火災　1968.2.25　　　　　　41
　国立病院患者麻酔注射死亡
　　　1971.この頃　　　　　　　　　42
　大型トラック追突　1998.3.7　　　51
八鹿高等学校　〔兵庫県養父市〕
　八鹿事件　1974.11.23　　　　　255
八鹿町　〔兵庫県養父郡〕
　八鹿事件　1974.11.23　　　　　255
養徳小学校　〔京都府京都市〕
　課外指導中にプールで溺れる
　　　2012.7.30　　　　　　　　　103
横川恵心堂
　延暦寺恵心堂火災　1966.5.24　　40
横川中堂
　延暦寺火災　1942.7.30　　　　　36
吉川町　〔兵庫県美嚢郡〕
　特急バス・大型トラック追突
　　　1992.4.5　　　　　　　　　 266

ダンプ・トラック追突	1995.9.21	270	土産物店火災	2001.7.2	333
トラック・乗用車追突	1996.5.11	272	吉野農協 〔奈良県西吉野村〕		
工事現場トラック突入	1996.10.22	273	山崩れ	1982.8.4	327

余呉町 〔滋賀県伊香郡〕

北陸道多重追突事故	1992.2.22	46	よしもとSBビル 〔大阪市中央区〕		
乗用車ガードロープに激突			建築中ビルでボヤ	1996.8.24	157
	1994.8.21	48	よちよちランド 〔大阪府八尾市〕		
地震	2003.12.23	53	遊び場入口の扉が倒れ負傷		
雪崩	2005.12.14	55		2004.5.23	177

横山駅(神戸電鉄三田線)

世継山 〔兵庫県〕

神戸電鉄三田線普通・準急衝突			豪雨(42年7月豪雨)	1967.7.8~10	14
	1972.8.25	254	淀駅(京阪電鉄本線)		

与謝郡 〔京都府〕

成相寺火災	1927.7.27	65	観光バス・電車衝突	1954.4.10	68

予讃線

淀川 〔大阪府〕

南海地震	1946.12.21	4	水害	1868.6.28	109

吉川ジャンクション 〔中国自動車道〕

			大雨、洪水	1885.6.15	109
ダンプ・トラック追突	1995.9.21	270	豪雨、洪水	1903.7.7~9	2

吉田郡 〔奈良県〕

			火薬庫爆発	1907.10.4	109
降灰	1954.3.6	322	台風・豪雨	1917.9.30~10.1	110

吉野川

			台風	1930.7.31~8.1	3
吉野地震	1952.7.18	7	淀川河川公園 〔大阪府守口市〕		
渇水	2002.7.5	333	コンロ爆発	1991.7.28	146
水難事故相次ぐ	2014.7.6	341	余搁村 〔奈良県〕		

吉野熊野電源開発池原ダム 〔奈良県下北山村〕

			赤痢発生	1938.7月	320
			鎧駅(山陰線)		
ダム建設現場落盤	1962.5.1	323	山陰線列車脱線	1931.1.14	237

吉野郡 〔奈良県〕

			雪崩	1934.1.26	238
十津川大水害	1889.8.19	319,343			
山崩れ	1933.3.18	319			
桜本坊火災	1936.9月	320			

【ら】

台風15号〔伊勢湾台風〕			
	1959.9.26~27	9	洛西口駅(阪急京都線)
タクシー落石損壊	1976.5.8	326	特急が幼児はねる 2011.7.16 101
公害	1981.この年	326	
雪害	1986.3.23	328	【り】

吉野町 〔奈良県〕

ゴルフ場建設現場土砂崩れ

陸上自衛隊あいば野演習場 〔滋賀県高島市〕

1991.1.12　　　　　　　　328　　戦車がトラックと衝突　2005.3.12　54

陸上自衛隊八尾駐屯地　〔大阪府八尾市〕
　陸自ヘリ墜落　2010.10.3　　　　　210
栗東市　〔滋賀県〕
　タイヤ脱落し車に衝突　2004.5.31　53
　小学生の列に乗用車突入　2005.12.8　55
　中学生の列にワゴン車　2007.3.4　　56
　落雷で新幹線停止　2007.8.19　　　57
　台風24号　2013.10.9　　　　　　　62
栗東町　〔滋賀県栗太郡〕
　乗用車・トラック正面衝突
　　　1982.12.9　　　　　　　　　　44
立命館大学
　立命館大学学生衝突　1969.2.17　　74
竜王インターチェンジ　〔名神高速道路〕
　ワゴン車追突　1998.5.7　　　　　51
竜王町　〔滋賀県〕
　乗用車・トラック衝突　1970.8.1　42
　観光バス横転　1975.6.18　　　　　43
　ワゴン車追突　1998.5.7　　　　　51
　馬輸送車にトラックが追突
　　　2009.7.18　　　　　　　　　　58
　通学バス衝突事故　2011.12.13　　60
　パラグライダーで宙づり
　　　2014.12.10　　　　　　　　　63
龍谷大学
　西本願寺事件　1969.9.12　　　　　74
竜神村　〔和歌山県日高郡〕
　セスナ機不時着　1953.7.25　　　347
菱電運輸園田営業所
　倉庫火災　1986.6.29　　　　　　260
陵南中学校　〔大阪府堺市〕
　陵南中学校火災　1997.1.31　　　158
　車が衝突しガス漏れ　2011.6.16　214

【れ】

霊雲院　〔京都府京都市〕
　霊雲院火災　1966.5.27　　　　　　72

蓮浄寺　〔大阪府東大阪市〕
　蓮浄寺火災　1994.4.6　　　　　　153

【ろ】

ロイヤルホテル　〔大阪市北区〕
　ロイヤルホテルでボヤ　1997.2.17　158
老人養護施設同和園
　インフルエンザ死亡　1960.3月～　70
鹿苑寺　〔金閣寺〕
　国宝金閣寺火災　1950.7.2　　　　67
六甲アイランド北出口(阪神高速湾岸線)
　阪神高速玉突き事故　1996.1.23　270
六甲駅(阪急電鉄神戸線)
　阪急電鉄神戸線特急・回送電車衝
　　突　1984.5.5　　　　　　　　　259
六甲北有料道路
　乗用車同士が正面衝突　2007.4.30　291
六甲山　〔神戸市〕
　山林火災　1928.4.19　　　　　　237
　水害　1938.7.3～5　　　　　　　239
六甲山トンネル(六甲有料道路)
　観光バスが出火しトンネル火災
　　　2013.5.31　　　　　　　　　312
六甲トンネル(東海道山陽新幹線)
　東海道・山陽新幹線列車破損
　　　1977.3.5　　　　　　　　　　256
六甲道駅(東海道本線)
　神戸市営バス・快速電車衝突
　　　1958.8.12　　　　　　　　　245
芦有道路　〔兵庫県西宮市〕
　軽乗用車横転　1996.1.28　　　　271
芦有ドライブウェイ　〔兵庫県〕
　乗用車同士が正面衝突　2015.7.31　318

【わ】

和歌浦 〔和歌山市〕
 中学校ボート部員溺死 1940.3.16 345
 和歌川汚染 1970.この年 353
和歌川 〔和歌山市〕
 和歌川汚染 1970.この年 353
若狭街道 〔京都府京都市〕
 観光バス転落 1959.5.14 70
若狭湾
 北丹後地震 1927.3.7 65
 ヘスター台風 1949.7.27～30 37,67,241
 ジェーン台風 1950.9.3 5
 台風10号 1968.8.25～30 16
和歌山県営紀三井寺球場スタンド 〔和歌山市〕
 熱中症 2004.7.21 364
和歌山県立医科大学付属病院 〔和歌山市〕
 手術後化膿症感染 1971.この頃 354
 入院患者ショック死 1982.12.28 356
 和歌山県立医大付属病院火災
  1997.3.18 360
和歌山市 〔和歌山県〕
 火災 1938.5.16 345
 中学校ボート部員溺死 1940.3.16 345
 豪雨 1952.7.9～11 6
 豪雨 1954.6.28～30 348
 向陽高等学校火災 1958.5.21 349
 星林高等学校火災 1958.5.26 349
 勤務評定反対大会参加者・警官隊衝突 1958.8.15 349
 赤痢・腸チフス集団発生
  1964.7.28 351
 火災 1966.5.2 352
 住友金属工業製鉄所微鉄粉排出
  1967.この頃～ 352
 住友金属工業製鉄所爆発
  1970.11.13 353

 住友金属工業製鉄所爆発
  1970.11.17 353
 和歌川汚染 1970.この年 353
 旅館火災 1971.1.2 353
 住友金属製鉄所爆発 1971.10.9 354
 阪和線急行列車破損 1971.11.29 354
 手術後化膿症感染 1971.この頃 354
 川留製革工場爆発 1972.3.8 355
 地震 1973.11.25 19
 雷雨 1977.9.4 21
 結核性中耳炎院内感染
  1978.12月～ 355
 集中豪雨 1979.5月 356
 乗用車衝突 1981.8.21 356
 河川汚濁 1981.この年 356
 入院患者ショック死 1982.12.28 356
 油槽所タンク爆発 1989.7.10 357
 乗用車川に転落 1990.3.5 358
 住金工場火災 1990.5.26 358
 溶けたはがね流出 1990.8.16 358
 家具工場全焼 1991.2.21 358
 住宅全焼 1991.11.10 359
 乗用車中央分離帯に激突 1992.2.9 359
 多重衝突 1993.12.18 359
 地震 1995.12.22 360
 群発地震 1995.6.6～7 360
 住宅火災 1996.2.3 360
 クレーン車暴走 1996.7.8 360
 和歌山県立医大付属病院火災
  1997.3.18 360
 乗用車・ダンプカー衝突
  1998.2.28 361
 和歌山毒物カレー事件 1998.7.25 361
 大雨 1999.6.27 25
 地震 1999.11.3 361
 住宅全焼 2000.2.16 362
 地震 2000.4.15 362
 硫化水素中毒 2000.6.22 362
 地震 2001.2.5 362

化学工場火災　2001.7.27	363	和歌山市木ノ本ニュータウン	
地震　2001.8.10	363	山火事　1990.3.19	140
熱中症　2002.7.24	26	和歌山線　〔奈良県, 和歌山県〕	
タンカーと漁船衝突　2004.2.25	364	南海地震　1946.12.21	4
熱中症　2004.7.21	364	貨物列車待合室突入　1949.1.14	321
乗用車同士衝突　2004.9.13	364	豪雨　1953.7.18～19	321,347
化学工場でガス中毒　2004.12.13	364	ダンプカー・和歌山線客車衝突	
釣り船が衝突　2004.12.30	365	1979.4.17	326
岩が崩落し民家直撃　2005.3.4	365	トレーラー・和歌山線電車衝突	
飲食店火災　2005.5.29	365	1991.2.16	358
水先案内人が転落死　2006.1.23	365	地震　1999.11.3	361
住宅でガス爆発　2007.7.29	367	大雨　2011.6.20	370
地震　2007.10.14	367	鉄道事故　2013.3.22	340
強風　2008.2.23	29	和歌山大学ヨット部	
豪雨　2008.7.8	29	強風　2008.2.23	29
ラーメン店で一酸化炭素中毒		和歌山中学校　〔和歌山市〕	
2008.7.31	367	中学校ボート部員溺死　1940.3.16	345
製鉄所で火災　2009.2.6	368	和歌山鉄道　〔奈良県, 和歌山県〕	
住宅火災　2009.3.29	368	豪雨　1953.7.18～19	321,347
盲学校寄宿舎で入浴中事故		和歌山南港内　〔和歌山市〕	
2009.10.16	369	釣り船が衝突　2004.12.30	365
豪雨　2009.11.11	369	和歌山盲学校　〔和歌山市府中〕	
地震　2010.3.29	369	盲学校寄宿舎で入浴中事故	
断熱材用粉末にアスベスト		2009.10.16	369
2010.7.27	369	和歌山洋家具団地　〔和歌山市〕	
地震　2011.5.10	370	家具工場全焼　1991.2.21	358
踏切で工事車両が故障　2011.7.8	371	和東町　〔京都府〕	
漂白剤で中毒　2011.7.16	371	落雷　1978.7月	77
地震　2011.8.10	371	和田岬　〔神戸市兵庫区〕	
ひき逃げ　2011.12.17	371	タンカー・冷凍貨物船衝突	
列車にはねられ男児死亡		1982.8.10	258
2012.5.30	371	タグボート沈没　2004.7.22	283
地震　2013.6.8	372	和田山町　〔兵庫県朝来郡〕	
駅で停電　2013.6.26	372	乗用車転落　1996.8.24	272
中学で異臭騒ぎ　2014.6.11	373	地震　2000.9.9	88
熱中症で電車遅延　2015.8.4	374	和知ダム　〔京都府和知町〕	
和歌山市駅(南海電鉄)		ダム水門決壊　1967.7.2	73
駅で停電　2013.6.26	372	和知町　〔京都府船井郡〕	
		ダム水門決壊　1967.7.2	73

和知村 〔京都府〕
　山林火災　*1941.5.3*　　　　　66
和深村 〔和歌山県西牟婁郡〕
　海軍航空隊飛行艇墜落　*1936.6.30*　345

全国災害史事典
近畿地方 (1868-2015)

2015年10月25日　第1刷発行

発　行　者／大高利夫
編集・発行／日外アソシエーツ株式会社
　　　　　　〒143-8550 東京都大田区大森北1-23-8 第3下川ビル
　　　　　　電話 (03)3763-5241(代表)　FAX(03)3764-0845
　　　　　　URL http://www.nichigai.co.jp/
発　売　元／株式会社紀伊國屋書店
　　　　　　〒163-8636 東京都新宿区新宿3-17-7
　　　　　　電話 (03)3354-0131(代表)
　　　　　　ホールセール部(営業)　電話 (03)6910-0519

　　　　　　電算漢字処理／日外アソシエーツ株式会社
　　　　　　印刷・製本／株式会社平河工業社

　　　　　不許複製・禁無断転載　《中性紙H-三菱書籍用紙イエロー使用》
　　　　　<落丁・乱丁本はお取り替えいたします>
　　　　　ISBN978-4-8169-2564-1　**Printed in Japan, 2015**

　　　　　本書はディジタルデータでご利用いただくことが
　　　　　できます。詳細はお問い合わせください。

平成災害史事典

台風・地震などの自然災害から公害・医療・列車事故などの社会的災害まで、各種災害・事故を年表形式に排列した記録事典。災害の概略や具体的な被害データも記載、どの時期にどんな災害が発生したかを通覧することができる。

平成21年～平成25年
A5・510頁　定価（本体13,000円＋税）　2014.3刊

平成16年～平成20年
A5・460頁　定価（本体13,000円＋税）　2009.3刊

平成11年～平成15年
A5・410頁　定価（本体12,500円＋税）　2004.5刊

3.11の記録　東日本大震災資料総覧

東日本大震災についてマスメディアは何を報じたのか――。「震災篇」「原発事故篇」は図書と新聞・雑誌記事、視聴覚・電子資料を収載。「テレビ特集番組篇」では、震災関連特別番組のタイトルを一覧することができる。

震災篇
山田健太・野口武悟 編集代表　「3.11の記録」刊行委員会 編
A5・580頁　定価（本体19,000円＋税）　2013.7刊

原発事故篇
山田健太・野口武悟 編集代表　「3.11の記録」刊行委員会 編
A5・470頁　定価（本体19,000円＋税）　2013.7刊

テレビ特集番組篇
原由美子（NHK放送文化研究所）
山田健太・野口武悟（「3.11の記録」刊行委員会）　共編
A5・450頁　定価（本体19,000円＋税）　2014.1刊

データベースカンパニー
日外アソシエーツ

〒143-8550　東京都大田区大森北1-23-8
TEL.(03)3763-5241　FAX.(03)3764-0845　http://www.nichigai.co.jp/